新中国周边外交史研究
（1949—2019）

石源华 等◎著

世界知识出版社

2019年·北京

图书在版编目（CIP）数据

新中国周边外交史研究：1949—2019/石源华等著.—北京：世界知识出版社，2019.8
ISBN 978-7-5012-6120-8

Ⅰ.①新… Ⅱ.①石… Ⅲ.①外交史—研究—中国—1949—2019 Ⅳ.①D829

中国版本图书馆CIP数据核字（2019）第252798号

书　　名	新中国周边外交史研究（1949—2019）
	Xinzhongguo Zhoubian Waijiaoshi Yanjiu (1949–2019)
作　　者	石源华 等
责任编辑	汪　琴
责任出版	王勇刚
责任校对	陈可望
出版发行	世界知识出版社
地址邮编	北京市东城区干面胡同51号（100010）
网　　址	www.ishizhi.cn
电　　话	010-65265923（发行）　010-85119023（邮购）
经　　销	新华书店
印　　刷	北京虎彩文化传播有限公司
开本印张	165毫米×240毫米　1/16　33¼印张
字　　数	518千字
版次印次	2019年11月第1版　2019年11月第1次印刷
标准书号	ISBN 978-7-5012-6120-8
定　　价	128.00元

版权所有　侵权必究

上海市哲学社会科学规划重点项目
"新中国成立70周年"研究系列
《新中国周边外交史研究（1949—2019）》
（课题编号：2017DHB002）

复旦大学传世之作学术精品研究项目
"中国周边外交七十年史（1949—2019）"
阶段性研究成果

上海市政治学"高峰学科"经费资助出版

本书作者名录和分工

石源华　撰写绪论，第一、二、三章和结论，负责全书框架设计、编撰体例、统稿等

潘亚玲　撰写第四章

吴寄南　撰写第五章

李勇慧　撰写第六章

关培凤　撰写第七章

王明星　撰写第八章

赵卫华　撰写第九章

张　宁　撰写第十章

林民旺　撰写第十一章

郭　锐　撰写第十二章

费　晟　撰写第十三章

祁怀高　撰写第十四、十五、十六章

陈妙玲　项目学术秘书

目 录

绪 论 1
 第一节 研究缘起和意义 1
 第二节 国内外研究成果述评 5
 第三节 前期研究基础 15
 第四节 框架设计与创新观点 22

第一编 新中国周边外交史研究概论

第一章 新中国不同时期领导人的周边外交思想 29
 导 读 29
 第一节 毛泽东时期的周边外交思想 30
 第二节 邓小平时期的周边外交思想 39
 第三节 江泽民时期的周边外交思想 44
 第四节 胡锦涛时期的周边外交思想 47
 第五节 习近平时期的周边外交思想 53

第二章 新中国周边外交的历史演变 68
 导 读 68
 第一节 "联苏抗美"的周边外交 69
 第二节 "反美又反苏"的周边外交 75
 第三节 "联美抗苏"的周边外交 77
 第四节 "不与大国结盟"的周边外交 79

1

第五节　"全方位"的周边外交 …………………………………… 83
　　第六节　"向大国转型"的周边外交 …………………………… 88
　　第七节　"大国外交时代"的周边外交 ………………………… 95

第三章　构建"中国周边学"的新话语体系 ………………………… 98
　　导　读 …………………………………………………………… 98
　　第一节　建设中国周边学的时代需求 …………………………… 98
　　第二节　中国周边学的历史变迁 ………………………………… 103
　　第三节　中国周边学的理论体系 ………………………………… 106
　　第四节　中国周边学的学科框架 ………………………………… 108
　　第五节　中国周边学建设的设想和建议 ………………………… 110

第二编　新中国的周边大国外交

第四章　中国的对美外交 ……………………………………………… 115
　　导　读 …………………………………………………………… 115
　　第一节　中美关系的历史回顾 …………………………………… 116
　　第二节　中国对美外交的创新 …………………………………… 128
　　第三节　周边视角下的中国对美外交展望 ……………………… 141

第五章　中国的对日外交 ……………………………………………… 150
　　导　读 …………………………………………………………… 150
　　第一节　中国对日外交的沿革与评估 …………………………… 150
　　第二节　中国对日外交的战略、理念和策略运用 ……………… 166
　　第三节　中国对日外交存在的问题与未来走向 ………………… 180

第六章　中国的对俄（苏）外交 ……………………………………… 194
　　导　读 …………………………………………………………… 194
　　第一节　中国对俄（苏）外交的历史回顾 ……………………… 195

第二节　新时代中国对俄外交..202
　　第三节　中国对俄外交面临的挑战与前景..................................214

第七章　中国的对印外交..219
　　导　读..219
　　第一节　中国对印外交的历史演进..220
　　第二节　新时代中国对印外交..235
　　第三节　中国对印外交面临的挑战与前景..................................243

第三编　新中国的周边区域外交

第八章　中国的东北亚区域外交..255
　　导　读..255
　　第一节　中国东北亚区域外交的历史回顾..................................255
　　第二节　新时代中国东北亚区域外交..262
　　第三节　中国东北亚区域外交未来定位与展望..........................274

第九章　中国的东南亚区域外交..286
　　导　读..286
　　第一节　中国东南亚区域外交的历史沿革..................................287
　　第二节　新时代中国东南亚区域外交..304
　　第三节　中国东南亚区域外交新机遇、新挑战及新战略..........312

第十章　中国的中亚区域外交..322
　　导　读..322
　　第一节　中国中亚区域外交的历史演进......................................323
　　第二节　新时代中国中亚区域外交..337
　　第三节　中国中亚区域外交的问题和展望..................................343

第十一章　中国的南亚区域外交 353
　　导　读 353
　　第一节　中国南亚区域外交的历史沿革 355
　　第二节　新时代中国南亚区域外交 365
　　第三节　中国南亚区域外交新形势与未来方略 372

第十二章　中国的西亚区域外交 388
　　导　读 388
　　第一节　中国西亚区域外交的历史沿革 389
　　第二节　新时代中国西亚区域外交 403
　　第三节　中国西亚区域外交未来定位与方略 413

第十三章　中国的南太平洋区域外交 423
　　导　读 423
　　第一节　中国南太区域外交的历史沿革 424
　　第二节　新时代中国南太区域外交 442
　　第三节　中国南太区域外交的问题与展望 449

第四编　新中国的周边多边外交

第十四章　中国融入国际体系与周边多边外交历史进程 459
　　导　读 459
　　第一节　艰难起步阶段（1949—1971年） 460
　　第二节　调整适应阶段（1971—1991年） 461
　　第三节　积极参与阶段（1991—2013年） 462

第十五章　新时代中国周边多边外交的进展与特点 464
　　导　读 464
　　第一节　新时代中国周边多边外交的进展 465

第二节　新时代中国周边多边外交的特点与经验......474

第十六章　中国周边多边外交面临的挑战与展望......480
　　导　读......480
　　第一节　中国周边多边外交面临的挑战......480
　　第二节　中国周边多边外交的应对与展望......488

结论　百年未有之大变局与中国周边外交......497
　　第一节　周边外交仍然占据中国外交首要地位......498
　　第二节　制定适应百年未有之大变局的发展大战略......500
　　第三节　推行大国协调合作，稳定周边大局......502
　　第四节　深化与周边"中间国家"命运共同体关系建设......504
　　第五节　推动"一带一路"融入"中国梦"路线图......507

主要参考文献......509
　　一、中文著作（含文集、年谱、译著）......509
　　二、外文著作......517

后　记......521

绪 论

第一节 研究缘起和意义

中国是周边邻国最多的国家之一，周边环境安全与否将直接关系到中国的国家主权与国家安全，在中国对外战略中具有首要地位。中国有着辽阔的疆域和漫长的边界线，领土领海直接接壤的邻国达到20个。列入"大周边"的国家多达64个。[①] 从历史上看，众多邻国环绕的中国周边环境极为复杂多变。新中国成立70年以来，中国参加的历次局部战争或边境冲突均与周边邻国有关，涵盖了东南西北四个方向，对中国的国家主权和国家安全产生了重要影响，这段历史值得进一步梳理和总结。冷战结束以来，世界格局发生重大变化，中国实行改革开放，对外战略发生重大转变，对于时代特征的评估，由"革命与战争"为主题转向"和平与发展"为主题，对于既成国际体系的态度，由负面认同转为正面认同，并开始融入其中，成为执行者、维护者、革新者、守卫者。由此，中国面临周边国家直接军

---

① 中国的64个"大周边"国家，不仅包括与中国陆海直接接壤的20个国家，而且包括不与中国直接相邻，但处在中国"大周边"的44个国家（27个亚洲国家，16个南太平洋独立国家，以及美国这一中国的"特殊邻国"）。它们是：俄罗斯，东北亚4国（朝鲜、韩国、蒙古国、日本），东南亚11国（东帝汶、菲律宾、柬埔寨、老挝、马来西亚、缅甸、泰国、文莱、新加坡、印度尼西亚、越南），南亚8国（阿富汗、巴基斯坦、不丹、马尔代夫、孟加拉国、尼泊尔、斯里兰卡、印度），中亚5国（哈萨克斯坦、吉尔吉斯斯坦、塔吉克斯坦、乌兹别克斯坦、土库曼斯坦国），西亚15国（阿联酋、阿曼、巴勒斯坦、巴林、卡塔尔、科威特、黎巴嫩、沙特阿拉伯、土耳其、叙利亚、也门、伊拉克、伊朗、以色列、约旦），外高加索3国（阿塞拜疆、格鲁吉亚、亚美尼亚），南太平洋16个独立国家（澳大利亚、巴布亚新几内亚、斐济、基里巴斯、库克群岛、马绍尔群岛、密克罗尼西亚、瑙鲁、纽埃、帕劳、萨摩亚、所罗门群岛、汤加、图瓦卢、瓦努阿图、新西兰），美国。参见祁怀高、石源华：《中国的周边安全挑战与大周边外交战略》，《世界经济与政治》2013年第6期。

事威胁和挑战的局面首次被打破，但中国周边地区仍然是世界热点问题和潜在冲突最多的地区之一。美国推行"亚太再平衡"和"印太战略"的主要目标仍指向中国周边地区，屡屡通过"介入"我国周边地区的种种方式，威胁中国安全；日本难以接受中国崛起成为世界第二大经济体的基本事实，通过挑动钓鱼岛事端、东海划界争端和介入南海争端，鼓吹"中国威胁论"，加强军事化大国建设，影响中日关系的正常发展；台湾问题尚未解决，中国还未实现完全统一，"台独"势力不断兴风作浪，一度比较猖狂；在国际敌对势力的操纵和支持下，"疆独"和"藏独"活动频繁，勾结合流趋势日益明显；中国与一些周边邻国的岛屿、海域、河流争端，不断对中国周边安全环境形成挑战。中国的进一步崛起和现代化建设处在将强未强的关键阶段，需要维持稳定周边安全环境，形成继续崛起的和平发展机遇期。在未来相当长的历史时期内，中国对周边安全的定位是：保证国家主权、国家安全、领土完整和国家统一不受侵犯；为国家经济社会可持续发展争取有利稳定的外部发展条件；促进中国边疆地区的社会稳定和经济发展；推动中国及其周边地区成为亚太安全的主要支撑。[1]

在经济上，周边地区是中国开展互利合作与发展经济的首要外部合作地区，更是中国实施"一带一路"、建设"周边命运共同体"的重点和示范区域。周边国家在中国对外经济关系中所占的分量最大，在中国对外经贸合作全局中具有重要地位。保持和发展同这些国家密切的经济关系，对于中国的对外贸易、投资均具有非常重要的意义。以对外贸易领域为例，中国已成为亚洲16个国家的最大贸易伙伴，与亚洲周边国家经贸融合不断加深。[2] 尽管中国的经济和政治利益越来越多地与整个世界紧密联系，中国的地缘经济和地缘政治重心却仍旧在中国"周边地区"。[3] 中国对周边国

---

[1] 石源华、祁怀高：《未来十年中国周边环境的新挑战与周边外交新战略》，载复旦大学中国与周边国家关系研究中心编：《中国周边外交学刊》2015年第一辑（总第一辑），社会科学文献出版社2015年版，第35页。

[2] 中华人民共和国商务部：《中国已成亚洲16个国家最大贸易伙伴》，2018年1月12日，http://www.mofcom.gov.cn/article/i/jyjl/j/201801/20180102697931.shtml。

[3] Kenneth Lieberthal and Wang Jisi, "Addressing U. S. -China Strategic Distrust," John L. Thornton China Cente Monograph Series No.4, March 12, 2012, pp.41-42, http://www.brookings.edu//media/files/rc/papers/2012/0330_china_licberthal/0330_china_lieberthal.pdf.

家经济关系的定位是：将周边视为实施"一带一路"的重点和示范区域，实现互联互通，构建中国周边"合作共赢"的经济合作圈，率先建成"周边命运共同体"。

在文化上，周边地区是和中国文化联系最为密切的毗邻地区，"以汉字和儒家思想、汉传佛教为主要媒介而形成的'东亚文化圈'，至今仍是充满魅力且为人们津津乐道的热门话题"，人文合作和文明交流互鉴是推动周边"一带一路"建设的重要方面，是继政治、经济之后又一推动中国与周边国家之间关系发展的新的动力源。[①]"国之交在于民相亲，民相亲在于心相通"。只有各国民众之间的情感日益和谐和深厚，中国与周边各国的合作才能成熟和深化，亚洲命运共同体才有望成为现实。中国对周边国家文化交流的定位是："文明因交流而多彩，文明因互鉴而丰富"，"不同文明、不同民族、不同宗教汇聚交融，共同组成多姿多彩的亚洲大家庭"。[②]

2013年10月，中共中央举行周边外交工作座谈会，这是新中国成立以来第一次针对周边外交工作的高层和全国规模会议。习近平总书记发表重要讲话，强调要用立体、多元、跨越时空的视角，进行中国周边外交的顶层设计，发展我国良好的周边环境，使我国的高速发展更多惠及周边国家，让命运共同体意识在周边落地生根，周边外交在中国外交战略中的首要地位进一步强化。会议确定了今后5—10年中国周边外交的战略目标、基本方针、总体布局，明确了中国解决周边外交面临重大问题的工作思路和实施方案。习近平提出的"亲、诚、惠、容"原则，将成为中国营造睦邻友好周边环境和确定中国外交战略的指导思想。[③]中共十九大进一步提出了建设具有中国特色的国际关系理论和大国外交的重大任务，中国周边外交继续确定了"首要"的战略定位，开创了中国周边外交新局面。

上海市哲学社会科学规划办公室决定为《新中国周边外交史研究

---

① 李甡平、洪军主编：《中国与周边各国的人文交流与互鉴》，序言，世界知识出版社2018年版，第1—3页。

② 《迈向命运共同体，开创亚洲新未来》，《人民日报》2015年3月29日，http://politics.people.com.cn/n/2015/0329/c1024-26765442.html。

③ 《习近平在周边外交工作座谈会上发表重要讲话强调：为我国发展争取良好周边环境》，《人民日报》2013年10月26日，http://cpc.people.com.cn/n/2013/1026/c64094-23333683.html。

（1949—2019）》立项，并列为重点项目。本书即为该项目研究成果。本书的研究宗旨是：从面向百年未有之大变局和正确制定周边外交战略和政策的整体角度，回顾和研究中华人民共和国成立70年以来的中国周边外交史，对新中国周边外交的历史、现状、理论、热点、战略、政策诸方面的重要问题进行反思与探索。进一步深化对于周边外交史的研究，具有重要的现实意义、学术意义和理论意义。

从现实层面观察，新中国建立以后，政界和学界并不使用"周边国家"和"周边地区"的概念。20世纪50—60年代，美苏冷战，形成水火不容的两大阵营，冷战思维和意识形态成为认知和划分周边邻国归属的标准。70—80年代，毛泽东提出"三个世界"的重要理论，"发展中国家"成为认知和划分周边邻国的新标准。直到80年代中后期，中共领导人逐步提出了"周边环境""周边国家""周边安全""周边战略"等新概念。中共十四大正式提出"周边国家"概念，其逐步成为制定中国外交战略和政策的重要概念，周边是首要，周边外交开始在中国外交总战略中占据举足轻重的地位。研究新中国70年周边外交史，对于实现"两个一百年"和"中国梦"具有重要的现实意义。

从学术层面观察，新中国周边外交史研究是一块处女地。中国学界对于周边大国的外交研究有所进展，特别是美国解密档案的运用，俄罗斯解密档案的公开以及中美、中俄、中日、中印关系的发展等因素促使中国对美国、俄罗斯、日本、印度周边大国外交的研究取得了重要的进展。相对而言，中国对周边众多的中小国家外交的研究，或很薄弱，或几乎空白，虽然中国对朝鲜、韩国、越南以及东盟外交的研究有所进展，但中国对缅甸、柬埔寨、阿富汗、老挝、菲律宾、印度尼西亚、马来西亚、新加坡、文莱以及中亚、西亚、南亚、南太平洋众多国家外交的研究，尚未产生成熟的学术研究成果，这既与国家外交的整体战略有关，也与档案的不开放造成资料收集困难有密切关系，该领域研究难点太多，诸如边界问题、跨境民族问题、宗教问题等诸多因素，也是原因之一。

就新中国周边外交史整体研究而言，还没有形成进行规模研究的议事日程。已经出版的各种版本的中华人民共和国外交史著作中，周边外交研究所占篇幅比较有限。目前出现较多的是对冷战结束后中国周边外交的研究成果。因此，将70年中国周边外交史作为一个整体开展综合研究，系统梳理70年来中国周边外交的历史演变过程，总结中国实施周边外交取得的成就和经验，特别是总结中国周边外交中存在的问题，引出必要的历史教训，正是本书所要解决的重大问题，在学术上具有重要创新意义。

从理论层面观察，研究新中国周边外交具有更重要的理论价值。新中国成立以来，在中国国际关系理论界得到广泛运用和占据主导地位的，先是苏联倡导的国际关系理论体系，以后产生更大影响的一直是西方国际关系理论体系。如何构建面向百年未有之大变局、具有中国特色的东方国际关系新理论体系，是我们面临的重大课题。进行新中国周边外交史的研究，无异将有助于推进这个历史进程。

中国周边外交在70年间经历了重要的变化，但对于周边外交研究中存在的诸如革命和战争主题及和平和发展主题、意识形态和国家利益、自主体系和国际体系、国家危机和国际机遇、韬光养晦与有所作为等重大理论问题，还没有进行认真的整理和总结。本书将对这些重大的问题进行探讨，并作出必要的理论总结，这将有助于理解和认识习近平在周边外交问题上提出的一系列新理念、新思路、新战略，从而为创建以"合作共赢"为核心理念、以"人类命运共同体"为建设目标的中国特色的国际关系新理论和周边外交新战略作出重要的理论贡献。

第二节 国内外研究成果述评

国内外学界对"新中国周边外交"议题的直接研究兴起于20世纪末21世纪初。1999—2000年，国内外学界同时出现了直接探讨新中国周边外交的研究成果，即复旦大学石源华教授的《论新中国周边外交政策的历史演变》[1]和美国科尔比学院（Collby College）赵穗生（Zhao Suisheng）副教授[2]的《中国的周边外交及其亚洲邻国》[3]。随着新中国周边外交的定位在中

---

[1] 石源华：《论新中国周边外交政策的历史演变》，《当代中国史研究》2000年第5期。
[2] 作者现为美国丹佛大学（University of Denver）教授。
[3] Suisheng Zhao, "China's Periphery Policy and Its Asian Neighbors," *Security Dialogue*, Vol.30, No.3 (1999).

国外交总格局中的不断提升，对于新中国周边外交史的研究从无到有，越来越受到学界和智库的重视，已经出现了一大批研究成果，成为本书研究的重要前提和基础。

一、国内研究现状

国内学界和智库围绕新中国周边外交展开了广泛而深入的研究。2013年，周边外交工作座谈会召开后，新中国周边外交研究在内容与数量上迎来了高峰。

关于新中国周边外交综合研究。研究者从宏观视角出发，围绕新中国周边外交的历史发展、全面布局和综合进程开展了系统研究。重要者有：中国社会科学院亚太与全球战略研究院连续9年发布张洁等主编的《中国周边安全形势评估》（2011—2019）[1]并推出《中国周边安全研究（第一卷）》[2]，张蕴岭和任晶晶著《创造性维稳开拓性求进——中国周边安全形势评估报告（2015—2016）》[3]和《周边安全：磨合与塑造——中国周边安全形势评估报告（2014—2015）》[4]，复旦大学中国与周边国家关系研究中心主编《中国周边外交学刊》[5]，石源华等著《中国周边外交十四讲》[6]和《近

---

[1] 张洁、杨丹志主编：《中国周边安全形势评估（2011）》，香港社会科学出版社2011年版；张洁、钟飞腾主编：《中国周边安全形势评估（2012）》，社会科学文献出版社2012年版；张洁主编：《中国周边安全形势评估（2013）》，社会科学文献出版社2013年版；张洁主编：《中国周边安全形势评估（2014）》，社会科学文献出版社2014年版；张洁主编：《中国周边安全形势评估："一带一路"与周边战略（2015）》，社会科学文献出版社2015年版；张洁主编：《中国周边安全形势评估："一带一路"：战略对接与安全风险（2016）》，社会科学文献出版社2016年版；张洁主编：《中国周边安全形势评估：大国关系与地区秩序（2017）》，社会科学文献出版社2017年版；张洁主编：《中国周边安全形势评估：秩序、热点与中国方案（2018）》，世界知识出版社2018年版；张洁主编：《中国周边安全形势评估：中美博弈与地区应对（2019）》，世界知识出版社2019年版。

[2] 张洁主编：《中国周边安全研究（第一卷）》，社会科学文献出版社2015年版。

[3] 张蕴岭、任晶晶：《创造性维稳开拓性求进——中国周边安全形势评估报告（2015—2016）》，中国社会科学出版社2016年版。

[4] 张蕴岭、任晶晶：《周边安全：磨合与塑造——中国周边安全形势评估报告（2014—2015）》，中国社会科学出版社2015年版。

[5] 复旦大学中国与周边国家关系研究中心编《中国周边外交学刊》2015年出版第一期，每年出版两期，先后由社会科学文献出版社和世界知识出版社出版。迄今出版八期。

[6] 石源华：《中国周边外交十四讲》，社会科学文献出版社2016年版。

代中国周边外交史论》①（相关章节内容和附录《论中国周边外交政策的历史演变和走向（1949—2000）》），许利平等著《中国与周边命运共同体：构建与路径》②，隋广军和周方银编《中国周边外交发展报告》③，陈东晓主编《大格局：2020年的亚洲》④，唐世平、张洁、曹筱阳主编《冷战后近邻国家对华政策研究》⑤，牛大勇、沈志华主编《冷战与中国的周边关系》⑥，唐希中、刘少华、陈本红著《中国与周边国家关系（1949—2002）》⑦等。

关于新中国周边政治安全研究。周边政治安全是中国周边外交的重点，研究者围绕中国周边政治安全态势、政治安全热点等内容展开了探讨。重要者有：祁怀高等著《中国崛起背景下的周边安全与周边外交》⑧，张小安主编《中国周边频频起火了吗》⑨，仇华飞著《国际秩序演变中的中国周边外交与中美关系》⑩，杨成绪主编《中国周边安全环境透视》⑪，张小明著《中国周边安全环境分析》⑫，许嘉主编《冷战后中国周边安全态势》⑬，朱听昌主编《中国周边安全环境与安全战略》⑭等。

关于新时代中国周边外交理论、思想、理念探讨。"十八大以来中国周边外交新思想"研究在近六年呈现出迅猛发展之势，重要者有：石源华著《中共十八大以来中国周边外交研究报告》⑮《中共十八大以来中国周边

---

① 石源华等：《近代中国周边外交史论》，上海辞书出版社2006年版。
② 许利平等：《中国与周边命运共同体：构建与路径》，社会科学文献出版社2016年版。
③ 隋广军、周方银主编：《中国周边外交发展报告（2015）》，社会科学文献出版社2015年版；周方银编：《中国周边外交发展报告（2016）》，社会科学文献出版社2016年版。
④ 陈东晓主编：《大格局：2020年的亚洲》，华东师范大学出版社2010年版。
⑤ 唐世平、张洁、曹筱阳主编：《冷战后近邻国家对华政策研究》，世界知识出版社2005年版。
⑥ 牛大勇、沈志华主编：《冷战与中国的周边关系》，世界知识出版社2004年版。
⑦ 唐希中、刘少华、陈本红：《中国与周边国家关系（1949—2002）》，中国社会科学出版社2003年版。
⑧ 祁怀高等：《中国崛起背景下的周边安全与周边外交》，中华书局2014年版。
⑨ 张小安主编：《中国周边频频起火了吗》，世界知识出版社2016年版。
⑩ 仇华飞：《国际秩序演变中的中国周边外交与中美关系》，人民出版社2015年版。
⑪ 杨成绪主编：《中国周边安全环境透视》，中国青年出版社2003年版。
⑫ 张小明：《中国周边安全环境分析》，中国国际广播出版社2003年版。
⑬ 许嘉主编：《冷战后中国周边安全态势》，军事科学出版社2003年版。
⑭ 朱听昌主编：《中国周边安全环境与安全战略》，时事出版社2002年版。
⑮ 石源华：《中共十八大以来中国周边外交研究报告》，社会科学文献出版社2016年版。

外交的历史性新进展》[1]和《中国周边外交十四讲》[2]（第十章"新时期习近平周边外交的新理念和新战略"），金灿荣等著《中国智慧：十八大以来中国外交》[3]（第十章"经略塑造周边地区"），于向东著《习近平中国周边外交理念的丰富内涵》[4]，陈瑞欣著《十八大以来中国周边外交理念与实践的新发展》[5]，王俊生著《重塑战略重心：十八大以来的中国周边外交》[6]，卢光盛、田继阳著《习近平周边外交思想：理论渊源、时代意义和实践方向》[7]等。

关于中国周边学的理论探讨。研究者集中探讨中国从富起来到强起来的历史进程中的中国周边外交理论体系，对"中国周边学"进行理论性、系统性和体系性的分析和总结。重要者有：石源华著《建设"中国周边学"的时代使命和基本内涵》[8]，李文著《"中国周边学"的学科定位、研究视角与重点领域》[9]，陈奉林著《建立中国周边学的必要性与可行性探索》[10]。另可参见国家领土主权与海洋权益协同创新中心复旦大学分中心以及复旦

---

[1] 石源华：《中共十八大以来中国周边外交的历史性新进展》，载复旦大学中国与周边国家关系研究中心编：《中国周边外交学刊》2016年第一辑（总第三辑），社会科学文献出版社2016年版。

[2] 石源华：《中国周边外交十四讲》，社会科学文献出版社2016年版。

[3] 金灿荣等：《中国智慧：十八大以来中国外交》，中国人民大学出版社2017年版。

[4] 于向东：《习近平中国周边外交理念的丰富内涵》，《马克思主义与现实》2016年第2期。

[5] 陈瑞欣：《十八大以来中国周边外交理念与实践的新发展》，《社会主义研究》2017年第2期。

[6] 王俊生：《重塑战略重心：十八大以来的中国周边外交》，《当代世界与社会主义》2017年第2期。

[7] 卢光盛、田继阳：《习近平周边外交思想：理论渊源、时代意义和实践方向》，《当代世界》2018年第8期。

[8] 石源华：《建设"中国周边学"的时代使命和基本内涵》，载国家领土主权与海洋权益协同创新中心复旦大学分中心、复旦大学中国与周边国家关系研究中心：《"中国周边学"研究和新学科建设研讨会论文集》，世界知识出版社2018年版。

[9] 李文：《"中国周边学"的学科定位、研究视角与重点领域》，载国家领土主权与海洋权益协同创新中心复旦大学分中心、复旦大学中国与周边国家关系研究中心：《"中国周边学"研究和新学科建设研讨会论文集》，世界知识出版社2018年版。

[10] 陈奉林：《建立中国周边学的必要性与可行性探索》，载国家领土主权与海洋权益协同创新中心复旦大学分中心、复旦大学中国与周边国家关系研究中心：《"中国周边学"研究和新学科建设研讨会论文集》，世界知识出版社2018年版。

绪 论

大学中国与周边国家关系研究中心编《"中国周边学"研究和新学科建设研讨会论文集》，现已编为《中国周边学研究文集》，2019年4月由世界知识出版社正式出版。《世界知识》2018年第8期"'中国周边学'呼之欲出"封面话题专栏集中刊出其中的6篇文章。

关于新中国周边区域和次区域外交研究。研究者从亚太大区域至东南亚、东北亚、南亚、中亚、西亚、南太平洋等次区域视角探讨新中国周边外交。重要者有：张蕴岭、张宇燕、李向阳先后主编《亚太蓝皮书：亚太地区发展报告》(2001—2018年)[1]，吴心伯等著《亚太大棋局：急剧变化的亚太与我国的亚太方略》[2]和《转型中的亚太地区秩序》[3]，孙学峰等著《东亚安全秩序与中国周边政策转型》[4]，刘稚等著《孟中印缅经济走廊建设的理论与实践》[5]，卢光盛等著《澜湄合作的方向、路径与云南的参与》[6]，邹春萌等著《"N—X"合作机制与早期收获项目：以孟中印缅经济走廊建

---

[1] 张蕴岭主编：《亚太地区发展报告（2000）》，社会科学文献出版社2001年版；张蕴岭主编：《亚太地区发展报告（2001）》，社会科学文献出版社2002年版；张蕴岭主编：《亚太地区发展报告（2002）》，社会科学文献出版社2003年版；张蕴岭主编：《亚太地区发展报告（2003）》，社会科学文献出版社2004年版；张蕴岭主编：《亚太地区发展报告（2004）》，社会科学文献出版社2005年版；张蕴岭主编：《亚太地区发展报告（2005）》，社会科学文献出版社2006年版；张蕴岭主编：《亚太地区发展报告（2006）》，社会科学文献出版社2007年版；张蕴岭主编：《亚太地区发展报告（2008）》，社会科学文献出版社2008年版；张宇燕主编：《亚太地区发展报告（2009）》，社会科学文献出版社2009年版；李向阳主编：《亚太地区发展报告（2010）》，社会科学文献出版社2010年版；李向阳主编：《亚太地区发展报告（2011）》，社会科学文献出版社2011年版；李向阳主编：《亚太地区发展报告（2012）》，社会科学文献出版社2012年版；李向阳主编：《亚太地区发展报告（2013）》，社会科学文献出版社2013年版；李向阳主编：《亚太地区发展报告（2014）》，社会科学文献出版社2014年版；李向阳主编：《亚太地区发展报告（2015）》，社会科学文献出版社2015年版；李向阳主编：《亚太地区发展报告（2016）》，社会科学文献出版社2016年版；李向阳主编：《亚太地区发展报告（2017）》，社会科学文献出版社2017年版；李向阳主编：《亚太地区发展报告（2018）》，社会科学文献出版社2018年版。

[2] 吴心伯等：《亚太大棋局：急剧变化的亚太与我国的亚太方略》，复旦大学出版社2018年版。

[3] 吴心伯等：《转型中的亚太地区秩序》，时事出版社2013年版。

[4] 孙学峰等：《东亚安全秩序与中国周边政策转型》，社会科学文献出版社2017年版。

[5] 刘稚等：《孟中印缅经济走廊建设的理论与实践》，社会科学文献出版社2017年版。

[6] 卢光盛等：《澜湄合作的方向、路径与云南的参与》，社会科学文献出版社2018年版。

设为例》①，周方银主编《中国的亚太战略》②，苏浩著《从哑铃到橄榄：亚太安全合作研究》③，石源华、方秀玉主编《缓和与合作：东北亚国际关系30年》④，祁怀高著《构筑东亚未来：中美制度均势与东亚体系转型》⑤，王光厚著《冷战后中国东盟战略关系研究》⑥，孙士海、江亦丽主编《二战后南亚国家对外关系研究》⑦，赵华胜著《中国的中亚外交》⑧，中国现代国际关系研究院编《东北亚地区安全政策及安全合作构想》⑨，刘清才主编《21世纪初东北亚地缘政治——区域政治与国家关系》⑩，曹云华、唐翀著《新中国与东盟关系论》⑪，陈乔之等著《冷战后东盟国家对华政策研究》⑫，林良光等著《当代中国与南亚国家关系》⑬等。

关于新中国周边外交专题研究。研究者围绕中国周边的热点问题、海洋问题、文化宗教问题、跨界民族等具体议题进行研究。重要者有：洪军主编《中国与周边国家的人文交流与互鉴》⑭，张骥、邢丽菊主编《人文化成：中国与周边国家人文交流》⑮，丁学良著《中国的软实力和周边国家》⑯，

---

① 邹春萌等：《"N—X"合作机制与早期收获项目：以孟中印缅经济走廊建设为例》，社会科学文献出版社2016年版。

② 周方银主编：《中国的亚太战略》，社会科学文献出版社2013年版。

③ 苏浩：《从哑铃到橄榄：亚太安全合作研究》，世界知识出版社2003年版。

④ 石源华、方秀玉主编：《缓和与合作：东北亚国际关系30年》，韩国大旺社出版2002年版。

⑤ 祁怀高：《构筑东亚未来：中美制度均势与东亚体系转型》，中国社会科学出版社2011年版。

⑥ 王光厚：《冷战后中国东盟战略关系研究》，吉林大学出版社2008年版。

⑦ 孙士海、江亦丽主编：《二战后南亚国家对外关系研究》，方志出版社2007年版。

⑧ 赵华胜：《中国的中亚外交》，时事出版社2008年版。

⑨ 中国现代国际关系研究院编：《东北亚地区安全政策及安全合作构想》，时事出版社2006年版。

⑩ 刘清才主编：《21世纪初东北亚地缘政治——区域政治与国家关系》，吉林大学出版社2004年版。

⑪ 曹云华、唐翀：《新中国与东盟关系论》，世界知识出版社2005年版。

⑫ 陈乔之等：《冷战后东盟国家对华政策研究》，中国社会科学出版社2001年版。

⑬ 林良光等：《当代中国与南亚国家关系》，社会科学文献出版社2001年版。

⑭ 洪军主编：《中国与周边国家的人文交流与互鉴》，世界知识出版社2018年版。

⑮ 张骥、邢丽菊主编：《人文化成：中国与周边国家人文交流》，世界知识出版社2018年版。

⑯ 丁学良：《中国的软实力和周边国家》，东方出版社2014年版。

包霞琴等著《转型期日本的对华认知与对华政策》[1]，许涛著《新时代周边外交中的上海合作组织再定位思考》[2]，吴琳著《冷战后中国周边地区政策的动力机制研究》[3]，卢光盛著《缅甸政治经济转型对中国在缅投资的影响与对策研究》[4]，李涛等著《中国—东盟能源资源合作研究》[5]，石源华主编《冷战以来的朝鲜半岛问题》[6]，冯梁等著《中国的和平发展与海上安全环境》[7]，陈峰君、王传剑著《亚太大国与朝鲜半岛》[8]，冯梁等著《中国的和平发展与海上安全环境》[9]，钱洪良主编《中国和平崛起与周边国家的认知和反应》[10]，张兴堂著《跨界民族与我国周边外交》[11]等。

关于新中国与周边国家双边关系和"一带一路"研究。研究者围绕中国与某个周边国家的政治、安全、经济、文化、环境等议题开展研究。较为集中的有中美关系、中俄关系、中日关系、中印关系、中韩关系等方面的大量著作。另有关于"一带一路"研究也与新中国周边外交研究密切相关。由于这方面研究不胜枚举，在此不一一列举。

二、国外研究现状

就国外研究现状进行分析前，需说明的是国外学界对中国"周边外交"有多种英文表述方式，具体包括 Peripheral Diplomacy、Periphery Diplomacy、Neighborhood Policy、Peripheral Policy、Periphery Policy 等。国际学界与智库对新中国周边外交史研究主要集中在以下几个方面：

关于中国整体外交布局下的周边外交研究。研究者围绕中国对外关

---

[1] 包霞琴等：《转型期日本的对华认知与对华政策》，中华书局2017年版。
[2] 许涛：《新时代周边外交中的上海合作组织再定位思考》，《和平与发展》2018年第3期。
[3] 吴琳：《冷战后中国周边地区政策的动力机制研究》，中华书局2016年版。
[4] 卢光盛：《缅甸政治经济转型对中国在缅投资的影响与对策研究》，社会科学文献出版社2016年版。
[5] 李涛等：《中国—东盟能源资源合作研究》，社会科学文献出版社2016年版。
[6] 石源华主编：《冷战以来的朝鲜半岛问题》，韩国高句丽出版社2001年版。
[7] 冯梁等：《中国的和平发展与海上安全环境》，世界知识出版社2010年版。
[8] 陈峰君、王传剑：《亚太大国与朝鲜半岛》，北京大学出版社2002年版。
[9] 冯梁等：《中国的和平发展与海上安全环境》，世界知识出版社2010年版。
[10] 钱洪良主编：《中国和平崛起与周边国家的认知和反应》，军事谊文出版社2010年版。
[11] 张兴堂：《跨界民族与我国周边外交》，中央民族大学出版社2009年版。

系整体布局、"中国梦""和谐世界观"等来探讨周边外交。例如：[印]吉塔·科查尔（Geeta Kochhar）主编《中国对外关系与安全维度》[1]，[丹]卡米利亚·索伦森（Camilla T. N. Sørensen）著《习近平"中国梦"对中国外交政策的意义：从"韬光养晦"到"奋发有为"》[2]，[德]托马斯·赫贝雷尔（Thomas Heberer）著《2014年的中国：在国内政策和外交政策上创建新权力和安全架构》[3]，[韩]元东旭著《中国的地缘政治学与周边外交——以"一带一路"为中心》[4]，[日]赵宏伟等著《中国外交的世界战略：与日、美、亚洲的攻防30年》[5]，[澳]王赓武（Gengwu Wang）和郑永年（Yongnian Zheng）主编《中国：发展与治理》[6]（"第四部分：中国对外关系与全球治理"），[韩]李东律著《中国在周边地区的外交战略与目标》[7] 等。

关于中国周边外交内容和特点研究。研究者围绕中国周边外交的发展、特点、范围、作用和效果进行探索，并结合具体案例进行分析。其中[美]赵穗生著《中国的周边外交及其亚洲邻国》[8]和[美]迈克尔·斯温（Michael Swaine）著《中国对周边外交的看法和评论》[9]是最早和最具有代表性的两篇文章。此外，还有[加]马克·朗泰涅（Marc Lanteigne）著《中

---

[1] Geeta Kochhar, ed., *China's Foreign Relations and Security Dimensions*, London: Taylor & Francis, 2018.

[2] Camilla T. N. Sørensen, "The Significance of Xi Jinping's 'Chinese Dream' for Chinese Foreign Policy: From 'Tao Guang Yang Hui' to 'Fen Fa You Wei'," *Journal of China and International Relations*, Vol.3, No.1 (2015).

[3] Thomas Heberer, "China in 2014: Creating a New Power and Security Architecture in Domestic and Foreign Policies," *Asian Survey*, Vol.55, No.1 (2015).

[4] 원동욱: 중국의지정학과 주변외교: "일대일로"를중심으로, 한국《现代中国研究》2016年第17卷第2号。

[5] 赵宏伟等：《中国外交の世界戦略：日・米・アジアとの攻防30年》，日本明石書店2011年版。

[6] Gungwu Wang and Yongnian Zheng, eds., *China: Development and Governance*, World Scientific, 2013.

[7] 이동률: 중국의주변지역외교전략및목표,《中国研究》2006年第38卷。

[8] Suisheng Zhao, "China's Periphery Policy and Its Asian Neighbors," *Security Dialogue*, Vol.30, No.3 (1999).

[9] Michael D. Swaine, "Chinese Views and Commentary on Periphery Diplomacy," *China Leadership Monitor*, Vol.44, No.1 (2014).

国外交政策：导论》①（第六章专门分析中国周边外交），[以]莫尔·索博尔（Mor Sobol）著《中国周边外交：重复欧洲与邻国交往中的错误》②，[印]西罗希上尉（Capt. R. K. Sirohi）著《中国对周边外交的再审视》③，[美]洛拉·萨尔曼（Lora Saalman）主编《中俄关系与区域动态：从支点到周边外交》④，[新]钟健平（Chien-peng Chung）著《中国在亚太地区的多边合作：北京的"睦邻友好政策"的制度化》⑤，[日]高原明生（Takahara Akio）著《中国的崛起及其周边外交——对日本外交政策的启示》⑥，[韩]韩硕熙著《中国周边外交的成功战略》⑦ 等。

关于中国与周边国家双边关系或多边关系研究。研究者围绕中国与"一带一路"沿线国家关系，以及与周边国家关系研究新中国周边外交。例如：[新]林程欣（Alvin Cheng-Hin Lim）和[美]弗兰克·齐布卡（Frank Cibulka）主编《习近平时代的中国与东南亚》⑧，[印]狄伯杰（B. R. Deepak）主编《中国的全球再平衡与新丝绸之路》⑨，[韩]金爱敬（Aekyung Kim）和[韩]金智英（Jiyoung Kim）著《中国激进的"周边外交"与韩国观点》⑩，[韩]李基铉等著《中国的周边外交战略研究——对中国对朝政

---

① Marc Lanteigne, *Chinese Foreign Policy: An Introduction*, London: Routledge, 2009.

② Mor Sobol, "China's Peripheral Diplomacy: Repeating Europe's Errors in Dealing with the Neighbourhood," *Asian Journal of Comparative Politics*, article first published online: August 23, 2018.

③ Capt. R. K. Sirohi, *China's Relook at the Neighbourhood Diplomacy DRI*, Delhi: Prashant Publishing House, 2018.

④ Lora Saalman, ed., *China-Russia Relations and Regional Dynamics: From Pivots to Peripheral Diplomacy*, Stockholm: Stockholm International Peace Research Institute, 2017.

⑤ Chien-peng Chung, *China's Multilateral Co-operation in Asia and the Pacific: Institutionalizing Beijing's "Good Neighbour Policy"*, London: Routledge, 2010.

⑥ Takahara Akio, "Rise of China and Its Neighborhood Diplomacy-Implications for Japanese Foreign Policy (Janpanese)," IDEAS Working Paper Series from RePEc, 2009.

⑦ 한석희: 중국주변국외교의성공전략, 韩国《成均中国观察》2014年第2卷第2号。

⑧ Alvin Cheng-Hin Lim, Frank Cibulka, eds., *China and Southeast Asia in the Xi Jinping Era*, Mass.: Lexington Books, 2019.

⑨ B. R. Deepak, ed., *China's Global Rebalancing and the New Silk Road*, Singapore: Springer, 2018.

⑩ Aekyung Kim and Jiyoung Kim, "China's Aggressive 'Periphery Diplomacy' and South Korean Perspectives," *The Pacific Review*, Vol.31, No.2 (2018).

新中国周边外交史研究（1949—2019）

策制定的启示》[①]和《中国的周边外交战略与对朝政策——案例与应用》[②]，李熙玉著《中国周边地区战略与对东南亚政策的新调整》[③]，[韩]尹英德著《中国的周边外交战略与对东盟政策》[④]，[美]布鲁斯·埃勒曼（Bruce Elleman）等人主编《北京的力量和中国的边界：亚洲二十个邻国》[⑤]，[日]俞敏浩著《国际社会中的日中关系：1978—2001年的中国外交与日本》[⑥]等。

关于新中国周边外交的专题研究。研究者就中国维和行动、跨界水资源等专题研究中国周边外交。[加]马克·朗泰涅（Marc Lanteigne）和[日]广野美和（Miwa Hirono）主编《中国不断演变的维和方式》[⑦]，[美]卡拉·弗里曼（Carla P. Freeman）著《大坝外交？中国新周边外交和中国水坝建设公司》[⑧]等。

既有的国内外研究成果围绕新中国周边外交展开了多维度、多学科、多视角的广泛研究，为进一步深入开展新中国周边外交史的研究奠定了厚实的基础，但还存在一些问题和有待进一步努力的广阔空间。在研究内容议题上，或偏重于中国亚太战略和次地区战略研究，或偏重于中国与国别外交研究，或偏重于中国与周边国家关系研究，对于中国周边外交史本身仍有必要进一步进行深入研究。在研究时间跨度上，过度聚焦于近10年或20年的中国周边外交，对于中国周边外交形成与发展的继承性与独特性研

---

① 이기현: 중국의주변외교전략연구—중국의대북정책결정에대한함의, 한국통일연구원, 2014。

② 이기현: 중국의주변외교전략과대북정책—사례와적용, 한국통일연구원, 2015。

③ 이희옥: 중국의주변지역전략과대동남아정책의사로운조정, 한국《中苏研究》2011年第35卷第2号。

④ 윤영덕: 중국의주변외교전략과대아세안정책, 한국《韩国与国际政治》2006年第22卷第3号。

⑤ Bruce Elleman et al., eds., *Beijing's Power and China's Borders: Twenty Neighbors in Asia*, London: M. E. Sharpe, 2013.

⑥ [日]俞敏浩著：国際社会における日中関係：1978—2001年の中国外交と日本，日本現代中国区域研究丛书13，日本劲草书房2015年版。

⑦ Marc Lanteigne and Miwa Hirono, eds., *China's Evolving Approach to Peacekeeping*, London: Routledge, 2012.

⑧ Carla P. Freeman, "Dam Diplomacy? China's New Neighbourhood Policy and Chinese Dam-Building Companies," *Water International*, Vol.42, No.2 (2017).

究有待深入。在研究分析视角上，现有国内外关于中国周边外交的研究多偏向于政策视角分析，有必要从历史视角、理论视角或综合视角拓宽研究思路。

第三节　前期研究基础

本书主要作者石源华对于新中国周边外交史的关注和研究，从历史问题研究入手，逐步扩展至新中国周边外交现实问题的研究。1995年，石源华承担了上海市"九五"中长期规划项目"近代中国与周边国家关系史"。2006年，最终成果《近代中国周边外交史论》作为复旦大学国际问题研究丛书之一，由上海辞书出版社出版。2008年，该书获上海市哲学社会科学优秀著作二等奖。此书的增订已经完成，即将由中华书局再版。

2010年，石源华承担上海市社会科学重大项目暨国家社会科学后期资助项目"中华民国外交史研究"，民国时期的周边外交研究是该项目研究的主要特色之一和重要组成部分。2013年，最终成果《中华民国外交史新著》（全三卷）由社会科学文献出版社出版。2014年，该书获上海市哲学社会科学优秀著作一等奖；2015年，获教育部第七届高等学校科学研究优秀成果奖（人文社会科学）一等奖。

石源华还承担了其他重大项目的周边外交子课题研究，如和郑继永合作承担复旦大学倪世雄教授主持之教育部哲学社会科学研究重大课题攻关项目"我国的地缘政治及其战略研究"的"中国东北亚地缘政策"子课题，承担上海社会科学院金永明研究员主持之中国太平洋学会重大项目"东海争议岛屿史地考证及相关问题研究"的"中日琉球争端问题"子课题，承担中国社会科学院张蕴岭学部委员主持之国家新闻出版总署重大项目"中外关系研究（1978—2018）"之"中国与周边国家"子课题等，这些课题成果均已顺利结项，为本书的框架设计和写作奠定了一定的基础。

2012年9月起，石源华参与合作培育武汉大学领衔的"2011计划"项目"国家领土主权与海洋权益协同创新中心"。2014年，该协同创新中心获教育部认定和批准，石源华任中心副主任兼复旦大学分中心主任，同时任复旦大学中国与周边国家关系研究中心主任，领衔该协同创新中心"中国与周边国家关系"研究团队的工作。六年来，分中心已经或正在开展的主要工作有十个方面：

1. 主编出版"中国周边外交研究丛书"。已出版或完成待出版共11种著作：《中国崛起背景下的周边安全与周边外交》（祁怀高等著）、《冷战后中国周边外交的动力研究》（吴琳著）、《中国周边外交十四讲》（石源华著）、《转型期日本的对华认知与对华政策》（包霞琴等著）、《人文化成：中国与周边国家人文交流》（张骥、邢丽菊主编）、《中国与周边各国的人文交流和互鉴》（洪军主编）、《近代中国的周边外交》（石源华等著）、《权力扩散视角下的中越南海争端研究》（赵卫华著）、《中国与"一带一路"沿线支点国家发展战略对接研究》（祁怀高著）、《近代中朝宗藩关系研究》（张礼恒著）、《东亚地缘格局的新变迁与中国的复合型大战略构想》（郭锐著）等，这些著作成为本书写作的重要参考书籍。

2. 主编出版《中国周边外交学刊》。该刊为国内首部中国周边外交研究集刊，每年出版两辑，已出版或完成待出版10辑，刊出学术论文200余篇，开辟的专栏主要有"周边外交综合研究""中国周边学笔谈""'一带一路'研究""周边外交七十年""周边次区域研究""周边人文交流""周边经济合作""周边国情研究""周边看中国""周边热点问题"等。学刊的宗旨是"瞄准中国国家领土主权与海洋权益重大问题，努力推进对中国与周边国家之间的政治、经济、外交、文化关系的理论研究、战略研究、个案研究和综合研究，开辟一块培育中国周边外交研究的新园地"。学刊拓宽了对于中国周边外交史研究的思路和视野，对于本书的写作具有重要的参考价值。

3. 主编出版中国周边外交研究系列报告。每年邀请全国高层专家参加"复旦大学中国周边外交研讨会"，在此基础上形成年度研究报告，已经出版或完成待出版5部，在学术界产生重要影响，积累了本书写作的基础、观点和资料。

4. 开展周边国家国情研究，主编出版大型工具书《中国周边国家概览》（石源华、祁怀高主编）。该书涵盖64个"大周边"国家的基本国情及其与中国关系，内容包括基本国情（领土、人口、民族、经济、国防、政治制度、主要政党与领袖等）、外交与对外关系（国际战略、外交政策、对外关系、参与国际组织等）、对华关系（建交时间、相互关系、主要合作领域、双边贸易额、投资额等）、与中国的主要分歧（领土、海洋、河流、民族、反恐、反毒、环境等）、对中国"一带一路"倡议的态度等。该书是了解和研究中国周边国家国情的重要工具书，有助于新中国周边外交史研究。

5. 主办或合办围绕中国周边外交研究的国际会议10次，国内会议26次，圆桌会议35次。会议内容涉及中国周边外交理论、战略、政策、顶层设计研究，东南亚、东北亚、南亚、中亚、西亚、南太平洋等中国周边次区域研究，中国周边国别和国情研究，"一带一路"、"命运共同体"、海洋战略、跨界民族、宗教安全、全球公域战略、周边人文交流、朝核问题等周边重大热点问题研究等，这些会议的研讨内容为本书写作提供了大量重要信息、观点和资料。

6. 根据国家领土主权与海洋权益协同创新中心服务国家急需的总体要求，为政府提供各种咨询报告60余份，承担政府各部门高层研究项目30余项，参与国家相关部门组织的各种会议和调研活动，以周边外交为中心，为国家发展和安全作出了一定的贡献，也为活跃思考中国周边外交各种前瞻问题提供了帮助。

7. 主办复旦大学中国周边外交高层论坛65次。邀请国内和海外的高层人士和著名学者来校演讲，为我们全面了解中国周边外交战略和周边国家如何看待中国提供了很好的平台，也为本书写作提供了重要参考观点和一手资料。

8. 发起组织"中国—东盟学术共同体"，联合文莱大学亚洲研究所、柬埔寨皇家研究院人文与社会科学研究所、印度尼西亚大学东盟研究中心、老挝国立大学亚洲研究中心、马来西亚马来亚大学中国研究所、缅甸仰光大学国际关系系、菲律宾大学边利曼分校亚洲研究中心、泰国朱拉隆功大学东盟研究中心、越南社会科学翰林院东南亚研究所等共建。学术共同体每年举办国际学术会议，组织东盟青年学者来校短期研修项目等，提供了许多来自周边国家的观点和鲜活资料。

9. 与世界知识杂志社合作，开辟了"中国周边外交重大问题研究专栏"（封面专题报道），就中国周边外交研究中的若干重大问题或热点问题,集中发文进行专题研讨。已推出14期,主题有"周边外交的习近平色彩""'一带一路':不留缺口才完美""全球公域秩序与中国的应对""周边外交中的'经略'与'塑造'""外空秩序与中国应对战略""中国与东盟合作:做增量不做减法""我居北海君南海——为南海解局寻求借鉴""周边外交谨防'愿望思维'""中国与东盟:分歧管控与合作共赢""未来十至十五年的中国周边外交""国家形象与中国周边关系""'一带一路'建设中的宗教因素""中国周边学呼之欲出""淡定应对周边外交环境变化"等,在海内外产生了广泛而积极的影响。同时,首席专家石源华应《世界知识》杂志社邀请,撰写"周边外交新视点"专栏,月刊1篇,已刊50余期,提出和宣传周边外交的个性观点和主张,引导公共舆论,宣传中国国策,提出政策建议,成为充实本书内容的重要观点来源。

10. 提出和推介"中国周边学"新概念和新学科建设。已经出版的《中国周边学研究文集》(石源华主编)是首批研究成果的精选文集,共收入27篇论文和14篇笔谈稿,是"中国周边学"研究的结晶和最新成果,汇聚了国内学术界重要专家学者对"中国周边学"研究的新观点和新思路。中国社会科学院学部委员、国际关系学部前主任、著名国际政治学者张蕴岭先生和中共中央对外联络部研究室主任栾建章先生应邀为该书撰写了热情洋溢、评点中肯和高屋建瓴的序言。该书的核心观点是,"中国周边学"是为适应中国从富起来到强起来的历史任务和时代需求而建设的新理论和新学科。中国成长为一个世界级大国后,需要解决如何与周边国家友好相处,合作共赢,建设中国所倡导的"人类命运共同体",实现中国强大后仍不称霸的庄严承诺。建设"中国周边学"的历史目标和任务是,实际贡献中国成为周边和世界"中心国家"后对中国周边地区的应对方略和理论建树。围绕"中国周边学"的研讨及其成果,成为本书内容的组成部分之一。

2016年,石源华撰写的《中共十八大以来中国周边外交研究报告》[①]出版后,受到各方重视。2017年8月30日,中共中央党史研究室科研管理部撰文《习近平总书记外交思想相关图书选介》,将本书列为近年来"关

---

① 石源华:《中共十八大以来中国周边外交研究报告》,社会科学文献出版社2016年版。

于我国外交政策的研究成果"的五种代表著作之一,肯定本书研究新时期中国周边外交的政治意义和学术价值。中国共产党新闻网、人民网、新华网等网站转载、推介,产生了很大的社会影响和政治影响。2018年10月,该书荣获中国社会科学评价研究院和《科技日报》组织的"第一届中国智库学术成果优秀著作奖"。

石源华担任总主编的《中华人民共和国周边外交编年史》(8卷本),入选《"十三五"国家重点图书、音像、电子出版物规划》;石源华承担的《新中国周边外交史研究(1949—2019)》,入选复旦大学传世之作学术精品研究项目。这些都是建设中国周边外交史研究的基础工程。

20年来,石源华还应各方邀约撰写若干专题研究论文和会议报告,发表在《中国社会科学内部文稿》《中国社会科学文摘》《世界经济与政治》《国际问题研究》《国际关系研究》《新华月报》《当代中国史研究》《红旗文摘》《当代世界》以及韩国《国防政策研究》(SSCI)、日本东洋文库《新亚洲探索研究》等刊物上。其中《未来十年中国周边环境的新挑战与周边外交新战略》[1]获得2014年上海社科联优秀论文奖;《中国的周边安全挑战与大周边外交战略》[2]2014年获"上海市第十二届哲学社会科学优秀成果(2012—2013)"论文类二等奖。这些为撰写本书提供了重要的参考。

本书学者都是在周边外交各个研究领域中有影响力的重要学者。

本书第四章"中国的对美外交"由复旦大学美国研究中心副研究员潘亚玲撰写。潘亚玲主要研究美国政治文化与外交政策、中美人文交流,其代表性成果有《美国政治文化转型与外交战略调整》[3]《安全化与冷战后美国对华战略演变》[4]《亚裔美国人游说与中美关系》[5]等。

第五章"中国的对日外交"由上海日本研究学会会长,上海国际问题

---

[1] 石源华、祁怀高:《未来十年中国周边环境的新挑战与周边外交新战略》,载复旦大学中国与周边国家关系研究中心编:《中国周边外交学刊》2015年第一辑(总第一辑),社会科学文献出版社2015年版。

[2] 祁怀高、石源华:《中国的周边安全挑战与大周边外交战略》,《世界经济与政治》2013年第6期。

[3] 潘亚玲:《美国政治文化转型与外交战略调整》,复旦大学出版社2018年版。

[4] 潘亚玲:《安全化与冷战后美国对华战略演变》,复旦大学出版社2016年版。

[5] 潘亚玲:《亚裔美国人游说与中美关系》,辽宁人民出版社2014年版。

研究院咨询委员会副主任、研究员吴寄南撰写。吴寄南主要研究日本政治、中日关系，其代表性研究成果有《坚持高度战略定力实现中日关系转圜》[①]《试论中日重构战略互信的路径选择》[②]《冷战后的日台关系》[③]《中日关系"瓶颈"论》[④]等。

第六章"中国的对俄（苏）外交"由中国社会科学院俄罗斯东欧中亚研究所俄罗斯外交室副主任、研究员李勇慧撰写。李勇慧主要研究俄罗斯中亚问题、中俄关系，其代表性研究成果有《中俄美三角关系：现状、特点、成因及应对》[⑤]《普京东北亚政策解析》[⑥]《中国和平发展进程中的中俄日关系》[⑦]等。

第七章"中国的对印外交"由武汉大学中国边界与海洋研究院教授、博士生导师关培凤撰写。关培凤主要研究中印关系、中印边界问题，其代表性研究成果有《当前莫迪政府对华政策及中印关系发展前景》[⑧]《洞朗对峙引发的国内反应及反思》[⑨]《1959年中印边界冲突对中缅边界谈判的影响》[⑩]等。

第八章"中国的东北亚区域外交"由烟台大学马克思主义学院教授王明星撰写。王明星主要研究朝鲜半岛政治、朝鲜史，其代表性研究成果有《韩国近代外交与中国》[⑪]《高丽联邦共和国统一方案的提出及历史意义》[⑫]

[①] 吴寄南：《坚持高度战略定力实现中日关系转圜》，《现代日本经济》2018年第8期。
[②] 吴寄南：《试论中日重构战略互信的路径选择》，《日本学刊》2013年第4期。
[③] 吴寄南：《冷战后的日台关系》，上海人民出版社2009年版。
[④] 吴寄南：《中日关系"瓶颈"论》，时事出版社2003年版。
[⑤] 李勇慧：《中俄美三角关系：现状、特点、成因及应对》，《俄罗斯东欧中亚研究》2018年第5期。
[⑥] 李勇慧：《普京东北亚政策解析》，《东北亚学刊》2017年第3期。
[⑦] 李勇慧：《中国和平发展进程中的中俄日关系》，《俄罗斯东欧中亚研究》2007年第4期。
[⑧] 关培凤：《当前莫迪政府对华政策及中印关系发展前景》，《现代国际关系》2019年第2期。
[⑨] 关培凤：《洞朗对峙引发的国内反应及反思》，《边界与海洋研究》2017年第5期。
[⑩] 关培凤：《1959年中印边界冲突对中缅边界谈判的影响》，《当代中国史研究》2014年第1期。
[⑪] 王明星：《韩国近代外交与中国》，中国社会科学出版社1998年版。
[⑫] 王明星：《高丽联邦共和国统一方案的提出及历史意义》，《韩国研究论丛》2003年第十辑。

《走向一体化时代的东亚民族主义问题》[①]等。

第九章"中国的东南亚区域外交"由广东国际战略研究院研究员赵卫华撰写。赵卫华主要研究中国周边外交、东南亚问题、中越关系,其代表性研究成果有《权力扩散视角下的中越南海争端研究》[②]《越南南海政策调整:演变与实质》[③]《中越南海争端解决模式探索——基于区域外大国因素与国际法作用的分析》[④]等。

第十章"中国的中亚区域外交"由中国社会科学院俄罗斯东欧中亚研究所中亚与高加索研究室主任、研究员张宁撰写。张宁主要研究中亚国情、区域国际合作机制、欧亚大国战略,其代表性研究成果有《哈萨克斯坦独立后的政治经济发展(1991—2011)》[⑤]《中亚能源与大国博弈》[⑥]《中亚地区经济与世界经济比较》[⑦]等。

第十一章"中国的南亚区域外交"由复旦大学国际问题研究院南亚研究中心副主任、研究员林民旺撰写。林民旺主要研究南亚政治、中印关系,其代表性研究成果有《"一带一路"与南亚地缘政治》[⑧]《中印战略合作基础的弱化与重构》[⑨]《印度对"一带一路"认知及中国的政策》[⑩]等。

第十二章"中国的西亚区域外交"由吉林大学行政学院国际政治系主任、教授郭锐撰写。郭锐主要研究当代中国外交、大国关系等,其代表性研究成果有《中国的西亚外交》[⑪]《西亚地区乱局与中国的西亚外交政策调

[①] 王明星:《走向一体化时代的东亚民族主义问题》,载李廷江、石源华主编:《东亚区域合作与中日韩关系》,社会科学文献出版社2013年版。

[②] 赵卫华:《权力扩散视角下的中越南海争端研究》,世界知识出版社2018年版。

[③] 赵卫华:《越南南海政策调整:演变与实质》,《东南亚研究》2019年第1期。

[④] 赵卫华:《中越南海争端解决模式探索——基于区域外大国因素与国际法作用的分析》,《当代亚太》2014年第5期。

[⑤] 张宁:《哈萨克斯坦独立后的政治经济发展(1991—2011)》,上海大学出版社2012年版。

[⑥] 张宁:《中亚能源与大国博弈》,长春出版社2009年版。

[⑦] 张宁:《中亚地区经济与世界经济比较》,载吴宏伟主编:《中亚地区发展与国际合作机制》,社会科学文献出版社2011年版。

[⑧] 林民旺:《"一带一路"与南亚地缘政治》,世界知识出版社2018年版。

[⑨] 林民旺:《中印战略合作基础的弱化与重构》,《外交评论》2019年第1期。

[⑩] 林民旺:《印度对"一带一路"认知及中国的政策》,《世界经济与政治》2015年第4期。

[⑪] 郭锐:《中国的西亚外交》,载石源华主编:《中国周边外交研究报告(2017—2018)》,世界知识出版社2018年版。

整》[1]等。

第十三章"中国的南太平洋区域外交"由中山大学历史系副教授、大洋洲研究中心研究员费晟撰写。费晟主要研究亚太地区国际关系史、大洋洲史,其代表性研究成果有《澳新南太国家政治安全风险》[2]《南太平洋岛国华人社会的发展:历史与现实的认知》[3]《中国自太平洋岛国的进口:现状概述与建议》[4]等。

本书第四编"新中国的周边多边外交"(含国际会议与国际组织)由复旦大学国际问题研究院副院长、副研究员祁怀高撰写。祁怀高主要研究国际组织与全球治理、中国周边外交、亚太国际关系,其代表性研究成果有《构筑东亚未来:中美制度均势与东亚体系转型》[5]《欧洲煤钢联营经验对南海共同开发的启示》[6]《未来十年东北亚地缘政治结构的变化及其影响》[7]等。

第四节　框架设计与创新观点

本书的研究以历史为纵向线索,回顾和总结70年中国周边外交史,并着重研究改革开放时期尤其是新时代的周边外交;以理论综述、周边大国外交、次区域外交、多边外交为横向坐标,研究方法注重国际政治学理论和历史学方法论相结合,叙述注重历史叙述与理论分析相结合,注重弘扬

---

[1] 郭锐:《西亚地区乱局与中国的西亚外交政策调整》,载复旦大学中国与周边国家关系研究中心编:《中国周边外交学刊》2016年第一辑(总第三辑),社会科学文献出版社2016年版。

[2] 费晟:《澳新南太国家政治安全风险》,载翟崑、周强、胡然主编:《"一带一路"案例实践与风险防范:政治安全篇》,海洋出版社2017年版。

[3] 费晟:《南太平洋岛国华人社会的发展:历史与现实的认知》,《太平洋学报》2014年第6期。

[4] 费晟:《中国自太平洋岛国的进口:现状概述与建议》,载喻常森主编:《大洋洲蓝皮书:大洋洲发展报告(2017—2018)》,社会科学文献出版社2018年版。

[5] 祁怀高:《构筑东亚未来:中美制度均势与东亚体系转型》,中国社会科学出版社2011年版。

[6] 祁怀高:《欧洲煤钢联营经验对南海共同开发的启示》,《太平洋学报》2017年第10期。

[7] 祁怀高、李开盛、潘亚玲、吴其胜:《未来十年东北亚地缘政治结构的变化及其影响》,《世界经济与政治》2016年第8期。

新中国周边外交成就与总结经验教训相结合。

本书的研究重点是对新中国成立以来的中国周边外交史作出理论上的反思、总结和探讨。本书努力从习近平时代的新理念、新思路、新战略高度，回顾与反思中国周边外交史上若干重大问题的是非得失，作出客观分析，总结必要的历史经验和教训，凸显专题研究的特色，有利于更好地理解和阐明当今中国的周边外交新理论和新实践。

本书的研究框架如下：

绪论

一、研究缘起和意义

二、国内外研究成果述评

三、前期研究基础

四、框架设计与创新观点

第一编　新中国周边外交史研究概论

一、新中国不同时期领导人的周边外交思想

二、新中国周边外交的历史演变

三、构建"中国周边学"的新话语体系

第二编　新中国的周边大国外交

一、中国的对美外交

二、中国的对日外交

三、中国的对俄（苏）外交

四、中国的对印外交

第三编　新中国的周边区域外交

一、中国的东北亚区域外交

二、中国的东南亚区域外交

三、中国的中亚区域外交

四、中国的南亚区域外交

五、中国的西亚区域外交

六、中国的南太平洋区域外交

第四编　新中国的周边多边外交

一、中国融入国际体系与周边多边外交历史进程

二、新时代中国周边多边外交的进展与特点
三、中国周边多边外交面临的挑战与展望
结论　百年未有之大变局与中国周边外交
一、周边外交仍然占据中国外交首要地位
二、制定适应百年未有之大变局的发展大战略
三、推行大国协调合作，稳定周边大局
四、深化与周边"中间国家"命运共同体关系建设
五、推动"一带一路"融入"中国梦"路线图

本书研究的主要创新之处：
1. 运用"大周边"概念，进一步扩大了中国周边国家的范围

周边的地理范围原限定于美（特殊周边国家）、俄、日、印地区大国以及东北亚、东南亚、南亚、中亚四个次区域地区，本书运用"大周边"概念，增加了西亚和南太平洋两个次区域地区，并将六个次区域地区分为"东部区域"与"西部区域"两大块，研究地理范围有所扩大，使之真正包括了中国周边地区的全部国家。

2. 考察和研究中国周边外交"首要"战略定位的形成和发展

本书回顾与阐明中国周边外交概念从无到有，从冷战思维和"三个世界"思维转换到今天占据中国外交首要地位的历史演变进程，论述冷战思维和"三个世界"理论已经不能适应当前中国所面临的国际格局，进而论证中国周边外交"首要"定位的战略意义和历史必然性。

3. 提出和分析新中国周边外交变迁的"七阶段论"

本书提出"七阶段论"，即"联苏抗美阶段""反美又反苏阶段""联美抗苏阶段""不与大国结盟阶段""全方位阶段""向大国转型阶段""大国外交时代阶段"，分析70年新中国周边外交在站起来、富起来、强起来三大历史进程的不同历史阶段的不同特点，探寻每个历史阶段中国周边外交的基本构架和思路，对于理解新中国周边外交格局的演变、未来周边实施大国外交的走向以及中国与周边国家间若干历史问题的处理等，具有重要的意义。

4. 注重新中国不同时期领导人的周边外交思想及其比较研究

新中国不同时期领导人的周边外交思想既有不同的时代特点，又有一脉相承的继承性。习近平提出的一系列重要周边外交新理念、新思路和新战略，既是新中国不同时期领导人共同努力奋斗的结晶，有重要的继承性，又是习近平根据百年未有之大变局，对中国周边外交战略的设计、发展和创新。

5. 探讨和研究中国周边外交理论和实践的是非得失，论证新时期中国周边外交的新特点

中国周边外交理论经历了冷战和以阶级斗争为纲的时代洗礼，"革命与战争"曾长期被认为是时代主题，准备随时应对可能发生的战争，曾是中国周边外交的基本出发点，全面否定既成的国际体系是中国周边外交的基本前提，意识形态超越国家利益成为中国周边外交的基本原则，中国四面出击，实施反帝反修反对各国反动派外交，曾使中国在国际和周边陷入较为孤立的境地，留下诸多历史性的经验教训。本书全面回顾总结中国历代领导人周边外交思想的是非得失，总结提炼宝贵的历史经验和理论财富，从而更好地论证当今和未来中国周边外交的新特点。

6. 在研究思路和内容上改变偏重大国研究的传统倾向

本书在研究思路和内容上力争做到统筹周边大国外交研究与周边小国外交研究，兼顾周边区域外交研究和周边国别外交研究，均衡周边双边外交研究与周边多边外交研究，努力全面反映中国周边外交70年的全貌。

7. 构建"中国周边学"的新话语体系

本书特别关注"中国周边学"的倡议和研讨，努力构建"中国周边学"的新话语体系。积极推介和研讨"中国周边学"，研究其概念内涵和理论范式，形成较为一致的认知和开展研究的共识，是本书的重要创新之点。"中国周边学"是为适应中国从富起来到强起来的历史任务和时代需求而建设的新理论和新学科。中国不可避免地终将成长为一个世界强国，"中国周边学"的核心目标和任务是解决届时如何与周边国家友好相处、合作共赢，建设中国所倡导的"人类命运共同体"，实现中国强大后仍不称霸的庄严承诺，实际贡献中国成为周边和世界"中心国家"后对中国周边地区的应对方略和理论建树，努力构建"中国周边学"的新话语体系，推动实现"人类命运共同体"的宏伟目标。

第一编

新中国周边外交史研究概论

第一章　新中国不同时期领导人的周边外交思想[①]

导　读

本章系统考察和梳理了新中国建立70年来中国不同时期领导人周边外交思想的内容和特点。中国不同时期领导人周边外交战略思想的变化，是他们对于不断变化的国际环境和周边环境的应对，也反映了他们的周边外交思想在实践中代代传承，不断走向成熟。2013年党中央召开的周边外交工作座谈会是一个重要的历史转折点。习近平集新中国不同时期领导人周边外交思想之精华，提出了一系列中国周边外交的新思路和新设计，科学评估了中国周边外交面临的新环境和新挑战，肯定了中国战略机遇期有望继续延长，确定了中国周边外交的新定位，提出了中国周边外交的新理念、新战略、新路径，开创了中国周边外交的新局面和对外影响空前巨大的新时代。

中国是世界上拥有众多周边邻国的国家，也是世界上处理周边外交问题最为复杂和困难的国家。中国的国家安全、政治稳定、经济发展、文化自信乃至国际地位的提升都需要一个和平的、友好的、稳定的周边环境。周边外交历来在新中国的外交战略中占有极为重要的地位，中国共产党不同时期领导人均为之不懈努力。中国的周边外交政策既受到国际格局变迁

[①] 本章原为纪念中国共产党成立90周年而作，由笔者与上海行政学院陈莉菲副教授合作撰写。2016年，曾收入石源华著《中国周边外交十四讲》，增加了"胡锦涛时期的周边外交思想"一节，收入本书时又增加了"习近平时期的周边外交思想"一节，并由笔者对全文作了较大篇幅的修改和补充。

和周边环境变化的影响和制约,同时也与中国共产党领导人的世界战略思维和周边外交思想有关。研究他们的周边外交思想,探研其对于马列主义国际关系学说的发展与贡献,不仅对于新中国周边外交史的研究具有重要的学术意义,而且对于当今周边外交战略的制定和外交政策的实施具有重要的现实意义。①

第一节　毛泽东时期的周边外交思想[②]

新中国成立之时,第一代领导人面临的周边环境具有双重特征,有利的方面是世界反法西斯战争胜利结束,改变了战前原有的国际体系和国际政治力量对比。昔日强国德、意、日彻底战败,英、法遭遇严重削弱,美、苏成为两大强国。以苏联为首的社会主义阵营出现,积极支持东方被压迫民族的解放运动,美国为自身利益的扩展,也积极排斥英、法等老牌殖民国家在东方的殖民势力。民族解放运动趁势风起云涌,世界殖民体系在亚非拉地区首先崩溃,中国周边出现了印度、缅甸、菲律宾、朝鲜、韩国等一大批新独立的国家。越南正开展独立解放战争,努力摆脱法国的殖民统治,争取解放,走向独立。中国与周边国家关系发生了历史性的变化。晚清以来形成的列强包围、鲸吞、瓜分中国及其周边国家的殖民地体系瓦解,中国和新成立的周边国家形成了近代意义上的国家关系体系。总体而言,中国与曾经共同遭遇列强侵略命运的新独立国家建立了相对友好的邻国关系,构成了中国周边外交前所未有的有利局面。

不利的方面是帝国主义侵略和殖民统治的残余势力在亚洲依然存在,美苏冷战不断升级,出现了东西方两大阵营对峙。美国采取敌视新中国政策,形成了从周边包围中国的战略新态势,不利于中国周边外交策略的实施。中国国内经历了国共两党的世纪大决战,实现了新旧换代,中国共产党取代了国民党政权。新中国周边外交面临着美国的政治对抗、军事敌对、经济封锁的严重局面。中国周边国家的对华态度也呈现分歧:苏联、

---

① 参见石源华:《中国周边外交十四讲》,社会科学文献出版社2016年版,第206—207页。
② 同上,第207—212页。

第一章　新中国不同时期领导人的周边外交思想

朝鲜、蒙古国①、越南与新中国站在一起，日本、韩国、菲律宾等站在美国一边，与新中国对抗，印度、巴基斯坦、缅甸、尼泊尔、泰国等采取中立态度。

20世纪40年代末至50年代，毛泽东根据当时的国际环境、中国国家安全和政治经济利益的需要，确定了对苏"一边倒"和对美坚决抗争的战略方针，其周边外交的内容和特征亦由此外交总战略决定。毛泽东一再强调："一边倒，是孙中山的四十年经验和共产党的二十八年经验教给我们的，深知欲达到胜利和巩固胜利，必须一边倒。""不是倒向帝国主义一边，就是倒向社会主义一边，绝无例外。中立是伪装的，第三条道路是没有的。"② 这表明了新中国在当时冷战两极对立的国际关系和国际政治格局中所持的基本立场。中国对于周边国家的态度则根据周边国家在两大阵营间的站位，而分别决定采取或结盟，或争取，或对立，或不惜一战的不同态度。其间，在中国周边产生的最重大的事件是，中苏签署《中苏友好同盟互助条约》和中美之间长达三年的朝鲜战争，对于当时和此后相当长一段时期的中国周边形势产生了至关重要的影响。

20世纪60年代，世界进入了大动荡、大分化、大改组的新时代。由于美国继续推行敌视中国政策，驻兵韩国、日本、菲律宾，出兵侵略越南南方，轰炸越南民主共和国，战争规模不断升级，从东南一线严重威胁中国安全，中美间再次发生类似朝鲜战争而形态有所不同的援越抗美战争。由于社会主义阵营内部出现中苏两党意识形态大论战，由两党意识形态分歧发展为两国之间的争端和对立，甚至发生中苏边境的武装冲突。苏联推行大国沙文主义和霸权主义，在中苏、中蒙边境陈兵百万，不断挑起事端，扬言要对中国发动核战争，从北线严重威胁中国安全。其他敌视中国的各种势力乘机而起，围攻中国，如印度趁机挑起了中印边界冲突。中国的周边环境日益恶化，"备战"成为中国的政治安全主调。为此，毛泽东、周恩来等领导人确定了以称为"两个拳头打人"的"两条线"（反美又反苏）外交战略为主要特征的周边外交新政策。在恶劣的国际环境下，战争的阴

---

① 1992年2月12日，蒙古人民共和国改国名为蒙古国，下文为方便论述统称蒙古国。
② 毛泽东：《论人民民主专政》（1949年6月30日），《毛泽东选集》（第四卷），人民出版社1991年版，第1472—1473页。

云笼罩在中苏两国上空。

20世纪60年代末70年代初，世界格局出现新的变化，美苏冷战呈现苏攻美守的趋势，世界出现多极化的趋向，中国的周边环境出现重大转机。毛泽东根据新情况和中国安全和政治经济需要，及时抓住良机，确定了以"一条线"（联美抗苏战线）外交战略为主要特征的周边外交新战略。"以中美关系的缓和为历史契机和突破口，以中国恢复在联合国的合法席位为主要驱动力，一度陷入困境的新中国和平外交'突围'成功，重新走进国际舞台，新中国和平外交的各项工作均取得了比较明显的成就，对于中国有利的国际形势和外交格局逐步呈现。"[①]

中国共产党第一代领导人在实施周边外交的实践中，经历了三个不同的历史阶段，根据不同的世界局势和周边环境，实施了不同的外交战略和政策，取得了辉煌的成就，初步塑造了新中国进行社会主义革命和经济建设的和平环境和历史机遇。毛泽东时期的周边外交思想主要体现在以下方面：

一、"革命与战争"为时代主题，将国家生存安全放在首位

以毛泽东为代表的第一代领导人的周边外交思想建立在"新的世界大战的危险依然存在"和"当前世界的主要倾向是革命"的基本战略估量之上，较多地体现了革命和战争的特色。毛泽东明确提出"要准备打仗"，"小打就在边界上打。大打，我主张让点地方来"，"他进来了，我看比较有利，不仅有理，而且有利，好打，使他陷在人民包围中间"。[②] 中共九大号召全党全国人民，"要作好充分准备，准备他们大打、准备他们早打。准备他们打常规战争，也准备他们打核大战"，"他们一定要打，我们奉陪到底"。[③] 面对新中国严峻而恶劣的周边安全威胁，毛泽东的战略决策立足于最坏打算，向最好方向努力，以备战、小战或局部战争的行动，加强年轻

[①] 刘鹏飞、李葆珍：《新中国外交简史》，人民出版社2014年版，第84页。

[②] 毛泽东：《在中共九届一中全会上的讲话》（1969年4月28日），《建国以来毛泽东文稿》第13册，中央文献出版社1998年版，第38页。

[③] 《在中国共产党第九次全国代表大会上的报告》（1969年4月1日），《人民日报》1969年4月28日。

共和国的国防建设以及掌握核武器和远程导弹的实际能力,以制止战争,争取长远和平目标的实现。这是中国第一代领导人对于国家生存和安全最早的顶层战略设计,取得重要的战略性成果。中国通过三年抗美援朝战争,以弱胜强,迫使美国签署《朝鲜停战协定》,奠定了新中国国家安全的基石,换取了70年和平建设和长治久安的战略环境。中国通过"准备打仗"的备战行为和实际战争能力,避免和中止了当时苏联可能发动的对华战争行为。中国抓住美苏发生古巴危机的良好国际机会,果断地进行中印边境自卫反击战,制止了印度对华挑衅行为,奠定了中印边境安全的有利态势。

二、坚持对外交涉的独立自主原则,维护中国主权和领土完整

独立自主,在中国共产党第一代领导人的周边外交思想中始终占有极为重要的地位。新中国不仅对所有的以美国为首的西方国家坚持独立自主的外交政策,在主权问题上不作任何原则性让步,即使对于最大的周边和同盟国家苏联也同样坚持独立自主的原则。毛泽东等中共领导人在涉及主权的问题上据理力争,决不妥协和让步。在新中国成立前夕中苏领导人的数次高层接触中,中共方面始终未对苏联与中国国民党政府签署的《中苏友好同盟条约》的合法性表明态度,双方对于中国长春铁路和东北部分企业的产权问题也发生过矛盾和摩擦。[①] 1950年2月,毛泽东、周恩来等中共领导人赴莫斯科,经过艰苦的谈判,与苏联签署《中苏友好同盟互助条约》,规定立时或在确定的期限内收回中国在"雅尔塔协定"及上述条约中所丧失的除外蒙古主权以外的重大权益,清除了外国在中国所享有之不平等特权。1958年,当苏联向中国提出建立长波电台和组建联合舰队两项损害中国主权的建议时,毛泽东认为这是涉及中国主权的政治问题,当即予以拒绝,并向苏方强烈表示:"要讲政治条件,连半个指头都不行!"[②] 20

[①] 沈志华:《建国前夕中共与苏联的经济关系——苏联对华经济援助研究之一(1948—1949)》,"1949年的中国"国际学术会议论文,北京,1999年12月至2000年1月。

[②] 毛泽东:《同苏联大使尤金的谈话》(1958年7月22日),载中华人民共和国外交部、中共中央文献研究室编:《毛泽东外交文选》,中央文献出版社、世界知识出版社1994年版,第330页。

世纪60年代初期,当苏联策动各国共产党和工人党对中国共产党进行围攻,并以突然撤走在中国工作的苏联专家和顾问为手段迫逼中国屈服时,毛泽东和中共领导人表示"宁可被辗得粉碎也不屈服","中国共产党永远不会接受父子党、父子国的关系"。当中苏发生边境武装冲突,苏联扬言要用先发制人的手段摧毁中国核基地,进行威吓讹诈时,中共领导人不为所动,声明"中国决不会被战争威胁,包括核战争威胁所吓倒!"中共领导人的坚定态度,迫使苏联重新回到谈判的立场上来。①

三、支持邻国反对外来侵略,打破美国孤立封锁中国阴谋

新中国建立后,美国是中国最主要的威胁,也是中国与周边国家建立睦邻友好关系的最大障碍。对于美国侵略中国周边邻国的行径,毛泽东等中共领导人发扬爱国主义和国际主义相结合的精神,将邻国人民的反帝事业看作是中国自己的事业。1950年10月,在苏联空军对朝提供空中保障未得落实的情况下,毛泽东毅然发出中国人民志愿军入朝作战命令,并指出抗美援朝,保家卫国,"对中国,对朝鲜,对东方,对世界都是有利的"。③朝鲜停战的实现,不仅保卫了中国的周边安全,而且产生了震惊世界的影响。在支持印度支那三国人民的抗法、抗美斗争中,毛泽东也将这种支持视为中国应尽的国际主义义务。毛泽东曾对越南领导人说:"你们的事就是我们的事,我们两家无条件共同对敌。"④1970年4月美国和越南悍然入侵柬埔寨之时,毛泽东发表庄严声明,强调"小国人民只要敢于起来斗争,敢于拿起武器,掌握自己国家的命运,就一定能够战胜大国的侵略",号召"全世界人民团结起来,打败美国侵略者及其一切走狗"。⑤毛泽东处理

---

① 周溢潢:《学习毛泽东关于独立自主的外交思想与实践》,载中华人民共和国外交部外交史研究室:《毛泽东外交思想研究》,世界知识出版社1994年版,第144—145页。

③ 毛泽东:《我军应当和必须入朝参战》(1950年10月13日),载中华人民共和国外交部、中共中央文献研究室编:《毛泽东外交文选》,中央文献出版社、世界知识出版社1994年版,第144页。

④ 马行汉:《毛泽东关于睦邻友好政策的思想和实践》,载中华人民共和国外交部外交史研究室:《毛泽东外交思想研究》,世界知识出版社1994年版,第258页。

⑤ 毛泽东:《全世界人民团结起来,打败美国侵略者及其一切走狗》(1970年5月20日),《人民日报》1979年5月21日。

周边事务的一个重要战略思想是"亚洲的事务应由亚洲人民自己来管,而不应由美国来管;美国对亚洲的侵略,只能引起亚洲人民广泛的和坚决的反抗"。① 他在各种不同的场合反复论述这一重要思想,不仅指导了中国人民的反帝斗争,支持了周边国家人民的反美斗争,对于今天中国和周边国家人民独立自主地处理亚太事务,也有着重要启示和指导意义。

四、坚持和平共处五项原则,巩固和发展与周边国家友好关系

毛泽东在会见印度、巴基斯坦、尼泊尔、印度尼西亚、缅甸、越南、朝鲜、柬埔寨、老挝等周边国家领导人时,曾反复强调和平共处五项原则应推广到中国周边所有的国家关系中去,这些谈话的主要论点有:所有东方国家都受过西方帝国主义国家的欺侮,东方国家应该成为好朋友;国家不论大小应该完全平等,大国不能像封建家庭里的家长,把其他国家看成是它的弟子,把自己的意志、政策和思想强加在小国身上;国与国的合作应是平等互利的,不能使任何一方受到损害;国与国之间足以引起怀疑、妨碍合作的问题都要通过谈判来解决;东方国家应该共同努力防止战争,争取持久和平;中国决不可有傲慢的大国主义的态度,决不应当由于革命的胜利和在建设上有了一些成绩而自高自大等,② 这些重要论点深为周边各国领导人所赞同,在推进中国周边外交的实践中起了良好的作用。新中国成立初期,有些周边邻国在美国的压力下,不敢承认我国,毛泽东采取谅解的态度,认为"彼此间可以先搞些互相帮助,互通有无,和平友好,文化交流,以改善我们两国之间的关系,一步一步的就会建立起邦交",

---

① 《毛泽东在中央人民政府委员会第八次会议上的讲话》(1950年6月28日),《人民日报》1950年6月29日。

② 参见毛泽东:《同印度总理瓦哈拉尔·尼赫鲁的谈话》(1954年10月)、《同缅甸总理吴努的谈话》(1954年12月)、《同印度尼西亚总理阿里·沙斯特罗阿米佐约的谈话》(1955年5月26日)、《同缅甸副总理吴巴瑞、吴觉的谈话》(1957年12月14日)、《同柬埔寨王国首相诺罗敦·西哈努克亲王的谈话》(1958年8月16日),载中华人民共和国外交部、中共中央文献研究室编:《毛泽东外交文选》,中央文献出版社、世界知识出版社1994年版,第163—177、177—196、208—213、301—305、334页。

并主动表示"我们可以等待，有误会的可以慢慢解释"。[①]

五、提出"两个中间地带"理论，全方位开展反帝反修斗争

毛泽东早在1946年就提出"中间地带"理论，20世纪60年代又将此理论发展为"两个中间地带"的理论。毛泽东指出，"两个中间地带"的区域定位是："亚洲、非洲、拉丁美洲是第一个中间地带；欧洲、北美加拿大、大洋洲是第二个中间地带。日本也属于第二个中间地带"。这些国家与美国存在矛盾，"是控制和反控制的斗争"，"美国统统想把它们吞下去"。[②] 中国领导人决定：走进亚非拉，依靠、支持和联合第一个"中间地带"，使这些国家成为中国周边外交最直接的同盟军。同时，处在美苏之间的资本主义国家也可以成为中国争取的对象和合作的朋友。日本是中国周边重要的邻国，也是与中国有长远历史联系又长期追随美国敌视新中国的国家。中国领导人一方面坚决反对日本领导人追随美国推行反华政策，另一方面仍将日本划入"第二个中间地带"。毛泽东在会见日本客人的谈话中反复强调美国也对日本实行压迫，指责美国"排斥日本民族，奴役日本人民"，主张中日两国"需要互相帮助，你们帮助我们，我们帮助你们"，"各办各的事情，在友好关系底下办事"。[③] 据此，中国根据国际形势的变化和周边环境的现状，在处理中日关系问题上，经历了从"民间交往"到"半官方交往"再到邦交关系正常化的过程，在毛泽东、周恩来等老一辈领导的直接领导和推动下，中国与周边大国日本走上友好合作的和平发展道路。20世纪50年代末至60年代初，中国制定"反帝反修"的外交战略，争取"两个中间地带"国家支持。

[①] 马行汉：《毛泽东关于睦邻友好政策的思想和实践》，载中华人民共和国外交部外交史研究室：《毛泽东外交思想研究》，世界知识出版社1994年版，第257页。

[②] 毛泽东：《中间地带有两个》（1963年9月，1964年1月、7月），载中华人民共和国外交部、中共中央文献研究室编：《毛泽东外交文选》，中央文献出版社、世界知识出版社1994年版，第506—508页。

[③] 毛泽东：《同日本国会议员访华团的谈话》（1955年10月15日），载中华人民共和国外交部、中共中央文献研究室编：《毛泽东外交文选》，中央文献出版社、世界知识出版社1994年版，第224页。

六、反对"输出"革命，尊重周边国家发展道路选择

在国际共运史上，共产国际曾将"输出革命"作为一项重要政策在东方被压迫民族和国家中推行，影响深远。新中国建立后，周边的民族主义国家十分担忧中国会向外"输出"革命。毛泽东在处理与周边国家关系的过程中，反复强调中国不干涉别国内政，向邻国领导人承诺"不会在你们那儿宣传共产主义，也不会去推翻你们的政府"，"你们采取什么制度、政策和宗教，那是你们自己的事，我们不会也不应去干涉"，[①]指出"一个国家靠外国的帮助、靠别国的党而取得革命的胜利，在历史上是很少见的"，"在这个意义上说，革命不能输出"。1954年，缅甸领导人曾当面要求毛泽东对该国政府的反对派做做工作，毛泽东委婉拒绝了这样的要求，并表示"中国在这个问题上表示意见是不妥当的，中国只能以每一个国家的政府为对象解决问题"。缅甸领导人以"大哥哥与小弟弟"来比喻中国与缅甸的关系，毛泽东立即更正说："我们不是大哥哥同小弟弟的关系，我们是同年同月同日生的兄弟。"[②]中共领导人的这些思想和观点对于中国稳定和发展与周边国家的关系起了重要的作用。

七、互谅互让，用谈判方式解决与周边邻国的历史遗留问题

新中国建立后，中国与某些周边国家间存在着华侨的双重国籍和悬而未决的边界问题等，能否公平合理地解决这些问题，不仅关系到中国主权和领土的完整，而且也直接影响中国与邻国的关系以及周边环境的稳定。毛泽东、周恩来等领导人以极其慎重的态度处理这些遗留问题，主张通过和平谈判，互谅互让，求得友好解决。关于华侨国籍问题，毛泽东在与邻国领导人谈话中十分体谅邻国的实际感受，一再指出，华侨问题应该适当

---

① 毛泽东:《同老挝王国首相梭发那·富马亲王的谈话》(1956年8月21日)，载中华人民共和国外交部、中共中央文献研究室编:《毛泽东外交文选》，中央文献出版社、世界知识出版社1994年版，第244页。

② 毛泽东:《同缅甸总理吴努的谈话》(1954年12月)，载中华人民共和国外交部、中共中央文献研究室编:《毛泽东外交文选》，中央文献出版社、世界知识出版社1994年版，第177—196页。

解决，"免得有些国家说我们利用华侨捣乱"，强调"华侨很多，人家会害怕"。他指示取消我们在国外华侨中的共产党组织，"以消除华侨所在国政府的怀疑，使大家互相信任"。他主张"如果华侨保持侨民身份，他们就不应该参加所在国的政治活动；如果取得了所在国的国籍，那么就应该按该国的法律办事"。①据此，中国与周边邻国妥善解决了长期困扰双边关系的华侨双重国籍问题。第一代领导人也本着同样的精神，互让互谅，与缅甸、尼泊尔、巴基斯坦、阿富汗、朝鲜等国，解决了有争议的边界问题。如中尼边界的划定就采取了照顾双方民族感情的做法，对于有争议的珠穆朗玛峰，毛泽东向尼泊尔首相提议，"你们不吃亏，我们也不吃亏。全给你们，我们感情上过不去；全给我们，你们感情上过不去，可以在上面立个界桩"，并建议将珠峰更名为"中尼友谊峰"，使两国边界问题顺利解决。②尼泊尔国王称颂"（边界）条约的签订是我们日益发展的友好关系的另一里程碑"。③毛泽东还提出了处理与周边国家分歧和冲突的一个重要观点。20世纪50年代末60年代初，中印发生西藏事件和边界冲突，毛泽东在多个场合反复讲过，西藏事件及中印边界冲突，对于整个中印友好关系来说，是"一个指头"和"九个指头"的关系，他明确指出，西藏问题和中印边界冲突是"一个指头"，而中印长远友好关系是"九个指头"。这不仅为中印之间处理长期的友好关系留下了充分的余地，而且也为今日习近平时代形成"双轨思路"处理与周边国家日益增多的争端奠定了重要的理论基础。④

---

① 毛泽东：《同印度总理贾瓦哈拉尔·尼赫鲁的谈话》（1954年12月）；《同泰国代表庵蓬等人谈话节录》（1955年12月），载中华人民共和国外交部、中共中央文献研究室编：《毛泽东外交文选》，中央文献出版社、世界知识出版社1994年版，第176、231页。

② 毛泽东：《同尼泊尔王国首相毕·普·柯伊拉腊的谈话》（1960年3月18日），载中华人民共和国外交部、中共中央文献研究室编：《毛泽东外交文选》，中央文献出版社、世界知识出版社1994年版，第389—397页。

③ 马行汉：《毛泽东关于睦邻友好政策的思想和实践》，载中华人民共和国外交部外交史研究室：《毛泽东外交思想研究》，世界知识出版社1994年版，第263页。

④ 1959年9月8日，毛泽东在会见阿富汗首相纳伊姆时说："我们与印度的纠纷是十个指头中的一个指头，九个指头是友好的。"10月2日，毛泽东在会见苏联领导人赫鲁晓夫时，再次用"九个指头"与"一个指头"比喻中印关系的友好与纠纷。参见《毛泽东年谱（1949—1976）》（第4卷），中央文献出版社2013年版，第174、193—194页。

第一章　新中国不同时期领导人的周边外交思想

新中国第一代领导人的周边外交思想是中国共产党的宝贵财富，极大地丰富和发展了马列主义关于国际关系的学说，成为后继者处理周边外交问题的重要理论依据。

需要指出的是，1957年后，中国共产党内逐渐滋长起来的左倾思想也不可避免地影响和渗透到外交领域，尤其是"文化大革命"爆发后，情况更为严重，使上述外交思想的执行受到很大的干扰。过分地强调意识形态，限制了中国对外政策的选择余地；"两条线"的外交战略，四面出击，不利于构筑和平稳定的周边环境；"以苏划线"，区分国际事务中的敌友是非，将很多本来可以交结的朋友推至敌人方面；过度宣扬世界革命，将"农村包围城市"的中国革命的独特经验扩大为世界革命的普遍真理，引起国际共运内部的分歧和争论。20世纪60年代末，中国的周边环境一度变得十分险恶，给后人留下了深刻的历史教训。[1]

第二节　邓小平时期的周边外交思想[2]

以中共十一届三中全会为标志，中国共产党第二代领导集体审时度势，科学分析了美苏战略态势和军事力量的发展变化，判断虽然世界战争的危险依然存在，但世界上和平力量和制约战争的力量也在增长，世界战争可以避免，"和平和发展"已取代"革命和战争"成为当今世界的主题，在外交上改变"一条线"战略为"不同任何大国结盟"的自主战略，并对周边外交政策进行了重大调整。以邓小平为代表的第二代领导人在周边国家中全方位地开展外交活动，采取逐步融入既成国际体系和国际规则的战略方针，区别各种不同的情况，化解各种消极因素，取得了重大成就，使中国在周边地区已没有公开的敌对国家，基本形成了和平安定的周边环境，为中国的改革和开放事业塑造了和平的外部环境和发展的历史机遇，其周边外交思想更多地体现了从"和平共处"向"和平发展"的全面转型。

---

[1]　参见石源华：《中国周边外交十四讲》，社会科学文献出版社2016年版，第193页。

[2]　同上。

一、坚持独立自主的外交方针，不与任何大国结盟或为敌

在新的历史时期，邓小平发展了毛泽东、周恩来关于独立自主的和平外交原则，显示出全方位、不结盟、非对抗性的新特点。邓小平不断强调"中国不打美国牌，也不打苏联牌，中国也不允许别人打中国牌"；"中国不能坐到别人的车子上去，谁搞和平，我们就拥护，谁搞战争，我们就反对，不论一个国家有多大的势力，他们哪件事做得不对，我们就批评，就不投赞成票"；"中国不参加任何集团，同谁都来往，同谁都交朋友，谁搞霸权主义就反对谁"；"将国家主权、安全放在第一位，主权问题不是一个可以讨论的问题，我们不能成为任何外国的附庸，不会吞下损害中国利益的苦果"等。[1] 这些基本观点使中国的独立自主外交路线更加明确和清晰，增强了中国在国际上的地位和在国际问题上的发言权。美国是中国面临的主要对手，但中国不把美国看作敌人，而是努力发展与美国的友好关系，并且视之为中国外交的"重中之重"。在邓小平时期，尽管中美间矛盾冲突不断，却始终维持了"好也好不到哪里，坏也坏不到哪里"的基本状态，为中国的和平发展塑造了良好的历史机遇。中国也恢复和发展了与苏联一度中断并处敌对状态的党际关系和国家关系，进入了既不反美也不反苏的新时代。

二、坚持和平共处五项原则，建立周边新政治经济秩序

邓小平针对少数西方国家干涉别国内政，妄图将自己的政治经济制度模式强加于别国的行径，策动"颜色革命"的行为，指出："处理国与国之间的关系，和平共处五项原则是最好的方式"，"最具有强大的生命力"；"其他的方式，如'大家庭'方式，'集团政治'方式，'势力范围'方式，都会带来矛盾，激化国际局势。"[2] 他认为国际政治经济新秩序与霸权主义

---

[1] 邓小平：《在军委扩大会议上的谈话》（1985年6月4日），《邓小平文选》（第三卷），人民出版社1993年版，第128页；姚尧、京湘编：《第三代领导外交实录》，中国言实出版社1997年版，第9—10页。

[2] 邓小平：《会见缅甸总统吴山友的谈话》（1984年10月31日），《邓小平文选》（第三卷），人民出版社1993年版，第96页。

和强权政治旧秩序的根本区别就在于不干涉别国的内政和制度,一个国家的社会制度和生活方式应由该国人民自己选择。据此,中国积极交好20世纪70年代曾接近或与苏联结盟而与中国处于交恶或冷淡状态的一些周边国家,使中国与越南、老挝、蒙古国的国家关系实现了正常化。随后,中国又与苏联解体后的俄罗斯和新建立的中亚五国建立了友好关系,使中国的周边环境没有因为苏联解体、东欧剧变而发生动荡。

三、不走苏美军备竞争老路,构建和平发展大战略

苏联是世界上第一个社会主义国家,曾赢得反法西斯战争的伟大胜利,成为世界超级大国,与美国进行军备竞赛和抗争,维持"冷战"几十年之久,最终却在美国的军事战略和政治谋略攻势下,轰然倒塌。对于中国来说,苏联的失败是一个巨大的历史教训。第二代领导人早在改革开放初期,就确定了"中国不是苏联",决定中国不走苏联与美国军备竞赛的老路,另行设计和制定了中国发展的大战略。其基本内容是:"韬光养晦,有所作为"与"把中国的事情搞好"。中国不再继续持有"冷战"思维,不再参与两个国际体系的对抗和争雄,而是在美国主导的国际体系和规则之下,大力发展综合国力,彻底改变国家面貌。从本质上说,中美两国作为崛起大国与霸权大国,内在结构性矛盾是始终存在的,有时达到十分尖锐的程度,但中国坚持和平柔性应对,坚持捍卫自身权利,不与对手进行军备竞赛,不与美国发生对抗,使中美关系始终处于基本稳定的状态,为中国的和平崛起赢得了较长的战略机遇期。"中国不是苏联",不重复苏联道路的错误,是中国实现和平崛起的一个成功的发展大战略。[①]

四、立足和平与发展,全面发展和调整与周边国家关系

邓小平一再强调:"中国最不希望发生战争,中国太穷,要发展自己,只有在和平的环境里才有可能。要争取和平的环境,就必须同世界上一切

---

① 参见石源华:《中国不是苏联,也不是日本》,《世界知识》2018年21期;《再议中国不是苏联》,《世界知识》2018年第23期;《三议中国不是苏联》,《世界知识》2019年第1期;《四议中国不是苏联》,《世界知识》2019年第3期。

和平力量合作。"[①] 中共第二代领导人全面调整了与周边国家间的关系。除发展中美、中苏关系外，邓小平将发展同日本的关系作为"中国的长期国策"，提议"中日两国人民要世世代代友好下去"，[②] 从而奠定了两国关系发展的基本方向，两国的经济合作有了长足的发展，政治关系虽然经历了"历史教科书""光华寮""钓鱼岛"等问题的冲击，但发展势头并未由此而减弱。中国不仅保持和发展了与朝鲜、东南亚和南亚一些国家间的传统友好关系，而且改善了曾经处于敌对状态的中印和中韩关系，至20世纪80年代末，中国在周边地区已没有一个公开的敌对国家。

五、认同现行国际体系，迈开融入国际社会步伐

毛泽东时期，中国外交对于既成国际体系和国际规则采取"负向认同"，视联合国为美帝国主义侵略他国的工具，一度主张联合"第一中间地带"国家另建一个"革命的联合国"。中国加入联合国后，仍没有完全改变在国际体制外"游离"的状态，最典型的是中国在联合国常常投弃权票。第二代领导人逐步变中国由"体制外"国家为"体制内"国家，从质疑、敌视既成国际体系和国际规则转变为融入既有国际秩序并成为其中一员，成为一个负责任的大国。中国迈入国际社会步伐稳步加快。由此开始，中国加入了包括《不扩散核武器条约》在内的近300个国际多边条约，数量多于美国；中国积极加入和参与各种类型的国际组织和周边区域性组织，并在其中发挥重要作用；中国积极参加联合国的各种活动，很少再投弃权票；中国不断扩大参与联合国维和行动，尤其在解决柬埔寨问题中发挥了重要作用；中国还积极参与扫毒、反恐和打击犯罪的国际合作，并积极投身国际救灾和慈善事业等。

六、主张"搁置争议，共同开发"，解决边界领土争端

邓小平对于国际关系理论的一个重要贡献是：提出"搁置争议，共同开发"的思想，为和平解决中外边界、海洋争端和国际争端提供了新思

---

① 邓小平：《会见联邦德国总理科尔的谈话》（1984年10月10日），《邓小平文选》（第三卷），人民出版社1993年版，第82页。

② 邓小平：《会见日本首相铃木的谈话》（1982年8月28日），《人民日报》1982年8月29日。

路。邓小平在提出以"一国两制"模式实现与香港、澳门、台湾统一问题的基础上，相当密集地就中印边界争端、中日钓鱼岛争端、南海争端以及国际上的争端问题，发表谈话，提出一系列观点，使"搁置外交"形成比较完备的理论形态，成为中国处理当代外交问题，特别是周边争端的重要思想。邓小平强调，世界上的许多争端可用类似中国采用"一国两制"解决香港、澳门问题的方法解决，"否则始终顶着，僵持下去，总会爆发冲突，甚至武力冲突"。①邓小平的基本观点是：争端问题，如果双方"采取合情合理的立场，从友好角度出发，从长远的两国友谊出发，这里你让一点，那里我让一点，这个问题是可以解决的"；②"这个问题一时解决不了，可以挂起来，五年不谈也可以，再久一点不谈也可以，我们这一代也许不能解决，我们下一代总比我们聪明些，总可以解决的"；③争端国"可以在其他方面改善关系，增加往来，等两国关系发展起来后，再从容解决边界问题"等，较为全面地阐述了他的深刻思想和行动路径。④据此，中国较为妥帖地处理或者搁置了与俄罗斯、印度、日本、越南、菲律宾等国的边界和海洋争端，避免了这些分歧的升级和激化，为维护世界和周边地区的和平稳定作出了积极的贡献。

七、韬光养晦，有所作为，分化和粉碎西方国家联合制裁

20世纪80年代末90年代初，苏联解体，东欧剧变，美苏冷战终结，新旧格局交替，各种力量重新组合，国际形势出现动态性、多元性、复合性、经济性、过渡性等新特点。1989年6月，中国政府平息北京政治风波，美国等西方国家联合对华"制裁"，中国外交面临新中国成立以来少有的严峻局面。邓小平提出了冷静观察、稳住阵脚、沉着应付、韬光养晦、有所作为的应对方针，并以不称霸、不扛旗、不当头、努力发展壮大自己作

---

① 邓小平：《稳定世界局势的新办法》（1984年2月22日），《邓小平文选》（第三卷），人民出版社1993年版，第49页。

② 邓小平：《增进中印友谊，加强南南合作》（1982年10月22日），《邓小平文选》（第三卷），人民出版社1993年版，第19页。

③ 邓小平：《在中央顾问委员会第三次全体会议上的讲话》（1982年10月22日），《邓小平文选》（第三卷），人民出版社1993年版，第87页。

④ 杨胜群、闫建琪主编：《邓小平年谱》（上册），中央文献出版社2004年版，第391页。

为处理国际问题和周边外交的基本原则,坚决顶住了西方国家的压力,打破和分化了它们的联合制裁,坚持改革开放,坚持走有中国特色的社会主义道路。中国的周边环境不仅没有由此而恶化,反而在曲折中有所发展,并为第三代领导人全面拓展中国与周边国家的关系奠定了坚实的基础。[①]

第三节 江泽民时期的周边外交思想[②]

邓小平的周边外交思想继承和发展了马列主义、毛泽东思想关于国际关系的学说,成为中国共产党第三代领导人处理周边外交问题的指南。江泽民明确指出,"邓小平外交思想是毛泽东、周恩来外交思想的继承和发展",是"建设有中国特色的社会主义理论的重要组成部分,是我国外交工作的指导方针"。[③]20世纪90年代,中国共产党第三代领导人根据邓小平外交思想,在外交上坚持80年代中国发展的既定轨道,将不结盟外交战略扩展为"全方位"外交战略。周边外交被放置到特别重要的地位,在进一步发展与周边国家友好关系的过程中,逐渐产生了一些新的思路和新的做法,取得了良好的效果。第三代领导人的周边外交思想继承和发展了邓小平的外交思想,更多地表现出着眼于未来和全球化的特色。[④]

一、坚持和平共处五项原则,构筑中国周边新安全观

冷战结束后,美国成为世界上唯一的超级大国,为了充当政治上的"世界领袖"、军事上的"绝对霸主"和经济上的"全球巨人",提出和推行新霸权主义和新干涉主义,以捍卫"人权"和西方价值观念为借口,以武力或政治经济制裁等方式干涉别国内政,以和平演变和"颜色革命"的方式,制造地区、原社会主义国家和第三世界国家的政局混乱,将这些国家纳入其设定的轨道,从而给世界与中国周边安全环境造成了很大的负面

[①] 参见石源华:《中国周边外交十四讲》,社会科学文献出版社2016年版,第214页。
[②] 同上,第214—217页。
[③] 江泽民:《在邓小平外交思想研讨会上的讲话》(1995年12月12日),转引自京湘、姚尧编著:《第三代领导外交实录》,中国言实出版社1997年版,第11页。
[④] 参见石源华:《中国周边外交十四讲》,社会科学文献出版社2016年版,第215页。

影响。① 以江泽民为代表的第三代领导人以邓小平外交思想为指导，以和平共处五项原则为武器，旗帜鲜明地反对旧安全观，提倡新安全观。江泽民指出，以军事联盟为基础、以加强军备为手段的旧安全观，无助于保障国际安全，更不能营造世界的持久和平；必须建立适应时代需要的新安全观，积极探索维护和平与安全的新途径。他具体勾画了新安全观的基本轮廓："新安全观的核心，应该是互信、互利、平等、合作。各国互相尊重主权和领土完整、互不侵犯、互不干涉内政、和平共处五项原则以及其他公认的国际准则，是维护和平的政治基础。互利合作、共同繁荣，是维护和平的经济保障，建立在平等基础上的对话、协商和谈判，是解决争端、维护和平的正确途径。"② 中国在实施周边外交的过程中，与各种形式的新霸权主义和新干涉主义进行了坚决的斗争，反对旧模式，倡议新模式，取得了良好的效果，使得新霸权主义和新干涉主义在亚洲地区和中国周边地区的影响和为害程度远远小于在欧洲、美洲、非洲等世界其他地区。

二、实施"伙伴"外交，构筑中国与周边大国战略框架

冷战结束后，世界进入了新旧世纪相交的时代，与周边大国建立各种形式的面向未来的"伙伴"关系，成为第三代领导人周边外交的重要内容。中国与俄罗斯共同创造了一种新国家关系模式，即不对抗、不结盟、不针对第三国的"面向21世纪的建设性伙伴关系"，江泽民指出，这种新型关系"应该建立在和平共处五项原则基础之上，成为不对抗、不结盟、睦邻友好、互利合作共同繁荣的好邻居、好伙伴、好朋友"。③ 中俄关系发展的新模式必将对亚太乃至整个世界的和平、稳定和发展带来积极的影响。由于美国广泛参与亚洲事务，仍然是中国周边外交所面对的重要对象和难点所在。美国在对华制裁失败后，对中国实行遏制和接触并行的政策，双方关系围绕着台湾问题、人权问题、中国"入世"问题、最惠国待遇问

---

① 参见石源华：《中国周边外交十四讲》，社会科学文献出版社2016年版，第215页。
② 江泽民：《江泽民在日内瓦裁军谈判会议上的讲话》（1999年3月26日），《人民日报》1999年3月27日。
③ 江泽民：《在俄罗斯国际关系学院的演讲》（1994年9月3日），《新华每日电讯》1994年9月4日。

题、西藏问题、地区安全问题等风波迭起，起伏曲折。江泽民提出以增加信任、减少麻烦、发展合作、不搞对抗为处理中美关系的原则，在双方的共同努力下，江泽民与克林顿多次会晤，并实现了互访，双方决定"共同致力于建立面向21世纪的建设性战略伙伴关系"，中美关系虽依然存在障碍，但基本纳入了正常发展的轨道。20世纪90年代，江泽民提出以和平友好、平等互利、相互信任、长期稳定为发展中日关系的原则，中日间虽也存在历史问题、领土问题、安全问题等分歧和摩擦，但双方关系发展基本正常。1998年，江泽民访问日本，双方决定将此后的中日关系定位于共同致力于和平与发展的友好合作伙伴关系。印度是亚洲区域性大国，1996年，江泽民访问印度，在80年代双边关系发展的基础上，与印度领导人共同确定了在和平共处五项原则的基础上建立面向21世纪的建设性合作伙伴关系，并签署了两个有关边界安宁的文件，为两国关系进一步发展和和平解决边界问题创造了良好的环境。① 后来，中国推行的"伙伴外交"推动中国与周边乃至全球的国家，建立起各种形式的"伙伴关系"。

三、开展高层互访，发展与周边国家睦邻友好关系

20世纪90年代，以江泽民为代表的第三代领导人根据新的国际形势和外交战略，以前所未有的规模、频率和阵容，使国家、政府、人大、政协领导人齐头并进，频频出访，与周边国家领导人开展高层互访，加强沟通，发展睦邻友好关系。仅2000年一年，江泽民、李鹏、朱镕基、李瑞环四位领导人就先后访问了蒙古国、泰国、巴基斯坦、孟加拉国、俄罗斯、马来西亚、菲律宾、新加坡、越南、韩国、日本、斯里兰卡、吉尔吉斯斯坦等13个周边国家，而俄罗斯、塔吉克斯坦、乌兹别克斯坦、哈萨克斯坦、日本、柬埔寨、越南、朝鲜、泰国、巴基斯坦、文莱等周边国家领导人访问了中国。② 在频繁的高层接触中，中国与周边国家逐步建立了各种形式的联系机制，如中俄间建立了经常的畅通的高层对话机制，睦邻友好的、和平的边界安全机制，发展迅速的、方式多样的经济合作机制等。这

---

① 参见石源华：《中国周边外交十四讲》，社会科学文献出版社2016年版，第216页。
② 上海国际问题研究所：《国际形势年鉴2000年》，上海教育出版社2000年版，第125—183页。

些联系机制对疏解相互间的突发事件，沟通可能出现的认识分歧，避免不必要的意外矛盾和冲突，建立长期稳定的双边关系，发挥着越来越重要的作用。

四、参与周边区域合作，发展和稳定良好的周边环境

20世纪90年代，随着中国综合国力的逐步提升和中国国际地位的增强，第三代领导人加大了参与国际事务，尤其是事关中国周边地区安全和经济发展的区域性合作活动的力度。除了在联合国积极发挥作用，并以观察员身份参加不结盟运动外，还共同发起成立上海合作组织，参加中亚五国元首会晤、朝鲜半岛四方会谈、亚欧会议、东盟与中日韩（10+3）会议、东盟与中国（10+1）会议、亚太经合组织（APEC）会议等，在海南岛设立永久性的非官方的"博鳌亚洲论坛"，每年成功举行会议，成为中国处理周边外交的一个重要平台。这些会议和组织的活动都成为中国开展周边外交的重要场所。江泽民在任期间每年都参加APEC领导人非正式会议，积极开展多边外交，不仅努力促进该组织保持生命力，为地区和世界经济繁荣作出更大的贡献，而且在会议期间与周边国家开展双边外交活动，取得了令世人瞩目的外交成就。

第四节　胡锦涛时期的周边外交思想[①]

胡锦涛时期，在中国改革开放取得巨大成就的基础上，中国经济取得了巨大发展，人民生活总体上实现了由温饱到小康的历史性进步。2001年，中国经过10多年的艰苦谈判，正式加入WTO。这意味着中国将以更加积极和更加主动的姿态在更大范围内和更深层次上参与经济全球化的进程，在21世纪的国际竞争中占据了更为有利的地位，为中国参与全球范围内的产业结构调整提供了机遇，也为中国实现跨越式发展提供了有利的条件。

同年，美国发生"9·11"事件，引发了美国在全球范围内的反恐战争，美国需要中国以及全世界各国对其反恐战争的配合和支持，这给中美

[①] 石源华：《中国周边外交十四讲》，社会科学文献出版社2016年版，第204—206页。

关系的调整和改善提供了机会。中美关系有所改善，两国在战略性、长期性、全局性问题上的协调和沟通有所加强，中美关系的相对稳定发展为形成良好的周边环境提供了条件，有利于延长中国和平发展的战略机遇期。

同时，中国的高速发展与进步，也导致"中国威胁论"迅速上升，开始弥漫全球。中国经济的崛起和美国综合国力的相对下降，使新兴大国与守成大国之间的内在结构性矛盾呈现上升趋势。美国对华恐惧感和焦躁感开始冲击和影响其对华政策。美国强化了与日、韩、澳等传统盟国的军事合作关系，防范中国，进而分化、撕裂中国与周边有争端国家间的关系，利用它们制衡中国对亚洲的影响。中国和日本、越南、菲律宾等周边国家的岛屿与领海争端有所加剧，域外大国趁机介入，周边环境的不稳定、不确定因素上升。

中共十六大以来，胡锦涛依据国际形势和周边形势的新变化，结合中国自身国情，提出了一系列新论述和新思想，继承、发展和丰富了毛泽东、邓小平、江泽民的重要外交思想。他的周边外交思想的主要内容和特点[①]有以下几方面内容。

一、提出"和平发展道路"，化解周边国家对中国崛起的疑虑

胡锦涛时期，中国领导人开始从战略角度探索中国崛起道路，明确提出中国"要坚持走和平崛起的发展道路"。2005年，中国政府发布《中国的和平发展道路》白皮书，郑重宣布：中国坚持走和平发展道路，就是要利用世界和平的大好时机，努力发展和壮大自己，同时又以自己的发展，

[①] 钟飞腾曾著文总结了胡锦涛在周边外交领域的八大贡献。包括争取和平稳定的周边环境；定型"大国是关键、周边是首要、发展中国家是基础"的外交布局；将周边视作一个整体，作为中国发展的战略依托；明确长期坚持韬光养晦，并且根据问题特性积极有所作为；首次区分三种国家利益，并提出在与周边国家关系处理涉及核心利益问题时要维权；维护海外利益，加强维权能力建设，特别是大力发展海军；提出建设"和谐周边"思想，注重软实力；强调周边关系中政治外交与经济外交的辩证关系。本文参考了钟飞腾的若干观点。参见《胡锦涛的周边外交思想与中国周边环境》，载复旦大学中国与周边国家关系研究中心编：《中国周边外交学刊》2017年第二辑（总第六辑），社会科学文献出版社2017年版。

维护世界和平。[①] 2011年，中国发布《中国的和平发展》白皮书，声明中国的发展道路是科学发展、自主发展、开放发展、和平发展、合作发展、共同发展。胡锦涛倡导的"和平发展道路"是中国特色社会主义道路的外部实现形式，旨在"在不给现有秩序带来冲击的情况下实现发展，希望能找到给近邻各国带来好处的崛起方式"，是一条在维护世界和平中发展自己又以自身发展促进世界和平的道路，是一条统筹国内发展和对外开放的道路，也是一条勇于参与和平国际竞争又坚持广泛合作的道路。[②] 与此相配套，胡锦涛在2005年4月和9月分别在雅尔塔亚非会议和联合国大会上提出"努力建立持久和平、共同繁荣的和谐世界"的世界政治理想和外交目标。2007年，该目标写入中共十七大报告，成为指导中国外交的理念。[③] 建设"和谐周边"成为中国周边外交的重要指导思想。

二、确定"周边是首要"战略布局，夯实周边地缘战略依托

胡锦涛时期，营造和平稳定的周边环境，成为中国外交总布局的"首要"。2003年8月25日，胡锦涛在驻外使节小型座谈会上第一次提出"坚持大国是关键、周边是首要、发展中国家是基础的布局，坚持在国际舞台上高举和平、发展、合作的旗帜，展示公正、民主、进步形象"。[④] 胡锦涛强调，中国外交应"正确处理大国是关键、周边是首要、发展中国家是基础的关系"，这"是我们从长期外交实践中总结出来的。这三者互为依存、相辅相成、缺一不可。其中也包含着正确处理大国和小国、周边和全局、富国和穷国、强国和弱国等诸方面的关系。坚持这个外交布局，有利于我们全方位加强对外关系，走活整个外交工作这盘棋"。[⑤] 胡锦涛认为，"周边国家同我国邻近，交往密切。我们争取有利国际环境，首先要从周边做

---

① 国务院新闻办公室：《中国的和平发展道路》白皮书（2005年12月22日），《人民日报》2015年12月23日。
② 国务院新闻办公室：《中国的和平发展》白皮书（2011年9月），《人民日报》2011年9月7日。
③ 参见赵可金：《盘点：新世纪中国外交理论的十大创新》，《学习时报》2012年11月5日。
④ 胡锦涛：《胡锦涛文选》（第二卷），人民出版社2016年版，第91页。
⑤ 同上，第95—96页。

起"，^①"加强各种形式的周边区域合作，努力构筑和巩固我国发展的战略依托"。^②胡锦涛时期的重大创新性思路是，将周边视作一个整体，作为中国和平发展的战略依托。"经营好周边是我国集中力量发展自己和在国际上有所作为的重要外部条件。我们要着力稳定周边、开拓周边。"^③

三、坚持"与邻为善，以邻为伴"，实施"三邻"周边外交政策

胡锦涛时期，中国提出和推行"睦邻、安邻、富邻"的"三邻"政策，为日后"亲、诚、惠、容"四字方针的提出奠定了重要的基础。"睦邻"，就是继承和发扬中华民族亲仁善邻、以和平友好为贵的哲学思想，在与周边国家和睦相处的原则下，共筑本地区稳定、和谐的国家关系结构；"安邻"，就是积极维护本地区的和平与稳定，坚持通过对话合作增进互信，通过谈判解决分歧，为亚洲发展营造和平安定的地区环境；"富邻"，就是加强与邻国的互利合作，深化区域和次区域合作，积极推进地区经济一体化，与亚洲各国实现共同发展。^④"三邻"政策向周边国家传递出了中国的发展不是对周边国家的威胁，而是难得机遇的信息，不仅丰富和深化了原有睦邻政策的内涵，而且将中国利益与周边国家利益联系了起来，为构建与周边国家的"利益共同体"创造了条件。"三邻"政策的实施，推动了中国与周边国家关系的全面发展，中俄关系提升为"战略合作伙伴关系"，中印关系提升为"面向和平与繁荣的战略合作伙伴关系"，中日关系确定为"战略互惠关系"，中国与巴基斯坦建立了"更加紧密的战略合作伙伴关系"，中国与越南、老挝、柬埔寨、缅甸、泰国建立了"全面合作伙伴关系"，中国与韩国、阿富汗、东盟及中亚诸国建立了"战略合作伙伴关系"或"战略伙伴关系"，中国与孟加拉国、尼泊尔建立了"全面合作伙伴关系"等，中国的"伙伴网络"基本覆盖周边地区并日益成熟化，形成了整个地区合作的良好发展趋势。"三邻"政策也在某种程度上破解了美国

---

① 胡锦涛：《胡锦涛文选》（第二卷），人民出版社2016年版，第96页。
② 同上。
③ 胡锦涛：《胡锦涛文选》（第三卷），人民出版社2016年版，第241页。
④ 温家宝：《中国的发展与亚洲振兴》，《人民日报》2003年10月8日。

"重返亚太"、遏制中国的战略，美国设计的对华"C型包围圈"成了设计者一厢情愿的意图，连美日主流媒体也不得不承认，环顾中国周边，看不出任何一个周边国家真正愿意"联美制华"，与中国对立。[①]

四、倡议互利共赢开放战略，强化周边区域合作

改革开放20多年后，中国融入国际体系达到前所未有的广度和深度。胡锦涛根据国际形势的新特点明确指出：中国发展离不开世界，世界繁荣稳定也离不开中国。中国将始终不渝奉行互利共赢的开放战略，继续以自己的发展促进地区和世界的共同发展，扩大与各方利益的汇合点，中国决不做损人利己、以邻为壑的事情。[②] 据此，中国加大了参与多边地区合作的力度，在多边舞台上发挥负责任的大国作用。中国不仅在联合国安理会、二十国集团发挥重要作用，在世界银行、国际货币基金组织的份额提升至第三位，而且在中国周边的区域合作和国际关系中发挥关键和核心的作用。中国主导六方会谈，促成"九一九声明"产生，成为达成各方共识的解决朝鲜半岛问题的基本原则，为东北亚和平作出了重要的贡献。中国与东盟十国签署《南海各方行为宣言》，强调通过友好协商，和平解决南海争端，维护南海地区稳定和平，为将来解决南海争议提供了构架。中国参与和推动上海合作组织扩容，使其不仅成为维护中亚地区安全的重要机制，而且成为中亚各国实现区域经济合作的重要平台。中国参与并推动中国—东盟自由贸易区的成立，形成了人口最多、发展中国家最大的自由贸易区，促进了区域内经济发展、贸易和投资便利化，提高了区域竞争力，造福于中国和东盟各国人民。

五、区分三种国家利益，维护国家核心利益

胡锦涛首次明确提出要"正确区分和全面把握核心利益、重要利益、一般利益，着力维护和发展国家利益，着力促进世界和平与发展"。他强调"在涉及我国核心利益的问题上，我们要加强战略运筹，多下先手棋，

---

① 石源华：《中国周边外交十四讲》，社会科学文献出版社2016年版，第220页。
② 中国共产党新闻网：《胡锦涛在中国共产党第十七次全国代表大会上的报告》，2017年10月25日，http://cpc.people.com.cn/GB/64093/67507/6429855.html。

积极引导形势朝着于我有利的方向发展。要坚持具体问题具体分析，量力而行，顺势而为，做到原则坚定性和策略灵活性有机统一"。① 为了更好地重视和着力维护国家核心利益，胡锦涛提出"要正确把握维权和维稳的关系，稳妥处理我国同周边国家海洋权益、领土、跨界河流争端，既对有关国家侵害我国权益的行为进行坚决斗争，捍卫我国核心利益，又注意有理有利有节，维护我国周边稳定大局"。② 这即是维权不影响维稳，维稳不影响维权，成为我国应对海洋争端的重大战略原则。

六、维护海洋权益和海外利益，强化海军建设

胡锦涛时期，我国将海洋权益和海外利益视为事关中国核心国家利益。胡锦涛明确指出："我国越发展，国力越增强，海外利益越拓展，我国面临的外部矛盾和摩擦就会越多，国际上牵制我国发展的各种压力和阻力也越大。"③ 这是胡锦涛周边外交思想中的重要组成部分。2007年12月8日，胡锦涛在中央军委扩大会议上提出，"建设与国家安全和发展利益相适应的巩固国防和强大军队"，并强调"富国和强军，是发展中国特色社会主义、实现中华民族伟大复兴的两大基石"。④ 中国的周边外交由此进入了一个新的发展阶段，为若干年后应对中国与周边国家频发的海洋争端，作了思想上、战略上、军事上的必要准备。胡锦涛在军事上调整了陆军与海军的发展策略，向发展海军有所倾斜。最有力的证据是对"辽宁舰"的关注。2011年8月16日，胡锦涛在军队一份材料上批示"祝贺航母首次出海实验圆满成功"。⑤ 一年以后，胡锦涛出席"辽宁舰"交接入列仪式，登舰视察，这对于强化中国海军建设是一个重要的信号。⑥

胡锦涛时期的中国周边外交新思想和取得的新成就，具有继往开来的重要作用，为后继者开创中国周边外交新局面积累了经验，奠定了重要

---

① 胡锦涛：《胡锦涛文选》（第三卷），人民出版社2016年版，第237页。
② 同上，第240页。
③ 同上，第235页。
④ 胡锦涛：《胡锦涛文选》（第二卷），人民出版社2016年版，第37、38页。
⑤ 胡锦涛：《胡锦涛文选》（第三卷），人民出版社2016年版，第555页。
⑥ 钟飞腾：《胡锦涛的周边外交思想与中国周边环境》，载复旦大学中国与周边国家关系研究中心编：《中国周边外交学刊》2017年第二辑（总第六辑），社会科学文献出版社2017年版。

基础。

第五节　习近平时期的周边外交思想

中共十八大以来，习近平总书记提出了一系列中国周边外交的新思路和新设计，科学评估了中国周边外交面临的新环境和新挑战，肯定了中国战略机遇期有望继续延长，确定了中国周边外交的新定位，提出了中国周边外交的新理念，设计了中国周边外交的新战略，形成了实施中国周边外交的新路径，开创了中国周边外交的新局面和中国外交史上思想空前活跃、对外影响空前巨大的新时代。

中共十八大至今，中国周边政治格局发生重大变动，尤其是在特朗普上台后，推行"美国第一"战略，视中国为"修正主义国家"和美国的主要竞争对手，崛起大国中国与霸权大国美国的内在结构性矛盾进一步深化和恶化，中国立志发展成为世界级强国的上升势头锐不可当，但整体实力却处于将强未强的历史阶段；美国意欲保持世界霸主地位的态度不变，且与中国保持着不对称的实力地位。强势的美国将打压中国作为历史性任务，从未停止对于中国的围堵和遏制，尤其重在挑拨、分化与撕裂中国与周边国家的关系，给中国领导人的周边外交方略带来了重大挑战和考验。

2013年10月，中共中央召开了历史上前所未有的周边外交工作座谈会，根据新形势和新挑战，拓展和深化中国周边外交战略布局和政策实施。习近平继承和发展了历代中共领导人的周边外交思想。我国周边外交工作进入了一个崭新的历史阶段。新时代中国特色社会主义思想关于中国周边外交的新理念、新思路、新战略主要有十大亮点。

一、强化中国周边外交"首要"定位

习近平主持中央工作后，不断提升对于周边外交的重视程度。2013年10月，习近平发表重要讲话，将做好周边外交工作提升至"实现'两个一百年'奋斗目标，实现中华民族伟大复兴的中国梦的需要"的高度。习近平强调，无论从地理方位、自然环境，还是相互关系看，周边对我国都具有极为重要的战略意义。思考周边问题、开展周边外交要有立体、多

元、跨越时空的视角。审视我国的周边形势，周边环境发生了很大变化，我国与周边国家的经贸联系更加紧密、互动空前密切。中共十八大以来，党中央在保持外交大政方针延续性和稳定性的基础上，积极运筹外交全局，突出周边在我国发展大局和外交全局中的重要作用，开展一系列重大外交活动，使我国周边外交出现完全崭新的局面。① 2014年11月，中共中央召开外事工作会议，提出要充分估计我国周边环境中的不确定性，更要看到亚太地区总体繁荣稳定的态势不会改变，强调要切实做好周边外交工作，打造周边命运共同体，秉承"亲、诚、惠、容"的周边外交理念，坚持与邻为善、以邻为伴，坚持睦邻、安邻、富邻，深化同周边国家的互利合作和互联互通等，进一步指明了周边外交的务实工作方针。②

以习近平同志为核心的党中央领导集体进一步强化中国外交以周边外交为"首要"的战略定位。周边稳，则全局稳，周边乱，则根基乱，中国必须集中战略资源经营周边，经营亚太。如曲星所指出的："对中国下一步而言，最大的机遇、最大的挑战和最光明的希望都在周边，最容易伤筋动骨的问题还是可能出现在周边，因此，营造一个和平、稳定、发展的周边，关乎'中国梦'能否实现和中华民族能否真正崛起。"③

二、弘扬"亲、诚、惠、容"外交新理念

中共十八大以来，习近平强调以软实力为支撑，提出"亲、诚、惠、容"的外交新理念，逐步形成了中国自身独特的"文化观""价值观""义利观""近邻观""和平观"，形成具有中国特色的软实力。④

习近平强调中国的文化观。2014年9月24日，习近平在纪念孔子诞辰2565周年国际学术研讨会上讲话指出：包括儒家思想在内的中国优秀文化蕴藏着解决当代人类面临的难题的重要启示，"希望中国和各国学者相互交流、相互切磋"，"让中国优秀文化和世界各国的优秀文化一道造福人

---

① 《习近平在周边外交工作座谈会上发表重要讲话强调：为我国发展争取良好周边环境》，中国共产党新闻网，2013年10月26日，http://cpc.people.com.cn/n/2013/1026/c64094-23333683.html。
② 《中央外事工作会议在京举行》，《人民日报》2014年11月30日。
③ 曲星：《周边外交需要顶层设计》，《环球时报》2013年10月26日。
④ 石源华：《亚洲命运共同体的文化内涵》，《世界知识》2015年第2期。

类"。①习近平周边外交新理念主张总结吸取历史上东亚各国和平相处和在现代化过程中运用以儒家思想为主要特征的东亚文化的重要历史经验，不主张恢复历史上那种已经明显过时的朝贡体系旧范式。

习近平强调中国的价值观。美国在世界上推行"颜色革命"和"价值观念普世化"，已被证明为新的世界动乱之源，陷某些实现"颜色革命"的国家于困境，几乎无一有好的结果。习近平周边外交新理念坚持道路自信、理论自信、制度自信、文化自信，强调走新时代中国特色的社会主义道路，倡导学习欧洲和北美共同体的经验，但不接受以西方价值观念为中国实施周边外交的指导思想和基本前提。

习近平强调中国的义利观。他主张继承和发扬中国人数千年来一以贯之的道德准则和行为规范，将"互惠互利"原则提升至"命运共同体"高度，在与周边国家开展合作方面，本着互惠互利的原则，编织更加紧密的共同利益网，把双方利益融合提升到更高水平，不仅使中国的发展更好地惠及周边，同时也使中国从周边国家的共同发展中获得裨益和助力。②习近平周边外交新理念讲情重义，先义后利，欢迎周边国家搭乘中国经济高速发展的快车，主张合作共赢，共同发展。

习近平强调中国的近邻观。"亲、诚、惠、容"四字箴言，是新形势下中国坚持走和平发展道路的郑重宣言，是对多年来中国周边外交实践的精辟总结，反映了新一代领导集体外交理念的创新发展。习近平"以一种'润物细无声'的独特方式，通过真诚的情感、质朴的话语、坚定的信念、实在的举措，亲自践行亲、诚、惠、容的周边外交理念，把中国梦与周边各国人民过上美好生活的愿望结合起来，增进了彼此互信的互利合作"。③习近平倡议"睦邻友好，守望相助"的"友邻外交"，为中国周边外交添加了浓浓的"人情味"。

习近平强调中国的和平观。习近平反复论述："走和平发展道路是中国根据时代发展潮流和自身根本利益作出的战略抉择。中国人民崇尚'己所不欲，勿施于人'。中国不认同'国强必霸论'，中国人的血脉中没有称王

---

① 习近平:《从延续民族文化血脉中开拓前进》,《新华每日电讯》2014年9月25日。
② 《以亲、诚、惠、容外交理念推进周边安全与繁荣》,《新华每日电讯》2014年9月25日。
③ 同上。

称霸、穷兵黩武的基因。"为此他提出六个"坚持",即坚持主权平等,坚持共同安全,坚持共同发展,坚持合作共赢,坚持包容互鉴,坚持公平正义。① 习近平在各种场合批评和反对各种全球和地区的霸权主义,表明中国无意挑战美国在亚洲的存在,也不挑战既成的国际体系,中国将与亚洲各国人民一起,通过共同的努力,开创以"亚洲命运共同体"为目标的和平建设新局面。习近平在中共十九大报告中郑重宣告:"中国发展不对任何国家构成威胁。中国无论发展到什么程度,永远不称霸,永远不搞扩张。"②

三、谋划"大周边"外交地缘新概念

随着中国综合国力的日益强盛和国际社会各种力量对比的变化,以习近平同志为核心的党中央领导集体积极谋划中国"大周边"外交地缘新概念。

倡议实现中国周边合作全覆盖。以习近平同志为核心的党中央领导集体在继续大力发展中国与东亚地区合作的基础上,积极"西进"欧亚大陆,发展和实现与中亚、南亚、西亚等地区国家的"合作共赢",将该地区塑造成为中国的战略纵深区域和经济战略地带,这成为"亚洲命运共同体"的重要组成部分,为中国和平发展开辟广阔的战略空间。中国应将东北亚、东南亚、南亚、中亚、西亚、南太平洋视为中国周边不可或缺的"六大板块"。将"六大板块"作为一个利益高度相关、互动极为频繁的整体统筹兼顾,打破不同"板块"之间、陆地与海洋之间的分割,形成陆地与海洋事务、中国边疆与周边区域的联动机制,并可统筹运用"东线板块"(东北亚、东南亚、南太平洋)与"西线板块"(中亚、南亚、西亚),获得较大的战略回旋余地,摆脱可能出现的危机,化被动为主动。③

新时代中国领导人注重兼顾"印太两洋",加速从传统的太平洋"一洋战略"向太平洋和印度洋"两洋战略"转变,逐步建立一个包括政治、

---

① 习近平:《从延续民族文化血脉中开拓前进》,《新华每日电讯》2014年9月25日。
② 习近平:《在党的十九大上的报告》(摘要),《新华每日电讯》2017年10月18日。
③ 祁怀高、石源华:《中国的周边安全挑战与大周边外交战略》,《世界经济与政治》2013年第6期,第45页。

安全、经济、文化战略在内的"太印两洋战略"。关注和加速经略印度洋战略和南太平洋战略，成为中国周边外交的新使命。中国设计的"一带一路"蓝图包括这两个地区在内，其中两条路径指向印度洋，一条是"丝绸之路经济带"，从中国至东南亚、南亚、印度洋，一条是"21世纪海上丝绸之路"，从中国沿海港口过南海到印度洋，另有一条路径从中国沿海港口经南海到南太平洋。中国正积极推动中巴经济走廊、孟中印缅经济走廊以及中国海外军事补给基地建设，确保通向印度洋的海陆安全高效运输大通道。2014年11月，习近平访问澳大利亚和新西兰，并首次对南太平洋岛国进行国事访问，与八个南太平洋建交国领导人会晤，共同决定建立互相尊重、共同发展的战略伙伴关系，开辟了中国南太平洋外交的新局面。中国的"两洋战略"既是中国建设海洋强国的必然需求，也是针对美国特朗普政府构建以"美日澳印"四边机制为核心的"印太战略"挑战的应对方策。

新时代中国"大周边"地缘新概念还包括中国将在远洋和深海底层等中国周边的"全球公域"拓展"战略新边疆"。面对美国等世界大国对于"全球公域"的抢占和争夺，中国不断强化自身能力建设，逐步构建中国的"公域战略"，占据中国在"公域"应该占有的地位。与相关国家合作，携手为"全球公域"的安全治理贡献力量，成为习近平新时代中国周边外交的组成部分。2015年7月1日，全国人大通过的新国家安全法明确将海洋、太空、极地、网络列为中国国家安全的重要内容，是对中国公域防卫战略和安全战略概念的重要突破。[①] 中国将逐步在"印太两洋"公域建立中国的"战略新边疆"。[②]

四、推动构建"命运共同体"新目标

习近平新时代中国特色社会主义思想，是新时期中国实施周边外交的

[①] 《全局性视野构建国家安全法体系——全国人大通过国家安全法，习近平签署主席令予以公布》，《解放日报》2015年7月2日。

[②] 关于在全球公域拓展战略新边疆，参见石源华：《中共十八大以来中国周边外交的历史性新进展》，载复旦大学中国与周边国家关系研究中心编：《中国周边外交学刊》2016年第一辑（总第三辑），社会科学文献出版社2016年版，第51页。

主要理论依据和政策指导思想，反对和摒弃过时的冷战思维和美国称霸世界的"霸权稳定论"，强调"中国发展壮大，带给世界的是更多机遇而不是什么威胁，我们要实现的中国梦，不仅造福中国人民，而且造福各国人民"。[①] 习近平倡议"合作共赢"新理念，强调建设"命运共同体"，将其提升为具有战略意义的新举措，成为中国推行周边外交的新目标。

习近平对于"命运共同体"内涵有着深刻而完整的理论阐述和政策概括。一是"相互尊重，平等相待"。"涉及大家的事情要由各国共同商量来办，作为大国，意味着对地区和世界和平与发展的更大责任，而不是对地区和国际事务的垄断"。"要尊重各国自主选择的社会制度和发展道路，客观理性看待别国发展壮大和政策理念，尊重彼此核心利益和重大关切，努力求同存异、聚同化异，要共同维护亚洲来之不易的和平稳定局面和良好发展势头"。二是"合作共赢，共同发展"。"只有合作共赢才能办大事、办好事、办长久之事"，强调"摒弃零和游戏、你输我赢的旧思维，树立双赢、共赢的新理念，在追求自身利益时兼顾他方利益，在寻求自身发展时促进共同发展"。三是"实现共同、综合、合作、可持续的安全"。"当今世界，没有一个国家能实现世界不安全的自身安全，也没有建立在其他国家不安全基础上的安全"，强调"摒弃冷战思维，创新安全理论，努力走出一条共建、共享、共赢的亚洲安全之路"。四是"不同文明兼容，交流互览"。众多的亚洲古老文明，"彼此交相辉映、相得益彰，为人类文明作出了重要的贡献"，强调"促进不同文明不同发展模式交流对话，在竞争比较中取长补短，在交流互鉴中共同发展，让文明交流互鉴成为增进各国人民的桥梁、推动人类社会进步的动力、维护世界和平的纽带"。[②]

习近平将"坚持和平发展道路，推动构建人类命运共同体"明确列为中共十九大报告国际部分的标题，表明"以合作共赢为核心的人类命运共同体建设"已成为习近平新时代中国特色社会主义思想的国际战略。

---

① 习近平：《顺应时代前进潮流，促进世界和平发展》，《新华每日电讯》2013年3月24日。
② 习近平：《迈向命运共同体，开创亚洲新未来》，《人民日报》2015年3月29日。

五、绘制"一带一路"新宏图

"一带一路"是习近平新时代中国特色社会主义思想的又一重要内容。六年来，经过不懈的努力，"一带一路"已进入初步收获阶段，受到国际社会日益增多的关注和支持。在第二届"一带一路"国际合作高峰论坛开幕之前，国家发展改革委公布：中国已与125个国家和29个国际组织签署了"一带一路"合作文件。2013—2018年，中国企业对沿线国家直接投资逾900亿美元，年均增长5.2%，[①]标志着"一带一路"的战略定位明确而务实，愿景空间广阔而清楚，推行方法新颖而可持续，发展路径行稳而致远，总体风格高屋建瓴、真诚实在而不失谦虚谨慎，开启了建设和平、繁荣、开放、创新、文明之路的历史新征程。[②]

"一带一路"是个百年工程，对内是"西进"的发展大战略，让中国西部连接中亚、西亚和欧洲，成为中国连接外部的中心地带。对外则是"合作倡议"，通过"一带一路"，以周边为重点，实现地缘经济互联互通，构建开放的大地缘经济网络，一边连接最具活力的东亚，另一边是发达的欧洲，与沿线国家发展新型的合作关系。"一带一路"顺应世界潮流、符合沿线国家经济发展的共同愿望，不仅拉动国内经济增长，实现中国经济可持续发展的目标，而且让沿途国家搭乘中国经济发展的便车，加强基础设施建设，促进产业升级换代，共同推动中国和各国经济的发展步伐。[③]

"一带一路"战略是应对和化解美国亚太战略的重要举措。中国不正面对抗美国"亚太再平衡"战略对中国的遏制，不走新兴大国与守成大国通过对抗实现更替的传统老路，不重犯苏联与美国在冷战期间实行军备竞争招致失败的错误，推行习近平新时代中国特色社会主义道路。[④]对于美

---

① 新华社：《我国已与125国签"一带一路"合作文件》，2019年4月19日。
② 《"一带一路"国际合作高峰论坛成果清单》，新华网，2017年5月16日，http://www.xinhuanet.com/world/2017-05/16/c_1120976848.htm。
③ 李少惠、李世勇：《"一带一路"重心是经济合作与经贸交流》，《参考消息》2015年6月9日。
④ [英]菲利普·蒂芬斯认为：中美"双方都不想冷战，更不用说军事对抗了。不过，形势会变得严峻，最好的局面可能就是一种十分冰冷的和平"。参见英媒文章《中美维持"冷和平"是最佳选择》，《参考消息》2015年5月6日。

国的"亚太再平衡"战略以及特朗普的亚太战略，是美国做美国的"霸权稳定""日美同盟""颜色革命""跨太平洋伙伴关系协定（TPP）"，中国做中国的"一带一路""合作共赢""命运共同体"、亚投行等。美国在中国东部海上挑起各种事端，围堵压迫中国，中国则另辟新路径，向西部积极发展，在广袤的、长期不稳定的欧亚大陆，倡议建设"丝绸之路经济带"，实现互联互通，合作共赢，开辟新的战略方向，着意在中国周边实现全方位合作和互利共赢。

习近平在各种不同场合强调"一带一路"倡议的首要合作伙伴是周边国家，首要受益对象也是周边国家。中国将强未强，不宜企图通过"一带一路"去主导新国际体系和新全球化进程，而应通过"一带一路"大练内功，增强国力，增强与周边以及亚欧非国家的合作及其影响力。"一带一路"的实质是南南合作，中国通过"一带一路"主要是加强与发展中国家的政治经济联系，运用"亲、诚、惠、容"增强影响发展中国家的软实力，进一步扩大对发展中国家的政治经济影响力，夯实与周边国家和发展中国家的坚实基础，使中国实现从将强未强到真正强大起来的转变。

六、构建新型"亚洲安全观"

"亚洲安全观"是2014年5月习近平在上海举行的亚洲相互协作与信任措施会议（简称"亚信会议"）第四次峰会上提出的，是习近平新时代中国特色社会主义思想的又一重要内容。"亚洲安全观"是在与冷战思维和强权政治碰撞中发展起来的。习近平提出了"创新安全理念"的重要命题，倡导共同、综合、合作、可持续的"亚洲安全观"。

习近平强调亚洲和平发展同人类前途命运息息相关，并亲自对"亚洲安全观"逐条作了精辟而细致的理论阐述和政策概括：1. 共同安全，就是要尊重和保障每一个国家的安全。安全应该是普遍的、平等的、包容的。不能一个国家安全而其他国家不安全，一部分国家安全而另一部分国家不安全，更不能牺牲别国安全谋求自身所谓绝对安全。要恪守尊重主权、独立和领土完整、互不干涉内政等国际关系准则，尊重自主选择的社会制度和发展道路，尊重并照顾各方合理安全关切。2. 综合安全，就是要统筹维护传统领域和非传统领域安全，通盘考虑亚洲安全问题的历史经纬和现实状况，多管齐下，综合施策，协调推进地区安全治理，对"三股势力"，必须采取零容忍态度，加强国际和地区合作，加大打击力度。3. 合作安全，就是要通过对话合作促进各国和本地区安全，增进战略互信，以合作谋和平，以合作促安全，以和平方式解决争端。亚洲人民有能力、有智慧通过加强合作实现亚洲和平稳定。欢迎各方为亚洲的和平与合作发挥积极和建设性作用。4. 可持续安全，就是要发展和安全并重以实现持久安全。要聚集发展主题，积极改善民生，缩小贫富差距，不断夯实安全根基。要推动共同发展和区域一体化进程，以可持续发展促进可持续安全。①

2015年5月，中国颁布《中国军事战略》白皮书，提出"总体国家安全观"新概念，从中国国家安全战略的顶层设计层面对"亚洲安全观"作了进一步具体阐述，强调要统筹内部安全与外部安全、传统安全与非传统安全、生存安全与发展安全、国土安全与国民安全、自身安全和共同安全。2015年7月1日，全国人大通过新的国家安全法，以国家立法形式构建了集政治安全、国土安全、军事安全、经济安全、文化安全、社会安全、科技安全、信息安全、生态安全、资源安全、核安全等于一体的国家安全体系，将传统安全与非传统安全、内部安全与外部安全、自身安全与共同安全整合为一体，将中国安全建设推进到一个新阶段。②

七、实施建设海洋强国新方略

习近平在中共十九大报告中将"南海岛礁建设积极推进"列为五年执政取得的重大成果之一，表明习近平新时代中国特色社会主义思想在推进中国从富起来到强起来的过程中，着意将建设海洋强国列为重要战略目标。

中国周边海洋安全面临日益严重的挑战。南海相关国家围绕海洋资源、岛礁主权、海域划界和通道安全的争端，虽然2016年下半年以来有所缓和，但固有的分歧和冲突根源依然存在，域外大国搅局南海争端的势头因特朗普总统上任有增无减。2017年6月以来，美国军舰、军机侵犯南海

---

① 习近平:《积极树立亚洲安全观开创安全合作新局面》,《新华每日电讯》2014年5月22日。
② 《全局性视野构建国家安全体系——全国人大决议通过国家安全法,习近平签署主席令予以公布》,《解放日报》2015年7月2日。

频率迅速回升,有定期化、升级化趋势。面对美、日南海搅局和中日钓鱼岛对阵,中国发挥了地大海广的优势,注重陆海统筹、海海统筹的战略布局,确保了中国周边海域的安全和稳定。除渤海为中国内海外,黄海、东海、南海均与他国存在分歧和争端,加上台海为特殊海域,可称为"四海"。同时,还应加大中国在日本海的存在,形成"五海联动",构建中国周边外交海洋安全大布局,制衡美、日,确保我国南海稳定和平和中国战略机遇期的延续。①

中国在与东盟国家共同将南海建设为"和平之海""友谊之海""合作之海"的过程中,尽力实现海洋维权与海洋维稳的平衡与互动,"维权不引发冲突,维稳不损害权益",习近平时代推行的路径为"主权在我,后发制人,适时推进,弹性回防"。②"主权在我",是中国海洋维权和海洋维稳的底线和确保我国海洋权益的基本保证。菲律宾前政府不顾中国反对,单方面将中菲南海岛礁争端包装后提交临时仲裁庭仲裁,中国从法律上反驳菲方的无理主张,声明中国"不接受、不参与仲裁的严正立场",在中国政府的坚决斗争之下,终促使菲律宾新政府回到谈判解决争端的轨道上来。"后发制人",即中国不主动打破现状,而是在争端国挑起事端后,实施维权行动。中国在南海进行岛礁建设,始于菲律宾在黄岩岛的挑衅行为,鉴于越南、菲律宾早已在南海扩建岛礁,侵犯中国领土主权,中国迅速推进南海岛礁工程建设,规模宏大,速度快捷,态度坚决,一鼓作气建设七个岛礁,势不可当。中国海洋维权的每一个重大举措都有争端国"挑衅"制造的机会。如钓鱼岛问题,是日本政府推行"国有化购岛"挑起事端,中国作出连锁反击,赢得东海海域掌控的战略主动权。中国"后发制人"有力反击争端国挑衅的行动,已对争端国起到"树威立规"的威慑作用。"适时推进",是指中国取得"后发制人"机会后,兼顾海洋维权与海洋维稳平衡的大原则,适时推进维权举措,扩大维权成果。中国的南海岛

---

① 石源华:《"五海联动"构建中国周边海洋安全大布局》,《世界知识》2016年第5期,第72页。

② 此观点最早见祁怀高、石源华:《中国的周边安全挑战与大周边外交战略》,《世界经济与政治》2013年第6期,原文是"主权在我,后发制人,适时还击,弹性回防",本文使用时略作了调整。

礁建设工程，抓住历史上难得的机遇，大步推进，取得令世人瞩目的成就，对今后长远的海洋维权将产生深刻的影响，而未对南海维稳产生负面影响。"弹性回防"，是中国实现海洋维权与海洋维稳平衡实践的新特点，表明中国的海洋维权是张弛有度，进退自如，掌控适当节奏，确保海洋维权不影响海洋维稳。对于南海岛礁建设，中国在取得重大进展后，适时宣告工程结束，并着重向国际社会宣解中国岛礁建设除提供军事防卫功能外，更具民用和履行国际责任的功能，缓解以美国为首国家的抗议风潮。通过"主权在我，后发制人，适时推进，弹性回防"，实现中国海洋维权与海洋维稳的平衡与互动，是中国实施周边外交的新方略。中国将在实践中不断完善自身的战略和策略，不断取得海洋维权和海洋维稳的历史性进步。

八、推行和平解决争端的"双轨"新思路

中国崛起成为世界第二大经济体后，由于域外大国的挑唆和助推，以及历史遗留的问题，若干周边国家与中国的分歧和争端呈现上升趋势。除周边海域和岛屿争端外，中国与印度有陆地边界分歧，与日本有历史问题和岛屿主权海域划界分歧，与韩国有"萨德"导弹部署和海域划界分歧，与朝鲜有朝核问题分歧，与缅甸有建设水电站和铜矿的分歧，与斯里兰卡有港口建设分歧等，而且旧的分歧和争端得以解决或缓解后，新的矛盾和分歧还会不断产生，这是邻居相处的常态，难以避免。"双轨思路"是习近平外交思想关于处理各类周边双边分歧和国际争端的应对新思路。

习近平时代的中国周边外交首先界定了周边争议国家的战略定位。日本、印度是中国的周边大国，菲律宾、越南、新加坡等国是中国周边的合作伙伴国，明确它们不是中国的敌国，而是中国重要的伙伴国、合作国。强调中日关系、中印关系、中越关系、中菲关系、中缅关系等都要世代友好下去，是双方化解争端、共建"21世纪海上丝绸之路"的关键所在和基本出发点。其次是界定中日钓鱼岛争端及东海划界争端，中越、中菲南海争端等各类争端问题在中国国家战略中的定位，也包括中韩之间的"萨德"入韩部署分歧、中朝之间的朝核问题分歧等尖锐问题，明确这些争端只是双边关系中的重要问题、某个历史时段的问题，虽然有些问题是涉及中国

核心利益的重大问题，但却不是双边关系的全部。2014年8月27日，习近平在会见越南共产党中央总书记特使黎鸿英时指出，"近几年，两国关系总体良好，但近期受到极大冲击，引起两国人民和国际社会高度关注"，"邻居之间磕磕碰碰在所难免，关键是以什么样的态度和方式来对待和处理"，表明中国领导人是将中越友好关系与中越海上冲突分开观察和处理的。中越冲突并非中越关系的全部，双方应该并且可以通过和平对话的方式处理。一时解决不了，可以"搁置争议"，留待历史条件成熟时再去解决。[①]越南共产党中央总书记和习近平主席实现了互访，中国认真说清说透利害关系，有助于中越冲突的缓解和两国关系的发展，也有益于我国的长远利益。

中国提出建设"21世纪海上丝绸之路"，可以成为解决南海争端的重要推手。中国大力宣传"21世纪海上丝绸之路"，是一条和平、安全、合作、共赢之路，以经济合作带动沿线国家走向全面合作，使争端国相信可以从共同经营和建设"21世纪海上丝绸之路"的过程中，而不是从与中国的争执中，获取更大的政治、经济、安全利益，东海、南海、黄海都是建设"21世纪海上丝绸之路"的重要地区。中国实施"双轨思路"，将这些分歧争端与双边友好关系适当分开处理，超越争端，绕道争端，务实推进双边合作，并在务实合作中淡化、化解争端，共同建设"亚洲命运共同体"。

九、践行改善地区和国际体系"新尝试"

发起建设"亚洲基础设施投资银行"（以下简称"亚投行"，AIIB）是习近平新时代中国特色社会主义思想在周边外交和金融体系改革方面的又一内容，是一个战略性的大举措，是中国经济从产品输出走向资本输出的标志性事件，也是中国改善现有不合理国际体系的一次重大"战略试水"。亚投行将更多显现"中国特色"和"中国意愿"的开放式和"合作共赢"新思维。尽管美国反对中国的提议，并阻挠其他西方国家和美国的同盟国

---

① 石源华：《中共十八大以来中国周边外交研究报告》，社会科学文献出版社2016年版，第262页。

加入，然而，经过中国的努力，有57个意向创始成员国加入亚投行，其中包括美国传统盟友"七国集团"中的四个，美国盟友韩国、澳大利亚也不顾美国的反对和施压，加入亚投行。如今已有93个国家加入。美国和日本的态度也有所变化。有论者指出，亚投行的出现，无论对中国，还是对亚洲、对世界来说都是一件大事，它是为"一带一路"建设"输血供氧"的"营养库"，是发达国家参与亚洲基础设施建设的"逐利场"，是国际金融体系中的"新一极"，也是中国和平崛起进程中的一个"标志性工程"。[1]

中国对于亚投行的战略定位：既是"新的一极"，会引发与西方金融霸权体系一定程度的竞争，推动发生有利于新兴国家利益的变化，同时又是对既有美国主导的世界金融体系的补充和完善，并非取而代之。[2]亚投行将为中国在走向世界强国的过程中对待既有世界体系提供一个样本。实际上，在亚投行启动前后，中国已经主导提议成立了金砖国家新开发银行，筹备建立上海合作组织开发银行，设立丝路基金等类似的金融机构和基金，具有同样的意义。

十、建设周边外交人脉新工程

大力建设中国周边外交人脉新工程，是习近平新时代中国特色社会主义思想在对外关系方面着力经营的又一时代新课题。在长期的中外交往过程中形成的知华派、亲华派，已经实现了世代替换。中国和周边国家老一辈领导人陆续谢世，或退出政治舞台。新一代领导人大部分为战后出生的，没有参加世界反法西斯战争的亲身经历，对于当今国际形势和国际问题的观察，也与前人有所不同。中国与周边国家领导人之间历史上形成的交谊和联络渠道出现了断层，这给中国与周边争端问题的解决和周边外交

---

[1] 屠海鸣：《亚投行是国际金融体系中的"新一极"》，《新闻晨报》2015年4月29日。
[2] 世界银行前行长和美国贸易代表罗伯特·佐利克在英国《金融时报》网撰文指出，"美回避亚投行是个战略错误"，"亚投行提供了一个机会来加强美国创造和维护的国际经济体系"，"亚投行可以帮助世界银行和各个地区银行分析它们的管理和控制如何增加了成本、程序和延误。竞争可以是健康和有启迪作用的。美国需要从这种令人尴尬的经验中吸取教训"。"中国正在提供机会来支持全球经济，并提供大量资金来支持它自己的计划。美国可能犯下的最大错误是在塑造一个不断变化的国际体系时错过这个机会，美国应该善于将新的愿景同现有秩序相联系，从而满足新的需求"等。参见《美回避亚投行是个战略错误》，《参考消息》2015年6月9日。

的开展带来了一定程度的难度和负面影响，对于周边海洋争端的解决也造成了一些困难。积极开展民间外交，建设周边外交人脉新工程，是中国周边外交的一项长期任务。中国与周边国家需要通过第一渠道和第二渠道的不断交往，着意培养新的知华派和亲华派，使他们成为未来处理各种可能发生的周边海洋争端及其他争端的重要缓冲力量。

2013年10月，中共中央召开的周边外交工作座谈会提出了"亲、诚、惠、容"的周边外交新理念和"合作共赢"的国际关系新原则，为建设中国周边人脉工程奠定了理论和政策基础。不管是"一带一路"的推行，"亚洲安全观"的实施，还是亚投行、上海合作组织开发银行、金砖国家新开发银行以及丝路基金的建设，关键都在于人。中国与周边国家建立良好的人脉关系，才有希望将中国的宏大计划付诸实施。中国已经与巴基斯坦建立了"全天候、全方位"的良好关系，不论该国哪个党派上台，都能持续发展中巴友好关系。中国和泰国的友好关系也完全不受政府更迭的影响。习近平主席重视周边国家人脉工程的建设，已经与普京总统等建立了良好的个人关系，这些私谊对于中国与这些国家双边关系发展以及国际事务合作将起到非常积极的作用。结交和培育更多的"中国人民的老朋友"[①]，建设中国周边外交人脉工程，将成为当今中国周边外交的历史性任务之一。

在政府层面，中国领导人应与周边国家领导人，包括执政党、在野党等在内的各界著名人士建立起基于各自国家利益基础上的广泛而密切的关系，形成一大批能够与中国实现"合作共赢"的"老朋友"。中共十九大一结束，中共中央对外联络部即于2017年11月30日至12月3日在北京举行由120多个国家、200多个政党和政治组织领导人或代表出席的中国共产党与世界政党高层对话会，习总书记出席并讲话，开辟了广泛的合作和交友新途径，是我党首次与全球各类政党举行的高层对话，也是出席人数最多和首次全球政党领导人的对话会，在我党的历史上具有开创性意义，在

[①] 有人统计，被《人民日报》称为"中国人民的老朋友"的国际友人有600多人，大部分是各国政要，其中大部分是周边国家的政治领导人。中国历代领导人曾经与周边国家领导人胡志明、金日成、西哈努克亲王、田中角荣、大平正芳、伊东正义、布托父女、叶利钦、金大中、李光耀等建立了良好的关系。他们为发展双边关系、区域合作和世界和平作出了卓越的贡献。

世界政党史上也具有突破性意义。① 真心实意地与周边国家建立"命运共同体"，应是中国"交友"的战略目标，实行"亲、诚、惠、容"的重要理念，着力进行感情投资，应是中国"交友"的主要方法。

在民间层面，尽力加强知识阶层和青少年的交流，建立民间友好的深厚基础，越是与中国有分歧和争端的国家，越是有政府层面冲突和纠葛的国家，越要积极深入开展民间外交，以民间外交来推动和助力政府外交的实施。中国需要在与周边国家第一渠道和第二渠道的不断交往中，着意培养民间的"老朋友"，这将是未来处理好各种可能发生的争端的重要缓冲力量和提升双边关系发展水平的重要推进动力。

习近平总书记曾精彩描述中国应有的周边交友之道，强调"要坚持睦邻友好，守望相助；讲平等，重感情；常见面，多走动；多做得人心、暖人心的事，使周边国家对我们更友善、更亲近、更认同、更支持，增强亲和力、感召力、影响力"。只要坚定地遵循此道而行，"本着互惠互利的原则同周边国家开展合作，编织更加紧密的共同利益网络，把双方利益融合提升到更高水平，让周边国家得益于我国发展，使我国也从周边国家共同发展中获得裨益和助力"，② 诚心诚意对待周边国家，必定能赢得更多的新朋友、好朋友，使中国的朋友和伙伴遍周边、遍世界！

---

① 石源华主编：《中国周边外交研究报告（2017—2018）》，世界知识出版社2018年版，第450页。

② 《习近平在周边外交工作座谈会上发表重要讲话强调：为我国发展争取良好周边环境》，《人民日报》2013年10月26日。

第二章　新中国周边外交的历史演变[①]

导　读

  本章就新中国周边外交政策提出"七阶段论",即"联苏抗美阶段""反美又反苏阶段""联美抗苏阶段""不与大国结盟阶段""全方位阶段""向大国转型阶段""大国外交时代阶段",进而分析70年新中国周边外交在站起来、富起来、强起来三大历史进程的不同历史阶段的不同特点,探寻每个历史阶段中国周边外交的基本构架和思路。"七阶段论"对于理解新中国周边外交格局的演变、未来周边实施大国外交的走向以及中国与周边国家间若干历史问题的处理等,具有重要的意义。

  新中国周边外交历来在整个中国外交战略中占有极为重要的地位。中国的国家安全、政治稳定、经济发展乃至国际地位改善都需要一个和平的、发展的、稳定的周边环境,这是中国历届政府力图实现的基本外交目标。

  对于中国外交的分期,在新中国成立50周年时,外交学院曾主办"中国外交辉煌50年研讨会",专门有所研讨,出现不同意见。第一种意见主张以中国对外战略调整作为分期标准:1. 1949年至20世纪50年代末为对苏"一边倒"阶段;2. 20世纪50年代末至60年代末为"两个拳头"反两霸阶段;3. 20世纪60年代末至70年代末为反苏"一条线、一大片"阶段;4. 20世纪70年代末以来为"全方位"阶段。第二种意见主张以中国"国家利益"演变作为分期的标准:1. 20世纪50年代初期为追求安全利益阶

---

  ① 参考石源华:《中国周边外交十四讲》,社会科学文献出版社2016年版,第185—205页。

段；2. 1954年至20世纪70年代末为追求政治利益阶段；3. 改革开放至20世纪90年代为追求经济利益阶段；4. 20世纪90年代以来为追求"经济和政治利益并重"阶段。第三种意见主张分期的标准应综合考虑国内政治与经济、重大外交事件和国际环境变化三方面因素：1. 1949—1955年；2. 20世纪50年代中期至60年代中期；3. 20世纪60年代中期至70年代末；4. 20世纪80年代以来。还有一种意见主张，中国外交可分为两个阶段：1. 20世纪50年代至70年代后期，中国外交主要维护国家安全；2. 十一届三中全会以来，中国外交重点任务是为经济建设服务等。本书对于周边外交发展阶段的划分接近第一种意见，[①] 并根据最近20年的中国周边外交实践作了调整和设计。

中国的周边外交政策受到国际格局、时代特征、周边环境变化的影响和制约，也和中国决策者对国际局势的主观认识、世界战略和外交决策有关，呈现着三个历史时期、七个阶段性变化。在中国站起来的毛泽东时期，可划分为"联苏抗美阶段""反美又反苏阶段""联美抗苏阶段"；在中国从站起来走向富起来的邓小平、江泽民及胡锦涛时期，可划分为"不与大国结盟阶段""全方位外交阶段""向大国转型阶段"；在中国从富起来走向强起来的习近平新时期，进入了"大国外交时代阶段"。研究70年来中国周边外交政策的阶段性变化，剖析其基本内容，总结其经验教训，具有重要的学术价值和现实意义。

第一节 "联苏抗美"的周边外交[②]

近代，由于帝国主义的侵略，中国与周边国家的关系经历了由以大中华王朝为中心的朝贡体系至以列强为中心的远东殖民地或半殖民地体系的大转变，随着中国的邻国印度、缅甸、越南、菲律宾、朝鲜等被帝国主义国家掠为殖民地或半殖民地和中国自身的半殖民地半封建化，中国周边外交的对象发生了很大的变化，出现了帝国主义列强包围、鲸吞中国的危亡

[①] 《〈中国外交辉煌50年〉研讨会综述》，《外交学院学报》1999年第4期，第7—12页。
[②] 参见石源华：《中国周边外交十四讲》，社会科学文献出版社2016年版，第186—190页。

险局。由于中国人民近百年不屈不挠的英勇奋斗和世界反法西斯战争的胜利,当中华人民共和国成立之时,帝国主义在东方的殖民体系逐渐崩溃,亚洲出现了一批新独立的国家,中国与周边国家的关系基本上进入了近代国际法意义上国家关系体系的新阶段。[1]

然而,帝国主义侵略和殖民统治的残余势力在亚洲依然存在,一些国家和民族争取独立的斗争还在进行之中,尤为重要的是,随着美苏冷战格局的形成和不断升级,出现了东西方两大阵营对峙的局面,新中国的外交战略面临着亲美、亲苏或是中立的选择。对于中国来说,这些战略尽管从理论上讲可以任意选择,但中国领导人实际上并无选择余地。根据中国当时面对的国际环境、国家安全和政治经济利益的需要,以及国内从革命党、革命政权的对外工作向执政党、新政府之国家外交的重大转变,中国领导人别无选择地决定和实施了"另起炉灶""打扫干净屋子再请客"和"一边倒"的"三大政策"。三者互相联系,密切配合,并以"一边倒"为主轴,形成新中国第一阶段外交的主要特点。

"另起炉灶","就是不承认国民党政府同各国建立的外交关系,而是在新的基础上同各国建立新的外交关系。对于驻在旧中国的各国使节,我们把他们当作普通侨民,不当外交代表对待"。这与辛亥革命后,"当时的政府希望很快地得到外国承认而承袭了旧的关系"的做法不同。"另起炉灶"的方针,"使我国改变了半殖民地的地位,在政治上建立了独立自主的外交关系"。[2]

"打扫干净屋子再请客",是指新中国在与西方主要大国建交前,必须先将旧中国遗留的帝国主义特权、势力、影响彻底清除。周恩来总结说:"帝国主义总想保留一些在中国的特权,想钻进来。有几个国家想同我们谈判建交。我们的方针是宁愿等一等。先把帝国主义在我国的残余势力清除一下,否则就会留下它们活动的余地。帝国主义的军事力量赶走了,但帝国主义在我国百余年来的经济势力还很大,特别是文化影响还很深。因此,我们要在建立外交关系以前把'屋子'打扫干净一下,'打扫干净屋子

---

[1] 参见石源华等:《近代中国周边外交史论》,上海辞书出版社2006年版,第1—2页。
[2] 周恩来:《我们的外交方针和任务》(1952年4月30日),《周恩来选集》(下卷),人民出版社1984年版,第85—86页。

第二章　新中国周边外交的历史演变

再请客'。"①

在上述两大方针的基础上,新中国确定了对苏"一边倒"的外交战略,亦即实行联苏抗美的外交总战略,其周边外交政策的内容和特征亦由外交总战略决定。

中苏关系位列中国与周边国家关系之首。新中国一成立,苏联政府立即承认新政府,并实现了两国结盟。同属社会主义阵营的周边国家朝鲜和蒙古国迅速和中国建立了友好关系。中国积极支持越南共产党领导的抗法民族解放战争,而且率先宣布正式承认越南民主共和国,与之建立外交关系,带动了整个社会主义阵营国家对越南的承认。与苏联及社会主义阵营的周边国家结盟,成为中国当时周边外交政策的基本特征。中国实施对苏"一边倒"政策在防御美国侵略、改善周边环境、加强安全防务、获取经济援助等方面起了重要的作用。1950年2月14日,经过毛泽东、周恩来等中共领导人在莫斯科近两个月的艰苦谈判,签署了新的《中苏友好同盟互助条约》,规定立时或在确定期限内收回中国在"雅尔塔协定"及1945年8月中华民国政府所签署的《中苏友好同盟条约》中所丧失的除外蒙古以外的重大权益,从而彻底清除了外国在中国所享有之不平等特权,这在新中国的外交史上具有重要的意义。②

美国并非中国的邻国,却因为推行封锁与孤立新中国的政策和支持韩国、菲律宾、泰国、日本等反华势力的关系,成为中国处理周边外交问题的首要和重要对象。朝鲜战争爆发后,中美走上了对抗和战争的道路。朝鲜战争停战后,美国先后与中国周边的一系列国家、地区签署双边军事同盟条约,如《日美安全保障条约》《美菲共同防御条约》《东南亚集体防务条约》《美韩共同防御条约》等,形成对中国的军事包围圈,导致中国周边外交的另一重要特征,即将外交斗争的重点放在与以美国为首的反华势力进行长期的斗争之上。抗美援朝战争打破了美国不可战胜的神话,大大

---

①　周恩来:《我们的外交方针和任务》(1952年4月30日),《周恩来选集》(下卷),人民出版社1984年版,第87页。

②　有论者认为,此点之重大意义"也许被忽视"了,"倘若不是中苏结盟,苏联是否如此痛快地放弃它在东北的权益,还当另说。"萧冬连:《五十年国事纪要·外交卷》,湖南人民出版社1999年版,第4页。

71

提升了中国的国际地位，确保了东北亚近70年的和平局面。

早在1946年毛泽东就提出了关于国际关系的"中间地带"理论，指出在美苏之间存在着一个广大的中间地带，包括世界各地的许多资本主义国家和殖民地、半殖民地国家或民族主义国家，[①]认为中间地带的国家可以成为新中国争取的对象和合作的朋友。新中国周边外交政策的第三个特征是在实施联苏抗美外交战略的同时，注意从两个层面处理"中间地带"的问题。一个层面是对待以英国为首的西方资本主义国家。英国亦非中国的邻国，但因为香港问题以及它在亚洲和中国拥有特殊经济利益而成为中国处理周边外交问题时面对的重要西方国家。英国是美国在西方世界的最主要的盟国，但两国在对待新中国的政策上存在严重分歧，英国为了保护其在华巨额投资和香港的权益，希望与新中国发展关系，并在西方国家中率先宣布承认中华人民共和国。为了分化帝国主义的联合反华战线，打破美国的对华遏制政策，中国对此作出了积极的反应，并根据中国自身的国家利益需要，决定让香港暂时保持现状不变，这使英国感到满意。中国虽然欢迎英国承认新中国，却并不急于与英建交，坚持先谈判后建交的方针。关于英方与台湾国民党政权彻底断绝关系，在联合国中国合法席位问题上投弃权票，对待在英国、香港的国民党机构和中国国家财产的态度等诸多问题，双方意见不能一致。后来，英国在联合国中国合法席位问题上曾转而改有条件"弃权"态度为无条件赞成中国恢复在联合国的合法席位的政策，并做工作催促安理会各国赞成中国取代台湾当局。[②]

其次是日本，战后日本政府奉行从属美国的外交政策，对华采取敌视政策。中国一方面坚决反对日本与台湾当局签署"和平条约"以及日本政府追随美国推行反华政策，另一方面仍将日本划入"中间地带"，在对日政策上，从日本人民着眼，费尽心血周到安排日侨归国，宽大为怀提前释

[①] 1946年8月，毛泽东在会见美国记者安娜·路易斯·斯特朗时谈道："美国和苏联中间隔着极其辽阔的地带，这里有欧、亚、非三洲的许多资本主义国家和殖民地、半殖民地国家。美国反动派在没有压服这些国家之前，是谈不到进攻苏联的。"毛泽东：《毛泽东选集》（合订本），人民出版社1964年版，第1089页。

[②] 王建朗：《试述建国初年英国对中国在联合国代表权问题的政策演变》，"1949年的中国"国际学术会议论文，1999年12月至2001年1月，北京。

放在押日本战俘,实施"民间先行,以民促官"的方针,推动中日人士互访交流,选择贸易为突破口,在1952年6月1日、1953年11月29日和1955年春三次签署中日民间贸易协定,使两国保持接触,经济文化关系有所发展,为日后中日关系的正常化创造了必要的条件。

中国处理"中间地带"外交的第二个层面是与周边的民族主义国家建立睦邻友好关系。缅甸、印度、巴基斯坦、印度尼西亚、锡兰[①]、阿富汗、尼泊尔、柬埔寨等国冲破美国的阻力,先后与中国建立了外交关系。由于中国与这些国家在近代有着遭受帝国主义侵略的共同命运,双边关系在总体上是友好的,但也因为历史的、边界的或民族的原因而出现一些新的问题和冲突。中国在处理这些问题时,秉承"修睦四邻"的原则,主张各国"根据共同的利益,谋求相互间的亲善和合作,建立友好和睦邻的关系"。根据这些原则,中国顺利地处理了与邻国间一些较棘手的历史问题和现实问题。如1952年12月18日,中国与锡兰签署《中国与锡兰关于橡胶和大米的五年贸易协定》,实现了中国与锡兰互售双方急需的橡胶和大米,对突破美国对华禁运,促进中国与民族主义国家的贸易有重大意义。1954年4月29日,中国与印度签署《关于中国西藏地方和印度之间的通商和交通协定》及有关换文,使印度在中国西藏享有原英国殖民特权问题在平等协商的基础上得以妥善解决,印度首次正式承认中国对西藏的主权。1955年4月22日,中国与印度尼西亚签署《关于双重国籍问题的条约》,为圆满解决长期困扰中国与东南亚各国关系的华侨国籍和排华风潮问题作出了榜样等。

中国领导人在新中国成立后,尤其是在20世纪50年代中后期,主动出访,力争参加相关国际会议,积极提出有关处理周边外交和国际问题的政治主张,产生了深远的政治影响,大大提高了新中国的国际威望。新中国成立不久,中国曾主办亚澳工会会议和亚洲妇女代表会议。[②] 1950年11月28日,中国代表伍修权首次在联合国讲坛亮相,严正控诉美国侵略台

---

① 锡兰,即今斯里兰卡,1948年独立后改国名为锡兰,1972年后改国名为斯里兰卡。
② 亚澳工会会议于1949年11月16日至12月2日在北京举行,来自各国的工会代表117人参加了会议。亚洲妇女代表会议于1949年12月10日至16日在北京举行,来自亚洲14个国家的妇女代表和部分在华日本侨民165人,以及来自其他洲的来宾33人参加了会议。

湾，有力地宣传了中国和平自主的外交政策。1954年4—7月，周恩来总理亲率阵容强大的代表团出席日内瓦会议，为争取朝鲜问题的解决尽了最大努力，对印度支那和平的实现作出了重大贡献。1955年4月，周恩来总理又率团出现在印度尼西亚的万隆会议上，中国代表团本着求同存异的方针，开展了卓越的外交活动，不仅对于会议的成功作出了贡献，提高了中国的国际威望，而且也对第三世界作为一个整体力量登上世界历史舞台起了积极的推动作用。尤其值得强调的是，由中国首先提出，由中印、中缅共同倡导的处理国际关系的和平共处五项原则，即"互相尊重主权和领土完整、互不侵犯、互不干涉内政、平等互利、和平共处的原则"，[①]成为万隆会议达成的共识，并引申和发展成为万隆会议指导国家关系发展的"十项原则"。十项原则的内容是：1. 尊重基本人权，尊重《联合国宪章》的宗旨和原则；2. 尊重一切国家的主权与领土完整；3. 承认一切种族的平等，承认一切大小国家的平等；4. 不干预或干涉他国内政；5. 尊重每一国家按照《联合国宪章》单独地或集体地进行自卫的权利；6. 不使用集体防御的安排来为任何一个大国的特殊利益服务，任何国家不对其他国家施加压力；7. 不以侵略行为或侵略威胁，或使用武力来侵犯任何其他国家的领土完整或政治独立；8. 按照《联合国宪章》，通过谈判、调停、仲裁或司法解决等和平方法，以及有关方面自己选择的任何其他和平方法，来解决一切国际争端；9. 促进相互的利益和合作；10. 尊重正义和国际义务。[②]这是对现代国际法理论的重大贡献，促进了新型国际关系的建立和发展，意义重大。

[①] 据曹应旺著《中国外交第一人——周恩来》叙述，和平共处五项原则由周恩来总理于1953年12月31日会见印度政府代表团时首次提出。次年4月29日，写入中印签署的《关于中国西藏地方和印度之间的通商和交通协定》的序言中。6月，周恩来总理访问印度、缅甸，与两国总理共同倡议把和平共处五项原则作为处理国际关系的普遍准则。原措辞为"互相尊重领土主权、互不侵犯、互不干涉内政、平等互惠和和平共处"。

[②] 参见《亚非会议联合公报》，《人民日报》1955年4月25日。

第二节 "反美又反苏"的周边外交[①]

20世纪60年代，世界进入了大动荡、大分化、大改组的新时代。美苏力图保持两极格局，但两大阵营内部的独立自主倾向却大有发展，西欧、日本对美离心力日益增强，社会主义阵营内部出现中苏分裂对立，亚非拉民族解放运动空前高涨，发展中国家力量大大增强。由于美国继续推行敌视中国的政策，驻兵韩国、日本、菲律宾，介入侵略越南战争，从东南一线威胁中国安全，苏联坚持大国沙文主义和霸权主义，以撤走专家，撕毁合同，甚至核战争威胁来达到控制中国的目的，在中苏、中蒙边境陈兵百万，从北线威胁中国安全，其他敌视中国的国家乘机而起，中国的周边环境日益恶化。

面对这种形势，中共中央对外联络部部长王稼祥认为，不要过分强调世界战争的危险，冲淡了防止世界战争的可能性，不要强调只有帝国主义才有和平共处，不要过分突出民族解放运动的地位，而忽视世界和平运动的意义，在国际斗争中应有进有退，有攻有守，有争有让，不能一斗到底，避免把美帝的锋芒全部集中到中国来；要设法打开中印关系僵局，对外援助应量力而行，不乱开支票等。他向中央提议调整对外政策，缓和紧张局势，谋求和平和有利的环境，争取时间，渡过困难，加速国内建设。[②] 中国领导人判断"帝、修、反"正在进行反华大合唱，决定了"两个拳头打人"，即"两条线"——既反美又反苏的外交战略，由此也决定了中国周边外交政策的新内容和新特征。

反对苏联修正主义，后称"反对苏联社会帝国主义"，成为中国周边外交的重要内容。中苏两党从世界形势、国际共运、美苏关系、社会主义发展道路、民族解放运动等意识形态的尖锐分歧，逐步升级为中苏间大论战，进而发展为国家关系全面紧张，从经济领域发展到军事领域，苏联甚至产生摧毁中国核基地的企图，两国发生了局部边界冲突。

[①] 参见石源华：《中国周边外交十四讲》，社会科学文献出版社2016年版，第190—193页。
[②] 萧冬连：《五十年国事纪要·外交卷》，湖南人民出版社1999年版，第9页。

其间，美国仍将中国视为比苏联更加"好战的、侵略性的国家"，中国也将美国视为中国的头号敌人。反对美国在中国周边国家和地区策动的一系列反华战争行为，同样是中国周边外交的重要组成部分。1958年8月，中国人民解放军炮击金门、马祖，挫败了美国制造"两个中国"的阴谋。20世纪60年代中后期，中国又作出巨大的民族牺牲，坚决支持越南、老挝、柬埔寨三国人民抗击美国侵略的战争，并取得了胜利。

中国领导人为了更有力地实施"反帝反修"的外交战略，又进而将"中间地带"思想发展为"两个中间地带"的思想，毛泽东明确指出："亚洲、非洲、拉丁美洲是第一个中间地带。欧洲、北美加拿大、大洋洲是第二个中间地带。日本的垄断资本主义也属于第二个中间地带。"[①] 这为中国制定全球战略和周边外交政策奠定了重要的理论基础。

中国把联合和团结"第一个中间地带"的周边国家作为工作重点。1960年5月，周恩来总理访问了缅甸、印度、尼泊尔、越南、柬埔寨和蒙古国等周边六国。1963年底至1964年初，周恩来总理访问亚非13国，其中包括中国周边国家缅甸、巴基斯坦和锡兰，中国提出的同非洲国家相互关系的五项原则和中国对外经济技术援助的八项原则[②]，对于增进中国与周边邻国相互了解和团结合作起了重要的作用。20世纪60年代初，中国曾对尼泊尔、锡兰、缅甸、印度尼西亚提供过经济援助，先后与缅甸、尼泊

---

① 1964年7月10日，毛泽东会见佐佐木更三等日本社会党人士时的谈话，参见张树军主编：《中南海三代集体领导与共和国外交实录》（上卷），中国经济出版社1999年版，第221页。

② 五项原则指：1. 支持各国人民反对帝国主义、新老殖民主义，争取和维护民族独立的斗争；2. 支持各国政府奉行和平中立的不结盟政策；3. 支持各国人民用自己选择的方式实现团结和统一的愿望；4. 支持各国通过和平协商解决彼此之间的争端；5. 主张各国的主权应得到其他国家的尊重，反对来自任何方面的侵略和干涉。八项原则指：1. 根据平等互利的原则对外提供援助，从来不把这种援助看作单方面的赐予；2. 严格尊重受援国的主权，绝不附带任何条件，绝不要求任何特权；3. 以无息或者低息贷款的方式提供经济援助，在需要的时候延长还款期限，以减少受援国的负担；4. 对外提供援助的目的，不是造成受援国对中国的依赖，而是帮助受援国逐步走上自力更生、独立发展的道路；5. 帮助受援国建设的项目力求投资少，收效快，使受援国政府能够增加收入，积累资金；6. 提供自己所能生产的、质量最好的设备和物资，并且根据国际市场的价格议价，如果所提供的设备和物资不合乎商定的规格和质量，保证退换；7. 对外提供任何一种技术援助的时候，保证使受援国的人员充分掌握这种技术；8. 派到受援国帮助进行建设的专家，同受援国自己的专家享受同样的物质待遇，不容许有任何特殊要求和享受。

尔、阿富汗、柬埔寨、印度尼西亚等签署友好条约或互不侵犯条约，与缅甸、尼泊尔、巴基斯坦、阿富汗、蒙古国、朝鲜等国解决了历史遗留的边界问题。同时，中国也与印度的地区扩张主义进行了斗争，粉碎了印度政府策动西藏叛乱和干涉中国内政的阴谋，通过谈判和有理、有利、有节的自卫反击战，制止了印度政府对于中国的领土扩张要求和在中印边境的军事挑衅，保卫了中国西南边境的安全。

在"第二个中间地带"，中国在周边地区主要是将与日本的关系从"民间往来"发展为"半官方往来"，这在中日关系发展史上是一个重大的进步。1959年3月，中国提出中日改善关系的政治三原则，即不发表敌视中国的言论，不参与制造"两个中国"的阴谋，不阻挠两国民间关系的发展。1960年8月，中国提出中日贸易三原则，即任何协定都必须由双方政府缔结；一时不能缔结协定，在条件成熟时可以做买卖；对依赖于中国原料的中小企业，中方可以个别予以照顾，并强调政治与经济不可分离的原则。1962年11月，在双方友好人士的共同努力下，由官方代表廖承志、高崎达之助签署了《中日长期综合贸易备忘录》，使双边年贸易额达到3600万英镑。1964年4月，双方又达成了互设联络处和互派记者的协议，双边关系进入"半官半民"的新阶段，这对于日后中日关系的发展产生了重要的影响。

第三节 "联美抗苏"的周边外交[①]

20世纪60年代末70年代初，世界格局出现新的变化。美国由于深陷越南战争的泥潭，实力地位大损，内外交困，不得不采取收缩性的全球战略调整。苏联趁机发动攻势，加紧扩张军备，美苏冷战呈现出苏攻美守的趋势。除了美苏两强外，西欧、日本以及以中国为代表的第三世界力量日益发展起来，世界开始出现多极化趋向。中国所处的国际和周边环境发生了有利于我国的变化，中国领导人根据新情况和自身安全、政治、经济需要，迅速作出了战略大调整。最主要的内容是，第一，提出"三个世界"

[①] 参见石源华：《中国周边外交十四讲》，社会科学文献出版社2016年版，第193—195页。

的理论，表明中国已将决定外交战略的意识形态因素置于次要地位，而将国家安全利益提升居于首要地位；第二，结束中美间"20年交恶"的历史，利用美国借助中国对抗苏联挑战的心态，果断邀请尼克松访华，实现两国关系正常化，实现了联美抗苏的战略目的；第三，构筑"一条线"和"一大片"的外交总战略，加强与第三世界国家的团结，争取与第二世界国家的联合，建立包括美国在内的反对苏联霸权主义的国际统一战线。这一外交战略大调整决定了中国周边外交政策的新内容和新特征。

反对苏联霸权主义成为中国周边外交中压倒一切的任务。对于中苏在这一时期激烈对抗的历史，已众所周知。中国的反苏战略在第三世界难以获得广泛的同情与支持，中国"以苏划线"的做法，使中国在第三世界的一些老朋友或与中国疏远，或倒向苏联。中国为了获取第三世界国家和某些第二世界国家对于中国反苏战略的认同，曾在一些方面付出了代价。中国建立联美抗苏战略关系的行动，也使第三世界的一些国家对中国产生误解，削弱了中国在第三世界内部和国际事务中的影响。

在此期间，中国与在苏联支持下的越南地区霸权主义进行了坚决斗争。中国曾是积极支持和援助越南抗美斗争的主要国家，1975年5月，越南实现全国统一后，却在激烈的中苏对抗中倒向苏联一边。10月，越南与苏联发表共同宣言，后又加入苏联控制的"经济互助委员会"，苏越实现全面合作。越南在苏联的支持下，开始在中越边境制造冲突，蚕食和侵占中国领土，提出西沙和南沙群岛领土要求，策动大规模排华反华风潮；企图继承法国殖民主义的传统，地区霸权主义膨胀，控制老挝，出兵柬埔寨，策划建立所谓的"印支联邦"；企图染指东南亚国家，威胁这些国家的和平和安全；导致中国面临苏联和越南南北夹击，威胁中国安全的严重局面。中国采用各种方式，包括进行反复的双边谈判和断然进行中越边境自卫反击战等，坚决反对越南地区霸权主义，更将此视为苏联在亚洲扩张势力的行径而大加鞭挞，保卫了中国的国家安全，并为东南亚的安定和平作出了贡献，为日后中国与东南亚地区关系全面改善奠定了重要的基础。中国还强烈反对苏联在阿富汗的侵略干涉和军事占领行径，并从政治上和物质上支持阿富汗人民的正义斗争。

中国执行"一条线"外交战略，在周边外交实施中所起的积极作用是显而易见的。首先,中国与日本的关系随中美之后迅速得以正常化。1971年10月,联合国大会恢复中国在联合国的一切合法权利。1972年2月,尼克松访问中国,导致执行敌视中国政策的佐藤内阁垮台。中日关系正常化的进程大大加快。同年9月,日本田中首相访问中国,双方签署联合声明,中日正式建交,双方同意将存在分歧的钓鱼岛问题等加以搁置,结束了两国关系长期不正常的状况。1978年8月,两国签署和平友好条约。10月,邓小平副总理访问日本,两国关系有了进一步发展。这是中国周边外交取得的一个重大胜利。

其次,中国与东南亚国家的关系也有了一定的发展。1967年8月,由泰国、新加坡、印度尼西亚、菲律宾、马来西亚五国组成的"东南亚国家联盟"(以下简称"东盟")在曼谷成立,它们在美国侵略印度支那三国问题上,接近美国而反对中国。然而,在中美关系有所改善,特别是苏联和越南在东南亚推行霸权主义的威胁之下,它们的对华态度有所松动。中国的"一条线""一大片"外交战略也将东盟各国列在反苏阵线的范围之内,积极开展争取活动。1974年5月31日,中国与马来西亚建交;1975年6月9日,中国与菲律宾建交;1975年7月1日,中国与泰国建交;中国与新加坡虽然没有建交,但两国交往已经开始,关系也是友好的。[1]中国与东盟各国领导人频频互访,消除了互相间的猜疑和误解,为未来中国与东盟进一步发展友好关系奠定了重要基础。

中国执行的"一条线"战略,处处以"反苏"为标准划线,使中国付出了一些不必要的代价,如在对日关系正常化以及中美建交的过程中,以及向一些周边国家或第三世界国家提供经济援助的过程中都有所反映,值得好好总结。

第四节 "不与大国结盟"的周边外交[2]

长期以来,中国领导人强调战争与革命是世界的主要潮流,"新的世

---

[1] 1990年10月3日,中国与新加坡建交。参见《钓鱼台档案:中国与亚洲其他国家之间的重大国事实录》(下册),红旗出版社1998年版,第622—643页。

[2] 参见石源华:《中国周边外交十四讲》,社会科学文献出版社2016年版,第195—199页。

界大战的危险依然存在，各国人民必须有所准备"，"当前世界的主要倾向是革命"。① "要准备打仗"成为中国各项工作的指导方针。20世纪70年代末80年代初，邓小平纵观全局，特别是美苏战略态势和军事力量的发展变化，对于国际形势作出了新的科学论断，认为战争的危险依然存在，但世界上和平力量和制约战争的力量在增长，战争可以避免，和平与发展已成为当今世界的主题。根据迟爱萍《邓小平新时期外交思想论析》一文考证：邓小平关于战争与和平问题的看法经历了三个阶段：1977年10月至1979年认为，"战争不可避免，但可以延缓"；1980年至1984年9月认为，"战争不可避免，但如果反对战争有力，争取较长的和平时间是可能的"；1984年10月以后认为，"战争的危险依然存在，但世界上和平力量和制约战争的力量在增长，战争可以避免"。② 中共十一届三中全会决定将国内工作的重点转移到现代化建设上来，在外交上也改变"一条线"战略为"不同大国结盟"的完全独立自主的战略，以创造更加和平和安定的国际新秩序。20世纪80年代，中国的周边外交政策再次进行了大幅度调整。

中苏关系实现正常化是这一时期中国周边外交战略调整的关键一步。20世纪80年代初，中苏关系因苏联作出某种和解姿态而出现和缓迹象，中美关系却因里根政府执行所谓"双轨"对华政策，在售台武器等问题上风波迭起。1982年10月，在中国提议下，中苏就消除障碍，实现两国关系正常化等问题进行谈判。同年，苏联领导人勃列日涅夫逝世，中国开展"葬礼外交"，主动派遣黄华为特使赴苏，打破中苏间多年来基本没有政治交往的僵局。旋即，双方高层互访逐渐增多。1989年5月，苏联最高领导人戈尔巴乔夫访问中国，与邓小平会见，双方发表联合公报，宣布两党两国关系实现正常化。鉴于20世纪70年代末《中苏友好同盟互助条约》已经中止，双方关系不是回到20世纪50年代那种结盟关系，而是在和平共处五项原则基础上建立新型国家关系。这是中国周边外交取得的重大成就。

---

① 毛泽东：《全世界人民团结起来，打败美国侵略者及其一切走狗!》，载中华人民共和国外交部、中共中央文献研究室编：《毛泽东外交文选》，中央文献出版社、世界知识出版社1994年版，第584页。

② 参见宫力主编：《邓小平的外交思想与实践》，黑龙江教育出版社1996年版，第294—296页。

第二章　新中国周边外交的历史演变

1980年，邓小平将祖国统一列为20世纪80年代的三大任务之一，这既是中国的内政问题，同时也是中国周边外交的重大课题。1979年1月，邓小平在访问美国时宣布："我们不再使用'解放台湾'这个提法了，只要台湾回归祖国，我们将尊重那里的现实和现行制度。"[①] 中国提出用"一国两制"的办法解决台、港、澳问题，并为此进行多方面的交涉。1982年7月，英国首相撒切尔夫人访问中国，双方同意通过外交途径解决香港问题。1984年12月19日，中英在北京正式签署《中英联合声明》，宣布自1997年7月1日起，香港主权回归中国。1979年中葡建交时，曾就澳门问题达成协议，葡萄牙承认澳门是中国的领土，双方同意在适当时候解决这个问题。1984年和1985年，中国国家主席李先念和葡萄牙总统埃内亚斯进行互访，就此问题进一步协商。1987年4月13日，双方签署《中葡联合声明》，宣布1999年12月20日起中国恢复对澳门行使主权。中国与美国在台湾问题上则是继续摩擦不断，中国坚决反对任何"两个中国"和"一中一台"的政策。然而，香港、澳门问题的解决，对于台湾问题的解决还是起了积极的推动作用，两岸关系有所松动，经济和文化往来日益增加。

中国的"不结盟"外交新战略给中国的周边外交大大拓展了活动的空间，中国政府在周边国家中全方位地开展外交活动，区别各种不同情况，化解各种消极因素，初步形成了安定友好的周边环境。

中日关系在20世纪80年代有了较大的发展，两国总理在此期间进行了九次互访，这在两国发展史上是史无前例的。邓小平强调，"中日两国人民要世世代代友好下去"，"发展同日本的关系是中国的长期国策"。[②] 1983年11月，中日双方领导人共同决定发展中日关系四原则："和平友好、平等互利、互相信赖、长期稳定"，并设立"日中友好21世纪委员会"，作为两国政府的"咨询机构"。两国的经济合作有了长足的发展，日本政府和银行向中国提供三批日元贷款合计16109亿日元、两批能源借款合计10000亿日元，1989年的中日贸易总额达到189亿美元，日本成为中国的第二大贸易伙伴，位列美国之前。但两国在"历史教科书""光华寮""钓

---

① 中共中央文献研究室编：《邓小平思想年谱（1975—1997）》，中央文献出版社1998年版，第110页。

② 《邓小平会见日本首相铃木时的谈话》，《人民日报》1982年9月29日。

鱼岛"等问题上也产生了严重的分歧和争议，中国本着既坚持原则又灵活务实的态度进行交涉，从而使双方关系的发展势头未被这些干扰所打断。

中国与朝鲜，与东南亚、南亚一些国家的传统友好关系进一步得到保持和发展。中国与朝鲜保持和发展了以往的密切关系，1982年、1984年和1986年，朝鲜金日成主席和中国胡耀邦总书记、李先念主席先后进行互访，对于双边关系的发展起了良好的作用。中国也保持了与东南亚绝大部分国家的友好关系，从1980年至1989年10月，邓小平会见的东盟客人达17批之多，尽管有的国家对于中国仍有疑忌和防备之心，但互相间的交往却是日益密切起来，不仅政治关系良好，而且经济贸易也有了前所未有的发展。在南亚，中国与巴基斯坦、斯里兰卡、尼泊尔等国的关系有了新的发展，巴基斯坦是中国特殊的朋友，不管该国内部政潮如何起伏，内阁怎样频繁变动，两国关系都始终友好如故，两国在政治上互相支持，经济贸易额大有增长。中国还支持斯里兰卡提出的建立印度洋和平区的建议；希望和支持阿富汗在苏军撤退后，在没有任何外来干涉的情况下，早日建立基础广泛的联合政府，实现国内和平；支持尼泊尔宣布本国为和平区的主张；等等。

化敌为友，变冲突为和平，是这一时期中国周边外交的又一重要特征。在20世纪70年代"一条线"外交战略的影响之下，接近或与苏联结盟的一些周边国家也与中国处于交恶或冷淡状态。在新时期，中国积极努力改善与这些国家的关系。随着中苏关系的松动，中蒙关系开始好转。1983年，中国政府曾致电蒙古国政府，祝贺蒙古人民革命62周年。旋即，中方同意恢复通过中国塘沽港转运蒙古国外贸货物。次年，两国签署《中华人民共和国政府和蒙古人民共和国政府关于中蒙边界第一次联合检查的议定书》，确定中蒙边界应是友好、和平的边界。1986年，双方签署《1986年中蒙边境贸易总合同》，两国关系得以全面改善。中越关系也出现转机，1986年底，越南共产党六大决定改善对华关系，但由于柬埔寨问题双方关系未能取得进展。1990年9月，中越两党最高领导人举行具有历史意义的成都会晤，就恢复双边正常关系签署了"会谈纪要"。次年11月，越南党政代表团访问中国，双方正式宣布两党两国关系实现正常化。从1978年开始，随着越南对华关系的恶化，中国与老挝的关系也逐步紧张。①1989年10月和次年12月，老挝部长会议主席、人民革命党总书记凯山·丰威汉和中国李鹏总理互相进行友好访问，两党两国关系全面恢复。

曾经处于敌对状态的中印、中韩关系也在这一时期有了改善。中印关系在20世纪70年代中期开始逐步缓和，双方进行多轮谈判，边界问题没有取得实质性的进展，但促进了双边贸易、文化和科技合作。20世纪80年代中期以来，两国总理多次在国际场合会晤，两国关系进一步改善。1988年12月，印度总理拉·甘地访问中国，双方同意进一步在广阔的领域中加强合作，通过和平友好的方式协商解决边界问题，努力维持边境地区的和平和安定，印度重申西藏是中国的一部分，不允许在印度的西藏人进行反对中国的政治活动等，两国关系重新回到正常发展的轨道上来。由于朝鲜战争的关系，韩国一直以来是中国的敌国，实现中韩关系的正常化是中国发展睦邻周边关系的难点所在。然而，20世纪70年代末80年代初，国际形势、朝鲜半岛局势以及中韩两国国内情况发生的变化，促使中韩两国迅速接近。中国在继续保持与朝鲜的传统友好关系的同时，积极应对韩国政府提出的"北方外交"，发展对韩关系。中国支持朝、韩进行对话，促进半岛局势趋向缓和，支持并促成南北双方同时加入联合国，为实现中韩建交扫清了道路。1992年8月24日，中韩两国正式建交，两国关系进入了迅速发展的历史新阶段。②

第五节 "全方位"的周边外交③

20世纪80年代末，苏联解体，东欧剧变，美苏冷战终结，新旧格局交替，各种力量重新组合，矛盾错综复杂，国际环境表现出动态性、多元

---

① 中国与老挝于1961年4月25日建交，互派大使和外交使团，中国曾经向老挝提供大量的经济援助，支持他们的抗美救国斗争和战后经济建设。
② 参见石源华：《简论中韩建交的历史背景》，《外交学院学报》1995年第1期，第30—33页。
③ 参见石源华：《中国周边外交十四讲》，社会科学文献出版社2016年版，第199—204页。

性、复合性、经济性、过渡性等一系列不同于冷战时代的新特点。[①] 1989年6月，美国等西方国家联合对华"制裁"，中国外交面临新中国成立以来少有的严峻局面。邓小平提出了冷静观察、稳住阵脚、沉着应付、韬光养晦、有所作为的应对方针，坚决顶住西方国家的压力，打破和分化了它们的制裁，坚持走有中国特色的社会主义道路。中国外交并没有受外部势力的挑拨而变向，而是坚持20世纪80年代的既定轨道，并进而将"不结盟"的外交战略扩展为"全方位"的外交战略。中国加强了同发展中国家的团结合作，进一步发展了同它们的友好关系。中国不仅先后和西方国家恢复了正常关系，而且进而和所有的大国构筑面向21世纪的合作框架。中国还积极参加了联合国及其下属几乎所有组织的活动，发挥了重要的作用。江泽民在中共十五大报告中强调：中国需要一个长期的和平国际环境，特别是良好的周边环境。中国的周边外交在20世纪90年代被置于特别重要的地位。

20世纪80年代的中国外交战略大调整在周边地区的成效非常明显，中国在这一地区已没有一个公开的敌对国家，中国与各种类型国家的关系基本上进入了健康发展的轨道。但历史遗留的问题并未从根本上得到解决，如领土争端问题、侵占南海岛礁问题、民族分裂主义问题等，同时又产生了一些新的问题，如地区军备竞争问题、安全机制问题以及所谓的"中国威胁论"等，仍困扰中国前进的步伐。中国领导人在20世纪90年代处理这些问题的过程中逐渐产生了一些新的思路和新的做法，对于解决这些问题积累了新的经验。

[①] 参见黄仁伟、刘杰:《跨世纪国际环境与中国对外战略选择》,《文汇报》1998年1月26日。该文对于冷战后国际环境的新特点概括为如下五点：动态性，是指从冷战后国际环境的基本态势上看，国际社会处于动态的发展变化过程，世界局势充满了复杂的变数和矛盾；多元性，是指从冷战后国际环境中的力量结构看，国际关系呈多元化的结构状态，国际格局呈"一超多强"的特征；复合性，是指国际机制和国际组织的作用正在上升，全球性、地区性、次地区性机制和政治、经济、安全机制的并存与互动，在一定程度上改变了传统国家主权的绝对性和完整性，形成了国际社会某种程度上的"复合治理模式"；经济性，是指经济因素或市场因素对国际环境的重要性显著上升，经济依存关系越深，各种摩擦和冲突亦在更广的范围内展开；过渡性，是指国际格局中"一超多强"的现状还将在相当长的一段时间内存在，真正的多极化和国际新秩序仍将是人类社会长期的努力方向和奋斗目标。上述特征给中国所处的国际环境带来的复杂性是历史上各个时期所没有的。

第二章 新中国周边外交的历史演变

中俄关系的处理是一个成功的范例。苏联解体后，尽管两国政治制度不同，但中国立即承认俄罗斯联邦政府，共同创造了新型的国家关系模式，即不对抗、不结盟、不针对第三国的"面向21世纪的建设性伙伴关系"，如同江泽民所指出的：这种新型关系"建立在和平共处五项原则基础之上，成为不对抗、不结盟，睦邻友好、互利合作、共同繁荣的好邻居、好伙伴、好朋友"。[1] 中俄关系进入了历史上最好的发展时期。两国建立起经常的、畅通的高层对话机制，睦邻友好的、和平的边界安全机制，发展迅速的、方式多样的经济合作机制等。尤为值得重视的是，曾经困扰两国关系的敏感的领土问题，通过中苏（俄）国界东段协定和西段协定的签署，基本得到解决。4300多千米的中俄边境已成为两国进行经济和文化交流的最为活跃的地带。[2] 中俄关系的发展必将给亚太乃至整个世界的和平、稳定和发展带来积极的影响。其处理双边关系的思路和做法值得总结发扬。

美国因广泛参与台湾及亚洲事务，仍然是中国周边外交所面对的重要对象。美国是对华"制裁"的率先实施者和20多个参与国的领头羊，但面对中国不示弱、不对抗的沉着应付，美国政府也不愿意与中国彻底决裂，执行既"制裁"又接触的政策。1993年，克林顿上任，在对华政策上保持接触的步幅明显减小，对华施加压力的态度更加强硬，中美关系围绕着台湾问题、人权问题、最惠国待遇问题、经贸摩擦问题、地区安全问题等风波迭起，争吵不断，出现低水平徘徊局面。但中美毕竟在战略上存在共同利益，在经济上互有需求，中国巨大的潜在市场也对美国有着很大吸引力，两国间的联系和合作关系依然存在，并有所发展。20世纪90年代末，世界多极化趋势更加明显，大国高层频繁互访，构筑新型国家关系框架。江泽民主席和克林顿总统实现了互访，两国就中美关系的发展目标和框架达成共识，决定"共同致力于建立面向21世纪的建设性战略伙伴关系"，在台湾问题上，克林顿总统明确表示了"三不"政策，这使中美关系得到

---

[1] 《江泽民1994年9月3日在俄罗斯国际关系学院的演讲》，《新华每日电讯》1994年9月4日。

[2] 周荣坤：《中国与俄罗斯关系的现状和前景》，载薛君度等主编：《面向21世纪的中国周边形势》，时事出版社1996年版，第365—376页。

了恢复和发展。但美国的遏制和接触并行的政策并未改变，随着其国内政局的变动，其重点时有偏侧。中美关系出现双重特点，一方面，中美在中国周边地区的内在结构性矛盾始终存在，时起时伏，导致中美关系风波不断，另一方面，中美间的联系不断增多，"你中有我，我中有你"，谁也离不了谁，成为中美关系的常态，如何善处中美关系始终是中国周边外交政策长期面临的难题。

比起中美关系的大起大落来，这个阶段的中日关系要平稳得多。日本政府在对待西方国家"制裁"中国问题上，采取与欧美国家相同的立场，但又保持了一定距离，在各国中较早解除对中国的经济制裁。1992年，江泽民总书记访问日本，日本明仁天皇访问中国，标志着两国关系进入了一个稳定发展时期。中日两国高层领导多次互访，增进了友谊；两国的经济关系发展迅速，在贸易、资金、贷款等方面进展顺利。中日关系的发展从总体上讲是好的，但也存在问题，如钓鱼岛问题、《日美安全保障条约》修改问题、日台关系问题、日本历史教科书问题、贸易摩擦问题、参拜靖国神社问题等，影响着中日关系的正常发展。1998年11月，江泽民主席再次访问日本，中日双方就21世纪中日关系的发展方向与框架达成共识，将此后的中日关系定位于共同致力于和平与发展的友好合作伙伴关系。积极发展中日友好关系，对于建设友好安定的周边环境，增强中国在东亚乃至亚太的国际格局中的战略地位都将是有益的。

随着苏联的解体，中亚出现了五个新独立的国家——哈萨克斯坦、吉尔吉斯斯坦、塔吉克斯坦、乌兹别克斯坦和土库曼斯坦，前三个国家直接与中国接壤，边界线长达3300千米，成为中国新的周边国家。中国非常重视与中亚新独立国家的关系，不仅很快与各国建立外交关系，解决或友好谈判边界领土问题，而且高层领导人频频互访，签署了一系列政治、经济、文化、边界以及在边境地区撤军的条约和协定，双方都表示要建设新的"丝绸之路"，使"我们的联系将比我们的祖先更加宽广"，[①] 双边关系出现良好的发展势头。但是双边关系也面临泛突厥主义和泛伊斯兰主义、大哈萨克主义的泛滥对于双方安全和安定的危害，防止西方大国势力介入

---

① 《李鹏在塔什干的演讲》，《人民日报》1994年4月20日。

第二章 新中国周边外交的历史演变

中亚可能会给中国西北地区的安全造成新的不稳定因素。

在东北亚，朝鲜半岛问题虽在20世纪90年代出现缓和的趋势，但矛盾和冲突依然不断，仍是远东的"巴尔干"和"火药桶"，也是中国周边外交面临的重点和难点问题。中韩建交后，中国依然与朝鲜保持传统的友好合作关系，对朝、韩实行平衡政策，以和平共处五项原则处理与双方的国家关系，以平等互利原则发展与双方的政治、经济、文化往来，并积极参加解决朝鲜和平机制问题的"四方会谈"，支持一切有利于双方缓和紧张局势，有利于民族和解和统一，有利于东亚和世界和平的行动和建议。其间，美朝核问题冲突不断升级，中国坚持朝鲜半岛无核化的立场，坚持主张美朝采取和平对话方式解决分歧，坚持维持朝鲜半岛的和平稳定大局，起了积极的推进作用。

在东南亚，中国与东南亚国家的关系有了进一步的发展。1990年8月，中国与印度尼西亚复交，10月与新加坡建交，次年9月与文莱建交。至此，中国与所有东南亚国家都建立了正常外交关系，这种关系既不是原来中越那样的"同志加兄弟"关系，也不是原来中国与东盟国家的那种敌对关系，而是建立在和平共处五项原则基础上的新型国家关系。从总体上说，这种关系在20世纪90年代得到了进一步的发展，中国与这些国家的双边互访活动十分频繁，政治关系良好，经贸关系大有发展。中国还积极发展与东盟的关系。进入20世纪90年代后，东盟逐渐扩大，准备纳入所有的东南亚国家，并努力提升自身在整个亚太战略中的地位与作用。1994年东盟倡议设立的东盟地区论坛成立，成为除联合国外最大的跨地区安全问题协商会议。中国应邀参加东盟地区论坛，发挥了积极的作用。中国还与东盟建立经贸和科技两个委员会，加强了双方合作，双方均互为主要的贸易伙伴之一。1997年底，中国与东盟举行历史上首次首脑会晤，发表联合声明，确定建立面向21世纪的睦邻互信伙伴关系。同年，首次东盟与中日韩（10+3）领导人非正式会议召开，进一步发展了东盟与中国相互间的关系。然而，南沙争执成为困扰中国与东南亚国家关系发展的重大障碍。[①]

[①] 南海争执，其中西沙主权争执只涉及中越两国，南沙争执则较为复杂，其主要岛礁分别为中国（含台湾）、越南、菲律宾、马来西亚所控制，海域则由中国（含台湾）、越南、菲律宾、马来西亚、印度尼西亚和文莱所分割，各方均对此提出部分或全部领土要求。

进入20世纪90年代后,中国与南亚各国的关系进一步发展。中国与巴基斯坦、尼泊尔等国保持着传统友好关系。中巴和中尼高层领导人的频繁互访,进一步推进了友好关系发展。中国和印度的关系也保持了发展的势头。中印领导人进行了多次互访,促进了两国政党、立法机关、军队及民间组织间的友好往来。双方在科技合作和经济贸易方面取得了重要进展。1996年,江泽民主席访问印度,两国领导人共同确立了两国在和平共处五项原则基础上建立面向21世纪的建设性合作伙伴关系。双方还先后签署了《关于在中印边境实际控制线地区保持和平和安宁的协定》和《关于在中印边境实际控制线地区军事领域建立信任措施的协定》,为两国创造发展相互关系和和平解决边界问题的和平环境。然而,南亚次大陆是中国周边的又一"火药库"。印度和巴基斯坦的核竞赛以及克什米尔争执,不但严重影响两国关系的改善,也使南亚次大陆成为世界上最易发生核战争的地区,给中国周边的安定环境造成严重威胁。1998年3月,印度人民党新政府上台后,公开走向"核武化",无端渲染"中国威胁论",使两国关系发生波折。旋即,印、巴两国连续进行了多次核试验,南亚核竞赛升级,引起世界关注。6月4日,在中美两国外长共同主持下,安理会五个常任理事国外长在日内瓦举行会议并发表公报,不承认印、巴的核国家地位,要求两国立即停止核试验。6日,联合国安理会通过第1172号决议,谴责印、巴核试验。随后,印度的对华态度有所变化。1999年6月,印度外长访问中国,公开表示印度不认为中国是印度的威胁,希望发展与中国的友好关系。印度能否理智处理核试验问题,正确对待中印关系,将是中印能否成为建设性伙伴关系的关键所在。

第六节 "向大国转型"的周边外交

21世纪的第一个十年,中国处于从富起来向强起来的过渡时期,中国外交进入了"向大国转型"的新阶段。

催生中国进入"向大国转型"新阶段的具有重大意义的历史性事件是,中国在改革开放20余年的奋斗基础上,加入了世界贸易组织(WTO)。该组织成立于1995年1月1日,是当今世界上最重要的国际经济组织。其前身是1948年成立的关贸总协定。中国原是创始缔约国。新中国成立后，由于内外各种原因，中国没有继续参加关贸总协定。1986年7月，中国向该组织提出"复关"申请。然而，"复关"却遭到以美国为首的各国重重阻拦，谈判经历了艰难的15年之久。2001年11月，中国正式加入WTO，中国的对外开放进入了新的发展阶段。这是中国几代领导人努力的结果，邓小平时期提出了"复关"申请，江泽民时期实现了"复关"目标，胡锦涛时期迈开了参与WTO的坚定步伐，中国的改革开放进入了历史性的新阶段，"由有限范围和领域内的开放，转变为全方位的开放；由以试点为特征的政策主导下的开放，转变为框架下可预见的开放；由单一方面为主的自我开放，转变为与世界贸易组织成员之间的相互开放"。[1] 中国得益于加入WTO，大大加快了融入国际体系的速度和深度，以更加成熟的方式和精湛的技能在既成国际体系和国际规则之内，实现中国的和平崛起，发展壮大。随着中国对外开放的扩大，中国经济发展的空间进一步拓展，世界各国也在中国对外开放中获得新的利益和发展机遇。

以胡锦涛同志为核心的党中央领导新阶段的中国发展，取得了骄人的业绩。习近平曾高度评价胡锦涛担任总书记的十年间中国取得的巨大成就，指出："10年间，我国经济总量跃升到世界第二位，社会生产力、经济实力、科技实力迈上一个大台阶，人民生活水平、居民收入水平、社会保障水平迈上一个大台阶，综合国力、国际竞争力、国际影响力迈上一个大台阶，国家面貌发生新的历史性变化。"[2] 在中国和平崛起的总背景下，中国坚持独立自主发展与经济全球化的结合，统筹国内与国外两个大局，中国与世界的互动显著增强，国家呈现兴旺发达的发展新局面，也为促进人类和平与发展的崇高事业作出了贡献。"和平崛起新道路"（2004年调整为更为平和、客观、低调的语词"和平发展新道路"）的提出和推行，既是中国"向大国转型"的努力目标，也是世界各国的关注焦点。"中国的崛起是多少代中国人的梦想。中国和平崛起的要义是：第一，中国的崛起就是要充分利用世界和平的大好时机，努力发展和壮大自己，同时又以自己

---

[1] 齐鹏飞、李葆珍：《新中国外交简史》，人民出版社2014年版，第205—206页。

[2] 习近平：《在学习〈胡锦涛文选〉报告会上的讲话》，新华社2016年9月29日，http://news.xinhuanet.com/politics/2016-09/29/c_1119649745.htm。

的发展，维护世界和平。第二，中国的崛起应把基点主要放在自己的力量上，独立自主，自力更生，依靠广阔的国内市场、充足的劳动力和雄厚的资金，以及改革带来的机制创新。第三，中国的崛起离不开世界，中国必须坚持改革开放的政策，在平等互利的基础上，同世界一切友好国家发展经贸关系。第四，中国的崛起需要很长的时间，恐怕要多少代人的努力奋斗。第五，中国的崛起不会妨碍任何人，也不会威胁任何人。中国现在不称霸，将来即使强大了也永远不会称霸。"[1]

与中国和平崛起相配套的是胡锦涛提出的建设"和谐世界"的新理念、新战略、新政策，这是对几代新中国领导人提出的和平共处五项原则、"三个世界"划分理论、"上海精神"的重要继承和发展，是中国"向大国转型"阶段的重要理论创新，是对当代国际关系理论与实践的重要贡献。"和谐世界"新理念，打破了"国强必霸论"和"霸权稳定论"的大国治理的传统模式，为中国实施大国外交开创了新的道路。"中国基于自己几千年历史文化传统的认识，基于对经济全球化本质的认识，对21世纪国际关系和国际安全格局变化的认识，对人类共同利益和共同价值的认识，郑重选择和平发展、合作共赢作为实现国家现代化，参与国际事务和处理国际关系的基本途径。"[2]"和谐世界"正面回应和有力回击了冷战结束后中国"和平崛起"所引发的"中国威胁论""中国霸权论""中国崩溃论""中国新殖民论"等，科学论证了"中国发展离不开世界，世界繁荣稳定也离不开中国，中国取得的发展成就与世界各国友好合作密不可分，中国未来发展更需要国际社会的理解和支持"[3]，为中国"向大国转型"奠定了重要的理论基础，确定了鲜明的前行路径。

这个阶段的中国周边外交发生了重大变化，更多体现了"向大国转型"的新特点。

"大国是关键"继续在中国外交总体布局和"向大国转型"外交中占据战略重心和核心地位。中国和周边大国加强战略对话，增进战略互信，

---

[1]《温家宝总理答中外记者问》，《人民日报》2004年3月24日。

[2] 国务院新闻办公室：《中国的和平发展》白皮书（2011年9月），《人民日报》2011年9月7日。

[3] 同上。

深化战略合作，妥善处理分歧，探索建立和发展新型大国关系，取得了重大突破和重大进展。

中国的对美外交仍然是新阶段中国外交的"重中之重"。在中国实现从富起来到强起来的转型过程中，美国是阻碍中国崛起的最主要的国家，中美关系在贸易逆差、人民币汇率、食品安全等问题以及台湾、西藏、人权、南海等问题上不断受到干扰和损害，波澜迭起，成为一种新常态。中国始终从战略高度和长远角度看待和处理两国关系，坚信中美在维护世界和平、促进共同发展方面拥有广泛而重要的共同战略利益，坚持"你打你的，我打我的"的战术应对原则，以柔性太极方式抗击来自美国对华关系的强烈挑衅，全面推进中美建设性合作关系，确保中美关系的大趋势继续向前发展，保持双边合作基本稳定，确保了中国高速发展的战略机遇期继续维持。

中国的对俄外交进入了一个健康发展和稳步提升的新阶段，中俄关系出现400年交往史上的最好时期之一。中俄两国战略利益的趋同性和互补性是两国关系保持稳定发展的决定性因素。2001年7月，中俄签署《睦邻友好合作条约》，将两国"世代友好、永不为敌"的和平理念和永做好邻居、好朋友、好伙伴的坚定意愿用法律形式确定下来，成为21世纪中俄关系发展的纲领性文件。[①] 2005年7月1日，胡锦涛主席和普京总统签署《中俄关于21世纪国际秩序的联合声明》，深化了两国在国际领域的战略协作。2000年7月至2011年6月，中俄首脑会晤达35次，从2000年11月至2011年11月，中俄总理举行16次定期会晤。中俄两国对于缔结一个什么样的关系框架进行了非常冷静和理智的探索，最终选择了"不结盟、不对抗、不针对第三方"的新型战略伙伴关系，既是成功的，也是符合两国国情的。[②]

中国的对日外交因中国的经济总量赶上和超过日本，日本难以接受而导致日本对华认知出现逆转。中日关系因2001年起小泉首相连年参拜靖国神社而降落谷底。经过双方共同努力，2006年双边关系有所回升，却再次

[①] 《中俄睦邻友好合作条约》，《人民日报》（海外版）2001年7月16日。
[②] 齐鹏飞、李葆珍：《新中国外交简史》，人民出版社2014年版，第238—242页。

因2012年日本宣布对钓鱼岛"国有化"政策而再陷僵局和倒退，日本成为鼓吹"中国威胁论"的主要国家，成为美国阻挡中国崛起的追随者和主要合伙人，中日关系面临前所未有的挑战，出现不确定与不稳定。然而，已经有《中日联合声明》《中日和平友好条约》《中日联合宣言》和《中日关于全面推进战略互惠关系的联合声明》四个指导中日关系发展的重要政治文件，奠定了双边关系的主要基础。进入21世纪后，中国始终从战略高度和长远角度看待和发展中日关系。2007年4月温家宝总理访问日本的"融冰之旅"、2008年5月胡锦涛主席访问日本的"暖春之旅"以及2011年中国在日本大地震后对日本的关切和帮助，都是中国发展中日友好关系的努力，对稳定中日关系起了积极的作用。有理由相信，中日关系终将在新的历史条件和新的形势下，更加成熟和理性，取得新的进展和新的成就。

中国的对印外交也是处理周边大国关系的重要方面。印度既是中国周边的邻国，也是正在崛起的发展中新兴大国，同时还是与中国存在边界分歧，并曾经发生过边界战争的邻国，具有相当的特殊性。中国积极发展与印度的友好邻邦关系。2003年，中国与印度建立了边界问题特别代表会谈机制。2005年4月，两国签署《关于解决中印边界问题政治指导原则的协定》，就解决两国边界问题的政治原则达成共识，基本维持了边界地区的总体和平与安宁。2005年，中印宣布建立面向和平与繁荣的战略合作伙伴关系。2008年，双方签署《关于21世纪的共同愿望》。2010年，建立中印国家领导人定期互访制度，开通两国总理热线，建立外长年度互访制度，扩大了两国的务实合作与友好交流。[①] 2014年，习近平主席访印，双方确立构建更加紧密的发展伙伴关系。

"周边是首要"的定位在中国"向大国转型"外交中得到进一步的落实和提升。"睦邻、安邻、富邻"，成为建设"和谐世界"，奉行睦邻友好的周边地区合作观和"向大国转型"的中国周边外交的新总结和新阐述。在这个阶段，"中国同周边各国积极开展睦邻友好合作，推动建设和谐亚洲"，"中国将始终秉承自强不息、开拓进取、开放包容、同舟共济的'亚

---

① 齐鹏飞、李葆珍：《新中国外交简史》，人民出版社2014年版，第254—255页。

第二章 新中国周边外交的历史演变

洲精神',永做亚洲其他国家的好邻居、好朋友、好伙伴"。① 中国与周边国家共同营造和平稳定、平等互信、合作共赢的周边环境,取得了历史性的重大进展。

在政治领域,中国与周边国家的睦邻友好关系进一步发展。中国积极参与和主导的以中国周边国家为主组成的"金砖国家"合作机制,迅速成长起来。2009年、2010年、2011年、2012年,"金砖四国"领导人会议先后在俄罗斯、巴西、中国、印度举行,并发表联合声明或宣言,形成了合作机制,并吸收南非加入,成为"金砖五国"。该组织已成为"新兴市场国家和发展中国家大家庭的重要组成部分,是维护世界和平、促进共同发展的积极力量"。胡锦涛特别指出,金砖国家合作有重要意义,其一,"本身是对世界经济复苏和增长的重大贡献";其二,"成为国际上相互尊重、平等协商的典范,永远做好朋友、好伙伴";其三,"努力使各领域合作发挥应有作用,巩固合作的经济、社会、民意基础,加强财政金融部门磋商和合作,打造品牌项目";其四,"增加新兴市场国家和发展中国家代表性和发言权,推动南南合作,南北对话,加强在国际经济、金融、贸易、发展领域的沟通协调"等,② 成为中国与周边大国一个重要合作项目和机制。在东亚,中国除了继续推动与东盟的"10+3"和"10+1"、东亚峰会等合作机制外,还积极参与和推进了"中日韩合作机制"的建立和发展。2008—2012年,三国领导人举行了五次会议,建立了中日韩伙伴关系,构建了中日韩三国领导人定期会晤机制,设立三国合作秘书处,成为地区合作和和平发展的区域合作机制。中国除继续参与上海合作组织等地区合作组织外,还筹划组织了"中阿论坛""中国—南太平洋岛国合作论坛"等机制。中国还利用在中国举行的奥运会、世博会、亚运会等平台进行各种形式的多边外交,取得不俗的成就。③

在经济领域,在中国崛起和"向大国转型"的历史过程中,中国同周边国家积极推进区域合作,经贸往来日益活跃。最为突出的是2002年11

---

① 国务院新闻办公室:《中国的和平发展》白皮书(2011年9月),《人民日报》2011年9月7日。
② 《胡锦涛就加强金砖国家合作提出四点建议》,《人民日报》2012年3月30日。
③ 齐鹏飞、李葆珍:《新中国外交简史》,人民出版社2014年版,第270—271页。

月，中国与东盟十国领导人签署《中国—东盟全面经济合作框架协议》，决定2010年建成中国—东盟自由贸易区。2010年，该自由贸易区如期建成，成为目前发展中国家之间最大的自由贸易区，为扩大贸易和投资合作提供了前所未有的良好环境。2011年，中日韩完成三国自由贸易区官产学联合研究。在各国的共同努力下，中国与周边国家经贸持续增长。2011年，中国与东盟贸易额达3623.3亿美元，同比增长24.7%。马来西亚、泰国、印度尼西亚和新加坡是中国与东盟贸易中的前四位进口来源地。同时，中国还成为朝鲜、蒙古国、韩国、印度尼西亚、印度等陆海邻国的最大贸易伙伴。[1]

在安全领域，随着中国快速的和平崛起，"中国威胁论"与中国周边地区的安全威胁有所上升。首先，中亚地区的恐怖主义、分裂主义、极端主义威胁，成为中国周边安全的重要内容。2001年，上海合作组织成立时，通过了《打击恐怖主义、分裂主义和极端主义上海公约》，揭开了中国与中亚国家共同反恐合作的序幕。2004年6月，上海合作组织反恐怖机构在塔什干正式挂牌运行。2009年6月，上海合作组织各成员国元首在俄罗斯叶卡捷琳堡签署《反恐怖主义公约》，巩固了联合反恐的法律基础，基本确保了中国和中亚地区的安全合作和和平局面。[2] 其次是朝核问题。中国坚持朝鲜半岛无核化的原则立场，坚持通过和平对话来解决争端问题，坚持不允许在朝鲜半岛动乱动武。中国与朝、韩、美、俄、日等国家保持密切联系，推行"穿梭外交"，积极劝和促谈，居中协调趋缓，成功促成和主持了六轮六方会谈。2005年9月，六方会谈通过了《九一九共同声明》。这个声明是完整体现中国方案的最重要的历史性文件，确立了一系列内涵丰富的公正、平等、同步的重要议程，平衡解决了各方的合理关切，体现各方利益的最大契合点，是解决朝核问题的最佳方案，如得以实施，"不仅朝鲜半岛无核化的目标可以实现，东北亚也有望开启和平发展的新局面"。遗憾的是，美朝双方尽管都在文件上签了字，却因缺乏互信，背离了该声明的共识，走上背道而驰的道路。迄今该共同声明的精神仍具有强大的生

---

[1] 齐鹏飞、李葆珍：《新中国外交简史》，人民出版社2014年版，第252—253页。
[2] 同上，第254页。

命力，美朝元首会晤如果背离"公正、平等、同步"的原则，将难以走出朝核问题的困境。[①] 再次是南海问题。由于域外大国的介入和煽惑，进入21世纪，我国与相关国家在南海的争端再次浮上水面，出现某种紧张的局势。中国一直致力于通过和平对话协商谈判解决这些海上争端。2002年，中国与东盟国家签署《南海各方行为宣言》，就通过友好协商谈判，和平解决南海有关争议达成共识。2004年12月，中国与东盟国家举行落实《南海各方行为宣言》高官会，决定成立后续行动联合工作组。2005年3月，中、菲、越签署《在南中国海协议区三方联合海洋地震工作协议》，实际启动"搁置争议，共同开发"的积极实践。2006年10月，中国与东盟国家再次共同承诺，将有效落实《南海各方行为宣言》，在已有共识的基础上，为最终达成"南海行为准则"作出努力。2011年7月21日，中国—东盟外长会议通过了《落实〈南海各方行为宣言〉指导方针》，为推动南海务实合作铺平了道路，一度升温的南海争端有所缓和。

在"向大国转型"的历史阶段，中国的周边外交取得了大幅度的进步，为进入"大国外交"新时代，迎接新使命，奠定了厚实的基础，新挑战和新考验将接踵而来，中国周边外交也将进入新的历史阶段。

第七节 "大国外交时代"的周边外交

进入21世纪第二个十年以来，中国外交面临的最大背景是中国经济总量已经成功跃升世界第二的地位，远超处于第三的日本，逐步达到最大发达国家美国经济总量的60%以上，中国面临从富起来转变为强起来的历史性任务，进入了推行"大国外交"的新时代。

中国同时面临前所未有的机遇和挑战，既有着呈快速上升趋势的社会主义大国、发展速度最快的发展中国家、拥有最大的经济发展潜力和世界独一无二的巨大国内市场等优势定位，又有着综合国力和科技水平落后于世界强国，西方敌对势力企图打压、阻拦、遏制中国继续崛起，将中国纳入其战略目标和利益规范的框架之内，中国和周边国家间一些悬而未决的

[①] 石源华：《朝鲜半岛和平之路与"中国方案"的历史定位》，《世界知识》2018年第7期。

领土和历史争端沉渣泛起,面临在短时间内难以解决的沉重压力和严峻考验。中国在强起来的过程中,中国外交战略及其周边外交政策应充分利用和发挥中国之优势,尽力攻克前进路上的道道难关,使中国与周边国家更加友好相处,实现亚洲政治经济区域的和平和繁荣,也使中国加快融入国际一体化的速度,成为世界大家庭中更为重要和起更大作用的一员。

中共十八大以来,习近平根据中国国际地位迅速提升和深化外交战略布局的紧迫需要,提出了一系列中国周边外交的新思路和新设计,科学评估了中国周边外交面临的新环境和新挑战,肯定了中国战略机遇期有望继续延长,确定了中国周边外交的新定位,提出了中国周边外交的新理念,设计了中国周边外交的新战略,形成了实施中国周边外交的新路径,开创了中国周边外交的新局面和中国外交史上思想空前活跃、对外影响空前巨大的新时代。

新时代中国"大国外交时代"背景下的周边外交新理念、新思路、新战略、新实践主要有十大亮点:1. 进一步强化中国周边外交的"首要"定位;2. 弘扬中国周边"亲、诚、惠、容"的外交新理念;3. 谋划中国"大周边"外交地缘新概念;4. 推导以"合作共赢"为核心的"命运共同体"新目标;5. 绘制"一带一路"沿线合作新宏图;6. 构建"共同、综合、合作、可持续"的亚洲新安全观;7. 实施兼顾维权维稳的建设海洋强国新方略;8. 推行和平解决周边争端的"双轨"新思路;9. 践行改善地区和国际体系的"新尝试";10. 大力建设中国周边外交人脉新工程。(参见本书第一章第五节)

进入新时代的中国,继续推行中国特色大国外交,以合作共赢推动与周边国家命运共同体,形成地区合作的新动力。同时,美国在特朗普上台后,奉行"美国第一"的外交战略,视中国为最大的竞争对手,提出了针对中国的"印太新战略",导致中美在中国周边地区的内在结构性矛盾呈现恶性上升的趋势,给中国周边地区增加了新的不安定因素。中美两国的外交战略都出现重大变化,中美两股大势力形成了相当程度的抗衡和冲撞,使得中国周边外交出现了新态势。

新中国成立70年来,中国的周边外交政策和外交总战略一样,其演变幅度之大,其阶段性显示之明,在世界各国外交史上是少有的。从总体上说，这种演变是对不断变化的周边环境和国际环境的应对，也反映了中国的周边外交政策在曲折中日益走向成熟。研究和总结新中国70年周边外交的阶段性变迁，对于认知新时代中国周边外交的新思路、新战略、新路径具有特殊重要的意义。

第三章
构建"中国周边学"的新话语体系[①]

导 读

习近平新时代中国特色社会主义思想已被中共十九大通过的新党章确定为中国共产党的指导思想,创新与阐述习近平新时代中国的国际关系和大国外交新理论体系,成为中国学术界的重要历史性任务。中国周边学应是这个理论体系的重要组成部分。本章推介的"中国周边学"的地理范畴是一个"大周边"概念,[②] 包括东北亚、东南亚、南亚、中亚、西亚和南太平洋六个次区域。中国"大周边"国家不仅包括直接与中国陆海接壤接界的20个国家,而且包括不与中国直接相邻,但处在中国"大周边"的44个国家(27个亚洲国家、16个南太平洋国家以及美国这一特殊邻国)。[③] 倡议和推介中国周边学,努力构建中国周边学的新话语体系,对于推行中国周边外交战略和政策具有重要的理论意义和现实意义。

第一节 建设中国周边学的时代需求

任何一门学科的产生和发展都起源于时代的需求,任何一个国家的强大都离不开对周边地区国家深入细致的了解和研究。任何一个世界级强国

[①] 参见石源华:《建设中国周边学的时代使命和基本内涵》,载石源华主编:《中国周边学研究文集》,世界知识出版社2019年版,第16—28页。

[②] 参见祁怀高、石源华:《中国的周边安全挑战与大周边外交战略》,《世界政治与经济》2013年第6期。

[③] 钟飞腾:《"周边"概念与中国的对外战略》,《外交评论》2011年第4期,第117页。

第三章　构建"中国周边学"的新话语体系

都一定有自己的周边学理论和体系。中国周边学的提出和新学科的建设是新时代中国特色社会主义现代化强国建设的需求和产物。构建中国周边学的新话语体系，更是推行中国周边外交的现实需要。

一、中国周边外交地位逐步提升的需要

"周边"一词最早出现于20世纪80年代的中国外交与安全战略文献之中。90年代初，中国官方开始广泛使用"周边""周边环境""周边安全"等概念表述国际形势、外交战略与亚太地域。冷战结束后，周边外交在中国外交总布局中的地位逐步上升。1992年，中共十四大报告将"周边国家"从"第三世界"概念中划出单列，发达国家、周边国家、发展中国家成为中国外交总布局的三大支柱。2002年和2007年，中共十六大和十七大报告都将中国外交总布局中的外交排序确定为"发达国家、周边国家、第三世界（发展中国家）、多边外交"。2011年4月，胡锦涛在博鳌亚洲论坛主旨演讲中指出：中国将"始终把亚洲放在对外政策的首要位置"。[①] 2012年3月，温家宝在政府工作报告中阐述中国外交新布局的排序是"周边国家、发展中国家、大国、多边"，在政府文件中首次将周边外交排序为首位。[②]中共十八大报告仍然延续中共十六大、十七大报告对周边外交的排序格局，但论述周边外交重要性的分量进一步增强，已有超乎前者的趋势。[③]

中共十八大以来，中共中央对于周边外交的重视程度继续不断提升。2013年10月，我党历史上首次中央周边外交工作座谈会在习近平总书记主持下召开，会议决定将做好周边外交工作，提升至"实现'两个一百年'奋斗目标、实现中华民族伟大复兴的中国梦的需要"高度。这在中国共产党的历史上是前所未有的。[④] 随着中国经济的进一步高速发展和中国国际

[①] 胡锦涛：《推动共同发展，共建和谐亚洲》，《人民日报》2011年4月16日。

[②] 温家宝：《在第十一届全国人民代表大会第五次会议上的政府工作报告》，《人民日报》2012年3月16日。

[③] 石源华、祁怀高：《未来十年中国周边环境和周边外交新战略》，载复旦大学中国与周边国家关系研究中心编：《中国周边外交学刊》2015年第一辑（总第一辑），社会科学文献出版社2015年版。

[④] 《习近平在周边外交工作座谈会上发表重要讲话强调：为我国发展争取良好的周边环境》，《人民日报》2013年10月26日。

地位的不断提升，以及中国周边外交局势中出现的新情况和新问题不断增加，中国周边外交的重要性不断得到提升。2017年，中共十九大继续高度重视中国周边外交。可以预测，在今后相当长的一个历史时期内，至少在2035年中国基本建成社会主义现代化强国之前，中国周边外交仍将处于外交全局的首要地位。即使到了2050年，中国经济总量可能超越美国成为世界强国后，中国外交需要更多关注全球治理问题，但周边外交仍将继续在中国外交总布局中处于极其重要的地位。

目前，中国周边学的研究水平与中国周边外交的实际需要处于不对称的状态。总体而言，中国周边学的整体研究处于滞后和散片状态，缺乏对于周边学的理论性、系统性、体系性研究和总结，尚未将其提升为一门独立的新学科。为了适应中国周边外交定位不断提升的需要，无论是从把握形势，树立正确历史观、正确大局观、正确战略观，还是从中国在世界事务中承担正确角色观的角度考量，都需要重视中国周边外交。建设中国周边学的学科体系和新话语体系是刻不容缓的历史性任务。

二、中国走向大国强国的时代需求

根据中共十九大提出的到21世纪中叶中国社会主义强国建设路线图和"中国梦"远景规划，中国正处于从富起来到强起来的转变时代。中国周边地区是中国强大起来的地缘依托和首要发挥作用的地区，时代的需求正催生中国周边学新学科的诞生和发展。

随着2020年、2035年、2050年中国发展壮大路线图和时间节点的不断推进，以及中国综合国力的不断提升，中国在周边地区的国家定位将随之发生重大变化。目前，中国已经是中国周边地区经济发展、安全与合作的中流砥柱和核心国家，对周边地区发挥着日益增大的影响力和辐射力。当2050年中国发展成为一个富强、民主、文明、和谐、美丽的社会主义现代化强国，并成为世界上GDP明显超过美国的最大经济体和世界强国之时，中国同时也必然会在实际上成为一个名副其实的周边和世界的"中心国家"。

中国周边学的提法和学科建设需要适应这个历史演变过程。中国周边学新学科将研究和解决强起来的中国作为一个世界和周边的"中心国家"，将如何与周边国家友好相处，合作共赢，建设中国所倡导的各个层次的"命运共同体"，并实现和彰显中国强大后仍"永不称霸"的庄严承诺。为此，需要避免使用"中国中心论"的提法，避免国际社会不必要的争议和对中国崛起的担忧。提出和建设中国周边学的历史目标和任务，正是要贡献中国成为周边和世界"中心国家"后对中国周边地区的理论建树和应对方略。①

三、"一带一路"建设的现实需要

2013年，习近平提出"一带一路"倡议，构建了中国周边外交的战略大方针和活动大舞台。习近平指出："'一带一路'建设不是要替代现有地区的合作机制和倡议，而是在已有基础上，推动沿线国家实现发展战略相互对接、优势互补。"② 中共十九大后，务实推进"一带一路"倡议，成为中国向周边地区混合投射软硬实力的最佳模式。根据中共十九大提出的实现"中国梦"的时间表和两大步发展路线图，"一带一路"倡议将与"中国梦"实现路线图的推进，同步融合，环环相扣，互相结合，并且将主要在中国周边地区推行。至2020年，中国将在周边地区欢迎和吸引更多的周边国家通过五个发展方向和六条经济走廊，共同构建"一带一路"建设大框架，使中国与周边国家初步享受"一带一路"建设之利益。至2035年，中国将以建设"命运共同体"为目标，在五大发展方向和六条经济走廊③的基础上，成功完成关键地区的"五通"重大项目，在中国基本实现

---

① 在中国周边学推介和研讨过程中，出现过不同意见。一种主张质疑中国周边学概念，认为中国周边学可能会带着某种中心主义的色彩，不利于该学科的推介发展和国际接轨，会引发不同的意见和理解。另一种主张则认为中国周边学的构建虽然要避免"霸权主义"的诉求，但是却需要相对明确研究的旨趣所在。直言作为一个可以追求的目标，中国周边学旨趣在于，一定意义上恢复亚洲的"中国中心主义"，认为中国强大后成为世界和周边的"中心国家"将不可避免。笔者认为提出和推介中国周边学概念正是回应此不同意见的最好方式。实际上，中国的每个周边国家都会有自己的"周边圈"和自己处理周边国家的方略，这是最平常的事情，担心中国一提出周边学就会被误解为"中国中心论"，是某种不自信的心态作祟。

② 习近平：《迈向命运共同体，开创亚洲新未来》，《人民日报》2015年3月29日。

③ 笔者多次撰文认为，在中国周边仅仅建设六条经济走廊是不够的，建设"东北亚经济走廊"是非常必要的，而且已经到了刻不容缓的阶段。只有建设好"东北亚经济走廊"，才能实现中国周边合作圈的全方位合围。

社会主义现代化的同时，彻底提升中国周边沿线国家的经济发展和社会进步。至2050年，随着中国成为世界强国，"中国方案""中国制度""中国道路""中国文化"将在中国周边产生更大影响，中国将有条件为周边和世界提供更多更好的公共产品，同步推行更高水平的合作发展，共同实现将中国和周边建设得更加美好的梦想。

"一带一路"倡议的宏伟建设计划正召唤中国周边学学科的产生和发展。中国周边学对于中国周边外交、周边政治、周边安全、周边军事、周边经济、周边文化乃至语言等的全面而深入的研究，将为"一带一路"建设提供必不可少的服务，并成为其发展的重要利器和驱动力。[1] 中国周边学的建设必将与"一带一路"建设同步推进。

四、中国周边学建设的学科需要

目前，"中国学"或称"世界中国学"适应中国迅速和平崛起和战略需要，已经成为一门"显学"，广受重视，发展迅猛。同时，中华美国学、中华欧洲学、中华日本学、中华俄罗斯学，乃至中华印度学、中华越南学、中华韩国学等，或已经成为成熟的学科，或正迅速兴起，建立了学科群，成立了全国性学会，创办了专门刊物，设立了相关论坛等。[2] 中国周边外交问题研究虽然也出现了对于周边俄罗斯、日本、印度以及韩国等大中型国家较多的研究成果，但缺乏对于周边国家群体，尤其是中小国家的全面关注和研究，相关周边国家的语言人才也处于极其缺乏的状态。冠名"周边"的专业研究机构虽已经成立了一些，但数量偏少，研究方向和研究内容偏窄，或注重周边安全或注重周边战略，或注重周边合作或注重周边文化、或注重历史研究等，这些机构和已经开展的研究工作对于"中国周边学"的发展具有重要的意义，是完全必要的，但就总体而论，尚缺乏对于中国周边学的整体推介和体系性研究，距离建设"中国周边学"独立

---

[1] 石源华：《"一带一路"与"中国梦"路线图的同步融合》，《世界知识》2018年第1期，第72页。

[2] 石源华：《开展"中国周边学"研究刻不容缓》，《世界知识》2018年第8期，第14页。

学科和新话语体系尚有较大的差距。①中国周边学研究所处的滞后、散片状态，要求中国周边学从头开始，努力建设中国周边学新学科。

每个成长中的世界级大国都会重视和发展自身的周边学。提出和创建中国周边学学科，是新时代的需求，具有重要的现实意义和理论意义。中国周边学是"中国学"的重要组成部分，也是区域国别研究的重要方面。中国周边学应该与中华美国学、中华欧洲学、中华日本学、中华俄罗斯学等一样，受到高度关注和重视。中国周边学应努力建设成为独立的新学科和新话语体系，建立相应的全国性学会、学刊、论坛等，形成专业的学者群，推动学科化，更好地实现自身的时代使命。

第二节 中国周边学的历史变迁

中国周边学源远流长。考察中国周边学的环境变迁、外交实践和历史经验，将为研究中国周边学提供丰富的历史资料和具有理论价值的经验事实，并可能产生创新性成果，有助于树立正确的历史观，"端起历史望远镜回顾过去，总结历史规律，展望未来，把握历史前途前进大势"，从而有助于构建中国周边学的新话语体系。②

在数千年的中国历史上，一直存在着结构严密而且理论完备的"封贡体系学"，治理中国与东亚周边国家的关系，长时期为维系东亚社会的和平局面发挥了积极的作用。根据北京大学宋成有教授考订，至少有以下一些说法，如日本学者西（山鸟）定生的"册封关系体制说"，堀场一的"东亚世界体系说"，谷川道雄的"古代东亚世界说"，安部健夫的"四方天下

---

① 根据不完全统计，现有相关研究机构有中国社会科学院亚太与全球研究院中国周边研究室、中国人民大学中国周边外交与安全研究中心、中国政法大学中国周边安全研究中心、北京师范大学中国周边地缘研究中心、华东师范大学周边合作与发展协同创新中心和中国周边国家研究院、上海师范大学中国周边国家研究院、华中师范大学中国周边安全与合作中心、云南大学周边外交研究中心、广东外语外贸大学中国周边战略研究中心、曲阜师范大学中国南海与周边国家关系研究中心、温州大学中国及周边俗文化研究中心以及复旦大学中国与周边国家关系研究中心等一批有特色的学术研究机构。

② 《习近平在中央外事工作会议上强调，坚持以新时代中国特色社会主义外交思想为指导，努力开创中国特色大国外交新局面》，《新华每日电讯》2018年6月24日。

说"，西栗朋信的"内臣外臣礼法说"，藤间生大的"东亚世界说"，信夫清三郎的"华夷秩序说"，滨下武志的"中华帝国朝贡贸易体系说"，韩国学者全海宗的"进贡制度说"，美国学者费正清的"中华世界秩序说"，中国大陆学者何川芳的"华夷秩序说"，中国台湾学者张启雄的"中华世界帝国体系说"等。这些说法都肯定东亚国际关系体系是一个独立的具有世界影响的国际关系体系。宋成有指出："这个体系以华夷观念来区分中心部位与半边缘、边缘部位在文化礼教上的差别，通过前者对后者的册封或后者对前者的朝贡为纽带，编组成中原王权君临其上，周边国家或民族皆为其藩屏的区域国际社会。"[1] 这些学说均可视为对古代中国周边学各有差异的解读。中国学者对于朝贡制度的认知，一直有分歧，中国学者和中国周边国家的学者也对此有不同的评价，分歧更大。历史上的中国周边学既有精华，亦有糟粕，需要进行扬弃性的研究和总结。

近代以来，由于西方列强和日本对东亚和中国的侵略，中国逐步走向衰弱，彻底改变了中国与周边世界的政治安全结构，不仅中国自身沦为半殖民地半封建国家，成为帝国主义瓜分奴役的对象国，而且历史上中国周边的封贡国家和友邦国家也几乎全部沦为列强的殖民地，或半殖民地，或各国争夺的势力范围。中国主导的"封贡体系学"失去了生存的基本条件，随之走向衰微、瓦解。取而代之的是西方列强弱肉强食的殖民主义霸权理论和东方日本提出的"大亚洲主义"、以"大东亚共荣圈"为主要特征的霸道理论。中国与周边国家的关系进入畸形的状态：一方面，中国与周边殖民地国家的被压迫民族同受西方列强和日本的殖民侵略和压迫，失去了完整的独立性；另一方面，中国反帝反殖的民族解放运动又与周边各国被压迫民族争取民族独立复国的斗争紧密结合，相互支持和帮助，出现了帝国主义殖民统治与东方被压迫民族反帝反殖民斗争并行的局面。[2] 历史上中国强则周边稳、周边兴的局面为中国弱则周边衰、周边亡的乱局所取代。

---

[1] 宋成有：《东北亚传统国际体系的变迁——传统中国与周边国家及民族的互动关系述论》，载《台北"中央研究院"东北亚区域研究演讲6》，台北易风格数位快印有限公司2002年6月初版，第2—4页。

[2] 石源华：《中国周边外交十四讲》，社会科学文献出版社2016年版，第35—38页。

第三章 构建"中国周边学"的新话语体系

第二次世界大战期间，中国坚持长达14年之久艰苦卓绝的抗日战争，为世界反法西斯战争作出了巨大的贡献，彻底改变了中国的历史命运，结束了西方和东方帝国主义对中国的殖民统治，中国的国际地位得到了极其重要的提升，中国周边被压迫民族的独立复国斗争也得到了中国有力而无私的支持。战后，世界殖民主义体系首先在东方崩塌瓦解，不仅中国成为一个在亚洲和世界具有重大影响力的新兴国家，成为联合国的五大常任理事国之一，中国周边地区也出现或正在出现一批民族独立国家。中国积极支持印度、朝鲜、缅甸、菲律宾、越南等周边国家的独立建国事业，支持泰国成为独立自主的国家。中国与周边新独立国家建立了友好的邻邦关系，出现了以平等为主要特征的新变化和新特点，给中国周边学的新生创造了条件。然而，这一历史进程却为随之而来的国共内战和国际冷战骤起所打断。

中华人民共和国成立后，随着中国周边地区政治安全格局的不断变化，中国先后处于美国围困遏制和美苏两面夹击的总体困境之下，中国领导人对于中国周边外交问题进行过长期的探索，提出不少富有创见的理论和政策，如对外关系的六条方针[①]、独立自主的对外交涉原则、处理周边关系的和平共处五项原则、"中间地带"理论和三个世界理论等，而且已经本着和平协商的原则，与14个陆地邻国中的12个国家划定了边界，对于稳定当时中国周边政治安全形势，争取中国和平建设的环境，发挥了积极的作用，并为中国周边学的产生建立了重要的理论和实践基础。然而，在整个冷战时代，构建中国周边地区安全格局的基本思路是应对美国和苏联两大阵营的以意识形态为主要特征的理论体系，中国周边外交理论难脱其影响，建立独立的国际关系理论体系和中国周边学的条件尚未成熟。

冷战结束后，美国成为世界唯一的霸权大国，主导中国周边地区安全格局的是以美国为主导的霸权稳定论、市场经济体系和西方价值观念的一元结构。中国改革开放后，加入了几乎所有的国际条约和国际组织，在数量上甚至超过美国；特别是经过十多年的艰辛谈判，加入了世界上最重要

[①] 六条方针指"另起炉灶""一边倒""打扫干净屋子再请客""礼尚往来""互通有无""团结世界人民"。参见中华人民共和国外交部、中共中央文献研究室编：《周恩来外交文选》，中央文献出版社1990年版，第48—52页。

的国际经贸组织WTO，表明中国认可西方制定并主导的经济体系和国际规则，并在此之下，实现了中国经济的高速发展和和平崛起。在此期间，中国周边外交有了重大的推进，提出并实践了一系列新理念和新判断，如以经济建设为中心的决策，明确外交工作的主要任务、调整外交战略，重新判断国际形势；提出"和平与发展"是时代主题，紧密配合改革开放的需要；重新诠释独立自主的和平外交政策，在多样化的世界中寻求均衡；建立全方位对外关系格局，谋求合作共赢，以渐进的方式推动国际秩序的改进；倡议"走和平发展道路"和"和谐世界"理论，制定中国社会发展的国际战略等，①为建设独立的中国国际关系理论体系和中国周边学新学科作出了重要的探索，积累了丰富的实践经验和理论要素。

进入21世纪，随着中国的和平崛起，并成为世界第二大经济体，中国特色社会主义建设道路的影响日益扩大。中共十九大确立习近平新时代中国特色社会主义思想为中国共产党的指导思想，中国周边地区和政治安全结构正在发生重大变化，中国已经成为亚太安全和经济合作的核心国家和中流砥柱，具有中国特色的中国周边学应运再生，将成为历史的必然，构建中国周边学的新话语体系将成为中国学者的时代使命。

第三节 中国周边学的理论体系

构建中国周边学的新话语体系，必须首先建设中国周边学的理论体系。中国周边学新理论体系并非恢复历史上的"封贡体系学"，也有别于西方别有用心人士所渲染和一些周边国家人士所担心的"中国中心主义"，而是在总结和吸取传统的中国儒家文化和东方国际关系理论合理成分的基础上，创建符合时代需求和民族特点的中国特色新理论。

儒家文化是亚洲文化的代表和亚洲人民的共同财富。2014年9月24日，习近平在纪念孔子诞辰1565周年国际学术研讨会上的讲话中，指出包括儒家思想在内的中国优秀文化蕴藏着解决当代人类面临的难题的重要启示，

---

① 章百家：《新中国成长历程中外交观念的变迁——从革命的、民族的视角到发展的、全球的视野》，《冷战国际史研究》第24辑，世界知识出版社2018年版，第10—15页。

第三章 构建"中国周边学"的新话语体系

并列举有15种之多,"希望中国学者和各国学者相互交流、相互切磋","让中国的优秀文化和世界各国的优秀文化一道造福人类"。①

中共十八大以来,习近平倡议"亲、诚、惠、容"处理周边事务的新理念,形成中国周边学的重要理论渊源,包括以儒家思想为主要特征的文化观、中国特色社会主义的价值观、欢迎周边国家搭乘中国快速发展列车的义利观、"睦邻友好,守望相助"的友邻观、反对"国强必霸"的和平观等,并以"合作共赢"为核心理念,以建设"亚洲命运共同体"作为中国的努力目标,打造和建设中国周边学的学科体系。②

中国周边学亦非简单接受西方国际关系理论体系,而是要突破西方范式的理论观念,吸收和借鉴西方国际关系理论的合理成分,摒弃和克服西方国际关系理论已经日益显露的种种弊病,提出和阐述以"合作共赢"为核心理念的中国特色国际关系和大国外交理论新体系。

这个理论新体系的主要特征是:

1. 在战略层面,它将破除西方世界惯行的"势力范围"理论和旧有的"圈地"陋规,树立以"合作共赢"为核心理念的国际关系新范式,阐述中国并非如西方世界指责的那样通过"一带一路"在中国周边建立"势力范围",而是在"和谐世界"的理念下,以全新的发展战略,在中国周边建设"合作共赢"的"命运共同体"。

2. 在经济层面,它将破除西方主导世界经济的旧地缘政治经济理论和旧全球化范式,总结和阐述"一带一路"倡议是在"共商、共建、共享"的原则下,与中国周边所有的参与者平等合作,为周边国家提供新的合作

---

① 习近平列举的15种中国文化遗产,包括关于道法自然、天人合一的思想,关于天下为公、大同世界的思想,关于自强不息、厚德载物的思想,关于以民为本、安民富民乐民的思想,关于为政以德、政者正也的思想,关于苟日新日日新又日新、革故鼎新、与时俱进的思想,关于脚踏实地、实事求是的思想,关于经世致用、知行合一、躬行实践的思想,关于集思广益、博施众利、群策群力的思想,关于仁者爱有、以德立人的思想,关于以诚待人、讲信修睦的思想,关于清廉从政、勤勉奉公的思想,关于俭约自守、力戒奢华的思想,关于中和、泰和、求同存异、和而不同、和谐相处的思想,关于安不忘危、存不忘亡、治不忘乱、居安思危的思想等。参见习近平:《从延续民族文化血脉中开拓前进》,《人民日报》2014年9月25日。

② 石源华:《中共十八大以来中国周边外交研究报告》,社会科学文献出版社2016年版,第23—29页。

平台，为周边治理提供新的公共产品，为周边国家全方位的经济合作提供新的方案。

3. 在安全层面，它将破除西方主导世界的"同盟体系论"和"零和博弈论"，尤其是美国特朗普政府推导的亚太新战略，在亚洲彻底清除冷战残余和强权政治，通过总结"一带一路"与周边外交建设的实践，创新安全理念，进一步阐述和论证习近平倡导的"共同安全、综合安全、合作安全、可持续安全"的"亚洲安全观"，推动中国周边地区的和平与合作。

4. 在政治层面，它将破除西方主导世界的"霸权稳定论"和强权政治逻辑，通过总结"一带一路"和中国周边外交建设的理论和实践创新，进一步阐述和论证习近平提出的"命运共同体"理论，展示美国倡导的"霸权稳定论"与中国倡导的"命运共同体"形成的世界不同发展方向和路径，中国将通过与各国共同的和平努力，开创以"命运共同体"为目标的中国与周边国家和平建设的新局面。

5. 在理论层面，它将破除和超越西方国际关系理论体系，克服西方国际关系理论已经日益显露的种种弊病，阐述习近平提出的以"合作共赢"为核心理念、以"命运共同体"为建设目标的国际关系理论新体系和"一带一路"背景下中国特色大国周边外交的新理念、新战略和新路径，推动"一带一路"和中国周边外交更加健康发展。

中国周边学学科的理论新体系将在扬弃、整理东方旧传统思想和超越、借鉴西方国际关系既有理论体系的基础上逐步形成、丰富、成熟。这样的理论体系将为构建中国周边学的新话语体系奠定理论基础。

第四节　中国周边学的学科框架

中国周边学学科建设的指导思想是：以"合作共赢"为核心理念和以"命运共同体"为建设目标的国际关系理论新体系以及新时代中国特色的社会主义大国外交新理念、新战略、新路径。构建中国周边学新话语体系急需研究和解决的主要框架性问题有：

中国周边学的时代使命：研究和论证中国周边学学科建设的必然性和必要性，阐述其理论意义和时代意义。其中最重要的时代使命是要研究和解决强起来的中国如何与周边国家友好相处，共建周边和世界的"人类命运共同体"，构建中国周边学的新话语体系。

中国周边学的学科建设：界定中国周边学学科建设主要是学问研究而非学位设置，研究和论证中国周边学的研究领域、理论体系、基本内涵（历史、现状与未来）、研究方法以及团队建设、推介阵地等，形成强有力的中国周边学新话语体系。

中国周边学的地理范围：动态区别和分类研究中国周边地理范围：陆地邻国、隔海邻国、次区域国家、周边国家、大周边国家等，中国周边学的新话语体系将包括所有这些地理范畴。

中国周边学的战略定位：研究论证中共十九大以后中国周边外交的战略定位，至少在2035年前中国周边外交仍将占据中国外交全局的首要地位，其后中国周边外交仍将占据重要地位。中国周边学新话语体系将长期服务于中国与周边国家协力合作，共建"周边命运共同体"。

中国周边学的史料建设：首先是收集和整理已经公布的中国外交档案资料、文献资料、报刊资料以及口述历史资料等，进而收集和整理国内外相关中国周边外交问题、周边国家国情的档案资料，并整理各类史料和编撰年度编年史、专题编年史并促其出版等。

中国周边学的理论体系：总结和阐述东方传统文化和西方国际关系理论的精华，剔除其不合时宜的糟粕，构建和阐述以"合作共赢"为核心理念和以"命运共同体"为建设目标的新时代中国特色的国际关系和大国外交的理论体系，包括文化观、价值观、义利观、近邻观、和平观等在内的中国周边外交新思想和新理论，在此基础上，构建中国周边学新话语体系。

中国周边学的战略架构：着重研究和阐述中共十八大以来倡议和实施的建设"两个一百年""人类命运共同体""一带一路"倡议、"亚洲安全观"等不断新提出的战略性举措，构建中国周边学新话语体系的战略架构。

中国周边学的实施路径：总结、研究和阐述中国周边外交实践以及推行的以"合作共赢"核心理念、新型大国关系、各种形式伙伴关系、顶层设计和底线思维、维权维稳的平衡、"亲、诚、惠、容"的新思维、解决分歧和争端的"双轨思路"以及"六大板块"和"印太两洋"的统筹等为主要内容的周边外交实施新路径，这也是中国周边学新话语体系所要回答的重要问题。

中国周边学的新问题：提出、研究和阐述中国从富起来到强起来的历史转变过程中不断出现的课题和内容。

中国周边学的关联学科：研究和阐述中国周边学与中国历史学、中国语言学、地区国别学、中国边疆学（边海学）、中国海洋学、中国军事学、中国政治学、中国军事学、中国人类学、中国跨境民族学、中国跨境区域学、中国跨境宗教学等之间的区别和联系，共同促进学科的建设和发展。

第五节 中国周边学建设的设想和建议

中国学的兴旺是在中国和平崛起的实践中形成的，伴随着反对"中国威胁论"及"讲好中国故事"的现实需要而迅速壮大。中华美国学是顺应中美关系正常化而诞生，伴随中美关系的发展而兴旺起来。中华欧洲学是顺应中欧伙伴关系发展进程而发展起来的。中华俄罗斯学比较特殊，20世纪60年代的中俄争端和对抗，刺激了中国学界对于"沙俄侵华史"的研究，奠定了该学科的重要研究基础，20世纪90年代以后中俄关系迅速发展以及中俄全面战略合作关系发展达到历史高端的现实需求，进一步催动和推进了中华俄罗斯学的兴盛和发展。中华日本学的发展与中日围绕历史问题的分歧和争端相关，更与中日关系正常化和双边关系发展相联系。

目前，中国周边学产生的时代条件已经成熟，国家从富起来走向强起来的现实需要，成为催动中国周边学问世和构建新话语体系的现实驱动力。积极推介和研究中国周边学，打造新话语体系，可使其为实现"两个一百年"的"中国梦"和中国强国外交的实际运作贡献智慧和力量。为此，学术界必须关注构建中国周边学的新话语体系，并积极推行以下各项工作：

第一，积极推介和研讨中国周边学，研究其概念内涵和理论范式，形成较为一致的认知和开展研究的共识，明确中国周边学新话语体系将为中国强起来后如何与周边国家"合作共赢"，建设"命运共同体"，作出特殊的贡献，并对彰显中国实现强起来后也永不称霸的庄严承诺，发挥积极的作用。

第二，设置中国周边学论坛，创办中国周边学学刊，或在相关刊物设置中国周边学专栏，广泛开展研讨，推介新概念，逐步形成一批专论中国周边学的研究性理论专著，奠定中国周边学新学科和新话语体系的理论基础和基本内涵。

第三，积极推动媒体宣传，使学术界和国人逐步接受中国周边学新概念、新学科和新话语体系，进一步开展中国周边学相关内容的研究，鼓励涉足中国周边学的研究禁区和研究无人问津的若干重要问题，探索中国周边外交的顶层设计和实践方案，更好地为中国开展周边外交贡献智慧和提供服务。

第四，建议国家社科基金、教育部以及各省市社科基金设置相关项目，资助和扶植中国周边学研究，包括已经资助的正在进行的中国周边国家档案收集与研究等，继续大力推进中国周边外交史料整理和研究，加强对于中国周边学的重大理论问题和实践问题的研究，加强对于中国周边国家的语言学建设和国别国情研究，创造条件编撰中国周边外交史料汇编、中国周边国家国别史、中国周边外交史等，奠定中国周边学的基础建设。国家出版部门应该为这些著作的出版提供便利。

第五，在条件成熟时，建立"中国周边学学会"，集结全国学者，合力协作，进一步深入开展研究，努力探索和研究中国周边学的理论体系，不断解决中国周边外交实践中出现的新问题和新课题，充实和丰富中国周边学的新话语体系。

第六，鉴于中国周边学包容学科的多样性和综合性，并不适合设置独立的中国周边学一级学科，应是在政治学、经济学、历史学、语言学、军事学、民族学、人类学、宗教学等相关学科的硕士、博士研究生专业设置二级学科或三级研究方向，吸引和招收硕士、博士研究生和博士后研究员，从各个不同领域，积极开展中国周边学研究，培养和形成中国周边学研究的学术团队和后备梯队，形成强有力的中国周边学新话语体系。

第二编
新中国的周边大国外交

第四章　中国的对美外交

导　读

由于不同的历史发展进程，中美两个大国文明的历史和现实互动都更多发生在中国周边地区。从周边外交视角看，中美关系大致经历了战略敌对下的体系性对抗、战略对接下的放任自由和战略竞合下的短兵相接等三个阶段性发展。在这一过程中，中国对美外交实现了持续创新，对周边地区产生了深远影响：战略理念逐渐升级为着眼于整个人类可持续发展的人类命运共同体理念，战略内涵正朝着政治—经济—人文三大支柱齐头并进的方向发展，战略手段重点转向塑造国际公共产品供应比较优势结构。尽管如此，美国对华战略冒险主义和周边国家战略机会主义的上升，意味着中国实现可持续崛起的更高战略要求，其核心是确保周边地区成为中美间的桥梁而非麻烦，特别是使周边地区成为中美国际公共产品供应比较优势结构的确认者，中美价值链重构的中间人，中美全球治理合作的示范区，以及中美文明互鉴的试验田。

尽管伊恩·莫里斯（Ian Morris）认为，以中国为代表的东方文明从来就没有领先过自古罗马以降直至当今以美国为代表的西方文明，但更大的共识是东方文明的确曾引领世界长达几千年。[1] 由此而来，新中国成立以来的中国对美外交，事实上意味着两大文明的历史性互动翻开了新的篇

---

[1] [美]伊恩·莫里斯：《文明的度量：社会发展如何决定国家命运》，李阳译，中信出版社2014年版。《文明的度量》一书事实上是莫里斯另一著作《西方将主宰多久：从历史的发展模式看世界的未来》（钱峰译，中信出版社2011年版）的数据版，其核心主题便是"推翻"东方文明长期引领世界的"假设"。

章：一方面是拿破仑所说的"沉睡的雄狮"即不断觉醒的中国，另一方面则是尽管如日中天，但渐呈颓势进而日渐焦虑的美国。很大程度上，自新中国成立以来的中国对美外交的展开正是以这一历史性的文明互动为背景，尽管从中短期视角看，更多为相对具体的战略和利益计算所掩盖甚至扭曲。在这一文明互动背景下，新中国成立70年来的对美外交已完成两个阶段性发展，即从"想象的敌人"极端转向"想象的朋友"极端，目前正处于第三个发展阶段即"系统性竞合"——尽管竞争面正被刻意放大，而这恰好是宏大历史进程中的文明互动的应有之义。从相对较为狭小的周边环境看，中国对美外交也经历了三个阶段的发展，即在"想象的敌人"阶段基于战略对抗的系统性互动，在"想象的朋友"时期双方更多追求战略对接而给予周边地区较大自由空间，随着系统性竞合关系的全面展开，中美在周边地区的互动变得相对复杂，其短兵相接的一面更多得到强调。需要指出的是，在这一历史性演变过程中，中国对美外交，特别是从周边环境塑造的视角看，有着持续且重大的创新或升级：从战略理念看，着眼于文明互动的人类命运共同体理念正日渐成熟；从战略内涵看，着眼于中美社会长期可持续的相互理解与包容的人文交流已上升为与政治互信、经贸合作并行的第三大支柱；从战略手段看，着眼于体系性互动的国际公共产品供应比较优势结构建构努力，正成为新型国际关系建构的核心要素。尽管如此，鉴于文明互动的宏大规模与缓慢进程，美国对体系性权势转移的战略焦虑心理正促使中美关系的竞争面被不实放大，并刺激了周边中间国家的战略机会主义上扬，不仅为双边关系带来困难，也为中美各自克服内部困难，推动自身发展增添了变数。着眼未来，中美基于文明互动的战略思维而克服自身和双边关系困难，建构良性的体系性竞合关系，不仅符合双方和体系利益，更是顺应历史潮流的明智选择。

第一节 中美关系的历史回顾

中美接触始于1784年"中国皇后"号的访问，但直到20世纪70年代前，双方接触并不多。尽管在第二次世界大战期间美国曾试图同时接触国共双方，但1949年新中国的成立，特别是中国采取"一边倒"战略后，美国关闭了中美接触的大门。这一源于中短期两极对抗的战略计算,使中美成为"想象的敌人",并在周边展开了基于国际均势的体系性对抗。但同样是在两极体系框架内,中美却在不到30年的时间里从"想象的敌人"转变为"想象的朋友",这对周边的中间国家而言,是难得的战略机遇。两极体系的终结,推动中美寻求双边关系的新方向,而体系性权势转移进程的推进甚至加速,正促使竞争在双边竞合关系中得以凸显。尽管略有差异,但中美在周边地区的互动与双边关系的整体演变,总体保持一致,其根本原因源于周边地区对中美而言有近乎同等的战略重要性。

一、"想象的敌人"与中美体系性对抗（1949—1972年）

新中国成立后,中国对美外交很大程度上陷入停滞,其根本原因在于,从1949年新中国成立至20世纪70年代初中美关系初步正常化,中美近乎处于全面对抗状态。美国拒绝承认新中国,双方军事、政治、经济及文化等交流全面中断。中美基于体系性对抗思维,形成恶性互动循环,双方主要围绕台湾问题、朝鲜战争、越南战争展开了多次直接或间接较量。

新中国成立后,美国国内迅速掀起一股反共产主义思潮,其核心是围绕"谁丢失了中国"展开的全美大辩论和麦卡锡出于个人权势目的而发起的将中国塑造为美国"敌人"的麦卡锡主义。随着新中国的成立,美国对中国的想象在短时间内逆转,污蔑"中国……几乎成为一个被专制奴役、被饥饿困扰的人间魔窟",不仅是对现实世界的"威胁",也是对有关"善"的信念的"威胁"。[①] 在美国人看来,中国走社会主义道路是一种历史性"错误",而新中国采纳"一边倒"战略并参加朝鲜战争,更被解读为是"侵略性的和不理智的",进而"是比苏联更危险的敌人"。[②] 与"想象的敌人"相伴随的是,美国开始对中国实施全面的体系性打压。但由于新中国成立时的力量积弱,因此,这一打压首当其冲的是国家统一或台湾问题。

---

① 周宁：《龙的幻象——中国形象：西方的学说与传说》,学苑出版社2004年版,"引言",第8页。

② [美]哈里·哈丁：《美中关系的现状与前景》,柯雄译,新华出版社1993年版,第3页。

（一）台湾问题

这一时期，中美围绕台湾问题发生了两次危机，即1954—1955年第一次台海危机和1958年第二次台海危机，其中第一次危机更多是双边性的，而第二次则具有明显的体系性色彩。

新中国成立之初，美国曾打算放弃中国台湾，[①]但朝鲜战争极大地改变了这一局面。1954年初，美台围绕针对大陆的"共同防御条约"展开磋商，这是第一次台海危机的直接导火索。大陆方面从1954年9月3日起对金门、马祖等沿海岛屿实施"惩罚性打击"，标志着第一次台海危机的爆发。尽管危机爆发，但中美成功避免了直接对抗，进而危机并未促使中国对美外交的未来政策产生实质性改变：先是12月份"共同防御条约"签订，推动台海危机进一步加剧；后是1955年1月大陆方面批准攻占一江山岛和大陈岛计划，引发美国国会应艾森豪威尔要求授权美国总统在"他认为必要或适当"时使用美国武装部队……以确保中国台湾和澎湖列岛的"防御"，[②]危机达到近乎失控的顶点。中美双方似乎都意识到危机失控的潜在危险，因此，在中国利用万隆会议之机发出缓和台海局势的信号后，中美大使级会议迅速启动，第一次台海危机逐渐得以平息。

第二次台海危机的爆发，双边因素仍居于核心地位，但体系性对抗很大程度上也成为诱发因素。危机爆发过程为：1958年8月，为反击国民党部队对大陆的骚扰，反对美国对台湾地区的支持，中国人民解放军福建前线部队开始猛烈地炮轰大小金门、大担、二担等岛屿。美国决策者对此表示出极大关切，认为尽管金门和马祖没有军事或战略价值，但其落入中国共产党人之手，可能会向美国盟友传递出美国不能保卫其朋友的信号。[③]因此，美国试图推行"两个中国"计划，多次施压蒋介石放弃金门、马祖，均遭到其强烈反对。蒋介石的强硬态度阻碍了美国"划峡而治"的计划，

---

① *Department of State Bulletin*, Vol.12, No.550, January 16, 1950, p.79.
② [美]德怀特·D. 艾森豪威尔：《白宫岁月：受命变革》（二），复旦大学资本主义国家经济研究所译，三联书店1978年版，第527页。
③ H. W. Brands, "Testing Massive Retaliation: Credibility and Crisis Management in the Taiwan Strait", *International Security*, Vol.12, No.4, (1988), pp.126-127.

迫使美国作出了让步。[①] 中共中央军委于同年10月31日决定，今后逢双日对对方目标不炮击，逢单日可略微炮击。此后，美国相应宣布停止为国民党军舰护航，第二次台海危机逐渐得以结束。

（二）朝鲜战争

如果说新中国的成立迅速引发美国国内舆论反弹，对华认知转向负面，那么1950年6月至1953年7月间的朝鲜战争，直接推动了美国对华"敌人"认知的固定。朝鲜战争既是第二次世界大战后东亚地区的第一场战争，也是新中国成立后中美双方的第一次直接对抗。在朝鲜战争爆发后，美国不仅迅速为自身武装干涉朝鲜半岛事务制造合法性理由，更为其武力阻挠中国实现国家统一制造事端。就在朝鲜战争爆发后的第三天，即1950年6月27日，杜鲁门总统命令第七舰队进入台湾海峡，以武力阻挠中国人民解放台湾。此后，美国又迅速将战火烧向中国，并无视中国政府特别是周恩来总理的严正警告，持续扩大战争。

面对美国的持续挑衅，以及"唇亡齿寒"的前景忧虑，中国人民志愿军迅速跨过鸭绿江，打响了抗美援朝战争。在短短半年之内，中国人民志愿军与朝鲜人民军一道进行了五次重大战役，收复了"三八线"以北地区，和美韩军队在"三八线"展开了拉锯战。此后，中朝军队和以美国为首的"联合国军"展开了旷日持久的谈判，并最终于1953年7月27日在板门店签署了《关于朝鲜军事停战的协定》。尽管此后未能有效地达成和平协定，并导致朝鲜半岛迄今在法理上仍处于战争状态，但朝鲜半岛的热战的确停止了。

（三）越南战争

很大程度上，美国是从法国手中"继承"或"接管"了越南问题，并逐渐将其升级为一场持久战。对美国而言，"继承"越南问题的根本逻辑在于对"共产主义扩散"的恐惧。1954年，艾森豪威尔总统提出"多米诺骨牌效应"，某种程度上是对美国社会及西方世界的"恐吓"。他强调，由于中国的存在，一旦越南"沦陷"，西方在远东地区的防线就会像"多米诺

[①] [美]德怀特·D.艾森豪威尔：《白宫岁月：受命变革》（二），复旦大学资本主义国家经济研究所译，三联书店1978年版，第102页。

骨牌"一样倒塌,直至全部"沦陷"。①为避免这一"多米诺骨牌"现象,美国让自身在近20年的时间里陷在越南战争的泥淖中难以自拔,不仅投下远超第二次世界大战各战场总投弹量的炸药,动用除核武器以外的几乎所有新式武器,更使多位总统难以"体面"下台。正是这一日渐难以承受的成本,使美国在20世纪60年代末逐渐意识到,无法在战场上取得越南战争的胜利。也正是这一认识,推动尼克松总统上台后尝试实现与中国关系正常化。

新中国成立后的中美体系性对抗中,越南战争有着重要分量:越南北方走社会主义道路,中越一衣带水,"唇亡齿寒",越南战争持续时间长,等等。中国对越南人民的支持事实上远早于自身的独立,在美国从法国手中"接管"越南问题后,中国对越南的支持自然也就转向反对美国。随着美国介入力度增强,中国从1965年起应越南要求为越南北方发动反美总体战提供了强有力支撑。因此,如果美国能改善与中国的关系,就有可能使中国减少对越南的支援,争取早日结束越南战争,并通过与中国关系的改善来取得对苏联的优势。这正是中美从"想象的敌人"迈向"想象的朋友"的重要因素之一。

二、"想象的朋友"与对中国周边放任自由(1972—2008年)

大致而言,中美"想象的朋友"关系仅持续了10年左右,即从1979—1989年,但却存在重要的向前追溯和向后延伸期:向前可追溯至1972年尼克松访华,这一访问使美国人对中国的印象大为改变。在20世纪60年代,绝大多数美国人并不喜欢中国,1968年的民意调查显示仅有5%的美国人喜欢中国。尼克松访华使美国人的对华态度发生逆转,对华友好度飙升至49%,比苏联高出15%。②向后可延伸至2008年全球金融危机爆发,甚至直到2011年奥巴马政府启动"亚太再平衡"战略之后。尽管冷战结束很大程度上动摇了中美"想象的朋友"认知的战略基础,但中美关系迅速暴露在大量全球性挑战之下,使冷战结束后对中美关系的新型定位始终难以确

---

① 资中筠:《战后美国外交史——从杜鲁门到里根》,世界知识出版社1994年版,第583页。
② 潘志高:《纽约时报上的中国形象》,河南大学出版社2004年版,第149页。

立，基于"想象的朋友"认知而来的中美关系路径依赖，使得老布什、克林顿和小布什总统在任期结束时都将中美关系的发展当作重要政治遗产。不得不说这是中国对美外交的重要成绩。

（一）双边战略对接

20世纪70年代，中美关系的改善特别是"想象的朋友"认知的形成，最为重要的因素仍是中美战略对接的需要，那时双方的核心目标是共同对抗苏联。基于这一共同需要，中美双边关系发展迅速，从战略对接中获益良多。首先，双边政治关系迅速发展，两国高层互访频繁。一方面，经过所谓的"战略缓和"之后，美苏两极对抗在20世纪80年代陷入僵持，中国成为美国抗衡苏联的重要杠杆。另一方面，中国自20世纪70年代末启动的改革开放，使部分美国人产生了中国将走上资本主义道路的政治幻想。其次，积极的政治氛围推动中美经贸合作的长足发展。1972年，中美双边贸易额仅5600万美元，1989年，已高达122亿美元，增长超过200倍。与贸易相似，美国对华投资也增长迅猛，1979—1988年美国在华投资总额累计超过30亿美元。再次，颇具象征意义的是，中美军事合作获得了较快发展。1972年后，中美两军对峙开始缓和，出现了一些零星的对话和交流。1979年，中美建交，两国开始探讨并实施军事合作，在高层互访、功能性合作、美国向中国转让技术和出售武器及情报合作等方面取得了较快发展。最后，中美文化与学术交流也不断增加。到1990年，中国在美国的留学人员已达到10万余人，成为向美国派遣留学人员最多的国家。同时，美国来中国的旅游人数激增，1980年约有10万美国人来中国旅游，1984年增加至20万人，1988年更增至30万人。[①]

尽管冷战结束后中美"准同盟"的战略基础消失，但"想象的朋友"认知仍在延续，或至少仍影响着双边关系的发展，特别是战略对接努力。冷战结束后的头十年里，中美关系大起大落，凸显了两国战略互信的严重缺失及对双边关系战略转型的迷茫。进入20世纪90年代中后期，中美双方重拾战略对接尝试，无论是1997年江泽民主席访美，还是2004年胡锦

---

① 郝雨凡：《白宫决策：从杜鲁门到克林顿的对华政策内幕》，东方出版社2002年版，第588页。

涛主席在APEC领导人非正式会议期间提出中美应加强战略对话的倡议，都得到了美方的正面响应。2005年，中美启动机制性的战略对话进程，一直持续到奥巴马政府结束。在小布什政府时期，中美战略对接努力体现为两个平行的对话机制，即分别举行了六次中美战略对话和五次中美战略经济对话。奥巴马政府上台后，将这两个对话体系合二为一，以"中美战略与经济对话"（S&ED）的名称延续至奥巴马总统任期结束，一共举行了八轮对话。

尽管特朗普上台后对中美关系产生了重大冲击，从根本上瓦解了"想象的朋友"继续发挥影响的政治基础，但中美战略对接仍存在一些象征性努力，其典型是2017年4月习近平主席访美期间，中美同意新建四个高级别对话合作机制，包括外交安全对话、全面经济对话、执法及网络安全对话、社会和人文对话。虽然迄今为止这四个对话机制的运作不够顺畅，但其存在仍具有重要的意义，并具备恢复正常运作的潜在可能性。

（二）对中间国家的放任自由

需要指出的是，中美"想象的朋友"认知不仅促进了双边关系发展，特别是战略对接深入，更拓展了周边中间国家的政策空间，使大量位居中美之间的国家可发挥更为明显的中等强国（middle power）作用——尽管这有时是消极的。中美对周边地区中间国家的放任自由，直接推动了整个中国周边地区的地缘政治—经济格局变化。

首先，在20世纪80年代，中美接近的直接战略后果是中国与周边地区各国关系的全面改善。尽管地理距离较近，但中国与东南亚国家的外交关系不如想象中顺利：由冷战而来的意识形态竞争，使中国与马来西亚、泰国、菲律宾等国在20世纪70年代建立外交关系后在双边关系上就难有进展；中国与印度尼西亚关系长期难以改善，直到1985年才逐渐恢复并在1990年后得到了进一步发展；直到1990年与新加坡、文莱建立外交关系，中国才实现与东盟所有成员国建立外交关系。必须承认的是，中国与东南亚国家关系的全面发展，很大程度上源于中国与美国关系的改善，或者说，中美不再展开体系性对抗后所释放出的重大政策空间，推进了中国与周边国家关系的全面发展。

其次，冷战结束后，中美并未重返体系性对抗，基于"想象的朋友"

认知的路径依赖，为周边中间国家提供了重要的中等强国作用发挥空间，其典型是澳大利亚和东盟各国。澳大利亚较早发现中美不再专注于体系性对抗所带来的政策空间，APEC就是在其倡议基础上得以创建的，并成为亚太地区一体化进程的重要倡导机制。相比之下，成立于1967年的东盟在冷战时期并未取得明显进展。但冷战结束是其成为东亚地区一体化"驾驶员"的重要推动力量，其标志是东盟地区论坛和东盟"10+3"两大机制的创立和发展。1993年7月，东盟外长会议（ASEAN Ministerial Meeting, AMM）和东盟外长扩大会议（ASEAN Post-Ministerial Conference, PMC）在一次非正式晚宴上发出创立东盟地区论坛的倡议。次年7月，第一次东盟地区论坛会议召开。在20世纪末21世纪初，东盟地区论坛一度是东亚地区最为重要的安全对话机制，它将东盟对地区安全合作的关切传递给外部大国，进而形成了一种观念的向外辐射。主要出于对1997—1998年亚洲金融危机的反应，在1997年5月底在吉隆坡召开的东盟外长会议上，东盟各国正式同意邀请来自东北亚三国（中日韩）的国家元首参加1997年12月的东盟非正式峰会，东盟"10+3"机制正式得以建立，推动东亚地区一体化达到一个高潮，其代表是东盟与中国、日本等的自贸区建设。

再次，中美对周边中间国家的放任自由，为后者塑造地区"洛克式"和平文化创造了重大有利条件。国际关系主流理论近乎一致地假定，由于东北亚地区充满文化多样性，地区各国政治制度差异大，历史纠纷多，各国力量对比变化快，必然导致既有的安全困境、声望竞争、领土争端、历史怨恨及经济冲突被放大，并导致整个地区陷入冲突。[①] 尽管如此，冷战结束后的东北亚总体上保持了稳定甚至是和平，国家间的合作与协调非但没有削弱，反而有所强化，尤其体现在朝核问题上。同时，地区内错综复杂的历史敌对情绪，并未影响地区经济合作，尤其是中国的崛起很大程度上并未被视作威胁，而是被当作了机遇。

最后，中美对周边中间国家的放任自由，很大程度上也为部分"麻烦制造者"提供了政策空间，特别是那些追求发展核武器的国家，大致包括

---

① G. John Ikenberry and Michael Mastanduno, "International Relations Theory and the Search for Regional Stability," in G. John Ikenberry and Michael Mastanduno, eds., *International Relations Theory and the Asia-Pacific*, New York: Columbia University Press, 2003, p.2.

伊朗、印度以及潜在追求发展核武器的日本、韩国等。冷战结束后，核武器水平扩散呈现加速趋势。1998年，印度和巴基斯坦的核试验证明了核武器作为战略工具和国家象征的双重持久的吸引力；伊朗也作出过发展核能力的重大努力。尽管有人将这归因于核技术门槛的降低，[①] 但体系性大国对中间国家的约束力下降本身，明显提供了体系性动力。

三、体系性竞合与中美"短兵相接"（2009年至今）

冷战结束后，面对体系转型特别是日渐明显的权势转移进程，中美双方均尝试重新界定双边关系，体系性竞合逐渐成为事实上的双边关系战略定位。克林顿政府一上台便尝试"接触+遏制"的"两面下注"战略：一方面努力推动中国融入世界市场经济体系，另一方面制衡中国的"不配合"行为，为接触战略添加"保险"。美国对华"两面下注"战略的核心在于：接触并不暗示着"包容"中国崛起，而是试图维持和巩固美国在地区内的霸权；同时，也不能在面对中国的不确定意图时"将中国当作敌人对待"，因为这可能导致"自现式预言"，降低中国融入体系的可能。[②] 这一"两面下注"战略事实上是冷战后历任美国总统应对中国崛起的传统选择。类似地，中国也始终认为，中美之间应当是一种既有竞争也有合作的关系。作为世界上最大的发展中国家和最大的发达国家，中美关系远远超出双边关系的范畴，中美双方在各类全球性挑战上的合作，正使双方朝向命运共同体的方向前进。某种程度上，美国对与中国在诸如气候变化、埃博拉疫情、伊朗核问题等领域的密切协调与合作更加看重，认为双方还可以进一步拓展合作的广度和深度。[③] 尽管如此，美国越来越倾向于认为，先前对"两面下注"战略中的接触强调过多且并不成功，因此是时候强调遏制的一面，由此催生了当前明显可见的地缘经济加地缘政治的复合竞争，特别是导致了中美在亚太地区的"短兵相接"状态。

---

① William Langewiesche, *The Atomic Bazaar: The Rise of the Nuclear Poor*, New York: Farrar, Straus and Giroux, 2007, p.88.
② Joseph S. Nye, Jr., "The Case for Deep Engagement," *Foreign Affairs*, July–August 1995, p.94.
③ 《习近平会见美国国务卿克里》，外交部网站，2015年5月17日，http://www.fmprc.gov.cn/mfa_chn/zyxw_602251/t1264462.shtml。

第四章 中国的对美外交

（一）中美竞争面凸显

奥巴马政府上台后，中美关系中的竞争面被过度放大，导致中美体系性竞合关系很大程度上被扭曲。尽管奥巴马总统上台之初，中美关系似乎有朝向更加积极的方向发展的可能，但很快形势便发生了逆转。到2011年，奥巴马总统的"亚太再平衡"战略全面形成，并明确地体现于奥巴马总统同年11月高调的亚洲之行，即所谓的"十一月攻势"。[①]美国防长帕内塔2012年6月在新加坡香格里拉对话会上的演讲，事实上是对"亚太再平衡"战略的首次全面阐述。"亚太再平衡"战略的出台，意味着美国从根本上改变了此前对华战略的基本假设，从奥巴马政府上台之初鼓吹的"中美共治"向集中维持美国的主导地位和阻遏中美权势转移转变。[②]

尽管就"亚太再平衡"战略的政治、经济、军事等单个要素看，该战略似乎并非专门针对中国，但从整体组合看其指向就相当明显，即把中国当作"假想敌"。[③]首先，"亚太再平衡"战略意味着在军事上遏制中国持续崛起。这集中体现在奥巴马政府于2012年1月5日所公布的新版国防战略评估指南——《保持美国在全球的领先优势：21世纪国防的优先事项》。该指南的核心是"削减军费""重点投入""战略转型"与"保持优势"，并曾三度提及中国，认为"从长远来看，中国在亚太的崛起对美国经济和安全等许多方面产生了潜在的影响"，并且明确指出中国的军事发展对美国安全构成了挑战。该指南明确将中国列为美国军事上的一个重要挑战者。[④]其次，自2010年以来，东亚地区的领土领海争端呈现一种集中性爆发态势，但美国扮演的角色并不积极，[⑤]而是利用其影响力煽风点火，明

[①] Michael Swaine, "Chinese Leadership and Elite Responses to the U.S. Pacific Pivot," *China Leadership Monitor*, No.38 (Summer 2012), p.3.

[②] 朱锋：《美亚太战略调整对中国冲击明显》，《中国国防报》2012年2月28日，第21版；吴心伯：《论奥巴马政府的亚太战略》，《国际问题研究》2012年第2期，第74页。

[③] 张春：《管理中美权势转移：历史经验与创新思路》，《世界经济与政治》2013年第7期，第74—90页。

[④] 关于奥巴马政府的新军事战略，可参见陈积敏：《奥巴马政府新军事战略评析》，《现代国际关系》2012年第2期，第22—28页。

[⑤] 王鸿谅：《国际权势转移中的东亚格局》，《三联生活周刊》2012年第37期，http://www.lifeweek.com.cn/2012/0918/38533.shtml。

显是在支持其他国家与中国对抗。最后，美国事实上在动摇亚太地区的和平与稳定，试图削弱中国在地区内的影响力。

特朗普总统上台后，对中国崛起的应对战略呈现出新的动向，最为明显地体现为2018年起不断激化的贸易摩擦乃至更为全面的中美竞争。需要指出的是，特朗普政府对华战略的调整根本上源于由中美权势转移而来的美国内部政治文化转型：一方面，霸权相对衰落导致美国社会内部出现强烈的危机意识。另一方面，面对难以逆转的中美权势转移态势，美国社会内部对维持霸权的使命意识也持续高涨。这两种意识的相互结合，使"美国优先"战略成为特朗普政府的首选，将美国利益置于所有对外战略和政策的首要位置，并对中美关系产生了重大冲击。2017年12月出台的特朗普政府第一份美国《国家安全战略报告》便是这一认知的典型体现。该报告提及"中国"（含"中国人"）多达36次，把中国视为战略竞争者，甚至还给中国贴上"修正主义国家"的标签。该报告声称，中国（及俄罗斯）正在挑战美国的权势、影响力和利益，试图侵蚀美国的安全和繁荣；中国意欲构建一个"与美国价值观和利益相悖的世界"，"将美国从太平洋地区排挤出去，努力在该地区扩大国家疆域，并致力于通过对其有利的新经济模型改造该地区"。[1]

（二）中美在亚太地区的"短兵相接"

特朗普总统上台后，美国对中国未来发展方向的认知大幅改变，特别是认为此前以接触为主的对华战略很大程度上是失败的。基于这一假设，美国试图在亚太地区与中国"全面竞争"，进而导致双方在地区内的互动在某种程度上更具对抗性。具体而言，中美在亚太地区的"短兵相接"可能包括以下六个方面：台湾问题、中美经贸关系、海上安全、领土领海争端、防核扩散及国际体系转型等。为避免对抗演化为危机，美国往往强调两个方面，一是如何突破因中国实力强大而来的反介入/区域拒止战略，或者说实现美国的介入；二是通过战略对话，减少战略模糊性并提升战略互信度，其核心目标是探寻信心建立机制。

---

[1] The White House, *National Security Strategy of the United States of America*, "Introduction", December 2017, p.2.

台湾问题是美国制造与中国摩擦的"利器"。在马英九时期,两岸关系和平发展态势较好,美国可制造问题的空间较小。自蔡英文担任台湾地区领导人后,美国利用台湾问题制造摩擦的意愿和力度均明显强化。奥巴马政府在任期结束前,曾有一波利用台湾问题制造摩擦的运作,包括允许蔡英文赴拉美途中过境美国,通过含有美台高层军事交流内容的"2017财年国防授权法案"等。特朗普在当选候任期间就与蔡英文通电话,此后甚至表示"一个中国"原则是"可以谈判的",并在2018年3月通过"台湾旅行法"。针对美国政府的种种冒险举动,中国政府不仅表示强烈不满和坚决反对,还强烈敦促美国行政部门和国会恪守在台湾问题上向中方作出的承诺,遵守"一个中国"原则和中美三个联合公报,停止美台军事联系和向台湾出售武器,以免给中美关系和台海和平稳定造成损害。

尽管美国并非南海问题的当事国或主权声索方,但因其不时炒作,使南海问题极易成为中美危机的重要诱发点。奥巴马政府的惯常做法是,一方面声称在南海问题上保持中立,另一方面却无理纠缠,强调所谓"航行自由"、地区秩序、主权平等等。[1]但事实上,美国所要的并非各国依据国际法所享有的真正的航行自由,而是美国军舰军机所专享的"横行自由"。[2]事实表明,美国曾经承诺的"对南海仲裁案结果不持立场、不选边站队,支持直接当事方开展对话",不过是一句空话,美国对于维护与中国的战略互信根本不在意。此外,美国还继续在南海地区通过抵近侦察、军舰巡逻等手段,刺探中国军事情报,破坏地区稳定,动摇中美互信。尽管菲律宾政府换届后对南海问题的态度软化,很大程度上导致了南海地区争端热度下降,但特朗普政府仍不时尝试炒作该议题,特别是经常性派军舰和军机进入南海地区。

---

[1] The White House Office of the Press Secretary, "Remarks by President Obama in Address to the People of Vietnam," May 24, 2016, https://www.whitehouse.gov/the-press-office/2016/05/24/remarks-president-obama-address-people-vietnam.

[2] 外交部:《2016年5月24日外交部发言人华春莹主持例行记者会》,2016年5月24日,http://www.fmprc.gov.cn/web/fyrbt_673021/jzhsl_673025/t1366070.shtml。

第二节　中国对美外交的创新

中国与美国的互动，很大程度上代表着一个古老文明与一个新兴文明的对话。基于悠久的历史文化传统，中国往往较为及时地依据时事变化而调整、丰富和创新对美外交的战略理念、战略内涵和战略手段。新中国成立以来，中国对美外交经历从无到有、由简至繁的发展，其战略理念从一开始相对短期的体系对抗思维，逐渐发展为着眼于整个人类可持续发展的人类命运共同体理念，据此提出了中美关系构建的战略目标；其战略内涵从最初的政治独立与生存，朝向经济繁荣与富足、文明交流与理解方向发展；其战略手段从相对简单的竞争或合作朝向竞合并存并塑造国际公共产品比较优势结构的方向发展。

一、战略理念创新：建构中美面向未来的新型关系

随着相互依赖的日益深入，中美两国成了无法分离但又"相看生厌"的两个大国，但其前提是明确的，即中美两国是事实上的利益共同体，更在全球层次上同属一个命运共同体。[①] 这一前提，恰好就是中美建构新型大国关系的基础。可以认为，当中美围绕命运共同体理念形成共识时，中美大国关系的建构就相对顺利，反之，中美关系就可能陷入困难。例如，在奥巴马政府的第一任期，中美并未围绕命运共同体达成共识，以致在哥本哈根世界气候大会期间相互指责。但到奥巴马政府后期，中美连续围绕气候变化发表三个联合声明，表明双方对命运共同体的看法发生了根本性变化。对周边国家而言，中美大国关系的建构顺利，周边地区各国的政策空间就更大、更自由，反之则可能更小、更困难。

（一）中美全球气候变化治理合作

尽管2009年在哥本哈根世界气候变化大会上中美相互指责，但到2014年这一格局已经完全逆转。2014年11月12日，中美发表首份气候变化联

[①] 潘亚玲：《中美社会和人文对话机制：既有基础与战略路径》，《美国问题研究》2017年第2期，第82页。

合声明,强调两国"在应对全球气候变化这一人类面临的最大威胁上具有重要作用。该挑战的严重性需要中美双方为了共同利益建设性地一起努力"。① 同日,中美两国宣布了各自2020年后应对气候变化的行动计划,其中美国计划于2025年实现在2005年基础上减排26%—28%的全经济范围减排目标,并将努力减排28%。中国计划2030年左右二氧化碳排放达到峰值,且将努力早日达峰,并计划到2030年非化石能源占一次能源消费比重提高到20%左右。双方均计划继续努力并逐步提高力度。② 2015年9月,中美两国元首发表第二份气候变化联合声明,其最重要的意义是"致力于达成富有雄心的2015年协议,体现共同但有区别的责任和各自能力原则"。中美双方进一步认为,应以恰当方式在协议相关要素中体现"有区别"。③ 事实上,正是中美的相互合作,推动了2015年底气候变化《巴黎协定》的最终达成。

2016年3月31日,中美两国元首再次发表气候变化联合声明。该声明指出:"过去3年来,气候变化已经成为中美双边关系的支柱。两国已在国内采取了有力措施,建立绿色低碳和气候适应型经济,助推全球应对气候变化行动,并最终于去年12月达成了《巴黎协定》。习近平主席和贝拉克·奥巴马总统2014年11月一起宣布了富有雄心的气候行动,志在率先垂范,至一年后巴黎会议开幕时已有186个国家提出了气候行动。2015年9月,习近平主席对华盛顿进行国事访问期间,两国元首提出了关于巴黎会议成果的共同愿景,并宣布了应对气候变化的主要国内政策措施和合作倡议以及在气候资金方面的重要进展。在巴黎,中美两国共同并与其他各方一道,为达成具有历史意义的、富有雄心的气候变化全球协议发挥了关键作用。"④ 同时,该声明宣布,中美两国将于2016年4月22日签署气候变化《巴黎协定》,并采取各自国内步骤以便尽早参加气候变化《巴黎协

---

① 新华社:《中美气候变化联合声明》,2014年11月12日,http://news.xinhuanet.com/world/2014-11/12/c_1113221744.htm。

② 同上。

③ 外交部:《中美元首气候变化联合声明》,2015年9月25日,http://www.mfa.gov.cn/chn/gxh/zlb/smgg/t1300787.htm。

④ 《中美元首气候变化联合声明》,新华网,2016年3月31日,http://news.xinhuanet.com/world/2016-04-01/c_128854045.htm。

定》。最为重要的是，该声明对于中美在气候变化领域的长期合作高度乐观，声称"中美气候变化方面的共同努力将成为两国合作伙伴关系的长久遗产"。[①] 应当承认，中美围绕全球气候变化治理展开合作，对整个中国周边有着重要的积极意义。

（二）中美国际发展合作

在气候变化治理合作之外，发展国际合作也是中美共同推动人类命运共同体建设的重要领域。2015年9月，在访问华盛顿期间，习近平主席与奥巴马总统围绕中美发展合作达成"受援国提出、受援国同意、受援国主导"的原则。根据这一指导原则，中美于2015年9月签署了《中华人民共和国商务部和美国国际开发署关于中美发展合作及建立交流沟通机制谅解备忘录》。这份备忘录建立了中美发展合作沟通机制与合作框架，明确了发展合作领域和内容，并决定共同积极支持联合国《2030年可持续发展议程》的落实。2016年4月，中美举行了首次中美发展合作年度会议。

更为具体地，中美围绕包括非洲疾病预防与控制在内的全球卫生问题、粮食安全及可持续发展等展开了深入合作。中美参加了2016年9月召开的全球抗击艾滋病、结核病和疟疾基金第五次增资会议，决定继续为其作出贡献并加强支持。双方重申它们对推动实施"世界卫生组织国际卫生条例"的支持。中美两国决定加强非洲国家公共卫生能力，包括通过现场流行病学和实验室系统等领域的培训，在塞拉利昂和利比里亚继续开展后埃博拉合作，应对如黄热病爆发等卫生紧急状况。中美共同承诺与非盟及其成员国一道推动非洲疾病预防控制中心（简称"非洲疾控中心"）的规划和运营，与非洲疾控中心协作规划活动的实施，提高技术能力，共同开展公共卫生培训和提高非洲公共卫生专家能力。双方承诺加强中国、非洲和美国卫生专家在疾病预防控制领域的交流和合作，分享各自经验。在粮食安全领域，中美重申对非盟"非洲农业综合发展计划"的支持，以实现该计划在整个非洲大陆推动粮食安全的目标。就周边地区而言，中美双方都认识到自身对维护地区和平、稳定、繁荣的重要性和共同责任，决定协

[①]《中美元首气候变化联合声明》，新华网，2016年3月31日，http://news.xinhuanet.com/world/2016-04/01/c_128854045.htm。

调推进区域经济一体化,同意加强在APEC、东亚峰会和东盟地区论坛等地区多边机制框架内的沟通与协调,并开展好同第三方的合作项目。①

(三)中美国际安全合作

如果说气候变化治理合作、发展合作等均属于低政治范畴,那么,中美在南苏丹和平、核安全合作等方面的合作,便是在人类命运共同体"高政治"领域的有益尝试。的确,自2013年南苏丹内战爆发以来,中美两国在南苏丹问题上一直保持着良好沟通和协调,双方均支持东非政府间发展组织(伊加特,IGAD)在南苏丹和平进程中发挥的主导作用,并共同呼吁南苏丹各方立即停火止暴,重新回到落实《解决南苏丹冲突协议》正确轨道上来。

核安全合作也是中美元首具有高度共识的重要产物。习近平主席连续参加了2014年和2016年的第三届和第四届核安全峰会,对推动中美两国核安全合作,共同提高全球核安全水平和促进核不扩散作出了贡献。2016年,中美双方举行核安全问题首次年度双边对话,并于第四届核安全峰会期间发表了《核安全合作联合声明》。位于北京的核安全示范中心也于2016年3月顺利竣工,并正式投入使用。该示范中心具备世界一流水准,不仅可满足中国国内的核安全培训需求,并可作为在双边和地区层面交流最佳操作实践、展示核安全领域先进技术的平台。

尽管如此,中美在人类命运共同体构建方面的合作仍处于起步阶段,尤为明显的是中美双方在外空安全、网络安全等方面争执不下,为中美双边关系增添了诸多变数,也使特朗普时期的中美关系更具不确定性。

二、战略内涵创新:政治—经济—人文三支柱并进

从周边外交视野看中美关系的发展史,可以得出一个基本规律,即中美关系整体是否良好,对周边地区有着重要影响。回顾中国对美外交的发展可以发现,尽管当前双边关系中竞争面上升,但体系性竞合仍是当前及未来一段时间中美关系的基本特征。更为明确的是,自奥巴马政府上台以

---

① 外交部:《中美元首杭州会晤中方成果清单》,2016年9月4日,https://www.fmprc.gov.cn/web/zyxw/t1394413.shtml。

来，中美关系的确呈现诸多新特征和新可能，如美国政治文化转型与美国对华战略的互动，美国对华战略"脱钩"的再尝试，中美双边—多边的新型互动态势，等等。但总体上，特别是自特朗普上任以来，中美关系"战略互动总体稳定，战术竞合风险飙升"特征正变得日益明显。这对周边国家来说很大程度上是不利的发展，因此也凸显了中国对美外交另一创新的重要性，即不断夯实经济的压舱石功能，同时加大中美人文交流力度，形成中美政治—经济—人文三大支柱并进的局面。

（一）中美政治合作的新特征

进入21世纪第二个十年，中美政治关系日益呈现新的特征：一方面，中美双方的战略互动框架似乎发展顺利，但另一方面，中美各类摩擦也似乎在同步上升。考虑到中美关系的体系重要性，因此尽管竞争面正在上升，但中美关系的战略互动稳定与战术竞争风险并存可能是未来一段时间中美政治关系的主要特征。

如前所述，尽管由权势转移进程加速而来的中美政治关系正趋于紧张，但中美的确建立了大量机制以确保双方关系的基本框架得以稳定。特朗普就任美国总统以来，尽管中美关系的不确定性明显上升，但战略层面的互动似乎仍总体稳定，其最为重要的特征便是习近平主席与特朗普总统的领导人友情往往并不因双方具体议题的争议而恶化，有时甚至反而是缓解战术层面交恶的重要保障。

中美领导人的私人友谊很大程度上与2017年4月初习近平主席对美国的访问有关。在此之前，中美关系似乎面临各类冲击，涉及台湾问题、美俄联手传闻等等。在2017年4月的访问中，习近平主席与特朗普总统在佛罗里达州海湖庄园两次会晤。两位领导人深入交流超过7个小时，就中美双边重要领域和共同关心的国际及地区问题广泛深入交换意见，达成了诸多共识。双方讨论了中美总体关系，认为合作是中美两国唯一正确的选择，特朗普总统也接受了习近平主席的访华邀请。会晤期间，双方宣布建立四个高级别对话机制。同时，中美双方也同意共同努力，扩大互利合作领域，并在相互尊重的基础上管控分歧。[①]

尽管进入2018年以来，美国执意挑起中美贸易摩擦，中美四个高级别对话机制迟迟无法举行，但从中美缓解贸易摩擦的多次谈判来看，最终往往是中美双方领导人之间的友谊推动了局势缓和。2018年12月1日，习近平主席与特朗普总统在阿根廷布宜诺斯艾利斯共进晚餐并举行会晤，双方就中美关系和共同关心的国际问题深入交换意见，达成重要共识。其中特别重要的是，中美两国元首达成共识，停止加征新的关税，并指示两国经济团队加紧磋商，朝着取消所有加征关税的方向，达成互利共赢的具体协议。双方同意，应共同努力，推动双边经贸关系尽快回到正常轨道，实现合作共赢。可以认为，正是双方战略互动的总体稳定，确保了中美在战术层面的种种竞争不会失控，这也进一步印证了中美关系进入体系性竞合阶段的判断。

（二）中美经贸合作的深化

中美关系发展的最明显指标是中美经贸合作的不断发展，并成长为中美关系的压舱石。进入21世纪以来，中国对美外交大力夯实这一压舱石，特别是推动双边经贸合作更加深入民间。

进入21世纪以来，中美经贸关系发展迅猛，双边货物贸易额在2000—2017年间增长了8倍多，2017年达到6350亿美元。尽管贸易摩擦成为2018年双边经贸关系的核心话题，但并未对双边货物贸易产生实质性影响。根据联合国数据，2017年，美国对华出口达1290亿美元，占其总出口额的8.4%，仅次于加拿大和墨西哥，位居第三；自华进口5260亿美元，占美国总进口额的21%，中国是美国第一大进口对象国。中国对美出口4300亿美元，占中国总出口额的19%，美国是中国的第一大出口目的地；中国自美国进口1540亿美元，占中国总进口额的8.37%，美国是中国的第三大进口对象国。[②] 根据美中贸易全国委员会的一项研究，自2008年全球金融危机以来的10年中，美国对华货物贸易出口增长近90%，是其全球平均增长水

---

① 外交部：《王毅介绍中美元首海湖庄园会晤情况》，2017年4月8日，http://www.fmprc.gov.cn/web/ziliao_674904/zt_674979/dnzt_674981/xzxzt/xjpdfljxgsfw_689445/zxxx_689447/t1452260.shtml。

② UN Comtrade, March 10, 2019, https://comtrade.un.org.

平的4倍多。同期，美国对华服务贸易出口额增长超过300%，是其全球平均增长水平的6倍。①

尽管美国政府经常指责，中美贸易失衡是导致美国就业流失的重要原因，并不时指责中国在操纵货币，进而推动中美贸易失衡。但根据美国保守主义智库美国企业研究所（American Enterprise Institute）的研究，上述观点很大程度上是"误诊"：第一个错误在于，贸易赤字并不意味着美国就业流失，通过对1975—2015年数据的历史性分析发现，贸易赤字与美国人失业之间的关联并不具备统计重要性；第二个错误在于，人民币汇率并未影响美国国内就业，事实上是1994年人民币贬值后美国国内就业反倒上升了，在1995—2015年，人民币汇率的变化很可能对美国就业起到了积极的促进作用。②

更为重要的是，中美经贸关系对美国地方经济产生了深远影响。例如，2017年，在货物贸易方面，中国是美国5个州的最大出口市场，是美国46个州的前五大出口市场；而在服务贸易方面，中国是18个州的最大出口市场，在所有50个州都位居前五。不仅如此，对华贸易为美国创造了大量就业，仅2016年所创造的就业机会就超过100万个，在29个州创造了1万个以上的就业机会。③同样，中国对美投资的快速增长，也为美国地方创造了大量就业机会，带动了经济发展。因此，2018年受贸易摩擦影响而来的中国对美投资大幅下降，对美国地方社区而言无疑是相当不利的。

（三）中美人文交流的兴起

人文交流长期以来都是中美战略关系的重要润滑剂，扮演着中美关系探路者、铺路者和护路者的角色。在经过前期的大量积累之后，中美人文交流在2010年进入新的发展阶段，即机制化、系统化发展时期，其标志是中美人文交流高层磋商机制的正式建立。这也标志着人文交流正日渐成

---

① US-China Business Council, *State Export Report: Goods and Services Exports by US States to China over the Past Decade*, April 2018, p.4.

② Derek Scissors, "Fixing US-China Trade and Investment," Working Paper, AEI April 20, 2016, http://www.aei.org/wp-content/uploads/2016/04/China-US.pdf.

③ US-China Business Council, *State Export Report: Goods and Services Export by US States to China over the Past Decade*, April 2018, p.4.

为中美关系的三大支柱之一，与政治互信、经贸合作相并行。一方面，人文交流的可持续性稳步上升。在中美人文交流高层磋商机制存续期间，可持续性项目数量不断上升：2011年第二轮中美人文交流高层磋商时仅有4项，这一数字到2012年增加到13项，2013年为11项，2014年后增长势头更猛，达34项，2015年为49项，2016年为59项。即使是从增长速度看，这一势头也相当引人注目：可持续性项目在2011年的成果总量中占比为23%，2012年为40%，2013年为61%，2014年为31%，2015年、2016年均达到37%。另一方面，人文交流的机制化水平不断提升。中美人文交流高层磋商机制并非凭空创造，因此在2010年首轮磋商中就有5项成果得以机制化，其后逐年增长，2011年为12项，2012年和2013年均为16项，2014年为53项，2015年为66项，2016年更多达84项。[①]

特朗普上台后，对中美关系和中美人文交流的认知均趋于负面。尽管如此，中美人文交流仍总体保持平稳，不仅实现机制平稳过渡，还总体上维持了核心动力。2017年4月，习近平主席访问美国期间同特朗普总统达成建立中美社会和人文对话机制的共识。2017年9月，首轮中美社会和人文对话在华盛顿举行，并通过《首轮中美社会和人文对话行动计划》，就下一阶段双方在教育、科技、环保、文化、卫生、社会发展（涵盖体育、妇女、青年、社会组织）、地方人文合作等七大领域的合作提出了明确目标。但随着2018年双边关系渐趋紧张，第二轮中美社会和人文对话未能在2018年举行。

需要指出的是，中美人文交流在实现水平拓展的同时，也实现了纵向深入，中美地方人文交流正日益成为中美人文交流的亮点。其中最显著的是中美友好省州、城市、区郡关系的发展。中美友城合作始于1979年中国湖北省与美国俄亥俄州友好省州关系的建立。40年来，中美共建立了277对友好关系（图1）。尽管特朗普总统上台后中美友好省州关系结对数量明显下降，但2018年出现了回升迹象，说明在中美关系竞争面加大的背景下，中美人文交流的基本动力仍得到了有效维护。此外，中美地方人文交

[①] 潘亚玲：《中美社会和人文对话机制：既有基础与战略路径》，《美国问题研究》2017年第2期，第86—90页。

新中国周边外交史研究（1949—2019）

流还在教育、立法、经贸合作等领域取得了长足发展，特别是正日渐将中美经贸合作与人文交流相互联系，以期为下一阶段的中美人文交流奠定更为坚实的基础。

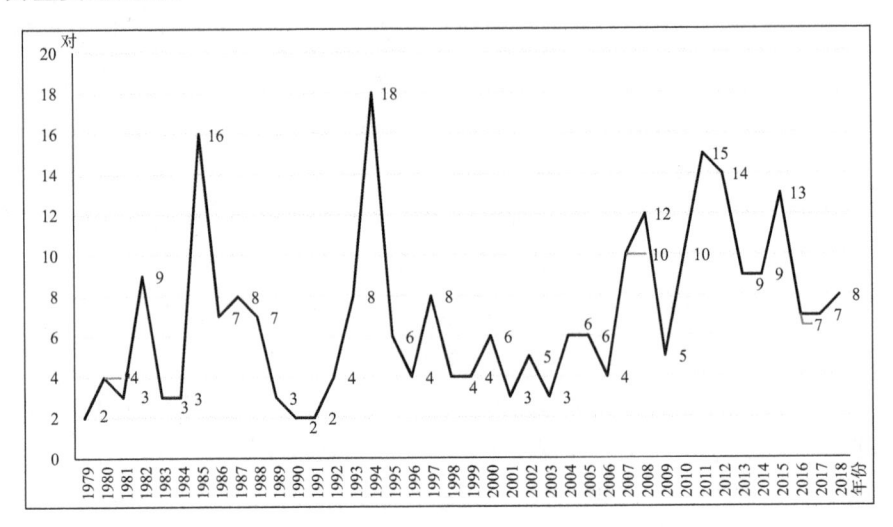

图1 1979—2018年中美友城关系

资料来源：笔者依据中国国际友好城市联合会网站（http://www.cifca.org.cn/Web/index.aspx）数据统计得出，2019年2月10日。

三、战略手段创新：塑造国际公共产品供应比较优势[①]

尽管美国政治文化转型导致中美关系竞争面上升，中国仍设法通过战略手段创新，推动中美关系新定位，特别是中美面向未来的新型关系的建构。这种新型的体系性竞合关系，基于一种良性竞争，进而确保中美两个大国的关系不仅于中美双方有利，同时也造福于整个国际社会，推动文明互鉴与人类命运共同体建构。这一战略手段创新便是迄今仍少有学术关注的中美国际公共产品供应的比较优势结构塑造，实现中美在国际公共产品供应的领域性配合而非地域性竞争。

（一）中国供应经济类国际公共产品的能力与意愿提升

经过改革开放40余年的发展，中国经济实力大幅提升，为国际社会

[①] 本节论述主要借鉴了张春：《国际公共产品的供应竞争及其出路——亚太地区二元格局与中美新型大国关系建构》，《当代亚太》2014年第6期。

提供国际公共产品特别是经济类国际公共产品的能力大大增强。第二次世界大战后世界范围内不同规模经济体的崛起并非个别现象，如日本经济从20世纪50年代直到70年代保持了20年的持续增长，韩国经济也保持了30多年的持续增长。[①] 相比之下，中国经济自1979年以来长达40年的快速发展，使中国成为第二次世界大战后经济持续增长时间最长的国家，其直接结果是中国在世界经济中的重要性不断上升，并于2010年取代日本成为世界第二大经济体。由图2即可看出，中国经济持续增长，在经过不到30年的积累之后，逐渐从量变发展为质变：中国GDP占美国GDP总量的比重进入21世纪后便保持快速上升，到2017年已经超过60%。尽管普遍认为是2008年全球金融危机加速了中美权势转移，但从图2可以看出，中美GDP的绝对差距在2006年便达到顶峰，2007年起总体开始持续下降，尽管2015年和2016年略有反弹。

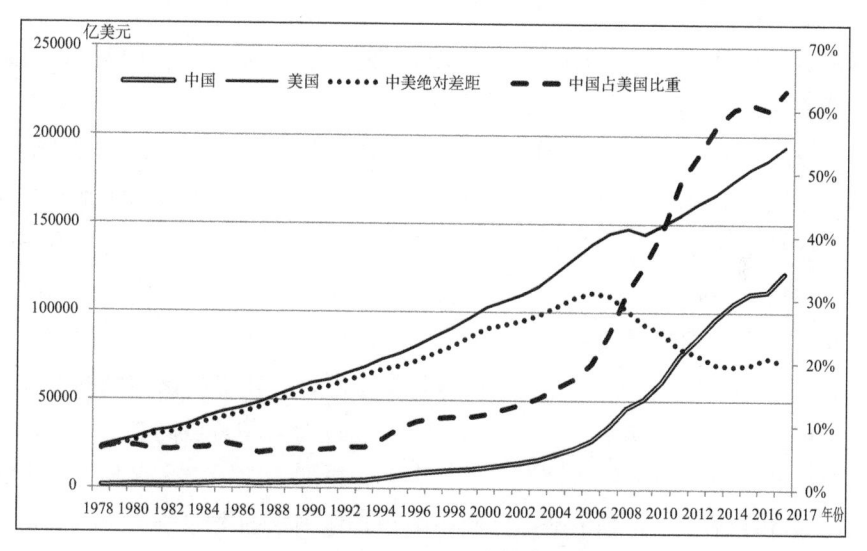

图2　1978—2017年中美实力变化

资料来源：Open Data, World Bank, https://data.worldbank.org/indicator/NY.GDP.MKTP.CD?end=2017&locations=CN-US-JP-KR&start=1960&view=chart.

---

① Angus Maddison, *Statistics on World Population, GDP and Per Capita GDP, 1-2008 AD*, Horizontal file, University of Groningen, http://www.ggdc.net/MADDISON/oriindex.htm.

随着中国经济持续发展，有关中国即将成为世界第一大经济体的预测层出不穷：从21世纪初高盛集团提出"金砖国家"概念，到2014年国际货币基金组织（IMF）以购买力价格（PPP）计算认为中国已成为世界第一大经济体，再到略为保守的估计迟至2030年中国将超过美国，等等。由此而来的，是国际社会对中国在国际公共产品中发挥更大作用的期待日渐上升。事实上，早自1949年新中国成立之日起，新中国就开始为国际社会提供各类公共产品，20世纪90年代更多侧重提供经济独立的经济类公共产品。

中国供应地区乃至全球性经济类公共产品的重要努力，始于1997年亚洲金融危机，通过不让人民币贬值，为亚洲国家稳定金融、经济形势提供了重要帮助。2008年全球金融危机爆发后，中国供应地区和全球性经济类公共产品的能力和意愿再次凸显，特别是在稳定周边国家经济形势和引领后者走出经济困境方面。2013年习近平主席提出"一带一路"倡议后，中国在地区和全球性经济类公共产品供应方面有了新的抓手，并单独或共同建设了亚投行、丝路基金、金砖国家新开发银行等机制。

但需要指出的是，中国供应国际公共产品的能力很大程度上仍局限于经济领域，供应其他类型的国际公共产品的意愿不高。例如，就亚太地区最为严峻的安全风险即朝鲜核危机来说，中国在20世纪90年代的第一次朝鲜核危机中并未发挥明显作用，在第二次朝鲜核危机爆发后也并未第一时间介入。尽管中国此后曾在涉朝核问题的六方会谈中发挥重要的作用，但更多是居间协调。在六方会谈陷入停滞之后，中国在朝核问题的解决中作用再次下降。2017年和2018年美国总统特朗普与朝鲜最高领导人金正恩的两次会晤中，中国的能见度也不是太高。再如，由于中国自身与多个周边国家存在领土、领海争端，因此中国在其他国家的类似争端中也未发挥明显作用。相比之下，美国在安全类甚至政治类国际公共产品的供应中，仍占据着主导地位。

（二）美国仍主导政治、安全类国际公共产品供应

尽管中国所供应的经济类国际公共产品总体很受欢迎，但美国所供应的政治、安全类国际公共产品总体上被认为是亚太地区稳定的最重要保障。原因是多方面的，但最为核心的原因仍是中美在地区安全中的角色差

异：中国与这些安全问题的关联更为紧密，甚至有着重要的直接利益关系，而美国更多发挥"离岸平衡手"作用，因此也更受欢迎。

首先，地区内仍存在大量的领土、领海争端，如韩国与日本有关独岛（竹岛）的争端、俄罗斯与日本有关南千岛群岛（北方四岛）的争端。其中最为突出的仍是中国与周边国家的领土、领海归属分歧，如与日本围绕钓鱼岛、与日本围绕东海划界、与韩国围绕海上专属经济区、与东南亚多国围绕南海岛屿及水域归属的分歧，以及与印度的陆地边界争端等。

其次，尽管全球层次的冷战早已结束，但在中国周边地区，冷战思维仍显而易见。中国和朝鲜半岛的国家统一问题，早已贯穿整个冷战史，延续至今，且仍有持续延续的强烈预期。就地区安全而言，中国与朝鲜半岛的统一，极可能是未来地区稳定的潜在动荡因素。而印度、巴基斯坦的领土争端也很大程度上是冷战的遗产，迄今仍看不到任何短期内和平解决的希望，相反的是不时在诱发印巴低烈度冲突。

再次，地区各国的历史性冲突和记忆，对地区安全的未来影响极可能是消极的。这些并不美好的历史记忆，远的如印度莫卧尔王朝的对外征战给周边国家留下的历史记忆，近的如日本在第二次世界大战中的恶行所导致的各种后果，都不时在中国周边地区安全中发挥影响。其结果往往是短时间内的反对特定国家的情绪急剧上升，如中国不时出现的"反日"情绪，韩国、越南等不时出现的"反华"情绪，当然还有东南亚地区部分国家对越南甚至马来西亚不时流露出的反感。

最后，中国周边地区汇聚了多个崛起或复兴大国，成为国际权势转移的策源地。由于其发展速度和规模远不如中国，中国自然成为整个国际权势转移的矛头所指。但在中国之外，印度、俄罗斯的崛起或复兴，事实上也是国际权势转移进程中的核心力量。在中国、印度、俄罗斯等"一线"崛起强国外，日本、韩国、印度尼西亚、马来西亚、越南、新加坡等均可被视作整个国际权势转移进程中的"二线"崛起强国，尽管单个国家的影响或许不如中国、印度、俄罗斯大，但其经常性地组建"志愿者联盟"，特别是与美国站在一起，更是地区安全的重要影响因素。

因此，就中国周边地区而言，几乎所有结构性指标都指向一种不稳定预期。[①] 在这一背景下，基于其在中国周边地区所发挥的历史性作用，相对而言的距离感，以及强大的军事能力，美国总体上被认为能够为地区安全带来更多稳定因素——尽管它事实上更多的是导致不稳定因素。

（三）中美对国际公共产品供应竞合结构的认知差异

可以认为，在中国周边地区，公共产品的供应存在一种比较优势结构：中国在经济类国际公共产品的供应上更具优势，而美国的优势则是在政治、安全等公共产品供应上。这一比较优势结构对周边地区而言无疑是有利的，可为其提供利益最大化的机会。但如果中美难以就此达成共识，特别是如果美国试图扭曲中国在地区公共产品供应中的角色的话，那么周边地区可能不仅无法从中得益，反而会受损严重。

必须强调的是，美国一向对中国在地区公共产品特别是经济类公共产品供应中的重要性上升持戒备心理。自2008年全球金融危机爆发以来，中国在地区经济类公共产品供应方面的作用日益凸显，直接诱发了美国加入TPP的努力。奥巴马总统曾多次就此强调，"我担任总统的首要优先是确保更多勤奋的美国人能有机会获得成功。而这正是为什么我们必须确保美国——而不是像中国那样的国家——来书写本世纪的世界经济规则的原因"。"现在，中国正在书写亚洲的商业规则。如果成功了，我们的竞争者将可无视基本的环境与劳工标准，从而获得相对美国工人来说的不当竞争优势。我们不能让那一前景发生，我们必须书写规则。"[②]

很显然，美国政府对中国供应经济类公共产品的战略意图的判断是基于现实主义权势斗争逻辑的，其更深层次的战略意图是通过以TPP及特朗普政府的制造贸易摩擦等经济斗争逻辑，重新抢占地区经济类公共产品的供应主导地位。一方面由于中美经济实力的相对变化，另一方面由于美国在政治、安全等公共产品供应上的主导地位，美国与中国围绕中国周边地区经济类公共产品供应的竞争同时发生在两条战线上：一是与中国在经济

---

① Richard Betts, "Wealth, Power, and Instability: East Asia and the United States after the Cold War," *International Security*, Vol.18, No.3 (Winter 1993/4), p.34.

② The White House President Barack Obama, "President Obama: 'Writing the Rules for 21st Century Trade,'" February 18, 2015, https://obamawhitehouse.archives.gov/blog/2015/02/18/president-obama-writing-rules-21st-century-trade.

领域的竞争，借以削弱中国供应经济类公共产品的能力；二是在政治、安全议题上压制中国，利用其在此类公共产品供应上的主导地位，打压中国供应经济类公共产品的空间甚至可信度。

相比之下，中国对经济类公共产品供应的比较优势结构的认知更加正面和积极。在理念上，中国突出强调人类命运共同体和新型国际关系建构，进而更多强调经济性合作共赢，不存在与美国围绕国际公共产品供应展开竞争的意图。例如，在2014年11月的第17次东盟与中国（10+1）领导人会议上，李克强总理提出建构中国—东盟命运共同体的倡议，其核心是经济合作，覆盖农业、信息和通信技术、人力资源开发、投资、湄公河流域发展、交通、能源、文化、旅游、公共卫生、环境等11个优先领域。[①] 又如，2018年11月，中国与东盟发布《中国—东盟战略伙伴关系2030年愿景》，重点是建构"3+X合作框架"，即以政治安全合作、经济合作、人文交流为三大支柱，以双方同意的合作领域为支撑。[②]

第三节　周边视角下的中国对美外交展望

在2018年6月举行的中央外事工作会议上，习近平总书记强调，当前是中国实现"两个一百年"奋斗目标的历史交汇期，是国际体系转型过渡期。这一两期叠加态势，对中国对美外交提出了新的要求，必须做到四个"既要与又要"：既要把握世界多极化加速推进的大势，又要重视大国关系深入调整的态势；既要把握经济全球化持续发展的大势，又要重视世界经济格局深刻演变的动向；既要把握国际环境总体稳定的大势，又要重视国际安全挑战错综复杂的局面；既要把握各种文明交流互鉴的大势，又要重视不同思想文化相互激荡的现实。[③] 的确，从中长期战略规划和周边外交

---

① 外交部：《第十七次中国—东盟领导人会议主席声明》，2014年12月1日，https://www.fmprc.gov.cn/web/gjhdq_676201/gjhdqzz_681964/lhg_682518/zywj_682530/t1215662.shtml。

② 外交部：《中国—东盟战略伙伴关系2030年愿景》，2018年11月15日，https://www.fmprc.gov.cn/web/gjhdq_676201/gjhdqzz_681964/lhg_682518/zywj_682530/t1613344.shtml。

③ 《习近平：努力开创中国特色大国外交新局面》，新华网，2018年6月23日，http://www.xinhuanet.com/politics/leaders/2018-06/23/c_1123025806.htm。

的视角看，中国对美外交的未来发展必须重点关注美国、中国周边及中国自身三大变量，进而从中国崛起可持续性的角度思考未来的对美外交战略方略。

一、美国对华战略的冒险主义

冷战结束后，美国一直试图寻找新的"敌人"或"对手"，进而延续自身霸权地位。但冷战结束后的另一客观事实是，权势转移并不只是发生在国家之间或传统的国际体系层次上，还发生在国家与非国家行为之间或全球体系层次上。[①] 尽管如此，美国出于战略制定的便利和对历史经验的简单化解读，将其简化为从美国到中国的权势转移。出于同样的逻辑，尽管中国崛起或中美权势转移本身也充满各种复杂性，但美国却采取了冒险主义的外交战略"预防性管理"中美权势转移，[②] 而特朗普总统种种"反外交"行为令局势更加复杂。

美国"预防性管理"中美权势转移的最冒险举动，就是在中国周边地区从传统均势的"离岸平衡手"朝向"均势操盘手"发展。自第二次世界大战结束直至21世纪初的东北亚地区均势结构，事实包括两个层次：由美国和苏联（俄罗斯）组成的"离岸平衡手"，以及由中朝、日韩组成的"均势操盘手"。这一格局在冷战时期的对抗中最为直接地体现在朝鲜战争中。尽管战争相当激烈，且美国直接介入均势，但正是由于美国的直接介入，苏联只能作壁上观。更为重要的是，在朝鲜战争结束后，东北亚地区的均势结构更加明确，即中朝与日韩成为直接的"均势操盘手"，而苏联和美国则是对立的"离岸平衡手"。朝鲜战争结束后，东北亚两极格局的冷战局面最终形成，东北亚均势结构得以形成。受整个冷战时期美苏全球均势结构的影响，东北亚地区的均势结构也由中、朝、日、韩四国具体操盘，美国和苏联分别充当阵营两边的"离岸平衡手"。冷战结束使全球体系层次的美苏均势格局瓦解，但没有从根本上影响东北亚地区的均势格局。随着美国冒险性地聚焦于中美权势转移管理，美国正危险地从其传统的"离

[①] [美]约瑟夫·奈：《权力大未来》，王吉美译，中信出版社2012年版，第157—158页。

[②] 有关这一点，可参见张春：《管理中美权势转移：历史经验与创新思路》，《世界经济与政治》2013年第7期，第74—90页。

岸平衡手""堕落"为"均势操盘手"。从均势的发展史角度看，当英国逐渐卷入欧洲大陆的均势运转而成为直接的"均势操盘手"之后，它也就丧失了"离岸平衡手"的地位，并随之逐渐丧失了国际体系霸主的地位，取代英国短暂地成为欧洲均势的"离岸平衡手"的俄罗斯，也迅速地卷入均势运转而未能有效利用这一地位使自身成为体系霸主。[①] 成功从俄罗斯手中接过"离岸平衡手"角色的美国，长期保持了这一角色，并以此赢得了体系霸主地位。换句话说，美国从"离岸平衡手"转变为"均势操盘手"，极可能加剧其因权势转移而来的霸权衰落进程，而这又会进一步刺激其战略冒险主义——而这正是美国在均势体系中角色转变的根源，由此，一个恶性循环似乎难以避免。

在美国对华战略冒险主义陷入死循环的同时，特朗普的"反外交"立场令形势更加复杂。其一，特朗普总统信奉"美国优先"论，上任后采取各种努力退出全球治理，如在2017年1月退出TPP，6月退出应对气候变化的《巴黎协定》，10月退出联合国教科文组织等。其二，基于其个人经历，特朗普采取一系列的"反外交"手段，特别是创新性地运用所谓"推特外交"（twitter diplomacy），给国际社会带来严峻的外交沟通困难。对传统外交而言，"推特外交"的使用至少有三重冲击，传统外交舆论塑造方法，传统外交谈判的双层博弈逻辑，以及特殊利益群体对传统外交的影响方式，都可能因此而发生重大改变。其三，特朗普总统对外交人员、外交礼仪等不屑一顾，更是对传统外交的重大冲击。

二、周边国家的战略机会主义

随着美国刻意放大中美关系的竞争面，中国周边中间国家再次发现了其中蕴含的机会，尽管与中美"想象的朋友"时期的机会可能完全不同，表现为一种战略机会主义逐渐主导着周边国家对中美的战略抉择，从而推动一种"经济上靠中国、安全上靠美国"的战略格局日渐浮现。

一方面，尽管美国试图以各种手段，包括奥巴马政府时期的TPP和特

[①] 有关国际均势体系这一"滚雪球"性的演变历史，可参见Ludwig Delio, *The Precarious Balance: Four Centuries of the European Power Struggle*, New York: Alfred A Knopf, 1962。

朗普政府制造的贸易摩擦，挤压中国在周边的经济影响力，但周边中间国家并未因此而全面追随美国，相反还积极利用中国提供的经济机会，特别是积极参与"一带一路"建设。以周边各国参与"一带一路"建设的核心机制亚投行为例，在亚投行建设过程中，美国出于战略东移考虑，曾发挥过不好的影响，但绝大多数周边中间国家并未受美国影响，而是积极参与到亚投行的筹建之中。其中包括在诸多问题上与美国走得极近的菲律宾，也在2015年12月31日最后一刻宣布加入亚投行。随着中日关系在2018年逐渐缓和，日本参与亚投行和"一带一路"建设的态度也明显积极起来，中日双方对在第三方市场合作的意愿很大程度上是"一带一路"建设的重要进展。

另一方面，尽管在经济上搭车中国，但周边各国仍选择在政治上、安全上依赖美国。由于对短期利益和确定性的关切，无论是出于强迫还是出于志愿，多数周边中间国家仍愿为美国霸权的延续贡献资源。一方面，美国已通过其历史表现证明自身行为的确有某种稳定性。[1]另一方面，美国政治制度的基本特征，使其外交行为相对更可预期，"美国外交政策的多元主义和规范化方式，使其可与其他国家建立长期互惠的关系"。[2]相比之下，中国未来的行为模式的确存在不确定性——因为无法通过经验验证中国的战略性承诺。对周边中间国家而言，在一个崛起的、充满不确定性的近邻，与一个存在已久因而其行为模式更可预期的距离相对更远的霸权之间，选择似乎并不困难。

需要指出的是，周边中间国家也并非完全是在中国—经济、美国—政治、安全之间选择，现实更为复杂，至少可识别出三类国家：一是俄罗斯和印度。随着美国战略东移，从最初的"友华"转变为"防华、反华"，处于中美之间的地区大国特别是俄罗斯和印度获得了更大的战略筹码，使自身在面对中美时拥有更大的话语权，其政策空间明显增大，能更为积极

---

[1] 张睿壮：《美国霸权的正当性危机》，《国际问题论坛》2004年夏季号（总第35期），第2页。

[2] John Ikenberry, "The Rise of China: Power, Institutions and West Order," in Robert Ross and Zhu Feng, eds., *China's Ascent: Power, Security, and the Future of International Politics*, Ithaca: Cornell University Press, 2008, p.101.

地对亚太地区事务发挥影响力,对中国周边事务参与活跃度明显提升。二是美国盟友。尽管其政策空间扩大但战略选择却呈两极分化态势。以日本、韩国、新加坡等为代表,在对华战略上保持与美国的步调一致,共同营建对华的战略包围圈或防火墙,而以澳大利亚、泰国等为代表的国家则试图在中美之间发挥桥梁作用。三是其余周边中间国家。由于其政策空间遭受较大挤压,因此大多处于一种战略选择的两难困境之中,多选择一种骑墙或观望的态度。所有这些国家的战略机会主义都相当明显,蒙古国、朝鲜或许更加明显。蒙古国事实上选择一种在中美之间"左右逢源"的战略。早在2012年,蒙古国就参加了北约峰会,并提出"第三邻国"政策,推动同美国、日本等国关系的发展。2014年,中俄蒙三方合作机制启动,并在2015年批准了《中俄蒙发展三方合作中期路线图》,着力打造中俄蒙经济走廊。换句话说,中美关系竞争面的上升,客观上提高了蒙古国的地缘政治地位,为蒙古国释放了战略空间。朝鲜的战略选择也较为明确,但其冒险性和投机性相当明显。朝鲜曾充分利用克林顿和小布什政府对朝政策的"失败",成功掌握核武器的制造技术。尽管奥巴马政府的"战略忍耐"的确使朝鲜一度成为"被人遗忘的地方",但特朗普在与朝鲜的多次"边缘战略"未果后转而采取接触战略,朝美两国领导人迄今的会晤的确使朝鲜的生存环境大为改善,并带动了整个地区局势的变化——尽管其中长期战略后果迄今仍难以判断。

三、中国崛起可持续性培育

当前阶段是中国实现"两个一百年"奋斗目标的历史交汇期,中国必须结合自身崛起的时代性和特殊性,创新大国崛起之路,提高中国崛起的长期可持续性。具体而言,这一崛起道路的创新大致可包括三个方面:

第一,中国崛起战略步骤的世界历史性创新,即采取新型的"四步走"战略。大国崛起的传统模式可归结为三种,即同质性崛起——同一文明体系内的崛起,宽松性崛起——崛起国面临的战略挤压并不严重,武力性崛起——主要通过军事征服或霸权战争实现崛起。但中国当前的崛起环境、时代背景已经完全不同,中国并非当前主导国际体系的力量的同质文明,军事崛起在今天既不可能,也不符合中国文化传统,且中国崛起早已被用放大镜观察。因此，中国崛起的战略步骤必然不同于历史上的既有模式。基于大国崛起的历史经验和中国崛起的特殊性和时代性，中国实现体系内全面崛起的战略目标应当采取一种"四步走"战略，即经济性崛起先行，道德性崛起紧随，制度性崛起和军事性崛起押后。当然，这"四步走"并非固定不变，而应结合历史经验与现实发展，及时调整，确保总体战略节奏与局部战术步骤之间的合理平衡。

第二，中国崛起战略溢出的世界历史性创新，即让发展中国家成为中国崛起的受益者。由于传统大国崛起多通过军事性或武力性崛起实现，因此，其战略溢出总体上是消极的，特别是对广大发展中国家而言，传统大国崛起更多是"小国的悲剧"而非"大国的悲剧"。因此，中国当前崛起的第二大创新便是其积极溢出，特别是使发展中国家成为中国崛起的"受益者"，不再如同历史上那样是"受害者"。尽管实现这一创新并不容易，特别是世界历史上大国崛起尚无此类先例，但中国外交已有一定经验和尝试。一方面，自成立之初起，中国便尝试为发展中国家提供各类国际公共产品，在国际舞台上始终站在发展中国家一边，做发展中国家的可靠朋友和真诚伙伴。另一方面，中国目前正尝试建立与发展中国家的利益共享机制，推动人类命运共同体和新型国际关系建构，其核心抓手便是推进"一带一路"倡议的落实，与国际社会合作大力促进联合国2030年议程的落实，等等。

第三，中国崛起战略落实的世界历史性创新，首先要求创新持续崛起的能力建设，特别是允许地方政府、民间力量等承担更多中国崛起的战略任务。传统上，地方政府参与对外交往存在重大限制。但随着全球化和相互依赖的深入，地方政府在国家对外工作中的政策空间正快速扩大，并可发挥重要的"补位外交"作用。在地方参与国际交往特别是中美经贸合作的过程中，一方面可根据自身利益关切开展先行试验，另一方面可在特定领域补充国家总体外交。[①]

---

① 张春：《地方参与中非合作研究》，上海人民出版社2015年版，第22页。

四、中国对美外交的未来方略

源于中美两大文明的不同文化特性及中美两国的不同发展历程，中美两大文明的互动更多发生在中国周边地区而非美国周边地区。因此，透过周边视野观察中美关系的发展，可为中国对美外交的未来方略提供诸多参考。从中国长期可持续崛起的角度看，周边地区在中国对美外交的未来设计中有着重要地位，其核心是使周边地区成为中美之间的桥梁，而非麻烦，具体体现为四个方面：

首先，要使周边地区成为中美国际公共产品供应比较优势的确认者。

如前所述，就周边地区的国际公共产品供应而言，中美的比较优势结构已经事实上存在，而就中美供应地区公共产品的实践而言，周边地区已用其实际行动或选择进一步强化了这一比较优势结构，即所谓"经济上靠中国、安全上靠美国"的二元格局。但一个根本问题在于，周边国家仍是自发地巩固这一比较优势结构，尚未上升到自觉的高度。为有效应对周边国家的战略机会主义，就必须使周边国家在中美公共产品供应的比较优势结构建构中的角色，从消极变为积极，从自发变为自觉，使其有意识地确认中美公共产品供应的比较优势。由此需要采取的战略举措大致包括：一是进一步巩固中美在地区公共产品供应方面的比较优势，特别是要进一步提升中国自身的经济类公共产品供应能力；二是设计安全、政治乃至思想类公共产品供应的合理战略节奏，避免给予美国和周边地区过于"强势"的错误印象；三是设计全面、完整和有效的宣传战略，使周边地区基于公共产品供应比较优势结构的中美分工，确保地区各国获益最大化，从而使其乐意确认、维护甚至优化中美分工，不再从机会主义视角出发在特定议题上选边站。

其次，要使周边地区成为中美价值链重构的中间人。

特朗普政府挑起中美贸易摩擦的核心目标并非其所宣称的贸易公平，而是阻遏中国的长期可持续崛起。尽管如此，中美经贸关系的转型、中美价值链与产业链的重构，仍将是未来一段时间影响中美关系及中美在周边地区互动的重要方面。尽管周边地区貌似并非中美贸易摩擦的一部分，但中美经贸关系转型和价值链、产业链重构，对周边国家来说意味着重大的经济机会。需要指出的是，由于中国自身完整的经济体系、庞大的经济规模和巨量的市场潜力，中美经贸关系不可能"脱钩"，中美价值链、产业链的重构很大程度上并非简单的转移，极可能是价值链与产业链的拉伸与拓展。这意味着，中美经贸关系、价值链、产业链将从先前相对简单的"两点一线"演变为更为复杂的、充斥着各种中间节点的网络体系。在这一网络体系中，周边国家由于其地理位置、劳动成本、经济结构等原因，有成为升级后的中美价值链的中间环节的重要潜力。中国应充分利用中美贸易摩擦带来的转型、调整压力，以"一带一路"建设为主渠道，有意识地推动周边地区的桥梁作用培育，积极、稳妥并系统地重构中美价值链。

再次，要使周边地区成为中美全球治理合作的示范区。

尽管特朗普政府在全球治理领域有大量的"退出努力"，但并不意味着中美全球治理合作的"死亡"。恰好相反，中美全球治理合作当前的低潮极可能酝酿着下一个高潮或反弹。在这一时期，中国应从中美全球治理合作的示范区打造的角度思考周边外交。这既可促进中国与周边地区的全球治理合作，更可为中美全球治理合作的新高潮预做准备。中国可与周边各国率先启动合作，并在恰当的时机将美国纳入其中，从而既能建立某种领先优势，又能通过三方合作及多方合作促进中美全球治理合作。具体的合作领域最为主要的包括：一是全球气候变化治理合作，其重点是周边地区的小岛国、内陆国等，重点领域可以是地方性气候变化合作、碳交易市场建设等；二是国际发展合作，其重点是联合国2030年议程的减贫目标；三是地区安全合作，特别是冲突国家的冲突后重建、可持续转型，地区核安全治理等。

最后，要使周边地区成为中美文明互鉴的试验田。

中美文明互动的历史并不长，但已经产生了大量或积极或消极的后果。为促进中美关系持续、健康、稳定发展，应当高度关注周边国家的如下客观事实：一方面，周边国家的华人华侨数量众多，并曾为中国的改革开放与国家发展作出重要贡献。另一方面，周边国家深受美国影响，文化上与美国的联系也相当密切。因此，周边国家很大程度上是中美文明互鉴的前沿阵地，尽管中国、美国及中国周边国家在很大程度上对此认识都还不够充分。就此而言，中美人文交流应当大力拓展视野，不仅要直接从双边层次上促进中美人文交流，更要从三边、多边的层次上促进中美文明互鉴。周边国家的华人华侨与美国人的具体接触、对美国文化的切身感受，以及周边各国当地人民对中美文明的个体理解，都将是中美文明互鉴的重要源泉，也将成为中美关系未来发展的敏感触角。

新中国周边外交史研究（1949—2019）

第五章 中国的对日外交

导 读

  日本是与中国隔着东海、一衣带水的邻国，是亚洲最大的发达国家，也是中国最重要的周边国家之一。中国的周边外交始终将如何处理好与日本的双边关系摆在最重要的位置。1972年，中日实现邦交正常化，揭开了双边关系上新的一页。47年来，两国间的交流交往无论在广度上还是深度上都超过了历史上任何一个时期，两国从和平相处、平等合作中都获得了实实在在的好处。随着国际环境的变化和两国综合国力对比的逆转，中日关系的发展跌宕起伏，充满着坎坷和曲折。就中国而言，在处理对日外交时如何趋利避害，顺势而为，确保两国关系沿着健康、稳定的轨道发展，是最棘手也是最重要的课题之一。

第一节 中国对日外交的沿革与评估

一、中国对日外交的基本脉络

  新中国成立后，中日关系大致可以分为两大阶段：第一阶段是从1949年到1971年，由于日本当权者追随美国，执行敌视中国的政策，民间外交成为两国交往的主要形式。第二阶段是从1972年中日邦交正常化至今，中日关系在各个领域都取得重大进展，但由于内外各种因素的综合作用，风波迭起，呈时冷时热、错综复杂的局面。

  （一）中日邦交正常化前中国对日民间外交

  1949年10月，中华人民共和国诞生，在第二次世界大战中战败的日本尚处于美国的军事占领下。日本直到1951年4月"旧金山和约"生效后才恢复独立。时任首相吉田茂一度考虑与新中国建立外交关系，但在美国的压力下，最终选择了与台湾蒋介石集团缔结所谓的"日华条约"。

中国政府强烈谴责日本当局同蒋介石集团建立"官方关系"。尽管如此，中方仍非常重视加强两国人民的友好关系。从1953年3月起，中国政府本着人道主义精神并从增进两国人民友好的愿望出发，遣送了滞留中国的3万多名日侨归国。从1956年6月起，中国政府又将在押的1062名日本战犯中的1017人免于起诉，并分三批释放。1964年3月，其余的45人也全部释放。[①]

1952年5月，日本3位国会议员取道莫斯科访问北京，受到中国政府热烈欢迎。这是两国在尚未恢复邦交的情况下以民间形式开展交往的开始。两国的有识之士为增进两国的理解和往来作出了不懈的努力。1952年6月，中日签署《中日贸易协议》，以民间贸易方式互通有无。1953年10月、1955年4月和1958年3月，双方签署3个民间贸易协定。1958年12月，双方签署为期5年的《中日钢铁贸易协定》。1962年11月，在周恩来总理和日本著名政治家松村谦三会谈的基础上，由中国国务院外办副主任廖承志和日本前通产大臣高崎达之助签订关于发展中日民间贸易的备忘录，开始了以两人姓氏命名的"L（廖）T（高）备忘录"。从1964年起，两国互派代表，设立联络事务所，并互派常驻记者。

在岸信介内阁和佐藤荣作内阁任内，日本追随美国，执行敌视和遏制中国的政策，纵容日本右翼势力制造了一系列恶性事件，中日民间交往一度遭受重挫。但是，随着中国国际影响的不断扩大，日本当权者无视新中国存在的"鸵鸟"政策已难以为继。1971年10月，中国恢复在联合国的合法席位，日本国内要求两国关系正常化的呼声越来越高。1971年10月2日，中方提出"复交三原则"：1. 中华人民共和国是代表中国的唯一合法政府；2. 台湾是中华人民共和国领土不可分割的一部分；3. "日台条约"是非法的、无效的，应予废除。[②]

1972年2月，美国总统尼克松访华，迈出了改善中美关系的重大一

[①] 中华人民共和国外交部：《中国外交概览（1987）》，世界知识出版社1987年版，第145页。
[②] 田桓主编：《战后中日关系文献集（1971—1995）》，中国社会科学出版社1997年版，第39页。

步。日本执政的自民党不得不将与中国恢复邦交作为外交战略调整的头等大事。同年7月，田中角荣出任首相，迅即表示能够充分理解中方提出的"复交三原则"，愿意为实现邦交正常化进行政府间谈判。9月25日，田中首相率团访华。经过5天会谈，中日双方于9月29日签署了《联合声明》。其中载明："自本声明公布之日起，中华人民共和国和日本国之间迄今为止的不正常状态宣告结束"，"日本国承认中华人民共和国是中国的唯一合法政府"，"中华人民共和国政府重申，台湾是中华人民共和国领土不可分割的一部分。日本国政府充分理解和尊重中国政府的这一立场，并坚持遵循《波茨坦公告》第八条的立场"。中国在《联合声明》中宣布，"为了中日两国人民的友好，放弃对日本的战争赔款要求"。[①]随同田中首相访华的大平正芳外相在《联合声明》签署后的记者招待会上宣布，由于中日邦交正常化的结果，"日华条约"失去存在的意义，已告终结，日本与台湾的"外交关系"无法继续维持下去。

（二）中日邦交正常化后中国对日外交

中日邦交正常化揭开了中日关系史新的篇章。亚洲这两个意识形态和社会制度迥异、对地区局势有着举足轻重影响的大国开始摸索一条相互尊重、长期友好、互利合作的道路。随着国际环境的变化和两国综合国力对比的逆转，1972年后的中日关系大体经历了三个时期。

1. 成长期（20世纪70—80年代）

中日邦交正常化以后，两国先后缔结了贸易协定（1974年1月）、航空协定（1974年4月）等双边协定。特别是1978年8月问世的《中日和平友好条约》，得到两国最高立法机构批准，奠定了中日两国长期和平友好、合作共赢的法律基础。

这一时期被称为中日关系的"蜜月期"。"中日友好"成为两国民众耳熟能详的口号。1973年6月，中国海港城市天津与日本第一大港神户缔结友好城市关系。上海、北京等省市也迅即跟进。中日友好城市间广泛开展经济、科技、文化、体育和社会福利事业方面的交流，大大丰富了中日交

[①] 田桓主编：《战后中日关系文献集（1971—1995）》，中国社会科学出版社1997年版，第111页。

流与合作的内容。1984年，中国政府邀请3000名日本青年访华，在北京、上海和西安等地与中国青年广泛接触，加深了彼此的理解和友谊。由两国知名人士组成的"中日友好21世纪委员会""中日民间人士会议"相继问世，中日关系在广度和深度上都取得了可喜的进展。

这一时期，中日关系的主旋律是全面开展交流与合作。中日邦交正常化以后，两国双边贸易迅速扩大。1972年，两国贸易不到11亿美元，1981年突破了100亿美元大关，经过又一个10年的努力，1991年跃过202亿美元。1978年底，中国开始改革开放后，来自日本的资金、技术援助发挥了重大的作用。1979年12月，大平正芳首相访华期间宣布日本将对中国提供政府开发援助（Official Development Aid，简称ODA）。ODA包括日元贷款、无偿援助和技术合作三项内容。20世纪80年代，日本对华日元贷款共有两次。其中，1979年至1984年的第一次日元贷款，总额为3309亿日元；1984年至1990年的第二次日元贷款，总额为4700亿日元。日元贷款的利息较低（2.5%至3%），偿还期长达30年，且头10年暂缓偿还本金，对推动中国沿海地区和内地的基础设施建设和环保项目发挥了重要的作用。[①] 由日本新日铁制铁公司和松下电器公司等日本企业援建的宝山钢铁总厂和北京彩色显像管厂堪称中日合作的纪念碑工程。

在双边关系日趋紧密和务实的过程中，两国间也出现过一些摩擦和对立。例如，20世纪80年代初中国经济调整，取消部分成套设备进口合同在日本国内曾引起一阵风波。1982年6月，日本文部省在审定教科书时将日本对中国的"侵略"改成"进入"，遭到中方强烈反对。1985年8月，中曾根康弘首相率领阁僚正式参拜供奉着甲级战犯的靖国神社，严重伤害了中国人民的感情。由于中国政府采取坚持原则又顾全大局的立场，这些摩擦和对立都没有影响中日关系的发展。

2. 磨合期（冷战结束后的20世纪90年代）

中日两国随着交流交往的不断深化，彼此间龃龉与对立日渐凸显。再加上外部环境的影响，中日关系呈现出"V"状的跌宕起伏。

1989年，日本虽参加西方国家对中国的经济制裁，但与欧美保持了一

---

① 吴寄南、陈鸿斌：《中日关系"瓶颈"论》，时事出版社2004年版，第263页。

定的距离。1990年7月，海部俊树内阁在西方发达国家中率先解除对华经济制裁。1992年10月，日本天皇和皇后访问了中国的西安、北京和上海，受到中国政府和民众的热烈欢迎，中日关系出现了一个小高潮。

进入20世纪90年代后，随着中国改革开放不断深入、投资环境持续完善，日本对华直接投资出现迅速增加的局面。其中，1995年和1996年对华直接投资每年都有四五十亿美元的规模。截至2000年底，日本对华直接投资累计有20340项，合同总金额为386.34亿美元，居中国吸收海外投资的第四位。受对华直接投资的牵动，中日双边贸易额在1991年跨过200亿美元大关后，每年递增100亿美元，在2000年达831.7亿美元。[1]

中日两国在20世纪90年代缔结了两项为期5年的日元贷款协议。其中，1990—1995年的日元贷款，总额为8100亿日元。1996—2000年的日元贷款分两期执行，1996—1998年为5800亿日元，1999—2000年为3900亿日元。[2] 在接受日元贷款的国家中，中国的项目完成最好，按时偿还本息，是日本经济外交的优质资产。

然而，冷战结束后大国关系的重新定位和调整给中日关系带来了深刻的影响。一方面，冷战时期促使中日两国联手抗衡来自北方威胁的战略基础不复存在。另一方面，由于中日综合国力呈"一升一降"的局面，如何妥善处理相互关系的问题日益尖锐化。

1994—1996年，中日两国在政治和安全领域出现了较多的对立和摩擦。1994年9月，日本政府不顾中方的一再交涉，邀请台湾行政当局人士徐立德出席在广岛举行的亚运会，制造了"两个中国"的恶劣先例。1995年8月，日方借口中国进行核试验，无理冻结对华无偿资金援助。1996年7月，日本右翼团体登陆钓鱼岛建立灯塔，构成对中国主权的严重挑衅。同月，桥本龙太郎首相参拜靖国神社，极大地伤害了中国人民的感情。

1997年以后，国际环境出现了有利于中日关系转圜的变化。其一是中美首脑互访成功，标志着冷战结束后一度很不稳定的中美关系逐步走上正常轨道。其二是1997年爆发的亚洲金融危机促使这一地区的国家抱团

---

[1] 中华人民共和国外交部政策研究室：《中国外交》，世界知识出版社2001年版，第50页。
[2] 吴寄南、陈鸿斌：《中日关系"瓶颈"论》，时事出版社2004年版，第263页。

取暖，共渡时艰。1997年9月，桥本首相访华，宣布将遵循村山前内阁在历史问题上的表态，日本决不走军国主义道路或军事大国道路。1998年11月，江泽民主席应邀访问日本。这是中国国家元首历史上第一次访问日本。访日期间，江泽民主席与小渊惠三首相发表《联合宣言》，宣布将面向21世纪加强合作，建立致力于和平与发展的友好合作伙伴关系。中日两国为跨世纪的双边关系明确定位，标志着两国关系的发展进入了一个崭新的时代。

3. 转型期（进入21世纪后）

随着国际环境的变化以及中日综合国力对比逆转，两国进入了竞争与合作并存、战略博弈加剧的新时期。中日关系呈"低—高—低—高"的态势。

进入21世纪后，国际格局日趋多极化，新兴经济体群体性崛起，改变了迄今为止的权力结构。其中，中国综合国力的上升更是引起全球的瞩目。中国的GDP在2010年反超日本，日本与中国在GDP上的差距随后不断拉大，日本朝野产生强烈的焦虑感，导致日本少数政治家产生要与中国"搏"一"搏"的冲动，试图迟滞甚至逆转中国的增长势头。

中日关系在这一时期出现两次低潮、两次高潮。第一次低潮是2001—2006年小泉纯一郎担任首相期间，连续参拜靖国神社，引起中方的强烈愤慨。双边关系急趋恶化，两国领导人互访基本停摆，甚至在国际会议期间也没有任何交集。

2006年9月，安倍晋三第一次出任日本首相，迫于国内外压力日益加大，寻求中日关系的转圜。2006年10月，安倍成为6年来第一个访问中国的日本首相，也是第一位将中国作为入主首相官邸后首次出访国家的日本首相。中日两国达成了致力于建立战略互惠关系的共识。2007—2010年，中日首脑互访频繁。特别是胡锦涛主席2008年5月访日，与日本首相福田康夫签署了《中日关于全面推进战略互惠关系的联合声明》，成为奠定中日关系政治基础的第四个政治文件。2006年9月至2010年8月是中日关系的第一个高潮期。

中日关系的"小阳春"很快由于2010年9月钓鱼岛撞船事件和2012年9月钓鱼岛"购岛"风波遭遇严重挫折。2012年12月，安倍晋三再次出任首相，中日关系出现了第二次低潮。其持续时间之长、影响之大，是史无前例的。

这次低潮有四个显著的特点：一是出现"综合并发症"。两国在历史认识、台湾问题、领土争端乃至安全保障问题等几乎所有领域都尖锐对立、全面对峙。二是两国对立溢出到地区和全球层面，战略博弈呈加剧趋势。安倍首相利用东道国地位将针对中国的议案塞进在日本举办的七国首脑会议议程中。三是中日经贸合作受到重挫。在小泉首相任内的第一次低潮中，两国经贸往来并没有受太大影响，呈现"政冷经热"的局面，但安倍任内的第二次低潮中，同时受世界经济大环境影响，中日经贸合作出现持续五年的萎缩，贸易额从2011年的3428.9亿美元跌至2016年的2747.9亿美元。四是两国国民彼此间的亲近感明显下降。日本内阁府的外交舆论调查表明，日本受访者对中国有亲近感的比例从2011年的26.3%一路下跌至2014年、2015年的14.8%，没有亲近感的比例却从71.4%增为83.1%和83.2%。[①] 这不能不引起两国的严重忧虑。

2017年1月，特朗普就任美国总统后，秉持"美国优先"的方针，推行单边主义和保护主义，一定程度上引起日本当权者的疑虑和不安。加上日本将在2020年举办东京奥运会，不希望由于同邻国交恶而给这次体育盛会带来负面影响，特别是日本财界看到中国经济持续稳定增长，中国提出的"一带一路"倡议取得有目共睹的进展，不希望由于中日关系继续僵冷失去难得的商机，安倍首相于2017年5月派遣高官出席"一带一路"国际合作高峰论坛，向中方传递了希望改善中日关系的信号。

中日双方相向而行，共同努力，使两国关系在2018年走出持续多年的阴霾，重回正常轨道。这次中日关系回暖有三大特征：一是首脑频繁会晤，深入战略沟通。李克强总理在2018年5月8—11日借出席中日韩领导人会议之际对日本进行正式访问。同年10月25—27日，安倍首相应邀访华，这是日本首相时隔七年后的第一次。两国领导人在一年内实现互访，

---

① [日]内阁府：《外交舆论调查》，http://survey.gov-online.go.jp/index-gai.html。

也是时隔10年的第一次。①二是解决敏感问题，构建合作框架。中日两国在2018年内顺利解决了多年来存在分歧、悬而不决的一些敏感问题。其一是正式启动海空联络机制，摘除了有可能在两国间引发直接冲突的"导火线"。其二是升级中日货币互换协定，为两国共同抵御可能到来的金融危机，稳定本国和地区经济构筑了可靠的合作机制。其三是密切经贸往来，启动第三方市场合作。经贸合作是中日关系的"压舱石"，也是检测中日关系回暖的"温度计"。2017年，中日双边贸易结束持续五年的萎缩局面，首次出现6.1%的增长，2018年又增长了7.2%，达3276.6亿美元，接近2012年的水平。2018年10月26日，首届中日第三方市场合作论坛在北京隆重举行。双方共签署了50余项协定，合同总金额达180亿美元。②通过这些领域的合作，两国不仅能实现互利共赢，还能带动相关国家的发展。

二、中国对日外交的重大事件

中国周边外交始终将如何处理好与日本的关系摆在非常重要的位置。处理对日关系，既受到国际形势的影响，也必须考虑两国国内政治、经济等各种因素，需要站在战略的高度，统筹国际国内两个大局，审时度势，拿捏分寸，将主动权牢牢地掌握在自己手中。

（一）中日首脑外交的主要活动

邦交正常化以后，中国在处理对日关系时一直将领导人互访置于核心地位。它既是检测双边关系冷暖的温度计，也是引领双边关系的风向标。中日领导人互访具有两个鲜明的特征，一是双方有去有来，对等互惠，二是间隔有长有短，主动权在中方。

1978年10月，邓小平副总理为交换《中日和平友好条约》批准书，对日本进行正式访问。他是第一位访问日本的中国领导人。在邓小平之后，还有华国锋、胡耀邦、李鹏等多位中国领导人访问日本。

20世纪70—80年代，访问中国的现职日本首相除建交当年的田中角荣

---

① 2018年5月6—10日，中国国家主席胡锦涛对日本进行了正式国事访问。7月7—9日，胡锦涛主席又出席了在日本洞爷湖举行的八国首脑会议；8月8日，日本首相福田康夫赴北京出席了奥运会的开幕式；10月23—25日，日本首相麻生太郎出席了在北京举行的欧亚首脑会议。

② 钱铮：《中日第三方市场合作前景广阔》，《新华每日电讯》2018年10月29日。

外，还有大平正芳（1979年12月）、铃木善幸（1982年9月）、中曾根康弘（1984年3月、1986年11月）和竹下登（1988年8月）。在此期间，两国领导人就发展中日关系的基本原则达成共识，这就是"和平友好、平等互利、相互信赖、长期稳定"。

20世纪90年代初，日本在西方发达国家中率先解除对华经济制裁。1991年8月，日本首相海部俊树访问中国。1992年4月，江泽民主席访问日本。同年10月，日本天皇访问中国。这是2000多年来日本天皇首次来华。随后，访华的日本首相有细川护熙（1994年4月）、村山富市（1995年5月）、桥本龙太郎（1997年9月）和小渊惠三（1999年9月）。在这段时期，中方访日的有李鹏总理（1997年11月）、江泽民主席（1998年11月）和朱镕基总理（2000年10月）。其中，江泽民主席是历史上首位访日的中国国家元首。他和小渊惠三首相会谈后发表的《联合宣言》，宣布两国将面向21世纪加强合作，建立致力于和平与发展的友好合作伙伴关系。这是中日间的第三个政治文件。

进入21世纪后，由于时任日本首相的小泉纯一郎持续参拜靖国神社，两国关系陷入僵冷状态。2006年10月，安倍首相成为21世纪第一个正式访华的日本首相，两国达成了致力于建立战略互惠关系的共识。中日关系出现了短暂的"小阳春"。继安倍首相之后，陆续访华的日本首相有福田康夫（2007年12月、2008年8月）、麻生太郎（2008年10月）、鸠山由纪夫（2009年10月）和野田佳彦（2011年12月）。访问日本的中国领导人有温家宝总理（2007年4月、2010年5月）和胡锦涛主席（2008年5月）。胡锦涛主席是访日的第二位中国国家元首。访日期间，他与福田康夫首相签署了《中日关于全面推进战略互惠关系的联合声明》，其中规定两国"互为合作伙伴，互不构成威胁"，"互相支持对方的和平发展"，成为奠定中日关系政治基础的第四个政治文件。

2010年后，由于钓鱼岛事件的影响，中日关系跌至邦交正常化后的最低点，两国首脑互访一直到2018年5月才重启。李克强总理在2018年5月8—11日借出席中日韩领导人会议之际对日本进行了正式访问。同年10月25—27日，安倍晋三应邀访华。习近平主席在会见安倍首相时强调，当前中日关系重回正常轨道，重现积极势头，值得双方共同珍惜。在新形势下中日两国要开展更加深入的战略沟通，更高层次的务实合作，更加广泛的人文交流，更加积极的安全互动，更加紧密的国际合作。要重信守诺，按照中日四个政治文件和双方已达成共识行事，建设性地处理矛盾分歧，维护好中日关系健康发展的政治基础。[①]

（二）中国对日外交的重大事件

中日两国在冷战中分属东西两大阵营，长期尖锐对峙。邦交正常化以后，由于彼此在社会制度和意识形态上存在着差异，加上日本国内始终有一股敌视中国、反对中日友好的政治势力兴风作浪，两国间不时发生一些重大的外交事件。妥善处理好这类事件，是对中国外交智慧和能力的考验。这些重大事件，按时间顺序分别是：

1. 吉田书简

1951年12月24日，时任日本首相吉田茂致信美国国务卿杜勒斯，表明日本政府打算与台湾当局建立"正常关系"，并且不准备与新中国缔结双边条约的立场。这一信件被称为"吉田书简"。实际上，这封信是杜勒斯事先拟就交给吉田茂，再以吉田茂名义发表的。1952年4月28日，日本政府与台湾蒋介石集团签订"日华条约"，建立所谓的"外交关系"。鉴于"吉田书简"粗暴干涉中国内政，伤害中国人民的感情，中国政府提出了强烈抗议。中国外交部副部长章汉夫强调："这一信件是战败后的日本反动政府与美帝国主义互相勾结起来，对中国人民与中国领土重新准备侵略战争的铁证"，是对中华人民共和国"最严重、最露骨的挑衅行为"。[②]

2. 长崎国旗事件

1958年5月2日，在长崎举行的"中华人民共和国邮票剪纸展览会"会场上悬挂的五星红旗，被日本暴徒扯下。长崎日中友协等主办团体要求日本政府严惩肇事者。岸信介内阁却借口中国国旗未被日本承认，只是"私人财产"，仅以"轻微犯罪"对肇事者罚款500日元了事。此举引起中方强烈愤慨。中国外交部长陈毅发表谈话，指出："岸信介政府为了讨好

---

① 李忠发：《习近平会见日本首相安倍晋三》，新华网，2018年10月26日，http://www.xinhuanet.com//politics/leaders/2018-10/26/c_1123620183.htm。

② 田桓主编：《战后中日关系文献集（1945—1970）》，中国社会科学出版社1996年版，第117页。

美国和蒋介石集团，破坏中日贸易，侮辱中华人民共和国，同六亿人民为敌，是绝不会为日本人民带来任何好处，相反，只能把日本引上更不幸的道路。"①

3. 教科书事件

日本国内始终有少数右翼分子否认侵略他国事实，通过编撰教科书试图翻案。1982年6月，日本文部省在审定中学历史教科书时，将日本侵略亚洲国家一律改为"进入他国"，对南京大屠杀、镇压朝鲜"三一"运动等史实也进行了淡化和歪曲，激起中国、朝鲜和韩国等亚洲国家的强烈不满。中国外交部于7月20日向日本政府提出抗议。中方还搁置了日本文部大臣访华一事。在中国、朝鲜、韩国等国采取联合行动后，日本政府不得不采取补救措施。8月26日，官房长官宫泽喜一首次表示愿意改正错误。同年11月，宫泽喜一宣布日本审定教科书标准中增列必须考虑亚洲各国感情的规定（"邻国条款"）。但是，类似的教科书风波在随后的几十年里仍屡屡引起中日两国间的对立。

4. 中曾根康弘参拜靖国神社

1985年8月15日，中曾根康弘首相率领阁僚正式参拜靖国神社。这是日本战后40年来现职首相第一次以公职身份参拜靖国神社。靖国神社原为东京招魂社，1874年改名并升格为国家神社，专门祭祀幕府末年以来在历次战争中的阵亡者。它是日本军国主义的象征。战后，靖国神社失去国家扶持的资格。1978年底，东条英机等14名第二次世界大战甲级战犯成为靖国神社合祭对象。从此，日本政要参拜这一神社便成为极其敏感的政治问题。1984年4月，自民党通过正式参拜靖国神社符合宪法的决议。翌年8月15日，中曾根康弘首相率领阁僚正式参拜靖国神社。此举引起日本国内外强烈反对。中国外交部发言人强调，日本政要参拜靖国神社损害世界各国人民，特别是深受军国主义之害的、包括中日两国人民在内的亚洲各国人民的感情。同年9月，北京、西安等地大学生上街游行，抗议日本政要参拜靖国神社。慑于内外的强大压力，中曾根康弘首相此行后日本首相有

---

① 田桓主编：《战后中日关系文献集（1945—1970）》，中国社会科学出版社1996年版，第371页。

第五章　中国的对日外交

11年之久没有跨进靖国神社大门。

5. 光华寮事件

1987年2月26日，大阪高等法院作出二审判决，将位于京都市的一栋名为光华寮的留学生宿舍的产权判给台湾当局，从而引发了中日外交风波。

光华寮是第二次世界大战结束后，中国驻日代表团用变卖日军在中国掠夺财产所得的款项购置的、供在日中国留学生使用的宿舍。1967年9月，台湾当局在无法对光华寮进行实际有效管理的情况下，以"中华民国"名义向京都地方法院提出诉讼，要求居住在光华寮的侨胞迁离。1977年9月，京都地方法院驳回台湾当局1967年的诉状，认为光华寮所有权及支配权理应脱离"中华民国"而归中华人民共和国所有。嗣后，台湾当局以"中华民国财政部国有财产局"名义向大阪高等法院上诉。1987年2月，大阪高等法院作出荒谬的二审判决，中国作出强烈反应。邓小平在会见日本民社党委员长塚本三郎时尖锐指出："光华寮问题，你们看成是法律问题，我们认为是政治问题，分歧就在这里。……光华寮问题的实质是一个中国还是'两个中国'或'一中一台'。"[①] 2007年3月27日，日本最高法院作出终审判决，驳回大阪高等法院作出的判决，认定所有以"中华民国"名义在日本进行的诉讼在程序上都是违法和无效的。

6. 天皇和皇后访问中国

应中国国家主席杨尚昆邀请，日本明仁天皇于1992年10月23—28日对中国进行正式访问。这是历史上日本天皇首次访华，对改善中日关系起到了重要的作用。

明仁天皇于1989年1月即位。1992年4月，江泽民主席访日期间，向明仁天皇和时任日本首相宫泽喜一提出邀请天皇访华。日本国内围绕天皇访华意见不一，一波三折。右翼势力坚决反对，从上街示威，寄恐吓信，直至在首相官邸前纵火等，百般阻挠。执政的自民党内也有人担心天皇访华被"政治利用"，或被强迫对历史问题表态成为"谢罪天皇"。经过中方耐心做工作，日本国内的舆论逐渐发生变化，赞成天皇访华的声浪高

[①] 中华人民共和国外交部政策研究室：《中国外交》，世界知识出版社1988年版，第59页。

涨。宫泽内阁在8月作出决断。10月23日，明仁天皇和皇后启程来华，先后访问了西安、北京和上海。中国国家主席杨尚昆在人民大会堂举行盛大国宴欢迎天皇和皇后访华。在致辞时，明仁天皇表示："在两国悠久的历史上，曾经有过一段我国给中国人民带来深重苦难的不幸时期，我对此深感痛心。战争结束后，我国国民基于不再重演这种战争的深刻反省，下定决心，一定要走和平国家的道路。"[①]

7. 日本"入常"冲刺

2005年是联合国成立60周年。日本为跻身安理会常任理事国行列发起了一场猛烈的外交攻势，中日间围绕日本"入常"问题展开了一场激烈的角逐。

日本一直将"入常"作为取得大国地位的标志和彻底摘掉"战败国"帽子的象征。为实现"入常"目标，日本进行了长期的准备。它以联合国第二大出资国自诩，以扩大经援为交换条件游说亚洲、非洲等发展中国家支持自己"入常"。2004年12月，日本邀集德国、印度和巴西组成"四国集团"，要求将安理会理事国从15个扩大至25个，新增包括日、德、印、巴在内的6个安理会常任理事国，并拥有否决权在内的"与现有常任理事国同样的职责和义务"。"四国集团"的"集体闯关"遭到国际社会强有力的抵制。2005年4月以来，中国、韩国均爆发了大规模的反日示威，其锋芒直指日本的"入常"冲刺。中国政府公布了《中国关于联合国改革问题的立场文件》，强调安理会改革首先要解决发展中国家代表太少的问题，"中方反对人为设限，反对强行表决尚有重大分歧的方案"。[②]在9月联合国大会前，表态支持日、印、德、巴四国提案的仅有约30个国家。日本这次"入常"冲刺以失败告终。

8. 钓鱼岛撞船风波

2010年9月7日，日本海上保安厅在钓鱼岛海域以所谓"侵犯领海"和冲撞日方巡视船为由扣押了中国渔船"闽晋渔5179"号船长，酿成两国间一场外交风波。

[①] 中华人民共和国外交部政策研究室：《中国外交》，世界知识出版社1988年版，第46页。
[②] 《中国政府发表关于联合国改革问题的立场文件》，《人民日报》2005年6月8日。

第五章　中国的对日外交

围绕钓鱼岛主权归属的对立一直是中日关系中的一大悬案。两国领导人在1972年的邦交正常化谈判中曾约定将钓鱼岛问题"放一放"。1978年10月，邓小平在出席《中日和平友好条约》换文仪式后举行的记者招待会上更明确地提出了"搁置争议"的主张，为中日两国在以后的岁月里长期和平友好、开展互利合作奠定了基础。

日方无理扣押中国船长并扬言要按照日本国内法对扣押的中国船长进行审讯，旨在造成日本对钓鱼岛拥有主权的既成事实。中方在交涉无果的情况下被迫采取了一系列反制措施。9月23日，温家宝总理在第65届联大一般性辩论时铿锵有力地表明了中国的态度："中国讲友好，也讲原则，坚定不移地维护国家的核心利益。在涉及主权、统一及领土完整的问题上，中国决不退让，决不妥协。"[①]翌日，日方在所谓"保留处分"条件下释放了中国船长。然而，这是中日邦交正常化38年来从未有过的严峻事态。这一风波给中日战略互信、经贸合作和国民感情造成重大的损害。

9. 钓鱼岛"购岛"事件

2012年4月16日，东京都知事石原慎太郎在美国发表演讲，声称为防止钓鱼岛落入外国人之手，东京都决定从私人手中"购买"钓鱼岛，进行开发，并派驻警察，由此引起了中日间尖锐的对立。时任日本首相野田佳彦不仅没有阻止石原慎太郎这一越权行径，反而宣布由日本政府出资"购买"钓鱼岛，以维持所谓"平稳、安定的管理"。对这种擅自买卖中国固有领土的挑衅行为，中国政府从一开始就表明坚决反对的态度。9月9日，中国国家主席胡锦涛在符拉迪沃斯托克出席APEC首脑会议期间当面告诫野田：近来，中日关系因钓鱼岛问题面临严峻局面。在钓鱼岛问题上，中方立场是一贯的、明确的。日方采取任何方式"购岛"都是非法的、无效的，中方坚决反对。中国政府在维护领土主权问题上立场坚定不移。日方必须充分认识事态的严重性，不要作出错误的决定，应同中方一道，维护中日关系发展大局。[②]然而，就在会谈的第二天，野田内阁便通过决议，

[①]《温家宝在第65届联大一般性辩论上的讲话全文》，中国政府网，2010年9月23日，http://www.china.com.cn/international/txt/2010-09/25/content_20996933.htm。

[②]《胡锦涛：日方必须充分认识钓鱼岛事态严重性》，新浪网，2012年9月9日，http://news.sina.com.cn/c/2012-09-09/201825134579.shtml。

用20.5亿日元从所谓"土地权所有者"手中"购买"钓鱼岛。中国政府当即提出强烈抗议，中止了与日方所有官方性质的交流与合作。与此同时，中国向联合国秘书长交存了钓鱼岛及其附属岛屿领海基点基线坐标表和海图，派遣海监船编队对钓鱼岛海域进行常态化巡航执法。

三、中国对日外交的总体评估

中日关系是中国周边非常重要，也是极其复杂和敏感的双边关系之一。

新中国成立70年来，成功地与日本这个原本与中国处于交战状态的敌对国家建立了正式的外交关系，在世界上树立了一个不同社会制度国家和平共处的典范。在中日两国悠久的交往历史上，彼此第一次以平等地位相处，睦邻友好，互利合作。

概括起来，中国对日外交有三大特征：一是坚持站在大处、高处，从战略高度把握和引领双边关系；二是坚持原则立场，将捍卫国家的尊严和核心利益置于最优先的地位，有效地挫败了日本国内右翼势力和域外大国破坏中日关系的图谋；三是坚持用和平方式解决两国间的争端，妥善地管控了彼此间的矛盾和对立，扩大了两国共同的战略利益。

（一）中日政治关系堪称和平共处典范

中日关系的历史表明，朋友可以选择，邻国必须友好。20世纪50—60年代，两国分属东西方冷战的两大阵营。岸信介和佐藤荣作等日本当权者追随美国，推行敌视新中国的外交路线。然而，在两国民众中依然存在着渴望和平、反对战争的强劲潮流。这股潮流最终迫使日本当权者顺应时势，改弦更张，作出了恢复中日邦交的历史抉择。

中日邦交正常化以后，两国陆续缔结四个政治文件，达成一系列重要的共识。虽然在前进道路上风波不断，磕磕碰碰，但双边关系的主流始终是友好和合作。

两国首脑频繁会晤，深入沟通。双方不回避任何敏感问题，坦率陈言。彼此在意见分歧时，尽量求同存异，防止矛盾激化。日本天皇和中国国家元首实现了互访。这是中日关系2000年史上的第一次。

两国政府间缔结了一系列协定，建立了各种级别的磋商机制。其中，比较重要的有中日高级别政治对话、中日经济高层对话等。此外，彼此还通过共同参加的多边机制，在区域一体化和解决全球议题的过程中进一步增进互信，密切双边关系。

即便是在最容易引起猜疑和对立的军事安全领域，两国也循序渐进地建立了若干交流机制和沟通平台。1997年起，中日防务部门开始举行定期安全磋商。1998年，日本防卫厅长官和中国国防部长实现互访。2000年，日本自卫队和中国人民解放军的总参谋长实现互访。2007年和2008年，中国人民解放军海军军舰在第二次世界大战后首次访日，日本海上自卫队的军舰也首次访华。2018年6月8日，中日间正式启动旨在防止偶发冲突的海空联络机制。

（二）中日经贸合作达到世界顶级规模

作为世界第二、第三大经济体，中日两国经贸合作的规模和深度不仅在亚洲雄踞榜首，在世界上也是名列前茅的。

1. 双边贸易

2018年，中日双边贸易总额达3276.6亿美元，全世界达到这一规模的仅有中国和日本、美国和加拿大、美国和中国以及美国和墨西哥这四对贸易伙伴。从2007年起，中国始终是日本最大的贸易伙伴，而日本是中国的第四大贸易伙伴。在2017年日本对外贸易总额中，中日双边贸易总额占21.7%，是第二位日美贸易总额占比的1.44倍。[①]

2. 双向投资

就国别而言，日本是中国最大的外资来源国，中国是日本第二大对外投资对象国。截至2017年底，日本累计对华投资1081.8亿美元。据统计，在华日资企业占海外日企总数的48%。进入21世纪后，中国也开始对日本输出资本。截至2017年底，中国对日直接投资累计总额为34.8亿美元。[②]

3. 资金合作

1979—2008年，日本政府向中国提供的日元贷款共255项，累计金额

---

① [日]财务省：《贸易统计》，http://101.96.10.64/www.customs.go.jp/toukei/suii/html/data/y3.pdf。

② 中华人民共和国外交部：《中国和日本的关系》，2019年1月，https://www.fmprc.gov.cn/web/gjhdq_676201/gj_676203/yz_676205/1206_676836/sbgx_676840/。

为33164.86亿日元。截至2011年底，日本对华无偿援助共148项，累计金额为1423.45亿日元。[①] 此外，1979—1995年，日本进出口银行分三次向中国提供能源贷款，总金额达17000亿日元。[②] 日本是向中国提供政府开发援助最多的国家，而中国在日本对外提供政府开发援助的国家中也是名列前茅的。

（三）中日人文交流取得全面发展

新中国成立后，中日两国一直保持着相当活跃的民间文化交流。中日邦交正常化以后，在双方共同努力下，人文领域的交流和合作全面发展，呈官民并举和多渠道、多形式的新局面，其范围之广、规模之大、活动之频繁、内容之丰富，在与中国有人文交流的国家当中处于领先地位。中日人文交流有两大特征，一是两国拥有共同文化渊源的交流项目特别活跃，如考古、书法、绘画、围棋和戏剧（京剧、歌舞伎）等，二是民间交流占据主体。据统计，目前民间文化交流约占文化交流总量的95%以上。

2017年，中日双边人员往来1066.3万人次，较2016年增长20.8%。其中，中国赴日本人员有798万人次，较2016年增长28%；日本来华人员268.2万人次，较2016年增长3%。两国目前共缔结友好城市253对。[③] 中日间的人文交流无论从广度还是从深度来看都超过了历史上任何一个时期。

第二节　中国对日外交的战略、理念和策略运用

新中国的成立开创了中国对外关系的新纪元，也根本改变了旧中国与日本的关系。冷战初期，中日两国分属东西方两大阵营，双边关系带有浓重的军事集团对峙和意识形态对立的色彩；从20世纪70年代起，中国适应变化了的国际环境，主动调整外交方针，开启了与美国、日本关系正常化的进程，战略自主性明显加强；冷战结束后，随着中国综合国力的增强，

---

① 中华人民共和国外交部：《中国和日本的关系》，2019年1月，https://www.fmprc.gov.cn/web/gjhdq_676201/gj_676203/yz_676205/1206_676836/sbgx_676840/.

② 吴寄南、陈鸿斌：《中日关系"瓶颈"论》，时事出版社2004年版，第263页。

③ 中华人民共和国外交部：《中国和日本的关系》，2019年1月，https://www.fmprc.gov.cn/web/gjhdq_676201/gj_676203/yz_676205/1206_676836/sbgx_676840/.

在处理涉日关系时主动营塑、积极引领的特征越来越明显。

一、中国对日外交服从于总体外交

中国对日外交是总体外交不可或缺的一个组成部分。它比总体外交更具体，更有针对性，但在总的目标上是一致的，就是要为中国经济社会建设提供良好的周边环境，促进亚太地区的和平与稳定，实现中日两国的长期友好、互利合作。

（一）民间先行，以民促官

新中国成立时正值东西方阵营壁垒分明、冷战阴云笼罩世界的多事之秋。日本政府追随美国，拒不承认中华人民共和国，却与蒋介石集团建立官方关系，加入西方阵营对华禁运。在美国扶植下建立起来的自卫队也以苏联和中国为假想敌，紧绑在美国的反共战车上。

在这种情况下，中国一方面坚决反对片面的"旧金山和约"和非法的"日华条约"，反对美国重新武装日本，与日本当权者敌视新中国的行径进行坚决斗争，另一方面着眼于长远，坚信中日两国人民都有建立正常国家关系、维护东亚和平的愿望，通过两国民间交流交往，逐步增进理解，积累互信，促使日本当权者改弦更张，放弃敌视中国的政策。

毛泽东在新中国成立前夕就向全世界申明："中国人民愿意同世界各国人民实行友好合作，恢复和发展国际的通商事业，以利发展生产和繁荣经济。"[1] 1955年10月，毛泽东在接见访华的日本国会议员时明确指出："中日两个民族现在是平等了，是两个伟大的民族。""我们互相帮助，互通有无，和平友好，文化交流，建立正常的外交关系（这并不是能强制建立的）。"[2] 周恩来在谈到中日关系发展趋势时强调："不但人民要往来，人民还要影响政府，改变政府的态度，两国才能友好。"[3]

在20世纪50—60年代，中国实行"民间先行，以民促官"的方针，

---

[1] 中华人民共和国外交部、中共中央文献研究室编：《毛泽东外交文选》，中央文献出版社、世界知识出版社1994年版，第91页。

[2] 同上，第219页。

[3] 中华人民共和国外交部、中共中央文献研究室编：《周恩来外交文选》，中央文献出版社1990年版，第146页。

自下而上地推动中日关系的发展。中国从遣返日侨、释放战犯，到派遣红十字会代表团、科学家代表团、京剧代表团访日，从允许日本友好商社从事对华贸易，到缔结准官方的民间贸易协定，从设立贸易代表处，到派遣常驻记者，可以说是想尽一切办法，将两国间的交流交往逐步从纯民间层次转到半官半民层次，最终推动日本当权者将缔结官方关系的对象由台湾蒋介石集团转向中华人民共和国。

1963年10月，周恩来总理在会见日本前首相石桥湛三时提出："中日两国恢复邦交是要经过一段曲折的道路的，不可能一下子解决。但是只要我们推进，采取积累方式，就可以解决。"[①]当然，以民促官过程也是充满斗争的。为此，中方先后提出了"政治三原则""政治与经济不可分原则""贸易三原则"来规范双边关系的发展。[②]

（二）坚持反霸，维护正义

1974年2月，毛泽东提出了"三个世界"理论。他指出："美国、苏联是第一世界。中间派，日本、欧洲、澳大利亚、加拿大是第二世界。亚洲除了日本都是第三世界。"[③]"三个世界"理论是很长一段时期中国外交工作的指导方针，对团结世界人民反对霸权主义，特别是打破苏联霸权主义遏制中国、孤立中国的图谋起到重大的作用。这一阶段，中国领导人将日本列为"中间地带""第二世界"，将反对霸权、维护正义作为对日外交的重点。

当时，日本当权者慑于苏联的压力，在要不要将反霸条款写进《中日和平友好条约》问题上犹豫不决。这和日本作为第二世界的一员，在对苏

---

① 中华人民共和国外交部、中共中央文献研究室编：《周恩来外交文选》，中央文献出版社1990年版，第348页。

② "政治三原则"是1958年7月7日《人民日报》社论《中国人民坚决反对日本潜在的帝国主义》中提出来的，内容是：1. 日本政府立即停止并不再发生敌视中国的言论和行动；2. 停止制造"两个中国"；3. 不要妨碍恢复中日两国的正常关系。"政治经济不可分原则"见于1959年3月19日《人民日报》，强调"在国家与国家的关系中，政治和经济是不能分开的"。"贸易三原则"是1960年8月周恩来总理会见日中贸易促进会专务理事铃木一雄时提出来的，即政府协定、民间合同、个别照顾，见中华人民共和国外交部、中共中央文献研究室编：《周恩来外交文选》，中央文献出版社1990年版，第291页。

③ 中华人民共和国外交部、中共中央文献研究室编：《毛泽东外交文选》，中央文献出版社、世界知识出版社1994年版，第600—601页。

外交上存在两面性有很大关系。一方面,苏联在远东和太平洋地区部署重兵,日本备受威胁,有一定的反霸诉求,另一方面,日本又担心苏联用切断对日资源出口及抵制日本商品进行报复,让日苏解决领土争端变得遥遥无期。《中日和平友好条约》谈判由于在"反霸"条款上搁浅,拖了好多年。

邓小平复出后,中国加大了对日外交的力度。邓小平在会见日本友人时一再强调,日本同任何国家友好,我们可以理解,我国也是这样。但是,如果苏联横行霸道、实行霸权,难道也能对它发展和平友好关系吗?如果中国在东南亚或者亚洲搞霸权,能相信人家会跟我们搞友好关系吗?我们认为,不能从中日联合声明的立场上后退,而是应该有所前进,希望日本政府在反霸问题上早下决心。"中日两国人民休戚相关,我们两国友好合作的发展前景是良好的。在谈判签订《中日和平友好条约》时,中日双方都要从全球战略和政治的观点出发。"[1] 经过中方耐心的工作,日方逐渐打消了顾虑,《中日和平友好条约》顺利问世。

在整个20世纪80年代,中日两国在反对苏联入侵阿富汗以及苏联支持下的越南入侵柬埔寨等问题上采取共同立场,有力地打击了霸权主义的嚣张气焰,为维护地区和平作出了贡献。

(三)互学互鉴,合作共赢

1978年12月,中国共产党召开十一届三中全会,决定将工作重点转到经济建设上来,开启了中国改革开放的新纪元。中国向全世界打开了大门,积极学习和引进各国先进的科学、技术和管理经验。日本作为世界第二经济大国,又是一衣带水的邻邦,自然成为中国关注的重点。

1978年10月,邓小平在启程访问日本之初郑重强调,"我这次到日本来,就是要向日本请教","日本早有蓬莱之称,听说有长生不老之药,这次访问,也是为了得到它,或许没有长生不老药,但是我想把日本发展科学技术的先进经验带回去"。邓小平乘坐新干线从东京去关西时,记者问他有何感想。他说:"快,真快!就像后边有鞭子赶着似的!这就是现在我们需要的速度。""这次访日,我明白什么叫现代化了。"[2] 在邓小平访日后

---

[1] 田桓:《战后中日关系文献集(1971—1995)》,中国社会科学出版社1997年版,第224页。
[2] 王泰平:《外交官忆改革开放往事(10):邓小平访日与中国现代化蓝图》,《参考消息》2018年12月3日。

一个多月举行的中共十一届三中全会，作出了将全党工作重点转到经济建设上来的重要决定，揭开了中国改革开放的序幕。

在改革开放初期，日本在一定程度上发挥了"起爆剂"和"助推器"的作用。邓小平有关"翻两番"的经济发展战略是在与日本首相大平正芳交谈时得到启迪后提出来的。也正是在大平访华期间日方正式表明支持中国改革开放、向中国提供政府开发援助的立场。政府开发援助包括日元贷款、无偿援助和技术合作三项内容。1979—2008年，日本对华日元贷款总额为33165亿日元，广泛用于铁路、公路、港口、机场等基础设施建设及环保、医疗、教育等领域。①

改革开放给中国对日外交注入了经济元素。两国间缔结了一系列经贸、金融和科技合作协定，建立了各种政府间的磋商机制。中国各省市与日本都道府县和市町自治体间建立的友好城市，不仅是促进民众相互理解和友谊的平台，也是相关省市引进先进科学技术和管理经验的渠道。在相当长一段时间里，日本一直是中国改革开放的"领跑者"和"参照系"。日本从1993年到2003年持续11年成为中国最大的贸易伙伴，而中国也从2007年起成为日本最大的贸易伙伴。中国发展得益于日本的资金和技术，日本从中国的经济发展中获得了实实在在的好处。互利共赢的经贸关系，成为维持中日关系健康稳定发展的"压舱石"，也成为维系两国人民友好关系的有力纽带。

（四）振兴亚洲，贡献世界

冷战结束后，"亚洲中的中日关系""世界中的中日关系"开始成为中日两国首脑会晤时的主题。双边关系的发展越来越凸显出对世界和平与发展的重要意义。1995年10月22日，江泽民在纽约会见日本首相村山富市时指出，中日两国领导人在处理双方关系时应高瞻远瞩，从地区和全局的高度出发把握两国关系的大方向，为人类的进步和繁荣作出应有的贡献。②江泽民谈话表明，中国方面期望日本在坚持和平发展道路前提下，为亚太地区乃至世界和平与稳定作出进一步的贡献。

---

① 马成三：《对华ODA，中日都是受益者》，《环球时报》2018年10月26日。
② 中华人民共和国外交部政策研究室：《中国外交》，世界知识出版社1996年版，第31页。

1997年9月亚洲金融危机爆发后，中日两国都感到有必要加快亚洲区域经济一体化的步伐。中国率先与东盟缔结"10+1"的自由贸易协定，密切彼此间的经济联系。日本与韩国也紧紧跟上，三个"10+1"最终形成了"10+3"的框架。2000年5月，东盟与中日韩三国签署《清迈倡议》，建立了区域性的货币互换机制，为东亚地区各国共同抵御金融风险，确保亚洲经济持续稳定增长迈出了关键的一步。

2008年5月，中国国家主席胡锦涛访问日本。他在早稻田大学发表的演讲中称："中日关系正站在新的历史起点上，面临进一步发展的新机遇。随着经济全球化深入发展，中日两国的共同利益不断拓展、合作空间不断扩大，在国际和地区事务中肩负的责任也不断加重。……古往今来，世界大舞台上演出的所有戏剧，主角始终都是各国人民。我衷心期望，中日两国人民手牵手、肩并肩，在中日合作的大舞台上，在振兴亚洲、促进世界和平与发展的大舞台上，共同创造中日关系更加美好的明天，共同创造世界更加美好的明天！"[1]

二、中国对日外交的基本理念和策略运用

中国处理对日外交的基本理念和策略运用在大的方面和处理与其他国家关系大体上是一致的。考虑到中日间的历史恩怨比较多，加上两国传统文化中多少有些相似的地方，中国对日外交的基本理念和策略运用有一些独特之处。

（一）两分法

日本在历史上曾侵略中国，已成为中华民族集体记忆中不可磨灭的一部分。两国交往中一不小心就会触碰到这一"痛点"。新中国领导人一贯坚持两分法，教育民众将发动战争的军国主义分子和同样也是战争受害者的日本人民区别开来。周恩来总理曾经这样指示："要向群众多做宣传工作，要向人民讲清楚，中日两国人民都是日本军国主义发动侵略战争的受害者，对此日本人民是没有责任的。毛主席早就说过了嘛，要把帝国主

---

[1] 《胡锦涛在日本早稻田大学的演讲》，中国政府网，2008年5月8日，http://www.gov.cn/ldhd/2008-05/08/content_965120.htm。

义的政府和这些国家的人民区别开来。日本人民是愿意和中国人民友好的。……两国应该在新的基础上重新友好！"[1]

战后，中国遣返放下武器的日本官兵，释放在押日本战犯乃至放弃对日战争赔款要求，都是以两分法为依据的。周恩来总理对日本友人冈崎嘉平太解释为何放弃对日战争赔款要求时说："这是因为日本人民同我国人民一样，都是日本军阀的受害者，如果现在还有日本军阀的话，我们将要求赔款。但现在日本没有军阀。所以，如果要求赔款，那将是要也是受害者的日本人民来支付赔款。这从我国的意识形态来说也是不行的。"[2]

两分法的内涵在对日外交实践中不断延伸和充实，不仅适用战前的日本，也涵盖了战后如何注意区分日本政府和日本人民，区分日本政府内的主流派和非主流派，成为处理中日间复杂问题，作出一系列重要判断的依据。日本著名的中国问题专家毛里和子将两分法誉为中国对日战略的两大支柱之一。[3] 在日华人学者朱建荣肯定两分法是中国外交的一大亮点，是一笔财富。它体现了一种大国风范、宽广胸怀、仁义之心和迈向未来的精神，是一种始终站在正义一边的自尊、以不变应万变的自信和以东方文明的哲学文化道义为基础的软实力。[4]

（二）和为贵

新中国历代领导人一贯把增进中日两国人民的相互理解和友谊摆在极其重要的位置，在两国关系中存在问题时，坚持原则性和灵活性的统一，以大局为重，共同为维护世界和平，促进亚太地区和世界的发展作出贡献。

中日两国是一衣带水的邻国，双方2000多年来一直是和平共处的。毛泽东和周恩来曾多次明确指出，日本军国主义对中国的侵略只是历史长河中的一股逆流。周恩来指出，近代以来，日本多次侵略中国，"中日关系是不好的，但这已经过去。我们应该让它过去。历史不要再重演""我们不

---

[1] 邓加荣、韩小蕙：《南汉宸传》，中国金融出版社1993年版，第385页。

[2] 日本纪念周恩来出版发行委员会编：《日本人心目中的周恩来》，中共中央党校出版社1991年版，第158页。

[3] [日]毛里和子：《重建中日关系》，《日本学刊》2013年第5期，第25页。

[4] 朱建荣：《对日"两分法"过时了吗？》，《日本学刊》2014年第4期，第41页。

能受外来的挑拨，彼此间不应该不和睦。我们要从我们自己中间找到真正'共存共荣'的和平种子。"中日关系的"关键就是要和平共处，谁也不要存别的心思"。"我们要在友谊的基础上改善中日关系，……我们为的是和平共处。这就是我们友好的种子"。[1] 邓小平则强调，要"把中日关系放在长远的角度来考虑，来发展。第一步放到21世纪，还要发展到22世纪、23世纪，要永远友好下去。这件事超过了我们之间一切问题的重要性。看得远些广些，有利于我们之间的合作，这种合作不是只对一方有利，而是对双方、对两国、对两国人民都有利"。[2]

（三）求同存异

中日两国作为两个社会制度、意识形态迥然不同的国家，两国间又有过一段不幸的历史，加上所处国际战略环境和国家利益的差异，难免会产生这样那样的问题。中国领导人采取的方针是"求同存异"，顾全大局。

求同存异最早是周恩来在1955年万隆会议上提出来的。这次会议是由曾经遭受帝国主义侵略和奴役的亚洲、非洲国家发起和参加的第一个大型国际性会议，为新中国开展睦邻外交提供了崭新的舞台。周恩来在会上严正宣布："中国代表团是来求团结而不是来吵架的。我们共产党人从不讳言我们相信共产主义和认为社会主义制度是好的。但是，在这个会议上用不着来宣传个人的思想意识和各国的政治制度。虽然这种不同在我们中间显然是存在的。中国代表团是来求同而不是来立异的。"[3] 在中国的积极推进下，万隆会议将和平共处五项原则写进了《万隆宣言》，成为推动亚非国家团结反帝的指导方针。

在中日邦交正常化谈判中，中日两国领导人秉持求同存异的精神，就涉及两国关系的政治基础的重大问题达成了一致。其中包括两国间存在主权争端的钓鱼岛问题。其实，早在田中角荣访华前两个月，周恩来在会见公明党委员长竹入义胜时就明确告诉对方，田中这次来访可以不谈钓鱼岛

---

[1] 中华人民共和国外交部、中共中央文献研究室编：《周恩来外交文选》，中央文献研究室1990年版，第87—88页。
[2] 《邓小平文选》（第三卷），人民出版社版1993年版，第53页。
[3] 中华人民共和国外交部、中共中央文献研究室编：《周恩来外交文选》，中央文献出版社1990年版，第121页。

问题，以后让学者来谈。1972年9月27日，在中日第三次首脑会谈快要结束时，田中首相提出了钓鱼岛问题，周恩来总理明确表示这次不想谈。田中也同意，不需要再谈，以后再说。周总理也说，以后再说，这次把能解决的基本问题，比如两国关系正常化问题先解决。这是最迫切的问题。有的问题要等到以后来谈。田中说，一旦邦交正常化，他相信其他问题是能够解决的。[①]

1978年10月25日，邓小平赴东京出席《中日和平友好条约》的换文仪式后举行记者招待会。有人提出了中日岛屿争端问题。邓小平说："我们叫钓鱼岛，这个名字我们叫法不同，双方有着不同的看法。实现中日邦交正常化时，我们双方约定不涉及这个问题。这次谈《中日和平友好条约》的时候，双方也约定不涉及这个问题。倒是有些人想在这个问题上挑一些刺，来阻碍中日关系的发展。我们认为两国政府避开这个问题是明智的。这样的问题放一下不要紧，等十年也没有关系。我们这一代人缺少智慧，谈这个问题达不成一致意见。下一代人肯定比我们聪明，一定会找到彼此都能接受的方法。"[②]

以后，邓小平曾经不止一次地强调这一立场，并进一步提出"搁置争议、共同开发"的主张。这不仅在中日关系史上是一大突破，在中国处理与南海争端国关系中也成为一个具有现实指导意义的典范。

（四）以史为鉴

如何看待过去日本发动侵略战争的这段历史，一直是日本与亚洲邻国特别是深受其害的中国、朝鲜、韩国等长期存在对立与分歧的问题，也是影响日本在亚太地区发挥与其经济大国地位相符合的政治作用的最大障碍。历史问题是中日间绕不开的一道"坎"，是影响两国建立相互信任关系的最大障碍之一。

中国领导人对待中日间历史问题的一贯态度是以史为鉴，面向未来。面向未来的前提是坦率承认日本对中国进行侵略的历史，并进行深刻的反省。1972年9月25日，田中角荣在周恩来举行的欢迎宴会上致辞，谈到过

[①] 张香山：《中日复交谈判回顾》，《日本学刊》1998年第1期，第47页。
[②] 田桓主编：《战后中日关系文献集（1971—1995）》，中国社会科学出版社1997年版，第249页。

去日本侵华战争时轻描淡写地用"添了麻烦"的话表示道歉。周恩来在翌日举行的第二次首脑会谈中一口气讲了近一个小时,详尽揭露了日本军国主义侵略中国的罪行。日本军国主义发动的长达14年的侵华战争,给中国人民造成了深重的民族灾难。中国死伤3000万人,经济损失2000亿美元,绝不能用"添了麻烦"这句话搪塞过去。毛泽东在会见田中一行时也表示:只说句"添了麻烦",年轻人不满意。在中国,这是把水溅到女孩子裙子上说的话。由于中方在原则问题上毫不妥协,最终在《中日联合声明》上明确写上了:"日本国深感过去由于战争给中国人民造成的重大损害的责任,表示深刻的反省。"这是战后日本在与外国签署的官方文件中首次这样表述。

邓小平是中国领导人中最重视中日经济合作的,在历史问题上对日本的"敲打"也最多。1985年10月11日,他在会见日本外务大臣安倍晋太郎时强调:"这些年我们没有给日本出过难题,而日本的教科书问题、参拜靖国神社问题,还有蒋介石遗德显彰会问题,是给我们出了很大的难题。……因为这些问题一出现,人民就联系到历史。"[①] 一年后的1986年8月5日,邓小平会见日本自民党最高顾问二阶堂进。在谈到中日关系时,邓小平指出:"我们注意到日本政界有些人很强调日本人的感情,请他们注意不要忘记还有个中国人民的感情。……维护和发展中日关系还有很多事情要做。正确对待历史也是对日本人民进行教育的一种形式。"[②]

进入21世纪后,中国的领导人始终坚持正确的历史观是发展中日关系的前提,在这个问题上不能有一丝一毫的动摇和含糊。2014年11月,习近平在应约与日本首相安倍会面时强调:历史问题事关13亿多中国人民的感情,关系到本地区和平、稳定、发展大局,日本只有信守中日双边政治文件和"村山谈话"等历届政府作出的承诺,才能同亚洲邻国发展面向未来的友好关系。[③] 2015年,习近平在雅加达应约会见日本首相安倍晋三,再次严肃指出"历史问题是事关中日关系政治基础的重大原则问题,希望日

---

① 杨胜群、闫建琪主编:《邓小平年谱(1975—1997)》(下),中共中央文献研究室2004年版,第1087页。

② 同上,第1128—1129页。

③ 《习近平应约会见日本首相安倍晋三》,新华网,2014年11月11日。

方认真对待亚洲邻国的关切，对外发出正视历史的积极信息"。[①]

三、新时代中国对日外交的创新思维

中共十八大以来，中国外交迈入了一个崭新的发展阶段。中国提出了构筑新型国际关系和人类命运共同体的目标，在处理对外关系时由被动应对外部挑战转为主动营塑国际秩序，表现得更有自信，更有战略视野。在对日外交上也有一些不同以往的创新思维。主要表现在：

（一）坚持原则立场，捍卫战后秩序

2012年12月，安倍再次入主首相官邸后，背离中日间四个政治文件的立场，在历史认识、台湾问题和领土争端等一系列问题上与中国形成尖锐对立。尤其是2013年12月26日，安倍悍然参拜靖国神社。这是自2006年以来日本首相再次参拜靖国神社，是对人类良知和国际正义的严重挑衅。中国对日本当权者的倒行逆施进行了坚决的斗争。

与以往不同，中共十八大以来，中国对日本当权者的挑衅行为显示出前所未有的强硬立场。2013年3月23日，习近平担任国家主席后选择俄罗斯作为首次出访的国家。他在与普京总统会谈时强调中俄两国要"密切在国际和地区事务中协调配合，坚决维护两国共同战略安全，坚决维护联合国宪章宗旨和原则及国际关系基本准则，维护第二次世界大战成果和战后国际秩序，维护国际公平正义，促进世界和平、稳定、繁荣"。从此，维护第二次世界大战胜利成果和战后国际秩序成为包括对日外交在内中国对外交往中使用频率最高的主题词之一。2014年1月7日，《人民日报》就安倍参拜靖国神社发表署名文章指出："日本首相安倍晋三悍然参拜靖国神社，实质上就是要颠覆东京审判结果，美化日本军国主义对外侵略和殖民统治历史，是对人类良知的肆意践踏和对公理正义的狂妄挑衅，否定世界反法西斯战争成果，挑战第二次世界大战后的国际秩序。"[②]

中方对原则立场的坚持还体现在两大国家举措：其一是设立南京大屠

[①]《习近平在雅加达会见日本首相安倍晋三》，中国新闻网，2015年4月22日，http://www.chinanews.com/gn/2015/04-22/7226822.shtml。

[②] 钟声：《对良知和公理的公然挑战——二论安倍晋三参拜靖国神社的恶劣性质》，《人民日报》2014年1月7日。

杀死难同胞国家公祭日。这是2014年2月27日全国人大常委会第七次会议一致通过的。同年12月13日，习近平主席出席首届南京大屠杀死难同胞国家公祭日，并发表讲话。其二是举行"九三"大阅兵。2015年9月3日，在天安门广场举行了纪念中国人民抗日战争暨世界反法西斯战争胜利70周年大阅兵。习近平主席发表讲话并检阅了中国人民解放军三军部队。49位外国领导人和政府代表、10位国际和地区组织负责人出席。这次阅兵突出体现了世界各国人民反对战争、坚决维护第二次世界大战成果和战后国际秩序的共同愿望。

（二）审慎拿捏分寸，适当留有余地

面对中日关系复杂严峻的局面，中方秉持"斗而不破"的方针，在彰显原则立场、狠挫日方嚣张气焰后注意见好就收，给对方留面子，让其有台阶可下。这种收放自如、宽严相济的姿态，凸显了中方在处理涉日问题时的自信和大度，更有利于引领舆论，争取人心。

以2016年日本外相岸田文雄来访为例，4月30日王毅外长和他见面时慷慨陈词，毫不留情，强调日方应切实把中日"互为合作伙伴、互不构成威胁"的共识落实到具体行动当中，以积极和健康的心态看待中国的发展，不再散布或附和形形色色的"中国威胁论"和"中国经济衰退论"。[①]《每日新闻》等日本媒体评论王毅外长此番话说，中方"采用了以往所没有的具体表述"，"公开表达了对安倍政府的不信任和焦虑情绪"。[②] 但是，随后中方由杨洁篪国务委员和李克强总理分别予以接见。这种高规格的接待对岸田作为自民党内第四大派系的领袖而言，无疑是能增加其政治资本的。这样做的结果既表达了中方对改善双边关系的诚意和重视，也让岸田和他的支持者感到心悦诚服，减少对中国的疑惑和敌意。

2017年5月，安倍首相派遣自民党干事长二阶俊博率团出席在北京举行的"一带一路"国际合作高峰论坛，并将亲笔信转交习近平主席，表示了希望与中方改善关系的愿望。随后，安倍在多种场合表示日本将在一定

---

① 《王毅会见日本外相就改善中日关系提出四点要求》，新浪网，2016年4月30日，http://news.sina.com.cn/c/nd/2016-04-30/doc-ifxrtzte9842057.shtml。

② ［日］"日中外相会談　関係改善に努力「南シナ海」は平行線"，《日本経済新聞》2016年5月1日。

程度上参加"一带一路"建设。中方顺势而为，及时作出反应。同年9月5日，习近平在杭州举行的二十国集团峰会期间，应约与日本首相安倍晋三会面。习近平明确指出，中方致力于改善发展中日关系的基本立场没有改变。两国关系现在正处于爬坡过坎、不进则退的关键阶段，双方应该增强责任感和危机意识，努力扩大两国关系积极面，抑制消极面，确保两国关系稳定改善。要把握2017年中日邦交正常化45周年、2018年《中日和平友好条约》签署40周年等重要契机，推动中日关系向前发展。中日双方应该恪守中日四个政治文件和2014年底达成的四点原则共识[①]，确保两国关系的政治基础不动摇。两国要管好老问题，防止新问题，减少"绊脚石"。[②]

（三）重视首脑互动，密切战略沟通

首脑互动向来是引领双边关系的"风向标"。但过去往往关系一紧张，便取消首脑会晤。这固然是向对方施加压力的一种手段，但同时也失去了面对面沟通的渠道。中共十八大以来，中方与日本的高层除最初两年需要营造气氛、凝聚共识有意予以搁置外，差不多每年都有高层接触。即便因日本介入南海局势，中日关系发展的势头暂时受挫时，中方仍通过首脑会晤进行战略沟通，将战略底线清晰地告诉对方，同时也给对方台阶下。

自2014年11月起，习近平在国际会议的场合九次应约与日本首相安倍晋三举行会晤。其分别是：2014年11月9日在北京举行的APEC领导人非正式会晤、2015年4月22日在印度尼西亚雅加达举行的纪念万隆会议60周年大会、2015年11月21日在秘鲁利马举行的APEC领导人非正式会议、2016年9月5日在中国杭州举行的二十国集团领导人峰会、2017年7月8日在德国汉堡举行的二十国集团领导人峰会、2017年11月11日在越南岘港

---

① 四点原则共识是2014年11月7日中国国务委员杨洁篪与日本国家安全局长谷内正太郎磋商后达成一致的。其内容是：一、双方确认将遵守中日四个政治文件的各项原则和精神，继续发展中日战略互惠关系；二、双方本着"正视历史、面向未来"的精神，就克服影响两国关系的政治障碍达成一些共识；三、双方认识到围绕钓鱼岛等东海海域近年来出现的紧张局势存在不同主张，同意通过对话磋商防止局势恶化，建立危机管控机制，避免发生不测事态；四、双方同意利用各种多、双边渠道逐步重启政治、外交和安全对话，努力构建政治互信。

② 《习近平会见日本首相安倍晋三》，人民网，2016年9月5日，http://cpc.people.com.cn/n1/2016/0905/c64094-28692950.html。

举行的APEC领导人非正式会议、2018年9月12日在俄罗斯符拉迪沃斯托克举行的第四次东方经济论坛、2018年11月30日在阿根廷布宜诺斯艾利斯举行的二十国集团领导人峰会、2019年6月27日在日本大阪举行的二十国集团领导人峰会。

除了这九次会晤外，2018年5月8日，习近平主席与安倍首相举行了电话会谈，这是中日两国领导人间的首次电话会谈。2018年10月26日，习近平在北京会见对中国进行正式访问的安倍晋三。这是日本首相在时隔七年后首次访华。与国际会议场合的首脑会晤相比，这样的战略沟通时间更充裕，议题更集中，磋商更深入，效果也更明显。

中国领导人在首脑会晤中一再敦促日方坚持中日间四个政治文件和已达成的各项共识。就战略沟通而言，应该说是卓有成效的。譬如，2018年10月26日，习近平在会见安倍时强调，当前中日关系重回正常轨道，重现积极势头，值得双方共同珍惜。在新形势下中日两国要开展更加深入的战略沟通，更高层次的务实合作，更加广泛的人文交流，更加积极的安全互动，更加紧密的国际合作，要重信守诺，按照中日四个政治文件和双方已达成共识行事，建设性地处理矛盾分歧，维护好中日关系健康发展的政治基础。[①]

（四）倡导合作共赢，推动第三方合作

中共十八大以来，中国外交站到了前所未有的高度。以习近平同志为核心的党中央领导集体深刻洞察人类命运前途和时代发展趋势，提出了构建以合作共赢为核心的新型国际关系和打造人类命运共同体的重要倡议。中国通过各种多、双边外交的舞台主动发声，高调倡议，并在外交实践中贯彻合作共赢理念，在对日外交中充分体现了这一新姿态。

2017年5月，习近平在会见二阶俊博时明确指出，作为世界主要经济体，中日两国在推进经济全球化、推进贸易自由化等方面有着共同利益。"一带一路"倡议可以成为中日两国实现互利合作、共同发展的新平台和"试验田"。日方明确表示肯定"一带一路"倡议。中国欢迎日方同中

[①]《习近平会见日本首相安倍晋三》，新华网，2018年10月26日，http://www.xinhuanet.com//politics/leaders/2018-10/26/c_1123620183.htm。

方探讨在"一带一路"建设框架内开展合作。①习近平这番表态得到了安倍首相的响应。他在东京都举行的国际会议上发表演讲就"一带一路"倡议首次表态,表示日本将在条件成熟时与中国进行合作。②习主席同年11月在越南岘港举行的APEC领导人非正式会议期间与安倍会晤时指出:"互利合作是中日关系向前发展的动力。新形势下,双方应该提升双边务实合作水平,积极推进区域经济一体化,推动'一带一路'框架内合作尽早落地。"③

经过中日外交当局间的磋商,两国在"一带一路"沿线进行的国际产能合作使用"第三方市场合作"的称谓。2018年5月,李克强总理访日期间,两国就"第三方市场合作"签署合作备忘录。同年10月26日,在安倍访华期间,两国在北京举行了首届"第三方市场合作"官民论坛。双方政府部门、经济团体和企业界人士1000余人与会。其间,共签署了52项协议或备忘录,总金额达180亿美元。通过这些领域的合作,两国不仅能实现互利共赢,还能带动相关国家的发展。

第三节　中国对日外交存在的问题与未来走向

中日关系健康、稳定发展符合两国人民利益,也有利于地区的和平与繁荣。然而,双边关系总会遭遇种种困难和曲折,需要两国相向而行、共同努力。那么,究竟有哪些内外因素阻碍中日关系的发展?又有哪些因素能成为中日关系行稳致远的驱动力呢?

一、中日关系改善任重而道远

与中国和其他周边国家的关系相比,中日关系的改善难度较大。历史

---

① 《习近平会见日本自民党干事长二阶俊博》,新华网,2017年5月16日,http://www.xinhuanet.com/politics/2017-05/16/c_1120980107.htm。

② 《安倍晋三:一带一路若条件成熟日方愿合作》,凤凰网,2017年6月6日,http://news.ifeng.com/a/20170606/51199058_0.shtml。

③ 《习近平会见日本首相安倍晋三》,新华网,2017年11月11日,http://www.xinhuanet.com/2017-11/11/c_1121941111.htm。

遗留问题和现实利益对立交织在一起，又掺杂着彼此间的认知差距，加上外部势力作祟，导致两国间总是磕磕碰碰，风波不断。

（一）中日间存在着旷日持久的深层次矛盾

中日间深层次矛盾主要是历史认识、台湾问题和领土争端这三项。

1. 历史认识

如何看待日本侵华战争的这段历史，一直是影响中日关系的症结所在。对中国人来说，甲午战争以来半个世纪里遭受日本侵略、宰割的痛苦经历深深烙刻在全民族的集体记忆中。

与第二次世界大战的另一个罪魁祸首德国相比，日本对自己侵略历史的反省一直暧昧、含糊，未能让它的亚洲邻国尤其是中国人民满意。1972年《中日联合声明》中有这样一段话："日本国深感过去由于战争给中国人民造成的重大损害的责任，表示深刻的反省。"尽管如此，隔一段时间就会有身居高位的日本政治家发表美化侵略战争、否定战争责任的挑衅性言论。20世纪80—90年代，"失言"的阁僚常会丢官。但进入21世纪后，同样的"失言"阁僚却不必承担政治责任了。用日本媒体的话来说，日本的政治家中已出现了"谢罪疲劳症"。

中日间围绕历史认识的对立集中体现在日本政要参拜靖国神社问题上。由于靖国神社供奉着东条英机等14名第二次世界大战的甲级战犯，日本政要参拜靖国神社不仅成为日本国内政治争论的焦点，也成为国际社会共同瞩目的议题。

中国坚决反对日本现职首相参拜靖国神社，认为这是对中国等战争受害国人民的侮辱，是践踏人类良知和国际正义的行为。进入21世纪后，中日两国在这一问题上的角逐加剧。从2001年起，时任首相小泉纯一郎连续五年六次参拜靖国神社，致使中日关系急剧恶化。安倍首相在第一任内慑于国内外的强烈反对，未敢参拜靖国神社，但他复出一年后却公然参拜靖国神社。这对已经跌入低谷的中日关系来说不啻是雪上加霜。2014年以后，安倍首相虽然再也没有踏进靖国神社大门，但他在春秋两季靖国神社大祭时依然用首相名义献祭品。在可预见的未来，日本首相参拜靖国神社将始终是一枚随时可以引爆中日对立的"定时炸弹"。

2. 台湾问题

台湾问题是中日关系中最敏感的问题。日本在甲午战争后对台湾实行了长达半个世纪的殖民统治，目前仍然是与台湾在经济、文化领域联系最密切的国家。在中日邦交正常化交涉中，双方围绕台湾问题曾进行过激烈的交锋。日本最终接受中方的"建交三原则"，在《中日联合声明》中，日本政府对中方有关台湾是中华人民共和国领土不可分割的一部分的立场表示"理解与尊重"，并承诺只同台湾保持民间的、经贸领域的往来。但是，日本国内始终有一股政治势力图谋突破这一框架，提升与台湾的实质关系，导致中日间风波迭起。

进入21世纪后，台湾问题日益成为中日战略博弈的重要领域。日本当权者采取"切香肠"的方式，逐步摆脱1972年后日台关系的基本框架。日本先是取消政府课长级官员"访台"的限制，继而又批准台湾地区卸任领导人赴日活动，将1974年成立的处理日台事务的"交流协会"名称改为"日本台湾交流协会"。更有甚者，2017年3月，日本总务副大臣赤间二郎赴台参加公务活动。这是1972年日台断绝所谓"外交"关系以来"访台"级别最高的日本官员。与此同时，日台间军事互动也逐渐浮出水面。如日本自卫队退役将领任职"日本交流协会台北事务所"，台湾当局有关军事人员赴日观摩自卫队的军事演习，等等。台湾当局推行的"潜艇国造"计划，最青睐的是日本曾向澳大利亚推销的"苍龙"级潜艇的技术。三菱重工、川崎重工等制造商会不会让相关技术人员以"退休"身份赴台传授潜艇制造技术，将是未来中日博弈的一大"聚焦点"。

3. 领土争端

中日间围绕钓鱼岛主权归属的争端是导致两国战略信任严重受损的直接"导火线"。

1972年9月，中日邦交正常化谈判时，两国领导人曾经决定将这个问题"放一放，以后再解决"。1978年10月，邓小平在《中日和平友好条约》换文仪式后的记者招待会上再次强调"这样的问题放一下不要紧"。

但是，从1995年起，日本政府突然"变脸"。日本先是否认中日间曾有过搁置钓鱼岛争端的默契，继而又纵容右翼团体出面在争端岛屿上兴建灯塔，以凸显日本对钓鱼岛及其周围海域的所谓主权。2010年和2012年相继发生的钓鱼岛撞船风波、钓鱼岛"购岛"事件,严重激化了中日两国间围绕岛屿主权归属的对立。双方的舰、机在相关海域和空域直接对峙,酿成邦交正常化以来最严重的冲突危险。尽管两国在2018年6月启动了海空联络机制,对可能导致双方兵戎相见的对立进行了一定程度的管控,但毕竟没有彻底解决这一问题。从第二次世界大战结束后的历史来看,世界主要大国间鲜有通过谈判解决彼此领土和海洋争端的先例。中日两国间围绕岛屿归属和专属经济区划分的争端还将持续相当长一段时间。

(二)日美同盟是横亘在中日间的最大障碍

日本是美国在亚太地区最大的盟国。1952年,两国缔结《日美安保条约》。根据该条约,美国在结束对日占领后仍驻军日本,日本向美国提供维持基地所必需的土地和劳务。《日美安保条约》的缔结意味着日本加入了西方遏制中、苏等社会主义国家的阵营。

1. 日美强化军事同盟导致中日难以建立战略互信

《日美安保条约》从诞生起就有浓厚的针对中、苏两国的军事色彩。1960年,该条约修改后增加了第6条,规定日本要对美军在远东地区采取的军事行动"提供设施和区域"。日本政府将"远东地区"定义为"有助于驻日美军使用日本的设施和基地抵御武装攻击的地区。大体上这一地区是从菲律宾以北到日本及其周边地区,包括韩国和台湾(原文为'中华民国')所管辖的地区"。[①] 1969年11月,美国总统尼克松和日本首相佐藤荣作发表《联合声明》,再次表明上述立场。对这种赤裸裸干涉中国内政的霸权行径,中国政府一开始就表示坚决的反对。

虽然中日两国在1972年实现了邦交正常化,中美两国也在1979年正式建交,冷战本身也已画上了句号,但《日美安保条约》不仅没有成为历史,反而得到了进一步的强化。这一方面是因为美国需要依仗其盟国体系维护在亚太地区的霸权地位,另一方面日本也有拉住美国,扩大在亚太地区影响力的考虑。日美两国在1996年发表有关亚太安全的联合宣言,1997年和2015年两次修订《日美防卫合作指针》。日本则在1992年通过《联合国维护和平法》、1999年通过《周边事态法》、2003年通过有事法制、

---

① [日]《防卫手册》,朝云新闻社1996年版,第293页。

2015年通过新安保法制,导致日美同盟联合对地区冲突进行军事干预的功能日益凸显。一旦台海地区爆发军事冲突,日美就会以日本安全受到威胁为由联手进行介入,阻碍中国统一大业的实现。在可预见的未来,中国将对日本强化日美同盟的举措特别是对军事介入台海局势的动向始终保持高度警惕。日美强化军事同盟是中日两国间建立战略互信的重大障碍。

2. 中日关系发展很大程度上受美国影响

迄今为止,在日本领导人的公开讲话中对中日关系定位最高的是1993年8月出任首相的细川护熙。他曾经提出,"对我国来说,日中关系是与日美关系同等重要的双边关系"。① 但是,此后再没有哪一个日本首相持这一观点。迄今为止,日本在处理与美、中两大国的关系时一直将日美关系置于优先于日中关系的位置。这就带来了一种战略困局:一方面,由于日本在强化日美同盟问题上不能让中国安心,导致中日间迟迟不能建立战略互信;另一方面,由于中日两国未能实现真正的和解,日本需要借重美国的力量来抗衡中国,也就难以摆脱从属美国和对美国"一边倒"的地位。

中日关系走向总是受到美国的掣肘和左右。一般来说,中美关系发展平稳时,中日关系改善的空间就比较大,而中美一旦交恶,日本就较难与中国维持良好关系,甚至可能大幅后退。有迹象表明,美国当权者越来越将中国视为挑战其霸权地位的主要竞争者。特朗普上任后,美国的遏华攻势有愈演愈烈之势。由于国内外各种因素的牵制,美国可能会在特定时期谋求与中国暂时的妥协,但从长远趋势来看,中美关系发展困难重重。美国既然将中国视为主要竞争对手,必然会对日本百般施压,迫使其"选边站"。未来,日本不管是谁掌控最高权力,要想将对美"一边倒"转变为"两面下注",阻力都是比较大的。

(三)日本的对华认知阻碍中日关系发展

王毅外长在2016年两会期间会见记者时强调,"治病要断根"。中日关系的病根就在于日本当政者的对华认知出了问题。面对中国的发展,究竟是把中国当作朋友还是敌人?当作伙伴还是对手?日方应该认真想好这个

---

① 细川护熙在接见《人民日报》记者和中国国际广播电台记者联合采访时的发言,据新华社东京1993年8月26日电。

问题，想透这个问题。①

从深层次看，日本之所以会在对华认知上出现上述问题，是日本媒体长期对华负面报道的结果，也是两国在变化了的国际国内环境下相互重新定位和调整关系过程中的必然现象。

1. 日本大众传媒长期对华负面报道造成严重后果

中国在经济社会转型过程中不可避免地会暴露出各种矛盾、缺陷和弊端。近年来，日本媒体对华报道的一个显著特点就是热衷于各种负面新闻的报道。究其原因，除了受日本朝野对中国迅速崛起的焦虑感、恐惧感影响外，很大程度上与电视台、报社和出版社追求收视率、订户数和发行数的商业化运作模式有关。

这种负面报道长期发酵的结果，导致日本社会对华认知严重偏离客观现实。据美国皮尤研究中心2015年对40个国家的调研，82%的巴基斯坦的受访者对中国有好感，俄罗斯对中国持肯定态度的比例是79%，韩国是61%，美国是38%，德国是34%，而日本受访者对中国的好感度仅为9%，低得离谱。② 这种状况恐怕在短期内难以发生根本变化。

2. 中日国力逆转造成日本国内对华焦虑感日益凸显

一般而言，在两个国际行为体之间原有的平衡状态被打破时，彼此间最容易产生疑虑和不安，弱势一方总是较强势一方更强烈。1990年，日本的GDP总量相当于中国的9倍多。日本朝野普遍存在着一种思维定式，认为中国永远不可能赶上日本，因而对来自中国的批评多少还比较宽容。从20世纪90年代开始，两国GDP总量的差距逐步缩小、持平，2010年中国的GDP反超日本，2017年更达日本的2.5倍。

对这种国力对比的急剧变化，中日两国都有一个心理调适期。相比之下，日本对中国的迅速追赶既不适应，也不服气。日本一些对中国说硬话、狠话的政治家之所以比较容易凝聚人气，就是因为日本国内普遍存在

---

① 《王毅：中日关系病根在日本当权者的对华认知出了问题》，新华网，2016年3月8日，http://news.xinhuanet.com/politics/2016lh/2016-03/08/c_128782862.htm.

② 美国Pew Research Center调查，2016年6月29日发表。转引自美国CSIS中国研究项目China Power研究报告《How are Global Views China Trending？》，http://chinapower.csis.org/global-views/#1466797926875-8b9b1371-534e。

着对华焦虑感、恐惧感。这种状况可能还会持续相当长时间。2018年10月，日本言论NPO和中国外文局共同进行的民意调查表明，日本受访者中对中国印象"很好"和"较好"的比例较上年只增加了1.6个百分点，与中国受访者对日本印象改善10.7个百分点形成鲜明对比。①

二、中日关系逐步企稳向好是大势所趋

恩格斯指出："历史是这样创造的：最终的结果总是从许多单个的意志的相互冲突中产生出来的，……这样就有无数互相交错的力量，有无数个力的平行四边形，而由此就产生出一个总的结果，即历史事变，而这个结果又可以看作一个作为整体的、不自觉地和不自主地起着作用的力量的产物。"②

那么，在可预见的未来，究竟有哪些驱动因素能形成推动中日关系企稳向好的合力呢？

（一）应对外部挑战、改善战略态势的共同需求

将中日两国连在一起的首先是维护地区和平与稳定的安全诉求。中日两国所处的东亚地区是当今世界经济发展最富活力的地区，也是存在着严峻安全挑战的地区。2018年平昌冬奥会以后，一度濒于战争边缘的朝鲜半岛局势出现了戏剧性的缓和。南北首脑会谈、中朝首脑会谈和美朝首脑会谈相继举行。半岛无核化初现曙光。但是，与半岛周边其他相关国家相比，日本似乎被撇在了一边。尤其是特朗普宣布与朝鲜领导人金正恩会谈，让日本尝到被"越顶"的滋味。安倍首相在修补日美同盟关系的同时，迫切希望中国能支持日本参与朝鲜半岛和平进程的谈判，协助解决被绑架日本人质的问题。中国作为"六方会谈"的东道国，自然也希望看到日本在朝鲜半岛缓和进程中发挥建设性的作用。

现行国际经贸秩序面临的严峻挑战也让中日两国捐弃前嫌，彼此走近。近几年来，以英国脱欧、特朗普上任为标志，世界范围内出现了一股

---

① [日]特定非营利法人言论NPO："第14回日中共同世論調査"结果，2018年10月9日，http://www.genron-npo.net/world/archives/7053。

② 中共中央马克思、恩格斯、列宁、斯大林著作编译局编译：《马克思恩格斯选集》（第四卷），人民出版社1972年版，第478页。

第五章　中国的对日外交

反全球化的逆流。特朗普政权秉持"美国优先"的宗旨，露骨推行单边主义和保护主义，严重动摇了WTO等现行国际经贸秩序的根基。中日两国都受惠于现行国际经贸秩序，也都有责任、有意愿维护现行的国际经贸秩序。2017年1月17日，习近平在达沃斯论坛发表演讲，表明中国政府的态度："我们要坚定不移发展全球自由贸易和投资，在开放中推动贸易和投资自由化便利化，旗帜鲜明反对保护主义。搞保护主义如同把自己关进黑屋子，看似躲过了风吹雨打，但也隔绝了阳光和空气。打贸易战的结果只能是两败俱伤。"[①] 2018年9月26日，日本首相安倍在联合国大会发言中也提出，日本战后实现经济发展是因为受惠于自由贸易。日本国民强烈希望本国领导人成为"自由贸易的旗手"。[②] 事实上，两国都已经在这方面开展合作了。

（二）深化结构改革、克服发展瓶颈的内在要因

目前，中日两国都进入经济结构转型的关键阶段。习近平在中共十九大报告中提出了2017—2020年、2020—2035年、2035—2050年的奋斗目标。中国最紧迫的任务是要通过"弯道超车"，实现经济结构转型升级。这就需要与包括日本在内的世界各主要经济体取长补短、扩大互利合作。目前构成中国经济发展瓶颈制约的节能环保、医疗养老等领域，日本恰恰在世界上居于领先地位，是中国不可或缺的合作对象。在中国改革开放初期，日本在一定程度上发挥了"起爆剂"的作用。在此后相当长一段时间里，它又是中国改革开放的"领跑者"。那么，在现阶段和可预见的未来，日本将是中国经济跃上更高台阶的"助推器"和"参照系"。

安倍首相复出后致力于推进"安倍经济学"，取得了不俗的成绩，但结构改革一直比较滞后，通货紧缩、消费疲软等痼疾未能克服，不能不寄希望于外部市场。中国是日本最大贸易伙伴，中国市场更是全世界规模最大、最具发展潜力的。在安倍首相复出的这6年里，中国的GDP由人民币54万亿元增至90.3万亿元，等于增长了一个日本的GDP。其结果是，一

[①] 习近平：《共担时代责任，共促全球发展——在世界经济论坛2017年年会开幕式上的主旨演讲》，新华网，2017年1月17日，http://www.xinhuanet.com/world/2017-01/18/c_1120331545.htm。
[②] [日]安倍晋三：《在第73届联合国大会一般辩论时的演讲》，日本首相官邸网，2018年9月26日，http://www.kantei.go.jp/jp/98_abe/statement/2018/0925enzetsu.html。

方面日本国内对华认知发生微妙变化,长期盛行的"中国崩溃"论趋于"崩溃";另一方面,日本财界也从中国经济增长中得到了实实在在的好处。日本中国商会的调查表明,日本在华企业盈利的占60.4%,持平的占15.9%。[①] 中国访日游客2018年突破838万人,每4个访日外国人中就有一个中国人,且中国游客的人均消费额高于绝大多数国家。日本各地方自治体都将吸引中国游客作为刺激地方经济增长的支柱。2018年11月在上海举行的首届中国国际进口博览会,参展的境外厂商共3600家,其中日本企业就有468家,其数量和参展面积都位居各国之首。

中日两国在经贸领域的互补合作,是双方在战略利益上的最大交汇点,也是促使中日关系企稳向好的"压舱石"。种种迹象表明,在可预见的未来,两国如能克服人为的障碍,在经贸领域深度合作,特别是通过在第三国市场推动基础设施建设,扩大国际产能合作,势必会给两国人民带来更多的实惠。

(三)中日睦邻友好具有较扎实的政治和社会基础

中日邦交正常化已经过去47个春秋。两国在各个领域长期交流交往形成的交流纽带不会轻易断裂,它们正在而且还将继续为中日关系的改善和发展释放正能量。这主要是:

1. 中日间四个政治文件和已达成的共识奠定两国关系政治基础

中日邦交正常化以来,两国先后缔结了包括《中日联合声明》《中日和平友好条约》在内的四个政治文件。这既是两国历史经验的总结,也是彼此政治智慧的结晶,是中日关系赖以持续发展的政治基础,是中日和平友好、合作共赢的原点。其中规定的一些重要原则,例如,"用和平手段解决一切争端,不诉诸武力或武力威胁","长期友好、和平共处是双方唯一的选择",中日"互为合作伙伴,互不构成威胁","相互支持对方的和平发展"等,是当前和未来处理中日间各种摩擦和对立的基本准则。

除了四个政治文件外,两国领导人之间还有一些重要的共识。其中,2014年11月7日,中国国务委员杨洁篪与日本国家安全保障局长谷内正太

[①] 中国日本商会:《中国经济と日本企业2016年白书》,http://www.cjcci.biz/public_html/whitepaper/2016/1BU-jp.pdf。

郎就处理和改善中日关系达成的四点原则共识，对中日关系由寒转暖发挥了极其重要的作用。这具体体现在两个方面：一是双方就克服影响两国关系的政治障碍达成共识，这主要是指日本首相参拜靖国神社问题；二是第一次肯定中日两国对造成东海紧张局势的原因有不同主张，实质上否定了日本所谓两国不存在领土争端的主张。如果中日要缔结第五个政治文件，写进这些观点应该是题中应有之义。

2. 中日除政府间双边磋商外还能在多边对话机制中进行沟通

中日两国早在20世纪80年代就建立了中日政府成员会议、中日外交当局定期磋商等制度。目前，两国间除外长、财长会晤外，还有中日经济伙伴关系磋商副部长会议、中日安全保障对话、中日高级海洋问题综合磋商和中日防务部门对话等磋商机制。此外，两国都参加的联合国系列会晤、亚欧首脑会议、APEC领导人非正式会议、二十国集团峰会、东盟与中日韩（10+3）领导人会晤、中日韩首脑会晤和各种部长级磋商等，都是彼此相互沟通的重要渠道和平台。

奥运会的链接同样是推动中日关系企稳向好的驱动因素。从2018年起，韩国平昌、日本东京和中国北京相继举行冬季奥运会、夏季奥运会和冬季奥运会。在奥运会历史上，同处一个地区的三个邻国包揽了连续三届奥运会恐怕也是第一次。毋庸讳言，中日两国都需要同为东亚体育大国的对方鼎力支持。2018年10月，日本首相安倍访华期间已口头邀请习近平主席出席2020年东京奥运会的开幕式。

3. 中日民间交流的持续发展有助于夯实双边关系的社会基础

"国之交在于民相亲。"中日关系的改善和发展需要有坚实的社会基础。截至2019年5月，中国各省市与地方各都道府县乃至市、町间缔结的"友好城市"共有255对，分别占中国对外结好城市的首位和日本对外结好城市的第二位。1972年，两国的人员往来不到1万人，两国间甚至还没有一条直通航线。2017年，两国的人员往来已增加到1000万人次，每周都有2000多个航班往返于两国间。[①] 这在世界主要大国中也是比较罕见的。

---

① 《中国赴日旅客首度突破七百万》，凤凰网，2018年1月16日，http://news.ifeng.com/a/20180119/55270652_0.shtml。

2018年，日本智库言论NPO和中国外文局举行民意调查表明，虽然两国民众对对方国家的总体认知依然是负面看法为主，但正面评价开始增多。值得注意的是，认为中日关系"重要"和"比较重要"的比例，在中国受访者中占74.0%，在日本受访者中占71.4%。此外，有63.5%的中国受访者、53.5%的日本受访者赞同中日两国应该构建牢固的新型合作关系。[①] 显然，中日关系改善在中日两国都是得到民众认同和舆论支持的。

三、从战略高度把握和引领对日外交

中日两国分别是世界第二、第三大经济体，互为对方最重要的周边国家之一。两国如能友好相处，互利合作，不仅符合两国的根本利益，也能为地区乃至世界的和平与发展作出贡献。

（一）中日关系发展的三种选项

近一时期，中日关系的发展趋向，大致有三种选项：

1. 中日关系企稳向好，走向更加成熟的新阶段

两国首脑频繁会晤，年内互访趋向制度化，包括防卫交流在内的政府间各领域、各层级的磋商交流全面展开。两国企业界在节能、环保、医疗介护和金融领域的互利合作不断深化。两国优势互补的第三方市场合作，既释放了国内的过剩产能，又为所在国进而为其他"一带一路"沿线国家的经济社会发展和民生福祉的提高作出贡献。在两国的共同推动下，《区域全面经济伙伴关系协定》（RCEP）和中日韩自贸区（FTA）顺利诞生并正式启动。两国间"草根层"的交往在广度和深度上持续拓展，民众对对方国家的亲近感止跌回升，接近和超过历史最好水平。这一局面应该说是符合两国民众普遍愿望，也是与彼此的国家利益相契合的。

2. 中日关系不温不火，风波迭起尚能适当管控

两国首脑保持接触，政府间的各种对话磋商机制正常运行，但彼此间的战略互信尚待加强。两国在经贸领域以及第三方市场合作领域虽有扩大合作的意愿，却因利益分配上存在分歧，加上各自运作机制的掣肘，一时

---

① [日]特定非营利法人言论NPO："第14回日中共同世論調査"结果，2018年10月9日，http://www.genron-npo.net/world/archives/7053。

难有大的进展。中日共同推进的《区域全面经济伙伴关系协定》和中日韩自贸区由于第三国的原因迟迟无法落地。两国间"草根层"的交流进展缓慢。在这种情况下，由于日本右翼政治势力的蓄意挑衅和美国等国的搅局，中日间在历史认识问题、台湾问题和钓鱼岛争端问题上状况不断，风波迭起，但由于两国都不愿意事态扩大，这些矛盾和对立尚能得到一定的管控。总体而言，两国关系处于不温不火、原地踏步的局面。

3. 中日关系遭遇挫折，再次出现严重对峙局面

随着中美战略博弈的加剧，国际局势出现激烈动荡，日本当权者不顾民众的强烈反对，选择与美国站在一起，联手遏华。在这种情况下，中日间的战略互信严重受损，经贸交往极度萎缩，彼此间既有的磋商机制和合作框架全部"归零"。这显然是人们所不愿意看到的。

（二）从战略高度把握和引领对日外交

在可预见的未来，促进中日关系改善的积极因素和拖中日关系"后腿"的消极因素同时存在，互相较劲。两国间将呈现既竞争又合作、机遇与风险并存的局面。用习近平的话来说，两国关系处于"爬坡过坎、不进则退的关键阶段"。①

为实现"两个一百年"目标，推动中华民族伟大复兴，中国需要有稳定的周边环境，有一批友好相处、互利合作的邻邦。从这个意义上说，中国亟须保持中日关系企稳向好势头，推动中日关系的真正转圜。这是中国经略周边环境、改善战略姿态的关键"棋局"。有五大着力点：

1. 坚持中日关系的政治基础

中日邦交正常化以来的历史表明，只要两国忠实履行四个政治文件，双边关系就能稳定和前进，反之则会出现曲折和倒退。正如习近平主席2017年7月8日在汉堡会见安倍时所指出的，在涉及中日关系政治基础的重大问题上"不能打任何折扣，更不能有一丝倒退"。②2018年10月26日，习主席在会见安倍时再次强调，要重信守约，按照中日四个政治文件和双

---

① 《习近平会见日本首相安倍晋三》，新华网，2016年9月5日，http://www.xinhuanet.com/world/2016-09/05/c_1119515029.htm。

② 《中国国家主席习近平8日应约在汉堡会见日本首相安倍晋三》，中国新闻网，2017年7月8日，http://www.chinanews.com/gn/2017/11-11/8374225.shtml。

方已达成共识行事，建设性地处理矛盾分歧，维护好中日关系健康发展的政治基础。① 这是确保中日关系健康稳定发展的"定海神针"，也是我国必须牢牢占据的道德高地。

2. 高举维护自由贸易的旗帜

中日两国都是现行国际秩序的最大受益者，也应该是自由贸易和多边贸易体制的捍卫者。慑于美国的压力，日本当权者目前尚不敢公开向特朗普政权的倒行逆施叫板。但随着美国迫使日本让利的要价不断提高，超出一定的容忍底线，日本也会为维护自身利益与美国顽强交涉。如果欧盟和以金砖国家为代表的发展中国家一起抵制美国的单边主义和贸易保护主义，日本的态度可能还会更强硬一些。我国宜对日本晓以利害，善加诱导，敦促日本切实兑现维护自由贸易和多边贸易体制的承诺，为早日缔结《区域全面经济伙伴关系协定》共同发力，并尽快完成中日韩自由贸易协定的谈判。

3. 深化两国经贸领域互利合作

发展经贸领域的交往一向是中日关系的"压舱石"。两国应加强在节能环保、金融保险、医疗介护等领域的互动，扩大双方产业链、价值链和供应链的高度契合。要切实落实两国在第三方市场合作官民论坛上缔结的一系列协定，在推动"一带一路"沿线国家互联互通和产能领域的合作中，共绘宏图，共担风险，共享利益，实现"三赢"或"多赢"。目前，以"日本运通"为代表的日本物流企业已深度参与"中欧班列"的运营，通过"海陆联运""空陆联运"架起沟通亚欧两大经济圈的"桥梁"。这是一个可喜的开端。

4. 努力克服安保合作的"短板"

中日两国在安全保障领域分歧突出，信任缺失，是两国民众对对方国家亲近感低位徘徊的主要原因。为克服这一"短板"，首先，要恰当管控分歧，防止偶发冲突。两国已启动海空联络机制。下一步可考虑签署"重大军事行动相互通报信任措施机制谅解备忘录"和"海空相遇安全行为准

---

① 《习近平会见日本首相安倍晋三》，新华网，2018年10月26日，http://www.xinhuanet.com//politics/leaders/2018-10/26/c_1123620183.htm。

则谅解备忘录",逐步完善危机管控机制。其次,要加强安保对话,避免战略误判。宜在日本自卫队和中国人民解放军间恢复校官级互访基础上,适时重启舰队互访和防长互访。再就是推动两国在打击海盗、跨国救灾等非战争军事行动中的合作,逐步增加彼此间的互信。

5. 促进两国民间交流、人文合作

鉴于两国民众对对方国家的亲近感都比较低,宜大力推动两国传媒界的交流合作,力求客观、准确地传递对方国家的有关信息。目前,两国国民访问对方国家的数量出现明显的不平衡,访华的日本游客仅及访日中国游客的三分之一,由此也带来了彼此对对方国家亲近感的"温度差"。要切实落实两国政府有关5年内组织3万名青少年访问对方国家的安排。特别要创造条件,尽快恢复日本中小学生以中国为目的地的修学旅行。两国还需着眼未来,推进民间交流队伍的"新陈代谢"和"世代更替",推进民间交流平台的网络化和社交媒体化。

新中国周边外交史研究（1949—2019）

第六章　中国的对俄（苏）外交

导　读

中国和俄罗斯是陆上边界线最长的国家，俄罗斯在中国的对外政策中占有举足轻重的地位。俄罗斯既是大国，又是中国周边邻国，也是中国外交总体布局中的关键国家，俄罗斯对于我国的安全和发展具有极其特殊的重要意义。中国和俄罗斯又都是世界上发挥重要影响的大国，两国关系不仅对相互安全和发展至关重要，而且对亚洲乃至世界的和平与稳定也有着决定性影响。中国在俄罗斯独立后的对俄政策注意与外部世界、国际局势相联系，将两国国家发展战略对接，重视俄罗斯利益关切，注重两国利益的契合点，中国对俄政策是合作共赢的思路。2019年是中国与俄罗斯建交70周年，中苏关系历经风雨，承受了国际关系中两个主权国家之间最严峻的考验。"从50年代的'蜜'，到60年代的'争'，再到70年代的'斗'，最后过渡到80年代的'缓'，直至平稳过渡到中俄关系并形成了战略协作伙伴关系的'稳定'新格局。"[1] 本章将对中国对俄（苏）外交进行历史回顾，梳理和总结中国对俄罗斯独立后的政策，深入分析中共十八大后中国对俄政策的重点关注，并指出中俄关系中存在的机遇和挑战，提出应对策略。

---

[1] 沈志华主编：《中苏关系史纲：1917—1991年中苏关系若干问题再探讨》，社会科学文献出版社2015年版。

第一节 中国对俄（苏）外交的历史回顾

一、冷战年代的中国对苏外交

（一）中苏结盟时期（1949年至20世纪50年代末）

新中国成立初期到20世纪50年代，中国奉行"一边倒"的对苏政策。在当时条件下，中国倒向苏联，是国际形势使然，也是历史必然选择。

1949年10月3日，政务院总理周恩来复电苏联副外长葛罗米柯，对苏联政府正式承认中华人民共和国，决定和中国建立外交关系并互派大使，表示热烈欢迎。中苏正式建立外交关系，苏联成为第一个承认中华人民共和国的国家。

1950年，两国签订《中苏友好同盟互助条约》和有关协定，将中苏战略同盟关系以法律形式确定下来。这在一定程度上为新生的中国提供了一个有利的外部环境，并促使中苏两国关系进入蜜月期，向着良性方向发展，并对两国建立永久的牢不可破的友谊产生了积极的影响。[①]

1954年10月，赫鲁晓夫率领庞大代表团访华。这一时期，苏联积极调整对华政策，在政治、经济、军事和文化等方面加强了对中国的支持和援助。

（二）中苏关系从分歧到分裂（20世纪60年代至80年代中期）

中国对苏政策强调以阶级斗争为纲，中苏关系因意识形态争论恶化并破裂。但是，在冷战大背景下，苏美极具对抗，中国对苏政策还有对国家安全利益的考虑。苏联在远东边界陈兵百万，北方的威胁成为中国国家安全利益的最大威胁。

1958年8月，两国领导人因长波电台、联合舰队问题、中国炮击金门事件等发生争吵，中苏分歧日益暴露并不断加深，中苏两党之间拉开了冷

[①] 1979年4月3日，中国政府发表声明，1950年签订的《中苏友好同盟互助条约》一年后即告期满。中国将不同苏联继续延长这一条约的期限。最终于1980年废止。沈志华教授通过对中苏条约谈判进程的研究分析得出的结论是："中苏同盟条约的签订保证了北京与莫斯科之间的盟友关系，满足了中国的基本要求，但同时因双方利益冲突，毛泽东与斯大林之间的猜疑和不满也有所加强，中苏同盟从一开始就笼罩在一种不祥的阴影中。"

战的序幕，中苏蜜月期结束。1963年，中苏开始大论战。1965年，中苏关系彻底破裂，中苏尖锐对抗了20年。直到1989年5月，当时的苏共中央总书记戈尔巴乔夫访华，两国关系才实现了正常化。

（三）中苏关系正常化（20世纪80年代末至90年代初）

20世纪80年代，中国对外战略在战争还是和平的问题上进行了明确判断，认定和平是时代的主旋律。邓小平在1977年12月根据对世界大势的判断，提出"可以争取延缓战争的爆发""战争可能延缓爆发"等思想，到1985年又进一步提出"在较长时间内不会发生大规模的世界战争是有可能的，维护世界和平是有希望的"。[1] 这是一个重大的理论突破，它使"一个中心两个基本点"的内政战略大调整成为可能，中国外交的基本目标由此而定位在维护国家利益、维护世界和平与促进人类进步之上。在国际关系层面，这一判断对冷战后的时代作出了科学的界定，并重新定义了大国关系。在战争与革命时代，大国关系的主导性质是斗争；在和平发展时代，大国关系的主导性质是合作与竞争。[2]

基于这样的认识，中国外交政策更加独立自主，跳出冷战的窠臼。在20世纪80年代初至20世纪90年代初，中国对苏政策的重大调整主要表现为四个方面：一是中国基本停止同苏联进行意识形态争论；二是中国主张以和平共处五项原则发展同苏联的关系；三是中国单方面裁减在中苏边境的驻军；四是中国加强了同苏联的交往。中国为改善同苏联的关系，作出了自己的努力和贡献，从而也为中苏边界问题的解决奠定了坚实基础。

从苏联方面看，1985年戈尔巴乔夫上台以后，提出对外政策"新思维"，苏联内外政策开始进行重大调整，引起了国际关系深刻变化。苏联奉行同西方全面缓和的方针，以求建立"欧洲大厦"和无核世界，对亚太地区也提出了"新思维"和新政策，希望与日本和中国等东北亚主要国家建立新型国家关系。戈尔巴乔夫关于亚太的外交原则，主要体现在他的两次讲话中：一是1986年7月29日在符拉迪沃斯托克的讲话，二是1988年9月17日在克拉斯诺雅尔斯克的讲话。内容要点是：不同社会制度国家必须

---

[1] 《邓小平文选》（第三卷），人民出版社1993年版，第127页。
[2] 秦亚青主编：《大国关系与中国外交》，世界知识出版社2011年版，第3页。

从对抗走向合作；要想国家经济得到大发展，必须要开发西伯利亚远东；维护东部边界的安全，并不是通过军备竞赛的途径，而是通过政治手段和经济手段，这样才能创造出一种有助于消除敌意、怀疑心理和不信任的气氛。同亚洲各国的关系应建立在选择自由与和平共处的原则基础之上。[①]

戈尔巴乔夫的讲话反映了苏联对亚太地区的高度重视。苏联也是一个亚太国家，亚太地区国家社会经济发展及其相互关系，在很大程度上"决定着整个世界的命运"，关系着苏联"民族的国家的利益"。[②] 戈尔巴乔夫认为，军事实力并不等同于国家实力，强调要以降低军事因素的作用来提高国家的政治影响和增进安全利益，表明苏联已不想继续同美国进行军备竞赛和军事对抗。戈尔巴乔夫的亚太政策主张还反映在苏联希望同包括日本在内的亚太国家建立新型关系，特别是借助日本等国的力量加快发展苏联东部地区社会经济。

戈尔巴乔夫积极向东北亚国家靠拢，不仅表现在口头上，还付出实际行动，派出代表团遍访东北亚国家。中苏关系出现了转机。中苏两国结束了对抗，1988年，中苏两国真正开始了关系正常化进程。

当时邓小平提出中苏关系正常化，必须要解决三大障碍问题，一是苏联停止支持越南侵略柬埔寨；二是苏联把中苏边界的驻军恢复到1964年状态，同时从蒙古国撤军；三是苏联从阿富汗撤军。随后，苏联相继从蒙古国和阿富汗撤军。1989年5月，当时的苏共中央总书记戈尔巴乔夫访华，两国关系实现了正常化。1991年5月，江泽民访问苏联，实现了两个国家关系的平衡发展。

如果将中苏关系正常化与中美关系正常化相比，其突出特点是中国并不谋求与苏联建立针对第三方的战略关系，新的中苏关系的基本要素包括了不结盟、不对抗、不针对第三方、不进行意识形态斗争。纵观中苏关系正常化的全过程，可以说中国决策层在改革开放中逐步形成和丰富起来的外交新理念，已经超越冷战思维的基本框架。正是因为有了这些新的特点，在1991年苏联解体后，中国能够相对平稳地使中苏关系过渡到中俄

[①] 周尚文、叶书宗、王斯德：《苏联兴亡史》，上海人民出版社1996年版，第90页。
[②] 同上。

关系。

二、苏联解体后中国的对俄外交

（一）叶利钦时期的中国对俄外交（1991—1999年）

苏联解体后，原来的中苏关系变为中俄关系，中俄关系面临一个内外全新的局面和条件。尽管这样，中俄关系仍然有历史继承性。中苏关系正常化以及中国摆脱冷战思维的新外交理念，使中俄关系建交伊始就处于一个较高的起点。

1991年12月27日，中国外交部长钱其琛照会俄罗斯外交部长科济列夫，宣布中华人民共和国承认俄罗斯联邦政府，中国与苏联的大使级关系自动转为中国与俄罗斯的大使级外交关系。同时，中国政府代表团访问了莫斯科。1992年1月31日，李鹏总理在联合国与俄罗斯总统叶利钦举行非正式会晤。通过上述访问和会晤，中俄在涉及双边关系的一些基本问题上达成了共识，即：第一，中国承认俄罗斯是苏联国际法地位的继承国，是联合国安理会的常任理事国。第二，双方确认和平共处五项原则是两国关系的基础。第三，以往中苏之间签署的条约和双边关系文件继续有效。第四，过去中苏间进行的关于在边境地区裁减军事力量和加强军事领域信任的谈判和边界谈判将继续下去，双方将尽快批准已经签署的东部边界协议。上述共识的达成，表明两国关系在新的形势下完成了由中苏关系向中俄关系的顺利过渡。

在苏联解体之前的1991年5月，中苏两国经过谈判签订了《中苏国界东段协定》，开始解决持续多年并对两国关系带来消极影响的边界问题。苏联解体之后，中国同俄罗斯之间的关系改善进程仍在持续。1992年2月，俄罗斯总统叶利钦访华，两国首脑首次会晤，发表了《关于中华人民共和国和俄罗斯联邦相互关系基础的联合声明》，确立两国关系发展的基本原则是"相互视为友好国家"。

此后，两国关系进入一个新的发展时期，双方的政治外交、军事安全等方面的关系开始稳步发展。两年后，叶利钦总统致信中国国家主席江泽民，建议两国加深伙伴关系。1994年9月，江泽民应邀访问俄罗斯，两国正式确立面向21世纪的建设性伙伴关系，中俄关系从一般友好关系上升到特殊友好关系。基于这一原则，1994年9月，两国经谈判后签署《中俄国界西段协定》，这一协议加上之前所签订的东段边界协议，基本上解决了两国的边界问题，即将两国97%的边界线固定了下来。1996年4月，叶利钦总统再次访问中国，两国元首会谈后的联合声明确定两国致力于发展"平等信任、面向21世纪的战略协作伙伴关系"，中俄关系再度升级，双方约定在关系到彼此的核心利益以及国际社会的重大问题上保持协商与合作。2004年10月，普京总统访华期间，中俄签订《中俄关于两国边界东段的补充协定》。至此，长达4300多公里的中俄边界线全部划定。

可以说，苏联解体后中俄内外部环境发生重大变化，两国力排众议，克服困难，双边关系连上三个台阶：从"相互视为友好国家"上升到"建设性伙伴关系"，然后又到"战略协作伙伴关系"。中俄两国通过调整外交政策，为两国关系的发展打下良好基础，两国寻找到新的合作方向和共同利益，同时确定了未来发展的方向和目标。江泽民主席在总结这段关系时指出："两国保持了密切高层交往并机制化；相互尊重、互谅互让，树立了以互信、互利、平等、协作为核心的新安全观。"[①]

（二）普京时期的中国对俄外交（2000—2011年）

俄罗斯独立后的外交政策带有明显的意识形态化，中国存在一些疑虑，俄罗斯如果选择了西方，那么中俄关系就很难取得进展。现在回头来看，中国当时的对俄政策是去意识形态化，谋求周边的安全和国内的发展。这个对外政策的理念在普京时期更加得到深化，中国对俄政策取得更大的成功，中俄关系在普京执政的第一个任期和梅德韦杰夫执政期间得到了稳定发展。

在叶利钦之后继任俄罗斯总统的普京执政期间，中俄关系持续深化，主要表现在两国政治互信达到一定高度，边界问题彻底解决，经贸关系突出能源合作，互补性强，军事合作逐渐加强。通过十年的磨合，中俄关系更注重两国国家利益的共性。"既重视政治利益，又不忽视经济利益；既重视现实利益，又不忽视明天的预期利益；既追求本国的合理利益，又尊重对方的合法利益；既有平等的长期性合作，又有公平的经常性竞争；既要

[①]《江泽民主席会见普京总统》，《人民日报》2002年12月3日。

适当地照顾对方，又不过分地委曲求全。"[①]

中国的对俄政策仍然是使俄罗斯成为中国周边安全的地缘依托，为国内的经济发展创造良好的外部环境。2001年，中国与俄罗斯签署了《中俄睦邻友好合作条约》，确定长期发展睦邻友好与平等信任的战略协作伙伴关系。这个条约为两国未来发展奠定了法律基础，将两国永做好邻居、好伙伴、好朋友的坚定意志用法律的形式固定下来，同时也提出了"不结盟，不针对第三国，非意识形态化"的国与国关系准则。其主要内容包括政治互信、经济合作、战略合作等，具体内容如下：

第一，条约规定两国互不干涉内政、相互尊重的非意识形态化的国家关系发展原则。缔约双方根据公认的国际法原则和准则，根据互相尊重主权和领土完整、互不侵犯、互不干涉内政、平等互利、和平共处的原则，长期全面地发展两国睦邻、友好、合作和平等信任的战略协作伙伴关系。缔约双方在其相互关系中不使用武力或以武力相威胁，也不相互采取经济及其他施压手段，彼此间的分歧将只能遵循《联合国宪章》的规定及其他公认的国际法原则和准则，以和平方式解决。缔约双方重申承诺互不首先使用核武器和互不将战略核导弹瞄准对方。缔约双方相互尊重对方根据本国国情所选择的政治、经济、社会和文化发展道路，确保两国关系长期稳定发展。中方支持俄方在维护俄罗斯联邦的国家统一和领土完整问题上的政策。俄方支持中方在维护中华人民共和国的国家统一和领土完整问题上的政策。俄方重申1992年至2000年两国元首签署和通过的政治文件中就台湾问题所阐述的原则立场不变。俄方承认，世界上只有一个中国，中华人民共和国政府是代表全中国的唯一合法政府，台湾是中国不可分割的一部分。俄方反对任何形式的台湾独立。

第二，世代友好，永不为敌。缔约双方满意地指出，相互没有领土要求，决心积极致力于将两国边界建设成为永久和平、世代友好的边界。缔约双方遵循领土和国界不可侵犯的国际法原则，严格遵守两国间的国界。缔约双方根据1991年5月16日鉴定的《中苏国界东段协定》继续就解决中俄尚未协商一致地段的边界线走向问题进行谈判。在这些问题解决之前，

[①] 姜毅主编：《新世纪的中俄关系》，世界知识出版社2007年版，第17页。

双方在两国边界尚未协商一致的地段维持现状。缔约双方将根据现行的协定采取措施,加强边境地区军事领域的信任和相互裁减军事力量。缔约双方将扩大和加深军事领域的信任措施,以加强各自的安全,巩固地区及国际稳定。

第三,中俄友好不针对第三国,永不结盟,不对抗。缔约双方将本着武器和武装力量合理足够的原则,努力确保本国的安全。缔约双方根据有关协定进行的军事和军技合作,不针对第三国。缔约双方不参加任何损害缔约另一方主权、安全和领土完整的联盟或集团,不采取任何此类行动,包括不同第三国缔结此类条约。缔约任何一方不得允许第三国利用其领土损害缔约另一方的国家主权、安全和领土完整。本条约不影响缔约双方作为其他国际条约参加国的权利和义务,也不针对任何第三国。缔约双方反对可能对国际稳定、安全与和平造成威胁的行为,将在预防国际冲突及其政治解决方面相互协作。缔约双方将利用并完善各级别的定期会晤机制,首先是最高级和高级会晤,就双边关系和共同关心的重要而迫切的国际问题定期交换意见、协调立场,以加强平等信任的战略协作伙伴关系。缔约双方主张严格遵守公认的国际法原则和准则,反对任何以武力施压或以种种借口干涉主权国家内政的行为,愿为加强国际和平、稳定、发展与合作进行积极努力。

第四,中俄是全球战略稳定的基石,共同维护地区和世界的和平与安全。缔约双方共同致力于维护全球战略平衡与稳定,并大力促进恪守有关保障维护战略稳定的基本协议。缔约双方将积极推动核裁军和裁减化学武器进程,促进加强禁止生物武器的制度,采取措施防止大规模杀伤性武器及其运载工具和相关技术的扩散。

第五,条约规定了中俄合作方向以及各种机制的保障。缔约双方将在互利的基础上开展经贸、军技、科技、能源、运输、核能、金融、航天航空、信息技术及其他双方共同感兴趣领域的合作,促进两国边境和地方间经贸合作的发展,并根据本国法律为此创造必要的良好条件。缔约双方将大力促进发展文化、教育、卫生、信息、旅游、体育和法制领域的交流与合作。缔约双方将根据本国法律及其参加的国际条约,保障维护知识产权,其中包括著作权和相关权利。缔约双方重视发展两国中央(联邦)立法和执行机关之间的交流与合作。缔约双方将在国际金融机构、经济组织和论坛内开展合作,并根据上述机构、组织和论坛章程的规定,促进缔约一方加入缔约另一方已成为成员(参加国)的上述机构。

《中俄睦邻友好合作条约》将中俄两国永做好邻居、好伙伴、好朋友的意愿和决心用法律形式固定下来,彻底摒弃了那种不是结盟就是对抗的冷战思维,是以互信求安全、互利求合作新型国家关系的体现,是21世纪指导中俄关系健康稳定发展的纲领性文件。

此后,两国战略协作伙伴关系不断深化,2010年,时任俄罗斯总统梅德韦杰夫与中国国家主席胡锦涛签署《关于全面深化中俄战略协作伙伴关系的联合声明》,不断地巩固两国之间的这种战略合作关系。2011年,在《中俄睦邻友好合作条约》签署10周年之际,中俄元首发表联合声明,表示将"致力于发展平等信任、相互支持、共同繁荣、世代友好的全面战略协作伙伴关系",[1] 两国关系进一步深入到建设全面战略协作伙伴关系新阶段。

第二节 新时代中国对俄外交

中共十八大以来,中国外交在保持总体稳定性和连续性的基础上,强调加强战略思维,增强战略定力,坚持更好统筹国内国际两个大局,坚持开放的发展、合作的发展、共赢的发展,通过争取和平国际环境发展自己,又以自身发展维护和促进世界和平,不断提高我国综合国力,不断让广大人民群众享受到和平发展带来的利益,不断夯实走和平发展道路的基础。特别强调在开展周边外交时要突出体现"亲、诚、惠、容"的外交理念,在发展大国关系时要积极推动建立以合作共赢为核心的新型国际关系,共同维护世界和平、促进共同发展。这些创新理念成为新时期中国开展对俄外交的主要指导思想。

---

[1] 外交部:《中国国家主席胡锦涛和俄罗斯总统梅德韦杰夫发表关于〈中俄睦邻友好合作条约〉签署10周年联合声明》,2011年6月17日,https://www.fmprc.gov.cn/web/ziliao_674904/1179_674909/t831559.shtml。

一、对俄奉行共同发展、合作共赢政策

（一）"与邻为善、以邻为伴"的对俄外交

习近平指出，实现中华民族伟大复兴，是近代以来中国人民最伟大的梦想，称之为"中国梦"，基本内涵是实现国家富强、民族振兴、人民幸福。[1] 实现"中国梦"，近邻是依托。中国的发展依托于周边国家，也为周边国家发展注入强大动力。中国同周边国家地缘相通，人文相亲，经济互补，开展交往与合作具有得天独厚的条件，蕴藏巨大的潜力。"中国梦"的实现离不开稳定和谐的周边环境，需要相互支持的睦邻伙伴，这决定中国必须坚定不移地走和平发展的道路，奉行"与邻为善、以邻为伴"的睦邻友好政策，同周边国家一道，共同致力于构建和平安全、合作共赢、共同繁荣的和谐地区。中共中央在2013年10月24—25日举行了新中国成立以来的首次周边外交工作座谈会，充分反映了新时期中国政府对周边外交的高度重视。习近平在会上指出，我国周边外交的基本方针，就是坚持与邻为善、以邻为伴，坚持睦邻、安邻、富邻，突出体现"亲、诚、惠、容"的理念。[2]

2013年，习近平上任后出访的第一个国家就是俄罗斯。俄罗斯是中国最大的周边邻国，与中国在国家发展战略上有很多契合之处。俄罗斯也提出复兴国家、经济崛起的国家战略发展目标，一个繁荣强大的俄罗斯，符合中国利益，也有利于亚太与世界的和平稳定。中国与俄罗斯元首互访频率是各国元首之最，引领和推动了中俄关系的高水平发展，体现了两国的"亲"。中俄在双边关系层面与地区和全球事务中的合作体现了"诚"，坚持和平共处五项基本原则，相互尊重，相互支持。中方本着"互惠互利"的原则同俄罗斯进行经济合作，双方在能源、军事领域的合作堪称是互惠互利，中俄重视提升经贸合作的质与量，力求把双方的经济利益相互融合，提升到更高水平。中俄在政治制度和意识形态方面相互理解，相互包容，相互尊重，从两国的安全和发展利益出发，做好邻居、好伙伴。

---

[1] 《顺应时代前进潮流，促进世界和平发展——习近平在莫斯科国际关系学院的演讲》，中国共产党新闻网，2013年3月23日，http://theory.people.com.cn/n/2013/0325/c40531-20902911-2.html。

[2] 习近平：《习近平谈治国理政》，外文出版社2014年版，第297页。

中俄关系是世界上最重要的双边关系之一，更是最好的一组大国关系。中俄两国彻底解决了历史遗留的边界问题，两国边界相互裁军，双方的军事力量部署是对等和相互透明的，两国签署《中俄睦邻友好合作条约》，为中俄相互友好、永不为敌、长远发展奠定了坚实的法律基础。一个高水平、强有力的中俄关系，不仅符合中俄双方国家发展利益，也是维护国际战略平衡和世界和平稳定的重要保障。

（二）中俄互为最重要战略伙伴

当前国际局势复杂多变，经济全球化和逆全球化交锋，世界秩序较为混乱和无序，伙伴关系经常用于描述两国或两个国家集团之间以谋求政治、经济、安全等共同利益为目标建立的双边关系，具有相互尊重、求同存异、合作共赢的性质，是不针对第三国的平等互利的新型国家关系。[①]中俄战略协作伙伴关系这个定位是通过两国国家身份的转变最终确定下来，从而也明确了两国未来发展的方向。回顾20多年的发展道路，中俄全面战略伙伴关系日臻完善，中俄互为最主要、最重要的战略协作伙伴。

第一，战略伙伴体现在互视为重要的合作伙伴，而不是对方的威胁。作为世界最大两个邻国，今后相当长一个时期内，中俄都面临转变经济发展方式、跻身世界强国、实现民族复兴的战略任务，两国关系已进入互相提供重要发展机遇、互为主要优先合作伙伴的新阶段。

第二，面对复杂多变、挑战日增的国际环境，中俄只有加强合作，才能在国际上更好地维护自己的利益，为世界和平、合作和发展事业作出更大的贡献。本着要和平、求合作、促发展的愿望建立的，是一种真正摒弃冷战思维的、超越意识形态羁绊的双边关系。它既不同于历史上的中苏友好互助同盟，也不同于某些大国针对第三国的军事集团结盟。

第三，中俄国情不同、条件各异，彼此密切合作，取长补短，可以起到一加一大于二的效果。[②]"战略协作"的定位在中国对外伙伴关系中更是独一无二的，"协作"本身就高于"合作"，意味着更多的默契、协调一致、

[①]《中俄战略协作意味着什么》，新华网，2016年7月29日，http://www.xinhuanet.com/world/2016-07/29/c_129187678.htm。

[②]《顺应时代前进潮流，促进世界和平发展》，中国共产党新闻网，2013年3月23日，http://cpc.people.com.cn/xuexi/n/2015/0721/c397563-27337993.html。

相互帮衬、互为支撑。中俄战略协作意味着两国除一般性合作之外，还涉及政治、经济、军事、科技、能源等各个领域的全方位、长期性、深层次协作，以及在全球和地区事务中的战略协作。

中国外交提出了在维护现有国际体系稳定的同时，以和平与理性的方式推动改革不合理的国际政治经济秩序。中国希望大国之间开放、包容和共赢。2017年10月，习近平在中共十九大报告中论述中国同大国的关系时强调，要推进大国间的协调和合作，构建总体稳定、均衡发展的大国关系框架。[1]

二、中俄构建新型大国关系

新型大国关系是定位中国与其他大国关系的形态。2012年2月，时任国家副主席的习近平在访问美国期间提出了构建"前无古人，但后启来者"的新型大国关系。当习近平成为新一届国家领导人后，新型大国关系进一步成为中国外交的核心话语。

2013年3月，习近平首次出访俄罗斯，与普京总统在联合声明中共同呼吁，各大国超越零和博弈、集团政治等思维方式，遵循顺应21世纪时代潮流的国际关系原则，政治上相互尊重、平等相待，经济上全面互利、合作共赢，安全上互信包容、共担责任，文化上交流借鉴、相互促进，意识形态上求同存异、和平共处，建立长期稳定健康发展的新型大国关系，推动世界各国在和平、发展、合作的形势下，实现共同发展和共同繁荣。[2]

毋庸讳言，中俄关系是大国关系，而且是安全、经济、外交和文化等多维度的大国关系，其中传统安全领域的大国关系最为突出。在国际安全领域，大国关系决定着世界的战争与和平，以及未来发展的前景，是牵动世界局势发展和国际关系格局变动的决定性因素。中俄在传统安全领域的合作关系，堪称是冷战结束后的典范。在世界面临百年未有之大变局

---

[1]《权威发布：十九大报告全文》，人民网，2018年3月13日，http://sh.people.com.cn/n2/2018/0313/c134768-31338145.html。

[2] 外交部：《中华人民共和国和俄罗斯联邦关于合作共赢、深化全面战略协作伙伴关系的联合声明（全文）》，2013年3月23日，https://www.fmprc.gov.cn/web/ziliao_674904/1179_674909/t1024243.shtml。

的背景下，纷乱复杂的世界中，全面战略协作的中俄关系是世界格局稳定之锚。

（一）中俄新型大国关系的主要特点

1. 政治上体现相互尊重、平等相待

中俄都是政治大国和安全大国，同时也互为最大的邻国，相互尊重、平等相待是发展双边关系的基础，也是新型大国关系的主要特点之一。冷战期间，两国无法相互尊重、平等相待，直至最后公开论战，导致两党两国关系彻底破裂。冷战结束后，中俄两国结束过去，开辟未来，在相互尊重、平等相待的氛围下，以国家核心利益为基础，在国家关系发展方向上实现了三级跳。在过去27年里，中俄内外部环境发生重大变化，两国力排众议，克服困难，双边关系连上三个台阶：从"相互视为友好国家"上升到"建设性伙伴关系"，然后又到"全面战略协作伙伴关系"。近几年双边关系在两国元首的引领下一直保持高水平的发展，已发展到历史最好时期。中俄双方在政治和安全上相互支持。

2. 不结盟、不对抗、不针对第三方、不意识形态化

中俄关系发展到今天，固然有共同面对外部环境的考虑，更是总结冷战时期大国关系教训的结果。不结盟、不对抗是对冷战期间大国关系对抗或结盟的反思，也反映出国际关系中的一个基本原则，即"没有永久的朋友，也没有永久的敌人，只有利益是永恒的"。冷战后大国关系出现一种既非对抗又非结盟的协调性伙伴关系。美国学者亚历山大·温特在其《国际政治的社会理论》一书中，提到了世界的三种模式：霍布斯、洛克与康德式世界。这三种文化基于一种特殊的角色结构，即敌人、竞争对手和朋友。霍布斯文化的逻辑是"不是杀人就是被杀"的丛林法则：国家之间互视为敌人，国家的政策是随时准备战争，争取消灭敌人。洛克文化基于一种特殊的角色结构——竞争，其逻辑是"生存和允许生存"：一方面，竞争对手共同认识到，相互行为的基础是相互承认主权，因此，不会试图去征服或统治对方；另一方面，洛克文化中的行为体也在不断地进行着相互竞争。此外，温特也发现，第二次世界大战后，西方国家间正在出现一种新的康德文化，其逻辑是多元安全共同体和集体安全，成员之间的角色关

系是一种朋友性质的关系。①

不结盟、不对抗关系出现的原因，一是苏联解体和两极对抗格局的终结是大国关系发生变化的重要基础；二是经济全球化的发展和相互依存加深是制约大国走向对抗的重要因素。经济的相互融合，利益的相互交织，贸易关系的紧密联结，形成了你中有我、我中有你，一荣俱荣、一损俱损的利益共同体；三是核威慑的制约是大国走向合作的强化剂。冷战后尽管军事因素在大国关系中的地位有所下降，但随着军事高科技和信息技术的发展，各国仍然高度重视军事实力的提升。核武器的发展不但没有停止，反而有进一步扩散的势头。"从制约大国间的军事对抗或战争意义上说，经济相互依存是一种软制约，而'核威慑均衡'则是一种'硬制约'，'软制约'是一种牵制，而'硬制约'则是一种强制。"②可见，中俄关系中的"不结盟"和"不对抗"，既是基于双边关系发展史上沉痛的教训，也是国际局势和世界秩序复杂演变的结果，最终演变为冷战后及新时期两国关系的基本准则。

不针对第三方和不意识形态化，也是基于上述原因的表述，是新型中俄关系的重要原则，指出了中俄关系的宽度和广度。2016年是中俄发展平等信任、面向21世纪的战略协作伙伴关系20周年，也是《中俄睦邻友好合作条约》签署15周年。两国联合公报强调不针对第三方和不意识形态化的原则，指出中俄关系建立的基础是非意识形态化，平等，互信，相互承认领土完整，尊重彼此利益，尊重对方选择社会制度和发展道路的主权权利，互不干涉内政，在涉及主权、安全、发展等核心问题上相互支持，全面互利合作，摒弃对抗。中俄关系不具有结盟性质，不针对第三国。③

3. 合作共赢是双边关系加深的长久动力

合作共赢表达了两国关系面向未来的发展方向。中俄世代友好、永不为敌，是两国人民共同心愿。双方要登高望远，统筹谋划两国关系发展。普京总统讲过："俄罗斯需要一个繁荣稳定的中国，中国也需要一个强大成

---

① 国务院新闻办公室编：《解读中国外交新理念》，五洲传播出版社2014年版，第151页。
② 秦亚青：《大国关系与中国外交》，世界知识出版社2011年版，第194页。
③ 外交部：《中华人民共和国和俄罗斯联邦联合声明（全文）》，2016年6月26日，https://www.fmprc.gov.cn/web/ziliao_674904/1179_674909/t1375315.shtml。

功的俄罗斯。"两国共同发展,将给中俄全面战略协作伙伴关系提供更广阔发展空间,将为国际秩序和国际体系朝着公正合理的方向发展提供正能量。两国要永做好邻居、好朋友、好伙伴,以实际行动坚定支持对方维护本国核心利益,坚定支持对方发展复兴,坚定支持对方走符合本国国情的发展道路,坚定支持对方办好自己的事情。[①]

中俄贸易额不断提升,2018年创历史新高,破千亿元大关。人员交流方面,其中两国留学生总数达到10万人,[②]互访人数达到300多万人次,这些数字充分反映出中俄关系的巨大发展潜力和广阔发展前景。中俄两国的能源合作不断深化。继17世纪的"万里茶道"之后,中俄油气管道成为联通两国新的"世纪动脉"。2015年,两国签署了"丝绸之路经济带"与欧亚经济联盟对接协议,积极推动各自国家和地区发展战略相互对接,不断创造出更多利益契合点和合作增长点,推动两国合作从能源资源向投资、基础设施建设、高技术、农业、金融等领域拓展,从商品进出口向联合研发、联合生产转变,不断提高两国务实合作的层次和水平。

(二)中俄新型大国关系的精准定位

区别于以往的认识,在当代国际关系中,国家间关系并非只有结盟或不结盟之分,还有一种区别于二者的伙伴关系。伙伴关系经常用于描述两国或两个国家集团之间以谋求政治、经济、安全等共同利益为目标建立的双边关系,具有相互尊重、求同存异、合作共赢的性质,是不针对第三国的平等互利的新型国家关系。自20世纪90年代以来,伙伴关系因契合中国外交"维护世界和平、促进共同发展"的宗旨而被一直沿用以定位双边关系。其中,中俄全面战略协作伙伴关系作为目前中国最高级别的对外伙伴关系,一直保持着积极健康稳定的良好发展势头,堪称世界大国关系的典范。

1949年双方建立外交关系以来,中苏关系曾走过结盟、对立和正常化的曲折历程。1996年俄前总统叶利钦访华期间,双方宣布建立平等信任、面向21世纪的战略协作伙伴关系,对中俄关系发展具有重要历史意

---

① 欧诣:《中俄战略协作意味着什么》,《光明日报》2016年7月29日。
② 《中俄两国留学、交流人员规模达7万余人》,新华网,2017年1月9日,http://www.xinhuanet.com/world/2017-01/09/c_129436818.htm。

义。2001年，双方签署《中俄睦邻友好合作条约》，将中俄两国永做好邻居、好伙伴、好朋友的意愿和决心用法律形式固定下来。2005年，两国彻底解决历史遗留的边界问题，为双边关系发展扫清了障碍，同时也增添了两国间的信任。2011年，在《中俄睦邻友好合作条约》签署10周年之际，中俄关系被提升为"平等信任、相互支持、共同繁荣、世代友好的全面战略协作伙伴关系"。2014年5月，习近平和普京签署联合声明，引领中俄全面战略协作伙伴关系迈入新阶段。此后，两国元首多次强调要保持战略协作精神和世代友好理念，坚定不移致力于深化中俄全面战略协作伙伴关系。2019年6月，中俄元首决定将两国关系提升为"新时代全面战略协作伙伴关系"。

回顾中俄关系上述发展历程，不难发现，中俄战略协作伙伴关系是在尊重世界多样性的前提下，本着要和平、求合作、促发展的愿望建立的，是一种真正摒弃冷战思维的、超越意识形态羁绊的双边关系。它既不同于历史上的中苏友好互助同盟，也不同于某些大国针对第三国的军事集团结盟。

在当今复杂多变的国际形势下，中俄两国正在创造性地应对挑战，通过上述结伴而不结盟的新兴国家关系的合作方式，让中俄全面战略协作伙伴关系更富生命力，服务于两国和两国人民的根本利益，为两国共同发展振兴创造良好的外部环境，为构建公正合理的国际秩序作出更多积极贡献。

三、对俄外交的丰富内涵

中俄互为最主要、最重要的战略协作伙伴。在双方共同努力下，两国关系处于历史最好时期。两国高层交往日益密切，务实合作大幅提升，人文交流日趋活跃，在国际和地区事务中的合作不断加强。事实证明，中俄全面战略协作伙伴关系顺应时代发展潮流，符合两国和两国人民的根本利益，也成为当今国际关系中的重要积极因素。把两国高水平的政治关系优势转化为实实在在的务实成果，实现两国的共同发展与繁荣，是未来中俄全面战略协作伙伴关系向纵深发展的新趋向。

（一）元首外交的引领作用得到充分发挥

首脑外交是"由国家实际掌握最高决策权的首脑人物（一般为国家元首或政府首脑）直接出面处理国家关系和国际事务的外交"。[①] 中俄两国元首亲自引领双边关系。2013年3月22日，习近平对俄进行国事访问，这是习近平就任国家主席后的首次出访，也是此次访问的首个国家，体现出中俄关系的重要性和特殊性。访问取得圆满成功，习近平主席和普京总统建立起良好的工作关系和个人友谊，两国元首从此保持着年度高频互访和在重大国际会议期间举行双边会晤，以及相互出席对方举办的重大活动的传统。近6年来，习近平主席7次访俄，同普京总统在双边和多边框架内举行近30次会晤，他们还分别授予对方本国最高勋章——"友谊勋章"和"圣安德烈勋章"。元首外交成为中俄关系的一大亮点，始终战略引领"肩并肩"的中俄合作不断向前推进，为邻国、大国、新兴经济体之间的合作共赢树立了典范。[②] 譬如，2018年，习近平和普京一共进行4次会面。6月，普京总统访华并出席上海合作组织青岛峰会。两国元首在高铁上畅谈务实合作，共同观看中俄青少年冰球比赛，习近平还授予普京首枚"友谊勋章"。9月，习近平首次赴俄出席第四届东方经济论坛，以实际行动支持俄远东开发建设。两国元首共同出席全俄"海洋"儿童中心接待中国汶川地震灾区儿童10周年纪念仪式。最重要的是对中俄全面战略协作伙伴关系进一步发展作出部署，就重大国际和地区问题进行"对表"。除了这两次是正式互访外，第三次是在2018年7月26日南非金砖国家领导人峰会上会晤，第四次是在11月30日阿根廷举办的二十国集团领导人峰会上会晤。中俄战略磋商的频繁性表明了双方的战略决断和长远选择的一致性，树立了大国、邻国关系典范。

（二）将政治关系转化为经贸合作推动力

中俄关系一直存在政热经冷的现象。如何将政治关系的密切性转化为拉升经贸关系的推动力，使其成为双边关系的压舱石，是两国政府面对的紧迫课题。经贸关系在中俄关系中的地位一步步强化。这主要体现在以下

[①] 钱其琛主编：《世界外交大辞典》（下），世界知识出版社2005年版，第1855页。
[②] 中华人民共和国驻俄罗斯联邦大使馆：《俄罗斯〈独立报〉刊登李辉大使署名文章:〈中俄合作驶入"快车道"〉》，2019年3月4日，http://ru.china-embassy.org/chn/sghd/t1642780.htm。

几个方面：

1. 经贸合作实现历史性飞跃

中俄贸易已经突破千亿美元大关，为未来务实合作奠定坚实基础。中国已连续8年保持俄罗斯的第一大贸易伙伴国地位。据中国海关统计，2018年，中俄双边贸易额达1070.6亿美元，创历史新高，增幅达27.1%，增速在中国前十大贸易伙伴中位列第一位。从结构上看，从俄罗斯进口的原油、煤炭等传统大宗商品量价齐升，是拉动贸易增长的主要因素。2018年1—9月，中国自俄罗斯进口原油5056万吨，增长12.4%。对俄罗斯出口以机电和高新技术为主，前三季度增幅分别为17.8%和19.3%。两国农产品贸易增长比较快，前9个月农产品进出口额为37.5亿美元，同比增长29%。跨境电商等贸易新业态蓬勃发展。根据俄方统计，中俄跨境电商占俄罗斯跨境电商交易总额的50%以上。两国服务贸易发展势头良好，上半年实现服务贸易73.4亿美元，同比增长97.6%。俄罗斯是中国第十五大服务贸易伙伴。民营企业成为中国对俄出口主力军，到9月民营企业占双边贸易的64.4%，国营企业仅占11.8%。在进口方面是以国营企业为主，前9个月占比60.7%，民营企业占比32%。

2. 对俄"走出去"稳步推进

根据商务部统计，2018年1—10月，中国对俄罗斯直接投资2.8亿美元，9月，总规模1000亿人民币的中俄地区合作发展基金成立。莫斯科格林伍德国际贸易中心二期项目、中铁建莫斯科地铁项目、阿穆尔天然气处理厂项目有序实施。俄罗斯海尔冰箱厂、长城汽车厂项目也顺利推进。

3. 战略大项目合作成效显著

在能源领域，中国原油管道附线于2018年1月投产，稳定供油。东线天然气管道进展顺利，预计2019年冬季就可以启动供气。中国企业参与的亚马尔液化天然气项目1至3期运营投产。首船液化天然气（LNG）已经于2018年运抵中国，双方还在商谈北极LNG-2项目：远东供气和中俄西线天然气管道项目。同时开启核领域合作的新局面。在民用航空领域取得了重要的合作成果。在跨境基础设施建设方面，同江铁路桥、黑河公路桥稳步推进，计划2019年竣工通车。双方还在积极探讨滨海1号、2号国际交通走廊项目。

4.“一带一路”建设与欧亚经济联盟对接稳步推进

2018年5月,《中国与欧亚经济联盟经贸合作协定》在阿斯塔纳正式签署,意味着中国与欧亚经济联盟及成员国的合作进入了制度引领新阶段,对推动"一带一路"建设与联盟对接具有里程碑意义。

(三)中俄加大地方合作

习近平在符拉迪沃斯托克出席中俄地方领导人对话会并致辞,指出"国家合作要依托地方、落脚地方、造福地方。地方合作越密切,两国互利合作基础就越牢固"。中国是俄罗斯远东地区的第一大贸易伙伴。当前,中国正积极参与俄远东开发,并在贸易、投资、基础设施建设等领域取得了诸多成果。2018年,中国与俄罗斯远东贸易额继续保持增长态势,1—8月增长了23%,达到58.6亿美元,这个贸易额占远东全部对外贸易总额的1/3多,而且出口超过进口。在"一区一港"建设中,中资企业超过40家。双方在2018年9月东方经济论坛上签署《中俄在俄罗斯远东地区合作发展规划(2018—2024年)》(《规划》),并于2018年11月在中俄总理第23次定期会晤期间正式批准。总体来看,《规划》基础扎实、内容翔实,充分体现了双方产业优势、市场情况、政策环境等,是指导双方合作的纲领性文件,也是中国企业投资远东地区的行动指南。《规划》明确指出中俄远东合作的7个优先领域,包括天然气与石油化工业、固体矿产、运输与物流、农业、林业、水产养殖和旅游,并且列出了中俄的"一区一港"合作项目清单。可以认为,中国与俄远东地区的合作充满机遇。

2018—2019年是中俄地方合作年,在这个框架下,地方来往更加密切,特别是中俄"长江—伏尔加河"地区、中国东北与俄远东地区,以及边境口岸地区的合作不断加强。中俄有140多对城市结为友好城市,相互往来合作不断扩大。2018年,组建成立了中国东北和俄罗斯远东及贝加尔地区实业理事会,推动两国企业进一步了解政策和加强合作。

(四)军事合作得到提升

实现中华民族伟大复兴,是中国近代以来最伟大的梦想。这个梦想是强国梦,对军队来说,也是强军梦。我们要实现中华民族伟大复兴,必须坚持富国和强军相统一,努力建设巩固国防和强大军队。[①] 俄罗斯在军事装备上居世界先进水平,是中国壮大武装力量的主要合作伙伴。军事合作是两国战略互信水平的重要体现,也是两国关系高水平和特殊性的重要标志,是战略合作的亮点和重要支撑。两军在联合演习、实战化训练、军事竞赛等各领域合作成果丰硕,亮点纷呈。2018年4月初,中国国防部长魏凤和访俄,这是他担任国防部长后的首次国际出访,向世界展示两军加强战略合作的坚定决心。10月中下旬,俄罗斯国防部长绍伊古访问北京,表示愿与中方共同努力,继续加强战略协作,进一步提升双方军事合作水平。

2018年,两军举行"海上联合—2018"军事演习,共同参加上海合作组织框架下的"和平使命—2018"联合反恐演习、"国际军事比赛—2018"。除了上述例行的活动外,最引人注目的当属中国军队首次参加俄罗斯举行的"东方—2018"战略演习。这是俄军自1981年以来举行的兵力规模最大、指挥层级最高的战略军演。它标志着两国政治互信的新高度。9月21日,美国国务院以中国军方违反《通过制裁打击美国对手法》,向俄罗斯购买了苏–35战机和S–400防空导弹为由,宣布制裁中国中央军委装备发展部及相关负责人。中国国防部随即回应称,中俄军事技术合作还将进一步推进,以实际行动诠释着"肩并肩,背靠背"的战略伙伴关系。

(五)密切国际战略协作

中俄在解决叙利亚、朝鲜半岛、阿富汗、伊朗等国际热点问题上,保持着紧密、高效的协作,共同反对单边主义和贸易保护主义,秉持人类命运共同体理念,推进构建新型国际关系。中俄在当前几乎所有重大国际和地区问题上都有相同或相近的立场,彼此成为在国际事务中相互支持的主要伙伴和重要的战略依托。2018年,作为联合国安理会常任理事国,中俄在联合国安理会共同推动重新审视对朝制裁措施,反对美国对朝鲜的单边制裁。

[①] 《习近平谈加强国防和军队建设》,中国共产党新闻网,2014年8月7日,http://cpc.people.com.cn/n/2014/0807/c164113-25423216.html。

（六）进一步巩固人文交流

民意相通和文化相融是两国世代友好的根基，中俄致力于扩大中俄人文领域交流合作，不断增进友谊，巩固中俄关系的社会和民意基础。近年来，中俄联合举办了"国家年""语言年""旅游年""青年友好交流年""媒体交流年"等大型国家级活动，巩固两国关系发展的社会和民意基础。中国和俄罗斯彼此成为对方民众心目中最友好的国家之一。中俄人员往来每年超过300万人次，互派留学和交流人员每年超过8万人次，这一数字还将不断上升。中俄关系的成功发展，也将推进欧亚大陆的文明对话，有助于欧亚大陆各民族、各文化之间建立核心价值观，促进世界文明的交融而非冲突。

第三节 中国对俄外交面临的挑战与前景

尽管新时代中俄关系迎来了新机遇和新任务，但中俄并非完全认识相同与利益重合，有一些现实问题影响两国关系平稳发展，需要逐渐解决，中俄两国也需要面对各种新旧挑战。

一、中国对俄外交面临的挑战

由于中俄两国当前处在不同的发展阶段，不同的外部环境，具有不同的利益诉求，必然会在双边关系发展中产生一些问题。但是两国的睦邻友好合作条约为两国战略协作伙伴关系的性质奠定了法律基础，两国维护安全、发展和在国际舞台上相互借重的目标没有变，地理上相邻创造了潜力巨大的务实合作。如果这些消极因素能够转化为积极因素，将会成为中俄关系继续走深、走实的推动力，将会使战略协作伙伴关系的基础更加牢固。这些问题主要包括，"中国威胁论"问题、中国对中亚地区的影响以及美国因素。

（一）"中国威胁论"问题

近些年，虽然对中国有好感的民众数量在俄罗斯有所上升，但是中俄经济发展差距越来越大带来的"中国威胁论"也悄然上升。2018年9月，今日俄罗斯通讯社公布一组社会调查数据，对比对美法德的看法，大多数俄罗斯人对中国外交政策评价正面，一半俄罗斯人把中国看成是伙伴（仅有34%认为是竞争对手），59%正面评价中国在国际舞台上的行动。[①] 但就俄国内数据的纵向比较看，把中国视为友好国家的比例从2015年的77%下降到2017年的62%，意味着三年来将中国视为友好国家的俄罗斯人有所减少。主要原因是中俄综合国力对比发生变化，俄罗斯人对中国的心态有些失衡。

同时，俄罗斯人的封闭和戒备心理也有所上升。近几年中国人去远东西伯利亚旅游和开发，也处在俄国媒体的风口浪尖。2018年12月25日，俄国防部长绍伊古在接受《未知的西伯利亚》杂志采访时表示喜欢远离文明，在西伯利亚的原始森林里度假。他强调不希望西伯利亚成为新的旅游胜地，因为到时这个地区就会失去自己的独特性。[②] 从某种程度上来说，绍伊古的表态也反映了要保护西伯利亚的生态环境免受旅客侵扰的封闭含义。

（二）中亚问题

随着"一带一路"建设的推广和发展，中亚地区成为中国"丝绸之路经济带"发展的重点区域，能源以及"五通"的连接，进一步扩大和加深了中国在中亚的经济影响力。俄罗斯一直视中亚为自己的势力范围，过去因为中亚在中国对外战略中是优先级别靠后的区域，中俄在中亚共处的问题不突出。如今，情况发生了很大变化，中国的"丝绸之路经济带"项目与中亚国家的合作进一步深化，如何避免中国与俄罗斯在当地的利益分歧，在妥协中求得合作，获得双赢，需要双方在战略协作的高度上，妥善处理好经济利益和战略利益的关系。

（三）中俄关系中的美国因素

毋庸讳言，中俄战略协作关系走到今天的这个高度，外部有共同应对美国霸权的需要。但是，在中俄美三角结构中，由于地缘政治目标、实力、安全、经贸规模等主要因素不同，中俄、中美关系发展态势呈现出不

[①] 俄罗斯卫星通讯社：《民调：大多数俄罗斯人对中国外交政策评价正面》，2018年9月10日，http://sputniknews.cn/opinion/201809101026316168/。

[②] 俄罗斯卫星通讯社：《俄防长谈西伯利亚度假：可以包饺子、钓鱼、睡在树下》，2018年12月25日，http://sputniknews.cn/society/201812251027200954/。

对称的特点。在政治和安全方面,中俄关系的水平超过中美关系;在经济和社会方面,中美关系超过中俄关系;中俄关系发展的主要动力是政府,中美关系的主要动力是市场和社会。在未来相当长的时间,美国的霸权政策不会改变,决定了中俄美三角关系格局将是长期性的,力量中心的成长变化,相互制衡和牵制是基本特点,中俄美三角关系所影响的地理范围主要作用于亚太地区,尤其是中国和俄罗斯周边地区。当前,美国将中俄列为竞争对手,也是预防中俄联合打破亚太地区的力量平衡。

二、中国对俄外交的前景与建议

尽管存在上述挑战,中俄关系还将长期处于当前这种高水平。就中国而言,"当前,国内外形势正在发生深刻复杂变化,我国发展仍处于重要战略机遇期,前景十分光明,挑战也十分严峻"。习近平在中共十九大报告中指出,中国要在变化的国际局势下,在动态中把握机遇,首先就是要同邻国俄罗斯搞好关系,在互为安全的背景下,才有中国南部、东部、北部的开发和开放。

就俄罗斯而言,2010年普京提出建立欧亚联盟后,西方认为普京要恢复苏联帝国的版图,以前把俄罗斯拉入西方阵营的努力已宣告失败。随后,欧亚经济联盟的成立,乌克兰危机的爆发,克里米亚并入俄罗斯等事件,进一步固化了西方对于俄罗斯想恢复帝国版图的认识。基于此考虑,2018年至今,由于英国毒杀间谍案的发酵,西方组建反俄阵营,大规模驱除俄罗斯外交官,俄罗斯也以牙还牙。刻赤海峡事件[①]后,西方对俄罗斯制裁继续延长,美国决定退出《中导条约》等,这些事件都折射出俄罗斯与西方深层次的、难以调和的结构性矛盾,俄罗斯与西方交恶的关系应该在较长时间不会得到缓和,俄罗斯西部边界的军事紧张状态也很难消除。

---

① 2018年11月25日,三艘乌克兰军舰穿越俄罗斯边境并向刻赤海峡航行。对峙期间,俄罗斯船只向乌克兰军舰开火,并扣押了硬闯该海域的三艘乌克兰军舰。此外,俄方已按俄联邦刑法第322条第3部分(非法越过国界)进行刑事立案。双方没有人员伤亡报告。俄乌双方紧张局势因此升级。乌克兰宣布进入全面战备状态。乌克兰外交部发布消息,要求俄方释放乌海军舰艇的船员回国,并索要赔偿。乌克兰要求立即为受伤军人提供医疗救护,确保他们立即安全回国,归还被扣押的军用物资并向乌方赔偿所造成的损失。此外,声明还呼吁盟友和伙伴通过采用新制裁和加强现有制裁来遏制俄罗斯,并向乌克兰提供军事援助。

在这样的背景下，俄罗斯远东地区的安全稳定尤为重要，与中国的友好关系将免于俄罗斯两线作战，缓解来自西部的战略压力。这是东北亚任何国家都无法取代中国能做到的。俄罗斯对此有清醒认识，因此，不会主动改变对华友好政策，相反会更好地维护中俄关系行稳致远。

普京4.0时代更需要将俄罗斯的经济做强、做实。2018年5月，普京颁发总统令，规划2024年前俄罗斯的战略发展任务和目标，提出政府在2024年以前须将俄罗斯贫困人口减少1/2，保证居民收入稳定增长，退休金的增长幅度要高于通货膨胀率。规划到2024年俄罗斯要进入全球五大经济体，未来6年，每年都要保证俄罗斯GDP增长高于全球平均值，通货膨胀率不超过4%。这是一项极有难度的任务。俄罗斯不得不依赖中国对其经济的提振，中俄关系将在自动和手动挡换挡间长期保持友好稳定发展。

第一，利用好最高领导人会晤引领机制，继续加强政治互信，稳定中俄关系不断提升的总态势。未来几年乌克兰危机不会解决，西方对俄罗斯的打压还会继续，普京第四任期后的俄罗斯政治生态并不明朗，经济发展困难重重，两国高层仍以维护国家政治稳定，支持和尊重国家发展道路为对话核心，中国应审时度势采取支持普京及其利益集团的立场。同时进一步加强中共中央办公厅和俄总统办公厅的直接联系和传递信息于最高领导人的作用。

第二，中俄战略协作伙伴关系平稳发展的关键是要始终坚持平等相待，相互尊重的原则。中俄战略协作伙伴关系发展到今天，除了强大的内生动力外，相当程度上取决于外部环境的变化，即美国的战略挤压。当前，俄美将会持续对抗竞争，西方对俄罗斯进一步制裁和外交孤立，将促使俄罗斯继续加强对中国的倚重。而中国快速崛起，俄优越感下降，可能导致其敏感性、戒备心上升，不能正视中国崛起的事实。在外交场合和利益谈判中，我方坚持捍卫中国利益易被俄看作是盛气凌人，不能平等相待和尊重俄罗斯。因此，要注意坚守平等和相互尊重的交往原则。

第三，明确两国在维护各自国家核心利益方面的作用，塑造互利共赢的国家关系。

经济发展方面，俄对中国资金和市场需求更大，当前中美贸易摩擦期间，俄罗斯能向中国出口的商品仍然是有限的，俄对中国的经济发展起到的推动作用较小，而中国经济发展更加依赖外部世界，与美国的经贸合作是中国经济发展的要义。西方对俄经济制裁，由于中国购买俄罗斯武器，美国已经对中国的相关人士做出了制裁，因此，中俄两国在经济上尤其是金融上的合作明显存在限制，经济合作不得不考虑美国对俄制裁的问题。这种考量对于一个捍卫自己国家利益的、与俄罗斯非盟友的国家来说是再正常不过的。与中俄贸易实际交易情况看，今后构建经济关系，还要坚持以市场为导向，以维护国家利益为根本。

中俄经济领域的合作共赢更应该体现在资源优势互补上。俄罗斯并不愿意将自己变为资源附庸，但事实上俄经济增长依赖的主要源泉仍然是资源，与之适应的发展方式必定与资源有关。目前还未到俄罗斯发展方式必须转变的紧要关头。在这种情况下，包括远东"一区一港"在内的所有制度工具都要服从于其竞争优势，它恰恰就在这些资源上。中国对俄罗斯的资源有很大需求，地缘经济优势互补，就是要充分发掘资源优势，与中国的投资优势相结合，这种合作模式只要有丰富的资源，就会有其强大的生命力。鉴此，中国应在观念沟通上与俄罗斯找到共识，中俄经济合作仍将会出现较大的发展。

第四，加快与俄罗斯在军事领域的合作，在这个领域俄罗斯存在比较优势，俄应让手中的先进武器做到利益最大化。先进武器卖给中国，既能赚到资金，又会产生联动效应，越南、印度等国家才会购买，俄罗斯从而能扩大市场份额，否则，中国发展快速，俄的武器很可能就不会占优势，中国可能寻求其他市场。

第五，共同落实"一带一路"和欧亚经济联盟对接合作，考虑地区合作中俄对中亚的关切。首先通过上海合作组织平台推动经济安全双轮驱动，增加在与中亚国家合作中的透明度，减弱俄担心中国对中亚影响力增大的疑虑。其次，关联东南亚地区，可形成上海合作组织、东盟、中亚等国家多边合作，推动欧亚地区经济一体化进程。

第七章　中国的对印外交

导　读

在当前中国周边外交战略布局中，印度既是中国的南亚邻国，又是极具代表性的发展中国家，还是正在快速崛起的新兴大国。印度的多重身份注定其在中国的外交战略中具有特殊地位。在70年的发展历程中，中国对印外交经历了从虚到实、从被动到主动、从政治为主到多领域并举的转变，总体上坚持了"友邻"和"伙伴"的基本定位。中共十八大以来，中国视印度为"更加紧密的发展伙伴""引领增长的合作伙伴"和"战略协作的全球伙伴"，以"亲、诚、惠、容"的周边外交理念和"协调"与"合作"的大国外交理念指导对印外交，进一步提升印度在周边外交和总体外交中的战略重要性，多方面丰富和充实了中国对印外交的内涵，使中印关系总体上保持了稳定向好的发展态势。主要受边界问题及中巴关系影响，中印关系的未来仍然存在较大不确定性。中国要保持战略定力，着眼大局，立足长远，妥善应对中印关系中的问题和挑战，致力于促进和塑造与印度的战略伙伴关系，争取实现"龙象共舞"的"亚洲世纪"。

印度是第一个与中国建交的非社会主义国家。70年来，中印关系起伏跌宕，既缔结过热络的"兄弟"情谊，也一度炮火相向。双边关系几经波折才得以恢复发展，并逐渐走向成熟，在政治、经贸、人文等领域取得了可喜的成果。在当前中国外交布局中，印度是"唯一具有三层次特征的国家，也就是说，印度既是一个正在兴起的大国，又是中国的邻国，还是发展中国家"。①印度自身的体量、地缘战略地位及发展潜力，注定其在中国外交中具有特殊的重要性，即兼具"首要性""关键性"和"基础性"。换言之，中国的对印外交既是对周边国家的外交，也是对大国的外交，还是对发展中国家的外交。拉吉夫·甘地访华以来，中印关系发展迅速，许多领域取得了重要进展。中共十八大以来，中印关系总体向好，但由于历史和现实因素的影响，中国对印外交仍面临着不少挑战，中国需着眼大局，立足长远，妥善处理好中印关系中的问题和挑战，为中印关系的健康稳定和可持续发展创造条件。

第一节　中国对印外交的历史演进

中印交往数千年，绵延曲折，涤荡人心。近代以来饱受欺凌的历史遭遇和摆脱殖民压迫以来共同的奋斗目标，使中印两国在实现民族独立之初就紧密地连接在一起。然而，70年来中印关系的发展却并不顺利，"兄弟"情谊起起伏伏，两国在寻求"大同"的道路上磕磕绊绊。

一、中国对印外交的发展历程

从1950年中印正式建立外交关系至今，中印关系的发展大致可以划分为五个阶段：一是1950—1959年缔结"兄弟"情谊期，二是1959—1969年走向冲突对峙期，三是1969—1988年解冻冷淡期，四是1988—2000年睦邻友好期，五是2000年以来的突破提升期。

（一）"兄弟"情谊期（1950—1959年）

中华人民共和国成立时，以美苏为首的两大阵营之间的冷战对峙格局已经形成。新中国在成立伊始就成为亚洲冷战的中心，受到以美国为首的资本主义阵营的封锁和包围。20世纪50年代初，除了一批社会主义国家外，与中国建交的资本主义国家和走资本主义道路的民族主义国家屈指可数，印度是最早与中国建交的民族主义国家。也正因为如此，在新中国的睦邻外交战略中，印度一开始就被视为重点对象国，希望在平等友好的基

---

① 赵伯乐：《中印关系——新型的大国关系》，《当代亚太》2005年第8期。

第七章　中国的对印外交

础上积极与印度发展关系。

1949年12月30日，印度总理兼外交部长尼赫鲁照会周恩来，表达了印度"欲与中华人民共和国进入外交关系之愿望"。[①] 1950年4月1日，中印正式建立外交关系，互派大使。毛泽东主席乐观地表示，中印两国正式外交关系的建立，以及"与此而俱来的亚洲两大国家人民的真诚合作，必将大有助于亚洲与世界的持久和平"。[②] 1953年12月31日，周恩来总理在接见就中印两国在中国西藏地方的关系问题来华进行谈判的印度代表时，首次提出要按照互相尊重领土主权、互不侵犯、互不干涉内政、平等互利、和平共处五项原则来解决两国间业已成熟却悬而未决的问题。1954年4月29日，中印两国在北京签订了《关于中国西藏地方和印度之间的通商和交通协定》，并互致关于撤退印度在中国西藏地方的武装卫队等问题的换文。该项协定和换文的重要性体现在三个方面：一是对和平共处五项原则做了正式确认，二是对中印在西藏地区的边境贸易、交通和朝圣等事宜做了明确规定，三是基本上废除了印度政府片面继承的英国通过不平等条约在我国西藏境内所获得的特权。1954年的协定和换文基本上达到了"取消印度在西藏所沿袭的各种特权，保留某些不损害我国主权的惯例"的目的，[③] 使中印两国在中国西藏地方的关系在新基础上重新建立起来。

1954年6月，周恩来总理首次出访印度，这是他出访的第一个非社会主义国家，受到新德里十多万印度人民的夹道欢迎。两国总理在四天内进行了六次会谈，28日发表的两国总理联合声明重申了指导两国关系的和平共处五项原则，并指出该项原则应适用于中印同亚洲及世界其他国家的关系。10月19—30日，尼赫鲁总理回访中国。作为新中国成立后接待的第一位非社会主义国家政府的首脑，尼赫鲁在北京受到热情欢迎和高规格接待，毛泽东主席先后四次会见尼赫鲁，两位领导人的会谈内容广泛，涉

[①] 郭书兰编：《中印关系大事记》（1949年10月—1986年12月），中国社会科学院亚洲太平洋研究所内部资料，1987年，第1页。

[②] 中华人民共和国外交部、中共中央文献研究室编：《毛泽东外交文选》，中央文献出版社、世界知识出版社1994年版，第133页。

[③] 杨公素：《中国反对外国侵略干涉西藏地方斗争史》，中国藏学出版社1992年版，第268页。

及发展中印双边关系、建立和扩大和平区域等问题。尼赫鲁高度评价此次访华之行，认为"重要的是拥有世界人口三分之一的两个亚洲国家更紧密地团结在一起了"。[①]印度外交部翻译V. P. 帕兰杰普（白春晖）盛赞尼赫鲁1954年访华是"印中关系的里程碑，印中友好达到了高峰"。[②]尼赫鲁回到印度后，全印度产生了极其强烈的对华友好感情，而印度驻华使馆人员在北京也受到特别的优待。在1955年4月举行的亚非国家首脑万隆会议上，尼赫鲁总理对周恩来总理提出的"求同存异"原则给予积极支持，中印两国的友好合作共同保证了万隆会议的成功。1956年11月，周恩来再次出访印度，不仅对人民院和联邦院都进行了访问，还在国会大厅对议员们发表了演说。印度人民热烈欢迎周恩来，"印地秦尼巴依巴依"的热烈欢呼声响彻云霄。这一时期，中印各界人士和代表团频繁互访，涵盖政党、军事、贸易、交通、教育和宗教等领域，有力地推动了中印友好关系的建立和发展。

（二）冲突对峙期（1959—1969年）

热切的"兄弟"情谊无法长期掩盖国家间的利益对立。中印在西藏问题上的干涉和反干涉斗争自建交以来就一直存在。随着1959年3月10日西藏上层反动分子发动全面武装叛乱和中国政府的有力平叛，印度支持西藏叛乱、干涉我国内部事务的行径公开化。在鼓励和支持西藏反动农奴主叛乱的同时，印度正式向中国提出领土要求，并多次蓄意挑起边界冲突。1959年3月22日，尼赫鲁致函周恩来总理，以印度片面主张的边界线为根据，公开向中国政府提出了全面的领土要求，由此引发两国总理间频繁的信函往来和政府间反复的外交照会，使中印在边界问题上的分歧与斗争公开化。同时，印度在边境地区积极推行"前进政策"，并于1959年8月和10月，先后在中印边界东段和西段制造了"朗久事件"和"空喀山口事

[①]《印度总理尼赫鲁对国大党议员谈访华意义》，《人民日报》1954年11月20日，第4版。
[②]赵蔚文:《印度外交官回忆印中关系》，《现代国际关系》1995年第3期。

件"。①尼赫鲁公开宣扬"一个强盛的中国通常是一个扩张主义的中国",②印度媒体更是渲染"空喀山口事件"是中国"对印度警察部队的野蛮屠杀"。③边境流血事件的发生和印方的错误言论,不仅打破了中印边境地区的总体和平,也严重恶化了中印关系。

为了不使冲突进一步升级,周恩来在1959年11月7日致信尼赫鲁,建议在中印边境东段和西段的两国武装部队各自后撤20千米以脱离接触,两国在短期内就边界问题举行会谈。④在遭到尼赫鲁拒绝后,毛泽东毅然决定,中国边防部队单方面从实际控制线后撤20千米,并规定在实际控制线本侧30千米的地区内,不开枪、不巡逻、不平叛、不打猎,以求避免武装冲突。⑤在中国政府的一再建议和敦促下,尼赫鲁被迫同意与中国就边界问题举行会谈。1960年4月19—25日,周恩来第三次访问印度,与尼赫鲁进行了七次会谈,却没能就解决边界问题达成协议。⑥1960年6—12月间,中印先后举行三轮官员会谈,仍未能达成解决边界分歧的共识。由于印度的偏执,中印关系进一步恶化,1961年7月和1962年7月,印度驻华大使和中国驻印大使各自离任回国,双边关系实际上被降到临时代办水平。从1962年初开始,印军沿"麦克马洪线"在己方一侧建立24个新哨所。从1962年5月起,印军更是利用中国边防部队停止巡逻的机会侵入"麦克马洪线"以北,在西藏境内建立了包括扯冬在内的4个侵略据点。在中印边

---

① "朗久事件":1959年8月25日,印军突然向驻在马及敦的中国边防部队开火,遭到中国边防部队的自卫还击。26日,朗久哨所的印军变本加厉,再次向马及敦的中国军队发动猛烈攻击。印度政府在27日给中国政府的照会中反诬中国"蓄意侵略"。"朗久事件"是印军在中印边界挑起的中印之间的第一次流血事件。"空喀山口事件":1959年10月21日,一支由70多人的印度边防警察组成的巡逻队入侵中印边界西段空喀山口以南的中国领土,并首先向中方开火,造成中印之间的第二次流血事件。

② 郭书兰编:《中印关系大事记》,中国社会科学院亚洲太平洋研究所内部资料,1987年,第39页。

③ 王宏纬:《当代中印关系述评》,中国藏学出版社2009年版,第166页。

④ 中共中央文献研究室编:《周恩来年谱1949—1976》(中),中央文献出版社1997年版,第266页。

⑤ 王宏纬:《当代中印关系述评》,中国藏学出版社2009年版,第180页。

⑥ 中共中央文献研究室编:《周恩来年谱1949—1976》(中),中央文献出版社1997年版,第313—314页。

界西段，印军以巴里加斯哨所为基地不断向中国境内推进，到1962年10月已经在中国境内设立了43个侵略据点。① 在中段，印军也多次侵入中国境内进行非法的侦查活动。印度的偏执和领土野心最终将中印关系导向战争。

战争结束后，中国政府再次向印度政府建议两国总理重新举行会谈，谋求友好解决边界问题，并采取了主动交还缴获的印军武器和军用物资、主动释放全部印军被俘人员等一系列积极措施。但印度政府对中国政府为保持中印友好所做的种种努力视而不见，致使中印关系在此后数年一直处于僵持对立中。不过，中国在此次边境战争中获得了军事上、政治上和外交上的胜利，迫使印度不得不放弃"前进政策"，维持了中国西南方向半个多世纪的总体和平。

（三）解冻冷淡期（1969—1988年）

亚洲两个大国的长期敌对，既不符合两国利益，也对亚洲安全造成严重威胁，中印双方都认识到继续维持敌对状态很不明智。1969年元旦，英迪拉·甘地总理在记者招待会上称，应当设法寻求解决中印争端的途径。② 同年2月，印度外长辛格表示，印度准备与中国讨论包括贸易在内的一切问题。他还传达了印度不干涉中国西藏内政的信息。③ 中国对此作出了积极回应。1970年5月1日，毛主席在天安门城楼对印度驻华使馆临时代办拉杰希·米希拉表示："印度是一个伟大的国家，印度人民是伟大的人民。中印人民总是要友好的。"④ 然而，主要是由于印度的政策反复，以及其对藏南领土的持续侵犯和强化管控，中印关系的解冻步履维艰。

1976年1月，中国外交部副部长韩念龙在出席印度大使馆举行的国庆招待会上谈及两国关系改善时表示，"如印派出驻华大使，我们欢迎"，并

---

① 王绳祖主编：《国际关系史》第九卷（1959—1969），世界知识出版社1995年版，第342页。

② 郭书兰编：《中印关系大事记》，中国社会科学院亚洲太平洋研究所内部资料，1987年，第105页。

③ Nancy Jetly, *India China Relations, 1947-1977: A Study of Parliament's Role in the Making of Foreign Policy*, New Delhi: Radiant Publishers,1979, pp.259, 262.

④ 刘述卿：《拉吉夫·甘地与中印关系的改善》，《纵横》2002年第5期。

第七章　中国的对印外交

表示相信"中国政府会作出相应反应"。①7月和9月，印中两国先后重新派遣大使，这被视作中印关系正常化的起点。1979年2月，瓦杰帕伊外长访华，这是中印关系恶化以来第一位来访的印度外交部长。1981年6月，黄华外长应邀访问印度，这是1960年以来第一位中国政府部长级领导人访印。访问期间，中方同意印度首批香客赴中国西藏的冈底斯山和玛法木措湖朝圣。②邓小平副总理向瓦杰帕伊表示，中印双方应求同存异，边界问题不应妨碍双方在其他领域进行友好交往。对于历史遗留的边界问题，只能采取"一揽子解决办法"。③同年12月，中印建立了副外长级官员定期会谈机制，就边界问题的解决进行探讨。之后，中印双方在不同场合均表示了进一步改善和发展两国关系的愿望。然而，由于印度奉行所谓"平行政策"，坚持在边界问题解决前，中印关系不可能完全正常化，④加上印度国内亲苏派的多方干扰，中印关系在这一时期仍然相当冷淡，仅停留在部长级层面。边境地区还发生过"桑多洛河谷事件"⑤和印度不顾中国抗议将中印东段争议地区升格为"阿鲁纳恰尔邦"的严重事件，阻滞了中印关系的完全恢复。

随着国际形势从对抗转向对话，从紧张渐趋缓和，中印关系的发展也迎来了新的机遇。1988年12月，印度总理拉吉夫·甘地访华，这是自尼赫鲁在1954年访华后第一位印度总理来访，受到了空前高规格的接待。中央

---

① 赵蔚文：《印中关系风云录》，时事出版社2000年版，第221页。
② 《中印两国外长会谈结束》，《人民日报》1981年6月29日，第6版。
③ 《邓小平文选》（第三卷），人民出版社1993年版，第19页。
④ 1979年6月20日人民党政府总理莫拉尔吉·德赛在南斯拉夫举行的记者招待会上的谈话。转引自叶正佳：《五十年来的中印关系：经验和教训》，《国际问题研究》1999年第4期。
⑤ 1985年8月印方在"麦克马洪线"的桑多洛河谷上建了一个哨所，观察中方在拉则拉（印称"塔格拉"）山脊背后的军事部署。1986年6月，中国边防部队在这一地区恢复巡逻，并设立边防点。随后，印度就所谓40多名中国边防人员"入侵"桑多洛河谷地区的"印度领土"向中国政府提出"抗议"，并迅速增兵设点，对中国边防点形成包围。之后，中印边防部队都加强了在桑多洛河谷的巡逻。1987年3月，印军进一步进入克节朗河谷，并展开历史上最大规模军事演习，对中国进行挑衅。为遏制印军对中国领土的蚕食和渗透，中国军队展开针锋相对的军事斗争，当年4月，启动了"874"军事演习，一直持续到8月。中国军队越过拉则拉山脊，在克节朗河谷北岸设点驻防，与印军形成军事对峙。从8月开始，边界紧张局势实现了缓和。参见姬文波：《1987年中印边界危机回顾与反思》，《南亚研究》2018年第1期。

225

军委主席邓小平会见拉吉夫·甘地,从战略高度强调了中印友好的重大意义。① 双方领导人的会谈和会后联合发表的新闻公报体现了以下重要共识:第一,中印两国共同倡导的和平共处五项原则,是指导国家间关系及建立国际政治和经济新秩序的基本原则。第二,中印关系必须"向前看"。恢复、改善和发展中印两国睦邻友好关系,不仅符合两国人民的根本利益,也将对亚洲和世界的和平与稳定产生积极影响。第三,以"互谅互让"为原则,和平协商解决边界问题。第四,在寻求双方都能接受的边界问题解决办法的同时,积极发展其他方面的关系。② 上述共识充分表明,印度决心改变对华敌视态度,也表明印度放弃了此前坚持的"平行政策",不再为发展中印关系预设前提。两国政府还就科技合作、文化合作及民用航空运输等签署了一系列协定,并决定建立边界问题联合工作小组,寻求解决边界问题的办法。拉吉夫·甘地访华翻开了中印重塑友好关系的新篇章,被盛赞为"破冰之旅"。

(四)睦邻友好期(1988—2000年)

拉吉夫·甘地成功访华后,中印关系得到了迅速发展。首先是高层互访的恢复。1991年12月,李鹏总理对印度进行正式访问。两国领导人就双边关系和国际形势广泛而深入地交换了意见。中印重申边界问题不应影响两国关系的发展,进一步同意在边界问题最终解决前,保持实际控制线地区的和平与安宁。双方一致同意,应积极努力扩大双边经贸关系,发掘边界贸易的潜力。拉奥总理重申印度承认西藏是中国的一个自治区,是中国领土的一部分。此次访问推动了中印关系的改善和发展。1992年5月,拉马斯瓦米·文卡塔拉曼总统对中国进行国事访问,这是中印两国建交以来第一位访问中国的印度总统。1993年9月,拉奥总理对中国进行了为期四天的国事访问。两国总理在友好氛围中,就两国关系和国际形势充分交换意见。1996年11月,江泽民主席对印度进行国事访问,这是中国国家主席首次访问印度。双方确立了"建立面向21世纪的建设性合作伙伴关系"的

---

① 吕聪敏:《从拉吉夫·甘地访华说起——简述20年来中印关系的发展历程》,《观察与思考》2009年第11期。

② 中华人民共和国驻印度共和国大使馆:《中印联合新闻公报》,1988年12月23日,https://www.fmprc.gov.cn/ce/cein/chn/zygx/zywx/t724779.htm。

目标，提升了中印友好的层级。这一时期，两国的其他高级领导人和政府官员之间也互访不断。频繁的高层互访及其在双边问题、地区问题和国际形势方面的意见交换，对于消除误解，增进了解，改善关系起了积极的促进作用。

其次，边界谈判取得进展，双方就维护边境地区的和平与稳定达成了重要协定。1993年拉奥总理访华期间，中印签署了《中华人民共和国政府和印度政府关于在中印边境实际控制线地区保持和平与安宁的协定》，承诺互不使用武力或以武力相威胁，在边界问题最终解决前，严格尊重和遵守双方之间的实际控制线。1996年江泽民主席访印期间，双方又签署了《中华人民共和国政府和印度共和国政府关于在中印边境实际控制线地区军事领域建立信任措施的协定》。两项协定的签署，是这一时期中印在敏感的边界争端问题上取得的最重要成就，反映了边界争端对双方开展互利合作关系的消极影响在降低，也反映了中印关系在逐步成熟。双方还同意将1990年以来的两国边防人员不定期会晤改为定期会晤。

再次，中印经贸和科技合作迅速发展。1988年12月，中印部长级经贸科技合作联合小组成立，在推动双边经贸科技的合作交流方面发挥了积极作用。据不完全统计，1991—1993年，有100多个大小不同的贸易代表团进行了互访。[1]李鹏总理访印期间，双方又签署了"恢复边境贸易的备忘录""1992年贸易议定书"等。1996年拉奥总理访华期间，中印又签署了《关于在什布奇山口扩大边境贸易的议定书》。1988年中印双边贸易额约为1.08亿美元，1994年达到8.95亿美元，1997年迅速增加到18.3亿美元，2000年又增加到29.1亿美元。[2]1988年拉吉夫·甘地访华期间，中印签署了中印科技合作协定，同年成立了中印科技合作联合委员会，委员会定期举行会议，签署了一系列协议，密切了两国的关系。1991年李鹏总理访印期间，双方航空航天部门又签署了关于和平利用外空的科技合作谅解备忘录。这些协定和备忘录的签署，反映了中印关系在多个领域的进展。这一时期，两国在农业、水产、轻工、化工、医药卫生、电子、生物技术、气

---

[1] 王宏纬：《当代中印关系述评》，中国藏学出版社2009年版，第335页。
[2] 同上，第337页。

象、航天等领域都展开了合作。

除此之外，中印在其他领域的关系也在向正常化方向发展。如1995年全国人大常委会委员长乔石访问印度，结束了中国人大常委会委员长没有访问过印度的历史。自1990年以来，中印军队的友好往来也得到恢复。1990年6月，印度国防学院院长、海军中将高维尔率团访华，这是自1958年叶剑英率团访印以来，两国军队之间的再次交往。1992年7月，印度国防部长夏拉德·帕瓦尔访华，1994年9月，我国国防部长迟浩田回访印度，揭开了中印国防部长互访的序幕。在国际事务中，中印两国在裁军、缩小南北差距以及人权问题上也都开始有了较好的合作。在文化领域，中印于1988年5月签署了政府间第一个文化合作协定，同年12月和1991年3月，又先后签署1989—1990年和1991—1993年文化交流执行计划。1995—1997年，双方实施了第三个三年文化交流执行计划。1992年和1994年，印度和中国还先后分别举办了首次"中国文化节"和"印度文化节"。中印两国在文化艺术、教育、新闻出版、广播电影电视等领域的关系得到了很大发展。

1988—2000年是中印关系迅速发展的重要时期。虽然在1998年5月印度为进行核试验找借口，诬蔑中国为"潜在头号危险"，导致双边关系一度受挫，但持续的时间并不长。一是因为印度在核试验成功后很快修正了此前的错误言论。瓦杰帕伊总理的首席秘书米什拉在核试验后不到十天就表示，印度要与中国改善关系，重开对话。[①] 1999年6月，印度外长贾斯万特·辛格访华，与唐家璇外长达成了互不视对方为威胁、以和平共处五项原则为两国发展睦邻友好关系基础的重要共识。为缓和关系，印方还在经贸领域主动采取了一些加强双边合作的行动。二要归功于中国的克制。几乎在印度渲染"中国威胁"的同时，印巴在克什米尔实际控制线的卡吉尔地区发生了武装冲突。中方对此采取严守中立的态度，不因印度的错误言论和立场乘机进行报复，对印度领导阶层和普通群众都产生了难以估量的正面影响。2000年5月底6月初，印度总统纳拉亚南应江泽民主席邀请对中国进行国事访问，双方就大力发展中印友好、加强经贸合作和人员交

---

① 陈宗海：《试论冷战后的中印外交关系》，《和平与发展》2010年第1期。

往，以及共同维护边境地区的和平与安宁达成了共识。至此，因印度核试验再起波澜的中印关系全面恢复。

（五）突破提升期（2000年至今）

2000年以来，中印关系持续发展，在很多方面都有重大突破。首先是两国关系的定位不断提升。1996年，中印确立了"建立面向21世纪的建设性合作伙伴关系"的目标。2002年，朱镕基总理访印，重申愿在和平共处五项原则基础上"与印度建立建设性合作伙伴关系"。2003年，印度总理瓦杰帕伊访华，中印签署两国关系原则和全面合作宣言，将"发展两国长期建设性合作伙伴关系"作为指导两国关系发展的四项原则之一。2005年，温家宝总理访问印度，两国领导人同意"建立面向和平与繁荣的战略合作伙伴关系"，对此前倡导的"建设性合作伙伴关系"定位予以极大提升。2006年，胡锦涛主席访问印度，双方一致认为中印关系已远远超出双边范畴，具有全球性意义。为夯实战略合作伙伴关系内涵，中印提出了十项具体战略目标。2014年9月，习近平主席在印度世界事务委员会的演讲中又进一步将印度定位为"紧密的发展伙伴""引领增长的合作伙伴"和"战略协作的全球伙伴"，印度在中国周边外交和总体外交布局中的地位持续攀升。

其次，在困扰双边关系的西藏问题和边界问题上达成新的谅解。2003年6月，中印签署两国关系原则和全面合作宣言，印度"承认西藏自治区是中华人民共和国领土的一部分，重申不允许西藏人在印度进行反对中国的政治活动"。这是印度首次在双边正式文件中明确承认西藏是中华人民共和国领土的组成部分，以限定明确的"中华人民共和国"取代了过去解释度较宽的"中国"二字。宣言中虽未提到印度关心的锡金问题，但同时签署的《中印关于扩大边境贸易的谅解备忘录》事实上承认了印度对锡金的占领。备忘录确认西藏的仁钦冈和锡金的昌古为中印双方新增的边贸口岸，传达了中国在锡金问题上改变立场的政治意涵。2005年4月18日，国家测绘局行业管理司正式下发《关于地图上锡金表示方法变更的通知》，规定在中国出版的地图上将锡金作为印度的一个邦标示，同时对印度的面积、行政区划、中国陆地邻国的数量、南亚国家数量等的表述进行了相应的变更。① 在边界问题上，2003年，中印建立特别代表会晤机制，探讨解决边界问题的框架。2005年4月，中印签署了《关于解决中印两国边界问题的政治指导原则的协定》，这是1981年中印恢复边界谈判以来签署的第一个政治文件。同时签署的还有《关于在中印边境实际控制线地区军事领域建立信任措施的实施办法的议定书》，这是就1996年建立信任措施协定有关条款的具体实施办法达成的协议。为落实1993年协定、1996年协定和2005年议定书，中印在2012年签署《关于建立中印边境事务磋商和协调工作机制的协定》，负责开展和加强中印边境地区军事人员和机构的交流与合作，处理可能出现的影响边境地区和平与安宁的重大边境事务。2013年，两国进一步签署了边防合作协议。

再次，双边经贸和人文交流取得重大发展。一方面，经贸在中印关系中的地位得到极大提升。2006年11月签署的中印《联合宣言》确认"中印全面经济和贸易关系是两国战略合作伙伴关系的核心组成部分"。② 另一方面，中印双边贸易额增长迅猛。2000年，中印双边贸易额仅为29.1亿美元，到2010年已经达到617.6亿美元，③ 远远超出了2006年中印《联合宣言》中提出的400亿美元预期。中共十八大以来，中印经贸关系的发展更加迅速，至2017年中印双边贸易额已达到844亿美元，比2016年增长20.3%，对印投资四年间累计涨幅超200%。④ 经贸合作越来越成为中印关系的加速器和压舱石。值得一提的是，2006年7月，乃堆拉口岸正式开通，中断40多年的边贸通道终于恢复。作为两国边境地区的传统联系通道，乃堆拉口岸开通的政治意义不容低估。此外，中印人文交流也有所加强。2014年9月，根据2006年中印《联合宣言》的规定，中方同意向印度增开乃堆拉为朝圣路线。2015年6月22日，乃堆拉口岸正式对印度香客开放，印度香客由此可取道乃堆拉，可乘坐汽车直抵山下，朝圣之路大大缩短，极大地便利了

---

① 刘恩恕、刘惠恕：《中国近现代疆域问题研究》，世界知识出版社2009年版，第161页。
② 外交部：《联合宣言》，2006年11月21日，https://www.fmprc.gov.cn/web/ziliao_674904/1179_674909/t285914.shtml。
③ 中华人民共和国驻孟买总领事馆经济商务室：《2010年中印经贸合作概况》，2011年5月11日，http://bombay.mofcom.gov.cn/article/zxhz/201105/20110507544138.shtml。
④ 国务院新闻办公室：《2017年中印双边贸易额创历史新高》，2018年4月28日，http://www.scio.gov.cn/31773/35507/35510/Document/1628551/1628551.htm。

印度香客赴藏朝圣的活动。不仅如此，中印两国在文化、旅游、影视和学术交流等方面的人员往来也进一步增加和扩大。

二、中国对印外交的总体评价

从1950年建交至今，中印关系的发展可谓"历尽劫波兄弟在"。中国对印外交在总体上坚持"友邻"和"伙伴"基本定位不变的同时，也经历了从虚到实、从被动回应到主动谋划、从政治外交为主到多领域并举的转变。

（一）始终坚持友邻和伙伴的基本定位

在20世纪50年代中印关系的友好期，中国将印度视为开展睦邻友好、营造和平稳定周边环境的重点国家，不仅与印度共同倡导了和平共处五项原则，而且尽力回避与印度在西藏问题和边界问题上的分歧，即使在西藏发生叛乱和印度公开干涉西藏内政后，仍视印度为朋友。1959年5月13日，毛泽东在审阅中国外交部对印度外交部外事秘书杜德于当年4月26日谈话的答复稿上亲自写道："总的说来，印度是中国的友好国家，多年来是如此，今后一千年一万年，我们相信也将是如此。……印度不是我国的敌对者，而是我国的朋友。……我们不能把朋友当敌人，这是我们的国策。……我们两国之间的吵架，不过是两国千年万年友好过程中的一个插曲而已，值不得我们两国广大人民和政府当局为此而大惊小怪。"[1]

20世纪70年代以来中印关系解冻和恢复虽历经曲折，但中方坚信"中印始终要友好"。中印恢复正常关系后，中国将印度置于睦邻友好的周边外交大局中，积极发展对印关系。从1996年倡导"建立面向21世纪的建设性合作伙伴关系"，到2005年倡导"建立面向和平与繁荣的战略合作伙伴关系"，中国一直将印度定位成合作伙伴。2013年李克强总理访问印度以来，中方反复强调要积极看待彼此的发展，中印互为伙伴而非对手，中印互为发展机遇而不是挑战。2014年9月，习近平主席更从双边、地区和全球三个不同的层面定位中印关系，对印度作为中国"合作伙伴"的重要性加以强调。纵观中印近70年的关系历程，除了边界战争前后的一段时

---

[1] 中共中央文献研究室编：《毛泽东文集》（第八卷），人民出版社1999年版，第66—67页。

期，中国始终视印度为友邻和伙伴，而非对手和敌人。这是中印关系在历经起伏跌宕中仍能向前发展的重要基石和保证。

（二）经历从虚到实逐渐成熟的转变历程

"由于历史文化和意识形态等方面的原因，在新中国成立后的相当一段时间内，国家利益在中国对外关系中的地位并不突出。"[①] 这种现象同样存在于中国的对印外交中。中印建交之初，两国的外部环境和领导人的国际影响力有着天壤之别。作为第一个与中国建交，且在国际事务中支持中国的非社会主义邻国，印度在中国的睦邻友好外交中占有特殊地位。尽管中国政府认识到印度是一个存在两面性的民族主义国家，既有谋求发展、维护和平、反对帝国主义侵略的一面，又有要求继承英帝国主义在藏侵略权益的一面，主张对印采取争取与之和平相处，反对其干涉西藏与保持在藏特权的方针。[②] 但在执行层面，争取与印度的和平相处实际上主导了中国对印外交。这在1954年关于中国西藏地方通商和交通问题的谈判中，以及应对印度在中印边境地区的扩张行动中都有明显体现。20世纪50年代中印共同倡导的和平共处五项原则和广为宣扬的中印"兄弟"情谊，并不是完全建立在坚实的国家利益之上，更多是建立在反对殖民主义和帝国主义侵略、维护国际和平的政治立场之上。中印双方对于彼此的认识，都存在某种一厢情愿的幻想。一旦国家间的实际利益分歧和冲突加剧，"兄弟"反目也就难以避免。

边界战争结束后，中印之间从解冻到完全恢复正常关系的历程虽然漫长，但双方的相互认识在逐步调整，尤其是中国开始较多地从国家利益本身出发来看待与印度关系的恢复和发展。冷战结束后，国家利益的概念正式出现在中国对外政策的官方表述中，[③] 成为指导双边关系的根本原则。拉吉夫·甘地访华以来，中印关系的改善和发展，不再局限于政治外交领域，贸易、投资、基础设施建设、卫生、科技、人文等多领域的合作迅速发展，相互依存度不断加深。中印妥善应对两国关系发展进程中出现的问

---

① 张清敏：《理解十八大以来的中国外交》，《外交评论》2014年第2期。
② 杨公素：《中国反对外国侵略干涉西藏地方斗争史》，中国藏学出版社1992年版，第253页。
③ 张清敏：《理解十八大以来的中国外交》，《外交评论》2014年第2期。

题，既是双方共求发展、同谋和平的政治意愿使然，更是两国间盘根错节的各种现实利益所驱动。中共十八大以来，习近平和其他领导人在不同场合多次表示，中印双方应该尊重各自的核心利益和重大关切，也多次强调与印度在地区和全球事务中的共同利益。在全球化和相互依存的世界里，中国对印外交的内容在不断拓展，基础在不断夯实。

（三）实现从被动回应到主动谋划的转变

回顾中印关系中的重大事件和问题会产生一个直观的印象：以冷战的结束为界，中国对印外交是从被动回应逐渐走向主动谋划的。1950年中印建交，是印度主动宣布承认中华人民共和国的自然发展。1954年，中印签署关于西藏地方的协定，是印度多次要求讨论"印度在西藏利益现状"的结果。20世纪50年代末至70年代末，中印从冲突到战争再到敌对僵持，是印度公开干涉中国西藏内政并扩张领土野心所致。20世纪70—80年代，中印恢复关系的进程几经波折，主要也是受印度政策反复的影响。在上述这些重大事件中，中国对印外交总体上呈现出"应激—反应"的特征。这一方面是因为新中国成立初期内求发展、外谋和平的双重压力，极大地压缩了中国主动筹划对印外交的空间；另一方面则是出于争取印度、稳定周边的考虑，避免主动引发事端或恶化事态。

改革开放特别是20世纪80年代中期以来，中国对周边国家的外交重点逐渐放在改善和发展与各国稳定、和平与合作的关系上来，把营造良好的周边环境放在对外关系的首位。[1]20世纪90年代以来，中国与所有周边国家实现了关系正常化，周边环境有了实质性的改善。在这种背景下，中国对邻国关系的认识和定位逐步深化，中国外交的主动性和能动性大大增强。1979年瓦杰帕伊访华期间，邓小平率先提出，中印双方要求同存异，不使边界问题影响双方在其他领域的友好交往。拉吉夫·甘地访华以来，中国积极开展对印外交，发掘两国共同的"发展"利益，拓宽两国合作领域，不断提升印度在中国周边外交乃至总体外交布局中的定位，强调中印"不能只把眼睛盯在分歧上而忽略了友谊和合作，更不能让两国发展进程

---

[1] 周方银：《从"与邻为善、以邻为伴"到东亚地区一体化建设——中国与近邻国家关系60年》，载赵进军主编：《新中国外交60年》，北京大学出版社2010年版，第335—336页。

和两国关系大局受到干扰",[①]倡导从战略的高度看待中印关系,"携手追寻民族复兴之梦"。正是在这种战略观、大局观的引导下,中印关系虽有波澜,但一直在向前发展。

(四)经历从政治外交为主到多领域并举的转变

无论是"兄弟"友好期,还是敌对僵冷期,西藏问题、边界问题、中印各自与第三国的关系问题等政治议题,始终是中国对印外交的主体。有学者认为,"在某种意义上,双方围绕西藏展开的外交行动是当代中印关系的发轫"。[②]自印度放弃"平行政策",响应中国提出的在边界问题解决前,积极发展双方在其他领域关系的主张以来,中印交往领域迅速扩大。经贸、科技和人文领域的合作不断增加,尤其是经贸关系迅猛发展。2006年11月,中印《联合宣言》强调,"中印全面经济和贸易关系,是两国战略合作伙伴关系的核心组成部分"。2014年9月,中印发表关于构建更加紧密的发展伙伴关系的联合声明,这是中国首次同一国构建以"发展"命名的伙伴关系,[③]充分说明了"发展"对中印及双方在构建健康稳定、积极向好的关系中的特殊意义。2018年12月,中印从国家层面正式启动人文交流机制,进一步反映了两国关系中外交主体的多元化。尽管传统的政治议题始终会影响中国的对印外交,但其敏感度和影响力将会随着中印合作领域的进一步拓宽和加深、相互依存度的进一步增强而有所下降,而中印在经贸、科技、文化产业、教育、智库等领域开展合作的重要性将不断上升。换言之,中国对印外交的主体已经实现了从政治外交为主导向多领域并举的转变。"随着两国关系步入新时期,人文交流、民心相通工作的'加分价值'和战略意义势必更加凸显。"[④]

[①] 《习近平在印度世界事务委员会的演讲(全文)》,新华网,2014年9月19日,http://www.xinhuanet.com/politics/2014-09/19/c_1112539621.htm。

[②] 赵干城:《中印关系:现状·趋势·应对》,时事出版社2013年版,第6页。

[③] 《习近平的中印大国相处之道》,新华网,2016年5月27日,http://www.xinhuanet.com/world/2016-05/27/c_129021216.htm。

[④] 蓝建学:《人文交流:中印关系的亮点》,《光明日报》2018年4月28日,第8版。

第二节 新时代中国对印外交

当前，国际格局正在发生前所未有的深刻转变，亚洲在全球格局中的地位不断上升。中印是亚洲最大的两个发展中国家，世界多极化进程中的两大支柱，更是新兴经济体的主要代表，是拉动亚洲乃至世界经济增长的有生力量。中印两大邻国相互依存，相互支持，对两国的发展和世界的和平与稳定都将产生不可估量的积极影响。这一现实决定了新时代中国对印外交理念的创新、对印外交定位的提升和对印外交内涵的充实。

一、中国对印外交理念的创新

中共十八大以来，中国外交在保持总体稳定性和连续性的基础上，进行了一系列重大的理论创新，特别强调在开展周边外交时要突出体现"亲、诚、惠、容"的外交理念，在发展大国关系时要积极推进大国协调和合作，构建总体稳定、均衡发展的大国关系框架，在与发展中国家开展关系时要强调合作，追求共同发展。这些创新成为新时期中国开展对印外交的主要指导理念。

（一）"亲、诚、惠、容"的周边外交理念

"无论从地理方位、自然环境还是相互关系看，周边对我国都具有极为重要的战略意义"。[①] 新中国成立以来，中国历届政府都高度重视周边外交，"睦邻友好"的周边外交理念不断发展。2004年第十次驻外使节会议上，中国正式提出了"大国是关键、周边是首要、发展中国家是基础、多边是重要舞台"的外交布局，周边的"首要"地位被凸显出来。进入21世纪以来，周边国家的发展优势和发展潜力越来越明显，周边对于中国的重要性不断攀升。中国政府在2013年10月24—15日举行了新中国成立以来的首次周边外交工作座谈会，充分反映了新时期中国政府对周边外交的高度重视。习近平在会上指出，我国周边外交的基本方针，就是坚持与邻为善、以邻为伴，坚持睦邻、安邻、富邻，突出体现"亲、诚、惠、容"的

[①] 习近平：《习近平谈治国理政》，外文出版社2014年版，第296—297页。

理念。①

　　印度不仅是中国在南亚的最大邻国、最大贸易伙伴，而且"对中国实现稳定周边、保持西南边境地区安宁、促进边疆地区对外开放的目标，具有相当大的重要性"。②新时期中国的对印外交紧扣"亲"字，常见面、多走动，中印首脑互访频率之高前所未有，在多边场合的深度会晤也超越以往。中国对印外交投之以"诚"，坚持在和平共处五项原则的基础上，以合作而非对抗的方式、以共赢而非零和的理念发展双边关系。中国对印外交行之以"惠"，本着互惠互利的原则同印度开展合作，倡导建设孟中印缅经济走廊，重视双方贸易失衡问题，力求把双方利益融合提升到更高水平。中国对印外交强调包容性，中印之间既有超越社会制度与意识形态的共同利益和共同追求，也有短期内难以解决的各种结构性和非结构性分歧，中印不仅要求同存异，还要知异求同，从两国人民的根本利益出发，做好邻居、好伙伴。

（二）"协调"和"合作"的大国外交理念

　　在全球化、信息化和网络化时代，国家间你中有我、我中有你的相互依存度越来越高。世界各国，特别是大国有责任通过协调来解决分歧和争端，有义务通过合作来谋求共同利益。2017年10月，习近平在中共十九大报告中论述中国同大国的关系时强调，要推进大国间的协调和合作，构建总体稳定、均衡发展的大国关系框架，③这为中国特色大国外交指明了努力方向。中印两国体量巨大，是世界上仅有的两个人口超过10亿的国家，两国人口总数占世界三分之一，两国陆疆总面积分列世界第三和第七位。中印还是当前世界上发展最快的两个国家，被誉为"拉动世界经济增长的两大引擎"，经济总量都位居世界前列。中印国家间关系不仅是发展中国家间关系、新兴经济体间关系，还是大国间关系。因此，当前中国的对印外交是在"协调"和"合作"、不冲突、不对抗的大国外交理念指导下进行的。

---

① 习近平：《习近平谈治国理政》，外文出版社2014年版，第297页。
② 赵干城：《中印关系：现状·趋势·应对》，时事出版社2013年版，第213页。
③ 《权威发布：十九大报告全文》，人民网，2018年3月13日，http://sh.people.com.cn/n2/2018/0313/c134768-31338145.html。

第七章　中国的对印外交

中国领导人多次强调，中印关系已经超出双边范畴，具有全球和战略意义，双方要相互支持，密切协调。中国希望同印度在全球事务中加强战略协作，坚持和发扬和平共处五项原则，坚持主权平等、公平正义、共同安全和共同发展；希望同印度在参与全球治理，推动世界多极化和经济全球化，应对气候变化、粮食安全、能源安全等全球性问题中协调立场，用一种声音说话；愿意同印度加强在中俄印、金砖国家、二十国集团、上海合作组织等多边机制内的战略协作，支持印度在联合国包括安理会发挥更大作用的愿望。[①] 在双边关系中，中国坚持同印度通过和平方式来解决分歧，不搞冲突和对抗。2017年"洞朗对峙事件"[②] 使中印关系高度紧张，甚至出现"中印一战"的声音，但中方保持了高度克制，从稳定中印关系、稳定周边的大局出发，坚持通过和平对话寻求解决事件，这正是"协调与合作"外交理念的规范和引领之功。

（三）"合作"与"发展"的"基础"外交理念

数十年来，中国在外交战略布局中坚持"发展中国家是基础"的方针，将与发展中国家的关系视为开展对外关系的基石。中印建交以来，中国开展对印外交坚持了真诚友好，一贯强调平等互利和互相尊重，在此基础上致力于发掘两国的利益契合点。但在"发展中国家是基础"的外交布局和实践中，中国长期以来是将发展中国家最多的非洲大陆作为实施这一外交方针的主要载体，而对印度这个中国周边最大的发展中国家在外交布局中的基础性地位缺乏足够的重视。事实上，印度既是中国的周边邻国和大国，更是同中国一样的发展中国家。中印不仅有共同的历史遭遇、共同的发展任务，还有共同的发展利益。当前世界经济结构的调整，既为中印两个发展中国家带来千载难逢的发展机遇，也使双方面临着许多共同的风险和挑战。

[①] 《习近平在印度世界事务委员会的演讲（全文）》，新华网，2014年9月19日，http://www.xinhuanet.com/politics/2014-09/19/c_1112539621.htm。

[②] "洞朗对峙事件"：2017年6月18日，印度边防部队在中印边界锡金段非法越过边界线进入中国领土，并无理阻挠中国边防部队在洞朗地区的战场道路施工活动，引发双方严重对峙。直至8月28日下午，印方将越界人员和设备全部撤回边界印方一侧，两国边防部队脱离接触，对峙才宣告结束。此次事件是1987年以来中印两国在边境地区出现的最大规模的军事对峙行为，对中印双边关系的发展造成了很大的冲击。

在这种新形势下，中国的对印外交立足长远，强调加强团结协作，追求共同把握世界经济结构调整的历史机遇，共同建设广泛的发展伙伴关系。习近平在2017年9月在厦门举行的新兴市场国家与发展中国家对话会上倡议，"新兴市场国家和发展中国家需要同舟共济，坚定信心，联手营造有利发展环境，努力实现更大发展，为世界经济增长作出更大贡献"。[①] 中共十八大以来，中国在对印外交中倡导以开放和包容的心态互相看待对方，主张把对方视为自己发展的机遇，从各自的发展禀赋出发，加强对话交流，深化务实合作，充分用好资源共享的潜力和取长补短的空间，促进双方的共同发展和繁荣昌盛。为此，中印也需要创新合作思路和合作机制，努力破解务实合作中遇到的各种难题，力争持续推动中印关系的提升，使两个发展中国家都能在"合作"中求得发展，推动"中国梦"与"印度梦"的共同实现。

二、中国对印外交定位的提升

习近平在周边外交工作座谈会上强调，"要更加奋发有为地推进周边外交，为我国发展争取良好的周边环境"。这一指导思想给中国对印外交带来了显著的变化。如果说，20世纪中国对印外交主要是在"回应"印度，进入21世纪尤其是中共十八大以来，中国强调从战略高度定位印度和中印关系，对印外交中"主动谋划"的一面越来越突出。2014年9月，习近平在印度世界事务委员会所做的演讲中明确指出，"中印两国要做更加紧密的发展伙伴、引领增长的合作伙伴、战略协作的全球伙伴"，[②] 从双边、地区和全球层面赋予中印"伙伴"关系新的时代意义。

（一）双边关系：更加紧密的发展伙伴

早在1988年拉吉夫·甘地访华时期，邓小平就指出："中印两国对人类有一个共同的责任，就是要利用现在有利的和平国际环境来发展自己。……中印两国不发展起来，就不是亚洲世纪。真正的亚太世纪或亚

[①] 《习近平在新兴市场国家与发展中国家对话会上的发言》，新华网，2017年9月5日，http://www.xinhuanet.com/world/2017-09/05/c_1121608786.htm。

[②] 《习近平在印度世界事务委员会的演讲（全文）》，新华网，2014年9月19日。

洲世纪，是要等到中国、印度和其他一些邻国发展起来，才算到来。"①当前，中国正在为实现中华民族伟大复兴的"中国梦"奋斗，印度也在致力于建设一个团结、强大、现代的"杰出印度"。发展是中印两国最大的共同战略目标，中印两国的首要任务是实现自身和平发展、合作发展和包容发展，"让本国人民生活得更舒心、更安心、更幸福"。为此，中印需要更加紧密地发展伙伴关系，"分享经验，深化互利合作"，"实现优势互补"，推动中国向西开放和印度"东向"政策实现对接，"使两国合作向更高水平、更深层次加速发展，打造世界上最具竞争力的生产基地，最具吸引力的消费市场，最具牵引力的增长引擎"。

（二）地区层面：引领增长的合作伙伴

印度是亚洲最大且发展速度最快的国家之一，中国积极看待印度的发展，希望与印度共做"地区驱动发展快车，带动地区各国共同发展"，"努力凝聚地区合作共识，与相关国家一道推进区域经济一体化和互联互通进程，加快孟中印缅经济走廊建设，早日完成区域全面经济伙伴关系谈判"。②2014年9月，习近平访印前夕，专门在印度《印度教徒报》和《觉醒日报》发表署名文章，呼吁中印"共同推动孟中印缅经济走廊建设，探讨'丝绸之路经济带'和'21世纪海上丝绸之路'倡议，引领亚洲经济可持续增长"。③作为在亚洲和国际事务中影响力不断扩大的国家，中印对维护亚洲和平稳定、实现亚洲繁荣发展，负有不可推卸的历史责任和时代使命。中国肯定并积极支持印度在地区稳定中发挥与中国相同的支柱作用，中印同做"地区和平的稳定双锚，共同致力于在亚太地区建立开放、透明、平等、包容的安全与合作架构，实现共同、综合、合作、可持续安全"。

（三）全球层面：战略协作的全球伙伴

在20世纪50年代冷战对峙的国际环境下，中印两国首倡和平共处五项原则，使其成为规范和发展国家间关系的基本准则，并在维护国际正义与和平中发挥了重要作用。当前，和平、发展、合作、共赢的时代潮流

---

① 《邓小平文选》（第三卷），人民出版社1993年版，第281—282页。
② 《习近平在印度世界事务委员会的演讲（全文）》，新华网，2014年9月19日。
③ 《习近平南亚之行，充分落实"一带一路"战略构想》，新华网，2014年9月17日。http://www.xinhuanet.com/world/2014-09/17/c_1112521863.htm。

更加强劲,但国际关系中的不公平不合理现象仍然突出。在推动经济全球化、反对贸易保护主义、建立更加公正合理的国际经济新秩序、缓和地区冲突、打击恐怖主义与跨国犯罪、维护海上通道安全、人道救灾、应对气候变化、环境治理等全球性或地区性问题上,中印两国面临相似的挑战,也拥有广泛的共同利益。中国肯定印度的国际影响力,支持印度在国际事务中发挥更大的作用,希望在继承和发扬和平共处五项原则的基础上,与印度加强在全球事务中的战略协作,及时就双方关心的重大问题进行协调,"坚持共同发展、合作共赢、包容互鉴,维护两国和广大发展中国家的共同利益",并以自身的发展"为世界经济增长和全球治理作出更大贡献,为气候变化、粮食安全、能源安全、网络安全等全球性问题提供代表广大发展中国家利益的方案"。[①] 中国愿同印度加强在金砖国家合作机制、二十国集团、上海合作组织等多边机制内的战略协作。

三、中国对印外交内涵的充实

在新的对印外交理念指导下,中国从战略高度看待中印关系,在周边外交和总体外交布局中显著提升印度地位的同时,在实践领域也高度重视对印工作,充分发挥两国领导人的引领作用,继续强化经贸交流的核心地位,对人文交流在两国关系发展中的基础作用也给予前所未有的重视。

(一)充分发挥首脑外交的引领作用

中印建交至2000年,两国首脑在50年中共有9次互访,包括中印边界战争爆发前的4次互访(1954年、1956年与1960年周恩来3次访印和1954年尼赫鲁访华)和拉吉夫·甘地访华以来的5次互访(1988年和1993年印度总理拉吉夫·甘地和拉奥先后访华,1992年印度总统文卡塔莱曼访华,以及1991年和1996年李鹏总理和江泽民主席先后访印)。2000年以来,首脑外交在中国对印外交中的重要性日益增强。中共十八大以前的12年间中印首脑互访8次,中印首脑各访问对方国家4次(包括2000年纳拉亚南总统、2003年瓦杰帕伊总理、2008年辛格总理和2010年帕蒂尔总统访华,2002年朱镕基总理、2005年温家宝总理、2006年胡锦涛主席和2010年温

---

① 《习近平在印度世界事务委员会的演讲(全文)》,新华网,2014年9月19日。

家宝总理访印)。

中共十八大以来,中国在对印外交中进一步提升了首脑外交的地位。习近平主席在2014年访印期间向莫迪建议,中印"要发挥两国领导人的引领作用"。一方面,中印首脑互访频率加大。2013年5月至2018年,中印两国首脑互访共有6次(包括2013年和2014年李克强总理与习近平主席先后访印,2013年辛格总理、2015年和2018年莫迪总理、2016年慕克吉总统访华),平均每年一次的频率,超过了以往任何时候。尤其值得强调的是,李克强出任政府总理,首访就选择印度为第一站;2014年9月,习近平主席又对印度进行了正式访问。这不仅反映了中国高度重视对印外交,也反映了新时期中国政府和领导人在开展对印外交中对首脑外交形式的重视。另一方面,通过首脑外交来解决重大分歧的外交形式有所强化。回顾中印关系的发展历程,双方在西藏问题、边界问题等方面所取得的一些重大突破,离不开首脑外交的引领。新时期,中印双方更加重视通过首脑外交的形式来解决两国关系中的一些重大分歧。2017年,中印"洞朗对峙事件"的和平解决,即是典型例证。"洞朗对峙事件"后仅半年多时间里,中印就走出了对峙阴影,双边关系得以恢复并持续改善,首脑外交发挥了决定性作用。不仅如此,两国领导人还利用上海合作组织首脑会议、金砖国家首脑会议等多边场合频繁举行会晤,就共同关心的双边和地区问题进行探讨,或协调立场。

(二)强化经贸交流的核心地位

中印两国都处在发展经济、深化改革、推进现代化进程的关键阶段,都将经贸关系视作促进中印关系的加速器和压舱石,经贸交流在中印关系中的核心地位一再得到强化。这主要体现在以下几个方面:一是双边贸易额大幅提升。2018年中印双边贸易额再创新高,达到955.4亿美元,比2017年增长111亿美元,同比增长13.2%。[1] 二是推动贸易平衡倍受重视。中印双边贸易额巨大,但印度对华贸易逆差同样引人瞩目,这对于中印经贸关系的持续健康发展,产生了很大的消极影响。随着印度政府更加积极

---

[1] 商务部:《中国印度经贸合作简况》,2019年2月20日,http://www.mofcom.gov.cn/article/jiguanzx/201902/20190202836075.shtml。

融入全球市场，印度对进出口政策管制逐步放开，中国自印进口增速已明显高于对印出口增速，2017年，中国自印进口增长近40%，使双边贸易更加平衡。① 2018年3月份，中印经贸联合小组第11次会议重点就推进中印双边贸易平衡发展进行了讨论，起到了积极作用。之后，两国就解决大米、菜籽粕等部分商品市场准入问题也举行了两轮官员级会谈。11月6日，印度商务部秘书阿努普·瓦德哈万率团访华，中印双方就减少印度对华贸易逆差，加大中国对印度农产品、医药产品、信息技术服务和旅游等方面，尤其是食糖的进口进行了讨论。②

（三）重视人文交流的基础作用

自张骞出使西域起，中印人文交流有两千多年的历史，但两国人员交流的规模长期保持在很低的水平。中共十八大以来，人文交流的基础作用越来越受到两国重视。首先，加强人文交流成为中印高层会晤中的重要议题。2014年习近平访印期间，与莫迪共同启动了"中国—印度文化交流计划"，内容覆盖了两国旅游合作、青年互访、博物馆交流、语言教学、经典及当代作品互译、影视交流等领域。2018年4月，习、莫武汉非正式会晤期间，一致同意建立两国高级别人文交流机制。同年12月21日，中印正式启动高级别人文交流机制，两国外长共同主持了首次会议。中印双方有关部门负责人围绕文化、媒体、影视、博物馆、体育、青年、旅游、传统医药与瑜伽、教育与智库等领域的交流合作进行了深入讨论，达成了广泛共识。③ 中印高级别人文交流机制的建立，不仅为两国人文交往提供了新平台，为两国发展关系与合作提供了新动力，也将两国人文交流合作提升到了新高度，"使人文交流纽带成为双边关系的稳定器"。

其次，人文交流的成果和形式进一步丰富。一是两国地方政府间展开了积极合作，大力举办中印地方合作论坛、缔结中印友好城市（省邦）等

---

① 国务院新闻办公室：《2017年中印双边贸易额创历史新高》，2018年4月28日，http://www.scio.gov.cn/31767/35507/35510/Document/1628551/1628551.htm。

② Embassy of India, "Press Release: Commerce Secretary Pitches for Balanced India-China Trade," November 6, 2018, http://indianembassybeijing.in/Commerce-Secretary-pitches.php.

③ 外交部：《王毅：中印高级别人文交流机制首次会议达成一系列重要共识》，2018年12月22日，https://www.mfa.gov.cn/web/wjbzhd/t1624336.shtml。

活动。据悉，中印之间已有14对友城友省。二是两国学者间的交流合作增多。两国学者经过数年的通力合作，于2014—2015年出版了中文和英文版的《中印文化交流百科全书》，可谓两国文化合作的一大亮点。2015年5月，在两国总理的共同见证下，中国社会科学院与印度外交部签署了《关于设立中印智库论坛合作交流备忘录》，同意设立"中印智库论坛"，每年举办一次，中印轮流举办。2016年12月，"中印智库论坛"启动，迄今已连续举办三届，为中印学者围绕两国经济社会发展、双边关系及共同面临的地区和全球性重大问题组织开展深入交流提供了重要平台。2018年6月28日，云南民族大学与印度尼赫鲁大学联合成立的"中印人文交流中心"在昆明揭牌。三是中国引入印度文化的力度加大。中印两国近年来合拍了《大闹天竺》《大唐玄奘》和《功夫瑜伽》三部电影。2015年6月，云南民族大学成立瑜伽学校，并在2017年6月正式挂牌"中印瑜伽学院总院"，除开设瑜伽相关课程外，还开设印地语和梵语。随着中印人文交流的积极开展，练瑜伽、赏宝莱坞电影等已成为中国年轻人的新时尚。这些交流拉近了中印人民之间的距离，对于沟通中印文化心灵、增进相互了解与友谊、培育中印关系持续向好的民意基础大有裨益。

第三节 中国对印外交面临的挑战与前景

70年来，中国对印度坚持睦邻友好政策，致力于在和平共处五项原则基础上发展中印关系，取得了丰硕的成果。然而，中印关系的发展从来不是一帆风顺的，与两国的历史渊源、发展现状和潜力、国际地位和未来战略需求相比，当前的中印关系远未达到应有的水平。未来中国开展对印外交尚面临诸多挑战，两国充分发挥政治智慧，才能携手向前。

一、中国对印外交面临的挑战

中印关系具有持续发展的政治条件与现实必要，双方在构建互信、扩大经贸和人文交流，以及安全领域的协作等方面都有程度不一的进展，但两国在战略诉求、政治互信、经贸平衡、地区和全球范围内的协调等方面存在的问题，构成了中国对印外交面临的现实挑战。

（一）两国相似的战略诉求引发的矛盾

中印同为世界文明古国，又都曾饱受殖民侵略和压迫。自20世纪40年代后期相继争得民族独立以来，中印都将实现国家富强和民族复兴作为奋斗目标。尼赫鲁总理早在印度独立前就宣布："印度以它所处的地位，是不能在世界上扮演二等角色的。要么就做一个有声有色的大国，要么就销声匿迹。"[①] 印度独立以来奉行不结盟外交，在国际舞台上左右逢源，长期有利的国际环境使印度的复兴之路较少受到外部干扰。莫迪上台以来，随着印度经济快速发展，基于对自身战略环境和战略机遇的认识，印度在追求"有声有色"大国地位的路上，不仅要求继续维持和巩固其南亚霸主地位，而且将成为"世界大师"（vishwaguru）和世界"领导大国"（a leading power）[②]作为其战略目标。与印度相似，追求民族复兴，成为全球性富国、强国也是中国自1840年以来，特别是新中国成立以来的奋斗目标。作为亚洲体量最大、发展势头最强劲的两个相邻大国，在实现"印度梦"和"中国梦"的道路上，"两国互为毗邻的地缘现实使得任何一方的强国梦都必然包括在对方邻近及周边地区的扩展影响与扩大存在"，其客观结果是，"两国离'强国'目标越近，两国间的地缘冲突就越尖锐"。[③] 战略目标的"同性相斥"制约了两国对具体矛盾的解决，也会给中国的对印外交造成掣肘。

（二）双边互信严重不足

互信的缺失既有历史痼疾，也有第三方因素。尽管与20世纪相比，西藏问题和边界问题在中印关系中的负面作用有所下降，但它们仍然是影响中印构建互信的最直接也是最主要的因素。印度虽多次重申坚持西藏是中华人民共和国领土组成部分的立场、不允许藏人在印度从事反对中国和分裂中国的行为，但事实上一直在纵容和包庇"藏独"分子，甚至允许达赖喇嘛窜访藏南，怂恿其发表反华言论。就边界问题而言，虽然两国在2003

---

① [印]贾瓦哈拉尔·尼赫鲁：《印度的发现》，向哲濬等译，上海人民出版社2016年版，第40页。
② [印]拉贾·莫汉：《莫迪的世界》，朱翠萍、杨怡爽译，社会科学文献出版社2016年版，第249、265页。
③ 胡仕胜：《洞朗对峙危机与中印关系的未来》，《现代国际关系》2017年第11期。

年就确定了解决边界问题"三步走"路线图,在2005年就达成了《关于解决中印边界问题政治指导原则的协定》,并在特别代表会晤机制下进行了21轮会谈,但由于两国在争端的历史和来源、争端领土的面积,以及实际控制线的位置等三个关键问题上严重缺乏共识,[1]中印边界谈判迄今尚未取得突破性进展。印度在中国对藏主权问题上的"两面"做法和边界争端的长期悬而难决,使中印对彼此都有很大的戒心,印度更是长期在边境地区部署重兵,力图在局部保持对中国的军事优势。2017年夏,印度非法越界,导致中印在洞朗地区进行了70多天的军事对峙,对中印本就脆弱的互信造成了极大的冲击。

中国与巴基斯坦的关系,也是影响中印互信的一个重要因素。自1947年独立以来,印巴大部分时间都处于对抗状态。印度对20世纪60年代以来迅速发展的中巴关系始终高度警惕。尽管自冷战结束以来,中国开展对印、对巴关系时力求保持平衡和中立,在克什米尔争端问题上也秉持公正立场,但印度总是抱怨中国对其在巴基斯坦问题上的安全关切缺少敏感性,不照顾印度的感受。印度有些人认为,尽管中国力图平衡与印度和巴基斯坦的关系,但"一旦局势有变,中国仍随时会向巴基斯坦倾斜,全力支持巴基斯坦,利用巴基斯坦遏制打击印度"。[2] 印度还从政治和安全角度看待中巴经济走廊建设,质疑中巴"围堵印度",认为"中巴经济走廊建设作为'一带一路'的旗舰项目,将对中印关系产生持久的负面影响"。[3] 此外,印度多次指责巴基斯坦为印控克什米尔地区恐怖袭击活动的幕后主导,要求联合国制裁委员会对巴实施制裁,并批评中国在恐怖主义问题上实施"双重标准","间接支持"或者"纵容"巴基斯坦。考虑到中印、中巴和印巴关系长期以来的互动状况,印度在中巴关系上的看法仍将是中印构建互信的一大制约因素。

---

[1] 张家栋:《中印关系中的问题与超越》,载复旦大学中国与周边国家关系研究中心编:《中国周边外交学刊》2016年第一辑(总第三辑),社会科学文献出版社2016年版,第164—165页。

[2] 吴永年:《变化中的印度:21世纪印度国家新论》,人民出版社2010年版,第225页。

[3] Jaganath P. Panda, Tittli Basu, *China-India-Japan in the Indo-Pacific: Ideas, Interests and Infrastructure*, New Delhi: Pentagon Press, 2018, p.80.

（三）中印经贸关系长期失衡

中印贸易关系的不平衡，主要体现在以下三个方面：一是印度对中国存在巨额贸易逆差，且逆差额总体呈增长态势。据印度商业信息统计署与印度商务部统计，2014—2018年，印度对中国的贸易逆差额分别为449.6亿美元、514.5亿美元、516.9亿美元、595.7亿美元、578.8亿美元。[1] 二是贸易地位的巨大悬殊。中国成为印度第一大贸易伙伴已经十余年，截至2017年，印度在中国贸易伙伴排名中仍居于欧盟、美国、东盟、日本、韩国、巴西之后。[2] 三是双边贸易额在两国经济中的重要性相差明显。2001年以来，印度与中国的贸易额平均占印度GDP的5%左右，占其贸易总额的12%左右；中国与印度的贸易额平均占中国GDP的1%不到，占其贸易总额的2%不到。[3]

中印贸易关系的长期不平衡使中印贸易摩擦频繁。据WTO统计，1995—2013年，印度共提起690起反倾销调查，其中针对中国企业的多达157起，占调查总数的22.8%。[4] 2012—2018年，印度对华共发起77起反倾销调查，2015—2018年共有55起。[5] 近年来，印度已是对中国进口商品采取贸易限制措施最大的国家。更重要的是，经贸关系可能会在双边关系其他领域产生消极影响。早在2011年12月，印度国家安全委员会秘书处就暗示说，印度对中国的贸易逆差可能会给印度带来国家安全问题。[6] 这意味着中国在开展对印外交时，必须要考虑有助于推动贸易平衡或减低贸易失衡的举措。然而，考虑到中印贸易失衡程度和还在加剧的现状，未来一

---

[1] 商务部：《国别贸易报告》，2018年第4期，https://countryreport.mofcom.gov.cn/record/qikan110209.asp?id=10782。

[2] 根据wind数据库相关贸易数据统计。

[3] 薛健吾：《中印边境冲突中的贸易因素：贸易和平效果的局限性》，《全球政治评论》2017年第60期，第27—28页。

[4] 中国社会科学院经济研究所经济增长研究室：《印度经济走势、经济政策以及研究跟踪（第3期）》，2017年3月27日，http://ie.cass.cn/academics/economic_trends/201712/t20171204_3765987.html。

[5] 根据中国贸易救济信息网数据统计，http://cacs.mofcom.gov.cn/cacscms/view/statistics/ckajtj。

[6] 《美媒：印度应该让中国为其繁荣效力》，环球网，2012年8月24日，http://oversea.huanqiu.com/economy/2012-08/3066454.html?agt=45。

第七章　中国的对印外交

段时期内有效解决该问题的难度较大。

（四）印度在地区和全球层面对中国怨怼

在地区层面，印度政府一直把中国的"一带一路"倡议看作是中国将经济优势转化为政治、安全优势的地缘政治扩张战略。尽管印度国内也有一些学者主张从务实客观角度看待"一带一路"倡议，并寻求合作机遇，倾向于认为印度可以从该倡议获取经济利益，[①]但总体上的看法是负面的。一些印度学者认为该倡议不仅忽视了印度在国家主权和领土完整层面的"核心关切"，还使中国进入了南亚和印度洋地区，对"印度在次大陆的主导地位构成了挑战"。印度认为中国同马尔代夫、斯里兰卡等国家在基础设施领域的合作含有军事目的，将会威胁到印度的国家安全。基于此，印度多次公开拒绝参加"一带一路"合作，包括2018年6月上海合作组织青岛峰会宣言在内，印度始终置身其外。尽管印度的互联互通计划"很难对冲中国的'海上丝绸之路'"计划，[②]印度还是提出了"季风计划""香料之路""自由走廊"等计划。此外，印度还试图以介入南海争端来反制中国在印度洋地区日益增长的影响力。在全球层面，印度力图在国际社会发挥更大作用，对成为联合国安理会常任理事国和"破例"[③]加入核供应国集团执念很深，而对中国在这两个问题上坚持原则的做法心生不满，将中国视为其"大国崛起的挡道者"。在这种认知背景下，印度可能会通过持续加强同本地区国家及域外大国合作的方式来防范和对冲中国在该地区逐渐扩大的影响和利益。近年来，印度加强同美国、日本等国的合作，就有明显遏制中国的意图，这无疑会影响到中国对印度的认知和评判。

由于中印在多个领域存在矛盾和竞争，特别是印度"完全没有准备好

[①] Vijay Sakhuja, "The Maritime Silk Route and the Chinese Charm Offensive," IPCS, Feb. 17, 2014, http://www.ipcs.org/comm_select.php?articleNo=4310. Teshu Singh, "Securing India's Interests in the Indian Ocean: New Strategies and Approaches," Dec. 29, 2014, http://www.ipcs.org/comm_select.php?articleNo=4789.

[②] Jagannath P. Panda, *India-China Relations: Politics of Resources, Identity and Authority in a Multipolar World Order*, London: Routledge, 2017, p.85.

[③] 一方面，莫迪政府并不想在《全面禁止核试验条约》《核不扩散条约》上签字，不想其核计划被缚手脚，另一方面又想享受这两个条约签字国的所有权益，特别是民用核能开发权益。参见胡仕胜：《洞朗对峙危机与中印关系的未来》，《现代国际关系》2017年第11期。

调整自己的心理地图以适应地区环境的结构性转变",[①]可能会继续通过多方面举措来遏制中国在南亚和印度洋地区持续增长的影响力,达到维护其地区优势地位的目的,这将对中印关系的持续健康发展造成不良影响。

二、未来中国对印外交的开展

莫汉·马利克曾经指出:"正如印度次大陆板块倾向于不断地摩擦和推撞亚欧板块,造成整个喜马拉雅山脉的摩擦和动荡一样,印度与中国的双边关系也一直不稳定,充满摩擦和紧张。"[②]这种不稳定与中印之间战略目标的竞争和诸多未解决的问题,包括边界争端、西藏问题、中巴关系,甚至跨界水问题和印度对"一带一路"倡议的认知和反应等密切相关。只要这些问题没有彻底解决,中印关系的"两面性"和不稳定性就将会一直存在。未来中国的对印外交,至少需要着眼于以下几点:

(一)全力维护中印关系的稳定

中国要继续保持战略定力,坚定不移地奉行对印友好政策,全力维护中印关系的稳定。中国和印度毗邻而居,同为世界文明古国,同为新兴经济体的主要代表,在地区和国际事务中的影响力都在不断扩大。尽管中国在综合国力上拥有明显的对印优势,但印度自身的地理优势及其面临的国际环境是中国无法相比的。而且,印度不仅位于中国"21世纪海上丝绸之路"倡议布局的两个端点——远东和西欧的中间地带,是"21世纪海上丝绸之路"的重要枢纽和桥梁,还对中国西南边疆的稳定有着举足轻重的影响。无论是在中国的周边外交,还是总体外交布局中,印度的特殊重要性决定了中国必须坚持睦邻友好政策,致力于同印度发展友好稳定的战略伙伴关系,努力发掘和扩展两国间的共同利益,不使两国之间的分歧和竞争演化为冲突与对抗,尽可能降低印度对中国和平崛起的负面影响,减少域外因素对中印关系健康发展的阻滞。

(二)积极培育两国的互信

习近平指出,中印关系要稳定,要发展,基础是互信。受历史和现实

---

① [印]拉贾·莫汉:《莫迪的世界:扩大印度的势力范围》,朱翠萍、杨怡爽译,社会科学文献出版社2016年版,第135页。

② Mohan Malik, *China and India: Great Power Rivals*, Boulder: First Forum Press, 2011, p.9.

因素的影响，中印关系中比较脆弱甚至缺失的一环恰恰是互信。信任源于了解，但当前中印对彼此的认识都非常浅薄，在某种程度上尚不及20世纪50—60年代。"21世纪初，两国驻对方国的记者很少，直到2004年，中国在印常驻记者只有3名，分别是《人民日报》2名和《文汇报》1名，以及中央电视台在新德里设立的记者站。"[1] 时至今日，中印之间相互隔膜的状况仍未得到根本改观。以人员往来为例，两个人口总数均超过10亿的大国之间的人员往来与两国的人口规模严重不匹配。"2014年，只有70万印度人访华，17万中国人访印，不及中韩之间的一个黄金周"。2015年，中印双向游客才首次超过100万。[2] 2017年，中国有1.44亿游客出境旅游，但赴印游客仅有25万人次。心理上的疏远和有限的人员交流，造就了认知的鸿沟，也在一定程度上造成了"中印民众对两国的负面新闻比较敏感，而对两国的友好信号采取选择性的漠视"。[3] 印度视中国为安全威胁、中国民众特别是网络上对印度动辄斥之等令人扼腕抱憾的现象，对于中印战略合作伙伴关系的构建是巨大的障碍。

"国之交在于民相亲"，中印两国自不例外。不断加强沟通和了解，推动两国各阶层加深对彼此认知的准确度，是培育和构建政治互信的必要之举。在政府层面，要从战略上把握中印关系，双方都要本着积极、开放、包容的心态，正确分析和看待彼此的意图，将彼此视为世界力量对比变化中的积极因素、实现自身发展梦想的合作伙伴。在民间层面，要加强中印两国人民之间的沟通与交流，尤其要重视开拓文化产业合作，强化媒体人之间的交流，拓展两国大学之间的校际合作，加强青年人之间的交流互访等。只有人文交流水平得到大力提升，中印才能增进相互认识和理解，才有助于正确看待各自的发展利益和战略选择，不断扩大双边共识，减少猜疑，为两国政治互信的构建提供肥沃土壤。而双边关系的良性互动也将推

---

[1] 张骥、邢丽菊：《人文化成：中国与周边国家人文交流》，世界知识出版社2018年版，第187页。

[2] 张家栋：《中印关系中的问题与超越》，载复旦大学中国与周边国家关系研究中心编：《中国周边外交学刊》2016年第一辑（总第三辑），社会科学文献出版社2016年版，第177页。

[3] 张骥、邢丽菊：《人文化成：中国与周边国家人文交流》，世界知识出版社2018年版，第188页。

动两国在地区和全球层面的交流和协作。

（三）妥善管控中印边界争端

领土争端对于中印来说都是高度敏感的政治议题，尽管双方都极力要将边界问题与发展其他领域的关系相剥离，但要真正脱钩却相当困难。由于中印对2005年达成的原则协定中所规定的"对各自在边界问题上的主张作出富有意义的和双方均能接受的调整"在理解上存在重大分歧，中印边界问题特别代表会晤几无进展。其后果是，"由于没有最后解决边界争端，多年来作为双边关系特征的相互怀疑难以彻底消除"。[1]为此，必须要妥善管控中印边界冲突，全力维护边境地区和平安宁的现状，以利于双边关系的正常发展。

中印在领土问题上分歧严重，解决该项争端的时机远未成熟。但中国在处理国家间关系中的大局观和以往处理边界争端的建设性方式及管控方式，有助于争端管控。考虑到中印两国的国家发展战略、各自所面临的内外环境，以及双方在环境、能源、非传统安全等领域的诸多共同利益，"除非域外强权介入，否则未来中印边界问题演化成为武装冲突或区域战争的可能性极低"。[2]因此，未来一段时间，双方不必急于追求争端的彻底解决，而须专注于妥善管控边境，积极维持和平与安宁的现状。中印关系的健康与否影响的不只是双边关系，拘泥于边界问题只能局限各自的视野。[3]

（四）避免对印度造成重大心理"刺激"

随着近年来中国海外利益的不断扩展，中国也加大了同南亚和印度洋地区国家的合作。然而，印度一直怀有"成为印度洋主导力量的抱负"，

---

[1] Pallavi Aiyar, "India-China Trade: A Long Rroad Ahead," The Hindu, Sep. 7, 2006, https://www.thehindu.com/todays-paper/tp-opinion/india-china-trade-a-long-road-ahead/article18466964.ece.

[2] 胡声平：《殖民帝国主义遗绪下的中印边界纠纷及其前景》，《全球政治评论》2017年第60期。

[3] L. H. M. Ling, Adriana Erthal Abdenur, etc., *India China: Rethinking Borders and Security*, Michigan: University of Michigan Press, 2016, p.137.

第七章 中国的对印外交

新德里很多人更是认为"印度洋必须是并且必须被看作'印度之洋'"。[①] 在这种理念影响下，印度对于中国在该地区开展的任何活动都强烈质疑，习惯性地怀疑和歪曲中国的战略意图，将中国当作"对手"和"敌人"。2013年的一项民意调查显示，约有82%的印度人认为未来10年中国将是对印度安全的威胁。[②] 2018年7月公布的皮尤调查研究显示，44%的印度人认为中国是继"伊斯兰国"（ISIS）和网络攻击之后对印度的第三大威胁。[③]

鉴于中印关系长远发展的需要，以及印度在南亚的传统地位和影响，中国在加快推进同南亚和印度洋地区国家合作的过程中，可以适度考虑印度的感受。一方面，要与包括印度在内的域内相关国家积极做好沟通协调工作，降低其对中国在该区域合理利益诉求的疑虑。另一方面，要充分认识印度对华的矛盾心理，在加强沟通的基础上多创造互动合作机会，增信释疑，避免印度对华产生战略误判而最终导致双方陷入"零和博弈"的困境。

中印作为亚洲最大的两个邻国，同为"世界经济增长的重要引擎"和"促进世界多极化、经济全球化的中坚力量"，除了双边领域的合作之外，在携手应对贸易保护主义、推动建设公平合理的国际经济新秩序方面也存在巨大的共同利益。两国领导人一致认同，中印关系具有全球和战略意义，中印关系的友好与否，不仅事关两国各自的发展和稳定，也将直接影响到地区乃至整个世界的和平与稳定。对中国来说，既要保持战略定力，坚持在和平共处五项原则基础上致力于同印度构建繁荣和发展的战略伙伴关系，也要保持对印政策的弹力，对印度在边界问题、西藏问题、贸易问

---

① 上述观点包含以下内容：第一，印度洋的主导地位不仅是一个战略选择，而且是印度"天定命运"的一部分；第二，印度必须建立一个尽可能深入印度洋的防御外缘，以排除域外力量干预印度次大陆的可能性；第三，在印度洋拓展势力范围是印度成为全球大国的必要组成部分。参见[澳]大卫·布鲁斯特：《印度之洋：印度谋求地区领导权的真相》，杜幼康、毛悦译，社会科学文献出版社2016年版，第19、51页。

② [澳]大卫·布鲁斯特：《印度之洋：印度谋求地区领导权的真相》，杜幼康、毛悦译，社会科学文献出版社2016年版，第254页。

③ The Economic Times, "ISIS, Cyber Attacks, China Major Threat for India: Study," https://economictimes.indiatimes.com/news/defence/isis-cyber-attacks-china-major-threat-for-india-study/articleshow/59866551.cms.

题等方面的政策反复保持警惕和防范，并做好应对预案。中印双方只有秉持积极、开放、包容的心态，正确分析和看待彼此意图，切实有效地落实好双方达成的重要共识，确保各层级交流机制良好运行，妥善处理分歧和摩擦，才能推动中印关系朝着和平、健康的方向前进。

# 第三编

新中国的周边区域外交

第八章　中国的东北亚区域外交

导　读

　　东北亚地区从地理学意义上说包括中国、蒙古国、俄罗斯、日本、朝鲜和韩国，它是冷战时期两极对峙的前沿阵地，也是第二次世界大战结束后全球最大局部战争的爆发地。在欧洲，随着柏林墙的倒塌进入了后冷战时代。然而，柏林墙倒塌30年后，东北亚地区上空依然笼罩着冷战的阴云。在全球经济发展普遍乏力的今天，东北亚地区蕴藏着巨大的发展潜力，但是，该区域合作的步伐依然举步维艰。区域内各国之间本就矛盾重重，区域外大国再从中作梗，无异于火上浇油。尽管从地理学意义上说，美国与东北亚地区风马牛不相及，但是，从政治学意义上说，美国却是对东北亚地区影响举足轻重的国家。东北亚地区是中国周边外交的"重中之重"，该地区既是大国关系的晴雨表，也是衡量中国周边外交成功与否的试金石。

第一节　中国东北亚区域外交的历史回顾

　　从新中国成立到中共十八大召开，中国东北亚区域外交经历了一个曲折复杂的发展历程。在这个过程中，中国曾被迫卷入冷战时代最大规模的热战——朝鲜战争，也曾经在外交上不得不同时面对来自美苏两个超级大国巨大的外交压力；苏东剧变后，随着国际局势的缓和，中国的东北亚区域外交逐渐进入一个全面发展的历史新时期。

　　从新中国成立到中共十八大召开，中国的东北亚区域外交大致可以划分为如下几个时期：1. 新中国成立到20世纪50年代末；2. 20世纪50年代末到60年代末；3. 20世纪70年代初到80年代末；4. 20世纪90年代初到中共十八大召开。

一、新中国成立到20世纪50年代末

新中国成立初期，受全球冷战国际局势的影响，中国在外交上实行对苏"一边倒"政策。中国的东北亚区域外交表现为中国在韩朝间"一边倒"向朝鲜，奉行只承认朝鲜的"一个朝鲜"政策，否认韩国的合法性，视韩国为美帝国主义的走狗和侵略朝鲜的桥头堡，与韩国处于政治上敌对、军事上对峙、文化上冲突的状态。在资本主义阵营和社会主义阵营对抗的形势下，"朝鲜半岛成为两个阵营短兵相接的前沿阵地。"

1950年6月25日，朝鲜战争爆发，美国总统杜鲁门公开污蔑："如果听任南朝鲜沦丧，那么共产党的领袖们就会越发狂妄地向更靠近我们海岸的国家进行侵略。如果容忍共产党人以武力侵入大韩民国，而不遭到自由世界的反对。那么，就没有哪一个小国会英勇起来抵抗来自较为强大的共产主义邻邦的威胁和侵略。如果对这种侵略行动不加以制止，那就会爆发第三次世界大战，正由于类似的事件而引起了第二次世界大战一样。"[①] 第二次世界大战结束后，美苏两国以三八线为界分别占领朝鲜半岛南北两部分，各自扶持一个政权。1948年，美苏从朝鲜半岛撤军后，朝鲜半岛南北政权为实现以自己为主的朝鲜半岛统一而冲突不断，终于在1950年6月25日演化为一场全面的统一战争。美国总统杜鲁门对此产生误判，并对之过度解读，他认为朝鲜战争是共产主义阵营对"自由世界"发起的"挑衅"，如不及时加以制止，将有可能引发第三次世界大战。翌日，杜鲁门电令美国驻日盟军最高司令麦克阿瑟率驻日美军增援韩国，命令美国海军第七舰队封锁台湾海峡，[②] 以防中国乘机解放台湾。

同时，应美国政府要求，联合国安理会召开紧急磋商会议，在苏联代表缺席的情况下，通过决议谴责朝鲜的"侵略行为"，并以联合国名义纠集英、法等15国军队组成"联合国军"，武力介入朝鲜内战。9月15日，

---

① [美]哈里·杜鲁门：《杜鲁门回忆录》（下），李石译，东方出版社2007年版，第416页。
② 同上，第422页。

"联合国军"在朝鲜半岛西海岸仁川登陆,迅速占领平壤。于是,原本为朝鲜半岛两个政权之间的统一战争,演变为一场国际战争。10月24日,美军越过三八线向中朝边境进发,将战火烧到新中国家门口。

美军在朝鲜半岛的战争行为引起了中国政府的高度关注和警惕。首先,美国海军第七舰队封锁台湾海峡,是对中国内政的粗暴干涉和对中国主权的公然践踏;其次,美军在仁川登陆后,中国政府一再警告美军不要越过三八线,不要破坏朝鲜半岛的政治现状。但是,美军对此置若罔闻,一意孤行,公然将战火烧到中朝边境,对中国的国家主权和领土安全形成严重威胁。为援助朝鲜人民反对美国入侵的战争,同时也是为了保家卫国,10月25日,中国人民志愿军跨过鸭绿江,与朝鲜人民军并肩作战。经过长达近三年的激战,中朝迫使所谓"联合国军"撤退到三八线以南,并于1953年7月27日在板门店签署《朝鲜停战协定》。

朝鲜战争对东北亚国际局势的发展产生了一系列重大影响:第一,导致中美关系全面恶化,美国将中国视为其在东北亚地区的主要敌人,进行全面的围堵和封锁。第二,美国公然违背反法西斯同盟大国曾签署的不单独与法西斯国家媾和的协议,将中国排除在外,撺掇一些国家与日本签署"旧金山和约",将战败国日本放出牢笼,充当美国在东北亚地区制约中国的马前卒。第三,由于没有对日本法西斯势力进行彻底清算,导致日本人对法西斯战争罪行缺乏深刻认识,以至迄今为止,日本右翼势力依然对侵略历史缺乏正确认识。第四,"旧金山和约"规定"日本放弃对台湾、澎湖列岛、南沙及西沙群岛的一切权利和要求",却只字未提这些领土的归属问题,为所谓"台湾地位未定论"留下了空间,也为日后东北亚各国之间的领土纠纷埋下了伏笔。

二、20世纪50年代末到60年代末

20世纪50年代末开始,国际局势出现分化改组的迹象。为争夺世界霸权,苏美力图保持两极格局,它们既对抗又妥协,既争夺又勾结。为使自己在外交上处于主动有利地位,美苏加强了对各自盟国的控制,加剧了两个阵营内部控制与反控制的斗争。社会主义阵营分裂,帝国主义阵营也矛盾重重。中苏关系破裂,中国同时面临来自美苏两国的巨大压力,中国东

北亚区域外交不得不抗击美苏两个超级大国。

朝鲜战争后，美国敌视、封锁中国的政策变本加厉。苏联为推行"苏美合作，主宰世界"战略，不惜以牺牲中国主权为代价，遭到中国政府拒绝。于是，苏联继而采取恶化两国关系的做法。1960年7月，苏联政府撤走在华的全部1390名苏联专家，撕毁中苏政府签订的12个协定和300多个专家合同，废除200多项科技合作项目，[1]继而在两国边界地区挑起领土纠纷。60年代中期，勃列日涅夫上台后，东北亚局势更显紧张，苏联在中苏、中蒙边境陈兵百万，对中国形成包围之势，不断进行武装挑衅，入侵中国领土珍宝岛，把中苏关系推向战争边缘。面对两个超级大国的打压和围堵，中国政府提出了"两个拳头打人"的外交战略，即在反对美帝国主义的同时，也反对苏联修正主义，中国外交随之进入了两面受敌的困难时期。中苏分裂后，中国东北亚区域外交反映在朝鲜半岛问题上，表现为中国积极争取朝鲜的支持，防止朝、苏可能结盟围堵中国，增加与苏联对抗的筹码，朝鲜的地缘战略地位也由中国对抗西方势力转为对抗苏联，并抵制美、日、韩的复杂局面。

为缓解外交压力，毛泽东提出了"两个中间地带"的战略思想，[2]并且指出中国的原则是依靠第一中间地带，争取第二中间地带，反对两个超级大国的霸权主义。中国东北亚区域外交在抗击两强的同时，进入了寻求"从中间突破"。1962年12月26日，《中蒙边界条约》在北京签订，条约规定了两国全部边界线的走向，条约生效后，中蒙两国成立联合勘界委员会，具体勘定两国全部边界，树立界标，然后绘制边界地图，详细载明边界线的走向和界标的位置。《中蒙边界条约》的签订，明确了中蒙两国边界线，为避免两国因边境问题发生冲突创造了条件。在对日外交方面，中国也做了相应的工作。历史上日本曾多次发动侵华战争，给中国人民带来深重灾难。新中国成立后，日本政府追随美国，采取敌视中国的外交政策。

---

[1] 参见谢益显主编：《中国外交史——中华人民共和国时期（1949—1979）》，河南人民出版社1988年版，第294页。

[2] "中间地带"有两部分：一部分是指亚洲、非洲、拉丁美洲的广大经济落后的国家，一部分是指以欧洲为代表的帝国主义国家和发达的资本主义国家。这两部分都反对美国的控制。在东欧各国则发生反对苏联控制的问题。

鉴于这一情况，中国在坚持反对日本政府敌视中国政策的同时，积极发展两国民间关系，协助在华日侨回国，为加强两国各类民间组织间的交往创造条件，为20世纪70年代初两国建交打下了基础。

三、20世纪70年代初到80年代末

中苏关系破裂后，苏联逐渐取代美国成为中国在国际上最大的敌人。20世纪70年代初，中国的全球战略从"两个拳头打人"转变为"一条线""一大片"战略。面对苏联对中国的外交围堵和军事打压变本加厉的局面，中国政府认为：当前中、美、苏三国关系的总体趋势是"中苏矛盾大于中美矛盾，美苏矛盾大于中美矛盾"。[①] 中、美、苏三方关系及相互力量消长的变化，以及苏联对中国边境军事压力的增大，改变了中、美、苏关系的基础。于是，缓和中美关系，从两面作战的危险境地中解脱出来，团结一切可以团结的力量共同对付苏联，成为中国政府的外交选择。中国在东北亚则着重发展与美国和日本的外交关系，联合美日两国反对苏联霸权主义。经过艰苦的外交努力，中国摆脱了腹背受敌的不利局面，在国际上形成了影响全球格局的美、苏、中战略大三角，开创了中国周边外交的新局面。

1971年7月，美国国务卿基辛格秘密访华，中美关系随之走向缓和。1972年2月，美国总统尼克松访问中国，中美双方发表《联合公报》。1973年1月，中美两国互相在对方国家设立联络处。受中美关系缓和影响，1972年7月，日本内阁宣布："要加快与中华人民共和国邦交正常化的步伐。"同年9月，日本首相田中角荣访华，中日签署《联合声明》，宣布自1972年9月29日起，中日两国建立正式外交关系。1979年1月，中美两国正式建立外交关系。中美关系缓和以及中日建交，对东北亚国际局势产生了巨大影响，中国外交终于度过了两面受敌的艰难时期。国际局势的缓和，为中国的改革开放创造了良好的国际环境。

---

① 熊向晖：《打开中美关系的前奏——1969年四位老帅对国际形势研究和建议的前前后后》，《瞭望》1992年第35期，第26页。

四、20世纪90年代初到中共十八大召开

20世纪90年代初，随着苏联解体，冷战时代的两极格局不复存在，世界走向多极化的时代。与之相对应，中国东北亚区域外交挣脱意识形态羁绊，进入全方位外交新时代。

1989年5月，苏联领导人戈尔巴乔夫访华。中苏两国本着"结束过去，开辟未来"的精神签署联合公报，强调在和平共处的原则基础上发展两国关系，双方确认：将两国边境地区的军事力量裁减到与两国正常睦邻关系相适应的最低水平，中国对苏联从蒙古国撤出75%的驻军表示欢迎，并希望其余的苏联军队在一个较短的期限内全部撤离蒙古国。在此基础上，中苏两国结束相互对抗，实现关系正常化。

1991年，苏联解体。中国政府宣布承认俄罗斯和独联体各国政府，并先后与之建立外交关系。1994年，中俄双方签署《关于互不首先使用核武器和互不将战略核武器瞄准对方的联合声明》。1996年4月，中俄双方宣布建立"平等信任、面向21世纪的战略协作伙伴关系"。同时，双方确认将和平共处五项原则和国际法准则作为发展两国关系的准则。两国本着和平友好的原则，妥善解决了历史遗留下来的绝大多数边界问题。

中蒙关系也随之实现正常化。1990年5月，蒙古国国家大呼拉尔主席团主席奥其尔巴特应中国国家主席杨尚昆的邀请访华，这是自1962年以来，历经较长冰冻期后蒙古国领导人首次访华，标志着中蒙关系进入一个全新的历史时期。1991年8月，中国国家主席杨尚昆访问蒙古国，中蒙两国关系实现正常化。1991年，中蒙签署《关于蒙古国通过中国领土出入海洋和过境运输的协定》，中国为蒙古国过境货物通过中国领土和使用天津港提供方便。中国还为蒙古国降低边贸收税率50%，同时简化蒙古国往返人员和货物进出境手续。1994年4月，中国国务院总理李鹏访问蒙古国，双方签署《中蒙友好合作关系条约》。1990—1996年，中蒙两国贸易额以26.7%的年均增长率上升。其间，中国分三次向蒙古国提供总计1.3亿元人民币的无息贷款。1998年，蒙古国总统巴嘎班访华，两国发表了阐明21世

纪两国关系发展方针的《中蒙联合声明》。① 进入21世纪后，中蒙贸易额增长迅速，2007年中蒙两国双边贸易额为20.77亿美元，中国连续九年成为蒙古国最大贸易伙伴。②

随着国际局势的缓和，中国的朝鲜半岛外交政策也发生了积极变化。自朝鲜战争至20世纪80年代，中韩两国相互敌视，没有任何直接交往。1983年北京申办亚运会后，两国民间交往日趋加强。1988年，中韩贸易额突破10亿美元。苏、韩建交和苏联解体宣告了东北亚冷战体制中社会主义阵营的终结，朝、韩同时加入联合国彻底清除了中、韩建交的障碍。1992年8月，中韩两国正式建交。中韩建交对东北亚地区国际格局的发展产生了一系列重大影响：第一，有助于化解东北亚地区冷战格局，稳定朝鲜半岛局势，为地区安全与经济合作创造良好条件。第二，中韩关系的发展，极大地改善了朝鲜半岛周边安全环境，拓宽了中韩两国在战略空间上的回旋余地。第三，有利于打通三八线的和平之路，为朝、韩和解、合作并走向统一提供一定助力。第四，中韩两国关系的发展将为推动东北亚地区一体化产生积极的推动作用。

苏联的解体在事实上宣布了苏朝、中朝同盟关系的解体。美日、美韩军事同盟却依然存在，而且得到了强化。朝鲜半岛出现严重的南北失衡，朝鲜半岛核问题逐渐浮出水面。朝美之间围绕着核问题进行了艰苦的谈判。1994年10月21日，朝鲜和美国在日内瓦签署《关于解决朝鲜核问题的框架协议》，③朝鲜半岛局势暂时趋于缓和，2000年6月，朝鲜领导人金正日和韩国总统金大中在朝鲜首都平壤举行战后以来朝鲜半岛南北双方领

---

① 常志忠：《中蒙关系的回顾与前瞻》，中国网，2003年6月3日，http://www.china.com.cn/zhuanti2005/txt/2003-06/03/content_5340109.htm。

② 《中国连续9年成为蒙古国最大贸易伙伴》，中国日报网，2008年1月21日，http://www.chinadaily.com.cn/hqzg/2008-01/21/content_6409064.htm。

③ 协议规定：朝鲜收回退出《不扩散核武器条约》声明，美国保证不首先对朝鲜使用核武器；朝鲜同意冻结现有的核计划，美国将负责在大约10年时间内，为朝鲜建造一座2000兆瓦或两座1000兆瓦的轻水反应堆，以替代朝鲜原来的石墨反应堆；朝鲜在轻水反应堆建设及石墨反应堆冻结过程中，接受国际原子能组织监督。在轻水反应堆建成前，作为停建核电站的能源补偿，美国将同其他国家每年向朝鲜提供50吨重油用于发电；核电站建成后，朝鲜正式拆除已经冻结的石墨反应堆及其他有核武开发嫌疑的一切设施。美朝关系将实现正常化，并建立大使级外交关系。

导人首次会谈,签署《南北共同宣言》,双方承诺为实现朝鲜半岛的和平交流和统一而努力。

自《关于解决朝鲜核问题的框架协议》签署的1994年开始,朝鲜连续数年遭遇空前严重的自然灾害,国内面临严重的大饥荒,朝鲜政府宣布进入"苦难行军"时期。不出数年朝鲜社会即将崩溃成为美国的希望。为此,美国无意履行《关于解决朝鲜核问题的框架协议》,不按协议及时向朝鲜提供发电用重油,甚至就连承诺修建的轻水核反应堆在开工后不久便陷入停顿。2001年,美国政府借反恐为由,宣布朝鲜为"邪恶轴心"国家,声称朝鲜事实上已经恢复核开发,并威胁对朝鲜实施"先发制人核打击"。朝核问题再起波澜。2003年1月10日,朝鲜再次宣布退出《不扩散核武器条约》。

2003年8月,在中国的积极斡旋下,中国、朝鲜、韩国、美国、日本、俄罗斯参加的朝核问题六方会谈在北京举行。2003—2007年,经过有关各方的艰苦谈判,签署了具有历史意义的《九一九共同声明》。朝方承诺,放弃一切核武器及现有核计划;美方确认无意以核武器或常规武器攻击或入侵朝鲜;各方尊重朝方拥有和平利用核能的权利等,朝核问题的解决迈出了划时代的一步。中国政府发挥了举足轻重的劝和促谈作用:第一,提出了和平解决核问题的总体目标、方向和途径,中国政府自始至终坚持反对任何一方在朝鲜半岛制造、拥有和部署核武器;朝鲜方面的国家安全关切必须予以关照;和平谈判是解决朝核问题的唯一途径。第二,中国政府为朝核问题三方及六方会谈搭建了最初的对话平台,将之发展并启动了六方会谈机制。第三,作为六方会谈的东道主,中方在会谈各代表团的座次安排以及分组方面进行了巧妙安排,促使会谈终于达成了"以循序渐进的方式,按照口头对口头、行动对行动"的原则,使朝核问题会谈迈出了实际性的第一步。总之,朝核问题谈判之所以能够取得成效,中国政府在其中的调解作用功不可没。

第二节 新时代中国东北亚区域外交

中共十八大后,以习近平同志为核心的新一代党中央领导集体审时度势，在外交理念、外交战略和外交制度上进行了一系列创新，制定了全新的具有中国特色的大国外交战略，中国的东北亚外交迎来了新的历史时代。

一、中国东北亚区域外交新理念

习近平提出了共建"丝绸之路经济带"和"21世纪海上丝绸之路"的倡议，指出："以亚洲国家为重点方向，率先实现亚洲互联互通。'一带一路'源于亚洲、依托亚洲、造福亚洲，关注亚洲国家互联互通，努力扩大亚洲国家的共同利益。"[①] 东北亚地区历来是中国周边外交的重中之重，因为从地理学意义上说，东北亚地区处在陆上丝绸之路、海上丝绸之路以及草原丝绸之路的交汇点和连接点上，搞好东北亚地区的区域合作，率先实现东北亚地区的互联互通，就可实现"一带一路"的大联通，一举盘活全球经济。否则，"一带一路"就将成为断头路，东北亚地区将成为全球一体化的死角。

为促进东北亚地区的一体化建设，习近平明确指出："中国始终把包括蒙古国在内的周边邻国视作促进共同发展的合作伙伴、维护和平稳定的真诚朋友，同绝大多数邻国建立了不同形式的伙伴关系。我们将继续坚持与邻为善、以邻为伴的方针，坚持睦邻、安邻、富邻的政策，在同邻国相处时秉持亲、诚、惠、容的理念。"[②] 习近平还进一步指出："60年前，中国、印度、缅甸共同倡导和平共处五项原则，成为指导国与国关系的基本准则，是亚洲国家为促进国际关系发展作出的重要贡献。在推进区域合作进程中，亚洲国家交流互鉴，坚持相互尊重、协商一致、照顾各方舒适度的亚洲方式，这是符合本地区特点的处理相互关系的传统。这个传统体现着亚洲的邻国相处之道，在今天应该继续发扬光大，为亚洲国家以及整个地区和平、发展、合作激发出源源不断的内生动力。"坚持和实践这一传统，要做到以下几点：第一，"互尊互信"。"尊重独立、主权、领土完整，尊重各国自主选择社会制度和发展道路，互不干涉内政，照顾彼此重大关切，

[①] 习近平：《习近平谈治国理政》（第二卷），外文出版社2018年版，第497页。
[②] 《习近平在蒙古国国家大呼拉尔发表重要演讲》，新华网，2014年8月22日，http://www.xinhuanet.com/politics/2014-08/22/c_1112190499.htm。

这是亚洲各国友好相处的重要基础。"第二,"聚同化异"。"邻国之间磕磕碰碰在所难免,关键是如何对待和处理。只有以对话和合作凝聚共识、化解分歧,才是地区长治久安最有效的保障。"第三,"合作共赢"。"亚洲各国应该秉持联合自强、守望相助的亚洲意识,互帮互助,优势互补,扩大利益交融,合力推进自由贸易区和互联互通建设,深化区域经济一体化,实现共同发展,做大共同利益的蛋糕,增进亚洲各国人民福祉。"[1]

总之,秉持"亲、诚、惠、容"的理念,坚守"与邻为善、以邻为伴",邻国之间"互尊互信、聚同化异、合作共赢"的方针,坚持"睦邻、安邻、富邻""合作共赢"的对外合作政策,这就是习近平为新时期中国周边外交,同时也是为中国东北亚外交提出的新理念。

2018年9月12日,俄罗斯第四届东方经济论坛在符拉迪沃斯托克举行。习近平出席大会并发表题为《共享远东发展新机遇,开创东北亚美好新未来》的致辞,更加具体地阐述了中国东北亚外交的新理念和基本准则:第一,增进互信,维护地区和平安宁。第二,深化合作,实现各国互利共赢。第三,互学互鉴,巩固人民传统友谊。第四,着眼长远,实现综合协调发展。习近平强调指出,中方愿继续同东北亚国家一道,顺应时代潮流,抓住历史机遇,全力推进东北亚区域合作,加速实现东北亚区域国家多元化、可持续发展,携手开创东北亚地区更加美好的未来。

二、中国东北亚区域外交新战略

在习近平东北亚外交新理念的指导下,中国政府制定了东北亚外交新战略,具体说来包括如下三点:第一,积极推进东北亚国家之间的经济一体化;第二,严格管控并妥善处理与邻国的分歧和纠纷;第三,在朝核问题上劝和促谈。

(一)积极推进东北亚国家经济一体化

东北亚地区面积辽阔,资源丰富,经济联系十分紧密,交流合作空间巨大,是全球最具发展潜力、最富经济活力的区域之一。东北亚地区六国

---

[1] 《习近平在蒙古国国家大呼拉尔发表重要演讲》,新华网,2014年8月22日,http://www.xinhuanet.com/politics/2014-08/22/c_1112190499.htm。

人口占全球人口的23%，生产总值占全球经济总量的20%。在当前贸易保护主义抬头的大背景下，加强东北亚地区合作也是大势所趋。不仅如此，东北亚在中国周边外交中具有重要的战略地位，是"一带一路"的连接处和接合部。因此，构建东北亚命运共同体刻不容缓。但是，当前东北亚国家之间矛盾错综复杂，朝日两国还没建立正式外交关系，俄日两国也没有签署和平条约，朝鲜半岛还处在停火状态，联合国对朝鲜的制裁尚未解除。因此，构建东北亚命运共同体的条件尚不成熟。针对如此局面，中国政府根据具体情况制定了不同的外交策略，分别推进东北亚国家之间的经济一体化。

1. 推动中日韩合作

中、日、韩作为东北亚地区三个大国，据国际货币基金组织统计，2014年中日韩三国GDP总量已达16.2万亿美元，占东亚GDP的90%，占亚洲GDP的约70%，占全球GDP的20.9%；2017年三国GDP总量已达18.64万亿美元，进出口总额占全球贸易额的近20%。但是，三国之间的贸易额仅占三国对外贸易总额的不足20%。建立中日韩自贸区，不仅对三国之间实现货物、人员和资本的自由来往很有必要，同时必将对东北亚一体化的发展产生巨大的推动作用。

中、日、韩三国一体化渊源于东盟一体化。1999年11月，东盟与中日韩（10+3）领导人会议在菲律宾召开，参会的中日韩领导人通过磋商启动了三国在"10+3"框架内的合作。2003年，中日韩领导人共同签署并发表了《中日韩推进三方合作联合宣言》，初步明确了三国合作的原则和领域，并决定成立由三国外长牵头的三方委员会总体协调合作事宜。2007年3月，三国成立联合研究委员会，负责探讨建立自由贸易区的可行性，并开始进行三边投资协定谈判。2008年12月，首次"10+3"框架外的中日韩领导人会议在日本福冈举行。会议签署并发表了《三国伙伴关系联合声明》，首次明确了中日韩伙伴关系定位，确立了三国合作的方向和原则。2010年5月，三国领导人表示将在2012年前完成中日韩自贸区前期研究。2011年11月，三国领导人于印度尼西亚巴厘岛就在2011年12月底完成对中日韩自由贸易协定的研究，并尽快启动协议的正式谈判等问题达成共识。2012年11月20日，三国经贸部长在柬埔寨金边宣布启动中日韩自贸区谈判。2013

年3月和7月，中日韩自贸区第一、二轮谈判分别在韩国首尔和中国上海举行。2015年5月12日，中日韩自贸区第七轮谈判首席代表会议在韩国首尔举行。

2. 开辟中俄蒙经济走廊

中共十八大后，习近平出访首站即为俄罗斯，2013—2015年底，习近平五次访俄，与俄罗斯总统普京会晤14次，中俄全面战略协作伙伴关系在新时代中国外交中占有特殊地位。2015年5月19日，俄罗斯总统普京签署总统令，宣布每年在俄罗斯远东地区城市符拉迪沃斯托克举行东方经济论坛，以促进俄罗斯远东地区经济发展及其与东北亚各国经济的国际合作。2018年9月，第四届东方经济论坛在俄罗斯远东城市符拉迪沃斯托克举行。中、俄、日、韩、蒙五国领导人以及朝鲜对外经济副相齐聚俄罗斯符拉迪沃斯托克，就推进地区合作问题展开讨论。习近平出席并致辞，习近平认为东北亚要积极开展发展战略对接，中俄正在积极开展"一带一路"建设和欧亚经济联盟对接，重点提升跨境基础设施互联互通、贸易和投资自由化便利化水平，促进各国市场、资本、技术流动，优化资源配置和产业结构，共同建设开放型区域经济，努力构建东北亚经济圈。

中国政府高度重视与北方另一个邻国蒙古国的外交关系。2013年10月，蒙古国总理阿勒坦呼雅格应邀访华，两国政府签署了《战略伙伴关系中长期发展纲要》，一致同意本着相互尊重、相互支持、互利互惠、合作共赢的原则，在国际和地区问题等领域加强全方位合作，将中蒙关系建设成为"国家间关系的典范"。2014年8月21日，习近平在蒙古国媒体上发表题为《策马奔向中蒙关系更好的明天》署名文章，提出发展同邻国友好关系的"亲、诚、惠、容"理念。2016年6月，习近平在塔什干同俄罗斯总统普京、蒙古国总统额勒贝格道尔吉举行中、俄、蒙元首第三次会晤，三方签署了《建设中蒙俄经济走廊规划纲要》。随着中蒙俄经济走廊建设提速和中日韩自贸区谈判扎实推进，东北亚经济一体化得以逐步向前推进。

（二）管控并妥善处理与邻国的分歧和纠纷

在全力推进东北亚经济一体化建设的同时，在对待具体国际纠纷方面，中国政府的政策是坚决捍卫国家核心利益，坚持原则，不拿原则问题和国家核心利益做交易；同时，冷静看待、严格管控、稳妥处理与邻国的分歧和纠纷。

1. 妥善反制日本"购岛"闹剧

日本政府发起的"购岛"闹剧，打破了中日长期以来在钓鱼岛问题上"搁置争议"的基本共识，是对中国领土主权的严重挑衅和侵犯。早在日本政府正式决定"购岛"前，2012年9月9日，胡锦涛在参加当年的APEC会议期间会见日本首相野田佳彦，郑重指出，近来，中日关系因钓鱼岛问题面临严峻局面。在钓鱼岛问题上，中方的立场是一贯的、明确的。日方采取任何方式"购岛"都是非法的、无效的，中方坚决反对。中国政府在维护领土主权问题上立场坚定不移。日方必须充分认识事态的严重性，不要作出错误的决定，同中方一道，维护中日关系发展大局。在日本政府一意孤行决定正式"购岛"后，中国外交部长杨洁篪立即在外交部紧急召见日本驻华大使丹羽宇一郎，就日本政府非法"购买"钓鱼岛提出严正交涉和强烈抗议。中方强烈敦促日方立即撤销"购岛"的错误决定，停止一切损害中国领土主权的行为。否则，由此产生的一切后果只能由日方承担。中国外交部发言人则表示：钓鱼岛自古以来就是中国固有领土，中国对此拥有无可争辩的主权。《日美安保条约》是日美之间的双边安排，中方坚决反对将钓鱼岛问题纳入《日美安保条约》适用范畴。中国政府敦促日方立即撤销"购岛"决定，停止一切损害中国领土主权的行为。2012年9月19日，习近平在会见访华的美国国防部长帕内塔时指出：日本国内一些政治势力非但不思反省第二次世界大战期间日本的战争罪行及其对被侵略国家造成的伤害，反而变本加厉、一错再错，上演"购岛"闹剧，公然挑衅《开罗宣言》和《波茨坦公告》精神，激化同邻国的领土争端。国际社会绝不容许日方否定世界反法西斯战争胜利成果，挑战战后国际秩序的行径。

中国政府采取了一系列反制措施：第一，2014年9月15日，中国国家海洋局在其网站公布钓鱼岛及其部分附属岛屿地理坐标，以及中国国家海洋局海岛监视监测系统中的部分钓鱼岛及其附属岛屿位置图、示意图、三维效果图等，为中国维护海洋权益斗争提供了法理依据。中国驻联合国代表也向联合国秘书长潘基文当面递交了中国钓鱼岛及其附属岛屿的海洋基线地理坐标图。第二，解放军海、陆、空三军展开近似实战军演，意在向日本发出"保钓"强音和维护国家主权的决心。第三，立即取消此前预定的中日双方所有官方、半官方互访活动，原来中日双方商定的为纪念中日恢复邦交40周年而举行的30名日本跨党派国会议员访华计划也被取消。第四，大幅缩减中国公民赴日旅行规模和人数，中国各大旅行社陆续告知日方合作对象，取消2014年9月和10月的赴日旅行团。第五，派遣海警巡逻船巡视钓鱼岛及其周边海域，并且巡视频次以及出动船只的数量和规模不断持续加大。第六，中国实现对钓鱼岛海域的经常性巡航，彰显中国主权。

2. 坚定应对"萨德"入韩问题

2016年7月13日，韩国和美国发表公开声明，决定在韩国庆尚北道星州郡部署"萨德"系统[①]。2017年3月7日，韩国国防部发布消息，2017年3月6日，"萨德"系统的部分装备已经通过军用运输机运抵驻韩美军乌山空军基地。美韩将在韩国部署"萨德"系统的消息公布后，2017年2月7日，中国外交部发言人华春莹表示："中方对此深表关切。中方在反导问题上的立场是一贯的、明确的，一国在谋求自身安全时，不能损害别国安全利益。有关国家如采取推进地区反导部署的举动，将刺激半岛局势进一步紧张升级，不利于维护地区和平稳定，也不利于各方妥善应对当前局势。我们敦促有关国家慎重处理这一问题。""萨德"系统入韩后，中国外交部发言人耿爽表示，美韩部署"萨德"严重破坏地区战略平衡，严重损害包括中国在内的本地区有关国家战略安全利益，不利于维护朝鲜半岛的和平与稳定。中方反对在韩国部署"萨德"系统的意志是坚定的，将坚决采取必要措施维护自身安全利益，由此产生的一切后果由美韩承担。

（三）劝和促谈朝核问题

针对日益激化的朝核问题，本着朝鲜半岛无核化和通过和平谈判解决问题的原则，中国政府在相关责任国家之间积极奔走，劝和促谈。

[①] "萨德"系统全称为"末段高空区域防御系统"（Terminal High Altitude Area Defense，缩写为THAAD，以下简称为"萨德"），是目前唯一能在大气层内和大气层外拦截弹道导弹的陆基高空远程反导系统，同时具备强大的摄取情报和监控能力，其雷达监控半径最远可达2000千米。该系统若部署在韩国，中国华北、东北以及俄罗斯远东地区的中远程导弹发射活动将遭到严密监控。

朝鲜核试验始于2006年10月9日，截至2017年9月3日，朝鲜共进行了六次被证实的核试验。朝鲜核试验是对核不扩散体系的公然挑战，激起国际社会的强烈谴责。"萨德"入韩，激起了朝鲜的强烈反弹。2016年，朝鲜先后进行了第四次和第五次核试验。朝鲜宣称第四次核试验为氢弹试验，在第五次核试验后则宣称"实现了核弹头的标准化、规格化，朝鲜完全掌握多种分裂物质的生产及其应用技术，将任意按需制造小型化轻量化多种化的、打击力更大的各种核弹头"。同年，朝鲜还进行了20余次导弹试验，其陆基机动导弹、陆基中远程导弹、潜射导弹的研发试验等项目取得显著进展。美国人据此认为，朝鲜距离获得可靠、可信的洲际弹道导弹能力已经为期不远。美国政府抛出了对朝"极限施压"政策。面对美国政府的"极限施压"政策，朝鲜于2017年9月3日进行了第六次核试验，并先后于7月4日和11月29日以高角度发射方式进行两次洲际弹道导弹试射。在试射洲际弹道导弹成功后，金正恩高调宣布朝鲜完成了核武力建设。针对朝鲜的核开发活动，中国外交部一再发表声明，坚决反对朝鲜核试验，强烈要求朝鲜信守无核化承诺，停止可能导致局势进一步恶化的相关活动。在联合国安理会讨论因核试验而对朝鲜实施制裁的系列决议和相关措施时，中国投了赞成票。同时，中国政府始终认为在讨论朝鲜半岛无核化问题时，朝鲜的安全关切必须得到保证，和平谈判才是解决朝核问题的唯一途径，制裁不是最终的解决方案，反对恶化朝鲜半岛局势的任何行动，反对美国和韩国在朝鲜半岛部署"萨德"反导系统。中国提出的"双暂停"建议，对于缓和半岛局势、推动美朝直接和谈起到了积极作用。

三、中国东北亚区域外交新成就

习近平新时代东北亚外交新战略的提出，在国际社会引起了巨大反响。在新战略的指引下，新时代中国东北亚外交取得了一系列成就，具体表现在如下几方面。

（一）稳步推进东北亚经济一体化合作

2015年5月12日，中日韩自贸区第七轮谈判首席谈判代表会议在韩国首尔举行，在为期两天的谈判中，中日韩三方就货物贸易、服务贸易、投资等议题深入广泛地交换意见。但是，不久之后因美国和韩国执意在韩国部署"萨德"反导系统以及日本上演的"购岛"闹剧,东北亚地区国际局势顿趋紧张,中日韩一体化谈判暂时中断。

2018年10月25日,日本首相安倍晋三时隔七年正式访华,中日关系重返积极发展轨道。同时,朝鲜半岛出现了戏剧性的变化,朝韩关系持续缓和,中日韩一体化谈判再趋活跃。同年11月5日,习近平在上海中国国际进口博览会开幕式的演讲中明确表示要"加快中日韩自由贸易区谈判进程"。11月15日,第21次东盟与中日韩(10+3)领导人会议在新加坡召开。东盟十国领导人以及中国国务院总理李克强、韩国总统文在寅、日本首相安倍晋三共同出席。李克强在大会发言中表示,在当前贸易保护主义抬头的背景下,"10+3"国家应继续坚定维护多边主义和自由贸易。为此,应该积极推进中日韩自贸区的相关谈判,为区域发展提供稳定、自由、法治化环境,共同促进东亚地区的和平、稳定与繁荣。

同时,中俄蒙经济合作也取得了显著进步。2014年习近平访问蒙古国期间,"蒙方长期关心的过境运输、出海口等问题都得到了妥善解决。双方成立了矿能和互联互通合作委员会,签署了《中蒙经贸合作中期发展纲要》,确定了到2020年双边贸易额达到100亿美元的目标。双方就加强口岸、铁路合作等进行了深入探讨,达成了共识。双方决定将双边本币互换规模扩大至150亿元人民币,双方同意研究在中国二连浩特—蒙古国扎门乌德等地建立跨境经济合作区。双方还将在矿产品深加工、新能源、电力、农牧业、环保等领域开展全方位合作。"习近平表示:"中方欢迎更多蒙方公民赴华留学、旅游、经商、就医。今后5年内,中方将向蒙方提供1000个培训名额,增加提供1000个中国政府全额奖学金名额,为蒙方培训500名留学生,邀请500名蒙方青年访华,邀请250名蒙方记者访华,并向蒙方免费提供25部中国优秀影视剧译作。"[①]

2015年3月,中国政府发布《推动共建丝绸之路经济带和21世纪海上丝绸之路的愿景与行动》倡议,俄罗斯立即作出积极回应。2015年5月,中俄双方签署《关于丝绸之路经济带建设和欧亚经济联盟建设对接合作的

[①] 《习近平在蒙古国国家大呼拉尔发表重要演讲》,新华网,2014年8月22日,http://www.xinhuanet.com/politics/2014-08/22/c_1112190499.htm。

联合声明》[①]，宣布启动中国与欧亚经济联盟经贸合作谈判。2018年5月17日，中国商务部同欧亚经济委员会执委会及欧亚经济联盟各成员国代表在哈萨克斯坦首都阿斯塔纳共同签署经贸合作协定。

（二）妥善处理与日韩两国分歧

由于中国政府在日本"购岛"问题上采取了有理有节的反制措施，慑于中方反制措施的巨大压力及其国内日益高涨的反对声浪，日本政府被迫寻求对华外交妥协。2014年11月，日本国家安全保障局长谷内正太郎访问中国，与中国外交部长杨洁篪举行会谈，双方就中日关系达成四点原则，对围绕钓鱼岛主权争端问题双方达成如下共识：承认围绕钓鱼岛等东海海域近年来出现的紧张局势双方之间存在不同主张。对此，双方同意通过对话磋商防止局势恶化，建立危机管控机制，避免发生不测事态。

日本时事通讯社称，自日本政府2012年9月11日宣布对钓鱼岛"国有化"，至2017年9月8日，共有643艘中国海警船进入钓鱼岛海域，天数多达199天。而进入钓鱼岛海域外侧毗连区的累计天数达到1137天，总计有3953艘次公务船进入。在此期间，中国公务船驶入钓鱼岛附近海域的行动已经成为常态，所谓日本对钓鱼岛的实际控制已被逐渐瓦解。不仅如此，为顾全中日关系大局，在对日政策方面，中国政府始终保持一定程度的克制。因此，随着2018年10月日本首相安倍晋三访华，中日关系重返积极的轨道。

同时，因"萨德"入韩而导致的中韩关系恶化的势头也得到有效遏制。自"萨德"风波出现后，中韩双方经贸交流受到明显冲击，特别是对中国市场依存度较高的韩方受损严重，以乐天集团为代表的部分韩资企业度日艰难，韩国旅游、观光和购物市场因中国消费者的抵制而哀鸿一片。据美国方面的资料显示，韩方为此蒙受约200亿美元的损失，韩国央行则预计，中国赴韩游客同比减少400万人次，韩国2017年的GDP因此减少52亿美

[①] 欧亚经济联盟2015年1月1日正式启动，成员国最初有俄罗斯、白俄罗斯和哈萨克斯坦三国。三国通过的相关协议规定：三国将在2025年前实现商品、服务、资本和劳动力的自由流动，终极目标是建立类似于欧盟的经济联盟，形成一个拥有1.7亿人口的统一市场。2015年1月2日和8月12日，亚美尼亚和吉尔吉斯斯坦两国先后宣布加入。

元。[1]同样，在韩国国内，韩国民众也掀起了巨大的反对部署"萨德"的浪潮。迫于国内外巨大压力，2017年8月10日，韩国国防部宣布"萨德"电磁波检测延期，"萨德"在韩国的部署随之陷入僵局。

为打破因"萨德"入韩而导致的中韩关系僵局，2017年11月22日，韩国外交部长康京和访问北京，康京和对中国外交部长王毅表示：韩国政府决定不追加"萨德"系统、不加入美国反导体系、不发展韩美日三方军事同盟，韩国政府无意损害中方安全利益。对此，王毅表示：中方对韩方在萨德问题上的"三不"原则表示赞赏，同时希望韩方继续采取具体措施妥善处理"萨德"问题。中韩是搬不走的邻居，双方应共同努力，进一步增进相互了解，最大限度减少分歧，为两国关系全面恢复发展创造条件。2017年12月13—16日，韩国总统文在寅应邀访问中国，文在寅表示韩国将积极参与共建"一带一路"，共同努力构建人类命运共同体。文在寅此行标志着中韩关系已经克服因"萨德"入韩而产生的消极影响，翻开了面向未来的新篇章。

（三）推动朝核问题峰回路转

面对2017年朝鲜半岛濒临战争的极度紧张局势，中国提出了"双暂停"，即朝鲜停止核武器和远程导弹试爆试射，美韩停止大规模军演威胁的唯一可行的主张，并积极予以推进，半岛局势终于出现峰回路转的局面。2018年2月，第23届冬奥会在韩国平昌召开，在冬奥会开幕式上，朝韩两国代表团高举"朝鲜半岛旗"共同入场，半岛局势顿趋缓和。2018年4月，朝鲜劳动党七届三中全会决议表示：朝鲜的"核武力与经济建设并进路线取得伟大胜利"。自2018年4月21日起，朝鲜将停止核试验和洲际弹道导弹试射，集中一切力量进行社会主义经济建设。4月27日，韩国总统文在寅和朝鲜最高领导人金正恩在板门店韩方一侧的"和平之家"举行首次会晤并签署《板门店宣言》，宣布双方将为实现朝鲜半岛无核化以及从停战状态向和平机制转换而努力。5月24日，朝鲜对位于咸镜北道吉州郡丰溪里的核试验基地实施爆破。6月12日，美国总统特朗普和朝鲜最高领导人金正恩在新加坡圣淘沙嘉佩乐酒店举行双边会谈，会谈后双方发

---

[1] 马晓霖:《文在寅首访中国辞旧迎新》,《北京青年报》2017年12月16日。

表的联合声明指出：特朗普总统和金正恩委员长就建立新型美朝关系，以及在朝鲜半岛建立长久、稳固的和平机制，全面、深入、坦诚地交换了意见。特朗普总统承诺为朝鲜提供安全保证，金正恩则重申他对朝鲜半岛无核化坚定不移的承诺。双方坚信，美朝新型关系将为朝鲜半岛和世界带来和平与繁荣。2018年9月19日，朝、韩军事首脑在平壤百花园迎宾馆签署《平壤宣言》附属文件《板门店宣言军事领域履行协议》并交换文件，双方决定将结束在海、陆、空等一切空间的所有敌对活动，从当年11月1日起，停止在军事分界线附近举行军事演习，年内撤除非军事区的11个哨所，解除板门店共同警备区的武装，终结包括非武装地带区域在内的军事敌对关系，把朝鲜半岛建设成"永久的和平地带"。同年12月12日，朝、韩军方完成对非军事区内互撤哨所状况的相互检验工作，这是朝、韩自1953年签订《朝鲜停战协定》以来，时隔65年首次互访非军事区内的对方哨所，这标志着朝鲜半岛向建立和平机制的方向迈出了一大步。

2018年3—6月，在不到三个月的时间内，朝鲜劳动党委员长金正恩三次访华，与习近平举行会谈，双方就发展新时代中朝关系达成四项原则共识，[①] 开启了中朝关系发展新篇章。

朝鲜半岛问题之所以能在2018年迎来"柳暗花明"的一幕，中国外交多年坚持不懈的劝和促谈在其中起了不可替代的作用，中国提出的"双暂停"倡议，为朝核问题有关各方改善关系营造了最基本的条件；中国提出的"朝鲜半岛无核化"与"构建朝鲜半岛和平机制""双轨并进"思路，充分兼顾各方利益关切，不仅被朝美双方接受，而且也得到了国际社会的广泛认可。事实证明，中国政府始终提倡和坚持的和平谈判解决朝核问题的原则才是解决朝核问题的正确途径。如果没有朝核问题的峰回路转，就不可能出现朝鲜半岛柳暗花明的一幕。

---

① 习近平2018年6月19日与金正恩会谈时强调指出：中国党和政府高度重视中朝友好合作关系，无论国际和地区形势如何变化，中国党和政府致力于巩固发展中朝关系的坚定立场不会变，中国人民对朝鲜人民的友好情谊不会变，中国对社会主义朝鲜的支持不会变。中国支持朝鲜发展经济、改善民生，支持朝鲜走符合本国国情的发展道路，是这一立场的体现；中国坚持实现半岛无核化，坚持维护半岛和平稳定，坚持通过对话协商解决问题并为此积极发挥建设性作用，也是这一立场的体现。

第三节　中国东北亚区域外交未来定位与展望

当前，中国东北亚区域外交依然面临诸多难题，化解这些难题需要更新思路，根据形势的变化，不断调整方略。毋庸置疑，国际局势瞬息万变，总会有意想不到的变量对我们的方略提出更新的挑战。对此，我们必须随时做好迎接新变化和新挑战的准备。

一、东北亚区域外交面临的挑战

尽管2018年朝鲜半岛问题出现了可喜的变化，带动东北亚局势迅速趋向缓和。但是，必须清醒地认识到，摆在东北亚各国面前的难题依然很多，通往未来的道路不会一帆风顺。

（一）冷战阴云不散

东北亚地区国际矛盾错综复杂。台湾海峡两岸尚未统一，美国经常用台湾问题拿捏中国。三八线南北两个国家处于敌对状态，维持三八线现状的仅仅是一纸停战协定。俄日两国尚未签订和平条约，美国和日本拒不承认朝鲜，俄日、韩日、中日领土、领海争端不休。朝鲜不顾国际社会的反对和制裁，倾举国之力进行核开发。上述一系列问题看似千头万绪，其实均与阴魂不散的冷战阴云有关。

在柏林墙倒塌已经30年后的今天，东北亚地区依然有人不想放弃冷战思维和冷战国际战略。在这些人看来，冷战在东北亚尚未到结束的时候。这是因为，所谓冷战战略主要应该表现在三个方面：第一，社会主义国家与资本主义国家之间的对抗；第二，社会主义国家集团与资本主义国家集团之间的对抗；第三，社会主义价值观与资本主义价值观之间的对抗。在欧洲地区，随着苏东剧变的发生，苏东所有社会主义国家纷纷发生社会转型。随着科索沃战争的结束，欧洲地区最后一个社会主义国家塞尔维亚被摧毁。于是，欧洲地区社会主义国家与资本主义国家之间的对抗，便以社会主义国家的消失而宣告结束。同样，社会主义国家集团与资本主义国家集团之间的对抗，也以社会主义国家集团的消失而宣告结束。转型后的苏东国家纷纷选择资本主义市场经济和资本主义的民主政治制度，所以社会主义价值观与资本主义价值观之间的对抗，也以社会主义价值观的失败而宣告结束，冷战体制在欧洲宣告解体。欧洲冷战以西方阵营大获全胜而告终，西方阵营同时也从欧洲冷战的胜利中收获了丰厚的战利品。

但是，东北亚地区却并非如此。尽管随着苏联的解体和俄罗斯国家的转型，东北亚地区的社会主义国家集团不复存在，社会主义国家集团与资本主义国家集团之间的对抗以社会主义国家集团的消失而宣告结束。但是，中国、朝鲜等社会主义国家依然存在，东北亚地区社会主义国家与资本主义国家之间的对抗依然存在。不仅如此，尽管中国通过对传统的社会主义体制进行调整，逐渐走上了社会主义市场经济的发展道路，但是，中国在政治体制方面坚持中国特色的社会主义道路，并不接受西方式的资本主义政治体制。最令某些人不能接受的是，朝鲜迄今为止，不仅拒绝市场经济，而且对资本主义民主政治体制依然持完全否定的态度。所以，在东北亚地区，社会主义价值观与资本主义价值观之间的对抗依然存在，并且不时有趋向激化之势。所以，冷战的遗产将长期在东亚地区存在；只要冷战阴云不散，东北亚地区国际安全就缺乏可靠的保证，和平发展的局面就很难真正形成。

（二）贸易保护主义和单边主义回潮

特朗普执政后，美国政府将美国国力相对下降的发展趋势归咎于贸易自由化体制。为提振美国经济，特朗普宣称坚持"美国优先"原则，高举贸易保护主义旗帜，挑起贸易摩擦，不断升级美中贸易摩擦的范围和力度，猛烈冲击中美经贸以及国际经济秩序和世界贸易规则，从而对自由主义的国际贸易体制造成了严重冲击，也对本来就举步维艰的东北亚命运共同体建设形成巨大威胁。

为推动东北亚地区诸国之间的经济合作，早在1992年，联合国开发计划署（UNDP）便发起组织和倡导图们江地区经济开发合作项目，在相关各方的协调、组织下，中、俄、韩、朝、蒙五国就图们江地区经济开发合作相关问题签署了一系列国际合作文件，并在北京设立联合国开发计划署（UNDP）图们江地区合作开发项目秘书处，形成了由联合国开发计划署、东北亚地区各国政府和各国所在地各级地方政府积极参加的可喜局面，各方面组织合力推进图们江地区经济合作开发项目。为促进图们江地区国际经济合作开发项目的进展，自1992年以来，中国政府研究制定了一系列相关优惠政策，先后成立了由20余个国家部委为成员单位的图们江开发项目协调领导小组，先后于1992年和1999年编制了《图们江下游珲春地区综合开发规划大纲》和《中国图们江地区开发规划》。2009年11月，中国国务院正式批复《中国图们江区域合作开发规划纲要——以长吉图为开发开放先导区》。2012年4月，中国国务院正式同意在吉林省珲春市设立"中国图们江区域国际合作示范区"。

但是，图们江地区经济合作开发项目自开工以来时断时续，进展远不如预期。从经济方面分析，导致图们江开发项目进展缓慢的原因不外乎如下几点：第一，图们江入海口前十几公里河段属于朝俄界河，因种种原因两国均对投资疏通航道心存疑虑。第二，俄、朝、韩三国之间长期积累的债务问题错综复杂，难以一时厘清，进而导致各国投资热情不高。第三，俄、朝、韩三国间缺乏政治互信，导致资金投入不足和融资难，极大地影响了图们江区域国际经济合作项目的进展。

当然，图们江经济合作开发项目进展缓慢的主要原因还是来自政治方面：第一，由于日朝之间尚未建立外交关系，日俄之间存在领土争端等原因，日本对图们江地区经济合作开发项目兴趣不大，长期作壁上观。第二，长期政治隔阂导致相关各国相互之间缺乏互信，从而造成融资难。第三，朝鲜一意孤行进行核试验，招致联合国经济制裁，从而对图们江经济合作开发项目的顺利进展造成了严重障碍。尽管自2018年开始，东北亚地区国际局势明显回暖，但是，东北亚一体化短期内依旧将远远落后于全球一体化的发展步伐。

（三）朝核问题任重道远

朝韩、朝美领导人会晤后，各方开始落实有关协议、宣言、声明等文件内容，朝鲜先后爆破并废弃丰溪里核试验场，朝鲜半岛局势随之趋向缓和。

目前朝美在无核化概念、方式和步骤上分歧依然严重。首先，朝鲜无核化的概念问题，即朝鲜弃核都要弃什么？核材料、核试验场、核弹、洲际导弹、导弹发射台、发动机试验场，还是全部？其次，如何放弃，应该采取什么方式，经过哪些步骤？美国一直坚持全面、可核查、不可逆的方式让朝鲜弃核，并且一再强调朝鲜只有全面放弃发展核武器、弹道导弹等，才能迎来政治安全、经济繁荣的未来。而朝鲜则认为，如果朝鲜的安全问题能够得到保障，朝鲜无意于发展核武器。只要美国承诺保证朝鲜的社会制度和国家安全，朝鲜愿意放弃核武器。也就是说，朝鲜提出的弃核的前提条件是美国的安全保证；而美国则表示朝鲜只有先弃核，才会得到安全保证。美国担心一旦解除制裁，美国就失去了制约朝鲜发展核武器的手段；而朝鲜则担心一旦先弃核，朝鲜的命运就会像伊拉克、利比亚一样任由美国宰割。显然，美朝双方缺乏基本的信任。同样，关于信任问题：美国认为，只有朝鲜先拿出实际行动，双方才可能建立互信。而朝鲜则认为，只有先建立互信，朝鲜才会采取行动。

自2018年5月以来，朝鲜不仅炸毁了丰溪里核试验场，还采取措施停止核试验、洲际弹道导弹试射，拆除东仓里导弹发射场相关设施，归还部分朝鲜战争期间阵亡美军士兵的遗骸等。不仅如此，2019年金正恩在元旦献词中承诺要"走向完全的无核化……为此，我们对国内外宣布，不再生产核武器，也不进行核试验，不使用和扩散核武器"。[①] 对于朝鲜上述举措，美国只是宣布减少美韩军演次数和规模，依然不肯取消对朝鲜的经济制裁，也拒绝谈判缔结朝鲜半岛终战协定和建立和平机制问题。更有甚者，2018年8月初，美国财政部宣布新一轮对朝制裁措施；同年12月10日，美国政府借口"涉及严重侵犯人权"，再次宣布对崔龙海等3名朝鲜高官实施制裁，冻结其"美国管辖下可能拥有的任何资产，禁止他们与美国境内任何人进行交易"。

毫无疑问，美国政府的上述行为对推进朝核问题的解决有害无益，如果美国方面不作出相应让步，朝鲜弃核问题很难有新的进展。只要朝核问题不解决，东北亚和平稳定的局面就不会出现，东北亚命运共同体的建设也很难有效推进。

二、东北亚区域外交的解决方略

尽管目前东北亚国际局势错综复杂，困难重重。但是，只要相关各国

[①] 《劳动新闻》2019年1月1日。

本着负责任地解决问题的原则，协力合作，相向而行，总会找到打破僵局的方略。

（一）建立朝鲜半岛和平机制

朝鲜半岛问题主要有朝核问题、朝美矛盾、朝韩矛盾以及构建半岛和平机制等问题，其中最难解决的是朝核问题，朝核问题牵动复杂的周边大国关系问题。朝核问题的实质是朝美矛盾，在朝美谈判过程中，韩国应该从中起到一定的调和作用；但是，因为韩、美之间存在同盟关系，所以韩国在朝美之间的调和作用是有限的。也正是因此，朝鲜曾一度实行"通美封韩"政策，拒绝韩国在朝、美之间的调停。

将朝核问题的焦点视为朝美矛盾的观点固然有一定道理，但是却忽视了韩国在解决朝鲜半岛问题中的独特地位和作用。首先，朝鲜半岛问题起源于朝韩对立，所以朝鲜半岛紧张局势归根结底是朝韩矛盾。其次，一般认为朝、韩是敌对的双方。但是，朝、韩不仅是敌对的双方，同时也是利益攸关的双方；朝鲜半岛局势紧张的直接受害方是朝、韩两国，朝鲜半岛局势缓和的直接受益方也是朝、韩两国。不仅如此，朝、韩原本曾是一个国家，两国国民乃民族同胞，无论如何兄弟阋墙不该拔刀相向；更何况，朝鲜已经对外声称拥有核武器，朝鲜半岛一旦开战，即使韩国有强大盟军的援助，最终也将是一场没有赢家的战争。反之，朝鲜半岛和平机制一旦建立，朝鲜可以通过弃核换取和平的国际环境和宽松的发展空间；韩国则可在彻底解除核威胁的同时，通过与朝鲜的经济交往获得重要的市场，同时打通与中国、蒙古国和俄罗斯经济交往的通道，在获得巨大商品和资本市场的同时，还将获得来自俄罗斯的优质能源资源。如此说来，扬汤止沸，不如釜底抽薪。如果朝、韩保证永不再战，并且互不谋求通过联合外来势力吃掉对方，朝核问题的解决、朝鲜半岛和平机制的构建，以及朝鲜半岛的和平统一就有了基本保证。对此，国际社会相关各方均应对韩国在解决朝核问题过程中的地位和作用予以足够重视，韩国也必须适当调整其战略策略，联手朝鲜保证朝鲜半岛永不再战，以推动美国在朝核问题上做出相应的战略调整。

朝核问题的棘手之处在于，长期的对峙和敌视导致朝美双方缺乏战略互信，以至于各自抛出一套关于无核化的实施计划且互不让步，僵持不下，令双方之间的谈判举步维艰。根据这种情况，中国政府提出了"分阶段、同步走、一揽子"的解决方案。所谓"一揽子"，即朝核问题、朝美关系正常化问题、美国对朝鲜的安全保证问题、朝鲜半岛和平机制建设问题均不能割裂开来，而是全部放到桌面上，统筹考虑，达成"一揽子"协议。所谓"分阶段、同步走"，主要包括两方面内容：首先，朝鲜半岛核问题的解决不可能一蹴而就，应该本着先易后难的原则，分阶段安排；其次，既然朝美之间缺乏战略互信，为公平起见，双方应该同时采取措施兑现自己的承诺，以满足对方的战略关切。因此，可先对朝鲜半岛无核化路线图达成一揽子解决方案，之后在执行上"分阶段、同步走"。中国方面同时还强调指出，朝鲜弃核必须与朝鲜半岛停战协定转为和平机制同步进行。在朝美双方缺乏互信并相互猜忌的情况下，只有实行同步走的方针，朝鲜半岛无核化才能打破僵局，顺利迈出第一步，同时推进朝鲜发展战略与东北亚一体化的对接，为构建东北亚命运共同体创造有利条件。

（二）推进东北亚经济走廊建设

东北亚地处海洋和陆地的接合部，东连全球最大的大洋——太平洋，西接世界上最大的大陆——欧亚大陆。历史上这里不仅是海上丝绸之路和陆地丝绸之路的连接点，而且还是绿洲丝绸之路和草原丝绸之路的交汇处，真正是一个串联南北、沟通东西的经济枢纽。但是，在全球一体化全面发展的今天，这里经常是战云密布，鸡犬之声相闻，却南北阻隔、东西不通，东北亚地区成了一个被全球一体化遗忘了的角落。

造成上述局面的原因主要有如下几点：第一，美、日、韩三国长期围堵朝鲜，朝鲜因从事核开发招致联合国制裁，使朝鲜长期孤立于国际社会。第二，日俄、日韩、日中领土争端不断，导致各国之间相互猜忌、疑心重重，区域经济合作很难顺利展开。第三，美国出于维持自身全球霸权的战略需要，严格管控日韩、围堵朝鲜、打压中俄，严重阻碍东北亚区域经济合作发展的步伐。

在全球经济发展不景气的今天，人们越来越关注东北亚地区的区域合作和经济发展。不言而喻，朝鲜、中国东北地区、蒙古国和俄罗斯远东地区是全球著名的资源丰富、发展潜力巨大，且又亟待开发的巨大市场，如果东北亚地区各国能在建设东北亚经济走廊问题上达成共识，将日本、韩国的资金和产品，俄罗斯丰富的能源资源，以及中国的资金、技术和市场进行合理的整合、配置，取长补短，相互交流，相互促进。毫无疑问，东北亚经济走廊的建设不仅将对东北亚地区的经济发展，而且将对全球经济发展产生巨大的推动作用。

为推进东北亚经济走廊建设，国际社会相关各方需要注意以下几点：第一，国际社会必须对朝鲜在东北亚经济走廊建设中的地位和作用给予充分重视，朝鲜地处东北亚核心地带，孤立和制裁朝鲜不仅将导致图们江地区经济合作开发项目难以顺利进展，而且将阻断韩国与俄罗斯及蒙古国的交通联系。总之，朝鲜的缺席严重影响东北亚地区的南北联结和东西沟通。第二，日本必须正确认识历史问题，尊重战后国际秩序，尽力减少与邻国的领土和海域纠纷及政治摩擦。否则，将对东北亚经济走廊的建设产生诸多不利影响。第三，朝鲜应该拿出足够的诚意，付出更大的努力，与相关各方一起相向而行，尽快实现朝鲜半岛无核化。核武器不会给朝鲜带来真正安全的国际环境，只会恶化周边紧张局势，长期孤立于区域合作行列之外，将对朝鲜社会的正常发展产生一系列消极影响。第四，美国应该放弃过时的零和游戏规则，放弃长期维持单极霸权主义的妄想，用平常心看待俄罗斯的复兴，接受中国崛起的现实，转换思路，停止围堵朝鲜、打压中俄，抛弃在东北亚地区制造紧张局势，为东北亚地区经济合作设置障碍，企图延缓中国崛起的速度、掌控全球霸权的陈旧做法，积极参与东北亚地区经济走廊建设。

（三）构建合作共赢的东北亚国际秩序

当前东北亚外交中面临的所有问题，均是由国际秩序的混乱而导致的。要想顺利解决目前面临的问题，同时开辟东北亚地区发展的新局面，就必须建立合作共赢的东北亚国际秩序。

新的东北亚国际秩序的建立需遵循如下原则：

第一，抛弃冷战思维，不搞意识形态划线，提倡不同文明和社会制度之间的和平共处、相互交流、相互促进。美日两国之所以至今不肯承认朝鲜，固然原因十分复杂。但是，至少有一个问题与此不无关联。在东北亚地区，俄罗斯和蒙古国宣布放弃社会主义体制转为市场经济。改革开放后的中国走上了中国特色的社会主义道路，并超越日本成为全球第二大经济体；在美、日两国看来，最不能容忍的是朝鲜，这个国家在苏东剧变后依然坚守传统社会主义信念并拒绝改革，导致他们在东北亚收获冷战成果的梦想落空。所以，美日两国不仅不肯承认朝鲜并与之建立正式外交关系，而且总是不放弃寻找时机挤垮朝鲜的念头。时至今日，如果美日两国依然抱着这种冷战思维不放，将朝鲜长期孤立于国际社会之外，是十分危险的。

第二，改变在国际事务中奉行单边主义和双重标准的行事风格，兼顾各方利益关切，构建朝鲜半岛新的和平机制。朝鲜战争已经结束60多年了，朝鲜停战监督机制也随着苏东剧变而荡然无存。然而，美国联合日、韩两国围堵朝鲜的政策毫无变化，他们经常寻找借口上演大规模联合军演，对朝鲜的国家安全构成严重威胁。

第三，冷静对待并合理管控邻国之间的领土争端。东北亚各国之间，尤其是日俄、日韩和日中之间存在领土和海权之争，这些争端的形成都有复杂的历史原因，绝非一朝一夕可以轻易解决的。如果任其激化矛盾，将于事无补，倒不如争端国表明原则立场，守住政策底线，留待将来条件成熟时再行解决，不失为明智之举。各相关国家应该冷静对待并合理管控与邻国之间的领土、领海争端，防止因争端问题激化与邻国的矛盾，甚至影响地区安全大局。

第四，摆脱国际事务中陈旧理念的束缚，建立和平、开放、合作、互利、共赢的东北亚国际新秩序。近代以来，国际外交事务中盛行优胜劣汰的丛林法则。这种观点的思维逻辑是，国际事务中一方得益另一方必受损，并且得益与受损的程度是成正比的，双赢的局面是不存在的。这是一种典型的建立在强权主义逻辑思维基础之上的零和游戏理念，这种理念主导下建立的国际秩序不可能是平等的，也不可能是长久的，它必然会随着双方实力平衡的打破而重新调整。目前，东北亚国际秩序中存在的问题均与此有关。要想改变国际事务中这种强权主义的恶性循环，就必须摆脱这种丛林法则和零和游戏规则的束缚，建立和平、开放、合作、互利、共赢的东北亚国际新秩序。

三、中国东北亚区域外交发展前景

东北亚国际局势中最令人关注的焦点是朝核问题和东北亚命运共同体的建设和发展问题，均取决于能否建立一个和平持久的东北亚国际安全机制。近期，东北亚局势的发展出现了一系列向好的迹象。展望未来，东北亚国际局势的发展依然不能盲目乐观，尚存在一些不容忽视的变数。

（一）充满变数的朝鲜半岛无核化

朝鲜半岛无核化问题目前看是"柳暗花明"，呈现出超乎国际社会预料的发展趋向。但是，展望未来，朝核问题尚存许多变数，可谓是任重而道远。2018年4月，朝鲜劳动党七届三中全会通过决议，宣布从2018年4月21日起，朝鲜将停止核试验和洲际弹道导弹试射，并决定集中一切力量进行社会主义经济建设。2019年元旦，朝鲜最高领导人、朝鲜劳动党委员长金正恩在元旦贺词中宣布：朝鲜"不再生产核武器，也不进行核试验，不使用和扩散核武器"。由此可见，朝鲜已经公开宣布将走向完全无核化。

但是，国际社会同时不应忽视，此次朝鲜无核化的决定完全是主动宣布的。诚然，朝鲜半岛局势出现前所未有的缓和局面，与此前有关各方坚持不懈的共同努力是分不开的，要想朝鲜半岛局势保持这种向好的发展势头，仍需有关各方作出积极回应，释放更多的善意。

20世纪50年代以来，美国政府一直坚持围困打压朝鲜，甚至多次公然宣称试图颠覆朝鲜政权。迄今为止，美国依旧不肯解除对朝鲜的经济制裁，哪怕是部分的解除也不肯，也没有答应朝鲜何时将停战协定转为和平条约。毫无疑问，如果美国不在这两方面作出相应让步，朝鲜是很难在弃核问题上有新进展的。

既然朝鲜声称已经完成了核武器开发并主动提出弃核主张，朝鲜半岛无核化以后的进展就取决于美国政府是否会满足朝鲜提出的弃核条件，并促使朝鲜最终彻底放弃核武器。首先，从美国对朝一贯的霸道作风以及特朗普任性的"美国优先"原则看，前景不容乐观。美朝双方围绕朝鲜弃核问题将会展开激烈博弈，不排除矛盾骤然激化，朝鲜半岛再次陷入战争危机的可能。为避免这种局面的出现，美韩双方应该调整思路，认真对待朝鲜的安全关切。与此同时，朝核问题相关各方必须从大局出发，对美韩施加一定影响,促使美韩政府采取政策与朝鲜相向而行。

20世纪90年代以来,朝核问题曾经历数次反复,每当国际社会经历艰难谈判终于达成阶段性成果之际,美国总是制造借口激怒朝鲜,使谈判无果而终。究其原因,美国不是不能解决问题,而是根本不想尽快解决问题。美国之所以采取如此政策,主要原因不过两点:首先,朝鲜的核武器开发水平相对较低,目前尚不具备威胁美国本土安全的能力。其次,朝核问题的拖而不决,有助于朝鲜半岛经常维持适当的临战紧张状态,有利于美国维持在日、韩两国的驻军,从而实现美国管控日韩,打压朝鲜,围堵中俄,延缓中国的崛起速度,掌控东北亚国际局势发展走向的战略目的。时至今日,朝核问题的局势已经发生了重大变化。如果美国放弃敌视朝鲜的政策,与相关各方共同构建朝鲜半岛和平机制,解除对朝鲜的制裁,让朝鲜获得一个正常的发展环境和国际空间,朝鲜就将弃核。否则,美国和国际社会相关各方就不得不接受朝鲜拥有核武器这样一个既成事实。

(二)构建东北亚命运共同体

众所周知,东北亚命运共同体建设的步伐多年来举步维艰,其中一个非常重要的原因是受朝核问题的影响。相信,随着朝核问题的解决,东北亚命运共同体的建设会逐渐进入快车道。但是,近来国际社会的发展有令人不得不考虑的另外一个问题——贸易保护主义和单边主义的回潮。

21世纪以来,与全球一体化趋势相反的是,一股反全球主义的思潮在世界某些国家和地区迅猛发展,民族主义、民粹主义、贸易保护主义等形形色色的逆全球化思潮甚嚣尘上。受此思潮的影响,欧盟一体化面临严峻的倒退危机;特朗普上台后的美国政府挥舞贸易保护主义和所谓"美国优先"的大棒,到处挑动贸易摩擦,给世界贸易的发展带来了十分恶劣的影响。不言而喻,孤立主义和单边主义与全球一体化是背道而驰的,这种观念的回潮显然将对东北亚命运共同体的建设形成巨大障碍。要解决这一问题,国际社会相关各方必须明白一个道理:当前全球化发展过程中出现的问题,根源不在于全球一体化,而在于近代以来流行的建立在西方文明基础之上的世界一体化理念。如果我们能及时更新落后的一体化理念,在新的理念基础之上建设新型全球一体化,就会克服全球一体化面临的诸多问题而走向新的辉煌。

近代以来，在欧美发达国家的主导下，人类走的是一条建立在西方文明基础之上的片面的全球化道路。西方文明认为，人类文明的发展历史就是一部优胜劣汰的文明进化史。文明有先进与落后、优胜与低劣之分，西方人肩负着上帝的使命，他们所到之处就是要传播带有普世主义价值观的先进文明，拯救那些愚昧落后的东方人。在这种思维方式和价值观念主导下，弱肉强食、赢者通吃的丛林法则横行全球，资本自由化的利益得到保护，而劳工的合法权益却被忽视，欧美发达国家在发展中占尽先机，广大发展中国家则越来越被边缘化。这种全球化带来的严重后果就是，富者越富，贫者愈贫。近期贸易保护主义和单边主义思潮的猖獗提醒人们，东北亚一体化应吸取建立在西方文明基础之上的一体化的经验教训，奉行"和而不同"的文明理念，努力构建开放、合作、共赢的东北亚命运共同体。

（三）建立和平持久的国际安全机制

朝核问题的解决以及东北亚一体化的发展前景，均取决于能否建立一个和平持久的东北亚国际安全机制。尽管从地理学意义上看，美国不属于东北亚国家。但是，二战以来，东北亚地区国际事务中无时无刻不存在美国的身影，美国是东北亚地区国际事务中不可或缺的大国。这不仅因为美国的两个重要军事盟国日本和韩国都是东北亚国家，也不仅是因为美国在日本和韩国都有驻军，同时还因为，当今世界第二大军事强国俄罗斯，以及第二号经济大国中国均是东北亚国家。作为全球头号经济、军事大国，美国认为当前其全球利益面临的主要威胁将来自俄罗斯和中国。

20世纪90年代初，俄罗斯社会转型初期，面临内外交困局面，当时的俄罗斯既无心也无力对美国全球利益构成任何威胁，那时的俄美关系似乎是比较融洽的，被称之为两国关系的"蜜月"期。即便如此，美国也是在欧洲尽其所能地将自己的军事实力向东扩张，千方百计挤压俄罗斯的生存空间。随着俄罗斯经济的复苏，美国感觉到俄罗斯的发展有可能对美国的利益构成威胁。于是，美国在国际问题上又开始打压俄罗斯。时至今日，甚至俄、日解决争议领土问题时，连一旦俄罗斯将争议领土的一部分交还日本，美国是否会在那里驻军的问题都已经进入了有关方面的讨论范畴。

构筑新的东北亚国际安全秩序必须在东北亚地区国家之间建立稳定的政治、战略互信。以邻为敌，企图长期追求并保持对邻国的战略优势和压力，不会给自己带来真正的安全环境。同时，必须抛弃传统的军事结盟政策，通盘兼顾相关各方的利益和安全关切。在解决朝鲜半岛核问题方面尤其如此，企图依靠美韩、美日同盟的巨大战略优势对朝鲜长期施压，进而迫使朝鲜放弃核武器是不可能的。朝鲜半岛停战机制转换为和平条约与朝鲜弃核问题必须同步进行，朝鲜半岛无核化才有可能真正实现。否则，缺乏安全保障的朝鲜是不可能会弃核的，构建长期和平稳定的东北亚国际安全秩序就只能是一句空话。

中国传统文化强调"和而不同"，中国古代哲人们提倡"王道"、反对"霸道"，是数千年中国历史留给后人的宝贵精神财富之一。中国不承认所谓普世主义价值观的存在，同时反对任何国家将任何价值理念强加于人，认为丛林法则不是国际政治法则。中国不认为国际交往中只存在所谓的零和游戏一种规则，国际交往中不仅存在双赢的可能，也存在多赢和共赢的可能。中国认为强国未必一定会追求霸权，但霸权一定不会长久，西方所谓的"修昔底德陷阱"是可以避免的。中国一再强调，中国将一如既往地坚持走改革开放的和平发展道路，中国永远不会在国际事务中追求霸权，更无意挑战美国的全球霸权，中国主张建立和平、开放、合作、互利、共赢的国际秩序。不言而喻，能否建立和平持久的国际安全机制，将是事关中国和东北亚地区未来发展的关键问题，同时也是对中国周边外交政策的最大考验。

新中国周边外交史研究（1949—2019）

第九章　中国的东南亚区域外交

导　读

东南亚地区是我国周边地区的重要地缘战略板块，它控制着我国通向南太平洋、中东、非洲和欧洲的海上交通要道，处于海陆丝绸之路的交汇点上。中共十八大以来，随着"一带一路"倡议、"人类命运共同体"理念的提出，周边外交的地位获得飞跃式的提升。上述理念的提出不仅意味着中国在经济上成为世界第二大国，也标志着中国成为国际社会政治议程的设置者和规则的制定者，以及全球治理和区域治理的参与者，成为国际体系中名副其实的大国。东南亚地区作为中国周边重要的地缘战略板块，在中国推进"一带一路"建设与构建中国和周边国家命运共同体的过程中具有不可替代的战略地位，为中国在新时期推进周边外交战略提供了新的机遇，但同时也给中国提出了诸多挑战，需要中国以新的战略思维予以应对和化解。

东南亚位于亚洲东南部、太平洋与印度洋的交界处，面积约457万平方千米，包括南洋群岛和中南半岛两大海陆地缘板块，总共11个国家，人口约6.42亿，GDP总量约2.72万亿美元。[1] 从地缘的角度审视，东南亚恰好位于中国周边海陆两缘的接合部，中南半岛和南洋群岛从西南和东南两面，呈U形隔着南海将中国环绕在中间，而南海则成为中国联系太平洋和印度洋地区，特别是非洲、中东和欧洲的海上必经之路。上述地缘结构，

---

[1] 外交部：《东南亚国家联盟》，https://www.fmprc.gov.cn/web/wjb_673085/zzjg_673183/yzs_673193/dqzz_673197/dnygjlm_673199/dnygjlm_673201/，另参见李富强主编：《中国与东盟交流合作史研究（政治卷）》，民族出版社2007年版，第2—3页。

使中国和东南亚地区的关系与中国的安全和国家利益呈现出高度正相关的利害叠加性,即中国与东南亚关系友好稳定之时,东南亚地区会成为维护中国安全的外围屏障和发展互利友好关系的睦邻伙伴;反之,东南亚地区则会成为域外敌对势力遏制中国发展、危及中国国家安全的前沿阵地。从战略角度而言,东南亚地区当属中国周边地缘板块的核心利益范围和中国周边外交应当重点经营的地区。

新中国成立至今,东南亚对中国的战略价值因时而异,中国对东南亚区域外交的侧重点和主要内容在不同的时期也有所不同。冷战时期,中国东南亚区域外交主要服务于国家的政治安全需要,改革开放后侧重点虽开始向经济发展转移,但始终没有跳出"团结谁、反对谁"的固有模式束缚。冷战后至中共十八大前,中国全面融入国际社会,与东南亚诸国均保持了友好关系。该时期中国东南亚区域外交注重政治、经济、安全之间的平衡,但主要在于服务改革开放和经济发展,开启了中国对东南亚全新的无敌国外交时期。中共十八大后,中国先后提出"一带一路"倡议和"人类命运共同体"战略构想,中国的东南亚外交进入全方位推进的新阶段。

第一节 中国东南亚区域外交的历史沿革

中国与东南亚的关系至少可以回溯到秦汉时期。秦汉时期,即有中国移民源源不断地流向东南亚。唐宋以来,随着航海技术的进步,中国移民的足迹扩展到了整个南洋群岛和中南半岛,东南亚地区逐渐发展成为世界上华人华侨最为集中的地区。无论从民族、血缘、文化,还是从政治、安全、经济上来看,东南亚自古就和中国具有极为密切的联系。新中国成立后,东南亚成为打破西方敌对势力孤立新中国的主要突破口之一。新中国的东南亚区域外交可以分为冷战时期、全面融入国际社会时期和中共十八大以后三个不同时期。

一、冷战时期中国东南亚区域外交

该时期从1949年10月到1991年7月冷战结束,总计42年。中国东南亚区域外交最突出的特点是难以完全摆脱冷战思维的影响,没有能够与东南亚各国实现同时友好，始终存在联合谁、反对谁的问题。这一时期按对外政策调整状况大致分为三个阶段：

（一）争取国际承认阶段（1949—1965年）

1. 打破外交孤立，争取东南亚各国承认

新中国成立后，出于国家安全和意识形态等诸多因素的综合考虑，拒绝了美国要中国采取中立外交政策的建议，选择了向苏联"一边倒"的外交政策。[①]中国区别对待，分别与三类国家建立了外交关系：首先，优先与苏联等社会主义各国建交。对于社会主义各国，不经谈判直接建交。其次，对于不敌视新中国的资本主义或民族主义国家，视其对国民党残余政权的态度，通过谈判建立外交关系。第三，对于新独立且与国民党残余政权没有外交关系的民族主义国家，采取不经谈判方式直接建立外交关系。[②]

中国与东南亚各国基本遵循上述模式建立了外交关系，其中最有代表性的当属与越南、缅甸和印度尼西亚建交案例。新中国建立之初，受到美国等敌对势力的孤立和封锁，东南亚是中国打开外交突破口的关键地区之一。1950年1月18日，中国率先承认越南民主共和国，并与之建交。[③]同年6月8日，经过近一年谈判，中缅正式建交。1950年4月，印度尼西亚独立后不久，两国迅速建立外交关系。[④]此外，中国又先后与柬埔寨（1958年）和老挝（1961年）建立外交关系。[⑤]越缅两国分别位于中南半岛的东西两侧，印度尼西亚则拥有马六甲海峡等多条重要海上通道，中国与上述国家建交后，初步从东南亚方向打破了美国和台湾地区等敌对势力对新中国的外交孤立和交通封锁，使新中国在国际舞台上站稳了脚跟。

2. 首登国际舞台，初获大国地位

新中国建立之初，恰逢亚非拉民族独立浪潮风起云涌之际，朝鲜战争、越法战争、日内瓦会议、亚非会议等一系列挑战与机遇接踵而来。面

---

① 李宝俊：《当代中国外交概论》，中国人民大学出版社2001年版，第26页。
② 谢益显主编：《中国当代外交史（1949—2001）》，中国青年出版社2002年版，第4—6页。
③ 李家忠：《印支外交亲历》，上海辞书出版社2010年版，第1页。
④ 谢益显主编：《中国当代外交史（1949—2001）》，中国青年出版社2002年版，第6—7页。
⑤ 谢益显主编：《中国当代外交史（1949—2009）》，中国青年出版社2009年版，第131页。

对前所未有的挑战，中国处变不惊，沉着应对，并抓住每一个稍纵即逝的机遇，打破了美蒋等反动势力的孤立封锁，维护了中国的安全，不失时机地登上了国际舞台，初步展示了中国的大国风采。

首先，抗法援越，促成日内瓦协定的签订。

1945年8月，胡志明领导印度支那共产党发动八月革命，宣布越南独立，并成立了越南民主共和国。但不久，法国殖民者卷土重来，控制了大部分地区。新中国成立后，打破常规，先于苏联承认了越南并与之正式建立外交关系。随后，中国向越南派出了以陈赓、韦国清等人为首的军事顾问团，协助组织越南人民军发动边界战役，逐步扭转了反法战争的被动局面，使新生的越南转危为安。1954年5月7日，在以韦国清为首的中国军事顾问团的策划和协助下，越南人民军在越北重镇奠边府取得决定性胜利，有力地支援了次日在日内瓦召开的关于恢复印度支那和平的会议，打击了法国的气焰。

1954年5月8日，有中、苏、美、英、法及越南南北双方、老挝、柬埔寨等19个国家参加的关于恢复印度支那和平会议在日内瓦召开。这是中国排除美国阻挠，首次以五大国之一身份出现在解决重大国际问题的舞台上，是中国外交的巨大胜利。在该阶段，中国总理兼外交部长周恩来纵横捭阖，利用法国战败的良机，先后与苏、越、英、法及柬、老等国协调，为法越两国沟通充当桥梁，最终促使越法两国相互妥协让步，实现了印度支那和平，并最终在国际法上确立越老柬三国的独立、主权和统一，也为中国西南边境争取了和平的国际环境，显示了中国不可替代的作用。[1]

其次，参加亚非会议，展示大国风采。

第二次世界大战结束后，亚非地区成为反帝反殖中心之一，大批原有殖民地相继获得独立。然而，到20世纪50年代初期，美苏之间争夺加剧，严重威胁亚非国家的独立和安全。1954年12月，缅甸、锡兰、印度、印度尼西亚和巴基斯坦五国在印度尼西亚茂物举行会议，决定五国联合发起召

---

[1] 李海文：《周恩来在日内瓦会议期间为恢复印度支那和平进行的努力》，《党的文献》1997年第1期，第57—61页。

开亚非会议,并邀请中国在内的25个亚非国家和地区参会。[1]亚非会议是世界现代史上第一次没有西方殖民国家参加的国际会议,遭到了美国等西方国家的极力阻挠与破坏。最初,发起方内部对于邀请大陆还是台湾代表中国参会一度发生争执,在缅甸、印度尼西亚等国的坚持下,最终决定邀请中华人民共和国参会。虽然美国一再破坏和阻挠,台湾当局甚至不惜制造"克什米尔公主号"事件[2]以阻止中国参会,但其阴谋始终没有得逞。[3]

参加万隆会议的国家背景多样,政治立场各异,既有越南、缅甸、印度尼西亚、印度等当时对华友好的国家,也有诸如日本、菲律宾和巴基斯坦等当时持亲美反共立场,对中国较为警惕的国家。在会议期间,面对部分国家对中国的误解甚至攻击,周恩来一方面重申和平共处五项基本原则,阐释中国立场,另一方面对于不同政治立场的国家提出了"求同存异"的方针。他明确指出:虽然中国与部分国家政治制度不同,但各国在维护国家独立,反对殖民主义和帝国主义侵略、压迫政策方面是一致的。中国愿意和相关各国求大同而存小异。[4]中国的立场不仅得到了友好国家的赞同,也获得了菲律宾、锡兰等持不同政治立场国家的赞赏和理解,确保了会议的成功。

在中国的不懈努力下,亚非会议本着求同存异的精神,讨论了民族独立和主权、反帝反殖斗争、世界和平以及与会各国的经济文化合作问题。经过充分的协商,会议一致通过了包括经济和文化合作、人权和自决、附属地人民问题、促进世界和平合作宣言等内容的《亚非会议最后公报》。其中《关于促进世界和平与合作宣言》,在中、印、缅三国共同提出的和平共处五项原则的基础上,提出了处理国际关系的十项原则。中国挫败美

---

[1] 梁志明:《亚非人民的国际盛会:背景与成就——亚非会议50周年纪念》,《当代亚太》2005年第5期,第24页。

[2] 为阻止中国代表团参会,台湾当局特务组织在毛人凤的直接指挥下,企图炸毁代表团所乘的专机以阻止代表团参会,并将主要目标确定为代表团团长周恩来。代表团的专机克什米尔公主系中国政府从印度航空租借,在香港转停时台湾特务收买地勤工人放置了定时炸弹,在印度尼西亚近海上空爆炸,机上包括3名越南记者在内的11名代表团成员全部遇难。周恩来因外交活动临时改变日程得以幸免于难。

[3] 方连庆等:《战后国际关系史》,北京大学出版社1999年版,第279页。

[4] 熊华源:《周恩来与亚非会议》,《党的文献》1996年第2期,第88—89页。

国和台湾当局的阻挠和破坏,受邀参加亚非会议,并促成会议圆满成功,展示了中国的大国风采,加深了各国对中国的了解,是中国对东南亚早期外交的又一大胜利。[①]

3. 处理两大热点问题,维护与东南亚国家友好稳定

东南亚是华人华侨最为集中的地区。由于自身的勤奋,华人华侨在所在国经济中大多占有举足轻重的地位。各国独立后,华人华侨逐渐成为经济能力欠缺,但掌握政权的土著势力的打压对象。同时,由于中国与东南亚各国边界向来只有一条模糊的传统习惯线,从未正式划定,加上英法侵略造成恶果,边界问题也亟待解决。

首先,解决华人华侨国籍问题,维护华人华侨的合法利益。

中国和东南亚各国对于国籍问题有着不同的认定原则。中国采取血统主义,东南亚各国则大多采用出生地主义,这样就产生了一个双重国籍问题。一些华人,虽然在所在国生活了数代之久,但按照血统主义,依旧是中国公民,而所在国政府则根据现实的需要,时而依据出生地原则将华人华侨作为本国公民予以管辖,时而又将华人华侨排除在本国公民之外,使其权利难以保障。如何解决华人华侨的双重国籍问题,维护他们的合法权利,就成为一个亟待解决的问题。

中国和印度尼西亚两国关于华人华侨问题的交涉成为中国处理该问题的代表性案例。从维护国家主权和华人华侨合法权利的角度出发,中国在华人华侨国籍问题上采取了如下立场:首先,不承认双重国籍。华人要么选择中国国籍,成为华侨;要么选择所在国的国籍,成为所在国公民。其次,根据自主自愿原则选择国籍。第三,鼓励华人选择所在国国籍,欢迎华人保留中国国籍。依据上述三项原则,中国与印度尼西亚经过谈判签署《中国和印度尼西亚关于双重国籍问题条约》,解决了印度尼西亚华人华侨双重国籍问题。对于选择印度尼西亚国籍者,则不再保留中国侨民和公民身份,成为印度尼西亚公民,享受印度尼西亚给予本国公民的权利,履行作为印度尼西亚公民的义务。对于选择保留中国国籍者,中国政府勉励他们遵守所在国法律与风俗,与所在国人民和睦相处,对于不愿留在印度尼

[①] 方连庆等:《战后国际关系史》,北京大学出版社1999年版,第280—282页。

西亚的，中国政府派船接回国内。① 中国和印度尼西亚关于双重国籍问题的解决，有助于维护中国的主权和华人华侨的合法利益。

其次，解决中缅边界问题，维持中国西南边疆稳定。

19世纪中后期，英国吞并缅甸后，继续北上扩张，先后以武力吞并了中缅之间作为缓冲地带的土司部落，而后又通过蚕食、勘界、强租和外交欺骗等多种方式将滇西南大片中国国土并入了英属缅甸。1941年，英国又乘中国抗战之危落井下石，迫使中国政府将阿佤山区的大片中国领土割让给英属缅甸（Burma），此即"1941年线"。但当时该线尚未勘界立碑，英国即丢弃缅甸逃亡到了印度。②

第二次世界大战后，英国在缅甸问题上采取了与对待印度类似的策略，允许缅邦（Myanmar）独立，而英属缅甸内的克钦、掸等各土邦辖区，则可以选择独立，也可选择回归中国或与缅甸联合。昂山乘中国因内战无暇南顾之机，以给予各土邦或土司辖区内政治自治权为诱饵，说服掸、克钦等各邦与缅邦签署《班弄协议》（即《彬龙协议》），该协议约定缅邦与掸、克钦等邦团结起来向英国争取独立，组成缅甸联邦（Union of Burma），各邦一律平等。缅甸联邦1947年宪法则规定各少数民族邦在10年之后拥有选择脱离联邦的权利。

缅甸联邦成立时，国共双方激战正酣，均无暇西顾。缅甸联邦成立不久，新中国成立。在追击国民党残军的过程中，中国军队进入了1941年线以西地区。1955年11月20日，中缅两军在线西黄果园发生武装冲突，缅甸国内众多媒体指责中国侵略，美国也乘机兴风作浪，鼓动马尼拉军事条约组织进行军演予以呼应，该事件给中国造成了巨大的压力。③ 在这种背景下，谈判解决中缅边界问题，稳定中国西南边境，成为当时的迫切需要。

中缅边界问题主要包括三部分：第一部分是阿佤山地区，该地区的边界，中英两国在1894年和1897年关于中缅边界的条约曾有明文规定。但

---

① 谢益显主编：《中国当代外交史（1949—2001）》，中国青年出版社2002年版，第162—164页。

② 朱昭华：《中缅边界问题研究》，黑龙江教育出版社2013年版，第256—257页。

③ 范宏伟：《中缅边界问题的解决：过程与影响》，《南洋问题研究》2010年第3期，第57页。

是，由于相关条文自相矛盾，边界长期没有划定。为了造成既定事实，1934年，英国出兵侵占中国班洪和班老两部落辖区，制造了"班洪事件"；1941年，英国利用中国的抗战危局，以封锁滇缅公路相威胁，迫使中国政府以换文形式在阿佤山划定了一条对英国片面有利的边界线，即"1941年线"。第二部分是南宛河和瑞丽江汇合处的猛卯三角地区，即南宛三角地区。英国曾以条约形式明确承认该地区属于中国领土，但英国又不经中国同意强行通过该地区修建了八莫到南坎的公路，并在1897年以"永租"的名义获得了对这块地区的管辖权。缅甸独立后，继续坚持对该地区的"永租"权，成为中缅之间的一大争议问题。第三部分是尖高山以北的部分，该段边界从未划定过，在英国侵占缅甸之前，该部分与缅甸存在着大片缓冲地区，由于英国的不断巧取豪夺和蚕食双方才产生边界问题。1911年英国制造"片马事件"，侵占中国领土片马地区。[①]虽然此后英国致函中国政府承认"片马、古浪、岗房三处各寨属于中国"，却一直拒绝归还。上述局面一直延续到缅甸独立，成为中缅划界的主要问题。

1955年11月，缅甸总理吴努访华，中国领导人向缅方提出了解决边界问题的建议，被缅甸领导人接受。中国的主要划界原则包括：第一，和平协商，公平合理解决。第二，综合考虑历史和现实，对于已有条约，一般按国际惯例对待。第三，对边界位置掌握两条线，中缅边界分为实际控制线和传统习惯线，中国政府主张可作为法理依据的材料以清代以来的为准。第四，在边界正式划定前，维持边界现状，双方军队各自后撤，脱离接触。第五，对争议边界采取一揽子解决方式，在遵守已有明文规定的时候，不排除互谅互让，对沿线地区进行个别的调整，以求得对双方都是公平合理的解决。[②]

依据上述原则，中缅两国于1960年1月签订《中缅边界协定》，10月签订了《中缅边界条约》。根据条约，缅甸将片马、古浪、岗房地区归还中国；中国遵守1941年线，但考虑到部落的完整性，位于1941年线以西的班洪和班老部落辖区划归中国。作为交换，中国同意废除猛卯三角地区

[①] 朱昭华：《中缅边界问题研究》，黑龙江教育出版社2013年版，第144页。
[②] 谢益显主编：《中国当代外交史（1949—2009）》，中国青年出版社2009年版，第256—258页。

的永租关系，将其主权交给缅甸，并放弃在缅甸开采铜矿的特权。同时，为保持村寨的完整性，双方对于1941年线骑线点上的部分村寨进行了个别调整，顺利解决了中缅边界问题。① 中缅边界问题的解决，进一步密切了中缅关系，确保了中国西南边疆的安全稳定，粉碎了美国的挑唆破坏，更是成为以后解决其他边界问题的典范。

（二）四面出击阶段（1965—1972年）

20世纪60年代中期，左倾思想在中国也日趋抬头，受其影响，中国在外交战线左右开弓，"两个拳头打人"，不仅同时与苏美两国为敌，还与许多发展中国家关系生变，恶化了中国的国际环境，中国与东南亚各国的关系均受到了不同程度的影响。十年间，中国不仅没有在东南亚开拓新的外交阵地，反而失去了部分原有阵地。上述问题虽然责任并不全在中国，却与国内左倾思潮影响有不可分割的联系。

1. 支持东南亚革命，反对各国反动派

新中国成立后，对亚非各国人民争取独立的斗争给予了深切的同情和无私的支持，其中包括越南、老挝、柬埔寨、缅甸和印度尼西亚等东南亚国家。然而，东南亚各国的领导阶层既有共产党，也有民族资产阶级，甚至还有土邦王公，再加上美蒋反动敌对势力的妖魔化宣传，东南亚部分国家对中国充满疑惧。中国在万隆会议推动亚非团结，倡导求同存异，在解决中缅边界争议问题上的表现，大大降低了邻国对中国的疑虑，改善了中国的形象。

2. 中苏竞争背景下的抗美援越

日内瓦会议结束以后，赫鲁晓夫奉行与美国"和平共处"政策，在越南问题上采取"脱身战略"，不仅完全将责任推卸给中国，还严禁越南在南方采取武装斗争。在这种背景下，越南对于中苏论战，一方面尽力在中苏之间维持平衡，另一面在实际上采取了更为倾向于中国的政策，不时将苏联作为修正主义者加以批判。与苏联相反，中国对黎笋力主在南方进行武装斗争的政策给予了积极支持，从而使中越关系在该时期一直保持着亲密无间的状态。

---

① 张勤：《中缅勘界纪实》，解放军文艺出版社2015年版，第257—262页。

1964年8月，美国以北部湾事件为借口，开始轰炸越南北方，越南战争全面升级。10月，赫鲁晓夫在政变中下台，勃列日涅夫继任。出于同中国争夺对越南影响力的战略需要，勃列日涅夫一改赫鲁晓夫时代的"脱身战略"，转而采取介入战略，对越南的抗美斗争开始给予大规模的援助。由此开始，越南与苏共之间的关系随即出现了微妙的变化，随着内部亲苏势力不断增长，越南在中苏之间也由原先倾向于中国的中立开始向倾向于苏联的中立转变。

苏联介入越南战争后，中国加大了对越南的援助。根据越南官方资料，1955—1975年，中国对越南的援助约占越南接受外援总额的49.6%，是苏联援助总额的1.57倍，大致与苏东集团援越总额相当。而据国内统计，至1978年，中国援越总额超过200亿元人民币，占中国对外援助总额的41%。同时，中国先后派出30余万部队进驻越南北部，担负着防空、后勤等任务，有1600余名中国军人牺牲在越南。该时期，中越虽然继续延续着以往的亲密关系，但随着苏联的介入，中国在越南对外战略中的不可替代性已不复存在。对越南而言，比中国更为强大和发达的苏联显然更为重要，这使得越南逐渐产生了向苏联靠拢倾向。这种倾向在胡志明去世和中美关系改善之后表现得更为明显，为以后中越关系的剧变埋下了伏笔。

3. 中国与印度尼西亚：从友好到断交

印度尼西亚独立后，中印（尼）两国不经谈判直接建交，这种建交方式突显了中印（尼）两国的密切关系。独立后，印度尼西亚共产党在国内政治中扮演着重要角色，并得到苏加诺总统的支持。随着印度尼西亚共产党影响力的不断扩大，加之苏加诺与中国的密切关系，使得印度尼西亚国内亲美反共势力对苏加诺日益不满，军方右派在暗中策划政变。

1965年9月30日，以苏加诺总统卫队司令翁东中校为首的左翼军人先发制人，企图清除陆军中亲美势力。陆军战略后备司令苏哈托逃脱围捕后，迅速调集陆军镇压了翁东等左翼军人，然后，以印度尼西亚共产党策动政变为由，开始对印度尼西亚共产党人和华人开展大屠杀。[①] 苏哈托上

[①] 梁英明：《再论印度尼西亚"9·30运动"——历史旧案与现实政治》，《东南亚研究》2018年第4期。

新中国周边外交史研究（1949—2019）

台后，指责中国支持策划"9·30"运动，不断掀起大规模的排华、反华和驱逐华侨的事件。在随后印度尼西亚军政权发动的反共排华事件中，大批华人和印度尼西亚共产党人被屠杀，印度尼西亚暴徒甚至开始攻击中国驻印度尼西亚大使馆。在这种情况下，新华社印度尼西亚分社被迫关闭，中国不得不中断对印度尼西亚的援助，从印度尼西亚撤退专家和华侨。[①]

1967年，苏哈托政府宣布中国驻印度尼西亚使馆临时代办吕子波等人是不受欢迎的人。中国同样宣布印度尼西亚驻华代办纳哈尔等人为不受欢迎的人。同年10月，印度尼西亚方面竟使用武装部队伙同暴徒袭击破坏中国大使馆，并打伤中方外交人员。随后不久，印度尼西亚方面关闭驻华使馆，随即，要求中国关闭驻印度尼西亚大使馆和领事馆。最终，中国撤回全部外交人员，中国与印度尼西亚关系完全中断。中国与印度尼西亚关系生变，主要责任在于印度尼西亚右翼军人集团亲美反华政策所致。同时，也不能否认，当时国内的极左政策，以及中国与印（尼）共的密切关系极大地刺激了印度尼西亚国内亲美反共势力，为印度尼西亚反华势力提供了借口。[②]

该时期，中国在东南亚的外交阵地不但没有扩展，反而除了越南，都受到不同程度的冲击。首先是与印度尼西亚断交，而后则是柬埔寨和老挝的亲美势力发动政变，中国虽然继续支持西哈努克的流亡政府和老挝的解放区，但与这些国家的关系实际上等同于断交。即使是越南，随着中苏关系的恶化，中美关系正常化不为越南接受和谅解，越南内部出现了亲苏疏中的苗头，只是出于抗美的需要，越南尽力维持在中苏之间的平衡，但在一些重大事项上，已经不再向中方通报。

（三）联美抗苏阶段（1972—1989年）

1969年的中苏珍宝岛冲突，促成了中美苏战略三角形成，中美接近成为现实，开启了中国与东南亚各国第二波建交高潮。中国先后与菲律宾、泰国、马来西亚建交，但中越却反目成仇，对抗长达十年，同时，受中越关系的影响，中老关系也降至冰点。

[①] 谢益显主编：《中国当代外交史（1949—2001）》，中国青年出版社2002年版，第256—257页。

[②] 同上，第258页。

1. 改善中美关系，与大部分东盟国家建立外交关系

1961年7月，马来西亚、泰国、菲律宾三国在曼谷发表宣言，成立东南亚联盟。1967年8月，印度尼西亚、泰国、菲律宾、新加坡和马来西亚五国副总理在曼谷发表联合宣言，正式以东南亚国家联盟取代了东南亚联盟。这两个组织虽然主张中立，但亲美反共反华倾向明显。[1] 因而，在中美关系改善之前，由于美蒋的阻挠破坏以及对中国的疑惧，东盟和中国近在咫尺，却在长达20多年里没有外交关系。随着中美关系正常化，东盟诸国对华态度才出现松动。

中国恢复联合国席位后，中美接近、苏越联合的大格局已经基本确定。美越巴黎协定达成后，美国退出印度支那已成定局，中国与东盟诸国建交也水到渠成。1974年5月，马来西亚总理访华，中马两国正式建交。1975年4月，越南实现国家统一。在该背景下，1975年5—7月，菲律宾和泰国先后与中国建交。中国与新加坡互设商务代表处。至此，中国完成了与东南亚大部分国家的建交过程。

2. 反击越南侵略，支持柬埔寨

1973年，巴黎协定达成后，美国开始撤离南越。以黎笋为首的越南高层野心急剧膨胀，以国际共产主义运动先锋和领袖自居，再次产生了组建印度支那联邦的迷梦，并将扩张矛头指向中国。越共中央委员黄松1974年接受外媒采访时说："在抗美救国战争中，确保苏联和中国支持越南抗战是至关重要的，现在越南不需要维持这一政策了。"黄松还表示："中国不是东南亚地区国家，不应在南海拥有那么大的部分。"这显示越南在国家统一之前就已经开始觊觎南海。[2]

1974年，越南开始在中越边境制造冲突，他们任意移动界碑，派遣武装人员越境，不断强占、蚕食、侵占中国领土，制造的边界事件逐年增加。[3] 1974年1月，越南一反常态，对中国从南越手中收复金银岛、甘泉岛等西沙岛屿说三道四。1974年8月，中越两国进行北部湾划界磋商，越

---

[1] 方连庆等：《战后国际关系史》，北京大学出版社1999年版，第409—412页。

[2] 赵卫华：《权力扩散视角下的中越南海争端研究》，世界知识出版社2018年版，第163页。

[3] 谢益显主编：《中国当代外交史（1949—2001）》，中国青年出版社2002年版，第327—328页。

方又企图将三分之二的北部湾划为己有。1973年，在占领西贡前夕，越南侵占了南威岛、景宏岛等6个南沙岛屿。1975年，越南公开向中国提出领土要求，宣称西沙和南沙群岛是属于越南的领土，并不顾两党已有协议，将居住在越南的华侨统统视为越南籍，对于不愿入籍者，征收高税，拒绝继续居住，停止供应口粮。

1977年后，越南在反华的道路上愈走愈远。他们没收华人财产，将华人流放到新经济区，或将华人驱赶至海上，任其漂泊，或将华人驱赶回中国。越共中央四届四中全会之后，越南公开将中国作为头号敌人。这迫使中国不得不派船接回侨民，停止对越南的一切援助，撤退专家回国。[①] 1978年11月，越苏签订《友好同盟互助条约》，越南更加有恃无恐，一方面在国内排华，另一方面继续在边境挑衅，仅8月之后，就武装挑衅705次，打死打伤中国边民300余人。

1978年12月，越南入侵柬埔寨，占领金边。为保卫边疆安全，遏制越南地区霸权主义，打击苏联在东南亚的扩张野心，1979年2月17日至3月5日，中国军队对越南进行了自卫反击，先后攻克高平、谅山、黄连山和莱州四省21县与广宁、河宣两省部分地区，打击了其有生力量，摧毁其针对中国的工事，保卫了边疆的安宁与和平，支援了柬埔寨人民反对越南入侵的斗争，增强了中国和东盟各国的互信，产生了重要的国际影响，为改革开放争取了和平的国际环境。

3. 走向大海，维护海洋权益和领土主权

南海位于我国南部，国际上称为南中国海，其中属于我国管辖范围内的传统海域200余万平方千米，里面分布着南沙群岛、中沙群岛、西沙群岛和东沙群岛。近代以来，由于国力衰败，南海主权屡遭列强侵犯。抗战胜利后，中国政府收复了被日军侵占的南海传统海域和四大群岛，并于1947年正式公布南海断续线。

当时，除了法国，其他大国与东南亚各国均没有对中国在南海的主权

[①] 谢益显主编：《中国当代外交史（1949—2001）》，中国青年出版社2002年版，第329—330页。

范围提出任何异议。相反，美国①、菲律宾②、越南③先后以各种形式对中国的主权给予了承认。从中国公布南海断续线起，到20世纪60年代末，各国对中国在南海的主权均无异议。60年代末，南海发现石油，南海周边各国开始觊觎南海。从1968年开始，菲律宾先后侵占了北子岛、南钥岛、马欢岛、费信岛和中业岛等多个岛礁。④除菲律宾外，西贡当局也蠢蠢欲动，企图利用地理优势抢占中国的岛礁。

1973年9月，西贡当局宣布将南沙群岛的南威岛、太平岛等十多个岛屿划归其福绥省管辖，1974年1月12日，又宣称全部西沙和南沙群岛属于越南的领土。⑤1974年1月15日，西贡政权海军冲撞甘泉岛海域的中国渔船，炮轰甘泉岛。1月19日，南越海军依恃舰体和数量优势首先向中国海军发动进攻。中国海军奋起反击，以弱胜强，击沉敌护卫舰1艘，击伤驱逐舰3艘，毙伤南越军队100余人，一举收复了珊瑚、甘泉、金银三岛，维护了中国在南海的主权。

1975年4月，越南不顾其对中国的外交承诺，先后侵占了南沙群岛中的南威岛、景宏岛等6座岛屿。随后，越南外交部对西沙和南沙群岛提出主权要求，遭到我方驳斥。关于越南当年的承诺，范文同辩称越南在抗战时期将抗击美帝国主义放在最优先的位置，要中国从当时的历史环境理解

---

① 郑泽民：《南海问题中的大国因素：美日印俄与南海问题》，世界知识出版社2010年版，第41页。

② 1956年5月，菲律宾马尼拉海事学校校长克洛马宣称在南海发现了无人岛，并在岛上竖起了"自由邦"的标志。10月，在克洛马再次派遣其弟弟小克洛马侵入南沙时被在南沙巡逻的中国台湾方面军队捕获。小克洛马承认曾拿走太平岛上中国方面的旗帜，知道岛屿属于中国，并具结保证书，承认南沙群岛属于中国，并保证永不再犯。此后，台湾国民党当局与菲律宾交涉，菲律宾在国民党当局不妥协的态度面前表示克洛马的行为是个人行为，南沙群岛不在菲律宾的疆界之内。

③ 1956年越南副外长雍文谦召见中国驻越南使馆临时代办李志民，明确表示西沙群岛和南沙群岛属于中国领土，1958年9月越南总理范文同以公函形式承认西沙群岛和南沙群岛及其周围海域属于中国。

④ 赵卫华：《权力扩散视角下的中越南海争端研究》，世界知识出版社2018年版，第278—282页。

⑤ 《我国在南海诸群岛》，(台北)《中央日报》1974年2月1日，第9版。

越南的外交承诺。① 中越边境战争后，中国就两国的边界领土问题进行了一系列的谈判，但没有任何结果。

1988年3月初，中国受联合国气象组织的委托在南沙群岛永暑礁建立气象观测站，在此过程中，不断受到越南海军的挑衅。3月14日，中国海军战士在赤瓜礁被越南士兵开枪击伤，中国舰队被迫自卫反击。编队指挥陈伟文不计个人得失，克服干扰，果断反击，击沉击伤越南军舰各一艘，将越南军队完全从赤瓜礁、永暑礁、渚碧礁、东门礁、华阳礁、南薰礁、琼礁、鬼喊礁和罗奈礁海域驱赶出去，挫败了越南抢占赤瓜礁的企图。海战之后，中国海军正式在赤瓜礁、永暑礁、华阳礁、渚碧礁、东门礁和南薰礁驻防。② 然而，遗憾的是已经收复的琼礁、鬼喊礁和罗奈礁，在舰队回撤后，又被越军占领。③ 此后，越南利用我国远离南沙、鞭长莫及的困境，加紧蚕食剩余岛礁。

二、冷战后中国的全方位无敌国外交

（一）解决冷战遗留问题，实现对东盟各国建交全覆盖

冷战结束后，中越关系实现正常化。中国积极参与推动柬埔寨的多边和平进程，为柬埔寨和东南亚和平作出了积极的贡献。大选过后，中国承认了柬埔寨新政府，这意味着冷战遗留问题获得全部解决，中国在东南亚进入了无敌国外交的新时代。

1. 中越关系的正常化和发展

1988年12月，阮文灵当选越共中央总书记，随着国际形势变化，越南积极寻求与中国实现关系正常化。1990年9月初，应越方要求，中共中央总书记江泽民和政府总理李鹏在成都与越共中央总书记阮文灵、部长会议主席杜梅和越共中央顾问范文同进行秘密会晤，就中越之间存在的一系列问题达成了共识，为中越关系正常化铺平了道路。1991年11月，越共新任

---

① 《中国副总理李先念同越南总理范文同谈话备忘录》，《人民日报》1979年3月23日，第1版。
② 刘华清：《刘华清回忆录》，解放军出版社2007年版，第540—541页。
③ 《外交部发言人对记者发表谈话：正告越方立即停止侵占南沙岛礁》，《人民日报》1988年5月25日，第4版。

总书记杜梅和部长会议主席武文杰访华。中越双方决定"结束过去，开辟未来"，实现了关系正常化。[①]

由于国际形势的变化，20世纪90年代，越南国际处境极为孤立。同时，由于革新失误，国内腐败问题高发，通货膨胀居高不下，高层内部斗争不断，在革新之初和90年代中后期先后发生了引起国际社会高度关注的"二陈事件"。[②]因此，越南将整个90年代称为"保卫社会主义"时期。在这种情况下，中越关系在20世纪90年代到21世纪初期保持了非常良好的发展势头。1999年12月30日，两国在河内签署《中越陆地边界条约》及附图；2000年12月25日，两国在北京签署《中越两国在北部湾领海、专属经济区和大陆架的划界协定》，标志着两国的边界领土问题取得阶段性重大成果。2008年5月30日，胡锦涛总书记在北京会见越共中央总书记农德孟时，双方领导人一致同意，中越双方将按照"十六字方针"和"四好精神"[③]建立和发展中越全面战略伙伴关系。[④]两国总书记的声明既是双方友好关系发展的必然结果，也为中越关系的进一步发展指明了方向。

2. 推动柬埔寨和平进程，展现大国责任

1991年10月23日，全面政治解决柬埔寨问题的协定在巴黎签署，参加柬埔寨问题巴黎会议的18国外长和柬埔寨四方在协定上签字，标志柬埔寨13年战乱的最终结束。为落实巴黎协定，联合国安理会通过745号决议由联合国托管柬埔寨，成立联柬机构，在过渡期间管理柬埔寨，组织大选。中国积极支持联柬机构，派出维和部队，为柬埔寨最终实现和平，回

---

① 李鹏：《和平、发展、合作——李鹏外事日记》，新华出版社2007年版，第340—342页。
② "二陈事件"系指1991年的陈春柏事件和90年代中后期的陈度事件。1991年，越共中央政治局常委陈春柏未经越共中央同意，公开在越南电视台攻击阮文灵的革新政策，主张仿效苏联实行多党制，因此被免去了党内外一切职务。1996年，越南太平省发生农民武装反抗事件，针对太平事件，原国会副主席陈度上书越共中央，指斥党正在蜕化变质，指出部分手握权力的官员已经退化为与人民对立的新的统治阶级，成了国家和民族的阻碍力量。陈度的上书内容流传到境外，被西方敌对势力利用攻击越共。由于陈度拒不按照当局的要求否认上书的内容，被越共中央开除党籍。
③ "十六字方针"和"四好精神"是两党两国领导人达成的指导中越关系发展的长期共识。前者是指：长期稳定、面向未来、睦邻友好、全面合作，后者系指：好邻居、好朋友、好同志、好伙伴。
④ 宋燕熊、争艳：《发展中越全面战略伙伴关系》，《解放日报》2008年5月31日，第1版。

归国际社会作出了不可替代的贡献，展示了大国的责任，赢得了包括柬埔寨各方和东盟各国在内的国际社会的高度认可。柬埔寨新政府产生后，中国政府承认了柬埔寨新政府。此后，中柬关系一直保持着友好和持续上升的趋势，这与中国当时在柬埔寨问题所持的公正立场和正确的外交选择是密不可分的。

（二）应对金融危机，粉碎"中国威胁论"

随着国际形势的变化，东南亚国家联盟强调的重点由反共逐渐变为追求中立。1995年越南加入东盟后，东盟发展成了一个包括10个国家、6.42亿人口、总面积达450余万平方千米领土、GDP超过1万亿美元的地区经济体，成为地区内一支重要的力量。

冷战后，中国超越冷战思维，与东盟所有国家均保持友好关系，同时与东盟整体也建立了密切合作关系，对于东盟独立、自主和中立的政策给予了积极支持。随着中国国力的日益增强，中国对东南亚各国和东盟的影响日益增大。但是，部分东盟国家因为与中国存在领土海洋争端，再加上对历史上中国与东南亚国家所保持的朝贡体系的担忧和误解，不时表现出对中国疑惧之心。美、日等国不甘心中国实力的快速增长与中国对东南亚影响力的快速上升，遂利用部分东南亚国家对中国的疑惧，大肆宣扬"中国威胁论"，企图借此孤立中国，阻止中国和东南亚国家关系的进一步发展。

1997年7月，正当"中国威胁论"甚嚣尘上之际，亚洲金融危机自泰国爆发。亚洲金融危机是美国金融大鳄索罗斯利用亚洲部分国家金融管理漏洞，以获利为目的挑起的。此次危机以泰铢暴跌开始，迅速蔓延整个东南亚地区。在亚洲金融危机面前，东南亚各国的货币纷纷贬值，多年的经济发展成果化为乌有。而美、日等国纷纷以邻为壑，采取"放水"政策，进一步加剧了东南亚各国的困境。与美、日等国形成鲜明的对照，中国坚持人民币不贬值，并在国际货币基金组织的框架内通过双边渠道向泰国等国提供了总额超过40亿美元的援助，向印度尼西亚等国提供了出口信贷和紧急无偿药品援助，此举对亚洲乃至世界金融、经济的稳定和发展起到了重要作用。[①] 坚持人民币不贬值，使东南亚各国避免了更大的损失，而提供巨额的经济援助则帮助东南亚各国尽快走出了经济金融危机的泥潭。中国的举动受到了东南亚各国的普遍欢迎和赞扬，使得"中国威胁论"不攻自破。[②]

(三) 支持东盟的地区核心作用，积极参与东南亚多边合作机制

冷战结束后，东南亚各国团结、自主、中立的趋向不断加强。随着越南、老挝等国加入东盟，东盟完全祛除了以往的意识形态属性。而中国也完全摒弃了以往以意识形态划亲疏的做法，在对外关系中强调和平友好和独立自主。国际形势的变化和双方政策的调整使双方相向而行，相互支持，彼此关系获得迅速提升。

为提升自身的地位，东盟先后创办了东盟地区论坛（ARF）、东盟与中日韩（10+3）合作、东盟与中国（10+1）合作等，这些机制都得到了中国的积极支持。在东盟地区论坛上，东南亚各国提出了"预防性外交的概念和原则"，主张在国际社会中由主权国家采取协商一致的外交和政治行动，实施时应该尊重主权平等、领土完整和不干涉别国内政原则。对此，时任中国外长唐家璇全面阐述了中国地区安全目标的三个原则：一是中国自身的稳定和繁荣，二是中国周边地区的和平与稳定，三是与亚太各国开展合作。中国的上述原则立场，获得东盟相关国家的理解和支持，加深了双方的相互了解。

在双方的共同努力下，中国同东盟国家信任增加、关系改善，新中国在历史上首次实现了与所有东南亚国家全方位、无敌国的外交状态。这种状态符合双方利益，也是中国严格遵守和平共处五项原则，言行一致，积极支持东南亚各国和平、中立政策的结果。

(四) 达成《南海各方行为宣言》，维护南海形势稳定

冷战结束后，南海问题非但没有随着中国和东南亚各国外交关系的全方位发展而有所转圜，相反，各国反而乘中国集中精力搞建设之际，在南海进行扩张和蚕食。除越南、菲律宾两国外，马来西亚、文莱也加入其

[①] 《1997年成功抗击亚洲金融危机：中国展现大国风范》，新华网，2009年9月8日，http://news.sina.com.cn/c/sd/2009-09-08/164018606822.shtml。

[②] 谢益显主编：《中国当代外交史（1949—2009）》，中国青年出版社2009年版，第413页。

中。有关国家一边与中国谈友好，一边抢占南沙岛礁，蚕食我方传统海域。例如，1991年11月3日，在中越关系正常化前一周，越南派兵占领了李准滩；11月30日，距两国关系正常化还不到三周，越南又派兵占领了人骏滩。①1999年5月，马来西亚在美国轰炸中国驻南斯拉夫大使馆，中美关系紧张之际，乘机在南海占领了榆亚暗沙和簸箕礁。②在这种形势下，南海周边各国在南海跃跃欲试，如不寻求办法解决，南海问题大有激化之势。

为缓和南海形势，促进与东盟各国关系的发展，中国积极参加东盟"10+1"和"10+3"以及东亚峰会等各种活动，并致力于通过各种形式与东盟有关国家开展对话。在中国的努力下，中国和东盟国家不断就"南海行为准则"进行磋商，在领土主权纠纷问题上体现了中国对小国的克制、友善和仁爱之心。

在中国的不懈努力下，中国和东盟各方都一致同意，双方将共同维护南海形势稳定，根据公认的国际法原则，包括1982年的《联合国海洋法公约》，由直接相关的当事方通过和平协商和谈判解决争端。2002年11月，中国对东南亚外交取得重大进展。在柬埔寨举行的中国—东盟领导人会议上，中国和东盟国家签署了《南海各方行为宣言》，决定各方维持南海的现状，通过谈判解决南海的领土主权和海洋权益争端，为稳定南海形势和有关各方在南海开展合作打下了良好的基础。③

第二节　新时代中国东南亚区域外交

进入21世纪以来，中国经济发展进入了快车道，在不到八年的时间里，GDP总量先后超越意大利、法国、英国和德国等西方传统发达国家，2010年超越日本，总量上升到世界第二的位置。同时，美国奥巴马政府面对中国的崛起，提出"重返亚太"，实施"再平衡战略"，进一步提升

---

① 张良福：《让历史告诉未来：中国管辖南海诸岛百年纪实》，中国海洋出版社2011年版，第414页。

② 同上，第415页。

③ 谢益显主编：《中国当代外交史（1949—2009）》，中国青年出版社2009年版，第505页。

了与越南、菲律宾等国关系，改善对缅甸关系，取消了对缅甸制裁。在这种形势下，东南亚地区在中国的总体外交和周边外交中的战略地位陡然上升。2012年11月，中共十八大报告明确指出中国将坚持"与邻为善、以邻为伴，巩固睦邻友好，深化互利合作，努力使自身发展更好惠及周边国家"。[①] 稍后，中国领导人先提出"一带一路"倡议，后又召开周边外交工作座谈会，提出周边命运共同体等重要战略思想和行动，给予东南亚区域外交极为重要的定位。

一、推进"一带一路"建设，打造中国—东盟命运共同体

2013年9月，习近平在访问哈萨克斯坦时，提出了共建"丝绸之路经济带"的倡议，得到了哈方的积极回应。[②] 同年10月，习近平访问印度尼西亚，在印度尼西亚国会发表题为《携手建设中国—东盟命运共同体》的演讲，提出推进中国—东盟的互联互通，加强双方海上合作伙伴关系，共同推进"21世纪海上丝绸之路"建设，通过扩大中国和东盟各国在各领域的务实合作，互通有无，优势互补，同东盟国家共享机遇，共迎挑战，实现共同发展共同繁荣，携手打造多元共生、包容共进、造福于双方人民的中国—东盟命运共同体。[③]

2013年10月24—25日，中共中央在北京召开周边外交工作座谈会，这是中共中央在新形势下为做好中国周边外交工作召开的重要会议，标志着周边外交作为中国总体外交的组成部分上升到了与大国外交同等重要战略位置。东南亚是中国周边最重要的组成部分之一，从海陆两缘与我国邻接，是"21世纪海上丝绸之路"的起点，也是海陆丝绸之路的交汇点，在地缘、经济和人文交流上均占有重要的位置。"一带一路"倡议和中国—东盟命运共同体理念提出后，尽管受到美、日、印、澳等域外大国的掣肘，部分东盟国家仍尚存疑虑，但没有一个东盟国家公开拒绝中国的倡议，即使部分心存疑惧的国家，也不甘放弃倡议所带来的巨大机遇，而是选择与

[①] 胡锦涛:《坚定不移沿着中国特色社会主义前进，为全面建成小康社会而奋斗》,《求是》2012年第22期，第22页。

[②] 习近平:《弘扬人民友谊，共创美好未来》,《人民日报》2013年9月18日，第1版。

[③] 习近平:《携手建设中国—东盟命运共同体》,《人民日报》2013年10月4日，第1版。

中国合作。

首先，雅万高铁、中老泰高铁和中缅铁路等一系列互联互通设施，克服种种干扰，取得重要进展。其次，老挝和柬埔寨两国公开支持中国的命运共同体理念，这是中国对东南亚外交的重要成果。[①] 目前，不少国家接受了人类命运共同体的理念，却不接受双边层面的共同体之说，主要是担心会侵蚀本国的独立和自主权。[②] 老挝和柬埔寨分别接受中老和中柬命运共同体的理念，这不仅是中国东南亚外交的巨大胜利，显示了两国对中国的无比信任，也对中国与其他东南亚国家关系的发展起到了重要的引领作用。再次，东南亚各国克服美国干扰，纷纷支持亚投行的建立，在亚投行成立时，除印度尼西亚外，所有东盟成员国都成为缔约创始国，表达了对中国的支持和信任，也显示了中国倡议的巨大吸引力。第四，大湄公河次区域经济合作（GMS）取得新进展。2014年12月，李克强总理在泰国出席GMS第五次领导人会议，在会上各方通过《区域合作投资框架执行计划》，涵盖了经贸、交通、环保和城镇化、人文等十大领域，为次区域进一步加强互联互通描绘出蓝图。[③]

二、应对南海问题，维护国家主权

2002年，《南海各方行为宣言》达成后，南海问题一度维持了相对的平静，中国与越南、菲律宾分别就共同开发南海资源达成了双边共识。然而，随着美国"重返亚太"和"亚太再平衡"政策的实施以及石油价格的上涨，越南和菲律宾受利益驱动，企图借助美国等域外大国的支持迫使中国在南海问题上作出不切实际的让步。南海问题成为国际社会一时的焦点问题。

[①] 杨晔：《习近平同老挝人民革命党总书记、国家主席本扬举行会谈》，《人民日报》2018年5月31日，第1版。本扬总书记表示："完全同意习近平总书记对推动老中命运共同体的指导意见……共同建设好老中牢不可破的命运共同体，造福两国人民。"

[②] 例如越南部分学者认为，中国所提出的亚洲命运共同体和人类命运共同体，越南没有任何理由反对，但是越南不能接受中越命运共同体，因为越南认为中越两国对各自的历史认知是完全不同的，如果越南接受中国提出的中越命运共同体，人民可能无法接受。

[③] 李克强：《携手开创睦邻友好包容发展新局面》，《人民日报》2014年12月21日，第1版。

第九章　中国的东南亚区域外交

（一）应对"981事件"，维护南海主权

2014年5月1日，越南以正在西沙群岛中建岛西南17海里处进行勘探作业的中国海洋981号勘探平台进入了越南管辖水域为由，派遣大量所谓"渔船"和公务船对我方船只进行冲撞和干扰，甚至派遣水下特工前往现场，严重侵犯了中国主权，威胁我方人员和设备安全。对此，中方多次通过外交渠道沟通无果，两国海上冲突遂公开化。此次冲突持续两个多月，是1991年中越关系正常化以来，两国在南海发生的最大规模对抗，对两国关系造成了巨大冲击。由于越方舆论片面宣传和放纵，越南国内中南部地区发生了针对中国公司和公民的严重打砸抢骚乱，造成两名中国公民死亡，多名中国公民受伤，各地多处中国公司和厂房被毁。越南政府发现事态有可能向危及其政权的方向发展，才紧急采取措施，制止反华骚乱。[1]

"981事件"发生在美国"重返亚太"的大背景下，美国虽然表面表态不选边站，实际上却支持越南遏制中国，中越两国在西沙海域对峙期间，美国派飞机飞抵事发上空对中国施压，[2] 并提出各方对南海领土主权和海洋权益的声索应建立在地貌特征的基础上，明显偏袒越南，否定中国在南海的主权。在两国对峙期间，虽然越南使出浑身解数，四处活动，争取支持，但国际社会，除了美、日等域外国家外，并没有几个国家完全站在越南一边。例如范平明给俄罗斯、印度尼西亚和新加坡外长打电话寻求支持，得到的对方回应是：南海问题应该通过和平的方式解决，越南和中国都应该克制。[3] 上述回答，实际表明各方并不赞赏越南的做法。7月底，在中建岛方向完成勘测任务后，981号勘探平台转移到其他方向作业，由于越南的公务船和渔船根本难以抵抗南海的台风，也自行撤退，事件基本结束。

"981事件"背后有着深刻的美国背景，越南在实力悬殊的状态下，与

---

[1] 赵卫华：《"中国工程"与越南的双向制衡战略》，载复旦大学中国与周边国家关系研究中心编：《中国周边外交学刊》2015年第一辑（总第一辑），社会科学文献出版社2015年版。

[2] 《越海警：美侦察机飞临中国981平台，最近200米》，环球网，2014年7月5日，http://mil.huanqiu.com/observation/2014-07/5049032.html?agt=15435。

[3] 《政府副总理兼外长范平明同印度尼西亚、新加坡和俄罗斯外长通电话》，[越]《人民报》2014年5月26日。

中国在南海对抗两个多月,没有美国外交舆论的支持,军事上的打气,是难以想象的。在危机发生时,我方除了外交军事两手配合应对西沙的事态外,在南沙海域不惧美国的威胁,迅速抓紧时间对永暑礁、华阳礁、赤瓜礁、渚碧礁、东门礁、南薰礁、美济礁等各礁进行建设加固,大大改善了中国在南沙海域的战略阵地。越南边界委员会前副主任、联合国国际法委员阮鸿滔表示:"981事件改变了东盟其他国家在西沙中立的态度,使得越南获得了在西沙宣示主权的机会。"① 对中国来说,无论越南怎么做,都难以改变中国对南海的主权,相反,中国对南沙岛礁的战略性投入,使得越南在南沙的距离优势不复存在,大大提高了中国的南海主权安全系数。

"981事件"是中越两国围绕南海主权和海洋权益所进行的一场短兵相接的较量,这次事件发生在美国"重返亚太"的国际大背景下,不仅有美国因素在背后推波助澜,也引起了东盟各国的关注。在东盟峰会上,面对美国提出的冻结南海现状的提议,以及越南撺掇东盟介入中越争端的努力,中国外交部长王毅提出处理南海问题的"双轨"主张,即南海的主权争端由相关各国通过双边和平谈判解决,南海的稳定由中国和东盟国家共同维护。② 中国的主张获得东盟各国的支持,挫败了美国和个别国家将南海问题国际化的企图,维护了南海稳定;同时,也促使越南重返和平对话轨道。同年8月,阮富仲委派越共中央政治局委员、中央书记处常务书记黎鸿英为特使访华,表达越方维持中越友好、管控南海危机的愿望,中越关系恢复了稳定常态。

(二)应对南海"仲裁案",挫败域外敌对势力阴谋

中菲之间南海领土主权和海洋权益争端,完全是由于20世纪60年代末以来菲律宾侵占中国南海岛礁、蚕食中国海域所致。1898年的《美西巴黎条约》、菲律宾宪法所界定的菲律宾海上边界线完全与我国的断续线

---

① [越]阮鸿滔:《981石油平台:中国的战略意图与羁绊》,《国际研究》2014年第3期。
② 钟声:《坚持以"双轨思路"处理南海问题》,《人民日报》2014年11月17日,第21版。

不重叠。[①]2002年,《南海各方行为宣言》明确规定由争端双方通过和平谈判解决彼此争议。然而,菲律宾违反上述约定,不顾中国的劝阻,执意单方面将中菲之间的争端交付临时仲裁庭。对于菲律宾的单方面行为,中国政府从一开始就表示不承认、不参与、不执行所谓的"南海仲裁"。[②]2017年7月,临时仲裁庭作出了向菲律宾一边倒的裁决,裁决认为:中国在南海的断续线没有法律根据,是非法的,无效的。太平岛在法律地位上属于岩礁,不能享有专属经济区和大陆架,裁定美济礁、仁爱礁、渚碧礁等岛礁属于低潮高地,位于菲律宾的专属经济区内。[③]这次罔顾基本历史事实,曲意解释1982年《联合国海洋法公约》,所谓"仲裁"是一个完全为菲律宾量身定做的政治"裁决"。

"裁决"一公布,美国国务院就马上声明,宣布"仲裁"对各方均具法律效力,要求中菲双方遵守。对此,王毅外长发表谈话指出:"这场所谓的'仲裁'自始至终就是一场披着法律外衣的政治闹剧,中国在南海的领土主权和海洋权益,不是今天才提出来的新主张,包括南海断续线在内,都是在长期历史过程中形成的客观事实,为历届中国政府所坚持。任何势力企图以任何方式贬损或否定中方的领土主权和海洋权益,都将是徒劳的。在领土主权和海洋权益问题上,中国不会接受任何未经中方同意的第三方解决方式,不会接受任何强加于中国的解决方案。这个充满争议和不公的临时仲裁庭代表不了国际法,代表不了国际法治,更代表不了国际公平与正义。"[④]

7月14日,李克强总理在乌兰巴托会见越南总理阮春福时表示:关于

[①] Rodolfo C. Severino, "The Philippines and the South China Sea," in Pavin Chachavalpongpuned, *Entering Uncharted Waters? Asean and the South China Sea*, Singapore: ISEAS, 2014, pp.168-169. 即使到现在,菲律宾前副外长塞维里诺依旧承认1971年前,依据上述条约和法律,黄岩岛和南沙群岛海域不在菲律宾疆界之内;但是其坚持认为《联合国海洋法公约》给了菲律宾扩展专属经济区的权利。

[②] 《中华人民共和国外交部关于应菲律宾共和国请求建立的南海仲裁案仲裁庭所作裁决的声明》,《人民日报》2016年7月13日,第1版。

[③] 《关于菲律宾共和国与中华人民共和国的南海仲裁》,2016年12月26日,https://pca-cpa.org/wp-content/uploads/sites/6/2016/07/PH-CN-20160712-Press-Release-No-11-English.pdf。

[④] 王毅:《中国外长王毅就所谓南海仲裁庭裁决结果发表谈话》,《人民日报》2016年7月13日,第3版。

所谓菲律宾"南海仲裁案",中方不承认、不接受的立场是明确的。他指出中国和东盟国家达成《南海各方行为宣言》,确保了南海地区多年的和平和稳定,未来处理南海问题,还是要在尊重历史事实基础上,依据国际法和《南海各方行为宣言》规定,由当事方通过双边对话谈判解决。希望越方从中越关系大局出发,珍惜两国来之不易的发展势头,共同维护南海的稳定。阮春福表示理解和尊重中国的上述立场。[①]

"南海仲裁案"结果出来后,国际社会呈现明显的两极分化状态,以柬埔寨等国为首的发展中国家支持中国的主张,而美日等西方国家则要求中国接受"仲裁"结果。这场所谓"仲裁",名义上菲律宾获得完全的胜利,实际却是美国借菲律宾达到其遏制中国之实,菲律宾在这场闹剧中除了获得名义上的胜利,其实一无所得,大大恶化了菲律宾与中国的关系。杜特尔特政府上台后,并不认同阿基诺三世前政府的做法,也没有理会美日等国对中菲关系的挑唆,奉行独立外交政策,改善对华关系。同时,越南虽然从仲裁案中获得部分利益,但"仲裁"的结果对越南是弊大于利。虽然越南对"仲裁"结果表示欢迎,但始终没有明确表示承认和接受"仲裁"结果。最终,在中国的努力下,作为南海争端当事国的菲律宾和越南都在南海问题上回到了对话协商、管控分歧的轨道上来。相反,倒是美国携日本、澳大利亚等国不时将军舰开到南海进行挑衅。中国在南海问题上的政策,不仅成功化解了与菲律宾和越南之间的矛盾,稳定了南海形势,更进一步暴露了美国在南海制造紧张、从中渔利的恶劣行径。

(三)中国与东盟国家关于"南海行为准则"谈判取得进展

由美日等国幕后推动的"南海仲裁案"落幕后,中国和东盟国家依据"双轨"思路和原则,积极推动南海问题当事方之间的对话,使得南海问题在区域内相关国家之间大大降温,中国与东盟整体之间以及与越南、菲律宾等南海问题当事国之间的关系大幅回升,并沿着友好稳定的轨道获得了持续发展,维持南海形势的稳定已成为区域内各国的共识。2017年8月,"南海行为准则"框架在马尼拉举行的第50届东盟外长会议上获得通过,成为各方进一步对话的基础。

---

① 《李克强会见越南总理阮春福》,《人民日报》2016年7月15日,第2版。

第九章　中国的东南亚区域外交

在中国和东盟各方的共同努力下,"南海行为准则"磋商取得突破性进展。2018年3月1—2日,中国—东盟国家在越南芽庄举行落实《南海各方行为宣言》第23次联合工作组会议。6月25—27日,中国和东盟国家又在中国湖南省长沙市举行落实《南海各方行为宣言》第15次高官会和第24次联合工作组会。[①] 8月2日,在新加坡举行的中国—东盟外长会议上,中国和东盟国家在上一年达成的规则框架的基础上终于就"南海行为准则"形成单一磋商文本草案,这是"南海行为准则"磋商取得的重大进展,表明"只要中国与东盟国家继续齐心协力、相向而行,南海一定是和平之海、合作之海"。[②] 对此,菲律宾外长卡耶塔诺表示单一磋商文本草案的形成,表明东盟国家和中国可以维持睦邻友好关系,不让彼此关系中的一些敏感问题影响到关系大局。[③] 上述成果,表明中国在"南海行为准则"的磋商过程中发挥着不可替代的作用,也彰显了新时期我国南海战略的正确和成功。

三、推动缅北和平进程,展现负责任大国形象

缅甸位于中南半岛西部,西邻印度洋,北靠中国,西连南亚大陆,是海陆丝绸之路的交汇点,地缘位置非常重要。然而,缅北长期战乱,成为阻碍缅甸发展的因素之一,也影响了中国边疆的稳定,不利于"一带一路"倡议的实施。长期以来,中国一直对缅北问题采取劝和促谈的态度。在中国的不懈努力下,缅北各民族武装大多选择了与缅甸政府谈判,通过对话解决分歧,对于维护中缅边境地区的稳定具有重要的意义。

然而,随着美国"亚太再平衡"战略的实施,缅北的平衡再次被打破。美国为阻止中国"一带一路"倡议顺利实施,企图拉拢缅甸,放松了20多年来对缅甸的制裁,并为缅军培训前线作战指挥官,迅速实现美国总统对缅甸的访问。美国总统访问缅甸后,缅甸政府对果敢和克钦独立军采取较

[①] 刘良桓:《落实〈南海各方行为宣言〉第十五次高官会举行》,《人民日报》2018年6月28日,第3版。

[②] 吴黎明:《"单一磋商文本"勾勒南海"和合"未来》,《解放军报》2018年8月4日,第4版。

[③] 袁梦晨等:《菲外长说形成单一文本磋商草案是"南海行为准则"磋商的重大突破》,《解放军报》2018年8月9日,第4版。

大规模军事清剿行动，在中国多次交涉情况下，仍发生多起炮弹和炸弹落入中国境内的事件，造成中国边民生命和财产的损失。缅军对华态度的改变，以及对缅北民族地方武装的攻击，美国挑唆是推动原因之一。

缅北问题是缅甸内战的延续。缅北地区通行滇西方言，汉、佤、傣（掸）、景颇（克钦）、傈僳、拉祜等族跨界而居，历史上与滇西地区联系非常密切。缅北内战的实质是以缅族为主体的大缅族主义政府一直未能给予缅北各民族平等的生存和发展权力。这些世居于上述地区的各民族至今没有取得与缅甸主体民族同等的政治权利，许多人连缅甸公民身份都没有取得。[①] 美国介入缅北冲突后，缅甸军队在缅北有恃无恐，造成中缅边境地区的动荡。缅北对于中国而言，无论是放在国家安全角度来审视，还是从民族感情和边疆稳定来讲，都是一块非常特殊的地方。除个别民族外，滇西方言是这里的通用语，经济上与中国密切联系在一起，民族感情超越中缅两国国界，"从中国的角度看，这些少数民族是缅甸公民，也是中国的亲戚"。[②] 从上述现实出发，中国政府在对缅北问题上，排除了一切极端声音的干扰，摒弃了支持一方打击另一方的过时做法，而是从维护两国边疆稳定着眼，担当了居间协调，劝和促谈的积极角色。中国积极与民盟政府、军方和少数民族武装接触，创造各种条件，为各方会谈提供方便，中方为缅北和平进程付出的努力和公正立场得到了有关各方的赞赏，成为各方共同接受的调停者，展现了中国负责任大国的形象。

第三节　中国东南亚区域外交新机遇、新挑战及新战略

回首中国东南亚外交70周年的历程，既取得过不同凡响的成就，也遇到过各种各样的问题。中共十八大以来，在新一届党中央领导集体的领导

[①] 到目前为止，果敢地区、佤邦地区、克钦邦等诸多地区各少数民族大多没有完整的缅甸公民权利，这使得这些少数民族求学、就业和迁徙等基本人权都无法得到保障。缅族控制的联邦中央政府片面地强调国家的统一和领土完整，却不能拿出诚意来解决北方各民族关心的基本生存和发展权利问题，昂山素季政府虽然态度积极，但是缅北问题的控制权依旧掌握在军方手中，这是造成缅北至今动荡不安的主要原因。

[②] 邢晓婧：《中缅友协会长耿志远：缅甸情况复杂但中缅前景很好》，《环球时报》2015年11月5日。

下，我国先后提出了"一带一路"倡议和周边命运共同体理念，发起成立亚投行等一系列战略性举动，得到了东南亚各国的积极响应，标志着中国不仅在经济上成为仅次于美国的大国，而且已经成长为中国周边政治议程和规则的提出者与制定者，成为真正超越地区大国的角色，开始向真正意义上的全球大国迈进，在全球和地区治理上开始发挥重要作用。但是，目前中国将强而未强，某些域外敌对势力不能容忍中国国际地位的上升和担任新的角色，个别东南亚国家依然没有完全对中国打消顾虑。展望未来，虽然我国对东南亚的外交面临诸多新的机遇，同时也难以避免来自美日等诸多域外大国的严峻挑战。如何以新的战略迎接机遇，化解挑战，关系到我们对东南亚外交成败的全局。我们只有不断总结成功的经验，汲取以往的教训，尽量避免不必要的失误，砥砺前行，才能做好东南亚区域外交，为中华民族的崛起和复兴创造更为顺利的周边环境。

一、中国东南亚区域外交面临新机遇

（一）中国对东南亚地区政治经济议程影响力提升

改革开放以来，虽然中国以异乎寻常的速度主动融入国际，积极加入各种组织和合作机制，但基本上都是加入和参加既有的组织和机制，接受既定的国际规则，遵守既定的秩序。这些组织和机制在创建之初大多没有中国参与，其规则并非完全符合中国的利益，中国在融入国际组织获得收益的同时，也付出了相应的代价，例如加入WTO，中国在农业和知识产权等诸多问题上均作出了重大让步。

中共十八大之后，中国政府以更加积极的姿态融入国际社会，先后提出共建"21世纪海上丝绸之路"，推进中国与东南亚国家之间的互联互通，打通中国与东盟各国之间的南向通道，继续深化澜湄合作机制，建立亚投行，建设中国—东盟命运共同体等一系列战略性举措，标志着中国已经由单纯的适应国际规则向设置议程、主导规则制定和主动塑造国际秩序方面转变。议程设置和规则主导能力是一个国家国际地位的指向标，也是一个国家大国地位的重要标志。中国的上述倡议，得到了东南亚大部分国家的积极支持，显示中国在东南亚的影响力不断提高，为中国进一步深入推进东南亚外交打下了坚实的基础。

（二）东南亚地缘格局向着有利于中国方向发生重大变化

经过改革开放41年的发展，中国在政治经济军事各方面全面发展，成为仅次于美国，开始在全球发挥重要影响的大国。2018年，中国GDP约13.6万亿美元，相当于美国20.51万亿美元的66.8%，超过排名第三至第五的日本、德国、法国三个传统资本主义发达国家的总和，稳居世界第二的位置。[1] 在政治上，中国坚持改革开放、和平发展，中国模式对东盟各国日益具有吸引力。在军事上，中国海空两军获得飞跃性发展，在海洋强国战略的顺利实施下，中国海军已经发展成为一支初具远洋作战能力的蓝水海军，空军则成为除美国外，唯一列装第四代战机的国家。

东盟各国中，除了新加坡和文莱两个国家人均GDP远高于中国人均水平，马来西亚稍高于中国人均水平外，大部分国家远低于中国经济发展水平。整体而言，中国GDP总量约为东盟各国总量的5.3倍，人均约为东盟的2.45倍。[2] 中国实力虽然日益超越东盟，但在国际和地区事务中却始终支持东盟，而且中国严格遵循和平共处五项原则，从不干涉东盟各国的内政。强大而和平的中国，日益赢得东盟各国信任。即使作为美国盟国的菲律宾、新加坡和泰国也坚定奉行与中国和平友好的政策，希望在中美之间维持中立的角色。在这种背景下，美国在东南亚地区压倒性的地缘优势不复存在，昔日拉几个盟国在东南亚遏制中国的局面已经难以再发生。正因为如此，即使越南和菲律宾与中国在南海存在严重的领土主权和海洋争端，两国也拒绝美国挑唆，不再盲目追随美国遏制中国。

2016年8月，在越南第29届外交工作会议上，越南副总理兼外长范平明指出："美国挑唆越南和菲律宾在'东海'（即我南海）与中国对抗，其实质是将越南和菲律宾作为遏制中国的工具，虽然美国会给予两国外交支持，但一旦越菲与中国发生战争，美国绝对不会给予两国实质性的帮助。

---

[1] 《2018年美国GDP增量高达1.11万亿美元，接近墨西哥的GDP总量》，网易，http://3g.163.com/news/article_cambrian/EBGPOPHB0517BT3G.html。

[2] 该数据依据2017年中国与东盟各国GDP数据计算而出，数据来源于中国外交部网站国别资料数据库。

因此，越南绝对不能完全倒向美国，这样将会置越南于危险境地。"[1] 2018年4月，习近平主席会见来华出席博鳌亚洲论坛2018年会的菲律宾总统杜特尔特，双方就发展中菲关系、维护南海稳定及推进南海合作进行深入交流，达成重要共识。杜特尔特表示："菲方愿同中方一道努力，通过双边沟通协商，继续保持南海和平稳定，使南海成为菲中两国间一个合作领域。菲将接任中国—东盟关系协调国，愿积极促进深化东盟同中国的合作。"[2]作为与中国存在领土主权和海洋权益争端的国家，越菲两国领导人的表态非常具有代表性，显示即使与中国尚存分歧的东盟国家也不愿完全站在美国一边，而是希望在中美之间维持平衡，发展对华友好关系。这显示中国在东南亚的地缘环境相比以前已大为优化，为新时期对东南亚外交创造了有利环境。

（三）中国东南亚区域外交获得大部分国家欢迎和支持

东南亚各国除了新加坡和文莱是高收入国家外，大部分都属于中等偏下收入的发展中国家，其中柬埔寨和缅甸依然属于世界最不发达的国家之列。各国交通基础设施普遍落后，缺乏资金和技术，成为制约本地区发展的严重障碍。中国的"一带一路"倡议，其核心就是中国与东南亚各国通过互联互通和基础设施的建设，打通联系中国和东盟各国的南北经济走廊，本着"亲、诚、惠、容"的理念，通过中国和东盟各国的经贸合作和产业的有序转移，带动东盟各国共同发展，实现中国和东盟国家的共同繁荣，打造中国与东盟国家的命运共同体。

中国和东盟各国的互补性非常强，中国巨大的经济体量已日益成为东盟经济发展的引擎、出口市场和投资来源。随着中国自身工业化和现代化的不断推进，东盟也日益成为中国许多重要产品的进口来源国。目前，除了文莱和越南之外，中国已经成为东盟大多数成员国排名第一和第二的出口市场，也是大多数国家最大的贸易伙伴。[3]越南对华贸易虽然长年保持巨额逆差，但自2004年以来，中国一直是越南最大的贸易伙伴和进口市

---

[1] Pham Binh Minh, "US-China Interwoven Interest in the Asia-Pacific: Vietnam's Perception and Response Policy in Current National Defence," *International Studies*, No.36 (June 2017), pp.31-32.

[2] 陈伟光等：《习近平会见杜特尔特》，《人民日报》2018年4月11日，第1版。

[3] 资料来源为中国外交部网站东盟各国资料中对外贸易的数据。

场，为越南提供了许多物美价廉的商品，为其经济建设节省了大量外汇资金。[①] 2019年上半年，东盟超过美国成为中国第二大贸易伙伴。中国的上述政策符合东盟各国的利益，对各国的经济社会发展具有重要的促进作用，得到了各国的积极支持和欢迎，为中国进一步推进对东南亚区域外交营造了积极外部环境。

二、中国东南亚区域外交面临新挑战

（一）美日等域外大国在东南亚对中国遏制力度加大

自中国提出"一带一路"倡议以来，美、日、印、澳等域外大国一直采取消极抵制的态度。上述四国以美国为首，虽然态度略有不同，但无一例外均将"一带一路"倡议视为中国的全球战略，目的是改变体系内的权力结构，确立中国的权力优势，建立中国支配下的世界新秩序，颠覆美国的霸主地位及其领导下的国际秩序。[②] 在上述域外大国中，美国的反应尤为激烈，对中国在"一带一路"所有区域进行了全线的狙击，尤以在东南亚地区为甚。2018年APEC岘港峰会不久，美国新任驻越南大使克莱腾布里克在胡志明市的一次演讲中公开表示，某些国家用官方资金投资于东南亚各国的基础设施，会使东南亚国家在主权问题上付出代价。美国的"印太战略"就是要通过私营企业对东南亚各国基础设施和社会经济发展的参与，为各国提供一种不同的选择。[③] 日本、印度、澳大利亚三国主要关注本国所在的区域，而东南亚则正好是三国关注重叠的区域，分别从东南亚的东、南、西三面对中国的"一带一路"倡议和南北经济走廊规划形成了合围之势。

美国最近大力推销的"印太战略"，虽然表示要为东南亚国家提供另外一种选择，但实际上就是为了搅局"一带一路"建设，阻止东南亚各国认同中国的命运共同体理念。日、印、澳等国虽然与美国态度并不完全一

---

① 赵卫华：《越南概况》，转引自石源华、祁怀高：《中国周边国家概览》，世界知识出版社2017年版，第196页。

② Jonathan Holslag, *China's Coming War with Asia*, London: Polity Press, 2015, pp.3-4.

③ 丹尼尔·克莱腾布里克：《美国的南海战略》，https://news.zing.vn/dai-su-my-washington-co-chien-luoc-3-mui-nhon-rat-ro-tai-bien-dong-post898958.html。

致，在"一带一路"建设问题上留有余地，但在东南亚地区的诸多举措均为针对中国而发。例如，印度和澳大利亚倡议成立由美国、日本、印度和澳大利亚共同组成的四国民主联盟来应对中国的崛起和挑战；[①] 针对"一带一路"倡议的中国—东盟南北经济走廊计划，日本和印度支持越南、老挝、缅甸和泰国等东南亚国家修建东西走廊，[②] 其目的在于平衡中国与东南亚各国南北走向的互联互通建设，最终达到阻止"一带一路"建设和削减中国在东南亚的影响力。除此之外，在雅万高铁、越南统一铁路和中泰高铁项目上，无处不见日本的影子，日本给中国与东南亚的合作带来了巨大冲击。

（二）部分东南亚国家采取在中美间平衡政策

部分东南亚中等国家，如印度尼西亚、越南和新加坡，虽然对中国采取了较为务实理性的态度，不与中国正面对抗，但实际上对中国怀有戒心。在涉及"一带一路"相关合作事宜上，这些国家往往片面强调本国利益，较少考虑双方能否实现共赢，更不用说从换位思维角度为对方着想了，这种情况使得中国在推进对相关国家外交，处理与相关国家的关系时难以避免地会出现各式各样的问题。这些问题一旦处理不好，就会影响中国对东南亚外交全盘。

上述国家在东盟当中或因政治军事影响力，或因经济地位，均具有较强的影响力，都有着本国明确的抱负，而且都在某种程度上对中国怀有戒心。例如，部分越南中层官员公开宣称"一带一路"倡议只是中国转移产能、抢占市场和达到本国战略目的的手段，越南不宜得罪中国，但要对中国有所防范。[③] 范平明虽然主张在中美之间维持平衡，但也同时公开宣称不仅要防范美国的和平演变，也要防范中国用意识形态相同性对越南进行

[①] 《澳媒：四国民主联盟抗中国？中国将敌人推到一起》，环球网，2014年7月4日，http://mil.huanqiu.com/observation/2014-07/5047524.html?agt=15438。

[②] 东西走廊计划是早年日本针对泛亚铁路计划提出的，"一带一路"倡议和中国—东盟南向互联互通通道开始后，在日印两国的支持下，该计划又死灰复燃。目前，该工程主要由日本出资金，越南进行施工建设。

[③] [越]阮鸿滔：《海上丝绸之路还是海上自利之路？》，《国际研究》2014年第3期。

干涉。① 新加坡则是另一个具有代表性的国家，安全上依靠美国，经济上依靠中国，是一种在东盟内部非常流行的观点，在新加坡很有市场。在上述心态下，部分东南亚国家在与中国打交道时所思所想就是如何从中国攫取好处，更直白地说就是想利用中国当前崛起过程中的次强困境，在经济上敲诈中国，获取尽可能多的经济利益。实际上，这是一种非常短视的对华策略，但是在可预见的未来，依然会对中国东南亚区域外交造成消极影响。

（三）中国对东南亚的认知和了解有待加深

长期以来，中国外交以大国为主要对象，对于小国缺乏应有的关注。对东南亚各国也是如此。周边外交工作座谈会之后，周边外交得到了中央领导的高度重视，在国家总体外交中的战略地位获得了战略性飞跃。在这种背景下，国内掀起了区域国别研究热潮，一大批国别区域研究中心在各个高校和研究所建立，如北京外国语大学越南研究中心等，国家为此投入大量的资金。上述举措大大推动了区域国别研究的发展和繁荣，有利于加深国内对东南亚地区的了解。但也存在着一些不容忽视的问题：

首先，相当一部分区域国别研究中心是在以语言教学为主的院系基础上建立的，容易导致国内的区域国别研究缺乏必要的宏观战略视野与专业素养，难以将相关研究做得深入扎实。其次，区域国别研究中短期性、追逐热点的研究占据主流，缺乏基础性研究，这种状况在东南亚研究方面非常突出，其结果反会对外交研究产生消极影响。再次，我国的东南亚研究虽有地利之便，但专业研究人员对相关国家研究的深度和精度，与部分西方国家相比依然存在较大的差距。法国、日本、美国和加拿大的学者为研究越南或其他国家可以花费五六年的时间在相关国家做田野调查、社会访谈和档案收集，但中国很少有学者这样做，而是更习惯于走马观花式调研，这种研究偏好一方面与个人利益考量有关，另一方面也与国内高校和科研机构缺少相关的配套制度规定有关。造成的后果却是我们对东南亚部分国家的了解反而不如万里之外的某些西方学者，这很难说不会影响我们

---

① Pham Binh Minh, "US-China Interwoven Interest in the Asia-Pacific: Vietnam's Perception and Response Policy in Current National Defence," *International Studies*, No.36 (June 2017), pp.31-32.

对东南亚的外交政策。

三、新时期中国东南亚区域外交的战略思考

中共十八大以后,中国的大国地位已经初步确立,如何立足于现实,以一种不同以往的全新思维和心态来实施对东南亚的区域外交,是当前我们在机遇与挑战并存的新环境下必须认真思考的。面对中国周边和东南亚新的现实,中国东南亚区域外交战略既要有连续性,又要紧跟时代步伐,做出符合当前国力实际的选择。

(一)继续保持战略定力

中国的国民生产总值不断接近美国,对东南亚的影响力日益上升。依据国内外流行的主流看法,2030年左右中国的GDP总量将超越美国成为世界第一。如果中美两国的发展速度维持目前的态势,不出现大的波动,这种可能性是非常大的。[①] 但是,我们必须清醒地认识到,即使中国经济总量超过美国,届时中国人均GDP也仅有美国的20%—25%,大约相当于今天印度或越南与中国的差距,中国离真正超越美国,成为名副其实的世界第一,还有很长的路要走,也还有很多事要做。实现国家最终的统一,维护国家领土主权与海洋权益,巩固边疆,反对分裂,均需要我们付出实实在在的努力才能完成。因此,保持战略定力,处理好韬光养晦和有所作为的关系,尽最大的努力维持战略机遇期与和平发展环境,就我国对东南亚战略来说依然是必须的选项。

(二)区分战略利益和经济利益

改革开放以来,以经济建设为中心已经成为全民共识,在对外战略中也多强调为经济服务。随着经济实力的增长,中国逐渐告别了单纯引进外资,利用外资的单方面输入的状态,而是开始逐渐走出国门,实施"走出去"战略,取得了显著的成效。东南亚地区作为中国的近邻,自然是近水楼台,成为中国存在最多的地区。然而,随着大国地位的确立,中国在国门之外不仅有经济利益,还有政治、军事、文化等各种利益,虽然目前及

---

① 2018年中国GDP13.6万亿美元,美国GDP20.5万亿美元,按照中国每年增长6%,美国每年增长2.8%的速度,如果不考虑汇率变动因素,则到2030年中美两国GDP大致相当。如果考虑到人民币因经济增长带来的升值效应,则届时中国GDP总量将超过美国。

将来一段时间内经济利益依然是我们关注的重点，但并非唯一的利益，也并非在所有时间所有地点经济利益都要排在第一位。作为一个大国，必须要有战略视野和战略考量，摒弃任何时候都要经济第一，以经济重要性为唯一衡量标准的思维。中国的东南亚外交在不同的议题或不同的国家有不同的优先领域，如果任何时候都以经济利益为考量，就可能会犯战略短视的错误。

老挝和柬埔寨的经济体量很小，但在战略上对中国至关重要。老柬两国连接中国南部，从中南半岛中间将半岛分隔成东西两部分，既是中国和东盟南北经济走廊的重要通道，也是半岛重要的轴心地带，地缘战略位置非常重要，是我国推进"一带一路"建设，打造中国与周边命运共同体的重要地缘战略支轴。同时，老柬两国也是东盟中明确接受中国所提出的周边命运共同体概念的国家，中国对老柬两国的外交战略，就要建立在其战略重要性的基础上，而不是以经济标准来判断。老柬两国经济人口和经济体量非常小，在经济和贸易上的确微不足道。然而，其较小的经济体量和人口数量反而有利于我国对其进行不计经济成本的战略投资，用较小的花费达成满意的战略投资效果。

（三）推动外交手段多元化

中共十八大以来，中国向国际社会特别是以东南亚为主的周边地区提供了大量的国际公共产品，积极参与全球和地区治理，承担了大国应有的责任。然而，近年来，中国提供的国际公共产品，无论是"一带一路"倡议、互联互通等基础设施建设，还是亚投行等，基本上都是经济性的。即使在东南亚地区这种属于中国"卧榻之侧"的地区，也没有能够提供可以给本地区秩序或安全带来保障的公共安全产品。正是上述原因，才在客观上造成了东南亚各国在安全问题上趋向美国，而在经济上更依赖中国的状况。

不容否认的是各国依然将安全放在首要地位，中国在推行"一带一路"倡议的过程中海外利益屡遭损害，主要原因就在于国际公共安全产品提供的缺失。这种国际公共安全产品，在平时既可以为相关国家提供安全保障，也可以对那些潜在具有侵犯中国利益的国家形成威慑。在中国目前的发展阶段，普遍提供国际公共安全产品是不现实的，但在东南亚地区提供

第九章 中国的东南亚区域外交

适量的国际公共安全产品,对于维护中国的利益,更加顺利推进东南亚区域外交是极为必要的。

(四)力避战略透支,合理界定投入收益的比例关系

对外的战略资源投资是国际关系中的常态,任何对外投入都是为了达到一定战略目的,或得到某种回报,这同样适用于中国对东南亚区域外交。在正常的情况下,只有对外投入小于收益,国家实力才可能不断积累增长,而一旦对外投入长期大于由此带来的收益,则意味着战略透支。当前的阶段,中国的发展程度虽然远高于东南亚大部分国家,但实际上并不富裕,甚至连世界平均水平都尚未达到。[①] 在"一带一路"的实施过程中,中国在缅甸、泰国、越南和印度尼西亚的,在许多项目上海外利益均受到了不同程度的影响,部分对外投入没有产生预期的效益,或前期评估不到位,造成众多不必要的损失。任何一项国家的对外投入,只有合理确定对外投入和国家获利的边界,力避战略透支,才能从总体上确保国家实力的增长和国际环境的优化。

[①] 例如2017年中国人均GDP 8826美元,而世界人均水平则是10721美元,即使2018年中国的人均GDP达到9600美元,依然赶不上2017年的世界平均水平。《世界各国人均GDP》,快易理财网,https://www.kuaiyilicai.com/stats/global/yearly_overview/g_gdp_per_capita.html。

新中国周边外交史研究（1949—2019）

第十章　中国的中亚区域外交

导　读

中国对中亚的外交政策基本上以十年为一个阶段：第一阶段的主要任务是建交和解决历史遗留问题（尤其是边界划分和边界稳定）；第二阶段是巩固和发展双方关系，双边和多边（尤其是上海合作组织）合作日益充实丰富；第三阶段围绕"一带一路"建设，将中亚五国全部升级为"战略伙伴"，各领域合作相应再上新台阶。从中国与中亚国家近30年的外交历程看，双方合作的领域、层次、内容、规模日益丰富，互信和友谊日益加深。多年实践表明，尽管仍存在一些问题，但中国对中亚政策总体实用有效，实现了中国外交的任务目标。根据中共十九大确定的中国外交的指导思想和总策略，未来中亚国家在中国外交中将继续占据重要地位，"一带一路"合作仍将是重中之重。

中亚习惯是指中亚五国，即深居欧亚大陆腹地的哈萨克斯坦、乌兹别克斯坦、土库曼斯坦、吉尔吉斯斯坦和塔吉克斯坦。中亚的地理位置是东经46°45′28.13″—87°21′47.81″，北纬35°5′2.24″—52°33′30.49″。中亚东西长约3000公里，南北宽约2400公里，地势东南高、西北低，总面积约400万平方公里，人口约7200万，面积的五分之三属于哈萨克斯坦，而约一半人口在乌兹别克斯坦。中亚西部隔里海与高加索的阿塞拜疆相望，北部是俄罗斯，东部是中国，南部是阿富汗和伊朗，东南部隔着瓦罕走廊，与南亚的巴基斯坦毗邻。因地处内陆，中亚国家被大国包围，是大国南下、北上、东突、西进的主要通道，历来是兵家必争之地。

自1991年独立以来，中亚国家的战略地位随着国际环境的变化而出现了四次提升,分别是:20世纪90年代初苏联解体、90年代中期里海油气开发热潮、2001年"9·11"事件、2005年中亚"颜色革命"。经过这四次提升,中亚已经成为世界关注的重点地区之一。虽然该地区至今仍不具备左右国际关系和国际格局的战略地位,各大国之间尚不会因为中亚事务而交恶,但在当今国际社会,也很难找到第二个像中亚这样的地区,大国(尤其是俄、美、中三国)的利益和政策如此集中交汇和相互碰撞。这也是世界之所以关注中亚地区的原因所在。

中国始终重视与中亚国家的关系,将其视作外交优先方向,维护西部安全与稳定的重要合作伙伴,是中国企业实现"走出去"战略,是中国学习和实践新型外交理念和模式的重要场所。中亚国家也将中国作为外交的最重要伙伴,平衡外交的重要一极,经济发展的最主要合作对象,安全保障的重要支撑之一。自建交以来,中国与中亚国家始终秉持友好合作原则,尊重彼此的独立与主权,尊重各自的核心利益,并在国际事务中经常相互支持,为国际社会树立了良好的典范。

第一节 中国中亚区域外交的历史演进

作为苏联的地方实体,中亚各加盟共和国寻求独立的过程主要发生在戈尔巴乔夫执政时期。其独立活动大体上可以分成三个阶段:

第一阶段从1985年3月戈尔巴乔夫上台到1989年9月苏共召开研究民族问题的中央全会。这一时期,在戈尔巴乔夫的"民主化""公开性"和"不留历史空白点"的号召下,各加盟共和国开始打破思想禁锢,从思想到舆论谋求独立、摆脱中央束缚的进程。1986年12月,因反对苏共中央任命俄罗斯族人科尔宾取代哈萨克族人库纳耶夫出任哈萨克共产党中央第一书记而引发"阿拉木图事件",在哈萨克乃至整个中亚留下了民族积怨,为之后中亚各国谋求民族独立埋下了伏笔。

第二阶段从1989年9月苏共专门讨论民族问题的中央全会到1991年8月19日。各加盟共和国的民族意识迅速高涨。1990年2月,苏共中央取消苏联宪法第6条(即关于共产党是唯一执政党),具有明显民族主义倾向的政党和组织如雨后春笋般建立起来。1990年6月12日,俄罗斯议会通过

《俄罗斯联邦国家主权宣言》，中亚各加盟共和国先后通过自己的"主权宣言"，为确立现实的自主和独立进程奠定了基础。①

第三个阶段是从1991年"8·19事件"到苏联解体的短暂5个月。"8·19事件"使戈尔巴乔夫维护苏联存在的努力彻底失败。中亚各加盟共和国纷纷解散共产党，相继更改国名并宣布独立。其中吉尔吉斯斯坦于当年8月31日、乌兹别克斯坦于8月31日、塔吉克斯坦于9月9日、土库曼斯坦于10月27日、哈萨克斯坦于12月16日分别宣布独立。

尽管各加盟共和国都已宣布独立，并更改了国名，但从国际法的角度来看，此时苏联仍然是一个国际法主体，国际社会还没有承认宣布独立的加盟共和国。戈尔巴乔夫名义上仍为苏联总统。1991年12月8日，俄罗斯总统叶利钦、乌克兰总统克拉夫丘克和白俄罗斯最高苏维埃主席舒什克维奇聚会明斯克，宣布成立独立国家联合体，称"苏联作为一个国际法主体和一种地缘政治现实已不复存在"。然而，俄、乌、白三个加盟共和国采取的摧毁苏联的做法，使中亚五国感到突然，被迫面临艰难的抉择。12月13日，应土库曼斯坦总统尼亚佐夫的邀请，中亚五国领导人来到土库曼斯坦首府阿什哈巴德市商讨对策。土库曼斯坦建议组建中亚五国联盟，以突厥联盟来对抗斯拉夫联盟。此举遭到哈萨克斯坦总统纳扎尔巴耶夫和乌兹别克斯坦总统卡里莫夫的反对。后经研究，五国同意以创始国的身份加入独联体。12月21日，纳扎尔巴耶夫邀请原苏联各加盟共和国领导人聚会阿拉木图，除波罗的海三国和格鲁吉亚外，共有11个加盟共和国领导人出席，会后发表《阿拉木图宣言》，宣布"苏联作为国际法主体不复存在"。12月25日，苏联国旗从克里姆林宫黯然降下，苏联解体，中亚五国正式独立。

苏联时期，中亚是五个加盟共和国，作为地方机构，没有外交权，无权直接与中国打交道，只能通过莫斯科的中央层面与北京联系。尽管是近在咫尺的邻居，但阿拉木图人若想到乌鲁木齐，并没有直接的通道，需要经莫斯科和北京中转才能到达。中国与中亚国家的外交始于1991年，即苏联解体后，1992年1月，中国迅速承认中亚五国并与之建立正式外交关系。

---

① [哈]努·纳扎尔巴耶夫：《独立五年》，哈萨克斯坦出版社1996年版，第44—45页。

尽管政治、安全、经济、人文等各领域合作步伐并不完全同步，各有自己的特点和节奏，但从中国对中亚形势与作用的分析判断，以及合作内容侧重点上看，中亚国家独立后至今，中国对中亚政策以及与中亚的合作历程大体上以十年为一个阶段，至今可以分为三个阶段。从实践看，各阶段的合作层次越来越高，内容越来越丰富，双方关系越发紧密。

一、建交和解决历史遗留问题阶段（1991—2000年）

中国在经历"1989年政治风波"后，坚持探索符合国情的发展道路。1992年，邓小平"南方谈话"后掀起改革开放高潮。当年10月召开的中共十四大确立了"建立社会主义市场经济体制"的发展方针，开始集中精力深化经济体制改革，搞经济建设。同时，这个时期的中亚基本属于建国阶段，正经历从独立初期的动荡走向稳定。从苏联解体到1995年，各国将各类国家机器从无到有建立起来，开始寻找适合国情的发展道路。由于体制转轨过程中难免出现旧制度被打破，但新制度尚不成熟的"阵痛期"，各国国内政治斗争都很激烈，经济也因苏联原有的统一分工体系被破坏，难以组织生产，以及中央财政补贴取消而陷入衰退。经过一段时期的探索后，各国相继发行了本国货币，并出台本国独立后的第一部宪法，最终稳定了国内市场，确定了各自的国家基本制度和体制。大约从1995年开始，随着总统掌控能力逐渐增强，除塔吉克斯坦处于内战外，其他中亚国家的政局逐渐稳定，经济开始止跌回升，各国注意力都转向国内建设和发展。塔吉克斯坦1992—1997年发生内战（世俗政权与宗教势力间的斗争），1998年起恢复建设，直至2000年民族和解委员会结束工作才彻底实现和平。

新中国周边外交史研究（1949—2019）

在中亚国家独立和苏联解体后最初时期[①]，除迅速承认各国独立并快速与之建立大使级外交关系以外，中国的工作主要是组建驻中亚各国外交队伍、起草各类合作文件、调研各国国情等。一般认为，中国形成系统的针对整个中亚地区的外交政策始于1994年。当年4月18—28日，时任总理李鹏对乌兹别克斯坦、土库曼斯坦、吉尔吉斯斯坦和哈萨克斯坦等中亚四国进行正式访问，首次正式和明确地宣布中国的中亚政策。[②]他在塔什干阐述了中国中亚政策四原则：1. 坚持睦邻友好，和平相处；2. 开展互利合作，促进共同繁荣；3. 尊重各国人民的选择，不干涉别国内政；4. 尊重独立主权，促进地区稳定。接着，他又在阿拉木图就发展同中亚国家的经贸关系提出六点主张：1. 坚持平等互利原则，按经济规律办事；2. 合作形式要多样化；3. 从实际出发，充分利用当地资源；4. 改善交通运输条件，建设新的"丝绸之路"；5. 中国向中亚国家提供少量经济援助是一种友谊的表示；6. 发展多边合作，促进共同发展。上述"四项原则"和"六点主张"是中国与新独立的中亚国家的交往合作基础。

在这个时期，中国对中亚国家外交的主要内容表现在四个方面：

第一，建交。苏联解体后，中国迅速承认各加盟共和国独立，并分别于1992年1月2日与乌兹别克斯坦、1月3日与哈萨克斯坦、1月4日与塔吉克斯坦、1月5日与吉尔吉斯斯坦、1月6日与土库曼斯坦建立大使级外交关系。所有《建交联合公报》中均强调"在相互尊重主权和领土完整、互不侵犯、互不干涉内政、平等互利、和平共处的原则基础上，发展两国之间的友好合作关系"。此后，中国与中亚五国又陆续签署大量双边政府

[①] 关于苏联解体的日期，绝大部分人认为是苏联总统戈尔巴乔夫发表电视讲话并宣布辞职的1991年12月25日，也有少部分人认为是苏联最高苏维埃宣布"苏联作为国际法主体不复存在"的1991年12月26日（即戈尔巴乔夫辞职的第二天）。但在此四个月前，即1991年"8·19"事件后第十天（8月29日），苏共中央召开会议，同意戈尔巴乔夫辞去苏共中央总书记职务，并解散苏共。自此，很多加盟共和国的共产党相继宣布解散或更名，各加盟共和国也陆续宣布独立，苏联此时已名存实亡。苏联解体后，各国也将加盟共和国宣布独立的日期作为节日"独立日"（相当于国庆节），其中吉尔吉斯斯坦8月31日、乌兹别克斯坦8月31日、塔吉克斯坦9月9日、土库曼斯坦10月27日、哈萨克斯坦12月16日。由此，中亚国家认为是自己独立在先，苏联解体在后。

[②] 《中亚关系四项基本政策和六点主张》，新华网，2003年2月19日，http://news.xinhuanet.com/ziliao/2003-02/19/content_735901.htm。

间合作文件，主要涉及鼓励和相互保护投资、避免双重征税、经济贸易、援助与贷款、邮电、民航、电视、银行、农业、科学技术、文化、教育、卫生、旅游和体育、铁路运输、环境保护、汽车运输、信息通信、知识产权保护等。尽管内容较粗糙，侧重于原则与合作框架，缺乏实施细则，但毕竟奠定了双方合作的法律基础。

第二，解决中苏历史遗留的边界划分问题。中国与哈萨克斯坦、吉尔吉斯斯坦和塔吉克斯坦三国相邻，边界长约3300千米。其中与哈萨克斯坦边界全长1783千米。两国1994年签署《中哈国界协定》，1997年和1998年签署两个《中哈国界补充协定》，2002年签署《关于中哈国界线的勘界议定书》及其附图。双方在勘定的国界线上共竖立了599个界标，共688个界桩。中吉边界全长1084千米。两国1996年签署《中吉国界协定》，1998年签署《中吉国界补充协定》，2004年签署《关于中吉国界线的勘界议定书》及其附图。中塔边界全长约495千米。两国1999年签署《中塔国界协定》，2002年签署《中塔国界补充协定》，2006—2008年进行实地勘界工作，共竖立了101个界桩。从开始谈判国界协定到实地勘定立桩工作结束，标志着中国与中亚邻国的边界问题最终得到全面、彻底、合理的解决，边界从此成为"永久和平、世代友好"的纽带和桥梁，为双方今后开展更深入合作打下坚实基础。

第三，建立边境稳定与安全合作机制。在解决边界划分问题的同时，边境地区安全问题同样提上日程。中国分别与中亚三国（哈、吉、塔）和俄罗斯基于友好与互信，于1996年4月26日签署《关于在边境地区加强军事领域信任的协定》，于1997年4月24日签署《关于在边境地区相互裁减军事力量的协定》。这两个协定标志着中国与中亚国家和俄罗斯的政治军事互信深入发展，前者主要致力于增加边境地区军事活动的透明度，后者关注切实削减军事力量。这两个协定规定适用的地理范围"是指以中国为一方和以哈萨克斯坦、吉尔吉斯斯坦、俄罗斯、塔吉克斯坦为另一方的边界线两侧各一百公里纵深的地理区域"，要求"双方部署在边境地区的军事力量，作为双方军事力量的组成部分，不用于进攻另一方，不进行威胁另一方及损害边境地区安宁与稳定的任何军事活动"，规定各方及时通报"边界线各自一侧一百公里地理区域内的军事活动"，确定"每一方保留在协定适用地理范围内的陆军、空军、防空军航空兵人员的最高限额不超过13.04万人，其中，陆军11.54万人，空军1.41万人，防空军航空兵0.09万人"，"每一方在协定适用地理范围内的边防部队（边防军）人员的最高限额不超过5.5万人"。为落实上述两个协定，签约各方于1999年成立"联合监督小组"机制，每年除举行两次例行会议外，还对协定规定的地理范围内的军事设施和边防部队进行相互视察。协议为中国大裁军和调整军事部署（向沿海倾斜）提供了良好条件，东部和南部防御力量加强，这种格局保持至今。

第四，努力发展经贸关系。中国利用中亚国家物资短缺的时机，迅速打进中亚市场，对缓解当地经济困难和居民的生活压力起了重要作用。一般认为，中国与中亚国家相互间较大规模的投资活动始于1997年。这一年，一些有实力的中国公司开始大规模投资中亚市场，其中，中国石油天然气集团公司就以3.2亿美元竞购了哈萨克斯坦阿克纠宾斯克油气股份公司60.3%的股份。与此同时，哈、乌、土三国总计对华投资87万美元，虽然数额不大，但却是中亚国家自独立以来首次对中国进行投资。不过，受各种因素的影响，在中亚国家独立后的头十年，中国对中亚国家的贸易和投资力度总体上不大，未能及时把握中亚国家的私有化进程，很多前景可观的投资项目、重要战略资源和优良资产被欧美和俄罗斯等国家获得。

二、伙伴关系合作全面建立阶段（2000—2010年）

1999年11月，中国召开中央经济工作会议，明确提出要实施西部大开发战略。2001年，中国发布"国民经济和社会发展第十个五年规划"，正式提出实施"走出去战略"[①]，2001年12月，正式加入WTO，成为其第143个成员。这三个事件标志着中国的对外开放进入一个新的历史阶段：首先，中国与中亚国家间的合作不再单纯依靠双边合作，而是同时重视多边合作，多边与双边紧密结合，相互促动，利用区域合作机制为彼此的合作开发新的空间。其次，中国不再单纯依靠吸引外资来发展，而是"引进来"

---

① 《中华人民共和国国民经济和社会发展第十个五年计划纲要》，新华网，2001年10月18日，http://news.xinhuanet.com/zhengfu/2001-10/18/content_51471.htm。

与"走出去"相结合,鼓励企业更好地利用国内与国际两种资源,在激烈的世界市场竞争中增强自身实力。

这个时期,中亚地区形势出现三个特点:一是经历"颜色革命"冲击的中亚政局总体稳定。吉尔吉斯斯坦2005年发生"颜色革命",2003—2005年乌克兰和格鲁吉亚的"颜色革命"传导到中亚。为维护执政权力,中亚国家均适度修改法律,扩大议会和政府总理权限,加上执政当局对反对派加大打击力度,除吉尔吉斯斯坦外,各国政局总体更加稳定。吉尔吉斯斯坦则因总统家族腐败,以及美俄两国围绕在首都比什凯克的军事基地斗争影响,总统、议会和政府总理三者间的权力斗争持续不断,于2005年爆发"颜色革命",2010年发生"四月骚乱"。二是大国在中亚的竞争态势出现"俄走强、美转弱"。2001年"9·11"事件后,美发动阿富汗战争,获得中亚国家支持,但2005年吉尔吉斯斯坦"颜色革命"和乌兹别克斯坦"安集延事件"后,中亚国家对美干涉内政的戒心加重,要求美军撤出在中亚的军事基地。俄罗斯在国际油价大涨而国力增强的同时,加大对中亚投入,并借助集体安全条约组织和欧亚经济共同体等俄主导的区域合作机制,在一定程度上主导着中亚地区的一体化发展。三是国际原材料市场量价齐增,尤其是中亚地区富产的石油、天然气、棉花等,让中亚国家经济形势总体良好,发展战略得以实施。尽管1998年俄罗斯经济危机让中亚国家经济出现一定困难,但很快恢复增长,自2001至2008年是高速增长期,2008年受国际金融危机影响出现短暂下滑,2010年起又止跌回升。

面对上述国内国外环境新变化,中国对中亚继续延续前期的政策精神,并结合新形势需求,增加了有关区域合作机制(尤其是上海合作组织)的新内容。2001年6月15日,国家主席江泽民在上海合作组织成立大会上阐述中国对该组织的四项基本合作原则,即增强开拓意识,坚持务实态度,弘扬团结精神,贯彻开放原则。2001年9月14日,朱镕基总理在阿拉木图举行的上海合作组织首次成员国政府总理会议上阐述中国关于区域合作的四点原则,即坚持平等互利;遵循市场经济原则;循序渐进,注重实效;多边与双边相结合。江泽民主席和朱镕基总理提出的上述八项原则(上海合作组织的基本合作原则和区域合作基本原则)后来被公认为是中国中亚政策的组成部分之一,既指导上海合作组织,也适用其他所有中参与的中亚地区的区域合作机制。

这个阶段，中国与中亚国家的政治互信与经济合作形成良性互动，全面提升了相互合作的水平和规模，各领域合作全面开花，主要表现是：

第一，经贸与投资合作呈现出井喷式发展，大项目增多，中国已成为中亚国家最大或第二大投资国和贸易对象。双方商品进出口总额由2000年的18.1亿美元（向中亚出口7.6亿美元，从中亚进口10.5亿美元）增加到2010年的301亿美元（向中亚出口165亿美元，从中亚进口136亿美元）。2009年中亚遭遇国际金融危机波及后，中国为哈萨克斯坦提供了100亿美元贷款（即"石油换贷款"），还在上海合作组织框架内设立了100亿美元反危机稳定基金，帮助中亚国家克服经济难关。这个时期最大的投资项目是油气开发。早在中亚国家独立之初，中国能源企业便进入中亚市场，探讨合作可能性。但由于当时市场规模（从中东进口足以满足国内需求，对中亚需求不大）、融资困难（各方资金都不足）、投资额大（很多设备材料需要从西方进口）等因素影响，合作规模始终不大。2000年以后，随着中国需求增加，资金和技术力量增强，已有能力在中亚形成从上游油气开发和运输，到下游的炼化、加油站销售、人才培养、技术研发等全产业链布局。能源合作不仅让中国可以从陆路进口境外油气，更让中国企业向世界展示自己的技术力量和管理能力，以至于哈萨克斯坦陆续将其境内约1/4的陆上石油资源交由中石油等中国企业开发，土库曼斯坦允许中石油开发阿姆河右岸天然气，使其成为土境内迄今为止唯一一个开发天然气资源的国外企业。

第二，优化网络型基础设施体系。尤其是投资建设了中国—中亚天然气管道和中哈原油管道，不仅方便中国从陆路进口油气资源，还丰富了中亚国家的能源出口多元化，将中亚地区原先分割独立的油气管道连为统一整体，形成网格状，极大提高了各国自身的能源安全保障水平。以前，哈萨克斯坦西部的丰富油气资源只能销往欧洲市场，南部和东部消费的油气需要从俄罗斯和乌兹别克斯坦进口，管道建成后，哈国自产油气足以满足本国消费需求，不再依赖进口。中国—中亚天然气管道全长约一万千米，其中土库曼斯坦境内长188千米，乌兹别克斯坦境内长530千米，哈萨克斯坦境内长1300千米，其余约8000千米位于中国境内，自霍尔果斯口岸入境后，成为"西气东输二线"，延伸至上海和广东，为长三角和珠三角经济区提供能源。管道乌兹别克斯坦段基本与乌国原有的"加兹利—希姆肯特管线"并行，哈萨克斯坦段的别依涅乌加压站还连接"中央—中亚管道"，可以接收乌、哈两国的天然气。管道土库曼段于2007年8月30日开工，A线2009年12月通气，B线2010年投产，C线2013年竣工。ABC三条管线设计年输气总量550亿立方米，D线2016年进入可行性研究阶段，设计年输气300亿立方米。中哈原油管线总长3070千米，设计年输油能力2000万吨（实际年运力1200万吨左右）。第一段（阿特劳至肯基亚克）全长450千米，2002年开工，2003年3月投产；第二段（肯基亚克—阿拉尔斯克—库姆科尔—阿塔苏）全长1420千米，2009年投产；第三段（阿塔苏至独山子）总长1200千米，2006年通油运营。

第三，上海合作组织的影响越来越大。为使边界合作（划分边界、建立边境安全机制）过程中形成的友谊和"上海五国"机制（中、俄、哈、吉、塔）得以继承，并扩展到政治、经济、安全、人文等诸多领域，五国一致同意吸收乌兹别克斯坦加入，并于2001年6月15日成立常设的国际组织——上海合作组织（成员有中国、俄罗斯、哈萨克斯坦、乌兹别克斯坦、吉尔吉斯斯坦、塔吉克斯坦等六国）。土库曼斯坦因坚守中立国原则而未加入，但以主席国客人名义参加元首峰会。随着各层级和各领域领导人会晤机制，以及各具体合作项目的推进落实，中国与中亚国家的国际合作多了一层机制保障。由于中国在该组织中可以发挥主导作用，该组织也成为中国实践自己的对外政策以及国际合作理念、主张、构想的最重要平台之一。尤其是在安全领域。随着伊斯兰原教旨主义向中亚扩散，以及2001年"9·11"事件后美国发动阿富汗战争，原在阿富汗境内的部分暴恐和极端分子化整为零向中亚和中国西北渗透，地区安全形势越发严峻，中国和中亚国家合作打击"三股势力"的需求日益增加。各方不仅对"三股势力"的法律界定形成共识（奠定执法基础），还通过联合反恐演习、联合安保、联合执法、情报交流、人员培训等形式，建立起防务、执法、司法、打击三股势力、网络安全等领域的成熟合作机制。2008年北京奥运会时期形成的安保合作模式已成典范（各方相互及时通报暴恐信息、执法互助、培训安保人员等），被后来所有成员国组织大型活动时效仿。

第四，坚定支持中亚国家的独立和主权。21世纪头十年，欧亚地区的重大事件之一，是格鲁吉亚、乌克兰、吉尔吉斯斯坦等地爆发"颜色革命"（又称"街头革命"），并引发政权更迭，其他独联体国家反对派活动也比较活跃。吉尔吉斯斯坦反对派赶走阿卡耶夫总统（流亡到俄罗斯）后，虽掌握了政权，但各派彼此间为分配总统、议会和政府总理权限而斗争不断，三次修改宪法有关条款，并于2010年4月再次爆发大规模骚乱，总统巴基耶夫被迫流亡到白俄罗斯，当年6月，又在吉南部的奥什市发生吉尔吉斯族和乌孜别克族的族际冲突。吉国内两次"革命"既是内部利益集团间的政治斗争结果，也与外部大国干涉支持密切关联。中国对此的态度极其鲜明，采取三项应对措施：一是尊重主权，绝不干涉内政。希望吉局势尽快稳定，中吉关系继续向前发展。二是实施应急措施，保护海外中国公民和财产，对骚乱过程中遭受打砸等损失的公民和商户提供帮助。2010年6月骚乱期间，中国还采取撤侨行动，派出9架次包机运回1299名公民。三是尽可能提供人道主义援助，帮助吉政府稳定局势。

另外，2005年5月12—13日，乌兹别克斯坦发生"安集延事件"（一群武装分子袭击乌东部的安集延市的军警哨所和营地，夺取武器弹药，冲击监狱并放出一批在押犯。乌政府果断处置，很快平息事件），与西方使用"双重标准"批评乌当局违反人权并对部分乌高官发布旅行禁令（相当于制裁）不同的是，中国不仅声明"坚决反对任何形式的恐怖主义、分裂主义和极端主义，将一如既往地支持乌兹别克斯坦及本地区各国为维护国家和地区安全与稳定所做的努力"，[①] 还邀请卡里莫夫于半个月后（5月25—27日）访华，此举被视作对乌国的最大支持。中国在"颜色革命"过程中的表现，让中亚国家看到中国的诚意和真正的尊重，对中国的好感进一步提升，为双方后来始终保持友好合作关系奠定了更坚实基础。

[①] 《外交部发言人孔泉就乌兹别克斯坦平息安集延骚乱事件发表谈话》，2005年5月17日，https://www.fmprc.gov.cn/ce/cemm/chn/fyrth/t195930.htm。

三、战略对接引领新高潮阶段（2011—2019年）

这个时期，中国的合作需求主要有二：一是落实推进"一带一路"倡议。依照GDP规模，中国自2010年起成为世界第二大经济体，国家综合实力明显增强，扩大海外市场的需求显著增加，希望借助丝绸之路的历史记忆，扩大对外合作，中亚成为向西发展陆路合作的首要合作对象。二是共同应对"三股势力"。尤其是新疆2009年"7·5"事件后，中亚成为抵御境外极端思想和势力渗透的首要屏障之一。同时，与中亚国家一道防范反华势力利用阿富汗局势对中国形成围堵，或制造事端干扰西部稳定。

这个时期，中亚国家的特点：一是遭遇经济下滑威胁。国际市场2014年起油气等大宗商品价格下跌，让中亚国家遭受严重经济威胁，出口大幅下降，财政收入和海外劳动力移民汇回收入减少，汇率贬值，项目投资资金紧张。中亚国家均出台若干救市措施，实施自由汇率制度（土库曼斯坦除外），加大基础设施建设，希望通过刺激性财政扩大内需，提振市场。二是宗教极端势力威胁加大。受北非和中东地区的"阿拉伯之春"影响，中东地区（尤其是叙利亚和伊拉克）的宗教极端势力兴起，中亚国家公民成为其重点招募对象之一。由此，被招募至中东作战、从中东回流至中亚、网络传播暴恐和极端思想等现象屡禁不绝，使中亚安全形势始终不容乐观。三是作为"双内陆国"的乌兹别克斯坦新领导人自2016年起调整对外政策，带动中亚区域合作氛围明显改善。2018年中亚五国领导人时隔12年后再次举行峰会，表明很多早先困扰中亚国家发展的水资源、边界划分等难题有望得以解决。

在前期合作成就基础上，中国与中亚国家继续巩固和深化已有合作，同时开拓新合作领域。2013年9月4日，习近平应邀在哈萨克斯坦纳扎尔巴耶夫大学演讲时，再次阐述中国的中亚政策，主要内容有：1. 中亚是对外政策的优先方向；2. 坚持世代友好；3. 坚持相互支持；4. 不谋求地区主导权和势力范围；5. 建设"丝绸之路经济带"；6. 与欧亚经济共同体等其他区域合作机制共同致力于地区繁荣和发展。①

这个时期，中国与中亚合作继续巩固和加深，各领域对接合作日益密切，尤其突出的是：

第一，明确中亚是中国外交的优先方向。中国与中亚五国建立"战略伙伴关系"，后来又发展成为"全面战略伙伴关系"（不包括土库曼斯坦），双边政府间合作机制的层次和内容随之丰富和提升。其中：1. 与哈萨克斯坦2005年成为"战略伙伴"，2011年提升为"全面战略伙伴"关系，2013年进入全面战略伙伴关系"新阶段"。2012年，两国建立"总理定期会晤机制"，形成"总理年度会晤+中哈合作委员会+10个分委会"为主导的官方合作平台。2. 与乌兹别克斯坦于2005年正式建立"友好合作伙伴"关系，2012年上升为"战略伙伴"，2016年6月发展为"全面战略伙伴"关系。2011年，两国建立副总理级的"政府间合作委员会+7个分委会"机制。3. 与塔吉克斯坦和吉尔吉斯斯坦2013年建立"战略伙伴"关系，并分别于2017年和2018年提升至"全面战略伙伴"。中塔两国建立了"部长级的政府间经贸合作委员会+新疆—塔吉克斯坦经贸合作分委会"机制，中吉建立了"部长级的政府间经贸合作委员会+新疆—吉尔吉斯斯坦工作组"机制。4. 与土库曼斯坦2013年建立"战略伙伴"关系。两国早在2010年就成立副总理级的"政府间合作委员会"，每两年举行一次，下设经贸、人文、安全、能源等四个分委会。

第二，积极落实"一带一路"与中亚国家的对接合作。中国利用自身市场和资金优势，自中亚国家进口和对中亚国家投资贷款规模显著增加，已成为中亚国家的第一或第二贸易伙伴和直接投资来源地（见表1）。中国对中亚国家直接投资存量2005年为3.25亿美元，2010年为29.18亿美元，2012年为78.23亿美元，2017年为117.65亿美元（见表2）。截至2018年底，中国在中亚五国共注册约3700家企业，主要涉及矿产勘探开发、石化、化工、加油站、交通、通信、农业、纺织、食品、建材、餐饮住宿等。中国投资或承揽的工程项目有力地支持了中亚国家的经济发展，极大改善了中

---

① 《习近平在纳扎尔巴耶夫大学的演讲（全文）》，新华网，2013年9月7日，http://news.xinhuanet.com/world/2013-09/08/c_117273079.htm。

亚国家的基础设施状况，填补了中亚国家的产业空白，比如中哈天然气管道、"安格连—帕普"铁路的卡姆奇克隧道、沥青、电解铝、高端油品、特种水泥等。每年从中亚除大量进口石油、天然气、金属矿产、棉花等原材料商品外，粮食、牛羊肉、蜂蜜等农产品自2015年起成为新增进口的亮点。人民币自2014年9月起在哈萨克斯坦、自2015年12月起在塔吉克斯坦挂牌交易；哈萨克斯坦自2016年起将人民币列为储备货币；中哈产能合作基金规模已达20亿美元；银联卡可在哈、吉、塔、乌等中亚四国（不包括土库曼斯坦）广泛使用。截至2017年底，中亚五国在华留学生约3万人，中国在中亚的留学生数量约3000人；中国在中亚共有13所孔子学院（哈5所、塔2所、吉4所、乌2所）。

表1 中国与中亚国家进出口总额统计（单位：万美元）

指标	2016年	2014年	2010年	2009年	2008年	2005年	2001年	2000年
进出口总额	3004708	4501211	3013363	2374441	3082273	872677	150900	181936
同哈萨克斯坦	1309767	2245167	2044852	1412913	1755234	680611	128837	155696
同吉尔吉斯斯坦	567669	529794	419964	533028	933338	97220	11886	17761
同塔吉克斯坦	175634	251594	143256	140669	149993	15794	1076	1717
同土库曼斯坦	590177	1047044	156964	95744	83038	10996	3271	1616
同乌兹别克斯坦	361461	427612	248327	192087	160670	68056	5830	5146
向中亚出口总值	1796918	2405310	1653022	1682489	2259599	522858	49184	76724
同哈萨克斯坦	829259	1270985	932007	783345	982451	389675	32772	59875
同吉尔吉斯斯坦	560546	524252	412751	528107	921205	86715	7664	11017
同塔吉克斯坦	172510	246824	137650	122168	147968	14374	531	679
同土库曼斯坦	33848	95428	52512	91871	80194	9088	3149	1210
同乌兹别克斯坦	200755	267821	118102	156998	127781	23006	5068	3943
从中亚进口总值	1207793	2095901	1360339	691953	822672	349819	101716	105212

续表

指标	2016年	2014年	2010年	2009年	2008年	2005年	2001年	2000年
同哈萨克斯坦	480508	974182	1112845	629568	772783	290936	96065	95821
同吉尔吉斯斯坦	7124	5542	7212	4921	12133	10505	4222	6744
同塔吉克斯坦	3125	4770	5606	18502	2024	1420	545	1038
同土库曼斯坦	556330	951616	104452	3873	2844	1908	122	406
同乌兹别克斯坦	160706	159791	130224	35089	32888	45050	762	1203

资料来源：中国国家统计局网站，年度数据，对外贸易，http://data.stats.gov.cn。

注：因进口和出口统计的四舍五入，进口总值加出口总值之和，与进出口总值之间会有些差异。

表2　中国对中亚国家直接投资统计（单位：亿美元）

		2009年	2010年	2011年	2012年	2013年	2014年	2015年	2016年	2017年
当年存量	哈	15.16	15.90	28.58	62.51	69.56	75.41	50.95	54.32	75.61
	吉	2.84	3.94	5.25	6.62	8.86	9.84	10.71	12.38	12.99
	塔	1.63	1.92	2.16	4.76	5.99	7.29	9.09	11.67	16.16
	土	2.08	6.58	2.76	2.88	2.53	4.48	1.33	2.49	3.43
	乌	0.85	0.83	1.56	1.46	1.99	3.92	8.82	10.58	9.46
当年流量	哈	0.67	0.36	5.82	29.96	8.11	-0.40	-25.10	4.87	20.70
	吉	1.37	0.82	1.45	1.61	2.03	1.08	1.52	1.59	1.24
	塔	0.16	0.15	0.22	2.34	0.72	1.07	2.19	2.72	0.95
	土	1.19	4.50	-3.83	0.12	-0.32	1.95	-3.14	-0.24	0.47
	乌	0.05	-0.05	0.88	-0.27	0.44	1.81	1.28	1.79	-0.76

资料来源：商务部、国家统计局、国家外汇管理局：《2017年度中国对外直接投资统计公报》，附表1：2009—2017分年度中国对外直接投资流量情况表（分国家、地区），附表2：2009—2017分年度中国对外直接投资存量情况表（分国家、地区）。http://www.fdi.gov.cn/1800000121_33_11652_0_7.html。

第二节　新时代中国中亚区域外交

随着国力增强，中国的对外政策越来越清晰明确。从党和政府的工作报告、各部门文件、白皮书、领导人讲话等多渠道多方式的表述中可知，在总的外交政策方针和原则指导下，已针对诸多具体业务领域（比如反恐、裁军、气候变化等）和地区（比如东盟、朝鲜半岛、南海、非洲、加勒比海、太平洋岛国、阿拉伯国家、葡语国家等）制定了具体的政策文件和战略规划。[①] 其中，关于中亚的政策和原则明确且连贯，并根据变化了的国际环境而不断增加新内容，丰富了中国外交的理论发展和实践经验。

中亚是从苏联加盟共和国基础上独立而来的国家，因没有先例可循，其建国与发展过程主要依靠自身探索和国际社会帮助，寻找符合国情的发展道路。由此，中国与中亚国家的交往合作也是在逐渐摸索中前进。比如，如何开展合作，落实国际政治经济新秩序的内涵？如何解决苏联时期的遗留问题？如何发展民族关系理论，怎么对待跨界民族？如何塑造有利于地区稳定和发展的周边环境？是否参与其私有化（企业如何走出去）？怎么处理地区内的大国关系？如何评价转轨绩效，避免国际反华势力的意识形态干扰？等等。很多问题既需要丰富的实践经验，也离不开坚实的理论指导。

从官方正式发布的政策阐述看，可以说中国的中亚政策一脉相承。各个表述之间的不变之处在于：双方处理国与国之间的关系不再以意识形态画线，不以社会制度的差异论亲疏，对一切国际问题都根据其本身的是非曲直决定自己的态度和对策，始终坚持世代友好和相互支持，始终追求平等互利和共同发展，希望借助历史积累的友好情意和合作经验，维护地区稳定和繁荣。这是合作的前提和基础。同时，中国的中亚政策也会针对不同时期的国际国内环境，工作侧重点和应对办法有所不同。

实践中，中国与中亚国家的外交总是尽量把握"三个努力"，同时注

---

① 比如2015年12月《中国对非洲政策文件》、2016年1月《中国对阿拉伯国家政策文件》、2016年11月《中国对拉美和加勒比政策文件》等。

意"三个避免",即努力寻找共同点(共同兴趣关注点、共同的价值观、共同的发展目标);努力缩小分歧(管控不确定因素,预防冲突);努力把握机遇(在国家能力和国际环境之间主动寻找机遇);避免承担与自身实力不符的责任,量力而行;避免"中国威胁论"泛起,让邻居伙伴感受到中国的诚意和实惠;避免与其他国家发生冲突或卷入地区矛盾冲突。[1]

总体上,在长期合作过程中,中国与中亚国家不断探索和实践着很多新的合作理念与模式,努力"将政治关系的优势,地缘比邻的优势,经济互补的优势,转化为务实合作的优势,持续增长的优势",[2] 甚至对整个中国外交都具有指导和借鉴意义。

一、"上海五国"模式和"上海精神"

"上海五国"模式具有三大特点:一是坚持友好协商,既顾及历史,又尊重现实。所有问题通过谈判解决,不施加军事压力,不利用民粹炒作话题。二是国界划分谈判与边界安全谈判同时进行。解决边境安全问题的最有效方法是加强信任,而信任来自于透明和裁军。三是将局部的边界问题置于两国关系发展大局中考量。边界问题仅是两国关系的一部分,不是全部,始终从两国关系大局出发,避免边界划分问题影响两国合作,防止边界问题泛政治化,成为国内政治斗争的工具。如果人为加剧边境紧张,无疑是捡了芝麻丢了西瓜。

上海合作组织是中国与中亚国家和俄罗斯共同发起创立的区域国际组织,是迄今为止唯一一个用中国城市命名的国际组织,承载着实践中国外交理念的重任,"首倡了以相互信任、裁军与合作安全为内涵的新型安全观,丰富了由中俄两国始创的以结伴而不结盟为核心的新型国家关系,提供了以大小国共同倡导、安全先行、互利协作为特征的新型区域合作模

---

[1] 张宁:《"保内"而"惠外":丝绸之路经济带的全方位建设》,《中国社会科学报》2014年5月15日,国际版。

[2] 《习近平在纳扎尔巴耶夫大学的演讲(全文)》,新华网,2013年9月7日,http://news.xinhuanet.com/world/2013-09/08/c_117273079.htm。

式"。① 上海合作组织提出的"互信、互利、平等、协商,尊重多样文明,谋求共同发展"的"上海精神"不仅是处理相互关系的经验总结,也是对推动建立公正合理的国际政治经济新秩序的重要贡献。

习近平2018年6月在上海合作组织第18次元首峰会上对"上海精神"作出进一步诠释,即"五观"(创新、协调、绿色、开放、共享的发展观,共同、综合、合作、可持续的安全观,开放、融通、互利、共赢的合作观,平等、互鉴、对话、包容的文明观,共商共建共享的全球治理观)。②

二、"丝绸之路经济带"及丝路精神

"丝绸之路经济带"及丝路精神、经济走廊、五通、对接和产能合作,这是"一带一路"的内涵与具体落实办法,也是国际合作的新模式和新内容。2013年,习近平在哈萨克斯坦纳扎尔巴耶夫大学演讲时指出:"千百年来,在这条古老的丝绸之路上,各国人民共同谱写出千古传诵的友好篇章。两千多年的交往历史证明,只要坚持团结互信、平等互利、包容互鉴、合作共赢,不同种族、不同信仰、不同文化背景的国家完全可以共享和平,共同发展。这是古丝绸之路留给我们的宝贵启示。"为此,习近平提出共建"丝绸之路经济带"倡议,通过实现"五通"(政策沟通、道路联通、贸易畅通、货币流通、民心相通),以点带面,从线到片,逐步形成区域大合作格局。③一个月后,习近平又在印度尼西亚提出共建"21世纪海上丝绸之路"倡议。这两个倡议被简称为"一带一路",是中国"今后相当长时期对外开放和对外合作的总规划,也是'人类命运共同体'理念的重要实践平台"。④

"一带一路"提出后,整个外交布局和战略规划也随之调整,对外合作的方式、内容、规模亦进入新阶段。国家发改委提出建设"六大经济走

---

① 《江泽民在"上海合作组织"成立大会上的讲话》,央视网,2001年6月15日,http://www.cctv.com/special/581/3/30174.html。

② 《习近平在上海合作组织成员国元首理事会第十八次会议上的讲话》,中国政府网,2018年6月10日,http://www.gov.cn/xinwen/2018-06/10/content_5297652.htm。

③ 《习近平在纳扎尔巴耶夫大学的演讲(全文)》,新华网,2013年9月7日,http://news.xinhuanet.com/world/2013-09/08/c_117273079.htm。

④ 杨洁篪:《以习近平外交思想为指导,深入推进新时代对外工作》,《求是》2018年7月。

新中国周边外交史研究（1949—2019）

廊"规划，其中"中国—中亚—西亚经济走廊"就途经中亚。"经济走廊"概念起先是亚洲开发银行为"中亚区域经济合作机制"（CAREC）而设置，目的是让地区内的大城市或经济中心集中"走廊"沿线资源，发挥规模效应，带动区域经济发展。在"一带一路"倡议提出初期，各方尚不明确该如何具体落实的时候，中国与哈萨克斯坦提出"丝绸之路经济带"与"光明大道"对接，并签署产能与投资合作政府间框架协议和对接合作规划，为各方推进落实"一带一路"提供了很好样本。对接即寻找共性，包括发展战略、发展规划、机制与平台、具体项目等四个层面的对接。[1] 在遵循共商共建共享原则基础上，通常由政府主导，通过从各自发展战略和发展规划中找到彼此感兴趣的项目，列入政府间合作框架协议，再由企业竞标落实。其意义在于，与企业依靠自身能力单打独斗开拓市场相比，列入对接框架内的项目的层次（通常可以上升为国家级重点项目）、安全性（政府认可的项目通常保障性更高）、融资能力（金融机构愿意为项目提供融资）等指标均有提高，可以让中国企业在激烈的国际竞争环境中更具竞争力，同时也帮助合作对象国政府更顺利地完成自己规划的发展任务。产能合作就是发展实业和基础设施。以此为切入点，可谓精准地抓住了中亚国家（甚至是大部分发展中国家）的兴奋点和要害。

三、中欧班列

中欧班列是运行于欧亚大陆（中国与欧洲）的陆路集装箱国际联运列车，始于2011年3月19日首列试运行的"渝新欧班列"（重庆—阿拉山口—哈萨克斯坦和俄罗斯—德国杜伊斯堡），2013年7月18日正式运行。2016年6月8日，中国铁路正式统一使用"中欧班列"品牌（China Railway Express），现由中国铁路总公司组织运营。班列根据"干支结合、枢纽集散"的铁路运营组织方式，按照客车化组织模式和"五定"原则（定线路、定站点、定车次、定时间、定价格）运行。截至2018年10月，中欧班列累计开行超过11000列，运行线路65条，国内开行城市52个，通达

---

[1] 《加强政策沟通，做好四个对接，共同开创"一带一路"建设新局面》，改革网，2017年5月16日，http://www.cfgw.net.cn/2017-05/16/content_24487849.htm。

欧洲15个国家的44个城市，运送货物92万标准集装箱，运输服务网络覆盖了欧洲全境。运输货物品类不断丰富，已由开行初期的手机、电脑等IT产品逐步扩大到衣服鞋帽、汽车及其配件、粮食、葡萄酒、咖啡豆、木材等品类。[①] 中欧班列的意义在于，它开辟了内陆地区面向亚欧国家的贸易新通道，让内陆地区由闭塞变为发展前沿，甚至成长为新的增长极，随着内陆铁路运输的综合物流成本总体上不断下降，物流已不再是影响内陆地区发展对外贸易的最主要障碍。[②]

四、善用"伙伴关系"

善用"伙伴关系"，提升中亚在中国外交中的分量。"伙伴关系"理念是相对于"结盟关系"而出现，冷战结束后开始盛行，强调相互尊重、求同存异、互利共赢、开放包容等民主和平思想，体现"结伴不结盟"主张，有助于维护世界和平、促进共同发展、弘扬多元文明、加强全球治理。[③]

中共十八大以后，周边外交工作成为外交工作重点。另外，为突破过度依赖海上贸易和海上通道的发展格局，需要开发内陆经济，打通陆上合作通道，整合欧亚大陆内部资源。这种想法也被外界称为中国的"西进战略"。鉴于过去形成的友谊，中亚自然成为周边外交的重要抓手和样板。这也是习近平成为国家主席后，选择中亚作为首批出访对象国，并在中亚提出"丝绸之路经济带"倡议的重要原因之一。而中亚国家在中国外交中的地位上升，最直观的表现就是中国宣布中亚是对外政策优先方向，同时不断升级与中亚国家的"伙伴关系"，现已成为"全面战略伙伴"（与土库曼斯坦是"战略伙伴"）。尽管中亚国家不是中国最早的"伙伴关系"对象（与中亚国家的伙伴关系是21世纪后才陆续建立），但却是最能体现"伙伴关系"内涵的合作者。

---

① 《中欧班列成为推进"一带一路"建设旗舰项目》，《人民铁道报》2018年10月17日，A4版。

② 刘劲松：《中欧班列补贴背后的博弈》，《大陆桥视野》2015年第11期。

③ 外交部：《习近平在金砖国家领导人第七次会晤上的讲话》，2015年7月9日，https://www.mfa.gov.cn/mfa_chn//ziliao_611306/zyjh_611308/t1280127.shtml。

五、强调"不谋求地区主导权,不经营势力范围"

中国成为世界第二大经济体后,对外投资和对外援助的能力增强,引起一些国际和地区内大国警惕,其甚至在一定程度上希望围堵中国,遏制中国实力快速增长。美国将战略重心从欧洲转往亚太,通过在中国东部和西部不断制造麻烦,遏制中国崛起。俄罗斯视中亚为其传统盟友和"南大门",随着实力恢复和增长,谋求主导后苏联空间,通过集体安全条约组织和欧亚经济联盟(前身是欧亚经济共同体),整合区域资源,力争将中亚国家捆绑在俄罗斯发展轨道上。当外界认为中俄美在中亚的地缘政治争夺可能加剧的时候,中国特别强调"不谋求地区主导权和势力范围","愿同俄罗斯和中亚各国加强沟通和协调,共同为建设和谐地区做出不懈努力","欧亚经济共同体和上海合作组织成员国、观察员国地跨欧亚、南亚、西亚,通过加强上海合作组织同欧亚经济共同体合作,我们可以获得更大的发展空间",这些表态是一个郑重承诺,即在中亚地区,中国与中亚国家和其他大国之间只有合作与正常的竞争,不存在"非此即彼,有你无我"的势力争夺。

实践中,中俄两国在中亚地区不仅没有恶性竞争,反而形成良性互动,共同致力于维护和促进中亚地区的稳定与发展。两国在打击"三股势力"领域密切合作,还积极支持哈萨克斯坦在调解阿富汗和叙利亚问题上发挥作用,赞赏中亚国家元首会晤,支持中亚地区内部一体化。2015年5月,中俄两国元首签署《关于丝绸之路经济带建设和欧亚经济联盟建设对接合作的联合声明》。2018年5月,中方与欧亚经济委员会签署《中国与欧亚经济联盟经贸合作协定》(同年12月正式生效),涵盖海关合作、知识产权、部门合作、电子商务、政府采购等13个部分。该协定标志着中国与欧亚经济联盟各国经贸合作从项目带动进入制度引领的新阶段,对于推动对接合作具有里程碑意义。

六、体现"亲、诚、惠、容"和正确义利观

中亚五国总面积400.65万平方千米,总人口约7200万人(截至2018年初),GDP总规模和人均GDP分别为3438亿美元和3789美元(2013年

历史最高值为4829美元，后因汇率贬值使得以美元计价的人均值下降）。另外，受商品结构影响，尽管按照进出口总值计算中国是中亚国家最大的贸易伙伴，但中亚国家最主要的出口对象是俄罗斯和欧洲。这意味着，与中亚国家的经济合作规模在中国对外合作中的比重不高。一方面，为维持紧密的"全面战略伙伴关系"，经济体量的不足往往需要其他领域合作填补，比如安全与人文合作；另一方面，中国需要灵活使用"公平合理"原则，以免中亚国家产生"以大欺小"的误解，还可以在合作过程中少得些利润，让中亚国家得到更多。比如，2015—2017年，国际市场（包括中国）对中亚石油和天然气的需求已大幅下降，但中国依然维持先前进口实物量水平，尽可能帮助中亚国家维持出口收入。

第三节 中国中亚区域外交的问题和展望

一、中国对中亚外交的挑战与展望

在与中亚国家近30年的交往过程中，很多话题是领导人每逢必谈的内容，或者各部门长期需要应对的任务，有些是长时间未能彻底解决的问题，有些是双方重大合作内容，有些是成就和机遇，有些是问题和挑战，主要包括跨界水资源、地区安全、"一带一路"、大国博弈、国家形象等。

（一）跨界水资源问题

在边界划分和边界安全问题解决之后，关于跨界水资源的问题随即提上日程。中国与中亚国家的跨界河流分为两部分：一是与吉尔吉斯斯坦之间的跨界河流，即库玛拉克河和托什干河，均系阿克苏河支流。两国跨界河流合作主要是水电开发，不涉及水量划分。二是与哈萨克斯坦之间的跨界河流，分为额尔齐斯河、伊犁河、额敏河、巴尔鲁克山脉诸河等四大部分，共计24条（包括干流和支流），其中一部分发源于哈萨克斯坦，流入中国。

中国与中亚国家的跨界河流问题主要涉及中哈跨界河流，尤其是伊犁河和额尔齐斯河这两大河流。据哈萨克斯坦2014年《水资源管理国家纲要》数据，哈全国年均可利用的水资源总量约1055亿立方米，人均6000立方米，其中地表水径流量1004亿立方米（其中本土产生557亿立方米，境外流入447亿立方米）。①哈认为中国在伊犁河和额尔齐斯河上游修建水利工程（主要是20世纪90年代在北疆启动的"635调水工程"），减少流向下游的水量，并造成水质污染，既影响哈国民生产和生活，也给生态环境造成一定影响（地下水位下降、土壤盐碱化加重、湖泊干涸等）。

中国环保部上海合作组织研究中心基于文献和遥感数据，针对巴尔喀什湖1977年以来的湖泊面积动态变化及周边生态环境变化问题，认为气候变化是引起巴尔喀什湖水位变化的主要原因，而人类活动只是加剧了巴尔喀什湖水位的变化过程；哈方的人类活动（尤其是在巴尔喀什湖流域进行的大规模水利工程建设和农牧业灌溉）是加剧巴尔喀什湖及其三角洲生态环境恶化的主要因素；中国对伊犁河流域水资源开发利用对下游影响不大。部分新增耕地位于河滩地，相当于将天然林草地耗水改为农田耗水，对耗水净增量不大。②

哈萨克斯坦独立后不久，中哈两国就启动有关跨界河流的磋商活动。2003年，建立"中哈利用和保护跨界河流联合委员会"（至2018年底共举行16次会议），在跨界河流水文资料交换、自然灾害信息紧急通报、分水协议草案研究协商、水利工程联合建设、管理和运行等领域开展了大量卓有成效的合作。③截至2018年底，已签署的政府间协议主要有《关于共同利用和保护跨界河流的合作协定》（2001年）、《关于相互交换主要跨界河流边境水文站水文水质资料的协议》（2006年）、《关于开展跨界河流科研合作的协议》（2006年）、《关于共同建设霍尔果斯河友谊联合引水枢纽工程协定》（2010年）、《跨界河流水量分配技术工作重点实施计划》（2010年）、《跨界河流水质保护协定》（2011年）、《关于共同管理和运行霍尔果斯河"友谊"联合引水枢纽工程的协定》及其实施细则（2013年）。截至2018年底，中哈跨界水资源合作的主要工作内容是研究协商《关于跨界河

---

① Указ Президента Республики Казахстан от 4 апреля 2014 года № 786 «Государственная программа управления водными ресурсами Казахстана».

② 王玉娟、国冬梅：《中哈界河伊犁河流域生态环境演变及其驱动力》，《欧亚经济》2016年第4期。

③ 水利部：《中哈利用和保护跨界河流联合委员会第十六次会议在阿斯塔纳举行》，2018年11月20日，http://www.jsgg.com.cn/Index/Display.asp?NewsID=23145。

流水量分配的协定》草案、制定跨界河流水量分配技术工作重点实施计划、推进苏木拜河引水工程改造和霍尔果斯河阿拉马力（楚库尔布拉克）联合泥石流拦阻坝建设工作等。中国始终坚持国际水法规定的"合理原则"，主张应由两国自行协商解决跨界河流问题。哈则希望联合下游的俄罗斯一起与中国谈判，还请世界银行等国际组织和西方机构做评估报告。

（二）"三股势力"安全威胁问题

"三股势力"作为一个法律概念，最早由中国与中亚国家和俄罗斯在上海合作组织框架内提出和界定，但作为合作内容则是自苏联解体后便已开始，至今已形成广泛共识，并在联合安保、联合演习、侦缉与抓捕引渡、人员培养、情报交流等诸多具体领域开展有效合作，使得地区安全形势总体可控。

中亚和阿富汗是暴恐和极端势力较活跃的地区。截至2018年底，中亚各国法院确认的禁止在本国境内活动的恐怖和极端组织名单中，哈萨克斯坦有23个，吉尔吉斯斯坦确认20个，塔吉克斯坦法院判处18个。乌兹别克斯坦和土库曼斯坦官方从未正式公布禁止在其境内活动的境外伊斯兰极端和恐怖组织名单，但据上海合作组织网站消息，截至2011年底，乌共认定26个宗教极端和恐怖组织。[1] 据阿富汗国防部透露，[2] 截至2018年10月，阿富汗政府仅能够完全控制30%国土（122个县），其余70%被塔利班和极端组织控制。阿境内有21个恐怖和极端组织，暴恐分子总数达5.02万人，其中境外分子8023人，规模最大的是塔利班（约3.8万人），其次是与塔利班和基地组织关系密切的哈卡尼网络（约1.1万人，主要在巴阿边界附近活动），发展最快的"伊斯兰国"有2000多人（俄罗斯安全部门评估至少有1万人）。[3]

自2001年塔利班和基地组织被美军打败至今，中亚地区的安全形势特

---

[1] 张宁：《"一带一路"框架下中国与中亚国家反极端主义合作》，《国际安全研究》2018年第5期，第145页。

[2] "На территории Афганистана действует 21 террористическая группировка," 2018年10月26日，http://afghanistan.ru/doc/124340.html。

[3] "спецпредставитель президента России по Афганистану, директор второго департамента Азии МИД Замир Кабулов," *В Афганистане насчитывается порядка 10 тысяч боевиков ИГ*, 2018年3月29日，https://russian.rt.com/world/news/497858-afganistan-statistika-boeviki。

点是：1. 规模和影响较大的恐怖和极端势力有伊扎布特、基地组织、"乌伊运"、萨拉菲等；2. 暴恐和极端分子的年龄主要集中在20—35岁，乌孜别克族和维吾尔族居多，其中最活跃的是基地组织在阿富汗或中东培养训练出来的圣战分子；3. 从教派属性看，约一半为信奉瓦哈比的伊扎布特，其他还有萨拉菲、达瓦宣讲等；4. "三股势力"与跨国有组织犯罪集团或密切合作，或本身就是，使得反恐反极端、打击跨国有组织犯罪和维护网络安全等成为强力部门最主要的三大任务。2015年俄罗斯出兵叙利亚后，中亚安全形势又出现新特点：1. 中东极端分子大规模回流至阿富汗和中亚；2. 塔利班成为俄美争斗以及抗衡"伊斯兰国"的重要棋子；3. 中亚与阿富汗交界地带是中亚暴恐风险最高的地区；4. 网络是中亚暴恐和极端组织最主要的传播、招募和指挥手段。

中国与中亚国家安全合作的主要任务是维护地区稳定：一是针对"三股势力"本身，要防止其勾连成片，将中东、巴基斯坦西部、阿富汗、中亚、新疆等五地连为一体，形成统一的活动区域。二是针对某些国家和反华势力，要防止其利用"三股势力"制造混乱，牵扯中国发展精力，并形成遏制中国的包围圈。为此，需要建立中国与中亚国家的交界地带（内层防线）以及中亚国家与阿富汗的交界地带（最外围防线）两道防护网，还要支持阿富汗重建并实现其国内和平与和解。

（三）推进落实"一带一路"问题

自2013年提出至今，"一带一路"倡议在中亚地区已经历由不熟悉到熟悉，从不知如何落实到已制定详细合作规划，从质疑和误解到真心欢迎的过程。尽管该倡议在中亚地区已取得不俗成绩，但在推进落实过程中也出现不少问题，主要是：

第一，存在"中央层面热，地方层面冷"的状况，部分民众对具体项目的参与感和获得感不高，甚至误解。部分原因是"一带一路"框架内的部分项目属于国家级，缴纳的税款往往被中央或地方政府获得，项目建设期间的采购和工程等也被高官大员控制，而项目所在地的民众和政府的直接获益不多。

第二，相对于现代化设备的生产能力而言，中亚市场规模小，可投资的项目少，生产出的产品销售有难度，缺乏足够的资本退出机制，使得很多开始有意向的项目最后也难以落实。

第三，新疆形势在一定程度上影响经贸合作。由于天然的地理位置优势和跨界民族的存在，新疆是中亚国家对华合作的首选之地。但鉴于当前新疆口岸严格出入境管理，难免对双边合作产生一定影响。比如2016年中国驻吉尔吉斯斯坦使馆遭袭后，中吉两国随即加强签证管理，致使很多之前以游客身份往来从事贸易的商人的数量大幅减少。

落实推进"一带一路"倡议是中国对中亚外交的重任。尽管存在一些困难和问题，但大的方针已定，需要保持信心和耐力，将各项工作精细化，用实实在在的成果赢得各国及其民众的支持，比如新签、修订或细化政府间合作协议，制定实施细则，使其具有可操作性；增加亚投行、丝路基金、产能基金等对中亚项目的支持力度；收购或参与一些中亚金融机构的经营；继续扩大人文交流；提高中小企业合作积极性等。

（四）外部力量博弈与竞争

中亚国家独立近30年来，已与一些大国建立各类合作机制，其中美国提出"新丝路"战略，与中亚建立了"C5+1"外长会谈机制，旨在以阿富汗为轴，加强中亚与南亚一体化。俄罗斯提出"大欧亚伙伴关系"倡议，与中亚相关国家在独联体集体安全条约组织和欧亚经济联盟等区域机制中密切合作。欧盟发布"中亚区域战略"，致力于发展伙伴关系，强化中亚经里海和高加索通往欧洲的合作之路。土耳其借助其"突厥语国家"和"伊斯兰国家"双重身份，希望在中亚等地区发挥影响力。印度也提出"西进"主张，希望打造通往俄罗斯和欧洲的重要走廊，同时挤压巴基斯坦的战略空间。伊朗努力发展同中亚（尤其是塔吉克斯坦和土库曼斯坦）和高加索（尤其是阿塞拜疆）国家关系，打破美国的制裁和封锁，避免陷入腹背受敌的险境。

从地缘战略看，中亚周边大国的中亚政策均从各自战略利益出发，希望将中亚国家纳入自身合作圈，但未将中亚国家置于整个欧亚中部地区这个"大盘子"来考虑，很多区域合作项目没把中国考虑进来。大国在中亚地区的竞争后果表现在：首先，让中亚国家的大型招标项目竞争激烈，甚至阻挠中国投资，比如有助于打破交通瓶颈的中吉乌铁路、中国企业进入哈萨克斯坦农业种植市场、开发吉尔吉斯斯坦纳伦河水力资源、承建比什凯克"智慧城市"等诸多大项目，都因部分大国背后干扰而失败或进展缓慢。其次，还可能加剧市场割裂，在一定程度上破坏中亚国家与周边地区的网络型基础设施和大市场建设，让中亚地区内部一体化难度加大。再次，中亚国家可能为获得更大利益，在大国间游走渔利，或者加重中国企业间的恶性竞争。

对于中亚地区的大国博弈，中国始终保持清醒认识，将地缘政治竞争与正常的商业经济竞争分开，同时采取开放态度，欢迎各方共同建设繁荣稳定的中亚，造福地区民众。措施之一，是"对接"，发挥网络型基础设施体系和广阔市场的效率优势，将一些大国的合作战略融入"一带一路"，努力让各国的合作项目与中国的项目连接成为网络或体系，提高基础设施联通（减少断头路），形成上下游产业链条或配套体系等，比如丝绸之路经济带与欧亚经济联盟对接、上海合作组织与欧亚经济联盟对接、将中国电网与中亚电网和美国支持的中亚—南亚电网（即CASA-1000项目）连接等。措施之二，是与中亚国家一道支持阿富汗重建和民族和解，推动阿富汗稳定。措施之三，是同意上海合作组织扩员，吸收印度和巴基斯坦为正式成员。尽管各界对扩员后果评价不一，但毕竟中国与其北部、西部和南部邻国通过上海合作组织结合在一起，将中国与中亚国家的合作纳入更大范围的地区合作，可进一步优化区域内各类资源并分散风险，为整个地区管控分歧和扩大合作增加了一项机制保障，总体上利大于弊。

（五）"中国威胁论"仍有一定市场

尽管随着交往加深，中亚民众对中国的了解日益增多，对中国的好感度逐年增加，中国在中亚的形象也大幅提升，但仍有一些别有用心的势力炒作"中国威胁论"，破坏中国形象，挑拨中国与中亚国家友好关系，增加推进"一带一路"的难度。

"中国威胁论"的存在，既有历史、国际、政治和社会因素，也与多年来中国与中亚国家偏重经济和安全合作，但人文合作略有滞后有关。中国对中亚民众的吸引主要依靠经济利益，尚缺乏文化心理影响力。经验表明，文化只有能够让人受益才能被接受，才有可持续性。人文合作绝不是简单的相关对口部门、行业、社会组织等往来交流（这些仍属"形式"的范畴），而是需要提高文化企业和产品竞争力，提供能够让人产生精神愉悦的作品和产品或者可以获得经济利益的项目，使得民众能够自发地接受和使用。换句话说，过去常见的以政府投入为主的人文合作（比如由中国提供资金拍电影、邀请记者媒体访华、展览会、文艺演出等）需要逐步转变为市场化运作。这也是未来中国与中亚国家合作的重点方向之一。

二、中国中亚区域外交的展望和应对

从中国与中亚国家近30年的外交历程看，双方合作的领域、层次、内容、规模日益丰富，互信和友谊日益加深。多年实践表明，尽管存在一些问题，但中国对中亚政策总体实用有效，实现了中国外交的任务目标。根据中共十九大确定的中国外交的指导思想和总策略，以及2013年以来的周边外交工作座谈会精神，中亚国家在中国周边外交中的分量可谓"相当大"。如果说在此之前，中国在中亚的利益主要是西部安全和经济合作的话，那么在此之后，中亚被纳入构建人类命运共同体的组成部分，定位为落实"一带一路"建设的关键环节，成为中国外交理论与实践的先行先试者。在对外政策理念、模式和布局大框架内，未来中国对中亚政策的基本原则和主要内容将集中在以下三个方面：

（一）推进落实"一带一路"建设，打造周边命运共同体

经过独立后近30年的发展，独立后成长的一代人（又称为"互联网时代"的人）已占据中亚国家社会人口主流，各国65周岁以上人口的比重均不足5%，适龄劳动力人口（24—55岁）约占2/5。各国政权建设也进入新老代际交替阶段，苏联时期的干部逐步退出历史舞台，独立后成长的一代陆续走上前台，成为国家政治经济生活的主流。这样的中亚国情的变化使得"一带一路"在推进落实中面临新的机遇和挑战，需要适应形势和时代发展趋势，探索新的合作模式和内容。

根据中央外事工作会议和推进"一带一路"建设工作领导小组会议精神，今后的工作重点是本着"稳中求进"和"精细化"原则，绘制精谨细腻的"工笔画"，争取形成更多民众直观感受得到的可视性成果。具体到中亚地区，所谓的"工笔画"就是在前期已经取得的成绩基础上，努力细化前期已经签署的政府间合作协议，落实已经确定或签署的合作项目，拓展"人类命运共同体"理念。比如完善基础设施网络，打通阻碍中国与中

亚国家交往的瓶颈，顺畅中亚国家的出海口；建设一批能够填补中亚国家产业空白、降低其进口依赖、增加其就业的产业项目；增加民间交流，提高中国文化影响力；吸引企业家协会、工商联合会等民间或半官方机构参与对接规划谈判等。

实践证明，"人类命运共同体"恰好体现大数据和互联网时代的合作精神和时代理念。随着信息技术日新月异，人类认识和改造世界的能力极大提高，创新的力量不断驱动社会生产和生活方式变革，整个人类结合为密不可分的命运共同体。在此大时代背景下，中国与中亚国家需要携手前行，把握时代赋予的良机，共同创造美好未来。由于中亚国家受传统文化、俄罗斯文化和西方文化等影响较深，尽管各国已接受"人类命运共同体"理念，但对该理念的理解与中国尚有差距，零和思维、争夺势力范围等观念在部分群体中依然存在。需要通过实实在在的合作成果，逐渐消弭部分群体的疑虑。

（二）探索内陆地区发展的新路径

为克服中亚自身经济规模有限的不足，需要将中亚纳入欧亚大陆总体合作战略中予以综合规划。上海合作组织吸收印度和巴基斯坦加入，让中亚和南亚地区合作出现新的联动机遇。可依托上海合作组织、亚投行、丝路基金以及中国与"一带一路"沿线国的共建机制，发挥网络型基础设施体系和广阔市场优势，将之前分割独立的对俄政策、中亚政策和南亚政策，协调整合为统一的欧亚地区合作战略，相互考虑并相互照应，打造一个"欧亚大陆中部合作区"（即从北部的俄罗斯，经蒙古国、中亚和中国西北，到南亚和西亚；从北冰洋到印度洋），从而借助整体能力的增强，带动局部地区提升抗风险能力。

中国的发展不能始终依靠沿海，必须开发内陆资源，借助欧亚大陆的路上合作，统筹国内国外两种资源，将西部内陆开发与中亚合作相结合，让内陆成为带动中国发展的新引擎，让新疆成为西部合作的"核心区"。中欧班列已在物流方面做出新尝试，努力将内陆地区的物流成本降至与沿海差不多的水平。如果产能合作跟得上，产业发展可带动区域经济繁荣。如果新疆能够完善自身及其与外部的基础设施体系，可成为连接俄罗斯、中亚、阿富汗和南亚国家的枢纽，成为欧亚大陆腹地的交通、能源管网

第十章　中国的中亚区域外交

（油气管道和电网）、物流、贸易、金融和文化中心，比如将中巴经济走廊同中国—中亚经济走廊相互衔接，将通往南亚的中巴铁路（计划中）同中吉乌铁路（计划中）、阿拉山口—阿拉木图铁路等在新疆相连等。[1]俄罗斯和中亚国家经新疆与南亚国家发展经贸往来，中国内陆的商品经过中亚销往西亚和高加索等，都将变得便利和便宜。

与此同时，由于与中亚国家合作的中国伙伴主要集中在西部，与中亚合作还需要在国内扩大西部地区的改革开放力度，提出更有针对性的面向中亚和西亚市场的政策措施，使其在更大范围和更高层次上成为开放前沿。换句话说，既鼓励本土企业"走出去"，又努力吸引外国企业来中国，实行双向开放，让庞大的中国投资和本土市场成为中国对中亚政策的抓手和工具。

（三）维护西部稳定

对中国而言，能够影响西部稳定的安全因素主要是"三股势力"（尤其是伊斯兰宗教极端势力），以及部分大国的遏制战略。随着叙利亚战局变化，自2017年下半年开始，中东的暴恐和极端势力主体被打散，部分开始向阿富汗和中亚地区转移，妄图开辟第二战场，参照古代阿拉伯的阿巴斯王朝"呼罗珊省"（大体涵盖今阿富汗北部、中亚南部、伊朗东北部地区）实现复兴。与此同时，部分大国以反恐反极端为名，在中东、南亚和中亚地区不断加强存在和影响，并展开势力争夺，围绕遏制与反遏制的斗争也进入新阶段。由于中东暴恐和极端势力向"呼罗珊"地区转移的过程和影响可能长期存在，将刺激地区内的"三股势力"不断活跃，不仅关系到地区安全稳定，还会被部分国家利用，成为搅乱地区国家关系、威胁地区稳定、遏制中国崛起的因素。

可以说，尽管中国与中亚国家已建立较深厚的友谊与合作关系，但在外部因素影响下，地区安全稳定仍任重道远。一方面，中国需要与中亚国家继续加强安全合作，在维护边境安全、打击反恐反极端和跨国有组织犯罪、净化网络空间、推动司法协助、巩固国防和军工等诸多领域深化合作。另一方面，中国还要与中亚国家一道，共同致力于阿富汗重建。在

---

[1] 张宁：《中哈经济对接合作的成果与前景》，《俄罗斯学刊》2017年第2期。

"坚持阿人治阿、推进政治和解、加快经济重建、探索发展道路、加强外部支持"等五项原则基础上，发展经济民生，防止外部恐怖和极端势力向中亚渗透和蔓延，尤其要避免中亚成为伊斯兰国等中东极端组织向东和向北发展的跳板。

  另外，还要防范"颜色革命"。实践证明，反恐和反极端国际合作，既是地缘战略竞争的合作内容，也是斗争手段。由于各国利益取向不同，暴恐和极端势力作为一个地缘政治争夺的棋子，时而是纵容或合作的对象，时而是被打击的对象。自2018年开始，美国希望从阿富汗撤军，与塔利班加紧谈判。有分析认为，双方若谈不拢，就会相互攻击，其他极端势力可能趁机壮大，或向周边外溢扩散，制造事端。中亚国家担心民众在恐惧治安环境的同时，产生对整个社会和政府的不满情绪，造成经济下行、民众福利下降、腐败、就业难、治安差等各种不利因素叠加，进而影响整个政局稳定。如果美国和西方趁机推波助澜，很可能发生"颜色革命"，威胁中亚地区和我国西北的安全与稳定。

第十一章　中国的南亚区域外交

导　读

  本章对新中国70年的南亚区域外交进行系统的梳理、回顾和总结。第一节着重论述1949—2012年的中国南亚外交，将中国的南亚外交分成三个阶段。第一阶段从1949—1962年，以1962年的中印边界战争为界。中印从"亲如兄弟"发展到兵戎相见，而中巴则从相互防范逐步发展到战略伙伴。同时，中国陆续同其他南亚国家建立了外交关系。第二阶段从1963—1978年，以1978年中国国内开启改革开放进程为界。中巴关系经受了第二次印巴战争、第三次印巴战争的考验，发展为实质性的同盟关系，中印关系则在多次对抗中逐步走向试图改善。第三阶段从1979—2012年，以2012年中共十八大召开为界。这一时期，中国的南亚外交逐步由以地缘政治竞争和对抗为主题，发展到将南亚外交转为服务于中国国内工作重心转向，即中国的经济改革开放。同时，中国明确地提出奉行不结盟外交，在印巴关系上采取了印巴平衡的战略，中印关系逐步走向正常化，1988年拉吉夫·甘地访华是一个重要标志。随着国际环境的大变化，1991年冷战结束和印度开启改革开放，为中国奉行印巴平衡外交提供了更强劲的外部激励。本章第二节将着重论述2012年中共十八大以来的中国南亚外交，特别是对南亚外交的新理念、新成就及其挑战进行系统论述。第三节重在分析和展望当前及未来一段时期内中国南亚区域外交面临的地缘政治新形势及中国应该采取的思路对策。

  南亚，东濒孟加拉湾，西濒阿拉伯海，南部被印度洋包围，北方被喜马拉雅山脉隔断，西面是沙漠，东边则是几乎不可逾越的丛林地带。天然的地理障碍将其与欧亚大陆其他部分相分离，构成了一个自成体系的次大陆。一般而言，南亚区域内的国家主要是指印度、巴基斯坦、孟加拉国、斯里兰卡、尼泊尔、不丹和马尔代夫。2005年，阿富汗正式加入到唯一一个涵盖南亚所有国家的地区组织南亚区域合作联盟（South Asian Association for Regional Cooperation，SAARC）后，有时人们也把阿富汗纳入南亚的范围。①

中国在陆上同南亚七国中的四国（印度、巴基斯坦、尼泊尔、不丹）②接壤，是南亚最大的邻国。喜马拉雅山脉构成了位于东亚大陆的中国与南亚次大陆之间的天然界山。由于位置和海拔高度，喜马拉雅山脉在冬季阻挡来自北方的大陆冷空气流入南亚，同时迫使西南季风在穿越山脉向北移动之前捐弃自己的大部水分，从而造成南亚一侧的巨大降水量和西藏的干燥状况。大自然的天造地设，使中国与喜马拉雅山南麓国家的人民各自生活在喜马拉雅山的两侧，但是喜马拉雅山并没有成为阻碍两国政府和人民友好交往的屏障。

基于共同的地缘联系，中国同南亚交往的历史源远流长。中华文明深受南亚文化的影响，同时中华文明也曾深刻地影响南亚。新中国成立后，很快与南亚各国陆续建立了外交关系，开启了新中国外交的辉煌历程。70年来，中国同南亚国家的外交交往中，既有各种纷争导致了战争，也有共克时艰铸造出钢铁般友谊的感人故事。中共十八大以来，以习近平同志为核心的党中央领导集体紧紧围绕实现"两个一百年"奋斗目标和实现中华民族伟大复兴的中国梦，积极推进外交理论和实践创新，推动中国特色大国外交取得了许多历史性、开创性的重大成就。中国的南亚区域外交也取得了一系列成就，中国对南亚区域外交进入到全方位拓展的阶段，"一带一路"倡议在南亚取得了快速推进。同时，中国的南亚区域外交也遭遇了新时期更加复杂的地缘政治博弈的考验。

---

① 本文还是采用传统的定义，将南亚区域限定为印度、巴基斯坦、孟加拉国、斯里兰卡、尼泊尔、不丹和马尔代夫七国。

② 1975年前，中国还同锡金接壤。1975年锡金被印度兼并，中国未予承认，直到2003年后中国才间接地承认锡金属于印度。

第十一章　中国的南亚区域外交

第一节　中国南亚区域外交的历史沿革

南亚外交在中国整体外交中的地位并不突出。一方面由于地理阻隔，导致中国的影响和关注点主要集中在东亚；另一方面由于国家实力因素，1949年新中国成立后，中国一直都是个区域性大国，既缺乏全方位拓展南亚外交的实力，也缺少这样的意愿。

纵观新中国成立以来的南亚外交，一直有条比较鲜明的主线或特征：以对印度和对巴基斯坦的外交为主轴，围绕南亚区域内最主要的一对矛盾——印巴矛盾而展开。深层的原因是南亚地区独特的权力结构。南亚区域是个典型的单极体系，印度处于权力金字塔的顶峰。以2018年的数据为准，印度人口占南亚总人口的75%，领土面积也占南亚的75%，经济总量（以GDP的值来计算）占南亚的79%。加上印度在南亚次大陆中居于中心的地理位置，南亚各国与印度相邻接壤，但是这些邻国之间却互不接壤，自然地造成了以印度为中心的轴辐式的地区架构。在这一权力架构下，巴基斯坦是南亚唯一能够对印度形成战略牵制和影响的国家。1947年印巴两国独立以来，各种矛盾和分歧的累积，逐步发展到两国对抗的"死结"。冷战期间，印巴矛盾始终是南亚区域国际关系的主线，事实上正是印巴矛盾将美苏全球冷战带到了南亚，域外大国对南亚的外交都是围绕着这一主线。不论是美国、苏联（后来的俄罗斯），还是中国，其南亚外交的基本主轴都是围绕印巴关系而展开。

从1949年中华人民共和国成立以来，中国的南亚外交就打上了印巴对抗的烙印。冷战结束后，大国之间的对抗性降低，中国的南亚外交也开始逐渐尝试从印巴矛盾中脱钩。随着中国经济崛起并加速从区域性大国成长为全球性大国，中国对南亚的区域外交也由印巴为主拓展为全方位的南亚外交。中共十八大以来，随着新时代中国特色大国外交的展开，南亚外交在中国整体外交中占据越来越重要的位置，全方位的南亚外交得到进一步拓展。"一带一路"倡议的推进实施，更是打开了中国南亚区域外交的新视野。具体来说，中国的南亚外交分为三个阶段。

一、重印轻巴阶段（1949—1962年）

新中国成立后，由于当时很多国家仍旧支持国民党集团及其在国际机构的合法性，中国确立了谈判建交制度，要求在建交前必须派代表同中国展开谈判。南亚国家陆续通过谈判，同新中国建立正式外交关系。

印度是南亚国家中最早同中国建交的国家。中国同印度建交，具备良好的条件。中国共产党和印度国大党在中印两国尚未独立之时，就相互支援彼此的独立斗争，在共同反帝反殖中结下深厚情谊。1937年，朱德总司令曾致信国大党主席尼赫鲁，希望国大党能支持中国的抗日事业。1938年，尼赫鲁派出由柯棣华等人组成的医疗代表团奔赴延安，支援中国人民的革命事业。柯棣华医生不幸于1942年牺牲。但是，印度医疗队的光辉业绩，却在中印人民友好关系史上留下了令人难忘的篇章。[①]

1950年4月1日，中印经谈判正式建交，印度成为第一个与新中国建交的非社会主义国家。对于1950年中国人民解放军进藏，印度多有不满，试图保留英帝国主义侵略西藏时取得的种种特权。1954年4月21日，中印两国政府经过谈判签订了《关于中国西藏地方与印度之间的通商与交通协定》，印度放弃了在西藏的种种特权，承认了中国对西藏的主权。[②]在此过程中，中、印、缅三国共同提出并提倡和平共处五项原则。

在顺利解决了两国遗留的部分历史问题的背景下，1954年6月25日至26日，周恩来总理对印度进行首次访问。1954年10月19日至30日，尼赫鲁访问中国，毛泽东主席先后四次会见尼赫鲁。中印关系进入到"兴地—秦尼巴伊巴伊"（印中人民是兄弟）的发展阶段。尼赫鲁在国际多边舞台上，积极支持中国参加万隆会议，两国领导层频繁互访，民间各界交流热烈。

不过，随着1959年达赖喇嘛逃往印度，中印关系开始走向恶化。边界问题上的分歧和争议逐渐凸显。1959年爆发的朗久事件、空喀山口事件造成了边境形势紧张，印度国内掀起了强烈的民族主义情绪。1960年4月，

[①] 黄华：《亲历与见闻：黄华回忆录》，世界知识出版社2007年版，第280—284页。

[②] 同上，第286页。

周恩来赴新德里同尼赫鲁会谈，试图谈判解决边界问题，但是被尼赫鲁拒绝。随后，印度越过实际控制线建立大量据点，奉行前进政策，最终导致中印战争的爆发。战争历时一个多月，中国军队在取得重大胜利的时候，宣布单方面无条件撤军，显示了和平诚意。但是这一战争却使中印关系由此进入对抗局面。

与之相反，中国与巴基斯坦关系却由彼此防范逐步发展到亲密。1950年1月，巴基斯坦照会中国，表示愿意承认新中国。但由于巴基斯坦对美国入侵朝鲜表示支持，影响了建交谈判启动。1951年4月，两国进行建交谈判，5月21日，正式建交。整个20世纪50年代，中美因朝鲜战争进入到尖锐对抗，巴基斯坦却寻求同美国结盟，1954年加入美国针对中国的"东南亚条约组织"，1955年加入"巴格达条约组织"。同时，1957—1960年，巴基斯坦在恢复中国在联合国合法地位以及台湾、西藏等问题上，追随美国和西方，多次侵犯中国立场，导致中巴关系一直处于相互防范阶段。但中国认为巴基斯坦仍是可以争取的外交对象。

20世纪50年代末开始，印巴关系、巴阿（阿富汗）关系恶化，致使巴基斯坦周边环境恶化。加上巴基斯坦对美国的失望，推动中巴关系在20世纪60年代初开始逐步改善。1961年，巴基斯坦在改善中巴关系上迈出了一步，在联大会议表决恢复中国在联合国合法权利的提案时投票赞成。1960年2月10日，巴基斯坦阿尤布·汗总统第一次表示愿同中国进行边界谈判。[①] 1962年，中巴两国通过友好谈判就中巴边界位置和走向达成原则协议。1963年3月，两国正式签订《关于中国新疆和由巴基斯坦实际控制其防务的各个地区相接壤的边界的协定》。中巴关系开始逐渐密切，逐步朝着准同盟的方向发展。

1949—1962年，中国也逐步同其他南亚国家实现建交。1950年1月，锡兰政府照会中国，表示愿同新中国建交。中国希望锡兰派代表团前来北京谈判建交事宜。然而，由于锡兰国内不同意见，不想派人去北京谈判，致使建交事宜被拖延下来。即便如此，1952年，在两国未建交的情况下，

---

① 成晓河：《中国—巴基斯坦关系的嬗变：1962—1965》，《南亚研究》2009年第4期，第13页。

中锡签订了《中国与锡兰关于橡胶与大米的五年贸易协定》，成为两国友好合作关系史上的佳话。① 1956年，所罗门·班达拉奈克领导的人民联合阵线在选举中取得了压倒性胜利，组阁后立即表示愿同中国互换使节。1957年2月，周恩来访问锡兰，两国于2月7日正式建交。②

中国与尼泊尔建交也经历了一番曲折。1950年7月，尼泊尔同印度签订《和平友好条约》，规定外交上需要接受印度的建议。加上尼泊尔希望继承1856年的《藏尼条约》中在西藏享有的特权，导致中尼建交较慢。1954年，中印签订《中印关于中国西藏地方与印度之间的通商与交通协定》后，印度事实上在一定程度上支持中尼建交，并且也支持尼泊尔放弃在西藏的特权。在此背景下，1955年中尼通过谈判实现正式建交。1956年9月，双方签订《保持友好关系以及关于中国西藏地方和尼泊尔之间的通商和交通的协定》，废除中国西藏地方和尼泊尔之间曾经签署的条约和文件，解决了中尼之间一系列遗留问题。③

中尼建交后，两国边界问题逐渐提上日程。特别是1959年达赖喇嘛出逃后，中尼边境形势出现变化，尼泊尔提出谈判边界的要求。经过初步谈判，边界谈判的焦点落在珠穆朗玛峰的归属上。1960年两国签订《中尼友好条约》，1961年签订《中尼边界条约》，两国正式地解决了这一问题。1963年，两国又签订《中尼边界议定书》（作为边界条约的附件），顺利地划定了边界。

不丹、锡金被纳为印度的"保护国"而无法同中国建交。1949年8月，印度与不丹签订《永久和平与友好条约》，继承了英国殖民当局对不丹外交的"指导者"角色，成为不丹事实上的保护国。1950年12月，印度与锡金签订《印度和锡金和平条约》，同样规定锡金为印度的"保护国"，锡金的国防、外交、经济等大权都由印度政府负责。1975年，锡金为印度兼并，不丹则迄今尚未同中国实现建交。

---

① 中华人民共和国外交部：《中国同斯里兰卡的关系》，https://www.fmprc.gov.cn/web/gjhdq_676201/gj_676203/yz_676205/1206_676884/sbgx_676888/，访问时间：2019年5月8日。
② 江勤政：《中国与斯里兰卡的故事》，五洲传播出版社2017年版，第46—67页。
③ 穆阿妮：《中尼建交的历史及其意义》，《南亚研究》2002年第2期，第91—95页。

二、联巴抗印阶段（1963—1978年）

1963—1978年，中国的南亚外交主要表现为中巴联手，同印度发生激烈对抗，尤其是在第二次印巴战争、第三次印巴战争期间，中国向巴基斯坦提供了重要的政治与军事支援。巴基斯坦也在中美解冻中发挥了重要的"桥梁"作用，在中美之间传递信息，协助基辛格1971年秘密访华。同时，巴基斯坦为中国与伊朗在1971年8月16日建交发挥了重要作用。

第二次印巴战争后，中国开始向巴基斯坦提供越来越多的军备方面的帮助，并于1966年开始修建连接中巴的喀喇昆仑公路。1978年6月18日，喀喇昆仑公路实现全线通车。

1971年11月，印巴爆发第三次战争。中国同美国协调立场与对策，为遏制战争扩大发挥了重要作用。同时，中国向巴基斯坦提供了坚决的政治支持。中国驻联合国代表团初期即坚决反对只停火不撤军的决议，随后又迅速支持阿根廷等国要求停火和撤军的决议，并且将此案提交给联合国大会紧急审议，结果联大以压倒多数通过了阿根廷等国提出的决议。[①]

第三次印巴战争后，在应对新成立的孟加拉国的政策上，中国同样支持巴基斯坦的立场。1972年8月8日，在原东巴建立的孟加拉人民共和国向安理会提出加入联合国的申请。由于印军尚未撤出东巴，巴基斯坦的9万战俘和3万平民尚未按1948年的《日内瓦公约》规定遣返本国，战争状态尚未结束，按理不应审议其他问题。中国从反对肢解一个国家的原则立场和国际法规范出发，于8月25日在安理会的投票中否决了由苏联、印度、南斯拉夫和英国提出的关于接纳孟加拉人民共和国加入联合国的决议草案。[②] 经过约两年的事态发展，印度已从东巴撤军，巴基斯坦的战俘和难民得到遣返，中孟和巴孟都建立了友好外交关系。1974年5月14日，孟加拉国重提入会申请，中国才投了赞成票。[③] 1974年5月，印度进行首次核试验后，巴基斯坦提出了建立南亚无核区的建议，斯里兰卡提出印度洋和平区的建议，尼泊尔王国则宣布尼泊尔为和平区的立场，均得到了中国的

[①] 黄华：《亲历与见闻：黄华回忆录》，世界知识出版社2007年版，第189—190页。

[②] 同上，第191—192页。

[③] 同上，第192页。

积极支持。

中印关系自1962年战争后，进入到战略对抗的境地。特别是印度组建了以藏人为主的"印藏特种边境部队"，利用藏人适应高原气候，熟悉藏区情况的特点，对西藏自治区进行骚扰。20世纪70年代初，由于美国调整对华政策，尼克松总统在1972年访华前夕开始缩减对达赖集团的援助，对该部队的援助也逐渐停止。[1]但是，"印藏特种边境部队"却在印度保留至今。同样由于美国对华政策的改变，印度和美国在尼泊尔木斯塘设立的准军事据点，1974年被尼泊尔比兰德拉国王下令予以清剿。

不过，1963—1978年中印也曾试图改善关系，并最终实现了1976年恢复互派大使。1966年，尼赫鲁的女儿英迪拉·甘地担任总理，从1968年起一再表示愿同中国改善关系，"进行有意义的会谈"，以便寻求中印争端的解决。1970年5月1日，毛泽东在天安门城楼会见各国驻华使节时对印度驻华使馆临时代办米什拉说，"印度是一个伟大的国家，你们是伟大的人民"，"我们总是要友好的，不能老是这么吵下去嘛！"毛主席还请米什拉问候印度总统和总理。米什拉回国报告后，于同年6月11日向中方转递了印方的积极回应，表示准备开始同中国对话，讨论两国关系正常化的步骤。[2]但是，不久后，由于印度同苏联签订了和平友好条约，并发动第三次印巴战争，导致中印关系改善的进程中断。此后经过多次反复，最终于1976年两国恢复互派大使。

1963—1978年，中国同南亚其他国家都保持了友好关系。中印边界战争及随后南亚的地缘政治对抗，让试图同中印都保持友好关系的锡兰、尼泊尔等国左右为难。中印战争期间，锡兰、尼泊尔、不丹等国都保持中立。1962年12月，锡兰还与埃及、柬埔寨、缅甸、印度尼西亚、加纳在科伦坡召开会议，试图调停中印的边界纠纷。

1972年1月10日，孟加拉人民共和国正式建立。1975年10月4日，中孟正式建立外交关系。11月，齐亚·拉赫曼掌握孟加拉国实权后，对外奉行不结盟外交政策，积极发展同中国的关系。1977年1月，齐亚·拉赫曼

---

[1] 程早霞：《雪域谍云：美国的西藏政策及其秘密行动》，哈尔滨工业大学出版社2016年版，第62—63页。

[2] 黄华：《亲历与见闻：黄华回忆录》，世界知识出版社2007年版，第288页。

以孟加拉国军法管制首席执行官、陆军参谋长身份访华，签订了中孟经济技术合作协定。之后，两国经贸、文教、军事代表团互访频繁。齐亚·拉赫曼任总统后，十分重视发展同中国关系。1978年3月18日，李先念副总理应邀率代表团对孟加拉国进行正式友好访问。

1965年7月26日，马尔代夫宣布独立，1968年11月11日，正式建立共和国。20世纪70年代初，中国和马尔代夫驻斯里兰卡的外交官开始了相互往来。1972年10月14日，中马正式建交，由中国驻斯里兰卡大使兼任驻马大使。2011年11月8日，中国驻马使馆正式开馆。自此，中国同不丹以外的南亚国家都建立了外交关系。

三、印巴平衡阶段（1979—2012年）

1978年12月，中国开始了全党全国工作重心转移，中国外交战略随之进行重大调整，提出了坚持独立自主的和平外交政策。就南亚外交而言，中国从结盟对抗逐步转变为不结盟的印巴平衡外交。在发展同南亚国家关系时，中国以国家利益为出发点，着重服务于国内发展经济的任务，为国内经济发展创造一个和平稳定的外部环境。

印巴平衡的南亚外交在冷战结束后就展露雏形。1996年12月，江泽民对巴基斯坦进行国事访问，发表题为《世代睦邻友好，共创美好未来》的重要演讲，首次全面阐述中国的南亚政策，其五点主张如下：第一，扩大交往，加深传统友谊。通过各种交往，特别是高层领导人之间的直接接触和对话，加深相互了解和信任，密切彼此间的关系。双方共同努力，使老一辈领导人缔造的中国与南亚各国的友谊进一步发扬光大。第二，相互尊重，世代睦邻友好。中国一贯主张国家不分大小、强弱、贫富，一律平等，坚决反对侵犯别国主权、干涉别国内政的霸权主义行径，自己也永远不称霸。中国历来尊重别国的主权和领土完整，也希望自己反对分裂的立场能得到别国的理解和尊重。中国愿在和平共处五项原则的基础上与南亚各国和睦相处。中国永远是南亚各国可以信赖的朋友和邻居。第三，互利互惠，促进共同发展。在平等互利的基础上，开展形式多样、讲求实效的经济技术合作，互通有无，取长补短。积极探索和开拓合作的新途径，不断扩大合作领域，提高合作水平，为双边关系的发展奠定更加坚实的基础。第四，求同存异，妥善处理分歧。中国和南亚国家比邻而居，有许多共同点，共同利益是主要的，邻国之间也难免会出现一些分歧或争议。我们主张求大同，存小异，对分歧或争议要着眼长远，从大局出发，通过协商谈判，求得公正、合理的解决。有些问题一时解决不了的，可以暂时搁置，不因此影响正常的国家关系。第五，团结合作，共创美好未来。在世界由旧格局向新格局转换的过程中，我们双方在国际事务中应加强磋商，密切合作，互相支持，共同维护发展中国家的权益，推动建立公正、合理的国际政治、经济新秩序。当前的国际关系中经济因素的作用日益增长。历史经验表明，发展中国家只有加强团结合作，求得经济的健康发展，才能立足于民族之林，才能有效抵制霸权主义和外来干涉，捍卫自己的独立、主权和权益。① 这一演讲被国际社会视为中国奉行印巴平衡外交的标志。中国的这一新政策，减少了地缘政治的对抗性，强调了经济层面的合作，拓展了中国在南亚的全方位外交。

1988年中印关系的正常化，为中国调整南亚政策奠定了基础。1977年，印度人民党上台执政，多次表示要改善中印关系。1979年2月，实现了印度外长瓦杰帕伊访华。1981年6月，黄华副总理兼外长访问印度，这是1962年中印边界战争后中国政府领导人首次访问印度，也是对印度外长瓦杰帕伊访华的回访。② 随后，两国启动了边界问题磋商，1981—1987年进行了8轮副外长级会谈，1989—2005年进行了15轮副部长级工作小组会谈。1986—1987年爆发的桑多洛河谷事件，间接地推动了印度总理拉吉夫·甘地1988年访华，实现了两国关系正常化。

冷战结束后，中印在边界问题上的谈判陆陆续续取得一系列成绩，保持了边境地区的和平与稳定，形成了比较有效的边境管控机制。这一机制，主要是依赖五个协议：1993年9月7日签订的《关于在中印边境实际控制线地区保持和平与安宁的协定》、1996年11月29日签订的《关于在中印边境实际控制线地区军事领域建立信任措施的协定》、2005年4月11日签订的《关于在中印边境实际控制线地区军事领域建立信任措施的实施办

---

① 中华人民共和国驻巴基斯坦大使馆：《世代睦邻友好，共创美好未来》，http://pk.chineseembassy.org/chn/zbgx/zywj/t191355.htm。

② 黄华：《亲历与见闻：黄华回忆录》，世界知识出版社2007年版，第189—190页。

法的议定书》，加上在2012年1月签署的《关于建立中印边境事务磋商和协调工作机制的协定》和2013年10月签订的《中印边防合作协议》。这些协议的达成和执行，不仅裁减了双方在边境地区的军队部署，增加了彼此的军事透明度，还建立了各种长效的冲突解决机制、沟通机制。尤其是2013年达成的《中印边防合作协议》，以法律的形式把过去管控冲突的一些好的做法和经验肯定下来，确定了双方今后处理类似情况的要求和规范，明确了双方在边境地区合作的范围和机制，规范了两国边防部队和两军之间加强联系的方式。

尽管中印边界问题的最终解决仍旧困难重重，但是双方逐渐形成了一些基本共识：一是采取"一揽子"解决边界问题的思路；二是采取"政治"解决边界问题的思路；三是采取"三步走"的步骤逐步解决边界问题的思路，依据2005年双方达成的《关于解决中印边界问题政治指导原则的协定》，确立边界解决的"三步走"的路线图，即先确定解决边界问题的指导原则，然后确立落实指导原则的框架协定，最后在地面上划界立桩；四是坚持"谈判"解决的思路；五是坚持中印关系整体发展与边界问题解决相"脱钩"的原则。

中印关系另一个重大发展是经贸领域。1988年，两国恢复正常关系之后，中印双边经贸合作持续稳定发展。1990年，中印贸易额仅为1.7亿美元，90年代中期达到11.63亿美元，[①] 随后从2000年的29亿美元快速增长到2012年的687.9亿美元。中国在印度出口贸易中仅次于美国和阿联酋位居第三位，而在进口贸易中为印度第一大进口来源地。[②] 1995—2002年，中印双边贸易基本处于平衡，除1996年中国对印度逆差0.33亿美元，其余为中国略有盈余。2003—2005年中国为逆差，逆差额分别为9.08亿美元、17.42亿美元和8.32亿美元。从2006年开始到2012年，中国一直处于顺差，而且贸易顺差额越来越大。中国对印度出口商品主要类别包括电机、电器、音像设备及其零部件、锅炉、机械器具及零件、有机化学品、肥料、

[①] 中华人民共和国商务部：《印度与中国的经贸关系》，http://history.mofcom.gov.cn/?bandr=ydyzgdjmgx。

[②] 中华人民共和国商务部：《2012年印度货物贸易及中印双边贸易概况》，https://countryreport.mofcom.gov.cn/record/view110209.asp?news_id=32986。

贵金属及制品、钢铁、钢铁制品、塑料及其制品等。中国从印度进口商品主要类别包括金属及制品、矿产品、珠宝、化工产品、纺织品及原料、塑料橡胶及植物产品等。①

同时，随着中印关系的改善，中印在全球层面的利益重合和合作越来越多，都在维护发展中国家的共同利益。双方在联合国、WTO、金砖国家、二十国集团、上海合作组织和中俄印等机制中保持沟通与协调，在气候变化、能源和粮食安全、国际金融机构改革和全球治理等领域都发现越来越多的利益和合作空间。②

在这一时期，中巴关系经历了调整。随着国际形势及中巴、中印关系的变化，中国对克什米尔问题政策经历了多次调整，总体更趋客观、公正。不过，这种调整和变化是逐步实现的。1979年苏联入侵阿富汗后，中美巴三国在共同应对苏联侵略上仍进行了很好的协作。

政治与安全层面的中巴关系得以继续维持，两国领导人保持密集的互访。冷战后，中巴拓展了经贸合作的力度。1990年，中巴贸易额为5.85亿美元，1999年，增长达9.71亿美元，其中中国出口5.81亿美元，进口3.9亿美元。2000—2012年，中国对巴基斯坦的贸易额从11.63亿美元增加到124.17亿美元，其中出口额从6.7亿美元增加到92.76亿美元，进口额从4.9亿美元增加到31.4亿美元。③

21世纪以来，中巴两国积极拓展经济联系，采取一系列战略措施和制度安排促进两国经贸发展，双方联系日益紧密。2006年11月，《中巴经贸合作五年发展规划》和《中巴自由贸易区协定》签署，巴基斯坦成为第一个承认中国市场经济地位的南亚国家，也是第一个与中国签订自由贸易协定的国家。2009年，《中巴自贸区服务贸易协定》签署，巴基斯坦成为第一个与中国签订服务贸易协定的国家。2011年12月，《中巴经贸合作五年发

---

① 中华人民共和国商务部：《印度与中国的经贸关系》，http://history.mofcom.gov.cn/?bandr=ydyzgdjmgx。

② 中华人民共和国外交部：《中国同印度的关系》，https://www.fmprc.gov.cn/web/gjhdq_676201/gj_676203/yz_676205/1206_677220/sbgx_677224/。

③ 中华人民共和国商务部：《巴基斯坦与中国的经贸关系》，http://history.mofcom.gov.cn/?bandr=bjstyzgdjmgx；中华人民共和国商务部：《2012年中巴双边经贸合作简况》，http://pk.mofcom.gov.cn/article/zxhz/hzjj/201304/20130400082535.shtml。

展规划的补充协议》签署。[①]

中国除了与印度改善关系，调整对巴关系，还积极拓展同南亚国家的经济合作。这一时期，中国与南亚其他国家普遍加强了高层互访和经贸往来，加强了同南亚其他国家的关系。2009年，斯里兰卡摧毁猛虎组织，扫除了印度—斯里兰卡关系中的许多政治障碍，但也明显降低了印度在斯里兰卡的影响力。科伦坡不再需要印度对抗猛虎组织。[②]与之相反，由于中国对斯里兰卡提供的安全支持，使得中斯关系得到了很大提升。尼泊尔在冷战后经过多年内乱，2008年，新任总理普拉昌达选择首访中国，来华出席北京奥运会闭幕式，被普遍认为是中尼关系提升的重要标志。中国和不丹虽然一直未曾建交，但是1984年起，中不两国轮流在北京和不丹首都廷布举行中不边界会谈。1998年，两国在第12轮边界会谈期间签署了《中华人民共和国政府和不丹王国政府关于在中不边境地区保持和平与安宁的协定》。这是两国第一个政府间协定，对维护两国边境地区稳定具有重要意义。2012年6月，温家宝总理在联合国可持续发展大会期间与不丹首相廷里会见，这是中不两国政府首脑首次会面。中孟、中马关系在这一时期，都有了实质性的发展。

总之，自1949年中华人民共和国建立以来，中国的南亚外交经历了重印轻巴、联巴抗印，再到以印巴平衡为特征的全方位外交。在这一过程中，随着中国同主要大国的关系变化，以及中国内政的转变，南亚外交的方向也发生了变化。1978年的改革开放，为中国南亚外交开启了新路径，冷战的结束更是加强和巩固了中国对南亚的全方位外交。2012年召开的中共十八大，开启了新时代的中国南亚外交的新局面。

第二节　新时代中国南亚区域外交

2012年11月，中国共产党第十八次全国代表大会及十八届一中全会相

[①] 中华人民共和国商务部：《巴基斯坦与中国的经贸关系》，http://history.mofcom.gov.cn/?bandr=bjstyzgdjmgx。

[②] [澳]大卫·布鲁斯特：《印度之洋：印度谋求地区领导权的真相》，杜幼康、毛悦译，社会科学文献出版社2016年版，第80页。

继举行，产生了新一届中共中央领导班子。中共十八大以来，面对国际形势的风云变幻，中国外交积极进取，开拓创新，取得了一系列令人瞩目的成就。在此过程中，逐步形成并确立了习近平外交思想。2018年6月22—23日在北京召开了中央外事工作会议，正式确立了习近平外交思想的指导地位。[①]

在习近平外交思想的指引下，中国的南亚外交取得了一系列辉煌成就，也扩大了中国的影响力。与此同时，南亚的地区霸主印度也对中国的存在和影响做出了回应，这就促使中国的南亚外交需要采取更富智慧的应对举措。

一、推进"一带一路"建设

2013年，习近平提出了"一带一路"倡议。南亚地处"一带一路"海陆交汇之处，是推进"一带一路"建设的重要方向和合作伙伴。2014年9月，习近平在印度世界事务委员会的演讲中称，中国希望以"一带一路"为双翼，同南亚国家一道实现腾飞。

南亚国家积极欢迎中国的"一带一路"。巴基斯坦2013年就积极支持中巴经济走廊的建设。马尔代夫同样积极响应。2014年1月，中国和马尔代夫高级官员就马参与建设"21世纪海上丝绸之路"可行性进行了卓有成效的探讨。2014年8月，马尔代夫亚明总统在出席中国南京青奥会期间，正式提出希望参与建设"21世纪海上丝绸之路"。2014年9月，在习近平访马期间，中马双方同意共建"21世纪海上丝绸之路"。当年12月，在中马经贸联委会第一次会议召开期间，双方签署了关于中马共建"21世纪海上丝绸之路"的谅解备忘录，就两国在该倡议下进一步加强合作做出远景规划。

2014年9月习近平主席访问南亚时，斯里兰卡表示，共同建设"21世纪海上丝绸之路"，对双方来讲都是重大的发展机遇，愿意积极支持"21世纪海上丝绸之路"的发展。随后，斯里兰卡成为"一带一路"建设中的

---

① 中华人民共和国外交部：《习近平：努力开创中国特色大国外交新局面》，2018年6月23日，http://www.mfa.gov.cn/web/zyxw/t1571169.shtml。

重要支点国家。

孟加拉国在2013年就参加了孟中印缅经济走廊建设。随着这一走廊建设停滞，孟加拉国一度对签署"一带一路"合作备忘录有所犹豫。2016年10月，习近平主席访问孟加拉国，孟加拉国表示，赞赏"一带一路"倡议，认为这一倡议将为孟方实现2021年建成中等收入国家和2041年成为发达国家的目标带来重要机遇。2016年3月，尼泊尔奥利总理访华，正式表示支持"一带一路"倡议，双方同意对接各自发展战略，制定双边合作规划，在"一带一路"倡议框架下推进重大项目实施。2017年5月，双方签署"一带一路"合作的谅解备忘录。不丹尚未与中国建交，虽然没有参与"一带一路"建设，但是一直以来都很欣赏中国的发展成就。

六年来，"一带一路"在南亚取得了巨大的成绩。但是，同时也蕴含着一些潜在风险。首先是遭到印度的反对。印度作为南亚无可置疑的霸主，特别是2014年5月莫迪政府上台，对"一带一路"建设表现出比较坚决的质疑态度。尤其是在2017年"一带一路"国际合作高峰论坛前夕，印度外交部通过发表声明的形式，明确地表示了印度对"一带一路"的态度。[①] 与此同时，印度也多次试图阻止南亚其他国家加入"一带一路"。尽管印度施加了多重压力，尼泊尔等国最终还是选择签署"一带一路"合作备忘录。斯里兰卡的"一带一路"项目在经历一番波折后，也都逐步恢复。以印度的态度和固执，随着"一带一路"建设的推进，中印在地区层面上可能会有更多的较量。

其次，南亚"一带一路"建设似乎成为中国在南亚的首要利益，特别是中巴经济走廊建设似乎将中巴两国更加紧密地捆绑在一起了。在印度看来，中巴"同盟"由于中巴经济走廊而变得更加牢不可破，中国的南亚外交又回到了重巴轻印的战略。印巴在恐怖分子列名等问题上尖锐对立，让中国也越来越难以置身事外。

[①] Ministry of External Affairs, Government of India, "Official Spokesperson's Response to a Query on Participation of India in OBOR/BRI Forum," May 13, 2017, https://www.mea.gov.in/media-briefings.htm?dtl/28463/official+spokespersons+articipation+of+india+in+oborbri+forum. 访问时间：2019年5月9日。

二、中印关系的曲折与"重构"

中共十八大以来，中印关系经历了由高期待到互相失望的过程，最终爆发了洞朗对峙，一度将两国关系推向了最低点。不过，习近平和莫迪的武汉会晤，开启了中印关系"重构"的新契机。

2013年初，中国新领导层更加重视对印外交。2013年5月，李克强总理将印度作为其担任总理后的首访国。2014年5月，莫迪当选印度新总理后，中国派出外交部长王毅作为特使拜访莫迪。2014年9月，习近平对印度进行了成功访问。2015年5月，印度总理莫迪对中国进行了访问。两国高层互动频繁，中国对印投资热情也空前高涨。

不过，伴随着中印关系的发展，双边关系的消极面逐渐浮现，2013年、2014年都发生了较大规模的边境对峙。加上印度对"一带一路"的消极态度，莫迪政府与美国形成"准同盟"，两国防务领域合作"突飞猛进"，特别是签署新版《美印防务合作框架协议》[①]和《后勤保障协定》[②]，宣布印度要成为美国的"主要防务伙伴"。[③]

在此背景下，2016年中印关系进入"多事之秋"，分歧聚焦在两个问题上。一是恐怖主义分子的列名问题。印度要将2008年孟买恐怖袭击的嫌疑人拉赫维和"穆罕默德军"的马苏德列入联合国1267委员会的制裁名单内。中国基于"印度提供的信息不足"，多次以技术性手段搁置了印度申请；二是印度在加入核供应国集团的问题上受挫，认为中国是其最大障碍。为此，印度逐步对华采取一些"反制"举措。例如，2016年10月的排灯节期间抵制中国货，邀请达赖喇嘛访问中印争议地区达旺，邀请美国驻印度大使理查德·维尔马到访达旺，印度总统更是"史无前例"地在总统府接见了达赖喇嘛。

[①] Ministry of Defence, Government of India, *Framework for India-U.S. Defence Relations*, 2015, 3rd. June, https://archive.defense.gov/pubs/2015-Defense-Framework.pdf, 访问时间：2019年5月8日。

[②] Press Information Bureau, Government of India, "India and the United States Sign the Logistics Exchange Memorandum of Agreement," 30-August, 2016, http://pib.nic.in/newsite/mbErel.aspx?relid=149322, 访问时间：2019年5月8日。

[③] Ministry of External Affairs, Government of India, *Brief on India-U.S. Relations*, https://www.mea.gov.in/Portal/ForeignRelation/India_US_brief.pdf, 访问时间：2019年5月8日。

第十一章 中国的南亚区域外交

这一系列消极的发展趋向，导致了2017年6—8月期间爆发了长达72天的洞朗对峙，使得两国关系降到了冷战结束后的历史低点。不过，两国领导人都在积极扭转这一事件可能造成的消极影响。2017年9月5日，在厦门金砖峰会期间，国家主席习近平同印度总理莫迪举行了双边会晤。习近平主席特别指出，中印两国要坚持双方互为发展机遇、互不构成威胁的基本判断。希望印方能够正确、理性看待中国发展。要向世界表明，和平相处、合作共赢是中印两国唯一正确的选择。

2018年2月以来，中印双方开始释放积极信号，为武汉非正式会晤进行预热。2018年4月27—28日，中印领导人举行了武汉会晤，增进了两国领导人之间的友谊，增进了两国的战略互信，促进了在一系列双边问题上的合作。在国际地区问题的协调上，双方同意首先在阿富汗开展"中印+"合作，然后再扩大双方的合作范围，同意在孟中印缅框架下加快经济合作，双方在应对全球形势的变化上也取得共识。对于两国的分歧，双方同意通过协商予以管控。

在武汉会晤的精神下，中印工作机制在2018年内得以恢复或开启，两军交流得以加强，在缓解贸易逆差、缓和"一带一路"问题上的分歧等，中印都达成了共识，并为此进行了初步努力，取得了不少突出的亮点。这预示着中印关系走出了洞朗对峙的阴影，逐渐走向趋暖的态势。

不过，中印关系继续发展的战略基础需要继续夯实。冷战结束后，中印在全球层面合作占主流，中印都追求多极化世界，改革全球金融机制，在全球气候变化、全球能源合作等方面积极合作。但是，现在双方在全球问题上的合作在减弱。在地区层面，中印竞争渐渐加剧。随着中国经济影响力在南亚大幅提升，同南亚国家的军事防务合作在加强，在印度洋的存在获得提升。印度还没有在心理上适应中国在南亚的存在，对"一带一路"倡议疑虑甚深。

在双边层面，两国传统的分歧依然存在，如边界问题、贸易不平衡的问题等。武汉东湖会晤有望推动印度对华关系的大调整。但是不能忽视的是，中印关系存在的问题都还在，只是暂时性地搁置了。

三、中国在南亚的影响日益扩大

中共十八大以来，随着中国经济加速崛起，中国加速扩大在南亚的经济存在，为中国的政治影响深入南亚打下了重要基础。2000年，中国与印度以外的南亚七国的贸易总额是28亿美元，同年，印度与这些国家的贸易总额是24亿美元，两者相差不大；但到2016年，中国的数目是405亿美元，而印度是219亿美元，中国超过印度几乎一倍。[①] 2018年，中国分别是印度、巴基斯坦、孟加拉国、马尔代夫、缅甸的最大贸易伙伴国，是尼泊尔和斯里兰卡的第二大贸易伙伴国。中印、中尼、中斯、中孟的贸易额在近十年内相继增长10倍以上，中国已经成为南亚最主要的外资来源国。一定意义上说，中印两国在南亚和印度洋地区的影响力竞争正在加剧。

"一带一路"拓展了中国在南亚的经济存在。中国正成为南亚基础设施项目的主要投资者，特别是在巴基斯坦、孟加拉国、马尔代夫、斯里兰卡、尼泊尔，都相应地建设或规划了一系列大型基础设施项目，如吉大港、瓜达尔港、汉班托塔港和科伦坡港的工程建设项目。大规模的中巴经济走廊建设，意味着中国和巴基斯坦形成了更加紧密的命运共同体。尼泊尔与中国打造跨喜马拉雅立体互联互通网络，特别是开展过境运输合作，修建西藏至加德满都的铁路，有助于尼泊尔打破过去由于地理因素而造成的对印度的完全依赖。中国与孟加拉国经济合作的加强，加深了两国原本就已经较为深厚的安全与防务合作。中国在缅甸的"一带一路"建设，更是加强了中国对缅甸的传统影响力。在印度洋区域，随着中国在吉布提拥有海军的后勤补给基地后，中国也扩大了在印度洋上的存在。

通过"一带一路"倡议的推进，南亚的"亲华""友华"力量在不断上升。中共十八大以来，很多南亚国家内政发生了变化，但是整体而言，"亲华""友华"的力量是在进一步上升的。

巴基斯坦一直就是"亲华"的力量。2018年7月25日，巴基斯坦举行了国民议会选举。正义运动党主席伊姆兰·汗成为新一任巴基斯坦总理，

[①] 毛四维：《中国是朋友，印度是亲戚——南亚小国如是说》，《世界知识》2017年第14期，第32页。

打破了巴基斯坦一直以来两大政治家族轮流坐庄的局面。尽管伊姆兰·汗的外交战略有调整，但是其外交将继续延续此前的路线。对华友好可以说是巴基斯坦各派政治力量的基本共识。

尼泊尔在历经十来年的内部动荡之后，目前似乎完成"历史性"的政治转型进程。2017年12月，由尼泊尔共产党（联合马列）与尼泊尔共产党（毛主义中心）联合组成的左翼联盟在选举中取得压倒性优势，普遍认为亲印的尼泊尔大会党就此落败。2018年5月，尼泊尔共产党（联合马列）与尼泊尔共产党（毛主义中心）两党正式合并，更是使奥利政府有望持续执政五年，尼泊尔可能进入政治稳定和经济发展的新阶段。奥利政府的对华外交，显然保持着友好合作的基本倾向。

2018年9月，不丹举行国民议会的选举。按照不丹宪法，任何注册的政党都可以参加首轮选举，但只有在首轮中得票最多的两个政党获得角逐第二轮选举的资格。在9月15日的首轮选举中，繁荣进步党（DPT）和不丹统一党（DNT）进入10月18日的第二轮终选，而亲印度的执政党人民民主党失去了进入下一轮的机会。10月18日，举行第二轮终选，不丹统一党大获全胜。11月7日，不丹统一党主席洛塔·策林宣誓就任不丹新首相，开始为期五年的任期。很多印度媒体认为，这实际上部分反映出不丹人民对印度的不满情绪有多大，而洛塔·策林是技术（医生）出身，被认为至少不会如其前任那么亲印。

孟加拉国在2018年12月30日迎来大选。2018年2月，孟加拉国特别法庭认定民族主义党主席卡莉达·齐亚贪污罪名成立，判处有期徒刑五年，她也由此失去了参加大选的资格。10月，民族主义党联合前外长侯赛因组成新的反对党联盟联合民族阵线，并于11月11日正式对外宣布参加大选。大选结果是原总理哈西娜领导的人民联盟赢得第11届国民议会选举。中孟"一带一路"建设的项目基本是在哈西娜政府时期签署实施的，2016年10月习近平访问孟加拉国时，中孟两国建立了战略合作伙伴关系。这一切都是哈西娜执政时期确立的，哈西娜继续执政为中孟友好确立了继续发展下去的基础。

另一个值得中国欣喜的是斯里兰卡的内政发展。斯里兰卡选举委员会2018年2月12日发布的数据显示，由前总统拉贾帕克萨领导的反对党人民阵线党在全国340个地方议会中的239个议会赢得多数席位，取得2018年全国地方选举的胜利。在2018年10月爆发的斯里兰卡宪法危机中，拉贾帕克萨最终未能上位，但是却可能提前为他在2019年斯里兰卡总统选举进行了民意测验。

唯独出现不利于中国的是马尔代夫的选举。在2018年9月23日的总统选举中，被认为"亲中"的阿卜杜拉·亚明连任失败，反对派领导人易卜拉欣·穆罕默德·萨利赫获胜。由于萨利赫先前指责过"一带一路"是"债务陷阱外交"，称中方贷款加重了马尔代夫的国家负担等，因此，萨利赫当选被普遍认为是"一带一路"建设在马尔代夫遭遇挫折。印度加大了对新政府的影响，莫迪不仅亲自出席萨利赫的就职仪式，而且随后还承诺向马尔代夫提供14亿美元的贷款。

简言之，从中共十八大到2018年的南亚"大选季"，南亚迎来新的地区格局。"亲华"力量在上升，希望中国在南亚扮演更加重要作用的国家越来越多，希望"一带一路"在南亚推进的国家也越来越多。但是，也要看到，由于南亚国家内政普遍不稳定，一旦政局变化，在对华和对印的政策上可能出现较大的摇摆，例如2015年斯里兰卡的政局变化就是如此。因此，中国既要把握南亚国家政局变化带来的机遇，也要做好防范南亚国家政局变动可能带来的风险。

第三节　中国南亚区域外交新形势与未来方略

冷战结束以来，南亚地区政治、经济、安全形势及区内外国家间关系曾发生过几次重大变化。"9·11"事件后，美国在阿富汗的反恐战争，一度使域内外大国在南亚的竞争加剧，美国的地区角色凸显，南亚在全球地缘战略舞台上的重要性随之上升。不过，随着美国从阿富汗撤军的步伐加大，南亚的地缘政治格局发生了改变，中国在南亚区域的作用开始日益凸显，未来需要面对的挑战也越来越大。

第十一章　中国的南亚区域外交

一、南亚地缘政治新形势

（一）印度在南亚地区的霸权优势凸显

印度正在加速崛起，事实上正由地区性强国朝着世界性大国迈进。从印度同世界大国的比较上看，1991年印度开启经济改革开放时，经济总量排名世界第16位，2017年底升至世界第7位，很快将于近年内超过英、法位列世界第5位。从纵向上看，1991年以后，印度GDP增长率达到平均6%，2004年以后保持在8%左右。[①] 莫迪执政以来，在主要经济体中印度经济增速更是"风景这边独好"。如果能一直保持目前增速，印度人均GDP每12年就能实现翻一番，不久将达到5万亿美元的总量（莫迪在2018年达沃斯世界经济论坛上声称，到2025年印度经济规模将达到5万亿美元）。[②]

印度经济崛起客观上抬高了南亚在全球地缘政治平台上的分量。尽管整个南亚次大陆仍未摘除"贫穷"的标签，却逐渐被众多国际评级机构冠以"新兴市场""投资兴业沃土""新的增长中心"等新头衔，特别是南亚各国中产阶级的人口数量增多，人口结构年轻，经济增长预期良好，各国经济总体上均处于上行轨道。根据世界银行2017年4月的报告，南亚仍是世界上经济增长最快的地区，整个地区GDP的增长预期被普遍看好。[③]

就南亚区域而言，印度的霸主地位更是凸显。通过比较南亚经济体量最大的两个国家印度和巴基斯坦，足以看出印度的经济优势。根据世界银行数据，1991年，印度GDP是2665亿美元，人均GDP是300美元；巴基斯坦GDP是454亿美元，人均GDP是410美元。此时，巴基斯坦经济总量不到印度的五分之一，但是人均GDP是印度的1.36倍。到2017年时，印度GDP是2.59万亿美元，人均GDP是1939美元；巴基斯坦GDP则是3049亿美元，人均GDP是1547美元。巴基斯坦经济总量降至印度的近九分之

[①] 数据来自世界银行的GDP数据库，可访问查询https://data.worldbank.org/indicator/ny.gdp.mktp.cd，访问时间：2019年5月9日。

[②] "India Set Sights on $5 Trillion Economy by 2025," *Time of India*, https://timesofindia.indiatimes.com/business/international-business/pm-modi-india-set-sights-on-5-trillion-economy-by-2025/articleshow/62625166.cms，访问时间：2019年5月9日。

[③] World Bank,《2018年年度报告》, http://documents.worldbank.org/curated/pt/558781538159969391/pdf/130320-CHINESE-The-World-Bank-Annual-Report-2018.pdf，访问时间：2019年5月9日。

一，人均GDP也低于印度。[①] 从军费上看，巴基斯坦更是越来越落后于印度。根据斯德哥尔摩国际和平研究所的数据，2017年，印度军费为639.24亿美元，占GDP的2.5%；同年巴基斯坦军费为107.74亿美元，占GDP的3.5%。冷战刚结束时的1992年，印度的军费是巴基斯坦的2.96倍，2000年扩大到5.12倍，2008年，印度的军费是巴军费的6.85倍，2017年为5.93倍。[②] 正是从这个意义上说，印度的南亚霸主地位更加凸显。

印度在南亚地区的霸主地位，从2016年9月乌里事件[③]发生后，南亚国家的政策选择中可以看出来。当时，印度发起了"孤立"巴基斯坦的行动，孟加拉国、不丹、阿富汗、尼泊尔、斯里兰卡都相继表态"挺印"，不参加当年11月在伊斯兰堡举行的南盟峰会，促使这一峰会迄今未曾举行。这一事件足以显示出印度在南亚区域内的号召力。

从未来的发展趋势看，印度的经济优势还会进一步加大。莫迪上台以来，放松了很多领域对外来投资的限制，推行税改等措施，市场化改革措施对印度经济发展的促进作用已经初显成效。2017年11月，穆迪正式上调印度的主权信用评级，是13年来的首次。世界银行在2017年10月公布的《2018全球经商环境报告》中，更是将印度排名上调了30位。[④] 这预示着国际评级机构对印度当前的改革措施是认可的。相反，巴基斯坦的经济发展仍旧面临着严重内外部压力，经济发展的独立性仍旧较弱，财政收入不足，仍严重依赖国际货币基金组织的纾困贷款。

（二）域外大国"默许"印度南亚霸权

伴随着印度进一步崛起，域外大国，主要是美国、俄罗斯，对印度在南亚的做法越来越采取"默许"姿态，事实上间接地承认了印度的地区霸

[①] 数据来自世界银行的GDP数据库，可访问查询 https://data.worldbank.org/indicator/ny.gdp.mktp.cd，访问时间：2019年5月9日。

[②] 数据来自斯德哥尔摩国际和平研究所的军费支出数据库，可访问查询 https://www.sipri.org/databases/milex，访问时间：2019年5月9日。

[③] 2016年9月18日，恐怖分子袭击了印控克什米尔的乌里军营，导致印安全部队人员死亡17人。随后印度认为是激进组织穆罕默德军策划和实施了袭击，为此对巴基斯坦采取了外科手术式的打击。

[④]《穆迪将印度主权信用评级展望上调至稳定》，新华网，2017年11月17日，http://www.xinhuanet.com//fortune/2017-11/17/c_1121973468.htm，访问时间：2019年5月8日。

第十一章　中国的南亚区域外交

主角色。

美国在南亚热点议题上都或多或少地选择了支持印度的立场。其实，美国早就已经显示出对印度霸主地位的某种认可。美国为印度1987年对斯里兰卡的干涉和1988年对马尔代夫的干涉提供了相当程度的政治支持，实际上是发出了信号，部分地接受了印度在南亚的门罗主义。在1999年的卡吉尔战争[①]中，美国支持了印度，从而证明它有资格作为顶用的外交伙伴，这也对消除长达10年来美国在克什米尔纠纷中总是支持巴基斯坦的观点大有帮助。2005年3月，布什政府宣布将"帮助印度成为21世纪的主要世界大国"，并补充道，"我们充分理解这一声明的含义，包括其军事含义"。[②]

近年来，在几个重要的地区热点问题上，美国都对南亚事务采取了"撒手"的旁观态度，间接地承认或者是推动印度在地区事务中扮演领导者角色。例如，2015年9月尼泊尔通过新宪法后，印度为了支持尼泊尔特莱平原的马德西人（取得尼泊尔公民资格的印度裔）的政治诉求——要在与印度接壤的特莱平原建立一个马德西人的邦，故意采取"半禁运"的方式使得尼泊尔举国陷入油气荒，以迫使尼泊尔政府给马德西人更大的政治权力。美国对此"默不作声"，只有欧盟发表了一个意向性的声明。

2018年2月出现马尔代夫政治危机时，[③]马尔代夫前总统纳希德请求美国和印度政府出兵干涉，美欧都对局势发展表达了关注，但是美国并没有直接采取行动，而是推动印度在马尔代夫采取"迅速行动"，尽管莫迪政府随后的态度是采取观望态度。

[①] 1999年5月，印度发现印控克什米尔的卡吉尔和达拉斯地区有所谓"大批巴基斯坦渗透者"，为此出动大批战斗机和武装直升机进行打击。这是自1988年以来印巴两国冲突中最为严重的一次。最终，印度军队夺回失地，巴基斯坦军队撤回控制线。

[②] "US to Help Make India a 'Major Worldpower'," *China Daily*, 2005-03-26, http://www.chinadaily.com.cn/english/doc/2005-03/26/content_428361.htm，访问时间：2019年5月8日。

[③] 2018年2月1日，马尔代夫最高法院宣布取消逮捕穆罕默德·纳希德等9名反对派人士，并恢复12位反对派议员的议席。2月4日，最高法院以总统阿卜杜拉·亚明·阿卜杜勒·加尧姆拒不执行法院命令为由，决定弹劾亚明。随后，军队封锁了马尔代夫国会，总统亚明宣布马尔代夫进入为期15天的紧急状态。2月6日，反对派领导人穆蒙·阿卜杜勒·加尧姆、首席大法官阿卜杜拉·赛义德、法官阿里·哈米德、司法行政部官员哈桑·赛义德等5人被捕。这一事件引发了国际社会的高度关注。

除了在南亚热点问题上，美国默许印度的做法，推动印度在南亚扮演领导者角色，还在印巴、中印的争执中选择了"偏袒"印度的政策。例如在印巴争执的克什米尔问题上，美国过去基于巴基斯坦在反恐中的战略需要，多次介入并试图调解印巴矛盾。相反，近些年来，美国在克什米尔问题上基本"沉默"，相反还带有支持印度的"倾向性立场"。不论是2016年9月印控克什米尔发生的乌里暴恐事件，还是2019年2月在印控克什米尔发生的普尔瓦马恐袭事件中，美国在呼吁双方克制的同时，借机施压巴基斯坦在反恐问题上配合美国。特别是普尔瓦马恐袭事件中，美国对印度的越境做法没有任何指责。

2017年6—8月的中印洞朗对峙中，美国开始的表态是较为中立的。2017年7月18日，美国务院发言人第一次表态称，"美国对正在进行的局势表示关切……我们相信，双方应该为了和平，应该合力谋求更好的解决方案"。7月20日，美国国务院发言人第二次谈及，"我们正紧密细致地跟踪形势，我们鼓励双方进行直接对话以减少紧张"。这些表态事实上都并没有显示出太强的倾向性。但是，美国军方的表态却是有支持印度的倾向的。7月21日，美国五角大楼（国防部）发言人表态称，"中印应在不受任何胁迫下直接对话，以减少双方的紧张局势"。显然，鉴于中国对印度的实力优势，美国暗指中国在胁迫印度。

对俄罗斯而言，基于俄印的传统关系，一直以来都是接受并维护印度的南亚霸主角色。但是，随着巴基斯坦加入上海合作组织，俄罗斯也在逐渐调整对巴基斯坦的政策，显得更不偏不倚。2016年乌里暴恐事件后，印度发动"孤立"巴基斯坦的行动时，俄罗斯却与巴基斯坦在9月24日正式举行双方首次联合军事演习"友谊2016"，尽管规模很小（双方参演人数约200人），但凸显出俄罗斯在其中的基本立场。不过，俄罗斯对印巴关系的调整是有限的。巴基斯坦曾多次邀请普京访问巴基斯坦，普京都没有给予回应。

（三）地区不同联通方案的地缘政治竞争在上升

"一带一路"在南亚的快速推进，间接地刺激印度莫迪政府推进印度与周边国家的互联互通，造成了地区互联互通方案的竞争。

2015年6月15日，不丹、孟加拉国、印度和尼泊尔四国在廷布正式签署《BBIN机动车协议》（BBIN Motor Vehicles Agreement）。随后，孟加拉国、印度和尼泊尔的议会相继批准该协议。但是，2016年11月，不丹下院以13票反对、2票赞成、5票弃权否定了这一协议，担心如果其他国家的卡车等都可以进入不丹，将给不丹带来更多的机动车污染和环境破坏。目前这一协议最终生效执行被拖延了。①

在"东进政策"下，印度加快推进印度—缅甸—泰国三方公路的建设。2016年8月，缅甸总统廷觉访问印度，印度主动提出，承诺帮助缅甸修建缅甸境内的69座路桥，以加速整个联通的进程。同时，印度还将"东进"政策同泰国的"西望"（Look West）政策相对接。2016年6月16—18日，泰国巴育总理访问印度，两国同意要加速建设完成印度—缅甸—泰国三方高速公路，还着手开始谈判《航空服务协议》（Air Service Agreement）。②同时，三方也在商讨签署《印度—缅甸—泰国机动车协议》（India-Myanmar-Thailand Motor Vehicles Agreement, MVA）。但缅甸昂山素季新政府上台后，要求重新谈判协议，导致目前尚未取得具体成果。③对于卡拉丹多模式联运项目，2015年莫迪政府修改了资金预算，增加了投入，目前大部分项目都已经接近完成，预计2019年就可以完成并开始使用。2018年10月，印度外秘顾凯杰（Viay Gokhale）访问缅甸，双方正式签署备忘录，由印度指定一家私营公司对实兑港、百力万内河运输终端及其他设施进行运营和维护。同时，印度还在缅甸实兑港设立了经济特区，以加强印度对

---

① PTI, "India Plays Down Bhutan's Decision on Sub-regional Connectivity," April 28, 2017, http://indianexpress.com/article/india/india-plays-down-bhutans-decision-on-sub-regional-connectivity-4632272/，访问时间：2018年9月1日。

② Ministry of External Affairs, The Government of India, "India-Thailand Joint Statement During the Visit of Prime Minister of Thailand to India," http://mea.gov.in/incoming-visit-detail.htm?26923/IndiaThailand+Joint+Statement+during+the+visit+of+Prime+Minister+of+Thailand+to+India，访问时间：2018年6月10日。

③ Nayanima Basu, "Govt Looking at Extending India-Myanmar-Thailand Highway," http://www.thehindubusinessline.com/economy/policy/govt-looking-at-extending-indiamyanmarthailand-highway/article8907574.ece，访问时间：2018年6月10日。

缅甸的投资。[1]

在西联（Link West）政策下，印度最大的突破就是推动伊朗查巴哈尔港（Chahbahar port）的建设。2016年5月22—23日，印度总理莫迪对伊朗进行两天的国事访问，印巴签署了关于开发与运营查巴哈尔港的一系列合作协议。阿富汗、伊朗、印度签订了《建立查巴哈尔运输与过境走廊的三方协定》。[2] 2017年12月3日，查巴哈尔港内的巴哈什提港位第一阶段扩建项目举行了开通仪式。查巴哈尔—扎黑丹高速公路也建成投入使用。2017年10月，印度顺利地将15000吨面粉经由查巴哈尔港运抵阿富汗，显示了这一路线的初步贯通。[3]

在连接中亚政策下，随着印度正式加入上海合作组织，印度积极地加强同中亚国家的互联互通。莫迪上台以来，访问了所有中亚国家，竭力推动在连接中亚政策上的突破。最突出的进展，就是土库曼斯坦—阿富汗—巴基斯坦—印度（TAPI）管道项目于2015年12月破土动工，计划在2021年前完工，由土库曼斯坦承担项目85%的成本投入，印度和巴基斯坦各占5%。[4] 另一项重要的进展则是2016年9月国际北南运输走廊（INSTC）的重启。2018年1月，印度的货物首次经由国际北南运输走廊运抵俄罗斯，意味着这一走廊的贯通。同时，印度也于2018年2月加入了《阿什哈巴德协议》，加入到这条中亚和波斯湾之间商品运输的国际运输与过境走廊。印度和伊朗都试图努力将查巴哈尔港发展为印度连接中亚和中东的枢纽

---

[1] Ministry of External Affairs, The Government of India, "Visit of Foreign Secretary of India to Myanmar," October 22, 2018, https://www.mea.gov.in/press-releases.htm?dtl/30525/Visit_of_Foreign_Secretary_of_India_to_Myanmar_October_22_2018，访问时间：2018年11月1日。

[2] Ministry of External Affairs, "The Government of India, India-Iran Joint Statement—'Civilizational Connect, Contemporary Context' during the Visit of Prime Minister to Iran," May 23, 2016, https://www.mea.gov.in/bilateral-documents.htm?dtl/26843/india++iran+joint+statement+quot+civilisational+connect+contemporary+contextquot+during+the+visit+of+prime+minister+to+iran，访问时间：2018年6月1日。

[3] VOA, "Indian Wheat Makes History, Arriving in Afghanistan via Iran," November 11, 2017, https://www.voanews.com/a/indian-wheat-makes-history-arriving-in-afghanistan-via-iran/4110774.html，访问时间：2019年5月8日。

[4] 《巴新政府有望尽快推动TAPI天然气管道项目》，2018年8月3日，http://pk.mofcom.gov.cn/article/jmxw/201808/20180802772556.shtml，访问时间：2018年11月1日。

站。为此，2018年2月，伊朗总统鲁哈尼访问印度，两国称为了完全发挥查巴哈尔港在联通阿富汗和中亚的潜力，印度准备支持建设查巴哈尔港到扎黑丹的铁路。双方都重申支持南北运输走廊，强调要将查巴哈尔港纳入这一框架之中。① 2018年10月，印度、伊朗和阿富汗举行了第一次三方关于查巴哈尔港的会议，讨论如何协调过境、道路、关税和领事事务，用于降低后勤成本，增加线路的吸引力，以最终达成关于这方面的协议。② 但是，2018年11月美国特朗普政府退出伊朗核协议并宣布对伊朗重启制裁，给查巴哈尔港及与印度和中亚的联通项目蒙上了阴影。印度虽然强调要在2019年正式启用港口，但是未来的不确定性却始终可能存在。

简言之，莫迪政府在东西南北四个方向上都在努力推动互联互通，都有不同程度的进展，很大程度上提升了印度对周边的影响力。但是莫迪政府的联通方案，都不包含巴基斯坦在内，事实上是采取孤立巴基斯坦的政策。与此同时，印度的互联互通项目还联合域外国家，主要是日本，共同建设一些大型基建项目，弥补印度在建设资本上的不足。日印已经提出共建"亚非增长走廊"，日本将在未来三年内提供30亿美元投资，印度将在未来五年内提供10亿美元投资，支持这一走廊国家的基础设施建设。③ 同时，日本投资支持印度在伊朗建设查巴哈尔港。2015年斯里兰卡内政变动，中国投资建设的汉班托塔港出现困难，日本和印度借此宣布合力投资建设靠近印度的亭可马里港。孟加拉国拟与中国建设的马塔巴里港，也在印度的压力下，最终给了日本企业。日本还在缅甸投资了迪洛瓦港和经济特区，与中国投资的皎漂港形成竞争。印日的这些共建项目，事实上都对

---

① Ministry of External Affairs, The Government of India, "India-Iran Joint Statement during Visit of the President of Iran to India," February 17, 2018, https://www.mea.gov.in/bilateral-documents.htm?dtl/29495/indiairan+joint+statement+during+visit+of+the+president+of+iran+to+india+february+17+2018, 访问时间：2018年6月1日。

② "India, Iran, Afghanistan Hold First Trilateral on Chabahar Port Project," *The Economic Times*, Oct 23, 2018, https://economictimes.indiatimes.com/news/defence/india-iran-afghanistan-hold-first-trilateral-on-chabahar-port-project/articleshow/66337029.cms, 访问时间：2018年11月1日。

③ The Economic Research Institute for ASEAN and East Asia, *Asia Africa Growth Corridor: Partnership for Sustainable and Innovative Development a Vision Document*, http://www.eria.org/Asia-Africa-Growth-Corridor-Document.pdf, 访问时间：2019年5月8日。

中国项目构成了一定的挑战，中方需要保持密切关注。

总之，不论是印度主导的互联互通方案，还是同美日协调合作的联通方案，实际上都加剧了南亚地区的地缘政治竞争。

（四）阿富汗形势仍存在很大不确定性

阿富汗形势发展对南亚地区格局具有"牵一发而动全身"的效应。美国、印度、巴基斯坦都是阿富汗问题的直接相关者。其中任何一方得利，或者各方关系变化，都可能引起南亚整个区域的连锁反应。

自2001年美军推翻塔利班政权以来，美国在阿富汗反恐、重建等领域总投入超过9000亿美元，近3000名美军大兵血洒疆场，但阿富汗乱局依旧。2009年，美国总统奥巴马已经宣布从阿富汗撤军，奈何塔利班却不断攻城略地，使得美国一直无法体面地撤军。特朗普上台后，对武力打败塔利班失去信心，转而希望通过谈判达成和平协议，之后从阿富汗抽身，避免在阿富汗继续消耗海量人力和财力。2018年7月，美国开启和塔利班的和平谈判，迄今已经完成九轮谈判，但是前景却仍不明朗。特别是在撤军和停火的先后顺序问题上，美国要求在撤军的同时开启阿以内部谈判，而塔利班要求美国先撤出全部在阿富汗军队，或者至少制定明确的撤军时间表，才会与阿富汗政府进行谈判。

在阿富汗问题上，美国、巴基斯坦、印度、俄罗斯、伊朗都是重要的利益相关方，对形势的发展都具有重要影响力。但是，它们之间的立场分歧使得未来局势发展具有很大的不确定性。中共十八大以来，中国提升了周边外交工作的重要性，要"经略周边"和"塑造周边"，中国对阿富汗问题的参与变得更加积极。中方主张的是"阿人主导、阿人所有"的广泛包容性和解进程，鼓励和支持阿富汗政府与塔利班开展和谈，推动巴基斯坦为推进和谈继续发挥重要作用。俄罗斯在阿富汗问题上拥有传统影响力，2018年，俄罗斯邀请塔利班和阿富汗反对派阵营的代表在莫斯科召开阿富汗问题会议，进一步提升了俄罗斯在这一问题上的影响力。除了美国、俄罗斯、中国等大国外，印度和巴基斯坦也是解决这一问题的关键。巴基斯坦基于"战略纵深"的安全理念，严格防范印度在阿富汗问题上发挥任何角色；而印度基于印控克什米尔的安全和治理，以及对巴基斯坦的战略牵制，积极寻求能在阿富汗未来政局中扮演更重要的作用。

总而言之，尽管阿富汗问题一直牵涉各方的关注，但是未来的发展趋向仍然具有很大的不确定性。

二、中国南亚外交的未来方略

2014年9月，习近平访问印度，在印度世界事务委员会的演讲中对南亚未来的前景高度关注，说"南亚是充满希望、潜力无穷的次大陆，可望成为亚洲乃至世界经济新的增长极"。[①] 他同时对中国在南亚扮演的作用寄予了更高的期待，说"中国是南亚最大邻国，印度是南亚最大国家。中国期待同印度一道，为本地区发展贡献更大力量，让喜马拉雅山脉两侧的30亿人民共享和平、友谊、稳定、繁荣"。[②] 为此，结合中共十八大以来的发展，中国的南亚战略要把握以下几个方面：

（一）把对印外交作为南亚战略的关键

印度是南亚地区最大的国家，经常以南亚领导者自居。只有稳住印度，才能稳住中国的西南周边，为良好的周边战略环境创造条件。但是，作为一个地区大国和崛起中的大国，印度受到了其他大国的青睐和追捧。在此背景下，也加大了中国对印外交的难度。结合中共十八大以来中印关系的起起伏伏，对印外交至少有以下几个方面的经验和教训值得反思。

其一，辩证地看待中印关系的分歧与合作，要对中印关系的发展保持合理的期待。正如习近平所讲："我们不能只把眼睛盯在分歧上而忽略了友谊和合作，更不能让两国发展进程和两国关系大局受到干扰。"中印关系的复杂性就是，常态是竞争与合作并存，相互防范可能是相当长时间内的状态。原因在于中印实力对比差距是在不断加大的。冷战结束之初，中印经济总量大致相当。到2018年，从GDP上说，中国是印度的5倍，人均GDP是印度的4.6倍。中国GDP增长6.5%，就相当于印度GDP增长40%的量。[③] 印度在短期内赶超中国无望，自身实力与影响力均难与中国比肩。

[①] 《习近平在印度世界事务委员会的演讲》，新华网，2014年09月19日，http://www.xinhuanet.com//politics/2014-09/19/c_1112539621.htm，访问时间：2019年5月8日。

[②] 同上。

[③] 《楚柳：印度朝野对华大辩论氛围积极》，环球网，2018年3月22日，http://opinion.huanqiu.com/hqpl/2018-03/11683760.html，访问时间：2018年6月10日。

从这个意义上说，中印地缘政治的竞争甚至可能还有所上升，困扰两国关系的"旧问题"，如边界问题，仍然可能在较长时期内都难以解决。印度有很强的战略动机，通过与美国加紧战略安全上的合作，来缓解其战略忧虑。因此，中国不要过高地期待印度能够完全保持"不结盟"外交。随着印度经济开放和国内改革，印度"亲美"趋势会不断发展，"亲俄"力量会越来越小。近年来，印度大学生和移民的偏好已经显示出这一大趋势。此外，印裔美国人在美国取得了越来越大的影响力，都会对美国的对印外交产生重要影响。因此，不能对中印两国关系报以过高期待，合理的预期将有助于两国关系的整体稳定。

然而，在中印分歧的不少问题上，中国需要理解印度的战略忧虑所在。不论是印度对"一带一路"推进的担忧，还是对海上自由航行的担忧，都并不全是虚假的。印度担忧中国推进"一带一路"，一方面是中印1962年战争后留下的严重的不信任感所致，另一方面必须承认的是，中国是南亚区域的"新手"，过去中国在南亚的影响是地缘战略方面的，其中主要依靠巴基斯坦，而现在中国对南亚的影响则可能逐步发展为全方位的。另外，印度对南海自由航行的关注，是由于印度40%以上的经贸往来需要经过南海航道运输，关注南海自由航行也是情有可原的。

其二，要站在战略高度来定位并看待中印关系。如上所说，印度是一个正在加速崛起的大国，正由地区性强国朝着世界性大国迈进。未来中印关系越来越可能超出双边范畴，具有广泛的地区和全球影响，甚至可能成为未来最重要的关系之一。

中印关系不同于中美、中日、中欧、中俄等大国关系。印度整体上奉行大国平衡外交，并不像日本那样追随美国，也不像欧洲在价值观上同中国存在较大差异。由于中印都拥有过被殖民的历史，都是在美欧主导的国际体系中崛起，因此，中印对当前国际体系的看法较为一致，在很多全球性议题上能够成为"天然盟友"，在地区和平与发展上也存在共同利益。这些基础使两国可能挖掘并发展出较好的关系。正因为如此，在全球议题上，中国甚至要推动印度发挥更加积极的作用。印度一直以来都有强烈的国际"领导欲"。在很多全球问题上，印度更擅长于"推销"，事实上，一个明显的例子就是，金砖国家新开发银行最早就是印度在2012年的德里峰会上提出来的。

其三，拓展中印经济合作，深度参与印度经济崛起的历史进程，以此塑造未来的中印关系。印度正处在经济进一步崛起的进程之中。印度经济崛起需要中印的深度合作。近些年来，特别是印度科技初创企业的融资，大大地得益于来自中国的资本。例如，印度的太阳能发电具有竞争力，主要由于大约90%的太阳能电池板来自中国。印度电信行业由于借力在印度组装的中国手机，才能够取得迅速发展；印度一些最著名的初创企业，比如Paytm和Flipkart，都依靠中国资本。印度叫车市场上与优步（Uber）激烈角逐的本土企业Ola的融资，更是离不开中国的腾讯（Tencent）。

随着中国向南亚地区提供越来越多的经济公共产品，印度实际上受益良多。印度最早支持中国发起的亚投行，使得印度已经成为亚投行最大受益者。截至2017年底，在该行迄今为止承诺提供的资金中，四分之一给了印度。在成立的头两年里，亚投行批准了43亿美元的贷款，其中超过10亿美元的资金将用于印度基础设施建设计划。[①]

其四，从技术层面上，要发展出切实可行的机制来管控好两国存在的分歧。近些年来，不论是在恐怖分子问题、印度申请加入核供应国集团问题，还是"一带一路"、边境对峙问题等，双方都没有合理管控好分歧。

就操作层面来说，最重要的是，两国仍然要坚持国家领导人的引领作用。中印战略互信程度低，只有通过两国高层领导的频繁互动，才有助于保障关系的整体稳定，管控好分歧。近年来，尽管两国分歧和矛盾上升，但习近平同莫迪保持了在上海合作组织峰会、金砖国家峰会、二十国集团峰会的双边会晤，李克强和莫迪也在东亚峰会等多边机制中举行会晤，高层会晤给双方的工作层发出了明确的信号，有利于双方在具体分歧议题中保持对争议的管控。

在两国分歧发生后，很重要的一点是，要努力降低公开的对抗性。由于印度媒体的开放性，以及中国国内的民族主义情绪，公开分歧的方式常常容易使妥协变得困难，也使两方政府面临更困难的决策选择。更重要的

[①] "India Benefits from AIIB Loans Despite China Tensions," *Financial Time*, March 18, 2018, https://www.ft.com/content/da2258f6-2752-11e8-b27e-cc62a39d57a0，访问时间：2019年5月8日。

是，公开分歧的做法常常使双方奉行友好的民意基础遭到破坏。莫迪政府在印度试图加入核供应国集团的问题上，曾一度对中国采取了公开的强硬施压，诉诸民族主义情绪。而中方在洞朗对峙中，也由于媒体的公开而不得不采取"强硬"姿态。这种诉诸公开性来施压的策略，取得的效果实际上适得其反。只有更多地从技术角度增加管控和协商机制的有效性，才能够有助于分歧的管控。

（二）把印巴平衡作为南亚战略的基本原则

巴基斯坦是中国全天候的战略伙伴，两国之间的战略互信经受了历史的考验。在中国关切的核心问题上，巴基斯坦一直以来都坚定地站在中国一边。巴基斯坦对于中国的南亚外交和周边外交都具有特殊的战略意义。

巴基斯坦是中国与整个伊斯兰世界的桥梁。与巴友好，为中国与整个伊斯兰世界的友好确立了基础。不论是冷战时期，还是改革开放之后，如果没有巴基斯坦提供的支持，中国可能在伊斯兰国家里没有比较好的基础。另外，在美欧对中国新疆政策指手画脚的时候，正因为巴基斯坦的作用，才使中国避免伊斯兰国家的批评。

巴基斯坦是中国南亚战略的支点。这种支点的支撑作用体现在各个方面。以"一带一路"建设为例，巴基斯坦对"一带一路"建设的积极支持，给南亚其他国家树立了样板，得到了南亚国家的积极响应，为中国拓展在南亚的存在，发挥了积极成效。通过着力建设中巴经济走廊，实际上调动了印度对中国在南亚推进"一带一路"的态度，起着倒逼印度与中国合作的作用。同时，巴基斯坦积极支持中国在南亚发挥更大作用，比如推动中国加入南盟等。

当然，过去中巴更多是进行安全战略层面上的合作，现在双方都认识到，安全合作与经济合作要双轮驱动，相辅相成，共同推进。尤其是，巴基斯坦的国家发展似乎陷入困境，经济发展缓慢，恐怖主义滋生，分裂主义严重，以至于被西方国家称为"失败国家"。中国现在通过帮助巴基斯坦建设严重制约其经济发展的能源与基础设施，让巴得到实实在在的经济利益，也在为巴经济发展提供更强大的动力。

此外，帮助巴基斯坦的经济发展，有助于缓解当前巴基斯坦的安全与战略担忧。莫迪上台以来，印美关系急剧升温，美巴关系有所倒退，加上莫迪的强硬对巴政策，事实上加剧了巴基斯坦的安全忧虑。随着印度加入上海合作组织，巴基斯坦在中亚、南亚的角色可能将得到进一步削弱。因此，来自中国的支持，将给巴基斯坦更加强有力的战略支持。

然而，对中国的南亚外交而言，如何平衡印巴关系是最为重要的问题。近些年来，中印关系中几个争议涉及到巴基斯坦的利益。例如，印度试图把马苏德列入联合国1267委员会的恐怖主义名单。对此，中国在印巴平衡中需要遵循基本原则。在处理印巴争执中，继续注重以基本事实为依据。例如，2019年2月14日，在印控克什米尔首府斯利那加以南的普尔瓦马地区爆发了恐袭后，印度立刻指责是巴基斯坦所为。对中国而言，就要明确强调印度需要首先调查事实本身，拿出确凿的证据才行。此外，印度越过实控线对巴基斯坦的空袭，明显违背了国际关系的基本准则，当然中国需要着重强调，各国主权和领土完整应切实得到尊重，中方不愿看到有违国际关系准则的行为。

（三）寻求"一带一路"与地区联通方案的融合

莫迪政府推动印度同周边国家的互联互通，部分已经取得了显著效果和影响。印度推动的部分项目也存在着未来变化的可能性，特别是查巴哈尔港的建设。在2018年11月美国重启对伊朗制裁的情况下，实际上将可能冻结印度推进西联政策和连接中亚政策。

对中国而言，印度推进的很多联通项目，事实上可能影响"一带一路"项目的建设。例如，印度对查巴哈尔港的建设就可能影响到中巴经济走廊。查巴哈尔港离巴基斯坦的瓜达尔港不到100千米，阿富汗、中亚国家都可以据此绕开巴基斯坦而拥有出海口，降低了对巴基斯坦的依赖。印度在缅甸实兑港的建设，离中国项目不远，也可能对冲中国项目。另一方面，印度的很多项目建设，本身就有很强的针对"一带一路"项目的目标。例如，在中国和尼泊尔签署建设中尼铁路协议后，印度很快就同尼泊尔签署另一项建设铁路协议，显然是有对冲的目的。

不过，从长期来看，印度同周边的互联互通也存在同"一带一路"建设契合的可能性，对此需要更加充分的研究。印度在南亚及周边推进互联互通的努力，从区域层面上看，提高了整个区域的互联互通水平，为以后继续深化互联互通和对接不同项目提供了可能性。2018年4月，中印领导人武汉东湖会晤达成了中印携手合作的"中印+"模式，要在这一模式下思考进一步深化中印对接的可能性。

同时，中国还需要思考并创新原有的合作机制。例如，由于印度的犹豫，孟中印缅经济走廊迄今无所进展，可考虑在适当时机成立中国—缅甸—孟加拉国三方经济走廊或互联互通项目，由中缅经济走廊延伸至孟加拉国；或者，可适时推出中国—尼泊尔—不丹三方的互联互通项目，以推进印度建设中尼印经济走廊。

最后，中国也可适时考虑，是否可以同南亚各国磋商制定"南亚东盟互联互通总体规划"文件，或者是同印度洋国家集体磋商制定"印度洋互联互通总体规划"文件。这一做法借鉴自东盟。2010年10月，东盟首脑会议通过了"东盟互联互通总体规划"文件，为中国在东盟推进互联互通提供了合理性。随着当前中国在南亚及印度洋地区投入大量的互联互通项目，主动提出这一方案，一方面可以缓解外界的担忧，另一方面也可在此过程中实现"一带一路"倡议多边化的目的，减少对中国主导"一带一路"的批评。

（四）在多边平台推进中国的南亚外交

由于南亚被印度作为自己的势力范围，因此在这一地区层面，印度总会阻止中国的存在。不过，随着南亚国家同中国在越来越多的多边平台存在交集，中国要善于考虑通过多边平台推进中国的南亚区域外交。

上海合作组织是中国展开南亚区域外交的重要平台。2018年，印度和巴基斯坦正式加入上海合作组织，成为这一组织的正式成员国。阿富汗是观察员国，尼泊尔、斯里兰卡则是对话伙伴国。可以说，大部分南亚国家都正在越来越多地参与到上海合作组织中来。上海合作组织是中国对印外交的重要平台，特别是通过中俄印三方机制，能有效地稳定中国的对印外交。2018年，中俄印三边合作在上海合作组织框架内得到了发展。2018年11月，在阿根廷首都布宜诺斯艾利斯举行的二十国集团峰会期间，中俄印三国领导人举行非正式会晤，一致同意加强三方协调，凝聚三方共识，增进三方合作，并且同意要进一步加强中俄印合作机制。2019年2月27日，第16次中俄印外长会晤在中国浙江乌镇举行。三国外长重申将共同加强在此次非正式会晤所讨论的重要议题上的合作，推动中俄印合作不断迈上新台阶。尤其是，WTO改革应坚持其核心价值和基本原则，尤其是"特殊与差别待遇"。在信息技术领域和网络安全问题上，应充分尊重公平竞争和非歧视原则。同时建议年内在多边场合再次举行三国领导人会晤，为三方合作持续提供重要政治引领。三方同意，继续巩固和拓展三方务实合作，研究适时设立三国防长会晤机制。

通过上海合作组织，也可以考虑推动印巴关系的和解。加入上海合作组织并参加其活动本身，给印巴两国改善关系提供了一个平台和契机。2017年6月，阿斯塔纳峰会期间，印度总理莫迪和巴基斯坦总理谢里夫在休息室互致问候，这是自2016年1月克什米尔局势再度恶化17个月以来，印巴领导人首次握手。由于巴基斯坦总理谢里夫做完心脏手术不久，莫迪还询问了谢里夫的健康状况，并问候其家人，为两国关系"破冰"提供了基础。2018年6月，印巴领导人首次参加青岛峰会，之前的5月29日，双方军队同意在克什米尔地区停火。青岛峰会期间，印度媒体敏锐地捕捉到了莫迪与巴基斯坦总统马姆努恩·侯赛因微笑握手寒暄的一幕。

上海合作组织提供的多边机制下的合作，可能为印巴改善关系提供契机。例如，2018年8月24日，印度和巴基斯坦首次共同参加在俄罗斯举行的上海合作组织"和平使命—2018"反恐演习，这是印巴两国自独立后首次同时参加军事演习，引发了外界的普遍关注。由于印巴间的许多交流机制常常会由于不断发生的边境摩擦而中断，上海合作组织提供的反恐演习有助于促进两国两军的积极互动，部分有助于缓解两国之间的紧张关系。不过，由于印巴双边矛盾的根深蒂固，要改善两国关系注定无法"一蹴而就"。

此外，"一带一路"国际合作高峰论坛、博鳌亚洲论坛、中国—南亚博览会等多边机制，都是中国开展南亚区域外交的重要平台。

新中国周边外交史研究（1949—2019）

第十二章　中国的西亚区域*外交

导　读

总体来看，中国的西亚区域外交可以改革开放为分界点，其前具有"政治外交"为主线的鲜明特点，其后则逐渐转向"全方位外交"，诸如经济外交、能源外交、安全外交、文化外交等领域日趋活跃，成为中国对西亚外交的新增长点，中国与西亚国家也结成了"你中有我，我中有你"的依存关系。中共十八大以来，中国的西亚外交以构建中阿命运共同体为引领，推进"一带一路"建设为依托，双方关系发展跨进新阶段。这进一步提升了西亚外交在中国周边外交乃至总体外交中的应有地位和分量，也增强了中国在该地区的话语权、影响力和"建设性介入"新作为。未来，应进一步巩固和深化中阿传统友谊基础，落实"共商、共建、共享"原则，构建以合作共赢为核心的新型国际关系，以积极的建设性姿态推动地区和平进程，构建中国与西亚国家智库间长效交流和合作机制。

回顾新中国成立以来的70年光辉历程，西亚外交在中国周边外交乃至总体外交中稳步上升的态势更加清晰。尽管中国的西亚外交在某一特殊历史时期一度遭受挫折有所停顿，但其自改革开放以来重新起航、加速发展，取得了一个又一个彪炳史册的巨大成就。如今，在习近平新时代中国特色社会主义思想的指引和中国特色大国外交的推动下，中国与西亚国家

---

*　本文所述的西亚区域，包括阿富汗高原、伊朗高原、阿拉伯半岛、美索不达米亚高原、小亚细亚半岛和黎凡特，涉及阿富汗、伊朗、伊拉克、土耳其、塞浦路斯、阿塞拜疆、亚美尼亚、格鲁吉亚、叙利亚、黎巴嫩、以色列、巴勒斯坦、约旦、沙特阿拉伯、巴林、卡塔尔、也门、阿曼、阿拉伯联合酋长国、科威特20个国家。

关系发展迎来了新的历史契机。面向新时代，中国与西亚国家必将开创"全面合作、共同发展"的灿烂局面，使双方关系发展成为国家间合作的又一光辉典范。

第一节　中国西亚区域外交的历史沿革

新中国成立后，中国与西亚各国外交，既有"波谷"，更有"波峰"。1955年，中国与阿富汗正式建交，实现了对西亚国家外交"零的突破"。1992年，中国与以色列建交，实现了与西亚国家的全面建交。中国与西亚国家的邦交关系不断实现历史性新跨越，为21世纪彼此关系的发展、拓展与升级，奠定了坚实的历史基础和政治保障。

一、中国西亚区域外交的历史沿革

新中国成立以来，中国西亚区域外交以及中国与西亚国家关系的发展历程，大致可以归结为六个阶段：一是1949—1955年邦交关系的孤立期，二是1956—1958年邦交关系的创立期，三是1959—1969年邦交关系的低潮期，四是1970—1978年邦交关系的转型期，五是1979—1992年邦交关系的发展期，六是1992年以来邦交关系的成熟期。

（一）邦交关系孤立期（1949—1955年）

新中国成立之初，国际处境十分孤立，国家境遇相当严峻。以毛泽东为首的党中央领导集体，为了保护人民政权、维护国家安全、打破美帝国主义封锁，当机立断地选择站在以苏联为首的社会主义阵营一边。为此，中国实行了"一边倒"的外交政策，成功地化"危局"为"安局"，维护了人民政权安全和国家主权及尊严。基于上述外交立场，对受控于西方阵营的西亚国家，新中国将其领导层一度称之为"反动统治集团""封建统治者""帝国主义走狗"等。朝鲜战争爆发后，部分西亚国家不分青红皂白，甘愿给美帝国主义当枪使，公开指责中国为"侵略者"，更有甚者直接派兵参加了以美国为首的"联合国军"。基于"亲美反共"的政治立场，诸如土耳其、沙特阿拉伯、伊朗等地区大国拒绝承认新中国，并与台湾当局保持所谓"外交关系"，支持美国阻挠新中国恢复在联合国的合法席位。

虽然以色列是西亚地区最早承认新中国的国家,但受"亲美"路线的影响,其在与中国建交问题上犹豫不决,致使中以两国失去在20世纪50年代早期建交的机会。[①]可以看出,新中国在成立之初与西亚国家的关系并不融洽。其中,以美帝国主义为首的西方国家难辞其咎,严重阻碍了中国与西亚国家及其人民渴望交往、和平共处的心愿。不过,"受阿富汗与苏联友好的影响,中国与阿富汗于1955年1月正式建立外交关系,成为该阶段中国与西亚外交取得的主要成就"。[②]

(二)邦交关系创立期(1956—1958年)

新中国成立初期,虽然与西亚国家存在一定隔阂,但彼此之间相同的遭遇、相似的命运,很快使两者在反对殖民统治、争取民族解放的道路上走到了一起,找到"共同语言"。新中国成立后,为打破以美帝国主义为首的西方阵营的孤立和封锁局面,积极展开外交活动,西亚国家顺其自然地成为了新中国努力争取的外交重点。与此同时,一些新兴的西亚民族主义国家在摆脱西方殖民统治、争取政治和经济独立的斗争中,也需要中国的大力支持。相似的命运、共同的需求,使中国与西亚国家在1955年万隆会议上成功摒弃前嫌,开始携手共进,由此迎来了彼此建交的首次高潮期。会议期间,周恩来总理与埃及总统纳赛尔等阿拉伯国家领导人接触,对中东形势有了更多了解,并决定优先发展同阿拉伯国家的关系,在巴勒斯坦问题上采取支持阿拉伯国家的态度。因此,1956年中国中断了同以色列的一切接触,中以关系进入了一个长达30年的"冻结时期"。[③]1958年伊朗国王巴列维"正式访问"台湾,1962年其在联合国公开谴责中国"侵略印度",致使中伊两国在长达22年里几乎没有交往。不过,基于公正的政治立场和正确的战略选择,新中国成立初期就在西亚地区打开了外交局面。据统计,中国在1956年8月到1958年8月的两年时间里,与叙利亚、也门、伊拉克三个西亚国家,建立了正式外交关系。至此,西亚国家逐步改变了对新中国的看法,这为中国与西亚国家关系发展奠定了基础,打开了大门,也为实现彼此关系正常化迈出了"关键的第一步"。

[①] 肖宪:《"一带一路"视角下的中国与以色列关系》,《西亚非洲》2016年第2期,第92页。
[②] 刘中民:《中国中东外交三十年(上)》,《宁夏社会科学》2008年第5期,第9页。
[③] 肖宪:《"一带一路"视角下的中国与以色列关系》,《西亚非洲》2016年第2期,第92页。

（三）邦交关系低潮期（1959—1969年）

伴随中苏同盟关系的破裂，中国对外政策由"一边倒"调整为"两个拳头打人""两面开弓"，既反对"美帝"为首的西方阵营，又反对"苏修"的扩张政策。这一重大转变，不论是从战略还是战术的角度来看，都使中国外交陷入相对被动的境地。虽然1963年12月至1964年2月周恩来率领中国代表团对亚、非、欧的14个国家进行了访问，[①] 在一定程度上调整了与上述国家的邦交关系，使彼此关系逐渐复归于正轨，但受当时"极左"思想影响的中国外交越来越多地强调"世界革命"和"中国的无产阶级国际义务"，致使中国外交背上了沉重的包袱，也日益脱离实际。这一时期，还需要注意的是：土耳其极端亲美的以总理曼德列斯为首的民主党政府垮台，新上台的人民党政府认识到中土间没有根本的利害冲突，中国国际地位的不断提高也需要土耳其改变对华政策。加之，此时冷战进入相对缓和的新阶段，中土双方多次互访，试图通过一些渠道改善与对方关系，但这一态势因中国国内"文革"而中断。[②] 一方面，中国和亲美的西亚国家未能迈出"勇敢的一步"；另一方面，此前与中国相对友好的部分西亚国家全面倒向苏联一边，中国在西亚地区的影响力因此急剧下降。可以说，此时的中国"既没有客观清醒地界定自己的国家利益主体，又在对外政策制定和实施上盲目超出自己的实力"，[③] 使中国对西亚外交处于低潮期。这种"两面开弓"的被动局面，使中国不得不重新思考和审慎调整其外交政策，也为中国与西亚国家迎来二次建交的高潮奠定了政策基础。

（四）邦交关系转型期（1970—1978年）

为了扭转较为被动的外交局面，缓解苏联陈兵百万对中国边境地带的压力，中国逐渐把"两个拳头打人"的外交政策调整为"联美抗苏"。1969年中共九大召开后不久，毛泽东指示陈毅、叶剑英、徐向前、聂荣

[①] 1963年12月至1964年2月，周恩来总理和陈毅副总理访问了阿拉伯联合共和国（埃及与叙利亚联合体）、阿尔及利亚、摩洛哥、突尼斯、加纳、马里、几内亚、苏丹、埃塞俄比亚、索马里等11个亚非国家，接着访问了缅甸和巴基斯坦，最后同宋庆龄副主席一起访问了锡兰。

[②] 肖宪、王文章：《中国与土耳其关系的演变、问题与未来》，《外交评论》2007年第2期，第34页。

[③] 李红杰：《国家利益与中国的中东政策》，中央编译出版社2009年版，第56页。

臻四位元帅研究当时国际形势及中国对策,由此形成了《对目前局势的看法》的报告。该报告指出:"反华大战不致轻易发生,中苏矛盾大于中美矛盾,美苏矛盾大于中美矛盾。"[①] 对此,陈毅向周恩来总理建议中央尽快同美国接触,举行中美部长级或更高级的会谈。于是,就有了美国国务卿基辛格秘密访华之行,中美关系也逐步走向了缓和。伴随着中美关系的逐渐缓和以及中国外交政策的持续调整,中国与西亚国家关系发展迎来了第二次高潮期。伊朗是最早捕捉到中美"乒乓外交"所传递的积极信号的国家之一。巴列维国王在1971年4月13日派遣其妹妹阿什拉芙公主访问中国,同年4月30日,巴列维国王的另一位妹妹法蒂玛公主也实现访华。不久,在巴基斯坦的斡旋下,中国与伊朗在伊斯兰堡开始了建交谈判。8月16日,中伊两国发表建交公报。[②] 可见,中美关系的逐步解冻,为中国与西亚国家建交创造了重要条件。据统计,仅在1971年,中国就接连同科威特、土耳其、伊朗、黎巴嫩、塞浦路斯五个西亚国家建立了正式外交关系。同年10月,中国在第26届联合国大会上恢复了合法席位,其中西亚国家就有所助力,由此推动着中国与西亚国家关系发展迈向了新阶段。1977年和1978年,中国分别与约旦、阿曼建立了正常邦交关系,进一步推动了中国与西亚国家全面建交的历史进程。可以说,20世纪70年代,中国开展西亚外交的一个侧重考虑是,在西亚地区这一重要的战略方向上,为遏制苏联霸权主义过快过猛的发展势头创造有利条件。

(五)邦交关系发展期(1979—1992年)

迈过"激情燃烧"的岁月,中国迎来了改革开放的春天,祖国的一片欣欣向荣预示着一个伟大的时代即将到来。这一时期,中国旗帜鲜明地提出了和平与发展的时代主题观,逐渐破除了意识形态画线、美苏阵营分立的传统外交思维,由此确立了以国家利益为核心要旨的外交准则。这极大地拓展了中国的外交空间,进一步增强了中国外交的灵活性和主动性。例如,"在1990—1991年海湾危机和海湾战争中,中国一方面明确反对伊拉克吞并科威特,另一方面始终注重用和平手段解决危机,不赞成美国和西

---

① 熊向晖:《打开中美关系的前奏——1969年四位老帅对国际形势研究和建议的前前后后》,《瞭望》1992年第35期,第26页。

② 华黎明:《新中国与伊朗关系六十年》,《西亚非洲》2010年第4期,第24—25页。

方对伊拉克动武"。[①] 20世纪80年代至90年代初，中国先后与阿联酋、卡塔尔、巴勒斯坦、巴林、沙特阿拉伯等西亚国家建立正式外交关系。至此，中国与所有的中东阿拉伯国家都建立了正式的外交关系。随着1978年埃及与以色列双边关系逐渐进入和平状态，阿拉伯国家与以色列之间"主和"舆论开始占据主流地位，尤其是1991年召开的马德里会议，标志着中东和平进程已取得重大进展。这为中国与以色列进行"阳光下交往"奠定了基础，扫除了顾虑。1992年1月24日，中以两国跨过"千山万水"，终于正式建交。至此，中国走过了与西亚国家全面建交的历程（具体参见表3），既为这一时期中国与西亚国家邦交关系的大发展画上了一个圆满的句号，也为下一阶段双方关系发展逐渐进入成熟期打下了坚实基础。

（六）邦交关系成熟期（1992—2019年）

自中国与西亚国家实现全面建交以来，伴随着双边关系的加强和深入发展，西亚国家对中国和平与发展的重要战略意义日趋突显出来。不论是从地缘战略博弈、地缘政治地位来看，还是从保障边疆安全、确保能源安全来说，西亚地区对维护中国和平发展局面抑或是和平崛起都是不可或缺的战略依托带。[②] 这意味着中国只有从战略高度来看待和谋划对西亚外交，积极发展与西亚国家的友好互惠关系，才能够进一步提高中国的战略回旋空间，切实保障和增进中国在西亚地区的国家权益。实际上，这符合西亚国家的核心利益诉求。由此，推动着中国与西亚国家关系加快步入了发展的成熟期。"9·11"事件发生后，国际形势发生重大变化，反恐成为美国外交的首要任务，美国对阿富汗和伊拉克发动战争，使阿拉伯乃至伊斯兰世界面临剧变局面，亟需寻求友好国家支持，扩大外交回旋余地。[③] 与此同时，中国也面临机遇与挑战并存的新形势，需要深化同广大发展中国家的合作关系，进一步夯实中国外交的基础。在此形势下，进一步加强中阿友好合作关系，是双方共同利益之所在。2004年1月，胡锦涛主席对埃及

[①] 刘中民：《中国的中东热点外交：历史、理念、经验与影响》，《阿拉伯世界研究》2011年第1期，第45页。

[②] 中国社会科学院西亚非洲研究所：《中国的中东非洲研究（1949—2010）》，社会科学文献出版社2011年版，第6页。

[③] 吴思科：《亲历中国中东外交的调整》，《当代世界》2015年第10期，第64—65页。

进行国事访问后，专程到访阿拉伯国家联盟总部，宣布中国和阿拉伯国家创立"中阿合作论坛"，作为推动中国与中东阿拉伯国家关系发展的新机制新平台。可以说，自1992年以来，中国与西亚国家关系呈现的全面活跃的良好局面，表明彼此关系发展在一定意义上已经进入成熟期。虽然西亚地区属于多事之地且战乱频仍，但中国始终在大是大非面前秉持公正、积极促谈、维护和平。此举，赢得了西亚国家的广泛赞誉和高度信任，体现了中国负责任大国的立场做派，也带给西亚国家更多的期待。

表3　中国与中东国家建立外交关系简表

时期	孤立期 (1949—1955年)	创立期 (1956—1958年)	低潮期 (1959—1969年)	转型期 (1970—1978年)	发展期 (1979—1992年)
建交国家与时间	1.阿富汗：1955年1月20日	1.叙利亚：1956年8月1日； 2.也门：1956年9月24日； 3.伊拉克：1958年8月25日		1.科威特：1971年3月22日； 2.土耳其：1971年8月4日； 3.伊朗：1971年8月16日； 4.黎巴嫩：1971年11月9日； 5.塞浦路斯：1971年12月14日； 6.约旦：1977年4月7日； 7.阿曼：1978年5月25日	1.阿联酋：1984年11月1日； 2.卡塔尔：1988年7月9日； 3.巴勒斯坦：1988年11月20日； 4.巴林：1989年4月18日； 5.沙特阿拉伯：1990年7月21日； 6.以色列：1992年1月24日

资料来源：根据中国外交部网站资料整理而成。

二、中国与西亚国家的主要外交活动

梳理新中国成立以来与西亚国家的主要外交活动，其鲜明地聚焦在政治外交、经济外交、能源外交、军事外交、人文外交五大方面，由此支撑起中国的西亚外交，也有效保障、推动和增进了中国与西亚国家关系发展。

（一）政治外交

新中国成立后，从1955年与阿富汗正式建立外交关系从而实现了与西亚国家关系发展"零的突破"，到1992年与以色列建交由此实现与西亚国家全面建交的喜人局面，可以说，中国与西亚国家的邦交关系不断实现历史性跨越，这为新时期彼此关系的进一步拓展和升级奠定了坚实的政治基础。改革开放后，中国逐渐摆脱了意识形态对外交活动的束缚影响，国家工作重心转移到经济建设方面，这为中国展开一系列的外交活动提出了新的要求和指向。在此背景下，中国对西亚外交由"以'政治外交'为主转向政治、经济、安全、文化等领域的全方位外交"。[①] 不过，政治外交的加强和深入发展以及双方之间高层的频繁互访，依然是推动中国与西亚国家关系发展和各领域合作的根本基石与重要保障。特别是20世纪70年代以来，西亚地区的热点事件频发、局势动荡不安，中国面对第四次第五次中东战争、苏联入侵阿富汗、两伊战争、海湾战争、"9·11"事件、阿富汗战争、伊拉克战争、叙利亚危机、也门危机等一系列的严峻事态，始终按照事件本身的是非曲直，奉行有理有利有节的处理原则，并基于国家利益、国际责任的要求诉求，务实、公正、灵活地开展相关外交斡旋活动，由此赢得了广大西亚国家的普遍赞誉和信任，树立起"负责任大国"的良好形象。应当说，这些灵活、适当、公正的政治外交活动，为中国的对外开放和经济建设也起到一定的"保驾护航"作用。

（二）经济外交

改革开放以来，中国与西亚国家的经贸合作不断发展和加强。1991年，中阿双边贸易额为24.2亿美元，仅时隔两年双边贸易额就首次突破了40亿美元大关。迈入21世纪以后，中阿双边贸易额屡创历史纪录，2011年双边贸易额接近2000亿美元，同比增长35%，创历史新高。2012年，中阿双边贸易额达2224亿美元，同比增长14%，再创历史新高。[②] 中阿双边经贸额的迅速攀升和显著扩大，只是中国与西亚国家日趋紧密和强化的经贸关系的一个缩影而已。当前，中国与西亚国家已互为重要的贸易伙伴，双边的经贸利益融合愈加深入和增强，彼此之间的经贸合作呈现只有"波峰"没有"波谷"的良好态势。这主要是得益于中国与西亚国家的经贸合作具有很强的互补性和互利性。通常，中国从西亚地区进口原油、成品油、液化天然气等原料品，而中国出口到该地区的商品则以机电、纺织、轻工等商

[①] 刘中民：《中国中东外交三十年（上）》，《宁夏社会科学》2008年第5期，第8页。
[②] 易初：《中阿经贸合作依然持续发展》，《人民日报》2013年5月14日，第23版。

品为主，彼此产品的互补性很大、经贸互利性也极强。对中国来说，西亚地区是其不可忽视的商品和劳务市场；对西亚国家来说，中国的改革开放成就令其垂慕，与中国加强和深化经贸合作是其国策上的不二选择。①这为中国展开和加强与西亚国家的以互利合作共赢为原则的经济外交活动，营造了良好环境，创造了有利条件，廓清了思维道路。

（三）能源外交

石油是经济发展的血液，也是中国能源外交的主轴。改革开放后，社会主义现代化事业热火朝天地进行，一年一个台阶，十年一大变化，使中国对能源的需求迅速上升，在1993年从石油净出口国变成了石油净进口国。②这其中，中国自西亚地区进口石油的数量上升态势最为明显，"从1990年的115.36万吨增至2002年的3539.12万吨，12年间扩大了近30倍"。③众所周知，西亚地区油气资源十分丰富，其"剩余石油可开采储量占世界的64%，是现在也是将来世界上最大的石油输出地区"，④素有"世界石油宝库"之誉，也是中国能源供应地的主要来源。截至2012年底，中国石油进口量的一半以上来自西亚地区，因此该地区的稳定与否成为中国政府高度关注的重要问题。改革开放后尤其是跨入21世纪以来，中国与西亚国家的高层互访不断且持续增强，其中双方围绕石油为主轴的能源外交取得了不俗绩效而成为一大亮点。比如，2005年石油输出国组织（OPEC）时任主席萨巴赫访问中国时表示，希望与中国建立石油对话机制；2006年，沙特阿拉伯国王阿卜杜拉登基后把中国确定为首访国家，同年国家主席胡锦涛回访该国，两国元首的互访活动为增进双方能源领域合作、打开能源外交新局面奠定了重要基础。⑤凡此种种，不一而足。众多的事实表明，中国与西亚地区产油国之间的能源合作已进入新时期，而能源外交则是中国对西亚外交中不可或缺的重要部分，并具有特殊地位。

---

① 朱志群：《中国对中东的能源外交与策略》，《国际观察》2008年第4期，第65页。
② 潘光：《改革开放30年来的中国能源外交》，《国际问题研究》2008年第6期，第29页。
③ 刘中民：《中国中东外交三十年（下）》，《宁夏社会科学》2009年第1期，第77页。
④ 吴强：《能源外交：21世纪中国的外交新课题》，《国际政治研究》2001年第1期，第14页。
⑤ 刘玲芳：《中国与沙特阿拉伯石油经济贸易的挑战与展望》，《产业与科技论坛》2015年第22期，第11页。

（四）军事外交

新中国成立后，为支持广大亚非拉国家争取和实现民族独立、建立更加广泛的国际统一战线，多次无私地给予上述国家以政治声援、物资支持和军事帮助，在一定程度上促进了亚非拉国家的民族独立进程，也为中国赢得了一批好兄弟、好朋友，成功突破了以美帝国主义为首的西方阵营的孤立和封锁。西亚国家作为"两个中间地带"的重要组成部分，自然而然地成为新中国外交积极争取和援助的重点对象，这一点在军事外交方面也有着鲜明的体现。应当说，新中国成立初期，对西亚国家所展开的军事外交活动，极大地促进了双边关系发展。此后，伴随世界形势的剧变和时代主题的转换，中国对西亚国家的军事外交活动由无偿援助逐渐转向了以军品贸易和军事合作项目为主。其中，中国同以色列展开的军工技术方面合作，加速了中国国防现代化进程。不过，这时常受到美国因素、中国与阿拉伯国家关系、中国与伊朗关系的影响。比如，2000年7月发生的"预警机事件"。在美国强大的压力下，以色列单方面取消了向中国出售预警机系统的合同，致使中以关系在其后几年一度陷入低谷。[1] 可以说，如何平衡处理好中阿、中以、中伊等双边关系，一直是中国拓展和深化西亚区域外交的一个重点和难点。除传统军事合作领域外，自20世纪90年代起，中国开始以参加西亚地区的维和行动、派遣海军编队参加亚丁湾护航行动等形式，进一步拓宽与西亚国家的军事外交领域，由此形成了全方位、多层次、宽领域的军事外交格局。

（五）人文外交

人文外交旨在推动不同国家人民之间的心灵沟通和良性互动。对此，周恩来总理指出："外交是通过国家和国家的关系这个形式来进行的，但落脚点还是在影响和争取人民。"[2] 历史地看，中国与西亚国家的人文外交启动时间较早，其主要形式包括文化、人员和思想的交流，至今大致经历了

---

[1] 肖宪：《"一带一路"视角下的中国与以色列关系》，《西亚非洲》2016年第2期，第94—95页。

[2] 中共中央文献研究室编：《周恩来外交文选》，中央文献出版社1990年版，第52页。

三个高潮期。① 应当说，持续深入和加强的人文外交活动在中国与西亚国家关系发展中具有重要的地位，起到了"增信释疑"的积极效果，也夯实了双边关系发展的民意基础。跨入21世纪以后，中国日益从战略高度来看待与西亚国家的人文交往，尤其是阿拉伯国家有推动不同文明对话、重塑被西方妖魔化国际形象的迫切需要。② 对此，中国在西亚国家举办了"中阿丝绸之路文化之旅""海湾中国文化周""中国文化周暨新疆文化节""中国文化周暨海上丝绸之路泉州文化节"等大型文化类活动，而西亚国家则在中国举办了"伊朗文化周""叙利亚文化周""科威特文化周"等综合文化活动。在中阿合作论坛框架下，中国迄今已在叙利亚、巴林、突尼斯举办三届中国艺术节，并在中国举办四届阿拉伯艺术节，推动了中阿人文交流。可以说，当前中国对西亚国家人文外交，既面临难得的发展机遇，同样也面临新的挑战。诸如对华负面认知和疑虑、国情差异巨大明显、信息媒介传播变革等多种因素，成为新时期推动中国与西亚国家人文外交的待解课题。

三、中国与西亚国家关系的重大外交事件

在中国与西亚国家关系发展不断取得巨大成就的历史进程中，一系列的重大外交事件及其当时的、现实中的或长远性的国际影响始终难以泯灭、不可忽视。这不仅客观地反映了中国与西亚国家关系从蹒跚起步到增进发展的脉络历程，还表明双方关系发展无法摆脱国际形势变化、地区局势变动、重大国际事件的深刻影响。因此，这一关系的发展，在一定程度上具有了超越双边关系范畴的地缘政治、经济、安全影响效力。

（一）1955年万隆会议

1955年4月18—24日，万隆会议的成功召开为新中国打开与西亚国家的外交关系提供了难得的历史性契机。"毛泽东对这次没有帝国主义、殖民主义国家参加的亚非会议十分重视，责成周恩来亲自负责准备中国代表团

---

① 马丽蓉认为，20世纪五六十年代是新中国与中东国家进行文化交流的第一次高潮，七八十年代是双方展开文化交流的第二次高潮，改革开放后双方文化交流步入飞速发展的第三次高潮。参见马丽蓉：《新中国与中东的文化交流》，《西亚非洲》2010年第4期，第17页。

② 刘中民：《中国中东外交三十年（上）》，《宁夏社会科学》2008年第5期，第12页。

参加会议的方案。"[①] 历史证明，以周恩来总理为首的中国代表团不仅出色地完成了使命，还牢牢地把握住了会议总基调，避免了各方因"分歧"而导致"不欢而散"，为万隆会议的成功作出了杰出贡献。会议期间，为打开中国与西亚国家的外交关系僵局，周恩来总理与埃及总理纳赛尔就双边关系、亚非国家的团结等问题深入交换了意见，取得了广泛共识。万隆会议一年之后，中埃两国正式建立外交关系，埃及成为阿拉伯国家中第一个与新中国建交的国家。这极具"示范效应"并有力地促进了中国与西亚国家关系发展。从1956年8月到1958年8月，叙利亚、也门、伊拉克三个西亚国家先后与中国建立了正式外交关系，由此形成了中阿建交的第一次高潮期，这极大地促进了中国与西亚国家关系的发展进程。

（二）1977—1979年埃以媾和

1977年11月，埃及总统萨达特的耶路撒冷之行，开启了埃以和谈的大门，为1978年9月17日《戴维营协议》的签订奠定了基础。以此为开端，1979年3月26日，埃及总统萨达特和以色列总理贝京根据《戴维营协议》的规定，在美国白宫签署了《埃以和约》。上述"三部曲"，勾画了埃以媾和的基本脉络。应当说，埃以媾和打破了30年阿以之间的全面交战和对峙状态，使埃以两国实现了关系正常化。"尽管人们对《戴维营协议》有褒有贬，但是它给埃及带来了和平，给阿以冲突带来了政治解决的曙光，这已经为国际社会所公认。"[②] 对此，中国政府表示理解和支持。这不仅推动了中埃关系的迅速发展，也为进一步实现中以两国"阳光下交往"扫除了顾虑。此外，它还有利于从战略上进一步孤立苏联，防止苏联霸权主义进一步扩张，为中国推行改革开放政策营造了一个相对有利的国际环境。1984年11月至1990年7月，中国先后与阿拉伯联合酋长国、卡塔尔、巴勒斯坦、巴林和沙特阿拉伯五个西亚国家建立了正式外交关系，有力地推进了中国与西亚国家全面建交的历史进程。

（三）1991年苏联解体

1991年12月25日，苏联的轰然倒塌，标志着冷战两极格局的终结，

---

① 逢先知、金冲及：《毛泽东传（1949—1976）》（上），中央文献出版社2003年版，第590页。

② 李松龄：《始于戴维营协议的中东和平进程》，《世界知识》1988年第18期，第10页。

世界格局转向"一超多强"方向。"国际格局的变化,迫使叙利亚等亲苏国家进行策略和战略上的重大调整,转而同美国改善关系,制定向西倾斜的外交政策,寻求新的支持和帮助,使土耳其、沙特等亲美的国家更加向美国靠拢。"① 苏联的解体,使西亚地区形成了美国"一家独大"的地缘政治格局。不过,在这种格局下,西亚国家并未放弃与世界各国发展关系的夙愿。比如,以色列不仅与美国保持战略盟友关系,而且奉行全方位外交立场,积极发展同西欧、日本、中国和独联体等国家的关系。这种外交姿态的转变,其深层次原因与时代主题的转换不无关系。可见,冷战后世界各国的外交政策更趋理性和务实,逐步摆脱了意识形态对国家外交政策的束缚影响。1992年1—6月,中国先后与以色列、亚美尼亚、阿塞拜疆、格鲁吉亚等西亚国家建立正式外交关系,标志着中国与西亚国家实现了全面建交的历史夙愿,由此掀开了双方关系发展的新篇章。

(四)2001年"9·11"事件

2001年"9·11"事件的爆发,使得恐怖主义的"幽灵"一直游荡在国际社会上空,成为人们一时难以摆脱的"梦魇"。美国遭此袭击,彻底改变了其对自身安全的认知,时至今日"9·11"事件依然是其挥之不去的"阴影"。因此,为了保障美国安全,围剿恐怖主义分子,美国亟须调整与各大国关系,将之纳入全球反恐统一战线之中。应该说,对此各大国是积极予以配合的,例如俄罗斯就破例允许美军进入俄罗斯的"传统势力范围"——中亚地区驻军。由此可见,"反恐战争使得大国之间的某些传统矛盾在一定条件和一定程度上被淡化、减少或退居次要地位,而共同利益增加,成了大国之间新的利益交汇点"。② 不过,我们要明白"从长期看,'9·11'事件的影响只是战术性的,而不是战略性的"。③ 总之,这一时期的反恐战争,也构成了中国与中东国家军事外交的重要内容。

---

① 谭秀英:《苏联解体后中东政治格局的变化》,《世界经济与政治》1992年第12期,第51页。
② 宫玉涛:《"9·11"事件以来大国关系调整的特点》,《学术探索》2008年第2期,第19页。
③ 张家栋:《战术性分水岭:"9·11"事件对美国对外政策的影响》,《21世纪经济报道》2011年9月12日,第7版。

（五）2010年"阿拉伯之春"

"9·11"事件爆发后，美国加大对西亚地区的"民主输出"力度，以期通过"民主改造"从根本上杜绝恐怖主义。不过，美国的所作所为在西亚北非地区掀起了一浪高过一浪的"阿拉伯之春"运动，突尼斯、埃及、利比亚、也门等国家先后发生政权更迭，致使其国内秩序陷入混乱、动荡和不安之中，诸如民族分裂、教派争端、血腥仇杀、武装割据、恐怖袭击等事件接连不断。"严酷的现实打消了当初阿拉伯动乱所激发的乐观预期。以发展民主、振兴经济、改善民生为预期的'阿拉伯之春'已幻化为冷酷无比的'阿拉伯之冬'。"[①]毫无疑问，这是对美国"民主输出"战略的极大讽刺，表明只有因地制宜地开出"药方"才能起到"药到病除"的最佳效果。不可小觑的是，上述事件给中国带来了一定的消极影响，冲击着中国的能源安全，加大了中国处理与部分阿拉伯国家关系的实际难度，一定程度上影响了中国的国际形象。[②]尽管如此，中国仍然秉持公道、坚持正义的一贯立场，以公心而非私意让世界各国更多听到中国声音、看到中国方案，以更大努力和智慧推动西亚地区秩序朝着公正合理的方向发展，同时努力推动中国与西亚国家关系迈向新的更高台阶。

四、对中国西亚区域外交总体评价

总体来说，全面认知中国的西亚区域外交，可以从改革开放前、改革开放后、迈入21世纪三个重要阶段，做出分期性的一般评价。可以看出，各个时期中国对西亚外交的重点、难点、亮点多有不同。这既反映了双方关系发展及巨大成就取得的来之不易，也表明了和平共处、互利合作、共同发展是处理中国与西亚国家关系、应对西亚地区复杂局势、发挥中国"负责任大国"作为的根本准则。

改革开放前，以"政治外交"为主。中国与西亚国家关系发展，深深地烙上了那个时代的印记。坦率地说，这是一个"政治挂帅"的时代，一

[①] 李翠亭：《"阿拉伯之春"的历史后果——兼论美国对阿拉伯世界的民主输出》，《武汉大学学报（人文科学版）》2014年第1期，第117页。

[②] 杨值珍：《"阿拉伯之春"对中国的影响及启示》，《江汉论坛》2012年第9期，第72—73页。

个战争与反战争、革命与反革命的时代。由此,形成了这一历史时期所特有的世界格局观、国际斗争观、意识形态观和领袖人格观。总体来说,改革开放前,中国与西亚国家关系发展以"政治外交"为主,即以突破关系瓶颈、实现正式建交作为外交工作的中心内容。虽然在推进彼此建交的历史进程中难免会囿于时局,但最终还是由陌生走向熟悉、由敌视迈向共存。改革开放前30年中国与西亚国家的邦交历程,就生动地诠释了这一点。

改革开放后,向全方位外交迈进。伴随着对时代主题的认知转变,中国逐渐挣脱了意识形态对其外交活动的束缚,成功地实现了中国对西亚外交的整体转型。改革开放后,中国外交的风格更趋务实,再次肯定了和平共处五项原则的准则地位,这为推动和实现中国与西亚国家的全面建交,奠定了重要基础,创造了有利条件。以和平共处五项原则为依归,中国与以色列在1992年1月底正式建立外交关系,由此完成了邦交正常化。与此同时,伴随着党的中心工作的转移,中国的西亚外交逐步由以"政治外交"为主转向了政治、经济、安全、文化等领域的全方位外交。这极大地丰富了中国与西亚国家关系发展的内涵内容,也进一步提升了双方关系发展的质量。如果说和平共处五项原则是推动和实现中国与西亚国家全面建交历程的政治基石,那么,坚持互利共赢方针则是新时期中国与西亚国家关系全面加强、迅速发展、成果丰硕的基本保障。

迈入21世纪,西亚外交地位不断提升。21世纪以来,中国全面加强了与西亚国家的政治、经济、安全、文化等领域的联系,彼此之间相互依存程度不断加强加深,由此形成"你中有我,我中有你"的高度融合的新型利益格局。从经贸关系来看,2009年"中国已成为GCC(海湾合作委员会)第三大货物贸易伙伴,是GCC第一大货物进口来源国和第三大货物出口目的国"。[①] 在此背景下,2004年中阿双方一致同意成立"中阿合作论坛",同时启动了建立自贸区的谈判进程。可以说,伴随着中国的综合国力增强及其在西亚地区的关系成长、利益深化和责任担当,西亚外交在中国周边

[①] 据统计,2000—2011年,中国与GCC双边货物贸易额由101.1亿美元上涨至1337.2亿美元,年均增长31.9%。参见张利娟:《中国与中东贸易新发展》,《中国经贸》2012年第10期,第88页。

外交乃至整体外交中的权重不断提升。为了维护中国在西亚地区的国家利益，促进该地区的和平、稳定与发展，充分展现中国"负责任大国"的良好形象，中国从2002年开始向中东地区派遣特使。这可以视为中国对西亚外交的一次深刻变革和巨大转型。总而言之，不论是中阿合作论坛的建立和发展，还是中国与西亚国家的自贸区谈判以及其他各个领域关系及合作的显著加强，无不推动也预示着中国与西亚国家关系在更加全面、紧密、深入、高质的发展带动下迈入了新时代。

第二节　新时代中国西亚区域外交

迈入新时代，中国与西亚国家关系发展快步跨进新阶段，各领域合作持续加强和深化，堪为当今世界南南合作的成功典范。立足于"全面合作、共同发展"的战略高度，中国与西亚国家充分认识到双方是天然的合作伙伴乃至于"命运共同体"。中共十八大以来，中国一系列的积极务实担当举动，向世界传递着其全面加强对西亚外交的强烈信号，双方关系发展进一步强化深化的同时，也推动着西亚地区的和平进程跨入新阶段、共同发展迎来新局面。

一、新理念

新时代中国的西亚外交更具时代特质，也更加全面和讲求内涵式发展。在价值观层面上，由文明观、道路观、是非观、安全观、发展观立体化支撑起来的新型国际关系的新理念新主张，对应性地、举措化地落实为以包容互鉴、相互尊重、实事求是、对话和平、合作共赢为核心的原则与行动。在新理念的引领和带动下，中国的西亚外交由此掀开了新篇章。

（一）包容互鉴为核心的文明观

20世纪90年代初，美国学者塞缪尔·亨廷顿的"文明冲突论"横空出世。人类社会似乎就像亨氏所指的一般，陷入了一场又一场、一波又一波因"文明"而引发的冲突、暴力乃至战争。对此，习近平主席指出，"只要秉持包容精神，就不存在什么'文明冲突'，就可以实现文明和谐"。① 2014年6月5日，习近平主席在中阿合作论坛第六届部长级会议开幕式上进一步指出，"中阿双方坚持以开放包容心态看待对方，用对话交流代替冲突对抗，创造了不同社会制度、不同信仰、不同文化传统的国家和谐相处的典范"。② 可以说，习近平主席关于文明交流互鉴的重要论述，正是推进新时代中国特色人文外交的根本指南。坚持包容互鉴的文明观，就是让文明交流互鉴成为增进世界各国及其人民友谊的桥梁、促进人类社会不断发展的动力、维护世界和平与地区稳定的纽带。这势必对中国的西亚外交这一新时代中国特色人文外交的重要一环和重点方向，形成多方面的深刻影响，并产生积极的引领作用。

（二）相互尊重为核心的道路观

彼此尊重各自的道路选择，这是新时代中国对西亚外交的核心要义之一。习近平主席指出："一个国家发展道路合不合适，只有这个国家的人民才最有发言权。"③ 由于一个民族、一个国家有其独特的文化传统、历史遭遇和现实国情，因此不应要求每个民族、每个国家都采用同一种发展模式、走同一条发展道路。彼此尊重各自的道路选择，既是中国和平发展外交一贯的原则与主张，也是新时代中国特色大国外交的重要基石。针对当前阿拉伯国家自主探索发展道路的客观情况，习近平主席指出："我们愿意同阿拉伯朋友分享治国理政经验，从各自古老文明和发展实践中汲取智慧。"④ 毫无疑问，这一主张也适用于所有的西亚国家和世界各国。相互尊重道路选择，不仅意味着不干涉他国内政，更意味着相互分享和汲取彼此的治国理政经验，使双方实现"取长补短"，进而可持续地提升本国的和平发展能力。在这一理念的指导和推动下，中国在西亚地区的好兄弟、好朋友、好伙伴，不仅会越来越多、越来越近，还会越来越巩固、越来越繁荣。由此，为新时代国与国相交，推动构建新型国际关系，树立起又一个光辉的典范。

---

① 习近平：《习近平谈治国理政》，外文出版社2014年版，第259—260页。
② 同上，第315页。
③ 同上。
④ 同上。

（三）实事求是为核心的是非观

西亚地区处于亚非欧大陆的交汇地带，其战略位置极为重要。以至著名的地缘政治学家麦金德称："谁统治心脏地带，谁就能主宰世界岛；谁能统治世界岛，谁就能主宰全世界。"可以说，这一论断影响了整个20世纪欧亚大陆大国争夺的历史进程。[1] 人红是非多，地险兵家争。自古以来，西亚地区就是域内外大国博弈的主战场，而对该地区的激烈争夺则不可避免地牵扯出许许多多的是是非非。如今西亚地区国家间"剪不断、理还乱"的旧恨新仇，其实与冷战时期美苏两个超级大国对该地区的长期激烈争夺不无关系。尤其是美国在阿以冲突中长期过度偏袒以色列一方，致使阿方常常蒙受"不白之冤"，难以得到公正的对待，因而阿以冲突的彻底解决变得遥遥无期。对此，中国的立场和态度向来是坚定和一贯的，即中国始终坚定支持中东和平进程，支持建立以1967年边界为基础、以东耶路撒冷为首都、享有完全主权的独立的巴勒斯坦国。[2] 例如，在阿拉伯世界分化加剧的背景下，为推动叙利亚问题的政治解决，中国始终根据地区形势变化灵活调整与相关国家关系，有针对性地加强与埃及、沙特、土耳其、伊朗、以色列等地区大国的沟通、协调和合作，反对以外来武力干预方式进行政权更迭。[3] 可以看出，中国在西亚地区大是大非面前，一贯秉持公正、伸张正义，始终坚持以实事求是的态度对待和处理该地区矛盾与冲突。新时代中国的西亚外交将继续彰显实事求是为核心的是非观，中方也会继续努力推动中东和平进程，并与西亚国家一道探索实现该地区持久和平与发展繁荣的新路。

（四）对话以和平为核心的安全观

始终不渝地坚持并灵活运用政治方式解决西亚地区热点问题，这是新时代中国对西亚外交的突出特征之一。2010年"阿拉伯之春"运动的爆发，再次开启了西亚地区所谓"民主进程"的同时，也使该地区局势处于极度紧张和长期动荡之中。比如，叙利亚危机的解决久拖不决，致使该地区极

---

[1] 黄仁伟：《地缘理论演变与中国和平发展道路》，《现代国际关系》2010年第S1期，第19页。

[2] 习近平：《习近平谈治国理政》，外文出版社2014年版，第316页。

[3] 刘中民：《试水中东：变局下的中国外交》，《世界知识》2013年第5期，第46—48页。

端主义思潮沉渣泛起,恐怖主义势力趁乱扩张并向域外国家溢出。可以说,未来相当长的一段时间里,地区传统热点问题依然是影响西亚地区安全局势和地缘政治关系走势的主要诱因。显然,新时代中国的西亚外交无法规避该地区传统热点问题尤其是敏感复杂的地区安全问题的冲击影响,而这恰恰应成为新时期中国对西亚外交有所作为的一个重点方面。中国要更加积极主动地参与西亚地区事务,促进该地区热点问题的和平解决,并尽己所能地帮助西亚国家实现平稳转型。① 对此,2014年6月5日,习近平主席在中阿合作论坛第六届部长级会议开幕式上强调指出:"中国尊重叙利亚人民合理诉求,支持尽快落实日内瓦公报,开启包容性政治过渡,实现叙利亚问题政治解决。"② 这再次旗帜鲜明地表达了中方的立场和态度,传递了中方声音,提供了"中国方案",成为中国与西亚国家携手推动该地区热点问题和平解决的根本遵循,也体现了对话和平为核心的安全观在西亚地区的巨大感召力和影响力。

(五)合作共赢为核心的发展观

2013年3月23日,习近平主席在莫斯科国际关系学院发表演讲时指出:"世界长期发展不可能建立在一批国家越来越富裕而另一批国家却长期贫穷落后的基础之上。只有各国共同发展了,世界才能更好发展。那种以邻为壑、转嫁危机、损人利己的做法既不道德,也难以持久。"③ 这既是对人类社会发展规律的深刻揭示,也是新时代中国特色大国外交方针原则的集中体现。这一方针原则如果以最朴实的话语来说,就是既让自己过得好,也让别人过得好,最终实现大家都好才是真的好。针对目前中国与西亚国家均处于各自发展的关键阶段,都肩负着实现民族振兴、国家富强的历史使命的客观现实,习近平主席开诚布公地讲道:"中国愿意把自身发展同阿拉伯国家发展对接起来,为阿拉伯国家扩大就业、推动经济发展提供支持。"④ 近年来中国与西亚国家关系大发展大繁荣的事实,使双方有充

---

① 李伟建:《当前中东安全局势及对中国中东外交的影响》,《国际展望》2014年第3期,第22页。
② 习近平:《习近平谈治国理政》,外文出版社2014年版,第316页。
③ 同上,第273页。
④ 同上,第315页。

分的理由相信,坚持合作共赢方针、走共同发展道路,中国与西亚国家一定会迎来美好的前景、开创崭新的局面。

二、新思路

继往开来,新时代中国的西亚外交将会彰显"负责任、有作为"的全方位外交新思路,这主要体现在以下五个方面:

(一)政治领域:突出更强的针对性、立场性

迈入新时代,中国与西亚国家的交往和合作,在广度和深度上都实现了历史性跨越,形成了"全面合作、共同发展"的战略合作关系新格局。[①]与此同时,伴随"一带一路"倡议由愿景迈向实践,"三洲五海之地"的西亚地区的重要战略地位更加突显出来,这迫切要求中国在该地区"有所作为"。有鉴于此,中国在2016年1月13日对外发表了第一份《对阿拉伯国家政策文件》(以下简称《对阿政策文件》)。随后,习近平主席在当年的1月19—23日,应邀对沙特阿拉伯、埃及、伊朗三国进行了国事访问。不论是在《对阿政策文件》中,抑或是习近平主席访问上述三国所发表的演讲中,均突出强调了中国在处理该地区热点问题上政策的针对性和立场的坚定性。可以说,新时代中国的西亚外交从理念到主张、从政策到行动,都充分结合了西亚地区局势敏感复杂多变、中方真心体谅理解重视西亚国家核心利益关切的合理因素,展现出新时代中国对西亚外交致力于"建设性介入",发挥积极的建设性作用的新思路。

(二)经济领域:推动务实合作升级换代

2014年6月5日,习近平主席在中阿合作论坛第六届部长级会议开幕式上提出,要解决"优化贸易结构"问题,推动中阿务实合作升级换代,使中阿贸易额在未来10年从2013年的2400亿美元增至6000亿美元。[②]这是迈入新时代,中阿双方"全面合作、共同发展"的必然要求和共同诉求。为此,中国政府积极鼓励中资企业从西亚国家进口更多的非石油类产品,并使其在该地区的投资逐步从能源、石化领域向农业、制造业、服务

[①] 白洁等:《"新时期发展中阿关系的行动指南"——解读中国首份对阿拉伯国家政策文件》,政府网,2016年1月14日,http://www.gov.cn/xinwen/2016-01/14/content_5032961.htm。

[②] 习近平:《习近平谈治国理政》,外文出版社2014年版,第317页。

业等其他领域全面拓展。支撑这一"优化贸易结构"战略构想的基本方案是,"构建以能源合作为主轴,以基础设施建设和贸易投资便利化为两翼,以核能、航天卫星、新能源三大高新领域为突破口的'1+2+3'合作新格局"。[①] 由此,推动中阿务实合作实现升级换代,也助推中国与其他西亚国家经济领域合作迈上新高度。对中国和西亚国家来说,这是双方携手共同面对全球新一轮产业调整,抢占未来产业高地,实现产业升级换代的关键性战略举措。在上述尖端技术领域,加强全方位合作,实现共同发展,顺应了和平、发展、合作、共赢的新时代潮流。在经济领域,通过开展全方位、宽领域、多层次的战略合作,中国与西亚国家经济关系发展必将再创辉煌!

(三)社会发展领域:彰显项目合作的精准帮扶性

在社会发展领域,要强调项目合作和相关援助力所能及地紧密结合起来,由此长效化地帮助部分西亚国家积极改善民生,提高其自主发展能力。习近平主席在2014年6月指出:"今后3年,我们将为阿拉伯国家再培训6000名各类人才,同阿方分享发展、减贫等方面经验,交流中方的先进适用技术。未来10年,我们将组织10000名中阿艺术家互访交流,推动并支持200家中阿文化机构开展对口合作,邀请并支持500名阿拉伯文化艺术人才来华研修。"[②] 另外,《对阿政策文件》中也有详细的阐释和具体的说明。中国突出强调对西亚国家相关项目合作的精准帮扶性,充分体现了新时代中国特色大国外交的"中国气派"和"中国风格",向世界表明中国"负责任大国"的气度与胸怀,并以实际行动赢得了西亚国家和国际社会的普遍赞誉。迈入新时代,如何实现中国与西亚国家的共同发展、共同繁荣,携手推动构建合作共赢的新型国际关系,已经是新时代中国对西亚外交的一项重要使命。显然,这少不了中国与西亚国家在社会发展领域内密切合作及创新性举措的积极促动和功能外溢。

(四)人文领域:推动落实"宗教交流"倡议

面向新时代,全方位推进中国的西亚外交,离不开人文外交的助力和

[①] 《习近平:共同开创中阿关系发展美好未来,推动中阿民族复兴形成更多交汇》,中国共产党新闻网,2016年1月22日,http://cpc.people.com.cn/n1/2016/0122/c64094-28075084.html。

[②] 习近平:《习近平谈治国理政》,外文出版社2014年版,第318页。

第十二章　中国的西亚区域外交

推动。俗话说，关系亲不亲，关键在民心。要全方位推进中国与西亚国家的人文外交，必须充分考虑该地区独特的风土人情，要使中国对西亚人文外交真正做到"入乡随俗"。如果说新时代中国对西亚人文外交有什么突出的"亮点"，就在于中国首次明确提出了"宗教交流"的倡议，即"搭建双边多边宗教交流平台，倡导宗教和谐与宽容，积极探索去极端化领域合作，共同遏制极端主义的滋生和蔓延"。[①]众所周知，西亚地区局势长期动荡不安，其中一个重要根由是该地区的宗教、教派之间缺乏宽容理解和沟通交流平台，致使该地区矛盾越积越深、得不到及时化解，使"伊斯兰国"等极端恐怖势力一时间活动猖獗。中方在《对阿政策文件》中明确提出"宗教交流"的倡议，可谓是切中时弊、对症下药。这对伊斯兰教的国际形象改善，维护和增进中国与西亚国家的主权安全和地区安全，都具有重要的现实意义和深远的战略影响。以"宗教交流"为主轴，同时深入开展旅游、科教、地方合作等一系列友好交往，势必增强中国对西亚外交的亲和力、感召力和影响力，有助于进一步巩固和提升中国与西亚国家关系发展水平。

（五）安全领域：全面拓展和细化安全合作

推动中东和平进程，实现西亚地区持久稳定与发展繁荣，中国给出了全面拓展和细化安全领域合作的新方案。具体来说，在安全理念上，中国首次提出"倡导在中东实践共同、综合、合作、可持续的安全观，支持阿拉伯和地区国家建设包容、共享的地区集体合作安全机制，实现中东长治久安与繁荣发展"。[②]在安全实践上，中国针对具体问题和迫切领域，提出了为数不少的新倡议、新举措和新方案，并得到西亚国家的普遍赞誉。比如，在反恐合作领域，中国通过建立长效化的安全合作机制、加强情报信息交流、进行专业人员培训等活动，对阿拉伯国家针对性提升和加强反恐能力提供了一定的帮助；在非传统安全领域，近年来中国与部分西亚国家在网络安全领域开展了卓有成效的合作；同时，近十年时间中国连续派

[①] 刘中民：《定位中阿战略合作关系的内涵——解读〈中国对阿拉伯国家政策文件〉》，《世界知识》2016年第4期，第59页。

[②] 《中国对阿拉伯国家政策文件》，《人民日报》2016年1月14日，第13版。

遣31批护航编队参与亚丁湾护航行动，累计护航商船数量近7000艘。[1] 可以看出，中国在促进西亚地区安全、推动中东和平进程上，不仅积极贡献"中国智慧"，还为全面拓展和细化安全领域努力提出"中国方案"。这在根本上有助于维护和增进西亚地区安全局势稳定，为域内外国家共同推动构建该地区新型安全秩序创造了有利条件。中方所发挥的积极的建设性作用，也得到了域内国家和国际社会的普遍赞誉。

三、新战略

遵循新时代中国特色大国外交的文明观、道路观、是非观、安全观、发展观的内涵和特质，积极彰显对西亚国家"负责任、有作为"的全方位外交新思路，未来一个时期，中国的西亚外交应以务实打造中阿命运共同体、合作共建"一带一路"、构建强化"1+2+3"合作格局、坚持互利共赢开放战略为着力点，完善顶层设计，丰富中间环节，实现精准施策。

（一）务实打造中阿命运共同体

打造中阿命运共同体，既是推动构建人类命运共同体实践的关键一环，更是新时代中国对西亚外交的基本出发点和根本落脚点之一。该战略构想的提出，是对中阿双方利益融合已达到前所未有的新高度，形成"你中有我，我中有你"高度依存关系的具体升华。"过去10年间，中阿贸易额增长9倍。目前，中国已是阿拉伯国家第二大贸易伙伴。阿拉伯国家是中国第一大原油供应方和第七大贸易伙伴，也是中国重要的工程承包和海外投资市场。"[2] 可以说，面向新时代打造中阿命运共同体，是双方关系发展的历史必然，具有深厚的利益基础和深远的战略影响。当前，中阿双方都肩负着民族复兴、国家富强的历史使命，需要彼此借力、携手前进，共同编织一张紧密、牢靠的互利共赢关系网。打造中阿命运共同体，正是实现这一远景夙愿的重要战略抓手。虽然实现这一宏伟蓝图仍需时日，也不可避免地会产生一些摩擦、经历一些曲折，"但只要路走对了，就不怕遥

---

[1] 刘晓博：《我是首批"护航人"：写在亚丁湾护航十周年的日子》，《舰船知识》2019年第2期，第42页。

[2] 郭言：《绘就中阿命运共同体蓝图》，《经济日报》2016年1月23日，第1版。

远"。① 毫无疑问，面向新时代打造中阿命运共同体，是沟通"中国梦"与"阿拉伯梦"的正确道路。

（二）合作共建"一带一路"

推动和落实"一带一路"建设，是新时代中国与西亚国家共同打造全方位、宽领域、多层次互利共赢新型合作关系的主轴。"一带一路"倡议提出后，立即在西亚地区引起强烈反响和广泛共鸣，中国与西亚国家是共建"一带一路"的天然合作伙伴的认识也被更多的域内国家所接受。在历史上，中国与西亚国家通过古丝绸之路，共同谱写了相知相交的辉煌历史。如今，"一带一路"倡议在西亚地区再次迸发活力，把亚洲大陆的两端重新连接起来，也推动着中国与西亚国家关系发展快步迈向了全方位合作的新阶段。目前来看，中国与西亚国家共建"一带一路"，主要是通过高效高质的基础设施互联互通，加强国家间发展战略对接能力，促进彼此文化文明的相互融通，把互利合作的蛋糕不断做大，共同打造助力民族复兴、国家富强的坚实平台。以共建"一带一路"为契机，秉持传统友好，坚持互利共赢，为发展增动力、为合作添活力，深化全面合作、实现共同发展，这成为新时代中国对西亚外交的题中之义。当然，"'一带一路'建设越早取得实实在在的成果，就越能调动各方面积极性，发挥引领和示范效应"。② 在这方面，中国与西亚国家应提高协商水平、加快推进效率，以成熟心态、成型规划、成事作为，争取成功结果。

（三）构建强化"1+2+3"合作格局

构建和强化"1+2+3"合作格局，是中国与西亚国家共建"一带一路"、面向未来实现共同发展与繁荣的重大战略布局。其中，"1"是指以能源合作为主轴，"2"是指以基础设施建设、贸易和投资便利化为两翼，"3"是指以核能、航天卫星、新能源三大高新领域为突破口。③ 迈入新时代，"油气+"合作新模式的创立及成功探索，标志着中国与西亚国家合作档次的再次提高，双方由此迎来了更加广阔的合作空间和发展未来。以往，中国

---

① 习近平：《共同开创中阿关系的美好未来》，《人民日报》2016年1月22日，第3版。
② 习近平：《习近平谈治国理政》，外文出版社2014年版，第317页。
③ 《习近平：共同开创中阿关系发展美好未来，推动中阿民族复兴形成更多交汇》，中国共产党新闻网，2016年1月22日，http://cpc.people.com.cn/n1/2016/0122/c64094-28075084.html。

与西亚国家经济领域合作，主要集中在能源、贸易、工程承包等传统方面，高新技术等方面合作相对缺乏建树。这种不完善、不优化、不尽美的贸易关系结构，伴随着中国与西亚国家关系发展不断迈向新高度、走向新阶段，其内在的制约性、影响的消极性日益突显出来。立足于新的历史起点，"我们双方要运用新思路、推出新举措、创建新机制，努力破解务实合作遇到的各种难题，以改革创新精神打破现实瓶颈、释放合作潜能"。[①] 如果说共建"一带一路"在宏观层面上具有顶层设计的规划意义，那么，构建和强化"1+2+3"合作格局则是中国与西亚国家在具体层面上展开互利务实合作、实现共赢共同发展的战略支撑。

（四）坚持互利共赢开放战略

当前，反全球化呼声高涨、逆全球化行为增多，加之"黑天鹅"事件迭出、民粹主义急速抬头、全球性公共问题一再突显，人类文明发展似乎走到了一个"瓶颈期"。如何引领人类社会走出发展困境，尽快恢复全球化信心，打造合作共赢新型关系，成为21世纪全人类亟待解决的时代性课题。面对此种局面，中国勇敢地担负起历史重任，以自身发展努力驱动世界发展、带动全球经济繁荣，为世界经济社会发展走出困顿局面，贡献着中国智慧，提出了"中国方案"。这就是坚持互利共赢开放战略，加强加深命运共同体、利益共同体、责任共同体的新时代意识，由此，把全球化浪潮引向更高、更好、更完善的新境界。诚如习近平主席所言，"中国开放的大门不会关闭，只会越开越大"。[②] 这既是新时代中国特色大国外交的基调所在，也是新时代中国对西亚外交的根本姿态和立场常态。中国愿意把自身发展同西亚国家乃至世界各国发展战略对接起来，也欢迎其他国家搭上中国经济社会快速发展的"便车"。这充分体现了中国道路、中国制度、中国理论和中国文化的独特魅力与世界意义，也为新时代中国的西亚外交指明了新方向、提出了新要求、开辟了新路径。

---

① 习近平：《习近平谈治国理政》，外文出版社2014年版，第319页。
② 张敏彦：《习近平的改革之"力"》，新华网，2018年12月12日，http://www.xinhuanet.com/politics/xxjxs/2018-12/12/c_1123839510.htm。

第三节　中国西亚区域外交未来定位与方略

中共十八大以来，中国的西亚外交在务实打造中阿命运共同体的新引领新诉求下，以合作共建"一带一路"为抓手和突破口，大力倡导和坚持共商、共建、共享的基本原则，充分显现了新时期中国特色大国外交的活力魅力以及中国倡议推动国家发展战略对接所蕴含的构建新型国际关系的重大时代价值。由此，赢得了西亚国家的广泛认同和普遍赞誉，中国与西亚国家关系发展迈入新阶段。中国的西亚外交在新时代中国特色大国外交的引领下，跨进新时期、开启了新历程。

一、中国西亚区域外交要破解的课题

新时期中国的西亚外交，既面临难得的历史机遇，也面对一定的挑战，一些课题亟待解决，一些难点有待突破。归结起来，主要有五个方面：一是地区大国对"一带一路"倡议存疑；二是地区合作环境复杂，不确定因素较多；三是大国博弈制约中国对西亚外交的实践；四是地区历史积怨、宗教矛盾一时难以解决；五是新时期中国的西亚外交面临升级转型问题。

（一）地区大国对"一带一路"倡议存疑

虽然"一带一路"倡议在国际社会上赢得了广泛的赞誉，但部分国家包括一些西亚国家仍对中国提出的"一带一路"倡议存有一定的疑虑。一些国家认为，"'一带一路'是中国版的'马歇尔计划'，目的只是在于树立政治上的外交影响力"[1]。还有一些国家"抱怨中国正在做的事情就是在掠夺他们的能源或对其经济控制，以此主宰这些国家的经济命脉"[2]。由此，引发了一些西亚国家的担心和忧虑，在该地区出现"中国威胁论""中国独秀论"等不和谐的声音。这无疑增加了"一带一路"建设的实际难度，

---

[1] 何帆、朱鹤、张骞：《21世纪海上丝绸之路建设：现状、机遇、问题与应对》，《国际经济评论》2017年第5期，第117页。

[2] 胡伟：《"一带一路"：打造中国与世界命运共同体》，人民出版社2016年版，第142—143页。

也给新时期中国的西亚外交出了一道难题。如何从思想理念、对外传播、政策行动上，与"一带一路"沿线关键地带的西亚国家实现有效沟通和长效合作，夯实战略互信基础，真正做到增信释疑、互利共赢，使其不受外界杂音的无端干扰，消除其不必要的政治疑虑，进一步实现相互间国家发展战略对接，这是新时期中国的西亚外交所无法回避的迫切课题。只有彻底消除了这些国家的心头疑虑和政治顾忌，才能使其"口头承诺"转为实际行动，由"岸上观望"转入"河下游水"，从而积极主动地融入"一带一路"建设的朋友圈，最终实现中国与西亚国家的共同发展和合作繁荣。

（二）地区合作环境复杂、不确定因素较多

推进"一带一路"建设是新时期中国西亚外交的主要方向之一，但该地区合作环境异常复杂和微妙。2010年西亚地区掀起"阿拉伯之春"风潮，致使整个地区陷入剧烈动荡的危险局面，恐怖主义、分裂主义、极端主义三股势力乘机大肆作乱，造成了该地区局势的空前紧张。在此剧变冲击下，西亚地缘政治发生了新一轮的颠覆性改组，土耳其、伊朗、沙特等国家围绕地区主导权展开了激烈争夺，致使该地区政治力量进一步分化、弱化和对立化。众所周知，地缘环境因素是一个国家实现本国战略目标的重要外部条件之一，"处理和应对得好可以让地缘环境成为国家合作的良好基础，相反，则会成为国家对外关系的羁绊，引发国家间矛盾、冲突和灾难"。[①] 面对西亚地区地缘环境复杂多变、多种因素交叉重叠、不确定性因素众多的突出状况，必须对此高度重视、综合施策、精准应对。由此，促进西亚地区形成一个相对稳定和有利的地缘环境，为"一带一路"建设和中国与西亚国家发展战略对接，创设积极动能，营造宽松氛围，提供环境保障。在这方面，如何促进西亚地区总体性和平进程，弱化国家分歧、增进彼此关系、加强发展合作、深化互利共识，成为一项重要且十分紧迫的战略任务。

（三）大国博弈制约中国对西亚外交的实践

迈入新时期、新阶段，中国的西亚外交能否继往开来、有所作为，不

[①] 林跃勤：《论"一带一路"倡议实施中的地缘环境建设》，载袁易明主编：《中国经济特区研究》，社会科学文献出版社2017年版，第43页。

仅需要与西亚国家处理好关系、不断增进彼此友谊,还少不了与域外国家尤其是域外关键性大国的正向互动。这其中,美国对新时期中国西亚外交的认知和反应,无疑至关重要。冷战结束后,美国成为全球唯一的超级大国,在"一超多极"的世界格局下,西亚地区进入了由美国掌控的"单极时刻"。时至今日,依然没有任何一个国家可以轻易撼动美国在西亚地区的主导性地位和巨大影响力。尽管近年来美国一直试图在西亚地区达成某种意义上的"战略收缩"目标,但这绝不意味着美国要从该地区抽身、拱手让位于其他大国。所谓的"战略真空地带论",其实与美国长期以来对西亚地区的"关键战略定位论"相矛盾。换言之,美国对中国西亚外交的现实态度和相应举措不容忽视。目前来看,美国对中国的西亚外交仍然存疑颇多,甚至是有一定的焦虑。比如,美国一直认为"'一带一路'倡议是中国拓展国际影响力的战略工具,将为中美之间带来广泛的竞争,并会威胁到美国在欧亚大陆的利益和领导地位"。[1] 美国的这种心态及由此形成的政策取向,无疑将对新时期中国西亚外交的实践与拓展构成一定的挑战。此外,自2010年西亚地区陷入持续动荡局面以来,域内域外其他大国也不甘寂寞,伺机一展身手、有所作为,致使该地区局势更加扑朔迷离。由于西亚地区属于域内外大国竞逐角力的长期传统地带,加之近年来该地区情势剧变催热了大国之间新一轮的战略博弈局面,这为新时期中国的西亚外交实践出了一道难题,考验着中国的战略智慧和外交布局成效。

(四)地区历史积怨、宗教矛盾一时难以解决

长期以来,西亚地区纷争不止、矛盾重生、战火频仍,素有"世界火药桶"之称。究其原因,除了西方殖民主义和霸权主义的无端插手与强力干涉外,民族和宗教因素是该地区局势持续动荡不安的主要症结。这其中,阿以冲突是中东问题和西亚地区局势变化的长期核心热点,也是当今世界持续时间最长、影响最深远的地区冲突之一。第二次世界大战结束以来,阿以之间的积怨与矛盾,已酿成了无数次冲突和五次中东战争。并且,以色列在美国的长期支持下,大举扩张其领土,修筑了大量的犹太人

---

[1] 马建英:《美国对中国"一带一路"倡议的认知与反应》,《世界经济与政治》2015年第10期,第104页。

新中国周边外交史研究（1949—2019）

定居点，成为制造该地区冲突的"马蜂窝"。阿以之间陷入了旧恨未消又添新仇的怪圈，所蕴积的恩恩怨怨和所经历的艰难曲折说不尽也道不完。时至今日，阿以冲突仍然是导致西亚地区局势动荡不安的主要根源之一，深刻影响着该地区局势的现实变化和长远发展。加之，在水资源争夺、耶路撒冷归属、边界划定等问题上的矛盾和冲突，未来一个时期西亚地区局势依然不会太平和安稳。此外，2011年以来，以教派划分成为西亚政治的新特征，即出现以伊朗为首的什叶派联盟与以沙特为首的萨拉菲逊尼派联盟的对立和竞争。[①]总体来看，夹杂着错综复杂的民族和宗教矛盾以及域内外大国长期冲突的因素，西亚地区的历史积怨和现实矛盾一时之间难以彻底消解。

（五）新时期中国西亚区域外交面临升级转型

改革开放后，中国外交的总体基调是韬光养晦为经济建设创造有利的内外部条件，对西亚地区事务采取了"超脱"姿态，以避免陷入该地区冲突的泥沼之中。这一时期，中国与西亚国家以大宗贸易、石油交易等经济交往为主，双边关系的内涵和内容相对单一，彼此关系发展中的问题较易于处理和协调。不过，随着中国与西亚国家关系的进一步深入发展，推动中国的西亚外交朝着全方位、多层次、宽领域的方向不断拓展和加强。尤其是海湾国家意识到过度依赖美国后果的严重性，明确表示将加快外交多元化步伐。[②]由此，中国对西亚外交的"超脱"姿态已不合乎形势发展要求，迫切需要中国有所作为。而如何在西亚地区实现创造性介入、发挥积极的建设性作用，则成为新时期中国对西亚外交的一项重要议题。这其中，存在一个"怎么讲，怎么做"的问题。"怎么讲"考验着新时期中国外交理念的吸引力，而"怎么做"则考验着新时期中国外交方案的可行性。从现阶段来看，中国的西亚外交在上述两个方面还有很长的一段路要走，这在一定程度上制约着中国对西亚外交的拓展和深化。

---

① 李福泉：《伊朗与阿拉伯什叶派关系》，《国际问题研究》2015年第2期，第82—84页。
② 李伟建：《中东政治转型及中国中东外交》，《西亚非洲》2012年第4期，第11—12页。

二、中国对西亚区域外交的未来定位

新时期中国的西亚外交应更具开拓性、创造性和联动性，进一步体现全方位、多层次、宽领域的特点，在未来定位上要突出"五位一体"的特色。即中国的西亚外交要从"大周边"迈向"人类命运共同体"，要加强和深化彼此之间在发展道路上的探索及借鉴，共同发展和地区安全上的长效化合作，推动构建新型国际关系上的呼应配合意志与能力。

（一）从"大周边"迈向"人类命运共同体"

跨入新时期新阶段，在周边外交层次乃至总体外交上，将西亚地区从"大周边"的定位升级为推动构建"人类命运共同体"的重要一环，既顺应了和平、发展、合作、共赢的新时代潮流，也展现了新时期中国的西亚外交更加积极、主动、进取、负责的自信姿态。如果说"大周边"隐含着大国博弈的现实地缘政治考虑，那么，推动构建中国与西亚国家"命运共同体"的新理念新主张，则充分体现了新时代的主题特质。习近平主席指出："这个世界，各国相互联系、相互依存的程度空前加深，人类生活在同一个地球村里，生活在历史和现实交汇的同一个时空里，越来越成为你中有我、我中有你的命运共同体。"[1] 遵循新时代的主题特质，着眼于共同利益，致力于共同发展，立足于共同繁荣，新时期中国的西亚外交将进一步彰显推动构建"人类命运共同体"的新理念新主张的重大意义和独特价值，并与西亚国家携手前行努力开创互利共赢、合作发展、共同繁荣的新时代，为地区乃至世界的和平、发展与繁荣贡献双方智慧、提供共同方案。

（二）在发展道路探索上加强交流借鉴

在探索发展道路上交流借鉴，是对中国和平共处、和平发展外交理念的继承和发展。2013年3月23日，习近平主席在莫斯科国际关系学院发表演讲时指出："'鞋子合不合脚，自己穿了才知道'。一个国家的发展道路合不合适，只有这个国家的人民才最有发言权。"[2] 之后，习近平主席在演讲或讲话中多次提及，呼吁世界各国在探索发展道路上加强交流和相互借

---

[1] 习近平：《习近平谈治国理政》，外文出版社2014年版，第272页。

[2] 同上，第273页。

鉴，尊重各国人民自主选择发展道路的权利。这一思想主张，为新时期中国的西亚外交及中国与西亚国家加强发展战略对接，提供了根本遵循。比如在《中国对阿政策文件》中指出："中国尊重阿拉伯国家人民的选择，支持阿拉伯国家自主探索符合本国国情的发展道路，希望加强同阿拉伯国家分享治国理政经验。"[①] 可以说，中国对世界各国选择发展道路的认识再次跃上了时代新高度，充分体现了中国特色大国外交的风格和魅力，也为新时期中国与西亚国家共同致力于探索符合自身国情、互利共赢、共同繁荣的发展新路指明了方向。

（三）在共同发展上深化务实合作

从2008年全球金融危机爆发至今，世界经济仍处于深度调整期。如何推动变革创新、加快经济转型、调整国家发展战略，成为世界各国内政外交的首要关切内容。对此，中国给出的方案是推动构建"人类命运共同体"和构建新型国际关系，努力打造更加开放的世界经济体系。为此，中国积极推动"一带一路"建设，旨为实现沿线国家高质量的"互联互通"，由此激活和促进区域市场的新发展新繁荣，努力探索世界经济发展的新模式。基于这种共同发展、共同繁荣的新思路，中国提出坚持"共商、共建、共享"原则是推动"一带一路"倡议由愿景迈向现实的关键举措。西亚地区作为推动"一带一路"建设的重要一环，无疑是践行"和平合作、开放包容、互学互鉴、互利共赢"这一丝路精神的关键地区。在丝路精神的指引下，中国与西亚国家将更多搭建务实合作平台、积极畅通拓展交流渠道，深化加强新型关系建设，快步迈向全面合作、共同发展、互利繁荣的新阶段。这不仅符合双方的核心利益诉求，也对实现西亚地区的和平与稳定、发展与繁荣有着根本性的现实意义和深远影响，具有新时代国家关系发展的标识价值。

（四）在促进地区安全上携手努力

当前，中国与西亚国家均处在探索国家富强之路、实现民族振兴之愿的重要阶段，因此迫切需要一个和平、开放、稳定的良好发展环境。然而，近年来西亚地区局势一直动荡不安，令人忧虑，传统安全与非传统安

---

① 《中国对阿拉伯国家政策文件》，《人民日报》2016年1月14日，第13版。

全相互交织扯动、此起彼伏，对该地区和平与发展构成了严峻挑战。与其他地区相比，西亚地区的"安全赤字"更为显著且长期高企，处理起来更加棘手和困难。该地区安全问题涉及面广、波及性强、冲击力大、不确定性多、应对难度极大，远非一国或多国、抑或是某一集团之力就可以妥善解决的。在维护地区安全上，西亚国家内部不仅要消除战略分歧、加强战略沟通，其与域外主要国家的战略协调和战略合作也越来越重要和必要。尤其是应推动地区事务更具开放性，重视国际和地区多边机制建设，通过国际协调和协商促进西亚地区秩序稳定。在这方面，中国作为当今世界公认的"负责任大国"，在维护世界和平与地区安全上无私的担当意识、扮演的重要角色、可信赖的实力能力，无疑成为西亚国家补足本地区安全短板、消解地区性安全困境的理想合作对象。中国与西亚国家在地区安全事务上的携手努力，有助于该地区走上共同、综合、合作、可持续安全的新路。

（五）在构建新型国际关系上呼应配合

中国与西亚国家不论是在革命与战争年代，还是和平与发展时代，一直都相互扶持、肝胆相照，堪为南南合作的一大典范。这是因为，中国与西亚国家的历史遭遇相似，且同为发展中国家，又处于各自发展的重要阶段，其对现存国际秩序的不公正、不合理情况感同身受，并具有革新国际秩序、建设国际政治经济新秩序的一致诉求和长期愿望。跨入新时期新阶段，中国的西亚外交以构建中阿命运共同体为统领，以推进"一带一路"建设为依托，以"共商、共建、共享"为原则，不仅对加强和深化双方关系发展有着重大现实意义，还对修补和完善现有国际秩序、构建以合作共赢为核心的新型国际关系具有示范价值和深远影响。

三、中国对西亚区域外交的方略探讨

遵循和突出"五位一体"的外交定位，新时期中国推进和拓展西亚外交，应抓住抓好五大着力点。即进一步巩固和深化中阿传统友谊基础，落实"共商、共建、共享"原则，构建以合作共赢为核心的新型国际关系，以积极的建设性姿态推动地区和平进程，构建中国与西亚国家智库间长效交流和合作机制。由此，增强和扩大西亚外交在中国周边外交乃至总体外交中的应有地位和实际作用,使其成为新时期中国特色大国外交的重要一环和突出亮点。

(一)进一步巩固和深化中阿传统友谊基础

王毅外长指出:"60年不平凡的发展历程表明,中阿友谊源于双方真诚友好、重情守义的文化传统,源于我们共同遵循的独立自主、相互尊重的基本原则,源于我们发展经济、改善民生的共同使命。"[1]这既是对60年来中阿关系不断取得"极不平凡成绩"的深刻总结,也是新时期进一步巩固、深化和拓展双边关系发展的重要遵循。由此,构建中阿命运共同体,不断深化"全面合作、共同发展"的中阿战略合作关系,在新时期中国的西亚外交中就具有了独特的统领意义。可以说,进一步巩固和深化中阿传统友谊基础,既是新时期共同开创中阿战略合作关系新局面的动力与保障,也是面向未来推动构建中国与西亚国家新型关系模式的重要基石。

(二)落实"共商、共建、共享"原则

习近平主席指出:"中阿共建'一带一路',应坚持共商、共建、共享原则。"[2]共商,即集思广益,凝聚共识,兼顾彼此的利益与关切;共建,即各尽所能,长效恒久,充分发挥双方的优势和潜能;共享,即经验尤其是成果共享,做到公正合理,努力打造中阿利益共同体和命运共同体。可以说,践行"共商、共建、共享"原则,不局限在中阿关系方面上,也适用于中国与其他西亚国家关系发展。这就要在推进包括"一带一路"建设在内的中国与西亚国家之间诸多发展战略对接议题的过程中,把握好每一个环节,处理好每一处分寸,充分体现和落实"共商、共建、共享"的原则要求,积极展现新型国际关系的时代特质、价值内涵和不竭活力。这既是落实合作共赢精神的基本要求,也是让"中国威胁论""中国独秀论"等干扰杂音"绝迹"的关键举措。如此一来,使中国与西亚国家长效化地联动起来,并在深层意志上拧成一股绳,携手开创合作共赢、共同发展的新路子、新未来。

---

[1] 王毅:《携手共创中阿关系更加美好的未来》,《人民日报》2016年1月14日,第13版。
[2] 习近平:《习近平谈治国理政》,外文出版社2014年版,第316页。

（三）构建以合作共赢为核心的新型国际关系

自"一带一路"倡议问世以来，虽然其迎来了前所未有的历史机遇，但同时也面临着空前的挑战。诸如美国、日本等一些国家，对此心存焦虑、存心阻挠，时不时地发出诋毁或质疑的声音。"一带一路"沿线国家包括部分西亚国家及其民众，也对推动该倡议的现实利好之处和共同发展前景了解、理解不足甚至是心有疑虑。一些西亚国家及其民众担心中国倡议和推动的"一带一路"建设只是在掠夺他们的能源资源，或是对其进行经济控制以主宰它们的经济命脉。这一状况大大增加了推进"一带一路"建设的现实难度，也给新时期构建中国与西亚国家新型关系蒙上了一层阴影，在根本上反映的却是"冷战思维"作祟及其余毒的巨大危害性。应当看到的是，一些国家虽然身处于21世纪，但意识却始终停留在过去，走不出冷战思维、零和博弈的窠臼，不甘心其霸权身份、强权行径退出历史舞台。中国与西亚国家相似的历史遭遇、共同的利益追求、长期的友谊关系，为双方携手摆脱冷战思维的束缚，协力走出合作共赢、共同繁荣的新路，彰显新型国际关系的时代价值和不竭动力，无疑有着极大的推动作用、极强的示范意义和极佳的传播效果，堪为中国与世界各国共同推动构建新型国际关系的关键一环和亮点所在。

（四）以积极的建设性姿态推动地区和平进程

习近平主席指出，"推动中东和平需要群策群力"，"谋和平、求稳定、促发展是地区国家共同愿望，通过政治途径化解争端，是符合各方根本利益的战略选择"。[①] 这一政策主张在妥善解决伊朗核危机上得到成功实践，有力地促进了西亚地区和平进程，也让世界各国深刻感受到中国智慧和"中国方案"在处理地区敏感问题上的独到价值与独有魅力。这说明以政治途径化解纷争，以外交手段弥合分歧，不仅是妥善处理地区热点事件的有效方式，还可以有力地推动地区和平进程，加强地区和平机制建设。可以说，中国在参与包括伊朗核问题在内的西亚地区热点事件处理过程中的公正立场、积极姿态和建设性作用，不仅充分展示了中国"负责任大国"的良好形象，也有力地回击了"中国威胁论"等负面论调。这表明中国所

---

① 杜尚泽：《中国以建设性姿态参与地区事务》，《人民日报》2016年1月17日，第3版。

一直坚持的以政治途径化解地区争端的政策主张，不仅正确还十分有效，是各方协力推动西亚地区和平进程的关键举措，因此赢得域内外相关国家的一致认可和信赖，也为中国与西亚国家协力推动该地区和平进程指明了方向，提出了要求。

（五）构建中国与西亚国家智库间长效交流和合作机制

伴随近年来中国与西亚国家关系大发展、"一带一路"建设成果丰硕的良好势头，双方智库间长效交流和合作机制建设成为一项热点议题。毋庸置疑，"深化沿线国家智库的交流合作，充分发挥智库的专业研究能力及民间外交的影响力，对促进各国政策沟通、民心相通具有重要意义"。[①] 在西亚地区，智库机构被誉为一个国家"睁眼看世界"的引路人，其对精英阶层和普通民众的常态认知、国家立场和相关决策的制定形成，都有着莫大影响作用。鉴于智库机构的独特地位和广泛影响力，深入研究、积极推动、建立健全中国与西亚国家智库间长效交流和合作机制，其现实意义和长远影响不可忽视，堪为当务之急。新时期中国与西亚国家关系发展面临进一步巩固和升级的问题，加之部分西亚国家及其民众对中国崛起、"一带一路"倡议等"中国因素"尚有一定的误读和曲解，因此，有必要通过双方智库间机制化、长效化的交流和合作，更好地达成彼此之间增信释疑、凝聚共识、沟通协调、功能外溢的战略作用。这有助于双方共同应对西亚地区敏感复杂的多变局势，并从千头万绪中理出思路、找准对策、精当作为。现阶段，中国与西亚国家智库间交流和合作仍有很大的提升空间，尽快建立健全长效化的交流合作机制势在必行。

[①] 刘倩：《"一带一路"的智库合作：现状与评论》，《长春师范大学学报》2017年第5期，第190页。

第十三章　中国的南太平洋区域外交

导　读

尽管对南太平洋区域外交是中国周边外交中较薄弱的环节，但自1972年实现外交突破以来，南太区域在中国外交考量中的地位不断提升。尤其是中共十八大以来，中国对南太外交的深度与广度都突飞猛进，实现了较高的制度化建设水平。中国对南太外交的历史性变化是国际及地区局势演变、南太主要国家外交战略调整，特别是中国全面崛起并积极参与地区事务等合力作用的结果。中国对南太地区的外交，以发展双边及多边经贸合作为基础，以提升对澳新战略合作伙伴关系为重点，以强化对岛国的全面交流合作为新亮点，实现了保持地区局势长期稳定及营建外交前沿新支点的目标，也将成为施展并检验未来中国外交成效的新舞台。

在传统的国际地缘政治格局中，南太平洋地区是相对次要的部分，在中国的外交大战略中也很少作为一个特定的单元予以考量。一个直接的表现是，学界对该区域的界定缺乏权威性与共识度。在本书中，南太平洋地区（以下简称"南太"）主要是指澳大利亚、新西兰及其周边的岛屿国家，大体与世界政治地理概念中的大洋洲相符。[①]

[①] 国内学界对于大洋洲或南太平洋地区相关概念的最新讨论，可参见汪诗明：《如何界定南太平洋岛屿国家》，《太平洋学报》2014年第11期。在国际学界，除了南太平洋（The South Pacific），"澳大拉西亚"（Australasia）也是一个常见的地缘政治概念，"大洋洲"则通常指除澳大利亚与新西兰之外的其余太平洋岛国或地区，与我国的界定并不一致。此外，南太平洋地区也不一定局限于赤道以南，特别是对包括关岛与塞班岛等军事战略要冲在内的密克罗尼西亚诸岛而言。权威且全面的讨论可参见Paul D'Arcy, "Oceania and Australasia," in Jerry H. Bentley, ed., *The Oxford Handbook of World History*, New York: Oxford University Press, 2011. p.545.

尽管南太地区传统上不是中国周边外交的重心，但近年来其战略地位以及受关注度迅速提升。这种变化发生的根本原因在于最近20年中国综合实力的快速壮大，国际影响力稳步提升：一方面，中国与南太地区政治、经济及文化交流的紧密化以及交通的便利化，克服了地理距离造成的隔绝与陌生；另一方面，中国深度参与全球性议题，在主动追求更多国际话语权的同时又积极承担国际义务，南太地区日益成为中国彰显自身实力与实现自我期许的新舞台。进入新时期，中国政府明确提出了海洋强国战略，包括南太通道建设及合作开发在内的蓝色海洋战略目标日渐清晰，维护海权的意识与能力空前加强。与此同时，建设"21世纪海上丝绸之路"倡议中的"南线建设"加速落地。这都使得中国政府对南太地区的关注空前增多，南太地区已经成为中国大周边外交的新亮点。[1]

第一节 中国南太区域外交的历史沿革

新中国与南太平洋地区各国的外交经历了从无到有、从被动到主动、从局部推进到全面合作的过程。在2012年之前，这种变化很大程度上取决于国际格局及南太国家内政与外交局势的变化。在2012年之后，中国的外交活动越来越具有主动性，"主动作为"的态势日益明显。

回顾新中国建立以来对南太外交及与相关国家关系的发展历程，大致可以归结为以下四个阶段：一是1949—1971年的孤立期，二是1972—1976年的突破期，三是1977—1996年的成熟期，四是1997—2012年的转型期。

---

[1] 就中国对南太外交史的研究来说，中澳外交无疑居于中心地位，开拓性的成果可参见侯敏跃：《中澳关系史》，外语教学与研究出版社1999年版；汪诗明：《20世纪澳大利亚外交史》，北京大学出版社2003年版；汪诗明：《论澳中关系正常化》，《世界历史》2003年第2期，第70—80页。在最近十年中，以鲜明的国际政治学科理论与分析框架做出的研究逐渐增多，可参见常晨光、喻常森主编：《中澳关系大趋势：利益共同体的构建与展望：纪念中澳建交40周年》，中山大学出版社2012年版；喻常森主编：《中澳关系的历史经验与发展现状》，中山大学出版社2013年版；Yu Changsen, "The Dilemma of Interdependence: Current Features and Trends in Sino-Australian Relations," *Australian Journal of International Affairs*, Vol.66, No.5 (November, 2012), pp.579-591；徐秀军：《地区主义与地区秩序——以南太平洋为例》，社会科学文献出版社2013年版；聊城大学学者以"列国志"为代表完成了对南太诸岛国国情与外交的考察，填补了相关领域的空白。

一、邦交孤立期（1949—1972年）

1949年，中华人民共和国正式宣告成立，毛泽东主席声明愿意和一切友好国家建立外交关系。但直到1972年澳大利亚及新西兰与中国建交，我国对大洋洲邦交一直处于孤立状态。这主要是冷战时期意识形态冲突以及美国在亚太地区推行遏制战略的结果。

1949年后关于承认新中国的问题，澳大利亚需要同时考虑英国与美国的因素。英国政府认为"中国共产党已经大体上控制了整个中国，如果不承认中国，英国在中国的利益将会受到极大的影响"。[1] 英国做出承认新中国政府的决策后，澳大利亚作为英联邦成员国之一也要考虑这一问题。但是美国就承认新中国提出三个标准，与英国的不同：新中国政府实际控制其声明所拥有的领土，愿意并有能力履行既有国际义务，受到国民自愿支持。[2] 鉴于第二次世界大战中澳大利亚与美国已经在国家安全事务上形成同盟关系，同时，执政党工党面临大选，要防止反对党对其"染红"的指控，澳政府最终向美国立场靠拢，暂缓与中国建交。1949年12月，自由党上台执政，公开宣称在美承认之前不会承认中国。

新西兰的立场与澳大利亚有所不同，承认新中国并非不可接受。1956年，新西兰总理办公室的一份备忘录仍然显示，新西兰公众似乎愿意随时接受承认新中国。但是决策者担心这会损害与美国的同盟关系，因此放弃建交努力。[3]

1950年朝鲜战争爆发，意识形态偏见逐渐扭曲了澳大利亚对新中国的认知与外交政策，我国予以了激烈回击。澳大利亚加入所谓"联合国军"参战，与中国兵戎相见，双方关系急剧恶化。1951年9月，美国与澳大利亚、新西兰签订《澳新美安全条约》，三国正式结成同盟，中国与南太地

---

[1] Stuart Doran and David Lee eds., "Message from Attlee to Menzies, Canberra," December 17, 1949, *Australia and Recognition of the People's Republic of China 1949-1972*, Australia Department of Foreign Affairs and Trade, 2002, p.1.

[2] 参见张祖兴、喻伟：《建交前中国对澳大利亚的认知》，载喻常森等编：《中澳关系的历史经验与发展现状》，中山大学出版社2013年版。

[3] Anne-Marie Brady, "New Zealand-China Relations: Common Points and Differences," *New Zealand Journal of Asian Studies*, Vol.10, No.2 (December 2008), p.5.

区发展外交关系的大门被封堵,澳大利亚等实际上成为遏制和围堵新中国岛链上的一环。1964年,澳大利亚外交部长称"中国对我们所在地区的安全构成了最大威胁,我们现在必须接受这一事实"。[1] 1965年,越南战争全面爆发,澳大利亚也直接出兵越南,同时还向台湾派驻"大使",其领导人1967年"访问"台湾,引发中国政府严正抗议。至1972年中澳建交前,《人民日报》涉澳大利亚新闻报道1987篇,在对澳大利亚政府的评价中,通常使用"走狗""仆从""侵略者""同谋犯""帮凶"等词,言辞激烈。[2]

在此期间,中国对澳、新外交主要采取了政党外交的形式,对象主要是澳大利亚共产党与新西兰共产党,特别是频繁邀请澳共、澳共(马列)及新共访华。如1956年,邀请来华参加中共八大;1959年,邀请参加新中国成立10周年国庆活动。此外,中国经常通过《人民日报》等官方媒体抨击澳大利亚联邦政府对澳共的迫害与镇压,旗帜鲜明地反对澳众议院的反共法案,《人民日报》还多次转载澳共机关刊物上的纪念文章。[3] 1964年澳共分裂后,澳共(马列)成为中国对澳外交的关键对象。1964年至1968年,澳共(马列)访华团连续5年获得毛泽东接见,在1979年之前,除1972年,澳共(马列)每年都派团访华。[4] 1963年,在中苏分裂的大环境下,新西兰共产党公开表态支持中共的立场,也是西方国家共产党中唯一作出这一选择的。中国则增加了对新共的支持,包括大量采购新共宣传品及邀请其代表访华。[5]

值得注意的是,中共对澳大利亚工党大体保持了实事求是的态度,积

---

[1] F. M. Andrews, *Australia and China: The Ambiguous relationship*, Calton: Melbourne University Press, 1985, p.181.

[2] 张祖兴、喻伟:《建交前中国对澳大利亚的认知》,载喻常森等编:《中澳关系的历史经验与发展现状》,中山大学出版社2013年版,第10页。

[3] 新华社:《澳众院通过反共法案,企图解散澳共镇压人民运动》,《人民日报》1950年5月26日,第4版。

[4] 马阳阳:《当代中国对澳大利亚政党外交研究》,硕士学位论文,外交学院,2015年,第16页。

[5] 在1960年后,新西兰共产党的核心成员规模仅有50人左右,新西兰政府认为其不构成政治和社会威胁,因此不干涉其与中共来往。Anne-Marie Brady, "New Zealand-China Relations: Common Points and Differences," *New Zealand Journal of Asian Studies*, Vol.10, No.2 (December 2008), p.7.

累了许多善意。比如及时注意到工党议员惠特拉姆主张澳大利亚政府承认新中国、支持中国加入联合国的主张。①中国政府也注意到澳大利亚工党反对东南亚条约组织的呼声,并且报道了工党领袖伊瓦特在1957年的重要决定,将派出由副党魁率领的代表团访华。②周恩来总理在听取代表团政见时表示,没有限制的贸易和文化交流,是中澳双方都需要维持并加强的,对工党承认新中国并支持恢复其联合国合法席位表示认可,但绝不接受联合国出现两个中国的局面。③这一鲜明表态对工党后续制定对华战略起到了积极的指南作用。

此外,尽管官方政治关系紧张,但中国对大洋洲民间交流并未中断。1972年前,访问过中国的澳大利亚民间团体涉及商业、妇女组织、新闻、艺术、科技、医学、体育以及教育行业,访华活动不仅受到媒体关注,而且也有中共高级领导接见,其中包括周恩来、陈毅等外交部门负责人。双方经贸关系没有完全中断,新中国一直大量购买澳大利亚小麦,1970年,甚至占到澳大利亚出口小麦数量的三分之一。新西兰则在1956年成为第一个停止对中国经济禁运的西方国家。1958年,新西兰工业与商业部代表团秘密访问中国,推动双方贸易,中国也予以支持。新西兰没有禁止其公民访问中国,同时也接受中国公民访问新西兰。④

总体而言,1972年前,中国对南太外交有如下几个特点:第一,总体关系紧张,意识形态考量主导双方的官方政策。美苏争霸、美国在亚太地区全面围堵社会主义阵营的大战略直接影响了澳大利亚和新西兰的外交判断,也促使中国外交部门将该地区视为美国的政治工具与战略扈从。第二,政党外交为主要交往内容。无论各自官方立场如何,中国对澳大利亚及新西兰共产党的交流是持续而稳定的,但是具体内容是"请进来"而不是"走出去",战术需求多,战略考量少。这与南太地区共产主义运动体

---

① 新华社:《澳大利亚一位工党议员主张澳政府采取现实的外交政策》,《人民日报》1954年9月6日,第四版。

② 新华社:《澳工党代表团访华》,《人民日报》1957年5月10日。

③ 王泰平主编:《新中国外交50年》(下册),北京出版社1999年版,第1524—1525页。

④ Anne-Marie Brady, "New Zealand-China Relations: Common Points and Differences," *New Zealand Journal of Asian Studies*, Vol.10, No.2 (December 2008), p.7.

量本身较小有关。第三，中国对该地区保持了基本的民间交流，尤其是经贸交流没有中断，这使得双方保持了一定的沟通渠道，为日后关系的突破与恢复创造了基础。

二、邦交突破期（1972—1976年）

这一时期，中国对南太外交出现了突破与发展，最重要的事件就是1972年与澳大利亚及新西兰实现关系正常化，随后，又与南太地区主要的新独立国家建立了外交关系。这种变化的主要原因在于中美关系变化以及澳大利亚内政外交政策的调整。

20世纪60年代中后期，国际关系处于大动荡、大分化和大改组状态。两大阵营内部的分化，尤其是中苏分裂以及亚非拉反殖独立运动的兴起，使得中国进一步强调独立自主外交，并且形成"三个世界"的国际格局观念。随着越南战场局势的恶化，无论对美国而言，还是对澳大利亚来说，越南战争日益被视为一场正义性不足且损失不可测的战争，美澳两国的执政党地位为此都岌岌可危，尽快从越南战场中抽身，成为美澳对外战略决策的主要议题。美中、澳中关系因此出现转机。[1]

1969年7月，理查德·尼克松在太平洋之行中访问关岛，提出了尼克松主义，打算重新界定与盟国的关系，主观看是丢包袱，客观上则给盟国开展独立外交提供了空间。但澳大利亚政府对美国立场的变化敏感度不足。1970年3月，澳大利亚新外长威廉姆·麦克马洪在议会发表讲话时依然说："我们欢迎中国准备遵守广泛的国际关系行为准则的意向……遗憾的是，中国没有任何真诚的行动，因此，我们仍然视共产主义的中国……为全亚洲和平、稳定和有序进步的主要障碍。"[2] 该年10月，麦克马洪依然拒绝中国重返联合国，并表态支持台湾当局。此时，加拿大与意大利先后与中国建立了外交关系，麦克马洪却对建交表示遗憾，强调澳对华政策不会受此影响。

对此，中国政府并非听之任之。恰逢中国购买澳大利亚小麦的协议已

---

[1] 汪诗明：《论澳中关系正常化》，《世界历史》2003年第2期，第75—76页。

[2] Joseph A. Camilleri, *An Introduction to Australian Foreign Policy*, Brisbane: Jacaranda Press, 1979, pp.56-57.

经期满,中方没有表现出希望续签协议的迹象,同时开始积极转向进口加拿大小麦。这在澳大利亚引起了极大震动。1971年2月,尼克松在国会发表讲话,坦陈了与北京对话的意图,令澳大利亚政府倍感尴尬。同年3月,麦克马洪接任总理,5月11日,宣布将探讨与中华人民共和国进行对话的可能性,目的是使两国关系永久正常化,但此时已经是澳大利亚工党接到访华邀请的次日。5月27日至7月2日,澳中两国在巴黎举行首次正式对话。中国驻法国大使黄镇代表本国政府阐述立场。由于澳方坚持"两个中国"政策以及与台湾保持"外交关系",会谈没有取得任何成果。1971年10月25日,联合国大会恢复中国合法席位,并驱逐台湾当局代表,澳大利亚感到传统对华外交无以为继了。1972年大选初期,麦克马洪试图采取同时承认"两个中国"的立场,而尼克松访华后发表了《上海联合公报》,在没有首先解决外交承认的情况下,实现了中美关系正常化。澳大利亚试图以此发展澳中关系。但中国政府立场非常鲜明,台湾问题在中美关系与中澳关系里重要性完全不同,中方要求中澳关系正常化必须有三个条件:承认中华人民共和国政府为中国人民唯一合法政府,终止与台湾当局的"邦交",承诺既不支持"两个中国"又不坚持台湾问题留待日后解决的政策。[①]但是,麦克马洪政府无法抛弃自由党传统的意识形态偏见,又不能无视地区国际关系的变局,最终将中澳建交的历史功业拱手让给了在野的工党。

1971年6月27日到7月14日,澳大利亚反对党领袖惠特拉姆率代表团获中方邀请访华,麦克马洪当局对此气急败坏,认为这将使得澳大利亚自绝于西方及东南亚盟国。孰知7月15日尼克松宣布,基辛格正在访问中国,而他本人也将于次年访华。由于对尼克松的讲话毫无思想准备,麦克马洪颜面尽失,其政治判断力饱受质疑,最终在1972年的大选中遭受惨败。澳大利亚工党新政府重视对华关系。1972年12月6日,澳大利亚驻法国大使阿兰·雷诺夫代表工党新政府,同中国驻法国大使黄镇开始了首轮建交谈判。雷诺夫首先向黄镇递交了惠特拉姆总理致周恩来总理的一封信,并提交了澳方参照加拿大与中国建交公报草拟的澳中建交公报,承认

---

① 汪诗明:《论澳中关系正常化》,《世界历史》2003年第2期,第77页。

台湾是中国一部分。同时，黄镇大使提出了中方根据惠特拉姆总理一次公开声明中的精神起草的建交公报草稿。同时要求澳方与台湾方面断绝"外交关系"，关闭双方在对方的相关机构，撤走其人员。12月11日及12月19日，中澳两国驻法使馆又分别举行了三轮建交谈判，一致确认建交公报文本。12月19日，惠特拉姆就任总理，新政府最先颁布的政策之一就是决定与中华人民共和国建立外交关系。12月21日，中国驻法国大使黄镇和澳大利亚驻法国大使雷诺夫，分别代表各自政府在《中华人民共和国政府和澳大利亚政府关于中、澳两国建立外交关系的联合公报》上签字。双方于1973年3月各自在对方首都设立大使馆，中国首任大使王国权于5月4日到任，澳大利亚首任大使费思芬于4月24日赴任，中澳双方关系正式恢复正常。

随着中美关系的改善与中澳关系的正常化，新西兰本已具有较强民意基础的承认新中国的问题，也迎刃而解。1971年，新西兰国家党政府提出同时承认北京与台北的建交建议，结果遭到中国政府的严词拒绝。[①] 次年下半年，新西兰大选后新上台的工党政府立刻跟随澳大利亚的步伐，在1972年12月22日正式宣布与中国建立外交关系。

南太地区小岛屿国家民族独立运动在20世纪60年代中期开始走向高潮。在中国实现与澳、新关系正常化后，由于奉行独立自主与和平外交的原则，强调第三世界认同，中国也迅速赢得了新独立岛国中体量较大者的认可。1975年11月5日，独立的斐济共和国成为第一个与中国建交的小岛国。11月6日，南太第一个实现独立的岛国萨摩亚也紧随斐济与中国建交。1975年9月16日，南太最大的岛国巴布亚新几内亚独立，次年10月12日，也与中国建立外交关系。这三个国家的面积与人口，在整个南太岛国群体中占有绝对的权重，标志着中国外交在南太岛国影响力的绝对提升。

在中国实行改革开放前，中国在南太地区外交局面的突破与发展，首先是1970年前后大国关系调整连锁性反应的结果。中美关系的改善是一种不可忽视的重要助力。其次，中澳关系的改善与澳大利亚逐步采取独立

---

① John Scott, "Recognising China," in Malcolm McKinnon, ed., *New Zealand in World Affairs*, Vol.2, 1957-1972, Wellington: NZIIA, 1991, p.240.

外交有重要关系，尤其是与1949年至1972年长期在野的反对党工党的积极努力有关。工党正视发展中澳关系的意义，这不仅符合现实需要，也改变了澳大利亚政治意识形态上"恐红"、文化意识形态上"恐黄"的传统。最后，中澳、中新以及中国与重要小岛国的建交也是中国综合国力提升以及国际威望提高的自然结果。

三、邦交成熟期（1977—1996年）

"文革"后，中国对外关系进行了新的重大调整，与南太地区的外交突飞猛进。总体来说，中国积极发展与南太国家在政治、经济、文化、科技等各个领域的交流；在维护世界和平的问题上，加强政治磋商，还特别在经济贸易和科学技术方面加强合作。从20世纪80年代开始，中国对澳、新两国外交关系还增加了一层特殊的含义：成为不同社会制度和不同经济发展水平国家发展双边关系的典范。1982年是中澳建交十周年，邓小平在会见第二次访华的澳大利亚总理弗雷泽时，强调中澳开展经济技术合作的重要性，希望澳大利亚能够成为中国与西方国家开展经济技术合作的示范国家。此后，经济技术合作一直成为推动两国经贸关系发展的重要推动力。中澳技术合作长期领先于其他西方发达国家，在中国经济发展中发挥了一种特殊而有益的作用。到1989年，"加强同西欧各国和加拿大、澳大利亚、新西兰的友好合作"，已经成为中国外交工作的"一项长期方针"。[1]

这一时期，双方高层访问也实现了从无到有且积极走出去的明显变化。从1977年开始，以中国全国人大常委会副委员长乌兰夫访问澳大利亚及新西兰为开端，中国国家领导人开始经常性地访问澳大利亚与新西兰，几乎每次访问都提升了外交合作水平。具有里程碑意义的访问包括：1979年3月，国务院副总理陈慕华访问澳、新。同月，中国在悉尼设立总领事馆。1980年5月，国务院副总理李先念访问澳、新。中澳双方商定，两国外交部建立副部长级政治磋商机制。1984年4月，中国总理访问澳大利亚。

---

[1] 崔越、牛仲金：《试论中国的对澳大利亚政策——基于"中等强国"行为逻辑的认知》，《和平与发展》2017年第2期，第76页。另可参见汪诗明：《全面深化的澳中关系——20世纪80、90年代澳中关系评述》，《阜阳师范学院学报》2004年第1期，第27页。

次年4月，胡耀邦总书记访问澳大利亚及新西兰，发表《关于中澳经济合作的新闻公报》。这也是中国共产党最高领导人首次访问南太。1986年9月，国务院副总理万里访澳，双方宣布成立中澳部长级联合经济委员会。1988年11月，国务院总理李鹏访问澳、新。

此外，江泽民、朱镕基、温家宝等党和国家领导人还利用各种国际会议，尤其是联合国会议、APEC领导人非正式会议及东盟论坛对话会等活动，与澳大利亚及新西兰领导人进行交流沟通。比如1993年11月，国家主席江泽民出席美国西雅图APEC领导人非正式会议期间，会见澳总理基廷与新西兰总理博尔格。1993年，国务院副总理兼外长钱其琛先后在巴黎出席《禁止化学武器公约》签约仪式、在新加坡出席东盟外长会议后对话会、在纽约出席第48届联大及西雅图APEC部长级会议期间，四次会见澳外长埃文斯。从澳大利亚与新西兰方面看，双方建交后历任澳、新总理都多次访华，高级官员访问更是不胜枚举。

1977年以来，中国对南太国家经济技术与贸易往来的重大进展包括：1978年，澳给予中国普惠制待遇。新西兰则成为第一个让中国享受发展中国家特惠关税待遇的国家。1981年，中澳两国签订《经济合作协定书》和《促进发展技术合作计划协定》，还签署了《中澳文化合作协定》。1984年5月，澳初级产业部长克伦访华，同中国农业部长何康签署了农业合作协定。1986年，中澳双方成立了部长级经济联委会，下设10个联合工作小组。1987年，新西兰副总理帕尔默访华，并签署《中国与新西兰政府科学技术合作协定》。1988年，中澳双方签署投资保护协定和避免双重征税协定。[①]

这个时期，澳大利亚与新西兰都明显展现出了独立外交的姿态，以推动亚太区域一体化为己任，包括发起成立亚太经合组织，而中国对南太区域的外交受益于这种转变。1983年3月，重新执政的澳大利亚工党政府总理霍克认为东亚的崛起不可阻挡，推进亚太区域一体化，是澳大利亚谋求

---

① 以上内容可参见中华人民共和国外交部：《中国同澳大利亚的关系》，https://www.fmprc.gov.cn/web/gjhdq_676201/gj_676203/dyz_681240/1206_681242/sbgx_681246/；《中国同新西兰的关系》，https://www.fmprc.gov.cn/web/gjhdq_676201/gj_676203/dyz_681240/1206_681940/sbgx_681944/t7878.shtml。

自身发展，也是促进地区合作与和平的选择，而中国是亚太区域国际事务最重要的参与者之一，在这一进程中扮演的角色至关重要。1984年4月，中国总理访问澳大利亚，指出中澳双方在发展经济技术合作和贸易往来上前景广阔，潜力很大，希望通过一揽子的办法来促进，霍克表示赞同，并在次年的回访中以钢铁工业和农业交流合作作为合作突破口。同年，新西兰工党政府也提出要与中国发展"特别关系"。随后几年中，中国官方及学界均赞扬了新西兰在反核、推动区域一体化、维持地区稳定以及积极援助第三世界的政策。[1]

1985年4月，澳总理霍克在众议院讲话中强调，澳大利亚与中国正在发展"特殊的关系"。次年5月，他为《澳大利亚贸易指南》撰写序言时总结道："我有充分的理由展望我们与中国的关系未来将得到进一步加强。中国经济的空前增长和开放政策，再加上澳大利亚的丰富资源以及正在进行的现代化和产业结构调整，为两国经济提供了重要的相互补充，为经济合作奠定了坚实的基础。我们两国不仅从对方的发展中直接受益，而且通过双边联系，在分享整个西太平洋地区的巨大发展方面处于更为优越的地位。"[2] 与此同时，由于在反核问题上与美国及欧洲部分国家的意见分歧，尤其是"彩虹勇士号"事件以及新西兰拒绝运载核武器或核动力的美国军舰停驻新西兰，新西兰实际上退出了《澳新美安全条约》，使得它在对华外交上更具有独立姿态，与中国的全面交流合作的障碍进一步消除。[3] 1989年之后，新西兰1990年上半年首先与中国恢复了正常外交关系，1991年2月，澳大利亚也宣布取消1989年7月以来对中国的经济和政治制裁。

1991年冷战结束，同年12月上台的澳大利亚新总理基廷逐步提出了"脱欧入亚"的理念与政策，希望澳大利亚与亚太国家从一般的国家关系

---

[1] Anne-Marie Brady, "New Zealand-China Relations: Common Points and Differences," *New Zealand Journal of Asian Studies*, Vol.10, No.2 (December 2008), p.7.

[2] 汪诗明：《全面深化的澳中关系——20世纪80、90年代澳中关系评述》，《阜阳师范学院学报》，2004年第1期。第28页。

[3] 1985年法国特工在新西兰奥克兰港炸沉"绿色和平组织"船队旗舰"彩虹勇士号"，因为该船当时准备前往南太岛屿抗议法国的核试验。此事件最终促使新西兰政府明确了全面彻底的无核化国策。

发展为互惠互利以及在地区性事务中密切合作的伙伴关系,与亚洲的经济合作是澳大利亚根本利益所在,也是亚太经合组织的战略支点,甚至表示国民的福利、维持和建设一个良好社会的能力,取决于大胆地将澳大利亚经济融入东亚经济的勇气。[1] 具体表现上看,首先,中国与澳大利亚进一步扩大了经贸合作,双方贸易额从1990年的26.3亿澳元,增加至1995年的69.9亿澳元。[2] 其次,中国和澳大利亚合作加入多边合作组织,并发挥重要作用,1994年,《澳大利亚国防白皮书》明确认为中国会在15年后成为亚洲第一和世界第二大经济体,成为全球权力结构和亚太战略格局重塑的最关键因素。澳大利亚坚持多边外交,无意提升美澳同盟,反而劝说美国与日本对华接触,接纳中国进入多边合作组织,反对将最惠国待遇与所谓中国人权问题挂钩。中国政府对此表示高度肯定,并且抓住这一契机,拓展了在南太地区及国际组织中的活动。1992年6月,钱其琛外长在访澳时指出,澳大利亚积极推进亚太地区的和平与合作,受到亚洲各国和人民的普遍欢迎,面向亚洲的观点,是具有远见卓识的判断。[3]

在这一时期,中国继续与大洋洲新独立的岛国建立外交关系,包括1980年的基里巴斯、1982年的瓦努阿图、1989年的密克罗尼西亚联邦以及1990年的马绍尔群岛。太平洋岛国普遍属于最不发达国家的行列,基础设施弱,交通不便,而中国坚持在各建交国建立使馆,以示尊重与重视。

总体来说,在中国对南太区域外交创建后的25年里,中国坚持改革开放政策,坚持以经济建设为中心,在增强自身综合实力的过程中,与南太地区主要国家初步找到了利益互补之处以及国际战略共识,尤其是积极利用了澳大利亚与新西兰独立外交意识抬头的契机,支持并参与澳、新等国推动亚太地区一体化的努力。中国对南太地区的外交日趋成熟,以推动经贸和科技合作为重点,以积极参与多边国际组织活动为手段,实现了政治和经济利益最大化。南太成为中国"密切合作"的对象。

---

[1] 可参见张秋生:《20世纪末澳大利亚"脱欧入亚"提法的辨析》,《学海》2008年第5期,第166—169页。

[2] 侯敏跃:《澳美同盟对中澳关系的影响:从基廷到吉拉德》,载喻常森等编:《中澳关系的历史经验与发展现状》,中山大学出版社2013年版,第149页。

[3] 同上,第150页。

四、邦交转型期（1997—2012年）

在这一时期，南太国家对外战略出现分化，中国外交形势也相应改变。主要是澳大利亚调整了外交战略，激进的"脱欧入亚"被放弃，转而形成了一种在国际政治和安全事务上不断重新靠拢美国，同时在经济贸易领域扩大并深化依赖中国的"双轨制"战略。中国外交开始不定期地面对"中国威胁论"带来的政治摩擦，但也继续扩大经贸及人文交流。与中澳关系不同，中新关系在这一时期继续保持平稳友好的关系，甚至持续升温。在这一时期最意外的变化在于，南太岛国前所未有地成为中国外交斗争的战场。原因在于中国台湾地区的民进党当局在南太岛国开展了所谓"烽火外交"。

（一）政治外交

1996年3月，以霍华德为首的澳大利亚自由党和国家党联盟开始了长达11年的执政，其间推行的对华经济政策延续并推进了前工党政府的拓展合作、互惠互利的方针，但他反对基廷"脱欧入亚"的政策，认为这忽视和损害了澳大利亚与美欧的传统关系。他对基廷热衷的多边主义政策也不予苟同，提出了双边为主、多边为辅的方针，而最重要的双边关系莫过于与美国的安全同盟。"李登辉访美"事件后，霍华德政府公然支持美国对中国军事挑衅，以此彰显对美澳同盟的忠诚，极大损害了中澳互信。此外，霍华德政府在2000年7月签署条约支持美国在东亚地区开启并部署导弹防御计划，我驻澳大使周文重公开声明表示反对。2001年中美撞机事件后，绝大部分第三国采取不介入的姿态，而澳大利亚公然为美国站台，并表示："我们不想见到中国'侵犯'台湾。"7月底，澳大利亚又通过外长发起美、日、澳、韩开展四国安全对话的倡议。[1] "9·11"事件后，中美关系改善，澳大利亚对中国外交与美国开始保持一定距离，反复强调美澳、美澳日战略对话不针对中国，不跟风美国要求人民币升值、拒绝反对欧盟取消对华军售。尤其是2004年澳外长在北京表态，如果台海地区爆发冲突，澳

---

[1] 侯敏跃：《澳美同盟对中澳关系的影响：从基廷到吉拉德》，载喻常森等编：《中澳关系的历史经验与发展现状》，中山大学出版社2013年版，第152—164页。

大利亚不承诺支持美国的立场。澳大利亚对2005年中国通过《反国家分裂法》不予表态，并多次劝告美国接受中国的成长。

2007年12月，会说中文的陆克文率工党重新执政，中国政府及国际舆论认为中澳关系有可能全面回升，尤其是政治上可能重新出现亲华姿态。[①]但事实上工党政府与霍华德政府并没有表现出明显政策差异，不仅担忧中国在澳大利亚日益扩大的资源投资，也在军事安全上继续与美国保持亲近。陆克文自以为是地在2008年4月提出要做中国的"诤友"，主张双方进行开诚布公的政治对话，但是中国政府并未积极回应。因为在西方占据国际政治话语优势的情况下，"诤友"很大程度上具有"西方优越论"的窠臼，而且"诤友"的前提是心心相印，中澳关系在当时根本达不到这一点。

2009年，中澳关系出现一系列问题。首先是中国新年后，澳大利亚国防部公布新版《国防白皮书》，首次明确将中国当成是澳大利亚的潜在威胁，引发中国政府的不满与批评。[②]7月，又爆发了"力拓案"，上海市国安局以"涉嫌为境外刺探和窃取中国国家秘密"为理由拘捕胡士泰等4人，后又改为以经济贿赂罪对其进行起诉，并判处其有期徒刑10年。[③]胡士泰是澳籍华人，时任力拓矿业集团驻上海办事处主任，澳大利亚政府与民间舆论普遍认为，此举是中国政府对中国铝业公司稍前并购力拓股份遭拒所实施的打击报复，是一种明显的恃强凌弱行为。力拓案爆发后，"疆独"分子热比娅窜访澳大利亚，受到澳大利亚媒体的热捧。7月31日，中国外交部召见澳大利亚驻华大使，就热比娅窜访澳大利亚提出交涉，并表示严正关注和坚决反对，要求澳方尽快改正错误，决不允许热比娅在澳大利亚境内搞分裂中国的活动。中澳两国主流媒体在当年围绕上述事件展开了一场舆论大战，相互指责对方干涉内政，攻击对方的社会制度和文化。中国指

---

① 《陆克文：我要做中国的诤友》，人民网，2008年4月14日，http://finance.people.com.cn/GB/72020/74689/120414/7119011.html。

② 可参见胡欣：《澳大利亚的战略利益观与"中国威胁论"——解读澳大利亚2009年度国防白皮书》，《外交评论》2009年第5期。

③ 2010年3月上海市第一中级人民法院在判决中指出，因为力拓案四名案犯的犯罪行为，使中国企业在铁矿石谈判中处于不利地位。仅2009年就有逾20家中国钢铁企业为铁矿石进口多支付了10.2亿元人民币。

出澳大利亚对中国崛起的恐惧和抵触反应,妨碍了中国营造一个和谐的周边及地区环境的努力,有可能把两国引入不利的纷争,甚至不排除恢复到历史上曾经发生过的间接对立状态。[①] 2010年6月,吉拉德取代陆克文继任总理,并没有改变在国家安全问题上对中国的敏感度。2012年3月,吉拉德政府以担心网络安全为借口,阻止中国民营企业华为公司参与竞标澳大利亚全国宽带网络建设工程,招致中国政府和民间的反对,同时再次使中国投资者感到在澳大利亚受到不公正对待。

尽管霍华德至吉拉德政府时期中澳外交出现上述波折,但双方仍然保持了密切的高层互访,凸显了中方的大局观。中方比较重要的访问包括:1999年,江泽民主席正式访问澳大利亚,分别与澳总督迪恩、总理霍华德等澳领导人会见、会谈。双方一致同意积极拓展两国新的合作领域,建立中澳面向21世纪的长期稳定、健康发展的全面合作关系;同时同意在加强两国现有对话与磋商机制的基础上,建立中澳两国领导人以及两国外长之间一年一次的定期会晤机制。双方在矿业、能源、领事、打击犯罪等领域签署了五个合作文件。2003年10月,国家主席胡锦涛对澳进行国事访问。访问期间,胡锦涛主席分别与澳总督杰弗里、澳总理霍华德、反对党领袖克林及澳地方政府领导人会见、会谈,就深化中澳全面合作关系与澳领导人达成共识。胡锦涛主席应邀在澳联邦议会发表了题为《携手共创中澳全面合作关系的美好未来》的演讲。两国签署《中澳贸易与经济框架》以及能源、教育、质检、食品安全、水利、卫生等一系列合作文件。从1997年开始,澳大利亚总理霍华德先后六次应邀访问中国。2008年,陆克文总理首次正式访华,并出席博鳌亚洲论坛年会,国家主席胡锦涛、全国人大常委会委员长吴邦国、国务院总理温家宝、副总理李克强分别与之会见会谈。8月,澳总理陆克文、总督杰弗里先后来华出席北京奥运会开、闭幕式。2011年4月,澳总理吉拉德访华,国家主席胡锦涛、国务院总理温家

[①] 喻常森、常晨光:《中澳关系面面观:写在中澳建交40周年之际》,载喻常森、常晨光编:《中澳关系大趋势:利益共同体的构建与展望:纪念中澳建交40周年》,中山大学出版社2012年版,第42页。

宝分别与之会见会谈。①

相比于澳大利亚，新西兰政府在这一时期坚持了对华友好的姿态，尤其是在中美关系与中澳关系出现波折时，不仅不选边站，而且与中国一样对美国入侵伊拉克等行动表示公开批评。2004年，新西兰外交与贸易部甚至更新了新西兰外交最重要基石国家与地区名单，共计六个。澳大利亚、美国、日本、欧盟及南太岛国论坛国家都是传统既有的，中国则是首次出现在相关名单里，中方对此表示了高度赞赏。②

这一时期，中国在南太岛国的外交一度面临重大挑战，主要在于台湾民进党当局"烽火外交"的实施。"烽火外交"是时任台湾当局"国安会秘书长"邱义仁于2002年7月18日首次提出的，主张在国际社会集中火力，全力出击，争取"外交"的突破，让中国大陆忙于应付，无暇他顾。③南太岛国成为主战场的基本原因在于：一方面，南太岛国远离中国，经济基础薄弱，对外援依赖度高，同时对中国历史遗留问题及发展现状缺乏了解。另一方面，台湾当局在主流国际政治舞台失去合法性后，高度重视经营残余的"邦交国"，尤其通过政治献金拉拢收买，以此掣肘中国的政治崛起。1998年12月，台湾当局通过"金元外交"促使马绍尔群岛与己"建交"，中国立刻与之断交。陈水扁上台后，以开拓南太岛国"外交"作为抗拒统一、煽动"台独"的手段。2002年7月21日，中国宣布与瑙鲁建立外交关系，后者对台"断交"。陈水扁时逢就职，视此为奇耻大辱，立刻予以反扑，于2003年11月策动基里巴斯与中国断交。台方事前给予100万美元现金支持反华领导人当选，还允诺"建交"后提供大量金钱。2004年12月，台湾当局如法炮制，与瓦努阿图公布了"建交公报"，时任瓦努阿图驻中国大使罗治伟随即返回瓦努阿图应急，后来瓦努阿图总理倒阁，局面才得以平稳。2005年5月14日，因为债务困境与金元贿赂，瑙鲁再次倒向台湾当局，5月31日，中国政府宣布与瑙鲁断交。除了"邦交"争夺，陈水扁

---

① 中华人民共和国外交部：《中国同澳大利亚的关系》，https://www.fmprc.gov.cn/web/gjhdq_676201/gj_676203/dyz_681240/1206_681940/sbgx_681944/t7878.shtml。

② "MFAT Statement of Intent 2004/05," Wellington, 2004.

③ 杨卓娟：《"烽火外交"与"活路外交"比较分析》，《重庆社会主义学院学报》2012年第5期，第36页。

还四次"访问"台湾当局"邦交国",招摇过市,中国政府对此予以坚决抨击。相关详细情况参见表4。

表4 南太岛国与中国的建交状况及其与台湾当局的"邦交"状况

中国建交国		台湾当局"邦交国"	
国名	建交时间	国名	"建交"时间
澳大利亚	1972年12月21日	图瓦卢	1979年9月19日
新西兰	1972年12月22日	马绍尔群岛	1998年11月20日
斐济	1975年11月5日	帕劳	1999年12月29日
萨摩亚	1975年11月6日	瑙鲁	1980年"建交" 2002年7月21日"断交" 2005年5月14日"复交"
巴布亚新几内亚	1976年10月12日	所罗门群岛	2019年9月16日与台湾"断交" (2019年9月21日与中国大陆建交)
瓦努阿图	1982年3月26日	基里巴斯	2019年9月20日与台湾"断交" (2019年9月27日与中国大陆复交)
密克罗尼西亚联邦	1989年9月11日		
库克群岛	1997年7月25日		
汤加王国	1998年11月2日		
纽埃	2007年12月12日		

资料来源:中华人民共和国外交部及台湾地区相关部门网站

尽管台湾当局在南太地区有六个所谓"邦交国",但都是南太地区人口、面积及经济体量最小的国家。即便在"烽火外交"中,中国的主要建交岛国也未出现动摇,这进一步说明中国在区域内的国家声望及外交成熟性。

(二)经济、科技与人文外交

与政治外交领域的波折演进不同,中国对南太的经济与文化外交始终活跃而紧密,成果不断扩大。对澳交流重要的内容包括:1997年8月,澳工业、科技部长穆尔访华,运输部长夏普来华参加澳安捷航空公司首航式。9月,澳社会保障部长纽曼、多元文化和移民部长拉多克、国库部长科斯特洛等分别访华。1999年7月,中澳正式结束有关中国加入WTO的双边市场准入谈判。2000年1月，澳工业、科学和资源部长明钦访华，两国签署《中华人民共和国科学技术部和澳大利亚工业、科学和资源部关于建立科技合作特别资金的谅解备忘录》。5月，两国正式签署关于中国加入WTO的双边协议。2002年12月，教育部副部长王湛访新，会见新西兰教育部长马拉德，与新西兰教育部秘书长范斯签署《中新关于教育与培训合作的谅解备忘录》。2003年10月，胡锦涛主席访新期间，双方签署相互承认高等学历和学位证书的协议。新西兰成为中国自费留学生的主要目的国之一。2005年4月，澳总理霍华德访华期间，澳方承认中国的完全市场经济地位。5月，中澳启动首轮自贸协定谈判。2006年2月，中澳农业技术合作基金首批合作项目启动，中澳水资源研究中心成立。4月，温家宝总理访澳，双方签署《中澳青年科学家交流计划》，首批澳青年科学家代表团同年访华。同月，国务院新闻办公室主任蔡武率中国媒体代表团访澳，并出席在悉尼举办的"中澳媒体交流与北京奥运报道"论坛。8月，国家旅游局局长邵琪伟率中国旅游代表团出席在墨尔本举行的中澳旅游高峰论坛，并与澳旅游部长贝利签署《关于中国公民组团赴澳大利亚旅游相关事宜的谅解备忘录》。2008年4月，新西兰教育部长卡特和高等教育部长霍奇森分别访华。同月，中新两国续签《关于在高等教育领域内相互承认学历和学位的协议》，并将之升级为两国政府协议。2010年6月，"澳大利亚文化年"在北京开幕。同月，国家副主席习近平访澳，为江苏大学与澳国立大学共建的"中澳功能分子材料联合研究中心"揭牌。7月，新西兰总理约翰·基访华，双方签署联合声明，宣布成立"中国与新西兰战略研究联盟"。10月，科技部长万钢与来访的新西兰研究与科技部长马普共同签署《关于中国与新西兰合作研究基金的联合声明》。2011年4月，吉拉德总理访华，双方宣布成立中澳科学与研究基金，并签署《教育交流备忘录》和《相互承认高等教育文凭和学位证书协议》等文件。2012年3月，中国人民银行与澳大利亚储备银行签署双边本币互换协议。

这一时期，中新两国经贸合作制度建设的成果格外突出，新西兰成为第一个与中国达成双边自由贸易协定的发达国家。2004年4月，新西兰政府正式承认中国完全市场经济地位。5月，中新双方在奥克兰正式签署《中国—新西兰贸易与经济合作框架》，双方决定开展双边自由贸易协定可行性研究。11月，胡锦涛主席与新西兰总理克拉克在智利亚太经合组织领导人非正式会议期间就结束中新自由贸易协定可行性研究达成一致。12月，两国自由贸易协定谈判正式启动。2008年4月，两国签署自由贸易协定，10月，协定正式实施。2009年8月，中新自贸区联委会第一次会议在新西兰惠灵顿举行。2010年3月，新西兰与中国香港特别行政区签订《紧密经贸合作协定》，成为第一个与香港签署双边自贸协定的国家。2011年1月，协定正式实施。11月，《中国香港与新西兰避免双重征税协定》正式生效。

这一时期，中国对南太岛国经济交流的制度化建设开始起步，2005年10月，中国倡议建立中国—太平洋岛国经济发展合作论坛（简称"中太论坛"），赢得太平洋岛国广泛响应。2006年4月，中太论坛首届部长级会议在斐济召开。会上，中国同8个建交岛国共同签署了《中国—太平洋岛国经济发展合作行动纲领》，各方同意在平等互利、优势互补、互尊互信的基础上，建立经贸合作伙伴关系。

就具体数据看，2012年，中澳贸易额为1223亿美元，同比增长4.9%。其中中国向澳大利亚出口377亿美元，同比增长11.3%；中国从澳大利亚进口846亿美元，同比增长2.3%。中方逆差469亿美元。目前，中国仍是澳大利亚第一大贸易伙伴、第一大出口目的地和进口来源地。澳大利亚是中国第八大贸易伙伴、第九大出口市场和第七大进口来源地。中国对澳出口商品中，机电产品占据50%，成为我对澳第一大出口商品。中国已经成为澳洲众多初级产品的主要市场。澳洲能源矿业产品占其对华出口商品总额的60%以上，中国累计批准澳对华投资项目约1万个，累计实际利用澳资72亿美元；根据澳大利亚统计局统计数据，截至2012年年底，澳大利亚对中国投资197.87亿澳元。与此同时，中国企业赴澳大项目投资也不断增多，澳大利亚已成为中国企业重要的投资目的地。根据中国商务部统计数据，截至2012年年底，中国对澳非金融类投资超过130亿美元，各类投资超过400亿美元；根据澳大利亚统计局统计数据，截至2012年年底，中国对澳大利亚投资229.47亿澳元。[①]

[①] 中华人民共和国商务部：《中澳经贸合作简况》，2014年4月24日。http://www.mofcom.gov.cn/article/i/dxfw/nbgz/201404/20140400561778.shtml。

中新经贸的主要内容是农产品，自由贸易协定签订两年后，双边农产品贸易从2008年的11.2亿美元增长为2010年的23.1亿美元，为2.1倍。2010年，双边农产品贸易中新西兰向中国出口合计22.1亿美元，比2009年增加63.5%，比2008年增长一倍；中国对新西兰出口达1.1亿美元，增幅为29.8%。中国与新西兰农产品贸易增长率也远高于其他国家和地区贸易伙伴。2010年，中国与美国、欧盟和日本等传统贸易国的农产品贸易金额分别为244.28亿美元、118.5亿美元和97.6亿美元，增幅分别为30.5%、28.7%和19.7%。而中国与新西兰双边农产品贸易金额达23.1亿美元，增幅为61.6%。[①]

总之，中国对南太外交在转型时期，尽管因为澳大利亚采取了政治与经济领域的双轨依赖战略以及台湾当局的"烽火外交"，出现了前所未有的干扰和波折，但是双方深化交流与合作的总体态势并未曾改变，中国在南太地区事务中的影响力持续增强，尤其是对新西兰外交表现出了平稳性和持续性。从积极的角度考虑，对南太外交中出现的突发性摩擦与矛盾，也让中国在新时期对南太外交中可能遭遇的风险有了更充分的心理与政策准备。

第二节　新时代中国南太区域外交

中共十八大后，在以习近平同志为核心的党中央领导下，中国对南太外交出现了新局面与新气象。最明显的变化在于，随着中国综合国力不断增强以及对外战略顶层设计的清晰化，中国对南太区域外交日益具有主动性，且战略考量明显增多。从实际操作看，中国的南太区域外交能够综合国内需要与国际环境变化，不断增加新内容，尤其是对岛国外交空前活跃。

2015年3月，国家发改委、外交部、商务部联合发布的《推动共建丝绸之路经济带和21世纪海上丝绸之路的愿景与行动》提出："'21世纪海上丝绸之路'重点方向是从中国沿海港口过南海到印度洋，延伸至欧洲；从

[①] 万鹏：《中国与新西兰近年的贸易分析》，《安阳师范学院学报》2001年第6期，第51页。

中国沿海港口过南海到南太平洋。"[①] 由此，中国与南太地区进入战略伙伴关系发展的新时代。中共十八大报告将海洋战略前所未有地上升到中国外交大战略的高度。而南太国家都是海洋国家，且处于中国海洋战略辐射的尽头，毫无疑问成为中国周边战略的重要一环，也将是检验"蓝色海洋"战略能否真正实现的试验田。

新时期中国外交领域对南太区域的关注与投入不断增加。一方面积极补充积累南太区域国家基本知识，在实践中探索新思路与新内容；另一方面开始寻求确立相对专门的外交对策，实现将对南太区域外交区别于对美外交。这些思路和实践对我国新时期开拓对中小型国家以及发展中国家的外交具有积极的指导和借鉴意义。

一、强调扩大共识的交往目标

南太内部各国发展极不平衡，表现在外交领域，大部分国家在国际政治舞台上非常低调，但自诩为中等强国的澳大利亚则异常活跃。对此，中国政府予以有针对性的理解体谅态度。中方认识到，从意识形态和地缘关系历史的演变来看，澳大利亚对美国和中国两面下注，也注定了其外交政策纠结反复的特点，与我发生矛盾具有必然性。我国并不再一厢情愿期待澳大利亚重新"脱欧入亚"，或者说中国认识到双方经济关系上的高度相互依赖，并不一定导向政治与外交上的亲密互信。此外，澳大利亚的综合国力相对较强，对其南太邻国具有压倒性优势，因此中国能够理解澳大利亚对国际事务保持相对高调活跃的参与，同时在南太地区事务中传统上具有相对主导性与敏感性。中方在涉澳的访问讲话、宣言或表态发言中，强调"扩大共识"并非虚辞，首先就是针对澳大利亚的矛盾处境。中国尚未将澳大利亚社会不定期爆发的对华负面言行判定为战略对抗，而是对中国快速崛起不够适应的表现。中方能够看到澳大利亚国内政治意见的多元化，反华舆论的沉渣泛起与其近年来政党政治内耗有关。

同时，中国的善意与坦诚是一以贯之的：2014年11月，国家主席习近

[①] 中华人民共和国商务部：《推动共建丝绸之路经济带和21世纪海上丝绸之路的愿景与行动》，http://www.mofcom.gov.cn/article/resume/n/201504/20150400929655.shtml。

平出席二十国集团领导人布里斯班峰会,并对澳大利亚进行国事访问,分别会见澳大利亚总督科斯格罗夫及总理阿博特等澳方领导人。在这次访问中,习近平主席还专程访问了相对偏远边缘的塔斯马尼亚州,从细节上表达了对澳大利亚人民的整体尊重和亲近,赢得澳洲媒体的一致好评。2017年3月,国务院总理李克强对澳进行正式访问。2018年11月,李克强总理在同澳总理莫里森举行第六轮中澳总理年度会晤时表示:"双方共同利益远大于分歧,合作是正确的选择。我们愿同澳方平等相待、坦诚对话、妥处分歧,以合作共赢的眼光看待双方关系,推动中澳关系稳定前行,这不仅有利于双方,也有利于世界。"①

二、明辨大是大非的交往原则

谋求扩大共识,绝不是无原则的容忍。尽管我国政府对其民间舆论的歪风能够淡定对待,并不一概作出强烈政治回应,但也绝不容忍澳大利亚放任反华舆论兴风作浪。首先是对沉渣泛起的民粹主义与种族主义坚决反击,维护海外华侨权益。包括澳大利亚一些大学发生辱华宣传以及部分城市发生指向华人的暴力袭击活动后,使领馆立刻出面交涉,教育处则发布留学风险警告,引发澳大利亚官方高度关注。

其次,对于明显跟风美国的挑衅言行,尤其是在涉及南海问题等并不属于南太地区内部事务的议题上,中国政府坚决反对澳大利亚火上浇油的言行。2014年开始,澳大利亚对南海问题的态度从"谨慎介入"转向"公开介入",中国政府在历次表态中都反对澳大利亚对域外涉华事务指手画脚。2016年,澳大利亚一改在南海问题上的中立立场,呼应美国主张,要求中国接受"仲裁"结果。中国外交部发言人立刻表示强烈不满与反对。2017年9月,澳大利亚海军在南海海域开展30年来规模最大的演习和交流,11月,还发表《外交政策白皮书》,声明澳大利亚在南海问题上的关切及对美国的支持。

再次,中国政府坚决抨击澳大利亚政府放纵媒体炒作"中国威胁论"。

---

① 外交部:《李克强同澳大利亚总理莫里森举行第六轮中澳总理年度会晤》,http://embassy-saudi.fmprc.gov.cn/web/ziliao_674904/zt_674979/dnzt_674981/lzlzt/lkqcxshhzldrxlhy_695103/zxxx_695105/t1613141.shtml。

自2017年起,澳大利亚媒体大肆炒作"中国收买澳大利亚政客""操控华侨"及"渗透澳洲学术界"等议题,引发两国媒体舆论战。2018年,澳大利亚政府出台《反外国干涉法》也被广泛认为剑指中国。与此相关的中国一些商业投资项目也遭受冲击,包括基德曼农场收购案被否决以及华为公司铺设所罗门群岛至悉尼海底电缆事件。对此,中方以暂缓双方高层交流的态度予以回应,同时开展公共外交,阐明中澳合作的友好历史与现实成果,引发澳大利亚有识之士的舆论反弹。最终澳大利亚总理特恩布尔发表主动示好的公开演讲。显然,中国尊重澳大利亚所谓"中等强国"的自我期许,同时又不失时机提醒其这种"强国"能动的边界,静观其内政"钟摆式运动",实现对澳外交的游刃有余。

三、强化高层沟通的交往内容

2013年4月,国务院总理李克强在北京与到访的澳大利亚总理吉拉德举行首轮中澳总理年度会晤。12月,外交部长王毅同澳外长毕晓普举行首轮中澳外交与战略对话。2013年,中澳关系被提升为"战略伙伴关系",2014年,升级为"全面战略伙伴关系"。这些新举措是中方提升双方沟通水平、确保充分交流、全力寻找共识、避免决策误判的重要努力。即便在中澳关系经历新一轮波折的2018年,中国外交部仍然表示中澳之间的沟通交流始终畅通。[①]

在新时期,中澳军事交流制度建设也提升至一个新的高度,澳大利亚甚至成为中美军事交流的一个媒介。2012年10月,中国、澳大利亚、新西兰三国军队在澳共同举行"合作精神—2012"三边人道主义救援减灾联合演练,次年,扩大为中、澳、新、美四国联合参与的"凤凰精神—2013"四边人道主义救援减灾联合室内推演。2014年,经过中央军委副主席范长龙访澳推动,从2015年8月开始,中方派员赴澳参加"科瓦里—2015"中澳美三边陆军联训和"熊猫袋鼠—2015"中澳双边联训,此后每年按照惯例演习。以联合军演为代表的中澳军事交流制度建设极大增加了双方的安

[①] 《外交部:中国与澳大利亚之间的沟通交流始终畅通》,光明网,2018年8月1日,https://baijiahao.baidu.com/s?id=1607601818070138432&wfr=spider&for=pc。

全互信。

四、提升经贸合作的交流水平

中国政府非常敏锐地察觉到南太地区的两个发达国家澳大利亚与新西兰在支持国际自由贸易体制与坚持市场开放方面与美国特朗普当局存在深刻分歧，因此，中国政府以坚持自由贸易原则为抓手，推进与澳、新的全面经贸合作。对澳方面，最明显的创新是双方签署了自由贸易协定。2014年11月，国家主席习近平访问澳大利亚，与澳总理阿博特共同宣布实质性结束中澳自贸协定谈判。2015年6月，商务部长高虎城与澳贸易和投资部长罗布在堪培拉代表两国政府正式签署《中澳自贸协定》。8月，国家发展改革委员会主任徐绍史访澳，同澳国库部长霍基、贸易与投资部长罗布共同举行第二轮中澳战略经济对话。12月，《中澳自贸协定》正式生效。目前，澳是中国第八大贸易伙伴。据澳方统计，2017年，中澳双边贸易额为1256.0亿美元，同比增长19.6%。中国成为澳大利亚第一大贸易伙伴、出口市场和进口来源地。

新时期中国与新西兰的经贸合作制度建设和实际成果都创新高，突破不断。2015年，新西兰成为亚投行首个发达国家创始会员国，并率先注资，还成为第一个与中国达成影视剧合作制作与播放协议的国家。2016年，中、新举行双边自贸协议升级谈判，新西兰成为首个与中国启动双边自贸协定升级谈判的西方国家。据商务部资料显示，2017年，中新双边贸易额144.8亿美元，同比增长21.6%。据商务部统计，2017年，新西兰在华设立企业67家，实际使用资金2116万美元。截至2017年年底，新西兰累计对华投资设立企业1979个，累计实际使用新资14.3亿美元。[①]

五、推动多边合作的交流方式

南太地区不同国家经济发展水平差异极大，除澳、新外，岛国都是发展中国家，甚至是最不发达国家，因此中国政府充分认识到岛国普遍追求

---

① 中华人民共和国商务部：《中国与新西兰贸易和投资简况》，2018年8月2日，http://mds.mofcom.gov.cn/article/Nocategory/200210/20021000042985.shtml。

经济发展、加速现代化建设的需要，推动多边合作，提升互信。对新西兰方面，2013年，中国首次采用三方合作的形式，与新西兰共同推动库克群岛基础设施建设，为中国在第三世界国家投资与援助创造了行之有效的新模式，既解决了最不发达国家接受中国外援加速建设的需求，又避免引起岛国民众及地区传统大国的不安。2014年，中国将中新关系提升为全面战略伙伴关系，发表建交以来首份双边关系联合声明，明确指出："中新互信和理解不断加深，务实合作与交流日益扩大。这充分表明，不同政治制度、不同历史文化传统、不同发展阶段的国家间能够建设性地开展合作。"[1] 2015年，新西兰总理特使来华出席中国人民抗日战争暨世界反法西斯战争胜利70周年纪念活动，再次说明新西兰对中国在地区安全问题上历史贡献的高度认可。

对南太岛国方面，中国坚持独立自主、相互尊重和不干涉内政的外交原则，不仅维持了既有的邦交，还通过依托战略支点国家如斐济、萨摩亚及瓦努阿图等国，打造南太"朋友圈"。自1985年胡耀邦访问澳大利亚、新西兰、萨摩亚、斐济、巴布亚新几内亚等南太5国后，中国开始将后3个国家以及瓦努阿图作为南太岛国外交的重心。1990年，中国成为太平洋岛国论坛的对话伙伴，至今保持连续定期参会，同时也多次邀请南太岛国首脑访问中国。在新时期，这种关系进一步得到全面升华。2014年11月，习近平主席在访问澳大利亚和新西兰之后，对斐济进行了国事访问。在与斐济总理的会谈中，习近平不仅谈到两国之间的经贸合作，还表示将继续支持并帮助斐济应对气候变化，派遣医疗、文艺团体前往斐济进行巡诊、巡演，加深两国之间的人文交流。习近平还延续了自己出访的一贯做法，灵活利用访问斐济的机会在楠迪同斐济、萨摩亚、巴布亚新几内亚、瓦努阿图、汤加等8个太平洋岛国领导人举行集体会晤，发表主旨讲话，表示："中国对发展同太平洋岛国关系的重视只会加强、不会削弱，投入只会增加、不会减少。"[2] 与会领导人一致同意建立相互尊重、共同发展的战略伙

---

[1] 新华社：《中国和新西兰关于建立全面战略伙伴关系的联合声明》，2014年11月21日，http://news.e23.cn/content/2014-11-21/2014B2100098.html。

[2] 《习近平同太平洋岛国领导人举行集体会晤并发表主旨讲话》，人民网，2014年11月23日，http://politics.people.com.cn/n/2014/1123/c1024-26075169.html。

伴关系。2018年，利用亚太经合组织首脑峰会在巴布亚新几内亚举行的契机，习近平再次与建交太平洋岛国领导人举行集体会晤并发表演讲，明确指出："中国和太平洋岛国同处亚太地区，同为发展中国家。不论国际风云如何变幻，我们始终是真诚相待、相互尊重的好朋友，共谋发展、互利共赢的好伙伴，相知相亲、互学互鉴的好兄弟。中国坚持国家不分大小一律平等，尊重岛国人民自主选择发展道路的权利，尊重岛国联合自强、平等参与国际和地区事务的努力。我们对岛国朋友以诚相知、以礼相待、以心相交。"[①] 很显然，中国对南太岛国外交不仅强调政治与经济利益，更强调了发展中国家身份与历史认同，推动"政策沟通"与"民心相通"。

六、打造南太岛国战略支点的交流格局

对南太岛国而言，"一带一路"倡议下的经济合作，成为双方全面战略伙伴关系建设的核心内容。南太岛国作为海上战略支点的地位日益突出。首先是务实合作迈上新台阶。在基础设施建设方面，相比太平洋岛国，中国拥有资金和技术优势，而太平洋岛国拥有市场和需求，双方合作互补性强。根据中国商务部统计，2016年，中国对太平洋岛国直接投资额为43.5亿美元，为2010年的2.4倍。中方还宣布支持岛国经济社会发展的一揽子计划，并为最不发达国家97%税目的输华商品提供零关税待遇。这一政策有利于太平洋岛国扩大出口市场，并提升双方经贸关系。其次，是协商对话展现新前景。中国—太平洋岛国经济发展合作论坛的作用不断提升，成为中国与太平洋岛国领导人协商对话的主要平台。2013年11月，第二届中国—太平洋岛国经济发展合作论坛在广州举行。中方在此次论坛上进一步提出支持岛国重大项目建设、扩大对华出口、开发人力资源、开拓中国旅游市场、发展医疗卫生事业、发展农业生产、保护环境和防灾减灾等政策举措。第三届中国—太平洋岛国经济发展合作论坛于2019年10月21日在萨摩亚首都阿皮亚举行。此外，中国与南太岛国还在应对气候变化问题方

[①] 《习近平同建交太平洋岛国领导人举行集体会晤并发表主旨讲话》，新华网，2018年11月16日，http://www.xinhuanet.com/politics/leaders/2018-11/16/c_1123726560.htm。

第十三章　中国的南太平洋区域外交

面致力于消除分歧和开拓合作。[①]事实上，在包括南海争端的问题上，多个南太岛国发表声明支持中国的立场，并且对有关西方国家发出的杂音表示了不认可与反击。2015年，斐济与瓦努阿图军队来华参加了"9·3"阅兵，这充分说明了南太岛国不仅是地缘现实中的支点，也成为我国周边外交中的新依托点。

总体来说，自中共十八大以来，尤其是2014年11月习近平主席出访南太平洋地区国家以来，中国对南太外交推进了有针对性的政策与实践。中国在南太地区投入了前所未有的资源，实现了远超过经济领域的多样化收益。尤其是在对南太岛国外交方面取得了新进展，完全实现了"优势互补，互利共赢"，为中国全面拓展对发展中国家外交积累了丰富有益的经验。

第三节　中国南太区域外交的问题与展望

在中国对南太国家40多年的交往过程中，问题与挑战从来不曾消失。由于南太地区在中国外交中长期处于相对边缘的位置，中国政府及学界对该地区基本国情，尤其是历史文化与政治传统了解不深。此外，由于长期以来视其为美国亚太战略的一个附庸式存在，中国政府对其外交可能的独立自主性认识不足，这都是未来外交中需要周详处置的。21世纪以来，许多问题已经成为结构性问题，不定期地爆发，干扰中国对南太外交实践，比如澳大利亚在政治意识形态和国家安全上对中国挥之不去的抵触。还有一些问题则是在深化双方交往过程中积累并显现的，中国还亟待积累应对经验，比如中国在南太岛国"一带一路"建设过程中因为对投资社会风险估测不足遭受了重大损失，以及应对澳大利亚与新西兰这样自视为南太地区主导国的猜忌等问题。

---

① 参见徐秀军:《中国与太平洋岛国合作迎来新机遇》,《社科院专刊》2018年第451期,http://cass.cssn.cn/xueshuchengguo/guojiyanjiuxuebu/201809/t20180907_4556321.html。

新中国周边外交史研究（1949—2019）

一、中国南太区域外交面临的挑战

（一）澳大利亚对中国崛起的掣肘

需要明确的是，澳大利亚乃至新西兰对中国崛起的紧张，"中国威胁论"的抬头，很大程度上属于周边国家对中国快速成长和"有所作为"的外交姿态不适应的结果，不能简单视其为追随美国对华战略的产物。澳大利亚对中国乃至亚洲战略决策的基本因素在于对自身力量的脆弱感。因此，作为第二次世界大战以后给澳大利亚带来最大安全感的稳定制度安排，美澳同盟节省了澳大利亚大量的财力与精力，澳方不可能轻易放弃。同时，中澳关系在各自整体外交考量中的权重从来都是不对称的。从中澳建交伊始，澳大利亚政界有识之士就清醒地认识到"澳大利亚对中国来说太无足轻重了，而对中澳关系未来的发展而言，中国的态度具有单方面的重要性"。[1]

具体表现是21世纪以来，无法否认和阻挡中国的全面崛起，但又始终无法泰然处之。澳大利亚一直期待中国会被纳入其所习惯和接受的既有国际与地区秩序安排中。当中国明显展示出独立自主的外交战略能动时，澳大利亚就陷入不心甘情愿、又无可奈何的状态，明知反华言行注定徒劳，却又按捺不住聒噪。此外，澳大利亚长期以来充当美国在南太秩序的维护者，这使得中国对澳大利亚外交政策受美国掌控的质疑具有历史合理性，双方达成战略互信难度极大。

就对澳外交而言，问题不仅在于涉澳事务重要性的变化，更在于接受中澳两国对深化政治经济关系有不同认知的现实。2012年，澳大利亚著名学者休·怀特提出的"中国选择"（The China Choice）理论在澳大利亚学界与政坛引发了不小的回响，各界对于堪培拉如何重新调整美、中、澳三边关系进行了热烈的讨论。[2] 对中国而言，澳大利亚是中国最主要的原材料进口来源之一，深化中澳关系对中国的经济发展有重要的帮助，因而

---

[1] Ann Kent, "Australia-China Relations, 1966-1996: A Critical Overview," *Australian Journal of Politics & History*, Vol.42, No.3 (August 1996), p.356.

[2] 参见黄家瑜：《2017—2018中澳关系发展的现状与分析》，载喻常森主编：《大洋洲发展报告（2017—2018）》，社科文献出版社2018年版。

中国积极推动与澳大利亚的各项经贸合作,例如建议将"一带一路"倡议与澳方的"北部大开发"计划相对接。然而,澳大利亚方面对两国关系的深化,有着较为复杂的心态,虽然企业界基本欢迎中国扩大对澳投资的立场,但仍有很大比例的政治人物与意见领袖持有不同的看法,堪培拉的对华政策多次发生转变,且多半对华采取敌视或歧视的立场,从而导致中澳之间的种种纠纷。不仅如此,过去10年,澳大利亚朝野两党以及执政党内部纷争不休,经常通过炒作中国干涉问题博眼球,求选票。而经济危机后澳大利亚基层社会种族歧视文化氛围以及民粹主义保守势力沉渣泛起,也会损害中国对澳外交的积极成效。最近一轮中澳间的争议,明显反映出澳大利亚社会一方面乐于和中国人做生意,以赚取大量外汇,欢迎中国资金投入澳大利亚市场,以活跃国内市场,另一方面又认为中国是共产主义国家,与澳大利亚分属不同的政治与意识形态阵营,担心中国势力动摇澳大利亚的基本价值观,对澳大利亚的政治认同造成影响。如同2017年澳大利亚外交部发布的《外交白皮书》所述:"这是历史上第一次出现我们最主要的贸易伙伴不是最主要安全伙伴的情况。"因此澳大利亚可能在相当长时期内对中国崛起保持警惕。

(二)"一带一路"建设可能的风险与争议

澳大利亚与新西兰均表示过对"一带一路"的认可与接受,但由于已经存在自由贸易协定这样的高水平合作框架,实际上对"一带一路"倡议没有特别积极的响应。"21世纪海上丝绸之路"的"南线建设",很大程度上还是针对南太岛国展开的。南太岛国可能存在的内部问题包括:政局不稳定,治安环境恶劣,土地所有权纠纷复杂,民粹思潮对外来资本的抵制,政治腐败以及法律制度不完善等。此外,这些地区通常也是部族关系复杂且生态环境脆弱的地区。

在与南太岛国进行合作时,中国应对南太岛国进行细致研究,充分了解其国家状况,探究其国家和人民实际需求,找谁对接领域,实现双边互利互补,管控综合风险。

(三)澳新对中国在岛国影响力扩大的抵制

作为地区大国的澳大利亚长期在南太平洋地区事务中居于主导地位。虽然澳大利亚无法抗拒中国的崛起,但是在南太岛国问题上给中国制造麻烦，增加中国活动的成本，并非其能力所不及。澳大利亚在南太平洋的目标较为明确，主要是防范外来势力渗透，维护地区的安全稳定及经济利益。澳大利亚并不认为中国在南太平洋岛国持续推进"一带一路"是一种必然的威胁，但是澳大利亚的担忧仍然有增无减。即便是素来友好的新西兰也有一定的顾虑。

此外，澳大利亚外交部秘书长孙芳安对"一带一路"倡议提出后中国在南太平洋岛国的活跃，也表示了安全方面的担忧。在她看来，中国不断加强的援助活动，是中国在该地区提升影响力的一个方式，而通过这种方式，中国正在无形中改变南太平洋地区的传统力量对比。2018年4月10日，澳大利亚媒体费尔法克斯传媒援引"不具名消息人士"的话说，中国正在和瓦努阿图进行初步讨论，利用上海建工集团在桑托岛卢甘维尔码头的扩建工程，在该国建立一个军事后勤基地。瓦努阿图外交部长雷根瓦努正式澄清，瓦政府从来没有讨论过建立中国军事基地。此外，从2017年12月到2018年，澳大利亚全力阻挠中国华为承建所罗门群岛海底电缆项目，澳大利亚表示愿意承担修建费用1.01亿元。[①] 2018年，新西兰国防部长罗恩·马克发布一份战略性国防政策声明，对"越来越自信的中国"在南太平洋地区日益增长的影响力表示担忧。这与新西兰政府一直避免批评中国的姿态大相径庭。新西兰外长温斯顿·彼得斯还表示，惠灵顿计划在2019年向萨摩亚、汤加、斐济、瓦努阿图、巴布亚新几内亚、所罗门群岛、基里巴斯和美国夏威夷派出14位外交官。2018年9月，澳大利亚与新西兰及太平洋各岛国签订新安全合作协议，正式将新西兰也纳入强化对岛国事务的管控计划中。[②]

2018年11月，习近平主席与建交南太岛国领导人就深化双方关系交换看法，一致同意将双方关系提升为相互尊重、共同发展的全面战略伙伴关系，开创全方位合作新局面。建交南太岛国领导人表示，中国是他们实现

---

① *South China Morning Post*, "Australia, Vanuatu to Negotiate Security Deal," June 25, 2018, https://www.scmp.com/news/asia/diplomacy/article/2152309/australia-tries-counter-chinas-influence-pacific-islands-will.

② 《澳新与太平洋岛国拟签新协议加强区域安全对抗中国介入》，《澳大利亚人》（中文版），2018年7月6日，https://cn.theaustralian.com.au/2018/07/06/8362/。

发展愿景、增进人民福祉、应对全球挑战的重要伙伴，愿加强同中国在多边事务中的沟通和协调。

此外，中国还需要与域外大国协调在南太岛国的战略关系，增进战略互信，减少战略互疑，避免战略误判。

（四）台湾当局可能的挑衅

鉴于"烽火外交"的历史，尽管台湾当局在争取"国际邦交"的问题上能力和意愿都大大下降，但是仍然不能排除其采取小动作的可能，尤其是在民进党当局执政的不利情况下，可能孤注一掷，通过主动挑衅，分散中国方面的注意力，同时竭尽全力损害中国国际声望，煽动反华国际舆论。2018年2月，台湾当局开始对南太岛国可能与中国大陆强化联系，进而孤立自己感到紧张，尤其是巴布亚新几内亚要求台湾"驻巴新办事处"更名。2019年9月21日，中国与所罗门群岛建交，加剧了台湾当局的紧张感。9月4日，太平洋岛国论坛在台湾所谓"邦交国"瑙鲁举行，会议召开前夕，瑙方要求按惯例与会的中方人员持普通护照入境，不接受外交护照。在大多数成员国和中方提出交涉，并表示将抵制会议的情况下，瑙鲁政府不得不同意中方代表团持外交护照与会。会议期间，瑙方再次不顾国际会议惯例，阻挠中方代表讲话，对此，中方当即提出严正交涉，并提前离开会场以示抗议。出席会议的许多国家代表团也离开会场，对瑙方表示强烈不满。台湾当局对瑙鲁举办此次论坛提供诸多援助，包括援建会场，而此事发生前一周，台湾政界人士吴钊燮率团"访问"了瑙鲁，并与"邦交国"领导人进行会谈。在澳大利亚总理没有出席会议并努力改善对话关系的情况下，台湾当局的干扰显然是上述这出闹剧的主要原因。

二、中国南太区域外交的展望

40余年来，中国对南太外交经历了从缺乏足够关注到逐步靠近中国外交核心舞台的过程。中国对南太外交的总体战略是在试错过程中不断走向成熟的。对南太区域外交的基础，首先在于继续保证综合国力持续提升，能够有更多资源投向太平洋深处。其次，中国对南太区域外交应该秉持周边外交基本政策和原则，积极落实中共十九大以来一系列中央确定的对外政策理念和布局，在外交实践中注意充分了解对方国情，充实巩固提高既有成就，理性看待可能的矛盾。应从下列重点方面入手：

（一）中澳、中新关系谋定而后动

作为中国大周边的重要组成部分，对澳大利亚及新西兰双边外交应谋求最大利益共识，避免战略对抗，强调中方在维护既有国际自由贸易秩序上与其立场一致，不因部分合作案例的失败而动摇对全局的信心。如李克强总理2018年1月在第六轮中澳总理年度会晤中指出："我们愿同澳方发挥互补优势，挖掘合作潜力，扩大双向贸易与投资……中方愿同澳方在多边领域加强沟通协调，共同支持多边主义和自由贸易，维护以规则为基础的国际秩序，维护本地区和世界的稳定和发展。"[①] 这种认识赢得了澳大利亚新任总理莫里森及澳国内媒体的普遍认可。同时，中方要加大外交宣传，尤其是丰富公共外交内容，增强沟通与解释说明，包括正确理解所谓"既有秩序"的变化。澳大利亚及新西兰需要认识到，南太乃至亚太地区所谓的既有秩序是特定时代的产物，它不仅是第二次世界大战的遗产，也浸染了冷战对抗所规训的意识形态仇视与对立。在恪守开放合作与和平发展的基本原则下，中国地区影响力的提升是中国综合国力发展的自然结果。

事实上，包括在南海问题上澳大利亚对美国的支持，以及2012年吉拉德政府邀请美国海军陆战队进驻达尔文港，并不是美国直接迫使澳大利亚追随自己的结果，恰恰是因为澳大利亚担心美国削弱对南太投入乃至弱化美澳同盟，澳大利亚就可能被迫重新选择安全依附对象。所以在可预见的未来，澳大利亚对中国的崛起可能始终无法持全面接受态度。

对中方而言，无论对于澳大利亚还是新西兰，都需要将其与北大西洋地区的西方国家区别对待，因为其地缘处境、经贸联系及移民问题必须与中国保持更紧密的互动，中澳、中新关系中的杂音不会影响双边关系的稳定。

（二）提高自身能力建设与制度建设

首先，中国政界与学界要强化对南太区域国家尤其是各个岛国历史、文化、社会、经济、政治和外交等领域的具体研究，对不同国家形成不同

---

① 《李克强同澳大利亚总理莫里森举行第六轮中澳总理年度会晤》，外交部网站，2018年11月14日，http://embassy-saudi.fmprc.gov.cn/web/ziliao_674904/zt_674979/dnzt_674981/lzlzt/lkqcxshhzldrxlhy_695103/zxxx_695105/t1613141.shtml。

的具体方案。针对岛国的特定自然环境使用最合理的材料，避免浪费。同时推出最合理的项目，重视民生需要，加强环保意识。其次，中国自身要强化投资与援助的透明度，同时要加大宣传，强调对南太岛国的援助符合当地长远需求，而且更多是响应当地政府与社会需要的结果，并非中国试图有意操纵。再次，发展吸纳澳大利亚与新西兰在内的多边投资与合作，化解其焦虑，深入分析其援助与投资经验，减少我方不必要的成本和消耗。在强化投资透明度以及发展民生工程的基础上，不怯于澳大利亚和新西兰的指摘，争取岛国民众及政治精英的真诚支持。比如在面对澳、新指摘中国对岛国外交时，萨摩亚总理图伊拉埃帕就表示："（澳方的表态）对于太平洋岛国领导人来说是侮辱性的。对我来说，这些言论似乎是在质疑太平洋岛国领导人的诚信、智慧和智力。"图伊拉埃帕认为这种言论破坏了澳大利亚在该地区的外交努力，将摧毁澳大利亚和太平洋岛国尤其是萨摩亚之间的关系。他强调中国的资金被证明对萨摩亚应对气候变化影响的努力起到关键作用。[1]

（三）加大风险管控

首先是对澳、新政局变化及其对美立场的变化有持续稳定的跟踪研究，防止意外发生，避免中国外交活动陷入被动。但是中国要始终清醒认识到，中澳关系波折对中国整体外交的负面影响不大。中国应该保持既有的战略，不轻易为消除政治杂音而全面回调双边整体关系，避免牺牲经济利益，投入鸡零狗碎的政治唇舌之争。其次是依托战略支点国家，化解岛国群体的杂音。比如2018年8月，汤加政府呼吁太平洋岛国联合起来要求中国政府免除债务，而在中国政府表态前，萨摩亚总理率先表态，认为汤加的请求是无理的，还会给太平洋岛国贴上"不诚信"的标签。再次是应对台湾当局可能的小动作。由于台湾当局目前很难在争取"邦交"问题上有大突破，因此只可能利用有限的"邦交国"给我方参与地区外交活动制造点麻烦。鉴于支点国家关系的巩固，近期内我方可淡化该地区邦交承认问题，对顽固国家不做过分乐观的期待和争取，除非有重大现实意义，不

---

[1] Bruce Hill, "Samoan PM Hits Back at Australia's 'Insulting' Criticism of China's Aid Program in Pacific," Jan.12,2018, http://www.abc.net.au/news/2018-01-12/samoan-prime-minister-hits-back-at-insulting-china-aid-comments/9323420.

主动接触。

（四）采取多元化而有的放矢的外交

对于澳大利亚与新西兰及太平洋岛国的战略应采取不同的政策。对南太区域外交要拓展到政治、经济与军事领域之外。尤其是强化人文交流，对澳、新主要是教育、科技和文化合作交流，对南太岛国则要更多采用全方位的民事援助与交流，包括加大派遣技术援助团队、医疗团队，提供更多奖学金和人道主义援助等。此外，在国际社会共同关注的问题，如应对气候变化以及打击非法移民和恐怖主义渗透方面中国应积极有为，展现中国的大国责任与道义。

"一带一路"在南太岛国的推进，还要面临建设质量监控、投资项目是否造福于基层民众、所建项目是否不造成当地环境破坏以及建筑项目本身是否适应当地湿热的热带海岛环境等一系列的问题。一旦问题被国际媒体渲染放大，甚至可能对其他发展中国家的类似项目造成困扰。对于台湾当局与岛国"外交"领域可能造成的干扰，我方不可掉以轻心。一方面对台湾当局可能借助既有"邦交国"争取国际活动空间的意图要进行全面且坚决的抵制，另一方面，要依托我方既有的太平洋岛国建交国家，在太平洋岛国区域合作中积极发声，抵制部分岛国可能做出的亲台举措。尤其是利用澳大利亚及新西兰对"一个中国"原则的承诺，对岛国可能的松动并倒向台湾当局的立场加以抑制。

第四编

新中国的周边多边外交

第十四章　中国融入国际体系与周边多边外交历史进程

导　读

　　新中国周边多边外交的历史进程可以分为三个阶段。第一阶段从1949年10月中华人民共和国成立到1971年10月中国恢复联合国合法席位，是中国周边多边外交的艰难起步阶段（1949—1971年）。在这一阶段，中国主要的周边多边外交活动有三次，分别是1954年日内瓦会议、1955年亚非会议、1961—1962年第二次日内瓦会议。第二阶段是从1971年10月中国恢复联合国合法席位到20世纪90年代初，是中国周边多边外交的调整适应阶段（1971—1991年）。在这一阶段，中国对多边国际机制的态度由否定性的批判转变为建设性的逐步参与，中国开始参加联合国维和行动，并参与了柬埔寨问题的和平解决。第三阶段是中国周边多边外交的积极参与阶段（1991—2013年）。在这一阶段，中国全面参与了大量的亚洲区域性国际组织和国际制度，并在其中扮演积极推动者的角色。

　　中国为了维护相对稳定的周边环境，重视同周边和近邻国家的区域性组织的关系。本书提及的"周边多边外交"指中国通过周边（亚洲）区域性组织、周边（亚洲）区域性会议进行的外交活动和区域合作。本章从中国融入国际体系的视角出发，分三个阶段分析中国政府的周边多边外交历史：艰难起步阶段（1949—1971年），调整适应阶段（1971—1991年），积极参与阶段（1991—2013年）。

第一节　艰难起步阶段（1949—1971年）

从1949年10月中华人民共和国成立，到1971年10月中国恢复联合国合法席位，是中国周边多边外交的艰难起步阶段。这段时期，中国虽然参加了一些多边外交活动，比如1954年的日内瓦会议、1955年的万隆会议、1961—1962年的第二次日内瓦会议，但中国的参与是有限的。在冷战背景下，这一时期中国参与周边多边外交情况，受到意识形态、国际环境以及国内因素的不同影响。基于"两个阵营"的认识，中国认为国际多边机制多为西方国家创立和控制，是帝国主义的工具。[1] 总体看来，中国这一时期对多边外交的态度是比较消极的。这一时期中国参与的少量多边外交活动主要是在发展中国家和社会主义阵营内部。

1949—1954年，受意识形态因素影响，中国采取"一边倒"政策。以美国为首的西方国家阻挠新中国恢复联合国合法席位，并主导联合国通过一系列决议，干涉中国内政，比如1951年美国操纵联合国大会通过对中朝禁运案。因此，刚刚成立的新中国对联合国的态度为批评、对抗，将联合国视为帝国主义国家的工具，但对社会主义阵营的国际组织表现积极，比如以观察员身份参加华沙条约组织的活动，参与苏联主导的世界民主联盟、国际学生联合会、国际妇女同盟等组织的活动。由于社会主义阵营的国际组织影响力较弱，中国参与多边外交极为有限。[2]

1954—1960年，中国参与多边外交的形式以参加国际会议为主。1954年的日内瓦会议，是新中国第一次以大国身份参加的重要国际性会议。中国代表团与相关国家经过艰苦谈判达成关于恢复印度支那和平的协议，但美国却拒绝在《日内瓦会议最后宣言》上签字。其后，美国倡导建立了防范共产主义扩张的东南亚条约组织，使得中国认识到通过多边方式改善与西方大国的关系是不现实的。之后的万隆会议虽然形成了影响深远的"万隆精神"，但也使中国认识到美国对第三世界的巨大影响力，以及多边合

---

[1] Hongying Wang, "Multilateralism in Chinese Foreign Policy: The Limits of Socialization," *Asian Survey*, Vol.40, No.3 (2000), p.478.

[2] 郑启荣、朱仲君主编：《中国多边外交》，世界知识出版社2012年版，第25—26页。

第十四章　中国融入国际体系与周边多边外交历史进程

作在发展同第三世界国家关系上的局限性。[①] 为此，中国更多地把多边外交看作是宣传中国外交政策、反帝反霸的舞台，对第三世界国家间的多边合作比较悲观，同第三世界的外交更多停留在战略层面和双边关系上。

20世纪60年代，中苏关系恶化，中国反帝又反修，反对一切反动派。国内进行"文化大革命"，政治动荡。中国一方面继续进行争取联合国合法权利的斗争，表现出强烈参与愿望，又因国家利益无法得到维护而陷于被排斥和封闭状态。中国对发展中国家提出的建立国际经济新秩序更多体现在外交声援上，很少参与具体工作。中国对第三世界国家组成的国际组织（不结盟运动、77国集团、石油输出国组织等）也热情不够。

第二节　调整适应阶段（1971—1991年）

20世纪70年代，中国调整了对外政策，致力于结成最广泛的国际反对霸权主义统一战线，改善了与美国的关系。这不仅使中国摆脱了在国际上比较孤立的困境，也使中国外交活动范围真正扩展到整个国际舞台。

1971年10月，第26届联合国大会通过了关于恢复中华人民共和国在联合国一切合法权利的第2758号决议，承认中华人民共和国政府的代表是中国在联合国组织的唯一合法代表。中国恢复联合国合法席位之后，陆续参加了联合国下属的相关机构。但由于中国对联合国机制运作缺乏了解，参与比较有限，更多时候表现出对国际社会的防范、自卫姿态，"将联合国视为第三世界争取权利的舞台"，认为"联合国是讲坛"。[②] 中国在国际组织的活动中比较谨慎，抽象谈论和旁观多于实际参与。

20世纪70年代末80年代初，中国和世界都发生了巨大变化。国际上，全球化进一步发展，美苏控制和主宰世界的能力下降，第三世界发展壮大。中国内部，中共十一届三中全会确定了改革开放的总方针，明确了外交的根本任务是为中国的社会主义建设争取有利的国际环境，确立了独立自主的外交路线。在这一背景下，中国调整了对地区性多边机制和多边外

[①] 郑启荣、朱仲君主编：《中国多边外交》，世界知识出版社2012年版，第28—29页。
[②] 陈庆鸿：《中国多边外交的历程》，《新远见》2009年第7期，第53页。

交的认识，对国际组织和多边国际机制的态度由否定性的批判转变为建设性的逐步参与。中国全面参与联合国框架下的重要会议和活动，并调整了对联合国维和、人权合作的态度。但1989年"北京政治风波"的发生，导致西方国家对中国进行严厉制裁，中国的外交空间被大大压缩。对此，邓小平提出了"28字"方针（冷静观察、稳住阵脚、沉着应付、韬光养晦、善于守拙、决不当头、有所作为），为中国的对外战略指明了方向。中国在不利的国际环境中稳住了阵脚，逐步打破了西方国家对中国的制裁。

第三节 积极参与阶段（1991—2013年）

冷战结束后，中国积极融入现有国际体系，在对外政策中日益重视多边主义，积极开展多边外交。中国的多边外交战略在全球层面和周边层面上同时推进。中国在全球层面日益接受多边主义的证明之一，是它强烈支持联合国在冷战结束后的维护国际秩序和冲突解决中成为核心角色，中国加大了参与联合国维和行动的力度和承担会费的比重。在周边地区层面，冷战结束初期的代表性事件是中国外交部长钱其琛于1991年7月参加了第24届东盟部长会议。此后，中国全面参与了大量的亚洲区域性国际组织和国际制度，并在其中扮演积极推动者的角色。在政治、安全、经济、环境、疾病控制、打击跨国犯罪和禁止毒品贸易等众多领域，中国与亚洲国家业已达成一系列的多边制度安排，并且从正在展开的外交实践来看，此类制度安排呈现形式与数量增多、程度增强的趋势。

冷战结束后，中国对东北亚、东南亚、中亚、南亚、西亚、南太平洋六个周边次区域的多边外交采取了不同的模式。在中亚，中国与俄罗斯和中亚国家共同创建了上海合作组织，这是一种主导参与型多边制度。在东北亚，中国创造性地构建了六方会谈机制，这是一种深度参与型多边制度。在东南亚，中国积极参与以东盟为中心的东亚合作机制，这是一种积极参与型多边制度。在南亚、西亚和南太平洋，中国开始参与这三个次区域的地区组织，这是一种适度参与型多边制度（参见图3）。

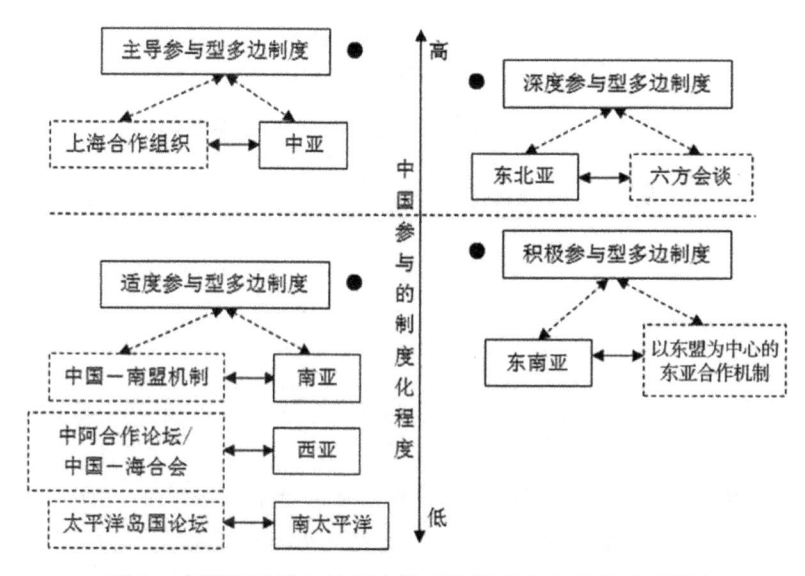

第十四章　中国融入国际体系与周边多边外交历史进程

图3　中国周边外交的制度模式选择（六个周边次区域）

新中国周边外交史研究（1949—2019）

第十五章　新时代中国周边多边外交的进展与特点

导　读

　　中共十八大以来，中国周边多边外交进入一个新的时期。2013年中国提出共建"丝绸之路经济带"和"21世纪海上丝绸之路"（简称"一带一路"）倡议。中国以共建"一带一路"倡议的推进为契机，开展了富有成效的周边多边外交。新时代中国周边多边外交的进展包括：以"一带一路"促进周边国家基础设施的互联互通，推动"一带一路"沿线自贸区和亚太自贸区建设，提出亚洲安全观和参与亚洲地区多边安全机制，打造澜湄合作为新时代周边次区域合作典范。新时代中国周边多边外交逐步形成了以下特点和经验：一是经济发展导向，即通过各国的经济发展和亚洲地区经济合作来推进周边多边外交；二是保持开放包容，强调中国与周边国家合作的开放性和包容性，不谋求政治势力范围；三是注重改革完善规则，中国倡导的亚洲地区新机制新倡议，不是另起炉灶，而是对现有地区机制的补充和完善。

　　中共十八大以来，中国积极倡导地区合作新机制新倡议。中国不仅在经济贸易等领域积极倡导地区合作新机制、新倡议，而且在安全领域也提出了中方建议。在经贸领域，最核心的倡议是2013年提出的共建"一带一路"倡议；在安全领域，中国对亚信会议的未来发展提出了多项建议。中国倡导的地区合作新机制、新倡议，并不是要取代现有地区合作机制，而是对现有地区机制进行补充、改革和完善。

第十五章　新时代中国周边多边外交的进展与特点

第一节　新时代中国周边多边外交的进展

新时代中国周边多边外交的进展最突出的体现是"一带一路"的提出和推进。2013年9月和10月，中国国家主席习近平先后提出共建"丝绸之路经济带"和"21世纪海上丝绸之路"（简称"一带一路"）倡议。[1]"一带一路"沿线国家大多是亚洲国家，"一带一路"可以被视为新时代中国对周边国家开展经贸工作的重要多边外交倡议。中国周边多边外交的进展还体现在推动自由贸易区建设、参与亚洲地区多边安全机制、打造澜湄合作等领域。

一、促进周边国家基础设施互联互通

基础设施互联互通是中国与周边国家合作发展的基础。"一带一路"倡议提出以来，中国着力推进陆上、海上、天上、网上四位一体的联通，聚焦关键通道、关键城市、关键项目，联结陆上公路、铁路道路网络和海上港口网络。[2]中国三部委2015年3月联合发布的《推动共建丝绸之路经济带和21世纪海上丝绸之路的愿景与行动》指出："沿线国家宜加强基础设施建设规划、技术标准体系的对接，共同推进国际骨干通道建设，逐步形成连接亚洲各次区域以及亚欧非之间的基础设施网络。"[3] 2017年5月，中国根据共建"一带一路"的合作重点和空间布局，提出了"六廊六路多国多港"的合作框架。"六廊"是指新亚欧大陆桥、中蒙俄、中国—中亚—西亚、

---

[1] 推进"一带一路"建设工作领导小组办公室：《共建"一带一路"：理念、实践与中国的贡献》，新华网，2017年5月10日，http://news.xinhuanet.com/silkroad/2017-05/10/c_1120951928.htm。

[2] 习近平：《携手推进"一带一路"建设——在"一带一路"国际合作高峰论坛开幕式上的演讲》，新华网，2017年5月14日，http://www.xinhuanet.com/politics/2017-05/14/c_1120969677.htm。

[3] 中华人民共和国国家发展和改革委员会、外交部、商务部：《推动共建丝绸之路经济带和21世纪海上丝绸之路的愿景与行动》，新华网，2015年3月28日，http://www.xinhuanet.com//world/2015-03/28/c_1114793986.htm。

中国—中南半岛、中巴和孟中印缅六大国际经济合作走廊。①"六路"指铁路、公路、航运、航空、管道和空间综合信息网络。"多国"是指一批先期合作国家;"多港"是指若干保障海上运输大通道安全畅通的合作港口。②截至2018年8月,中泰铁路等开工建设,雅万高铁部分路段已经开工建设,汉班托塔港二期竣工,巴基斯坦瓜达尔港已具备全作业能力,中老铁路和中巴经济走廊项目交通基础设施建设等项目也在稳步向前推进。2018年8月26日,中欧班列累计开行数量突破1万列,到达欧洲15个国家43个城市,已达到"去三回二",重箱率达85%。③中国在促进政策、规则、标准三位一体的联通,为互联互通提供机制保障。

基础设施的互联互通需要大量的投资。根据联合国亚洲及太平洋经济社会委员会(亚太经社会)2015年5月的年度调查报告,"亚太地区在交通、能源、卫生等领域急需基础设施建设,而每年该地区的基础设施投资需求总额为8000亿到9000亿美元"。④亚洲开发银行(亚行)2017年2月发布的《满足亚洲的基建需求》报告指出,亚洲及太平洋地区(亚太地区)若保持现有增长势头,到2030年其基础设施建设需求将超过22.6万亿美元(每年1.5万亿美元)。若将气候变化减缓及适应成本考虑在内,此预测数据将提高到26万亿美元,即每年1.7万亿美元。⑤

中国通过倡导设立亚投行和丝路基金,以解决互联互通建设的融资问

---

① 推进"一带一路"建设工作领导小组办公室:《共建"一带一路":理念、实践与中国的贡献》,2017年5月10日,http://news.xinhuanet.com/silkroad/2017-05/10/c_1120951928.htm;张高丽:《创新引领行动推进互联互通——在亚欧互联互通产业对话会上的讲话》,新华网,2015年5月27日,http://news.xinhuanet.com/2015-05/27/c_1115429796.htm。

② 推进"一带一路"建设工作领导小组办公室:《共建"一带一路":理念、实践与中国的贡献》,新华网,2017年5月10日,http://news.xinhuanet.com/silkroad/2017-05/10/c_1120951928.htm。

③ 中华人民共和国国务院新闻办公室:《国新办举行共建"一带一路"5年进展情况及展望发布会图文实录》,2018年8月27日,http://www.scio.gov.cn/xwfbh/xwbfbh/wqfbh/37601/38866/wz38868/Document/1636162/1636162.htm。

④ United Nations ESCAP, *Economic and Social Survey of Asia and the Pacific 2015*, May 14, 2015, p.18.

⑤ Asia Development Bank, *Meeting Asia's Infrastructure Needs*, February 2017, https://www.adb.org/publications/asia-infrastructure-needs.

题。亚投行是一个政府间性质的亚洲区域多边开发银行，是首个由中国倡议设立的多边金融机构。亚投行的宗旨为：通过在基础设施及其他生产性领域的投资，促进亚洲经济可持续发展、创造财富并改善基础设施互联互通；与其他多边和双边开发机构紧密合作，推进区域合作和伙伴关系，应对发展挑战。① 亚投行的法定股本为1000亿美元，中国为亚投行第一大股东。亚投行于2016年1月开业，运营3年多来，已拥有75个正式成员和25个意向成员，参与投资的基础设施建设项目数达到35个，涉及13个国家，贷款总额75亿美元。② 同时，亚投行与金砖国家新开发银行、世界银行、亚洲开发银行及其他多边开发机构将合作支持"一带一路"项目。2014年11月，中国宣布出资400亿美元成立丝路基金。2014年12月，丝路基金有限责任公司在北京注册成立。2017年5月，中国在"一带一路"国际合作高峰论坛上宣布向丝路基金新增资金1000亿元人民币。③ 丝路基金是由外汇储备、中国投资有限责任公司、中国进出口银行、国家开发银行共同出资，按照市场化、国际化、专业化原则设立的中长期开发投资基金，重点是在"一带一路"发展进程中寻找投资机会，并提供相应的投融资服务。④ 亚投行和丝路基金坚持平等性和商业性原则，通过银团贷款、银行授信等方式开展多边金融合作，已在沿线国家初步树立了公信力。亚投行和丝路基金有助于解决"一带一路"沿线国家的资金缺口问题，将深化"一带一路"合作。

二、推动"一带一路"沿线和亚太自贸区建设

新时代，中国加快实施自由贸易区战略。这是中国国内加快构建开放型经济新体制的需要，也是适应经济全球化新趋势的需要。2012年11月，中共十八大提出加快实施自由贸易区战略。2013年11月，中共十八届三中

---

① AIIB, "Articles of Agreement," https://www.aiib.org/en/about-aiib/basic-documents/articles-of-agreement/index.html.

② AIIB, "Quick Facts," https://www.aiib.org/en/index.html，访问时间：2019年2月3日。

③ 中华人民共和国外交部：《"一带一路"国际合作高峰论坛成果清单（全文）》，2017年5月16日发布，http://www.fmprc.gov.cn/web/zyxw/t1461873.shtml。

④ 《中国出资400亿美元成立丝路基金 正式起步运行》，中国新闻网，2015年2月16日，http://www.chinanews.com/gn/2015/02-16/7069520.shtml。

全会提出"以周边为基础加快实施自由贸易区战略"。

中国积极同"一带一路"沿线国家和地区商建自贸区。2015年3月，中国三部委联合发布的《推动共建丝绸之路经济带和21世纪海上丝绸之路的愿景与行动》指出，"积极同沿线国家和地区共同商建自由贸易区"，"高标准自由贸易区网络基本形成"。① 2015年12月，《国务院关于加快实施自由贸易区战略的若干意见》指出，中国的自由贸易区战略要立足周边，辐射"一带一路"国家，提出积极推进"一带一路"沿线自由贸易区，积极同"一带一路"国家商建自由贸易区，形成"一带一路"大市场，将"一带一路"打造成畅通、商贸和开放之路。② 中国与部分"一带一路"沿线国家和地区已签协议的自贸区包括：中国—马尔代夫、中国—格鲁吉亚、中国—澳大利亚、中国—韩国、中国—新加坡、中国—新西兰、中国—巴基斯坦、中国—东盟（"10+1"）、中国—东盟（"10+1"）升级、中国—新加坡升级。中国与部分"一带一路"沿线国家正在谈判的自贸区包括：《区域全面经济伙伴关系协定》、中国—海合会、中日韩、中国—斯里兰卡、中国—以色列、中国—新西兰自贸协定升级谈判、中国—韩国自贸协定第二阶段谈判、中国—巴勒斯坦等。中国与部分"一带一路"沿线国家正在研究的自贸区包括：中国—斐济、中国—尼泊尔、中国—巴新、中国—孟加拉国、中国—蒙古国等。③ "一带一路"有望构建新的全球经济大循环，将形成除大西洋贸易轴心和太平洋贸易轴心之外，新的以亚欧为核心的全球第三大贸易轴心。④ 截至2018年8月27日，我国同沿线国家贸易总额超过5万亿美元，中国对沿线国家直接投资超过700亿美元，中国已经成为25个

---

① 中华人民共和国国家发展和改革委员会、外交部、商务部：《推动共建丝绸之路经济带和21世纪海上丝绸之路的愿景与行动》，新华网，2015年3月28日，http://www.xinhuanet.com//world/2015-03/28/c_1114793986.htm。

② 中华人民共和国国务院：《国务院关于加快实施自由贸易区战略的若干意见》，国发〔2015〕69号，2015年12月17日，http://www.gov.cn/zhengce/content/2015-12/17/content_10424.htm。

③ 中华人民共和国商务部国际经贸关系司：《协定专题》，中国自由贸易区服务网，http://fta.mofcom.gov.cn/，访问时间：2019年2月3日。

④ 张茉楠：《构建"一带一路"自贸区乃大势所趋》，《上海证券报》2015年4月29日，第6版。

沿线国家最大的贸易伙伴。[①]

中国积极推进亚太自贸区建设。2006年11月，亚太经合组织经济体同意将亚太自贸区作为长期愿景。2010年11月，亚太经合组织领导人讨论了实现亚太自贸区的可能路径，并确定了几个备选方案，各方普遍认为，建立亚太自贸区能够促进地区间经济技术合作和投资贸易往来。[②] 2014年11月，亚太经合组织领导人非正式会议达成了《亚太经合组织推动实现亚太自贸区北京路线图》(简称"北京路线图")。北京路线图指出，亚太自贸区不仅仅是狭义范畴的自由化，它将是全面的、高质量的，并且涵盖下一代贸易投资议题；亚太经合组织成员国将循序渐进、按照协商一致原则推进亚太自贸区，并重申在现有区域贸易安排基础上尽快实现亚太自贸区的承诺。[③] 此次会议决定开展亚太自贸区联合战略研究，建立亚太地区自贸信息交流机制，制定自贸区能力建设行动计划，致力于加速将亚太自贸区从愿景变为现实，这标志着亚太自贸区进程正式启动。[④] 亚太自贸区前景取决于中美制度性竞争态势。作为地区大国，中国引领和影响不能低估；美国对WTO、APEC以及亚太自贸区态度呈多面性，为中国积极推动兼顾市场开放和规制协调的亚太自贸区提供了空间。[⑤]

推动自贸区建设是中国积极参与周边地区经贸规则制定、争取区域经济治理制度性权力的重要平台。中国通过积极推进"一带一路"沿线自贸区和亚太自贸区，期望扮演区域贸易规则制定的参与者和引领者。中国期望加快形成立足周边、辐射亚太和"一带一路"沿线、面向全球的高标准自贸区网络。

[①] 中华人民共和国国务院新闻办公室:《国新办举行共建"一带一路"5年进展情况及展望发布会图文实录》，2018年8月27日，http://www.scio.gov.cn/xwfbh/xwbfbh/wqfbh/37601/38866/wz38868/Document/1636162/1636162.htm。

[②] 关秀丽:《亚太自贸区构建进程的回顾与展望》,《宏观经济管理》2017年第1期，第87页。

[③] 《亚太经合组织推动实现亚太自贸区北京路线图》,《人民日报》2014年11月12日，第10版。

[④] 《王毅谈亚太经合组织领导人非正式会议及相关国事活动的成果》，新华网，2014年11月13日，http://www.xinhuanet.com/world/2014-11/13/c_1113240073_2.htm。

[⑤] 关秀丽:《亚太自贸区构建进程的回顾与展望》,《宏观经济管理》2017年第1期，第90页。

三、提出亚洲安全观和参与亚洲多边安全机制

冷战结束后相当长时期内，中国主要参与和引领经贸类地区机制和倡议，在安全类地区机制和倡议中多扮演旁观者和跟随者角色。中共十八大以来，中国开始积极为亚洲安全提供中国智慧和中国倡议。

习近平在2014年5月的亚信会议上海峰会上提出"共同、综合、合作、可持续"的亚洲安全观，努力走共建、共享、共赢的亚太安全之路。共同安全，就是要尊重和保障每一个国家安全，不能一部分国家安全而另一部分国家不安全，更不能牺牲别国安全谋求自身所谓绝对安全。综合安全，就是要统筹维护传统领域和非传统领域安全。合作安全，就是要通过对话合作促进各国和本地区安全。可持续安全，就是要发展和安全并重以实现持久安全。[①] 该倡议提出后即被写入亚信会议上海峰会发布的《亚洲相互协作与信任措施会议第四次峰会上海宣言》，成为会议达成的"上海共识"的重要组成部分。"亚洲安全观"既是基于长期以来亚洲国家区域安全合作的实践经验，又是中国在周边区域安全合作中所倡导和践行的"新安全观"的"升级版"，是区域安全合作的"亚洲经验"和"中国经验"的"聚合体"。[②] "亚洲经验"包括区域自主、不干预、非武力、尊重主权、共识性决策和非正式的渐进主义等；"中国经验"包括"和平共处五项原则""上海精神""软安全""软法律"主权平等及尊重多样性等。[③]

中国积极参加亚信会议、东盟防长扩大会、"阿中巴塔"四国军队反恐合作协调机制等地区安全机制。同时，中国积极推动防灾减灾、搜救、反恐、打击跨国犯罪等非传统安全领域的合作。

亚信会议。2014年5月，习近平在亚信会议上海峰会上提出了中国政府的主张：推动亚信会议成为覆盖全亚洲的安全对话合作平台，并在此基

[①] 习近平：《积极树立亚洲安全观 共创安全合作新局面——在亚洲相互协作与信任措施会议第四次峰会上的讲话》，新华网，2014年5月21日，http://www.xinhuanet.com//politics/2014-05/21/c_1110796357.htm。

[②] 郑先武：《"亚洲安全观"制度建构与"中国经验"》，《当代亚太》2016年第2期，第5—6页。

[③] 同上，第4页。

础上探讨建立地区安全合作新架构。习近平还提出了一系列建议：适当增加亚信会议外长会乃至峰会频率；加强亚信会议能力和机制建设，支持完善亚信会议秘书处职能，在亚信会议框架内建立成员国防务磋商机制及各领域信任措施落实监督行动工作组。[1] 2016年4月，习近平在亚信会议外长会议上指出，要推动构建具有亚洲特色的安全治理模式，坚持和发扬亚洲国家长期以来形成的相互尊重、协商一致、照顾各方舒适度的亚洲方式，加强地区各项安全机制协调，逐步探讨构建符合亚洲特点的地区安全合作新架构。[2]

东盟地区论坛。1993年7月，第26届东盟外长会特别安排了东盟6个成员国、7个对话伙伴国、3个观察员国和2个来宾国外长参加"非正式晚宴"，各国外长同意召开东盟地区论坛（ARF），就地区政治安全问题举行非正式磋商。1994年7月25日，ARF首届外长会在泰国曼谷召开。目前，ARF已成为亚太地区主要的官方多边安全对话与合作平台，迄今已举行25届外长会。ARF目前共有27个成员。自1994年ARF成立以来，中国参加了历届外长会，并积极主办和参加合作项目，为促进地区安全领域对话与合作作出了重要贡献。[3]

东盟防长扩大会。东盟防长扩大会是亚太地区级别最高、规模最大的防务安全对话与合作机制，对增进各成员国防务部门和军队间互信、促进务实合作发挥了重要作用。[4] 从2010年10月首届会议开始，中国一直派出国防部长参会，并积极同与会代表就安全议题交换意见与看法。2016年以来，中国军队在该机制框架下先后参加了在印度举行的维和与扫雷行动联

---

[1] 习近平：《积极树立亚洲安全观 共创安全合作新局面——在亚洲相互协作与信任措施会议第四次峰会上的讲话》，新华网，2014年5月21日，http://www.xinhuanet.com//politics/2014-05/21/c_1110796357.htm。

[2] 习近平：《凝聚共识，促进对话，共创亚洲和平与繁荣的美好未来——在亚信第五次外长会议开幕式上的讲话》，新华网，2016年4月28日，http://www.xinhuanet.com/world/2016-04/28/c_1118761158.htm。

[3] 中华人民共和国外交部：《中国参与东盟地区论坛情况》，2019年4月，https://www.fmprc.gov.cn/web/gjhdq_676201/gjhdqzz_681964/lhg_682614/zghgzz_682618/。

[4] 中华人民共和国国务院新闻办公室：《中国的亚太安全合作政策》，2017年1月11日，http://www.scio.gov.cn/37236/38180/Document/1626688/1626688_2.htm。

合演练、在文莱和新加坡举行的海上安全与反恐联合演练。

2016年8月，阿富汗、中国、巴基斯坦、塔吉克斯坦建立了"阿中巴塔"四国军队反恐合作协调机制。该机制旨在就反恐形势研判、线索核查、情报共享、反恐能力建设、反恐联合训练、人员培训方面开展协调并提供相互支持。① 2017年8月，阿中巴塔共同签署了《"阿中巴塔"四国军队反恐合作协调机制协定》及《"阿中巴塔"四国军队反恐情报协调中心议定书》。

北京香山论坛是中国主办的半官方性质的亚太安全和防务对话高端平台。香山论坛创办于2006年10月，原为每两年举办一次。自2014年11月第五届香山论坛开始，论坛由"二轨"升级为"一轨半"（半官方性质），并改为一年举办一次。2018年10月，第八届论坛将"香山论坛"更名为"北京香山论坛"。67个国家和7个国际组织派出官方代表团，48名外方副部级以上高官参加论坛。② 北京香山论坛成为中国为国际社会提供公共安全产品，各种安全理念、各国安全政策和众多倡议方案交流碰撞的场所。

四、打造"澜湄合作"为周边次区域合作典范

2014年11月，李克强总理在中国—东盟领导人会议上倡议建立澜湄合作机制。澜湄合作机制旨在通过务实合作，进一步深化澜湄六国睦邻友好，促进次区域国家经济社会发展，打造澜湄国家命运共同体。该机制成员包括中国、柬埔寨、老挝、缅甸、泰国、越南六国。2016年3月，首次领导人会议在海南三亚举行，正式启动澜湄合作机制。各方共同确认了"3+5合作框架"，即坚持政治安全、经济和可持续发展、社会人文三大支柱协调发展，优先在互联互通、产能、跨境经济、水资源、农业和减贫领域开展合作。③ 2018年1月，第二次领导人会议在金边举行，六国领

---

① 中华人民共和国国务院新闻办公室：《中国的亚太安全合作政策》，2017年1月11日，http://www.scio.gov.cn/37236/38180/Document/1626688/1626688_2.htm。

② 赵小卓、冯新华、邵龙飞：《共商和平发展大计，共绘合作共赢蓝图——记第八届北京香山论坛》，《国防》2018年11期，第18页。

③ 中华人民共和国外交部：《澜沧江—湄公河合作》，https://www.fmprc.gov.cn/web/ziliao_674904/zt_674979/dnzt_674981/qtzt/qz2018lmzhdsljx_691954/bjzl_691960/t1544359.shtml。

导人一致同意未来将进一步加强在五个优先领域的合作，拓展新的合作领域，应对澜湄国家的发展要求，优化合作模式，合力打造澜湄流域经济发展带。[①]

澜湄合作机制诞生以来，取得了五大进展：一是六国均已成立澜湄合作国家秘书处或协调机构，优先领域联合工作组全部成立并投入运作；二是澜湄水资源合作中心、环境合作中心、农业合作中心和全球湄公河研究中心均成立并开展工作；三是合作项目快速落地；四是专项基金全面启动；五是金融支持逐步到位。[②] 但也要清醒地认识到澜湄合作存在一些不足。一是参与主体单一，域外大国和国际组织对澜湄合作大多持观望态度。二是机制赋权有限，澜湄合作框架下各国对机制的权力让渡不足以支撑安全治理的现实需求，影响安全合作的纵深推进。

中国在澜湄合作机制的建立中发挥了主力与协调作用。在澜湄合作筹建阶段，外交工作组会议是协调机构，也是澜湄合作所有层级的对话会中举办频率最高的会议，截至2018年12月已举办九次。在澜湄合作机制成立以后，在中方大力推动下，六国共同成立多个联合工作组，促进成员国在不同领域的实质性合作。目前澜湄合作建成了七个联合工作组，分别是互联互通合作联合工作组、减贫合作联合工作组、产能合作联合工作组、外交联合工作组、水资源合作联合工作组、跨境经济合作联合工作组和农业合作联合工作组。就提供资金而言，中国是澜湄合作项目资金的最主要来源方。中国并不寻求成为澜湄合作日常事务决策的"独裁者"，更注重与其他成员国的协商与共同决策。[③] 湄公河流域地处"一带"和"一路"交叉地带，澜湄合作将成为中国与周边国家共建"一带一路"进程中次区域合作的典范。

[①] 中华人民共和国外交部：《澜湄合作第二次领导人会议发表〈金边宣言〉》，2018年1月11日，https://www.fmprc.gov.cn/web/ziliao_674904/1179_674909/t1524872.shtml。

[②] 《王毅：澜湄合作从培育期进入成长期》，新华网，http://www.xinhuanet.com//politics/2017-12/16/c_1122119563.htm。

[③] 同上，第141页。

第二节　新时代中国周边多边外交的特点与经验

新时代中国周边多边外交逐步形成了以下特点和经验：一是经济发展导向，通过各国的经济发展和亚洲地区经济合作来推进周边多边外交。二是保持开放包容，强调中国与周边国家合作的开放性和包容性，不谋求政治势力范围。三是注重改革完善规则，中国倡导的亚洲地区新机制新倡议，不是为了另起炉灶，而是对现有地区机制的补充、对接和完善。

一、经济发展导向

经济发展导向的逻辑，源自中国改革开放41年的经验，中国把发展视为解决中国一切问题的基础和关键。由于中国周边国家大部分为发展中国家，经济发展也是这些周边国家面临的中心任务。

中国倡导的"一带一路"体现了经济发展导向的基本逻辑，是中国促进亚洲共同发展和地区经济合作的中国多边外交方案。与现有区域经济一体化机制的规则导向相比，"一带一路"作为一种新型的区域合作机制呈现为发展导向。[①]"一带一路"强调"共商、共建、共享"三原则，一方面显示它是以发展为导向的经济合作倡议，另一方面也是为了强调它不是以安全为导向的地缘政治战略。自中国提出共建"一带一路"倡议以来，外界习惯性地从地缘战略、国家安全和地区秩序等角度揣度"一带一路"的真实目的。"一带一路"的经济发展导向可以减缓外界的战略疑虑。

中国周边多边外交的经济发展导向也是亚洲各国的迫切需求。尽管不少亚洲国家近年来经济发展强劲，但大多数国家仍是发展中国家，经济仍旧相当落后，贫困率仍然很高。以南亚为例，2017年，南亚的人均国民收入（GNI，以美元时价计算）为1729美元，属于中低收入。南亚贫困人口比例从1990年的47.3%下降到2013年的16.2%，但2013年仍有2亿7450万

[①] 李向阳：《跨太平洋伙伴关系协定与"一带一路"之比较》，《世界经济与政治》2016年第9期。

第十五章　新时代中国周边多边外交的进展与特点

人口处于贫困状态。① 不少亚洲国家经济发展水平滞后，无力参与国际经济合作，中国倡议的"一带一路"为经济欠发达的周边国家参与区域经济一体化创造了条件。中国倡导互利共赢，与亚洲国家做大共同利益蛋糕，走向共同繁荣。

经济发展导向还体现在中国在周边地区的安全合作政策主张中。2014年5月，习近平主席在亚信会议上海峰会上指出，亚洲要以可持续发展促进可持续安全。习近平进一步指出："要建造经得起风雨考验的亚洲安全大厦，就应该聚焦发展主题，积极改善民生，缩小贫富差距，不断夯实安全根基。"② 2017年1月，国务院新闻办公室发表的《中国的亚太安全合作政策》白皮书认为，实现共同发展是维护和平稳定的根本保障，是解决各类安全问题的"总钥匙"。该白皮书还认为，安全与发展联系紧密，相辅相成。通过加快推进区域经济一体化，为安全架构建设提供稳固的经济社会支撑。③

二、保持开放包容

开放包容是新时代中国周边多边外交的重要特点之一。中国推动共建"一带一路"、倡议成立亚投行、设立丝路基金等，都强调合作的开放性和包容性，目的是支持各国共同发展，而不是要谋求政治势力范围。

共建"一带一路"倡议是开放包容的。"一带一路"不能出现割裂的或排他的地区多边机制安排，没有因政治、经济或文化原因而将一些地区成员排斥在外。一些与中国有领土主权和海洋权益争端的国家，也都包括在"一带一路"的范围内。比如，越南、菲律宾、马来西亚等国与中国在南海存在岛屿主权与海洋权益争端，但这些国家都是"一带一路"沿线重要国家，中国通过"一带一路"倡议对这些国家做了大量投资。

---

① The World Bank, "Poverty & Equity Data Portal: South Asia," http://povertydata.worldbank.org/poverty/region/SAS，访问时间：2019年2月12日。

② 习近平：《积极树立亚洲安全观　共创安全合作新局面——在亚洲相互协作与信任措施会议第四次峰会上的讲话》，新华网，2014年5月21日，http://www.xinhuanet.com/world/2014-05/21/c_1110796357.htm。

③ 中华人民共和国国务院新闻办公室：《中国的亚太安全合作政策》，2017年1月11日，http://www.scio.gov.cn/37236/38180/Document/1626688/1626688.htm。

475

新中国周边外交史研究（1949—2019）

  "一带一路"努力与其他国家倡议的区域多边机制做到兼容并存。习近平曾指出："一带一路"建设不是要替代现有地区合作机制和倡议，而是要在已有基础上，推动沿线国家实现发展战略相互对接、优势互补。① 在"一带一路"沿线范围内已存在诸多区域合作机制。有些机制由其他大国或地区大国倡议并主导，如美国倡议的"新丝绸之路计划"、俄罗斯主导的"欧亚经济联盟"、欧盟主导的合作与援助计划、印度主导的南亚区域合作联盟、哈萨克斯坦等国倡议的跨欧亚运输计划、土耳其发起的"现代丝绸之路"计划、沙特主导的海湾合作委员会等。"一带一路"将积极对接现有的区域多边机制（如欧亚经济联盟），借助既有的、行之有效的区域合作平台（如上海合作组织）等，为区域多边合作注入新的内涵和活力。

  亚投行和丝路基金等努力做到同已有多边金融机制的互补。习近平曾指出：亚投行和丝路基金同其他全球和区域多边开发银行的关系是相互补充而不是相互替代的，将在现行国际经济金融秩序下运行。② 亚投行和丝路基金将注意按国际惯例办事，充分借鉴现有多边金融机构长期积累的理论和实践经验，制定和实施严格的规章制度，提高透明度和包容性。亚投行和丝路基金同其他全球和区域多边开发银行在定位和重点业务上努力做到有区分，避免机制重叠或无序竞争，共同促进亚洲经济持续稳定发展。此外，能源发展基金、中国—东盟投资合作基金、中国—中东欧投资合作基金等"一带一路"融资机制，与世界银行、亚洲开发银行等西方主导的国际制度并立而行，相互补充。

三、改革完善规则

  自1971年10月中国恢复联合国合法席位以来，中国积极融入现有国际体系。此后中国长期扮演着国际规则的参与者、建设者、贡献者角色，在西方既有体系和规则下，实现了中国的和平发展。中共十八大以来，中国侧重在经济领域倡导地区新机制新倡议。中国不是为了另起炉灶，而是

---

  ① 习近平：《迈向命运共同体，开创亚洲新未来——在博鳌亚洲论坛2015年年会上的主旨演讲》，新华网，2015年3月28日，http://www.xinhuanet.com/politics/2015-03/29/c_127632707.htm。

  ② 《习近平主持召开中央财经领导小组第八次会议　李克强等出席》，中国政府网，2014年11月6日，http://www.gov.cn/xinwen/2014-11/06/content_2775891.htm。

对现有地区机制进行补充和完善,中国采取的办法是增量改进"做加法"。中国对规则的改革完善主要体现在基础设施互联互通的标准规则、贸易投资的规则制度、纠纷解决的机制等方面。

中国与周边国家正就互联互通的技术标准和规划开展合作。在借鉴、吸纳国际标准的基础上,加强包括基础设施建设在内的技术标准体系对接和兼容,并在平等基础上共同研究合作标准。[1]在交通基础设施方面,持续完善铁路、公路、水运、民航等技术标准体系,对各种运输方式基础设施建设、运输组织、管理服务等制定统一的技术要求,科学合理地引导各种运输协调衔接。中国需要推动交通基础设施的标准和技术水平的兼容,并统一交通运输标准的核心指标。[2]在能源基础设施方面,开展沿线国家油气管道标准分析研究,加强与俄罗斯、白俄罗斯、哈萨克斯坦等国家在电力、电网和新能源等领域国际标准化合作,促进国家和地区间能源资源优化配置。[3]在信息基础设施方面,倡导研制城市间信息互联互通标准,在沿线国家开展中国数字电视技术标准、中国巨幕系统和激光放映技术、点播影院技术规范的示范推广,推动联合开展本地化数字电视标准制定。[4]目前,中国与"一带一路"沿线国家缺乏从全局、整体角度对交通运输网络布局与关键通道及设施建设的总体规划。中国需要与"一带一路"沿线国协调交通规划制度,加快完善沿线国家相关交通规划,加强"一带一路"交通基础设施网络布局规划,实现总体规划与各国规划的有机衔接。[5]

中国与周边国家积极缔结贸易和投资协定,促进贸易与投资自由化和便利化。中国与"一带一路"沿线经济体积极开展贸易协定谈判,致力于

---

[1] 中华人民共和国外交部:《"一带一路"法治合作国际论坛共同主席声明》,2018年7月3日,https://www.fmprc.gov.cn/web/wjbxw_673019/t1573634.shtml。

[2] 郑翔:《"一带一路"对中国交通法律体系的挑战和对策》,《中国经济报告》2017年第6期,第92—94页。

[3] 《标准联通共建"一带一路"行动计划(2018—2020年)》,中国一带一路网,2018年1月11日,https://www.yidaiyilu.gov.cn/zchj/qwfb/43480.htm。

[4] 同上。

[5] 郑翔:《"一带一路"对中国交通法律体系的挑战和对策》,《中国经济报告》2017年第6期,第92—94页。

构建"一带一路"自贸区网络。"一带一路"倡议以高度灵活性、极强操作性和广泛适用性的走廊模式吸引更多国家自愿参与、主动进行发展战略对接，有效避开美欧等高标准的区域贸易协定，制定适合新兴国家利益需求的区域经贸规则。① 中国在积极对接更高标准的贸易协定的同时，要设计中国版的自贸协定范本。中国可以考虑从现有区域、双边和多边协定条款中归纳提取中国自贸协议范本，制定涵盖贸易自由化、贸易与投资便利化以及经济及其他相关领域技术合作的标准化文本。同时须考虑范本多样化，既有针对发达国家的高标准自贸协定范本，也要回应不发达国家较低门槛的需求。② 在国际金融领域，亚投行、丝路基金等在资金支持、投票机制、业务运营机制等方面进行创新，可以储备必要的国际经验，对国际货币基金组织等的改革提供借鉴，主动迎接发达国家主导修订金融规则的挑战。③ 同时，中国正在以身作则进一步放宽市场准入，逐步减少和消除贸易和投资壁垒。如2019年3月通过的《中华人民共和国外商投资法》规定：国家对外商投资实行准入前国民待遇加负面清单管理制度（第四条）；没有法律、行政法规依据的，不得减损外商投资企业的合法权益或者增加其义务，不得设置市场准入和退出条件，不得干预外商投资企业的正常生产经营活动（第二十四条）；外商投资准入负面清单以外的领域，按照内外资一致的原则实施管理（第二十八条）。④

建立纠纷解决规则，以解决涉"一带一路"商务纠纷。"一带一路"沿线各国在贸易投资经营过程中，企业间以及投资者与东道国之间的争端摩擦越来越多。在遇到商务争议时，仲裁是解决争议的重要手段之一。目前，商事仲裁主要是由设于欧美等发达国家的仲裁机构审理。如果涉"一带一路"倡议的商事争议解决仍沿用西方发达国家的制度，将不利于"一

---

① 门洪华:《"一带一路"规则制定权的战略思考》,《世界经济与政治》2018年第7期,第26页。

② 赫璟:《"一带一路"建设与自贸区战略的对接》,《WTO经济导刊》2018年第1期,第59页。

③ 门洪华:《"一带一路"规则制定权的战略思考》,《世界经济与政治》2018年第7期,第26页。

④ 全国人民代表大会:《中华人民共和国外商投资法》,2019年3月15日, http://www.npc.gov.cn/npc/xinwen/2019-03/15/content_2083532.htm。

带一路"参与国发展自己的纠纷解决机制。2018年6月,《关于建立"一带一路"争端解决机制和机构的意见》公布。该《意见》提出,最高人民法院设立国际商事法庭,牵头组建国际商事专家委员会;最高人民法院在广东省深圳市设立"第一国际商事法庭",在陕西省西安市设立"第二国际商事法庭"。[①] 深圳设立的"第一国际商事法庭"将主要面向"21世纪海上丝绸之路";西安设立的"第二国际商事法庭"将主要面向"陆上丝绸之路"。[②] 中国的国际商事法庭如何设计,还需要进一步研究,使其一方面通过诉讼作出裁判解决争议,另一方面提供国际司法协助。

"一带一路"国际合作高峰论坛日益成为改革完善规则的统领性平台。2017年5月,中国成功主办首届"一带一路"国际合作高峰论坛。29位外国国家元首和首脑,140多个国家的高级代表和70多个国际组织的负责人参会,成为中国首倡主办、层级最高、规模最大的多边外交活动,形成世界各国合力推进"一带一路"建设的全球共识。[③] "一带一路"国际合作高峰论坛具有发展导向、政府主导、灵活渐进和恪守主权的系统性特征。[④] 中国在2019年4月举办了第二届"一带一路"国际合作高峰论坛。国际合作高峰论坛不仅成为推动全球发展合作的机制化新平台,也成为中国与周边沿线国家领导人改革完善规则的统领性平台。未来,中国可借助国际合作高峰论坛,与"一带一路"参与方协商制定基础设施建设的技术标准体系,缔结贸易和投资协定,推进金融、税收、交通运输、知识产权、环境保护、劳工、反恐和打击跨国犯罪等领域的法律合作,开展签证、通关等领域的规则协调与合作。

[①] 新华社:《中共中央办公厅、国务院办公厅印发〈关于建立"一带一路"国际商事争端解决机制和机构的意见〉》,新华网,2018年6月27日,http://www.xinhuanet.com/2018-06/27/c_1123046194.htm。

[②] 新华社:《最高人民法院负责人就〈关于建立"一带一路"国际商事争端解决机制和机构的意见〉答记者问》,新华网,2018年6月27日,http://www.xinhuanet.com/politics/2018-06/28/c_1123046444.htm。

[③] 王毅:《进入新时代的中国外交开启新航程》,《国际问题研究》2018年第1期,第2页。

[④] 王明国:《"一带一路"国际合作高峰论坛的制度逻辑》,《教学与研究》2017年第8期,第62页。

第十六章　中国周边多边外交面临的挑战与展望

导　读

　　当前中国周边多边外交面临四方面的挑战，中国需要积极思考应对方略。一是美国双边同盟体系与中国多边合作体系之间的张力。针对两种体系之间的张力，中美要限制两种体系冲突性的一面，努力发展两种体系共通性的一面。二是亚洲地区多边机制的竞争与整合难题。美、日、印、东盟等的亚洲多边机制或倡议在很大程度上都有平衡中国影响力的考量。中国要积极提出自己的亚洲区域多边制度构想。三是亚洲多边合作体系的领导权竞争。中国与相关行为者可探讨东盟机制下的多元领导模式，解决中、美、日、俄、印五大国都不具备单独领导该地区的绝对资质问题。四是缺乏代表性和包容性的亚洲地区安全机制。鉴于亚洲相互协作与信任措施会议（亚信会议）具备包容性特征，中国可以亚信会议为基础框架来推动构建未来亚洲地区安全机制。展望未来，中国将在共建"一带一路"倡议的背景下更加积极地开展周边多边外交。

第一节　中国周边多边外交面临的挑战

　　鉴于当前中国周边环境出现了一些新形势，中国周边多边外交也出现如下四方面的挑战：一是双边同盟体系与多边合作体系之间的张力，二是亚洲地区多边机制竞争与整合难题，三是亚洲多边合作体系的领导权竞争，四是缺乏代表性和包容性的亚洲地区安全机制。

一、双边同盟体系与多边合作体系之间的张力

在当前的亚洲，同时存在着中国主张的多边合作体系和美国主导的双边同盟体系。两种体系的倡导国（主导国）、参与国、理论指导等都存在着重大的区别（参见表5）。这两种体系之间存在着一种张力。二者的张力关系表现为：多边对单边、多极对单极、经贸手段对军事手段。二者张力关系的背后是中美两国日趋激烈的国家利益之争和规则制定之争。

表5　亚洲（亚太）地区的多边合作体系与双边同盟体系之比较

	多边合作体系	双边同盟体系
倡导国（主导国）	中国	美国
参与国	整个亚太区域内的国家	与美国结盟的国家（日、韩、澳等）
开放或封闭	保持开放性	封闭和排他性
理论指导	多边主义	同盟理论
体系稳定之源	共有利益和国际机制	权力优势或权力平衡
两种体系的关系	多边合作体系与双边同盟体系的"张力"始终存在	

美国亚太安全政策的基础是以美国为核心建立的双边军事同盟和前沿军事部署，即"轮毂—轮辐"模式。美国的亚太同盟体系可分为三个层次，第一个层次是美国与盟国间的双向合作。第二个层次是同盟间的相互协调与合作。冷战结束后，美国一直谋求在美日、美韩同盟关系基础上组建美日韩三角同盟，朝核问题也确实加强了美日韩三边合作关系。但是鉴于日韩两国对三边同盟关系的战略取向不同，再加上已有的相对稳固的韩美、日美同盟关系的存在，未来美日韩三边同盟体系的组建仍面临相当大的掣肘。[1] 第三个层次是以同盟为基础，力求主导亚太多边安全机制。[2] 与北约不同，美国在亚太没有形成集团性的正式多边安全联盟，但却一直试图把多边安全机制与同盟体系结合起来，最大限度地发挥主导作用。如时任美军太平洋司令部总司令丹尼斯·布莱尔（Dennis C. Blair）和其战略顾

---

[1] 庞中鹏：《美日韩三边关系：基本特点及其局限》，《当代世界》2016年第3期，第28页。
[2] 杨文静：《美国亚太同盟体系的调整及其走向》，《现代国际关系》2003年第8期，第23页。

问约翰·汉利（John T. Hanley）曾提出"亚太安全共同体"（Asia-Pacific Security Communities）的设想。该设想以安全合作为基础，通过应对共同的安全威胁、开展维和和海上搜救演习等形式将亚太国家纳入一个更开放的地区安全关系"网络"中。[1] 美国还通过在APEC、东盟地区论坛、东北亚安全合作对话等多边对话机制中扮演积极角色，谋求实现双边与多边相结合的预防危机型合作联盟。[2]

尽管美国参加了亚太地区的大部分多边制度和国际组织，但总体上，美国采取的是双边同盟为主、多边机制为辅的政策。正如约瑟夫·奈所说："多边主义是双边主义的有效补充，但绝不是双边主义的替代品。"[3] 安德鲁·马克（Andrew Mack）把美国的亚太政策形容为"双边主义加菜单式的多边主义"。他认为，美国的亚太政策是当它希望成为多边时，它就是多边的，而当它不能根据其偏爱的双边模式行动时，则采取单边主义。[4]

在冷战之后尤其是21世纪的亚洲，另一个由中国积极参与和推动的多边合作体系正在逐步构建。这一地区多边合作体系的基础是共同利益、新安全观和亚洲安全观等，目前主要由围绕中国周边的东南亚和东北亚两个次区域合作体系构成。中国的东南亚合作战略可以归结为"经济多边主义优先，安全多边主义其次"。中国着力发展同东盟的"10+1"合作，努力在"次区域经济一体化"过程中扮演重要角色。东北亚地区存在明显的安全困境，朝核问题就是典型例子，朝核问题集中反映了这一安全困境。朝核问题六方会谈所体现的建立多边合作安全机制是解决东北亚安全困境的

---

[1] Dennis C. Blair and John T. Hanley, "From Wheels to Webs: Reconstructing Asia-Pacific Security Arrangements," *The Washington Quarterly*, Vol.24, No.1 (Winter 2001), pp.7-17.

[2] Ralph A. Cossa, "U. S. Asia Policy: Does an Alliance-Based Policy Still Make Sense," *Issues & Insights*, Vol.1, No.3 (September 2001), Pacific Forum CSIS, Honolulu, Hawaii, pp.19-22, http://csis.org/files/media/csis/pubs/issuesinsights_v01n03.pdf.

[3] Joseph S. Nye, Jr. , "East Asian Security: The Case for Deep Engagement," *Foreign Affairs*, Vol.74, No.4 (July/August 1995), pp.90-102.

[4] Andrew Mack, "The United States and the Asia-Pacific: Bilateralism Plus 'Multilateralism a la Carte'," in David M. Malone and Yuen Foong Khong eds., *Unilateralism and U.S. Foreign Policy: International Perspectives*, Boulder, CO: Lynne Rienner Publishers, 2003, p.375.

出路所在。中国为了和平解决朝核问题，力主把多边主义和建立多边安全机制应用于朝鲜半岛的冲突解决中。中国在着力发展同东盟"10+1"合作的基础上，积极推动"10+3"合作。

二、亚洲地区多边机制的竞争与整合难题

21世纪以来，美国、日本、印度、东盟等为了在未来的亚洲地区多边制度构建中抢占先机，积极提出了各自的多边制度倡议。

美国已经形成了相对清晰的亚太多边制度设想。美国的设想是：在巩固美国与亚太盟友关系的同时，激活亚太经合组织这一"老制度"，参与东亚峰会和TPP这两个"新制度"，倡设"湄公河下游行动计划"等多种"小制度"。2011年，奥巴马政府提出了更为宏大的"太平洋世纪"战略构想，力图在亚太地区建立一个新的地区架构和实现美国的领导。2017年，特朗普政府开始试图在"从印度西海岸到美国西海岸"[①]的广袤地区建立"自由开放的印太"。2018年7月，美国国务卿蓬佩奥在《美国对印度—太平洋地区经济前景的构想》演讲中提出"印太区域投资计划"，美国将在数字、能源和基础设施领域投资1.13亿美元，以提升美国在印度洋—太平洋地区的作用。[②]

日本积极推动跨太平洋的贸易伙伴关系。2018年12月，日本领衔的"全面与进步跨太平洋伙伴关系协定"（CPTPP）生效。CPTPP有11个签署国，覆盖4.98亿人口，签署国的国内生产总值之和占全球经济总量的13%。[③] 2017年1月，美国退出TPP。参与TPP谈判的其他11国对原协定作出修改，形成CPTPP。安倍政府是美日澳印"四国同盟"构想的积极倡导者和"印太战略"的积极推动者。日本外务省2017年4月发布的报告提出，日本要确立"自由开放的印太战略"这一新的外交战略，该外交战略涵盖

---

① The White House, *National Security Strategy of the United States of America*, pp.45-46, December 2017, https://www.whitehouse.gov/wp-content/uploads/2017/12/NSS-Final-12-18-2017-0905.pdf.

② Michael R. Pompeo, "Remarks on 'America's Indo-Pacific Economic Vision'," the U. S. State Department, July 30, 2018, https://www.state.gov/secretary/remarks/2018/07/284722.htm.

③ 新华社：《全面与进步跨太平洋伙伴关系协定正式生效》，新华网，2018年12月30日，http://www.xinhuanet.com/world/2018-12/30/c_1123929362.htm。

两大洲（亚洲和非洲）和两大洋（太平洋和印度洋）。① 日本政府也认为东亚峰会模式有利于平衡中国快速增长的影响力，试图把东亚峰会从战略论坛变成务实的地区安全机制。

印度莫迪政府则联合日本积极推出"亚非增长走廊"倡议。亚非增长走廊倡议是日本和印度携手推进的印度洋—太平洋地区合作内容之一，旨在构筑从东北亚、东南亚、南亚至非洲的产业走廊和产业网络。② 该倡议有可能演变成"日印主导、多国参与"的模式，其对中国的竞争性影响不容忽视。③

东盟力图通过加强自身一体化建设，保持其在地区机制中的"中心地位"。2015年12月，以政治安全、经济和社会文化为三大支柱的东盟共同体正式成立，标志着东盟一体化建设取得重大进展。东盟共同体的成立并不意味着东盟共同体建设的结束，而只是开始。近年来，东南亚国家提出东盟版的印太愿景，试图维持东盟"中心地位"。作为横跨太平洋和印度洋的群岛国家，印度尼西亚在东盟版印太愿景中扮演着主要推动者角色。2018年1月，印度尼西亚外长蕾特诺提出印太地区架构设想，强调开放、透明、包容原则，坚持对话和合作的大方向。在2018年8月的东亚峰会外长会上，印度尼西亚第一次完整地阐述了其印太前景和印太合作原则。原则包括，支持东盟的中心地位，构建开放、透明、包容和尊重法治的印度—太平洋合作，将东亚峰会机制作为主要平台等。④ 印度尼西亚倡议的东盟版印太前景，意图强化已有的东盟主导的机制从而为东盟"中心地位"提供新的动力。

---

① International Cooperation Bureau of Ministry of Foreign Affairs of Japan, *Priority Policy for Development Cooperation FY2017*, April 2017, http://www.mofa.go.jp/files/000259285.pdf.

② Government of India, "PM's Address at the Inauguration of the Annual Meeting of the African Development Bank," May 23, 2017, http://www.pmindia.gov.in/en/news_updates/pms-address-at-the-inauguration-of-the-annual-meeting-of-the-african-development-bank/?comment=disable.

③ 楼春豪：《"亚非增长走廊"倡议：内涵、动因与前景》，《国际问题研究》2018年第1期，第73页。

④ Indonesian Ministry of Foreign Affairs, "Introducing the Indo-Pacific Concept, Indonesia Set the Tone at the East Asia Summit," August 4, 2018, https://www.kemlu.go.id/en/berita/Pages/Introducing-the-Indo-Pacific-Concept,-Indonesia-Set-the-Tone-at-the-East-Asia-Summit.aspx.

亚洲地区多边制度与组织众多，但缺少一个涵盖亚洲大部分区域并能在高层次上探讨安全、政治和经济议题的多边机制。美国学者彭佩尔（T. J. Pempel）认为，东亚地区主义体现为一种复杂的机制"生态系统"，其未来发展很可能将通过"机制达尔文主义"的过程加以实现。在这个过程中，一些机制将得到强化，而其他机制将被弱化。[1]

亚洲多边机制之间的竞争必将给中国的周边多边外交带来新的挑战。挑战包括三个方面：一是上述国家（地区组织）的亚洲多边机制或倡议在很大程度上都有平衡中国影响力的考量；二是现有亚洲多边机制"叠床架屋"，给中国如何整合亚洲区域众多的多边制度带来了难题；三是中国如何设计和构建未来亚洲的多边制度。

三、亚洲多边合作体系的领导权竞争

在构建亚洲多边合作体系的过程中，存在领导权不明确的问题。由于亚洲地区政治、经济、文化、制度等方面的多元化，决定了该地区多边合作体系构建过程中领导权问题的特殊性。在当前的亚洲格局中，中国是关键行为者，美国是首要行为者，东盟是重要行为者，日本是次要行为者，俄罗斯、印度和韩国也值得关注。[2] 上述行为者有的不具备单独领导该地区的绝对资质，有的如欲扮演领导者将很可能受到其他行为者的挑战。在中美竞争日趋激烈的背景下，亚洲多边合作体系的领导权竞争也变得日趋激烈。

中国是亚洲格局的关键行为者，具有担当亚洲区域合作领导地位的能力和条件。但中国未来相当长时期内仍将集中精力处理好国内事务，中国外交的主要宗旨是为中国发展赢得和平稳定的国际与周边环境，因此中国无意谋求亚洲区域合作的领导地位。中国如主动谋求领导权，会让亚洲中小国家对中国产生不必要的戒备和疑虑心理，会使得"新朝贡体系论"和"中国威胁论"甚嚣尘上，也会受到美国、日本等大国的反对。中国政府

---

[1] T. J. Pempel, "Soft Balancing, Hedging, and Institutional Darwinism: The Economic-Security Nexus and East Asian Regionalism," *Journal of East Asian Studies*, Vol.10, No.2 (May-Aug 2010), pp.209-238.

[2] 吴心伯：《论亚太大变局》，《世界经济与政治》2017年第6期，第35—36页。

采取的做法是，在有关区域合作机制中都明确表示不谋求所谓的主导地位。在2009年10月的第十二次中国与东盟领导人会议上，时任中国政府总理温家宝表示，"中方支持东盟一体化进程和东盟在区域合作中的主导作用"。[①] 2015年7月，中国驻俄罗斯大使李辉表示："中国决不会在金砖国家合作机制中谋求所谓的主导地位，更不会以强凌弱、以大自居。"[②] 因此，未来相当长时期中国不会主动去谋求亚洲多边合作的领导权或主导权。

美国是亚洲格局的首要行为者，在亚洲拥有重大的利益。从综合实力来说，美国具有担当亚洲区域合作领导国家的能力。但由于以下三点原因，美国无法单独成为亚洲多边合作体系的领导者。一是美国的"域外身份"，即美国在地理位置上并非亚洲国家，于是它强调开展范围更广的亚太合作和印太合作。二是美国一再强调以其为中心的双边安全同盟是维持亚太安全的主要力量，是亚太地区安全秩序的核心。美国认为，东盟地区论坛等亚太区域多边安全合作机制只是亚太地区安全秩序的补充，是美国等国在亚太安全事务中可以利用的工具。三是美国的力量和影响力优势呈相对下降趋势，其在亚洲地区事务中的作用将不可避免地持续下行。

日本是亚洲格局的次要行为者，具备成为地区多边合作领导国的经济技术实力。但日本到目前为止始终没有真正成为亚洲地区多边合作的领导国，原因在于日美同盟和历史问题这两个方面。就日美同盟而言，自1951年9月美日签署《日美安全保障条约》结成同盟关系以来，日本一直采取追随美国的外交政策，因此失去了自己的政治立场。美国最担心像"法德核心"那样的东亚地区合作，希望维持一种东盟主导、中日相互牵制的局面，以维持美国在东亚地区的影响。就历史问题而言，日本的殖民主义侵略历史对日本在东亚地区合作中发挥领导作用有很大的消极影响。日本对侵略战争的反思不够，日本政府右翼要员时有否认侵略并美化历史的言论，引起了中国、韩国等东亚国家的很大不满，使日本的国际形象大打折扣。这些都导致日本在地区事务中难以取信于邻国，从而也难以在地区合

---

① 《温家宝出席中国与东盟领导人会议》（2009年10月24日），《人民日报》2009年10月25日，第3版。

② 《中国驻俄大使：中国决不在金砖国家合作机制中谋求主导地位》，中国新闻网，2015年7月3日，http://www.chinanews.com/gn/2015/07-03/7384005.shtml。

作中占据领导地位。日本为促进东亚合作所采取的政策或举措,经常会被其他国家看成建立"大东亚共荣圈"的翻版,对此仍心有余悸。[1]有学者认为,日本的大国地位与作用的建立和发挥,宜以深刻反省那段历史,求得亚洲各国和国际社会的理解、信任和支持为前提。[2]

四、缺乏代表性和包容性的亚洲地区安全机制

当前,亚洲地区安全架构还不发达,还未出现一个被各方共同接受的新型地区安全架构。目前亚洲主要有五类安全机制:一是美国主导的同盟体系及其双多边安排;二是东盟地区论坛、东盟防长扩大会等以东盟为中心的安全对话合作机制;三是六方会谈、阿富汗问题四方机制等旨在解决具体热点问题的专门机制;四是上海合作组织、亚信会议等跨区域安全合作机制;五是以香格里拉对话会、北京香山论坛、亚太圆桌会议等为代表,域内外人士参与的一轨半或二轨安全对话平台。[3]

当前,亚洲安全形势呈现明显的复杂化和多元化特征。传统安全威胁仍未得到有效管控,在阿富汗、叙利亚、也门等国,军事紧张局势仍在延续。同时,恐怖主义、极端主义、流行性疾病、难民潮、毒品贸易、水和粮食安全等非传统安全威胁也在不断升级,对地区人民的生命和财产安全构成了重大威胁。美国特朗普政府拉拢日、澳、印开展四国安全对话,中俄之间加强了战略与安全合作。叙利亚战火延绵数年,也门冲突仍在继续,缅甸若开邦冲突给缅孟两国带来紧张关系,印巴围绕克什米尔争端不时爆发冲突,安全形势的动荡已经构成对亚洲国家的共同威胁。

虽然面临共同的安全威胁和安全挑战,但由于各国在民族结构、宗教信仰、政治制度、历史文化以及地缘环境等方面存在巨大差异,亚洲国家不仅缺乏共同的亚洲身份认同,而且在具体的地区安全问题的认知与规划

---

[1] 梁明:《日本"进军"东南亚企图何在》,《瞭望》2002年第18期,第30—31页。
[2] 金熙德:《日本安全战略面临十字路口》,《日本研究》2002年第2期,第15页。
[3] 刘振民:《积极践行亚洲安全观,共创亚太安全新未来》,中华人民共和国外交部官网,2016年7月9日,https://www.mfa.gov.cn/chn//pds/wjb/zzjg/yzs/xwlb/t1379368.htm。

方面也存在明显分歧。① 在共同安全理念的引导下，东盟和域内外大国推动了多项次区域安全机制的建设，如东盟地区论坛、上海合作组织、亚信会议等。但各种安全机制叠床架屋，不利于地区安全问题的解决。

由于亚洲缺乏更具代表性和包容性的地区安全机制，美国主导的双边同盟体系在亚洲安全中扮演重要角色，不少亚洲国家存在"经济上靠中国、安全上靠美国"的政策取向。建立更具代表性和包容性的新的地区安全机制，并以此协调各次区域安全机制，已经成为当前亚洲国家面临的迫切任务。

第二节　中国周边多边外交的应对与展望

为了更好地维护中国的利益和亚洲的稳定，中国的周边多边外交需要应对好上述四大挑战。应对思考如下：一是中美要努力推进两种体系的兼容共存，二是中国要积极提出自己的亚洲区域多边制度构想，三是中国与相关行为者可探讨东盟机制下的多元领导模式，四是中国要推动建立更具包容性的地区安全机制。

一、努力推进中美两种体系兼容共存

中国倡导的多边合作体系对美国主导的双边同盟体系既有挑战性的一面，又有共通性的一面。这就决定了二者既有摩擦的一面，也有兼容的一面。在相当长时期内，两种体系模式要实现"摩擦中兼容"即磨合的目标，就必须找到对接点，努力发展其共通性的一面。对接点的建立需要美国和东亚国家的共同努力，特别是需要中美两国广泛而深入的合作。

对美国而言，建立两种体系的对接点，需要美国放弃抵制东亚多边合作体系的政策。近年来，美国意识到东亚多边合作已经成为不可逆转的趋势，对东亚多边合作机制开始有限支持和介入。2010年10月，美国加入东亚峰会。但美国认为，冷战后地区层次的多边合作是有限的和实用性的。

---

① 上海国际问题研究院：《亚信25年：回顾与展望》，2017年6月，http://www.cica-china.org/chn/xjzs/xzwz/t1478958.htm。

第十六章　中国周边多边外交面临的挑战与展望

多边合作对美国的双边同盟只是一种支持或补充，但不是一种替代，多边合作必须从属于双边同盟。这是其有限支持和容忍多边主义的一个前提条件。美国希望把东亚地区的安全政治合作囊括在整个亚太区域，以有利于它将其在东亚地区的安全需要与经济利益及美国对民主和人权的关心结合起来。因此，美国对东亚多边合作机制的有限容忍和支持，归根结底是为其亚太战略与霸权利益服务的。随着东亚的加速崛起和多边合作机制的不断发展，美国通过双边同盟主导东亚事务越发困难，它对于东亚多边合作机制的宽容与支持将趋于增多。从未来的角度看，虽然美国的东亚战略中仍以双边同盟为核心，但美国东亚战略中的多边主义对双边主义的有效补充将越来越重要与增强。

对中国而言，建立两种体系的对接点需要坚持东亚多边合作的开放性，并努力建立两种体系之间的联系机制。目前，冷战时期形成的美国主导的亚太同盟体系在不断的调整中仍然得以持续，并且在相当程度上支配着亚太地区体系。而中国参与推动的区域合作机制起步于20世纪和21世纪之交，还面临着诸多挑战和发展瓶颈，成熟度和内聚力不及美国主导的亚太体系。美国对中国一直保持警惕，担心中国正在"精心构筑亚洲版门罗主义"，怀疑中国要将美国"挤出亚洲"。中国如以多边合作体系取代或者排斥美国的双边同盟体系，有可能导致中美的直接对抗，从而给中国的和平发展带来严重的负面影响。中国的现实做法是，坚持亚洲多边合作的开放性，在照顾历史、尊重现实、着眼未来的思想指导下，加强多边机制、大国作用和美国存在的良性互动，逐步建立稳定、高效并具备亚洲特色的地区体系。

推动两种体系的兼容共存，中美应积极开展战略沟通。中美都要通过战略沟通，清晰地向对方传达己方的战略意图和对对方的战略预期。中方既向美方表达自己在东亚和西太平洋地区维护和巩固安全与发展利益的决心，并展示其能力；又向美方表明目标的限度，以有效安抚美国。[1] 美国则需务实地接受中国迅速崛起的事实，接受中方战略进取所带来的变化，开始认真思考如何与中国在亚洲的共生、共处、共荣。

---

[1] 吴心伯：《论亚太大变局》，《世界经济与政治》2017年第6期，第48页。

中美应继续鼓励对方参与亚太地区的多边国际制度。国际制度是国家合作的框架，也是国际竞争的平台，是缓解大国"崛起困境"的重要途径。亚太地区已经形成了亚太经合组织、东盟地区论坛、东亚峰会等多边机制，中美两国都参与其中，但这还不够。未来，中美可积极分享各自多边经济倡议中的信息，如中美分享各自在"一带一路"与"印太区域投资计划"的相关信息，从而达到增信释疑的效果。

在相当长时期内，中国主张的多边合作体系和美国主导的双边同盟体系在谁也无法取代对方的情况下，现实的做法是在磨合中兼容。美国要放弃抵制亚洲多边合作体系的政策，中国也要坚持亚洲多边合作的开放性。两种体系融合形成的一种混合型秩序对双方都有好处，这是未来中国开展周边多边外交需要遵循的准则之一。

二、积极提出中国亚洲区域多边制度构想

首先，中国要对亚太地区多边架构的功能和走向有准确的认知和研判。目前，东亚峰会容纳了中、美、俄、日、印在内的所有亚太大国，是大国势力汇聚之地。中国可以致力于保持东亚峰会的务虚性质，将其作为进行广泛的战略性对话的平台。同时，中国要坚持东盟"10+1"和"10+3"机制的务实性质，积极、稳妥、扎实地推进各项合作。在主要的地区合作机制中，"10+1""10+3"机制和东亚峰会之间可以形成"内核"与"保护带"的关系，使两者间的竞争关系更多地转化为互补关系。①

其次，中国要推进地区多边机制的"亚洲化"。20世纪90年代以来的东亚区域机制呈现"由亚太转而东亚"的趋势，即"亚洲化"进程。对于东亚机制和体系，中国不要简单照搬西方模式，而要按照"亚洲方式"（或"东盟方式"）进行设计和发展。奥巴马政府时期，美国希望推动以"泛太平洋主义"为基础的APEC经济合作，并积极推动TPP，以此确保其在亚太机制中的领导权。特朗普政府时期，美国拉拢日本、澳大利亚和印度试图构建"四国协调"机制，并积极推动"印太战略"这一海洋地缘竞争战略。对于美国试图"割裂"亚洲的做法，中国和亚洲国家应该保持警惕。

---

① 田野：《东亚峰会扩容与地区合作机制的演化》，《国际观察》2012年第2期，第43页。

实际上,在经济领域内,亚洲国家一直就亚太经合组织的身份、进程与结构同西方国家展开政治斗争,它们对美国等西方国家保持警觉态度,怀疑它们的议程包含某些隐蔽性的内容。①

总之,中国需要更加积极地介入亚洲的多边制度,并主动提出自己的区域制度构想。尽管中国自身的行为会受到一定的制约,但是这也加强了中国同周边国家的经济与政治合作,有助于建立相互之间的信任,化解或减轻周边一些国家对中国的焦虑感,从而维护中国周边安全环境的和平与稳定。另外,多边制度对于抵制大国单边主义和削弱地区军事同盟,消弭周边国家和外部大国对中国的联合制衡意图,也能起到一定的积极作用。

三、积极探讨东盟机制下的多元领导模式

亚洲地区政治、经济、文化、制度等方面的多样性,决定了该地区合作进程中领导权问题的特殊性。根据前一节的分析,中国领导模式、美国领导模式、日本领导模式都存在不足。中、美、日、俄、印五大国要么不具备单独领导该地区的绝对资质,要么会受到竞争对手的挑战,因此可探讨"东盟机制下的多元领导模式"。该模式认为,未来的亚洲多边合作体系领导权体现为中、美、日、俄、印、东盟等行为体的一种互动关系。同时,中等国家(如韩国、印度尼西亚等)和各种非政府组织等都是这一模式的"利益相关者",也在这一模式中发挥重要作用。

"东盟机制下的多元合作领导模式"有助于解决中、美、日、俄、印五大国的绝对资质问题和相互竞争问题。中国的问题主要在于"无意谋求主导权",美国的问题主要在于"域外身份",日本的问题主要在于"历史身份",俄罗斯和印度的问题在于"综合国力不足"。有鉴于此,亚洲多边合作的领导权最好由五大国在东盟机制的框架内联手设计。从经济实力(参见表6)来看,未来中、美、日、俄、印五大国经济地位会此消彼长。虽然中国的经济总量预计在2030年会超过美国位居全球第一,但考虑到亚洲地区经济与安全的二元背离,中国的经济力量能否转变成为战略力量仍

---

① Robert A. Manning and Paula Stern, "The Myth of the Pacific Community," *Foreign Affairs*, Vol.73, No.6 (November/December 1994), p.84.

有疑问。未来美国在亚洲的经济力量会相对下滑，但美国在亚洲的同盟体系仍会长期存在，中国周边的一些国家仍希望美国继续留在亚洲。日本也会成为多元领导中的一员，美国退出TPP后，日本领衔签署了CPTPP，显示了日本在贸易领域的领导能力。俄罗斯虽然经济实力有限，但在中亚地区仍将保持较强的影响力。印度是一个正在崛起的亚洲大国，预期会在未来的亚洲多元领导中扮演更为重要的角色。

表6　中国、美国、日本、俄罗斯、印度的未来预测GDP比较（单位：美元）[①]

年份＼国家	中国	美国	日本	俄罗斯	印度
2020	16.0万亿	20.1万亿	4.8万亿	1.4万亿	3.6万亿
2025	21.3万亿	21.7万亿	5.1万亿	1.7万亿	5.6万亿
2030	26.5万亿	23.5万亿	5.5万亿	2.1万亿	7.8万亿
2035	31.4万亿	25.7万亿	5.8万亿	2.7万亿	11.0万亿
2040	36.6万亿	28.3万亿	6.1万亿	3.5万亿	15.3万亿
2045	43.0万亿	31.2万亿	6.4万亿	4.3万亿	20.9万亿
2050	49.9万亿	34.1万亿	6.8万亿	5.1万亿	28.0万亿

"东盟机制下的多元合作领导模式"既尊重目前东盟主导东亚多边合作的现实，又弥补东盟模式的不足。目前东亚多边合作的现实是小国集团主导模式，即东盟模式。东盟自1967年8月成立以来，其成员国逐渐发展到包括整个东南亚地区，成为一个合作程度较高的区域性国际组织。东盟还主导构建了一系列的多边制度，如东盟地区论坛、东盟与中日韩（10+3）合作、东亚峰会等，其成就有目共睹。但与此同时，目前的"东盟+"模式存在结构性问题，即东盟小国可以起到很好的协调作用，但难以领导地区大国走向区域一体化。为了弥补东盟模式的不足，有必要让中、美、日、俄、印这五个大国在东盟创建的一系列国际机制下，实现多元合作领导。

[①] 2020年、2025年、2030年、2035年、2040年、2045年和2050年的预测数据以市场汇率计算，参见PwC,"The World in 2050," February 2017, https://www.pwc.com/gx/en/issues/economy/the-world-in-2050.html。

"东盟机制下的多元合作领导模式"也能调动中等国家、非政府组织等"利益相关者"的积极性。在亚洲地区，像印度尼西亚、韩国这样的中等国家的作用不容忽视。印度尼西亚、韩国可以在"东盟机制下的多元合作领导模式"中扮演某种调解者（intermediary actors）的角色。调解者指的是那些能够在地区领导者之间以居间调解的方式促成地区领导权形成的行为者，或者和其他的地区行为者合作以促成地区领导权形成的行为者。①在关于国际领导权的传统研究中，学者倾向于认为国家（尤其是联邦政府或中央政府）是行使领导权的单一行为实体。但在实际上，公民社会组织和团体等非国家行为者也在成为亚洲地区领导权的"利益相关者"。像次国家政府和地方行为者，也在次地区（sub-regional）和微观地区（micro-regional）层面行使着领导权。以日本为例，日本经济团体联合会（Keidanren Japan Business Federation）在东亚地区构建自由贸易协定过程中发挥了一定作用，其领导权以"知识的"（intellectual）或"倡议的"（advocatory）方式体现出来。②

四、推动建立更具包容性的地区安全机制

中国推动构建地区安全架构，不是另起炉灶，不是推倒重来，而是对现有机制的完善和升级。③维护亚洲长治久安，关键在于建立更具代表性和包容性的地区安全机制。这一地区安全机制需要具有足够的开放包容性，能够立足地区现有安全机制并兼容域外国家，同时有能力应对主要

---

① Christopher M. Dent, "Regional Leadership in East Asia: Towards New Analytical Approaches," in Christopher M. Dent, ed., *China, Japan and Regional Leadership in East Asia*, Cheltenham, UK & Northampton, MA: Edward Elgar, 2008, p.288.

② 社团法人日本经济团体联合会是与日本商工会议所、经济同友会并称的"经济三团体"之一。2002年5月由经济团体联合会（经团联）与日本经营者团体连盟（日经连）统合而成。它的目的在于：针对日本经济界面临的国内外重要课题，谋求解决的方法，促进日本经济以及世界经济的健康发展；通过各专业委员会为政府、政党及其他关联机构的决策提供建议；与各国政府、经济团体和国际机构合作，开展国际间的有关问题的交流、讨论并提出解决方法。参见日本经济团体联合会的官方网站介绍：http://www.keidanren.or.jp/english/profile/index.html，访问时间：2019年2月10日。

③ 中华人民共和国国务院新闻办公室：《中国的亚太安全合作政策》，2017年1月11日，http://www.scio.gov.cn/37236/38180/Document/1626688/1626688.htm。

地区安全问题加以管控，协调国家间分歧，并对亚洲安全未来做出长远规划。

作为泛亚洲安全论坛，亚信会议在核心理念与机制建设方面都具有独特的优势，中国可以亚信会议为基础框架来推动构建未来亚洲地区安全机制。截至2019年2月10日，亚信会议已拥有27个成员国和13个观察员（包括8个国家和5个国际组织）。[1]并发展成为亚洲地区最具包容性的多边安全对话平台。

中国要继续推动亚信会议成为一个更为开放包容的多边安全机制。亚信会议没有为成员国的加入设立门槛，反而尽可能多地邀请亚洲国家成为组织的成员国，并且邀请了很多深度介入地区安全事务的域内外国家作为观察员国参与活动。这赋予了亚信会议高度包容性和代表性，使得亚信会议能够最广泛地凝聚亚洲国家的安全共识。其所秉持的安全理念体现了当前亚洲各国的安全需求，并且能够为解决区域内各种安全问题提供有效的协商对话平台。[2]

中国要继续支持亚信会议承载亚洲国家的多样安全诉求。很多亚洲国家对于新的地区安全体系建设都拥有各自观点，但多数现有安全机制兼容性有限，无法满足亚洲国家实现共同安全的愿望。作为亚洲覆盖范围最广的安全机制，亚信会议既包括中国、俄罗斯、印度等地区大国，也容纳了亚洲可以在安全议题上发挥积极作用的大部分中等国家。过去的26年中，多数亚信会议成员国都保持了经济增长的势头，国家能力显著提升，愿意为地区安全和稳定承担更多责任。在亚信会议框架内，各国拥有较大的协商空间，可以通过灵活的机制性安排共同承担地区安全的义务，共享安全利益，通过充分互动满足各国在本地区的安全期望，承载各国合理的安全诉求。[3]

中国要继续支持亚信会议加强自身能力和制度结构的建设。经过26

---

[1] CICA, "About CICA," http://www.s-cica.org/page.php?page_id=7&lang=1&article_id=104，访问时间：2019年2月10日。

[2] 上海国际问题研究院：《亚信25年：回顾与展望》，2017年6月，http://www.cica-china.org/chn/xjzs/xzwz/t1478958.htm。

[3] 同上。

第十六章　中国周边多边外交面临的挑战与展望

年的努力，特别是最近十年来的建设和发展，亚信会议已经初步建成了由亚信会议峰会、亚信会议外长会议、亚信会议高官会及不同领域的协调对话机制组成的完整机制网络，同时制定了关于其任务、愿景、运行机制和架构的基本文件，并与上海合作组织等本地区重要的国际组织签署了合作协议。但不可否认的是，亚信会议在机制建设方面仍然存在不少短板和缺陷，直接制约了亚信会议的持续稳定发展。亚信会议目前仍是一个约束力不强的对话论坛，如果提出的大量倡议和好的设想无法落实，未来将难免会在机制建设上沦为"清谈馆"。亚信会议未来成功的关键在于能否突破机制建设的瓶颈，在发挥安全作用的同时，避免清谈空论，增进务实合作。[①] 亚信会议秘书处应当是经费稳定和人员充足的机构，应当赋予亚信会议秘书处督促"信任措施合作"落实的职权。亚信会议还需要增加工作会议和专家会议的频度，并设立更多高级别会议机制，比如国防部长会议、公安部长会议和其他涉及国内与国际安全议题的会议机制。[②] 为了提高成员国应对和解决亚洲安全问题的能力，亚信会议还需要充分利用各种制度安排建立一个多层次和多领域的网络。应该认真考虑建立地区分会和支点国家等意见。为了更好应对地区风险，亚信会议还应该尝试建立危机管理与处理机制。[③] 其最终目标是通过机制建设提升亚信会议在亚洲安全环境中的行动力和影响力，进而为新的安全架构建设奠定坚实的基础。

对未来二三十年的中国周边外交而言，周边多边外交将扮演更为重要的角色。中国将在共建"一带一路"倡议的背景下更加积极地开展周边多边外交。中国将继续强调周边多边外交的经济发展导向，将继续保持周边多边外交的开放性和包容性，将在改革完善现有周边地区规则的同时制定新规则。与此同时，未来的中国周边多边外交需要未雨绸缪，以应对新出现的挑战。未来，中国要避免中美在亚洲体系中的全面对抗，要限制双边同盟体系与多边合作体系冲突性的一面，努力发展两种体系共通性的一面。针对亚洲地区多边机制的竞争与整合难题，中国要积极提出自己的亚

[①] 韩立群：《亚洲相互协作与信任措施会议述评》，《国际研究参考》2014年第6期，第40页。
[②] 上海国际问题研究院：《亚信25年：回顾与展望》，2017年6月，http://www.cica-china.org/chn/xjzs/xzwz/t1478958.htm。
[③] 同上。

洲区域多边制度构想。针对亚洲多边合作体系的领导权竞争问题，中国与相关行为者可探讨东盟机制下的多元领导模式。中国要弥补自身在亚洲地区安全机制中的"短板"，可以亚信会议为基础框架来推动构建未来亚洲地区安全机制，从而推动建立更具代表性和包容性的地区安全机制。

结　论
百年未有之大变局与中国周边外交

在新中国诞生70周年之际，正值世界处于"百年未有之大变局"之时。一方面，当前中国正处于近代以来最好的发展时期，如习近平在中共十九大报告中所指出的，"今天，我们比历史上任何时期都更接近、更有信心和能力实现中华民族伟大复兴的目标"，据此清晰擘画了全面建成社会主义现代化强国的时间表和路线图：从现在到2020年，全面建成小康社会，实现第一个"百年"奋斗目标；其后，再奋斗15年，2035年基本实现社会主义现代化。其后，再奋斗15年，2050年把我国建设成富强、民主、文明、和谐、美丽的社会主义现代化强国。[①]

另一方面，当前世界又正处在新旧秩序新陈代谢、此消彼长的过渡期，不稳定和不确定特点格外突出，中国从富起来到强起来的历史进程面临各种新考验。如陈向阳所分析：百年未有之大变局的本质是世界秩序的重塑，核心是世界权力在国家之间以及政府之间的重新分配，具体表现为六个方面：第一，世界力量对比呈现"东升西降""新升老降"，新兴经济体与新兴大国群体性崛起大势难改，西方在国际体系中的主导权与美国的霸权难以为继，国际战略格局多极化步入"多级化"的新阶段。第二，经济全球化、多边主义与全球治理遭遇"特朗普逆风"，美国重点针对中国乃至其盟友挑起贸易摩擦，致使以WTO为核心的贸易多边机制备受冲击。第三，社会信息化、网络化、智能化势不可当，新科技与新工业革命的"双刃剑"效应凸显，潜伏着人类社会生产生活方式与国家安全异化的风

---

① 《习近平代表第十八届中央委员会向大会作的报告摘要》，《新华每日电讯》2017年10月19日。

险，大国之间尤其是中美高科技竞争日趋激烈。第四，文化多样化进一步走强，"发展模式之争"加剧。"中国模式"影响力增强，导致西方发达国家对华政治疑忌与意识形态焦虑加重，故而大肆炒作与不断翻新"中国威胁论"。第五，国际关系多元化深远复杂，非国家行为体五花八门，大行其道，其借助全球化与信息化发展壮大，政府权威及国家安全面临侵蚀，自17世纪中叶延续至今、以主权民族国家为中心的威斯特伐利亚体系正深刻转型。第六，国际危机趋于常态化，"黑天鹅"与"灰犀牛"层出不穷。[①]

新时代的中国正遇百年未有之大变局，中国周边外交的发展机遇将更多出彩和增强，中国周边外交遭遇的挑战也将更趋复杂多变，需要在认真总结70年中国周边外交的经验和教训的基础之上，形成新的战略定位、顶层设计、风险预判、危机管控、应对路径和实施方针。

第一节　周边外交仍然占据中国外交首要地位[②]

2030—2035年是一个重要的时间节点，据普华永道（Pricewaterhouse Coopers）的研究报告称：2030年，以市场汇率计算的中国GDP（26.499万亿美元）将超过美国（23.475万亿美元），成为世界第一。[③] 这个时段与中共十九大报告确定的基本实现社会主义现代化目标的时间节点2035年接近，可作重要参考。

从目前至2035年，是中国从小康社会稳步走向基本实现社会主义现代化的重要历史阶段。从世界总体格局而言，美国实力虽有所衰退，但仍然是世界上最强大最有影响力的国家，仍然主导现行国际体系和国际规

[①] 参见陈向阳：《世界大变局与中国的应对思考》，《现代国际关系》2018年第11期，第2页。
[②] 参见石源华：《序言：中国周边外交的新问题和新思考》，载祁怀高主编：《中国周边外交研究报告(2016—2017)》，世界知识出版社2017年版，第1—2页。
[③] PwC, "The World in 2050, the Long View: How Will the Global Economic Order Change by 2050?" p.23, https://www.pwc.com/gx/en/issues/economy/the-world-in-2050.html；《普华永道报告预测：2030年GDP超美成世界第一》，参考消息网，2017年2月10日，http://www.cankaoxiaoxi.com/china/20170210/1675408.shtml。

则。①中国虽处于从第二大经济体稳步迈向第一大经济体的历史发展过程之中,但将强未强,其国家定位仍是世界影响力逐步提升的亚洲地区大国和世界最大的发展中国家。中国主要发挥影响力的地区仍是中国周边,其历史性任务是引领亚洲,避免发生颠覆性的错误。②中国周边外交仍将是中国外交大布局中的"首要地位"。中国应尊重现行美国领导和主导的国际体系和世界规则,逐步谨慎地提议和改善其中的不合理部分。中国人均GDP仍处于世界排名较后的位置。2018年,中国国内GDP总值突破90万亿人民币,相当于13.66万亿美元。美国国内GDP是20.5万亿美元。中国约占美国的66%。美国人均GDP是6.2万美元,中国人均GDP是9777美元,美国是中国的6.34倍,美国远超中国。③中美间的实力差距是非常明显的。现阶段中国最应关注的是做好中国自己的事情,尤其是与周边国家的关系,避免将全球注意力和攻击目标吸引到自己身上,继续争取长期稳定发展的战略机遇期,使中国稳步成为一个世界级的强国。

2050年将是又一时间节点,中国在建成富强、民主、文明、和谐、美丽的社会主义现代化强国的同时,也将成为世界上明显领先于美国的最大经济体。按市场汇率(MER)计算,中国第一,美国第二,印度第三,印度尼西亚第四,日本第五,巴西第六,德国第七,墨西哥第八,英国第九,俄罗斯第十。按购买力计算,中国仍高居首位,印度第二,美国第三,印度尼西亚第四,巴西第五,俄罗斯第六,墨西哥第七,日本第八,德国第九,英国第十。④这个预测可能不一定精确,但很值得参考。据此,不管采用哪种计算方法,中国的经济规模都将可能占据世界前十位国家总

---

① 石源华:《特朗普时代东北亚安全格局的不变与变》,《人民论坛·学术前沿》2018年第9期,第26页。

② 石源华:《构建周边命运共同体的历史使命与现实意义》,《东北亚论坛》2018年第3期,第14页。

③ 《增长2.9%!美国GDP总量首破20万亿美元,中国甩开日本8万多亿美元》,简易财经,2019年3月1日,https://baijiahao.baidu.com/s?id=1626790804399469639&wfr=spider&for=pc。

④ PwC, "The World in 2050, the Long View: How will the Global Economic Order Change by 2050?" p.23, https://www.pwc.com/gx/en/issues/economy/the-world-in-2050.html;《普华永道报告预测:2030年GDP超美成世界第一》,参考消息网,2017年2月10日,http://www.cankaoxiaoxi.com/china/20170210/1675408.shtml。

和的31%—32%以上，超过美国和日本的总和，也将超过美国、德国和英国三国总和。中国将成为世界上明显领先于美国的最大经济体。届时，中国将逐步成为一个世界级强国，其国家定位将有所变化，大国外交与全球事务会逐步成为中国外交的重点，但中国周边外交的地位依然极其重要。

从长远的历史视角观察，中国应有打持久战的战略意识和长期准备。历史的机会在中国一边，中国不宜急于求成，需要有抗日战争期间与日本打持久战的战略思维，应对当今的美国与中国之间的结构性矛盾，处理国际事务和中外关系。中国与周边国家的若干争端问题，目前宜择机进取。若干争端和问题，等待中国更强大时再予解决，效果可能会更好。有些争端问题也可能会随着时间的推移，中国和周边国家共同逐步实现国家公民向全球公民身份的进化，以及世界战略全局和地域格局的变化，其重要性和尖锐性会有所下降，甚至自行消解。中国周边外交应有强大的战略定力，不宜对超级大国的外部刺激和故意挑衅作出过度反应，应避免对中国的战略全局定位冒进，防止战略透支，甚至自乱阵脚。

第二节 制定适应百年未有之大变局的发展大战略

百年未有之大变局需要中国制定一个大战略。"中国不是苏联"的原则，亦即中国不走苏联曾经走过的老路，是这个大战略的核心理念和基本内容。这个大原则决不能动摇。历史上，中国的发展道路曾受到苏联发展道路的重要影响。新中国成立以后，面对外敌的政治军事威胁，立足于准备战争的战略考虑，其发展道路基本上与苏联相同，那就是不惜牺牲经济发展利益和改善人民生活，加快军备发展，增强抵御侵略战争的能力，虽有增强国力、强化国防的积极作用，但中国的经济发展却是远远落后于西方世界。

早在改革开放初期，中国领导人曾经形成了一个大战略，那就是确定"中国不是苏联"，决定中国不走苏联与美国军备竞争的老路，另辟新路，不再继续"冷战"思维，不再参与美苏两个国际体系的对抗和争雄，而是在美国主导的国际体系和规则之下，加入WTO等，大力发展综合国力，彻底改变国家的落后面貌。从本质上说，中美两国作为大国，内在结构性矛盾始终存在，有时达到十分尖锐的程度，但中国坚持和平柔性应对，坚持捍卫自身权利，不与对手进行军备竞赛，不与美国发生对抗，而是使中美关系始终处于基本稳定的状态，为中国的和平崛起赢得了较长时期的战略机遇期。"中国不是苏联"，不重复苏联道路的错误，是中国实现和平崛起的一个成功的发展大战略。

然而，在中国发展成为世界第二大经济体后，"中国不是苏联"议题在国内外都面临考验。中美对抗态势呈现上升趋势，国际舆论普遍担心中美关系会否进入"新冷战"，特朗普变化无常的对华政策会否引起中美关系颠覆性的动荡甚至倒退。为此，中国现在更需要设计和制定一个新的适应世界大变局和中美新状态的发展大战略。"中国不是苏联"的原则，亦即中国不走苏联曾经走过的老路，依然是这个大战略的核心理念和基本战略。这个大原则决不能动摇。

首先，中国应将做大做好做强自身放在"重中之重"地位。中共十九大已经确定了实现"中国梦"的时间表和宏大战略布局，2050年将把我国建成富强、民主、文明、和谐、美丽的社会主义现代化强国。这个宏伟目标应成为中国新的大战略的核心内容和基本任务。有利于这个大目标实现者，要坚定不移地多做，大做，做好，不利于这个大目标实现者，要不做、少做、慎做。中国正处在发展成长的过程之中，应不当头，不扛旗，不张扬，埋头苦干，全国全民族同心协力，努力如期实现国家的宏伟目标。

其次，中国将仍在既成国际体系和规则之下实现强国目标，多边主义仍将是未来周边合作的主要方向。中国应该与世界所有国家友好相处，以实现人类命运共同体为目标。中美贸易争端应力争在既成国际体系和规则的大框架下，相向而行，找到双方都能接受的和解方案。中国坚定维护以联合国为核心的国际体系，坚定维护以国际法为基础的国际秩序，模范遵守维护国际规则。出现两个体系对抗的"新冷战"，将不符合中美两国人民的利益，也不会为中国领导人和政治家所采纳。

再次，中美在中国周边仍将是竞争和合作的双重格局。中国和平崛起和美国保持霸权的结构性矛盾将继续存在，甚至有所恶化，中美政治、军事、经济利益的分歧和冲突也将长期存在，对此，应有充分的准备和应对之策，但中美联系的广泛和密切，你中有我，我中有你的局面也将同时长期存在，中美竞争和合作的双重格局将成为新常态。将分歧和冲突继续处于可控的范畴，建设稳定的中美关系，将是中国大国外交的重要目标。

最后，继续坚持"中国太极式"柔性应对的策略方针。面对美国及其同盟国结伴气势汹汹而来，中国宜沉着冷静，彻底摒弃当年美苏式对抗的"冷战"思维，实施"中国太极式"柔性应对，你打你的"美国第一""霸权同盟""极限施压"，我做我的"一带一路""合作共赢""命运共同体"，避开进攻者锋芒，使其打击目标落空。中国既坚持保护自身利益的原则，又不必太在乎一时的高低，在必要时甚至可以忍辱负重，委曲求全，采取一切可能的手段和方式，如期或提早实现"中国梦"的宏伟理想。实施这样的中国发展大战略，将是中国之幸，未来之福！[①]

第三节 推行大国协调合作，稳定周边大局

中共十九大报告首次提出"推进大国协调和合作，构建总体稳定、均衡发展的大国关系框架"，[②]这既是中国积极打造全球伙伴关系网，扩大同世界各国共同利益交汇点，建设新型大国关系的指导方针，而且也将成为中国按照"亲诚惠容"理念和与邻为善、以邻为伴周边外交方针深化与周边国家关系的必要前提和关键所在。

特朗普执政以来的总体作为，显现中国崛起和美国霸权的内在结构性矛盾不仅依然存在，而且呈现快速上升趋势。美国要挤压、阻挠、制衡中国崛起的基本战略没有变化。特朗普政府坚持将"霸权稳定论"作为治理世界和亚太地区的指导理论和习惯性思路，任性横行，大大压缩了发展中美"兼容共存"关系的政治空间，使既有的周边政治安全平衡格局失衡，使已经结束的冷战时代面临回归中国周边地区的危险，对中共十九大以后中国特色社会主义建设宏伟事业形成重大威胁。中国能否实现中共十九大提出的宏伟奋斗目标，在很大程度上将取决于中国能否实现与美国协调和

---

① 参见石源华：《三议中国不是苏联》，《世界知识》2019年第1期，第72页。
② 《习近平代表第十八届中央委员会向大会作的报告摘要》，《新华每日电讯》2017年10月19日。

合作，构建总体稳定、均衡发展的中美关系框架，避免"新冷战危险"重降中国周边地区。

美国目前尚不愿与中国平起平坐，中国实际可做和应做的是与美国协调合作，尤其是在中国周边地区共同管控、解决朝核问题以及东海、南海争端等各种危机。为此，中国需要有更多的顶层设计和应对方案，淡定、沉着、冷静判断美国是阻碍中国崛起的主要国家。坚信时间和优势都在中国一边。对于美国这样的信奉霸权主义，惯于实行炮舰政策，又有着熟练外交技能的国家，需要文武并举，开展有理、有利、有节的坚决斗争，迫使美国从"冷战化危险"制造者困境中走出。双方都要重视和尊重各自的重大战略关切，控制和避免双方内在结构性矛盾的扩张和破裂，扩大双方"兼容共存"和合作共赢的空间。恢复东亚政治安全的平衡格局，终将有利于两个大国的长远利益。[①]

由于近30年来美国在伊拉克问题、阿富汗问题、叙利亚问题、朝核问题以及亚太再平衡等方面的一系列战略性错误，差不多每个美国总统都热衷于打仗，已导致其实力地位的实际下降，西方世界陷入分化和混乱，"华盛顿共识"及西方发展道路和价值观念面临各种挑战和责疑，在某种程度上给予中国发展的机会。特朗普上台后，美国不顾一切地重振"美国第一"，重点仍然是大幅增加军费，四面出击，开罪各类盟友，甚至向原由美国掌控的国际组织和国际规则"退群""宣战"，造成世界局势新的不安宁。美国三大航母群史无前例地集结西太平洋地区逞威，美国的"萨德"导弹系统进驻韩国，说是针对朝鲜，实际上是在中国家门口耀武扬威，典型证实了美国的本性难移。中国应该冷静沉着应对，静观其变，不对其作出过度的反应，但也应清楚其战略意图，做到心中有数。中国应遵循老一代领导人反复强调的"不称霸""不扛旗""不当头"的政治箴言，不争当世界政治领袖，坚定地将注意力集中于"做好自己的事"，发展壮大综合国力，排除各种干扰，稳步实现在2050年建成富强、民主、文明、和谐、美丽的社会主义现代强国的宏伟目标。

中国的"大国协调和合作"方略还应施及中国周边的区域大国俄罗斯、

---

① 石源华：《大国协调合作与稳定周边大局》，《世界知识》2017年第23期，第72页。

日本和印度。目前，中俄关系达到全面战略协作关系的历史高点，为周边地区大国协调和合作树立了榜样。中日关系的恶化已经走到谷底，正呈现改善关系走出困境的发展势头。中日协调和合作将是可以期待的前景。中印关系经历了2017年的洞朗对峙，进入了发展不稳定的动荡阶段，但在2018年5月习近平和莫迪实现武汉东湖会晤之后，在双方努力下，重建了协调与合作的新局面。中国应花大力气，努力构建与这些国家不同形式的"总体稳定、均衡发展"的大国关系框架，确保中国周边的长期和平稳定和"中国梦"的顺利实现。

第四节 深化与周边"中间国家"命运共同体关系建设

在中国周边已出现了新的"三个世界"架构——中美各为一极，其间存在许多"中间国家"。[①] 这些国家中虽然出现了日本、新加坡、越南、菲律宾、韩国、印度等国家一度利用美国"亚太再平衡"战略谋取私利的各种举动，侵犯甚至严重侵犯中国的国家利益，但这些国家的基本立场最终将是在中美之间寻求"平衡"，一般不会或不会永远在中美之间做"非此即彼"的选择。正如张蕴岭所指出的，"由于多方面的原因，许多周边国家的对华政策还是'两面下注'，或者说是作'多向选择'，其中包括平衡中国的政策"；"大多数周边国家在所谓'中美对决'中并没有简单地选边站，而根据自身的利益，采取了灵活与积极的应对政策，即在避免'得罪美国'的情况下，制定与实施符合自身利益的政策"。[②]

菲律宾前政府跟着美国制造"南海仲裁案"闹剧，充当反华急先锋，但在"南海仲裁案"取得所谓"完胜"之后，新总统杜特尔特却低调对待裁决结果，在东盟国家中首访中国，中菲签署13个双边合作文件，双方同意采用克制态度和和解方式解决南海争端。菲律宾明白，运用冷战老套路，完全跟着美国闹，不会有好结果。中菲关系已经进入"搁置争议，共同开发"的实质性运作阶段，表明菲律宾已回归对华友好与菲美结盟的平

[①] 石源华：《中国周边已经出现新的"三个世界"架构》，《世界知识》2017年第15期。

[②] 张蕴岭：《周边形势评估的方法与判断》，载张洁主编：《中国周边安全形势评估（2019）》，世界知识出版社2019年版，第11—12页。

结论　百年未有之大变局与中国周边外交

衡轨道。①

"萨德"入韩曾使兴盛一时的"韩国模式"和中韩友好关系迅速逆转，但此并非中韩关系的全部，随着韩国国内反"萨德"入韩浪潮进一步强盛，以及美韩分歧和矛盾的发展，中韩经济发展和共同应对朝核问题的需求，韩国已经提出"三不一限"，声明韩国政府不加入美国反导系统，美日韩安全合作不构成三方军事同盟，韩国政府不考虑追加部署"萨德"系统，对现有"萨德"系统的使用进行限制，表现出在中美间保持平衡的趋势，中方强烈希望韩方"言必信，行必果"，长时间有效抑制中韩关系的这一痛点，防止它重新发作。②韩国回归对美对华平衡的轨道将是可以期待的前景。

中印洞朗对峙发生后，美印关系一度呈现密切发展的趋势，美国有利用印度制衡中国的意图，印度也有利用美国对华竞争的考虑，但美印双方亦有各种利益分歧和冲突，印度在与美国合作制衡中国的同时，也有在中国与美国之间实现平衡政策的动力和可能，完全倒向任何一方，绝非印度最佳的现实选择。2018年5月，习近平与莫迪在武汉举行非正式会晤，两国关系发展进入新时期。

即便是日本这样铁杆追随美国的国家，执行傍靠美国制衡中国的政策，处处与中国过不去，但日本与中国同时存在大量的共同利益，与美国之间则存在不少利害冲突。目前，中日关系逐步走出困境，日本也将会选择在中美之间实行平衡，以实现其最大的国家利益。日本最终会明白在中美两国间实行平衡，才最符合日本的国家利益，这与冷战时代有重要区别。③

可以预测在中共十九大以后，随着中国政治影响力进一步提升和经济进一步崛起，中美两国之间实力距离将趋向缩小，中美两国与世界其他任何一个国家间的差距将逐渐拉大，"中间国家"的存在及其发展趋势将更为

---

① 石源华：《从战略层面深化与"中间国家"的密切关系》，《世界知识》2018年第3期，第72页。
② 社评：《用落实"三不一限"为文在寅访华增温》，《环球时报》2017年11月23日。
③ 参见石源华：《序言：中国周边外交的新问题和新思考》，载祁怀高主编：《中国周边外交研究报告(2016—2017)》，世界知识出版社2017年版，第1—2页。

505

明显，成为中国周边新政治安全的基本结构。

争取更多的中间国家站在自己一边或更多地倾向自己，会成为中美两国博弈的重要内容。从奥巴马到特朗普，一以贯之，推行分化、挑拨、撕裂中国与周边国家关系的政策，使曾经正常或良好的中国与日本、菲律宾、越南、印度、韩国关系接二连三发生骤变，如美国利用中日钓鱼岛争端等分裂中日关系，利用南海岛礁争端挑动菲律宾、越南等国与中国的冲突，利用"萨德"部署问题将处于发展友好关系高峰期的中韩关系颠覆至谷底，中印洞朗对峙也有美国挑唆的背景。美国也曾利用朝核问题，对中朝关系施行挑拨、施压，无所不用其极。如果中朝关系不慎破裂，正是美国所企望的，美国很可能会迅速转变对其对朝政策，导致朝核问题发生对中国最不利的结果。

中共十九大报告指出，中国应"按照亲诚惠容理念和与邻为善、以邻为伴周边外交方针，深化与周边国家关系"，破除和瓦解美国对于中国和周边国家的分化和分裂政策，争取更多的"中间国家"站在中国一边，或更多倾向中国。中国应理解、接受和正确对待"中间国家"在中美间实行平衡政策。冷战时期那种非此即彼、划线站队式对待中间国家的态度已经过时。中国应以包容与合作的态度，争取与更多的中间国家建立友好关系。目前，中国的周边国家普遍希望从中国获益，希望中国对他们多作让步和帮助，这是中国面临的一个需要合理应对的难题，既给中国带来机会，也会使中国难以招架。对于日、菲、越、韩、印等有争议的国家，争取它们在中美间中立平衡，符合中国的长远利益。"合作共赢"是中国处理周边国家关系的基本指导思想，积极推动"命运共同体"建设，则是中国与周边国家政治安全建设的基本目标。中国已经成为决定东亚政治安全格局的核心力量和中流砥柱，经过中国的努力，2018年，中国与周边国家的关系出现良好的发展趋势，美国破坏中国与周边国家关系的战略意图正遭遇前所未有的失败，冷战灾难在东亚和世界重现的可能将可以避免。中国有望在周边地区首先实现建设命运共同体的宏伟目标。

第五节　推动"一带一路"融入"中国梦"路线图①

中共十九大以后，务实推进"一带一路"倡议，已成为实现"坚持和平发展道路，推动构建人类命运共同体"外交大战略的重要载体和中国向周边地区混合投射硬实力和软实力的最佳模式。

根据习近平在中共十九大报告中设计的实现"中国梦"时间表和宏大战略布局，"一带一路"将融入实现"中国梦"和战略布局的路线图，在每一历史阶段都将承担不同的历史使命和任务，使"一带一路"倡议逐步由设想演变为行动，推动"中国梦"一步一步地由理想演变为现实，这是中国应对百年未有之大变局的重要战略部署。

自2013年提出"一带一路"倡议直至2020年，应是"一带一路"倡议向沿线地区推行的起始阶段，重点在中国周边地区，主要任务是欢迎和吸引更多的国家通过五个发展方向和七条经济走廊共同构建"一带一路"建设大框架。五个发展方向是：丝绸之路经济带重点畅通中国经中亚、俄罗斯至欧洲（波罗的海）方向；中国经中亚、西亚至波斯湾、地中海方向；中国至东南亚、南亚、印度洋方向；"21世纪海上丝绸之路"重点畅通从中国沿海港口过南海到印度洋，延伸至欧洲方向；从中国沿海港口过南海到南太平洋方向。七条经济走廊是：中俄蒙经济走廊、新亚欧大陆桥经济走廊、中国—中亚—西亚经济走廊、中巴经济走廊、孟中印缅经济走廊、中国—中南半岛经济走廊，加上目前尚未正式被认可的东北亚经济走廊。由此奠定"一带一路"发展远景规划的扎实基础，使中国和沿线国家初步享受"一带一路"建设之利。

自2020年至2035年，应是"一带一路"倡议逐步演变为沿线国家共同行动的全面建设阶段，主要任务是在五大方向和七条经济走廊的基础上，建设"中国梦"和"各国梦"相贯通、中国与沿线国家共相受益的新局面，并成功完成关键地区的"五通"重大项目，在中国基本实现社会主义现代化的同时，彻底改变中国周边地区"一带一路"沿线的经济发展和

---

① 石源华：《"一带一路"与"中国梦"路线图的同步融合》，《世界知识》2018年第1期。

社会进步面貌。为此，不宜将"一带一路"的战略定位随意泛化，如提出"一带一路"2.0版的概念，主张"一带一路"由倡议升级为"机制"；将"一带一路"经营地域从亚欧非大陆和中国周边扩展至整个世界，提议用"一带一路"引领全球化新时代；不仅将"一带一路"扩展至全球各个地方，甚至涵盖极地、深海、太空等全球公域等，扩展成一个超全球、治百病的战略。这些主张超越目前中国社会经济发展的实际水平和国家现行发展阶段应承担的历史性任务。不适当地主张以"一带一路"引领当今的整个世界，不仅是不切实际的，难以得到世界各国的支持，而且会取得适得其反的效果。

自2035年至2050年，中国将"建成富强、民主、文明、和谐、美丽的社会主义现代化强国"，中国的成功经验将会使"一带一路"倡议实施建设过程中积累的经验和从中形成的"中国方案""中国制度""中国道路"，进入影响和改变周边和世界面貌的历史新阶段。中国将和沿线国家同步推行更高水平的合作发展，共同实现将周边和世界建设得更加美好的梦想。"一带一路"倡议在未来30余年的推行将始终与实现中华民族伟大复兴的中国梦同步并进，互为推促，努力争取圆满成功。

主要参考文献

一、中文著作（含文集、年谱、译著）

1. 包霞琴等：《转型期日本的对华认知与对华政策》，中华书局2017年版。
2. 曹云华、唐翀：《新中国—东盟关系论》，世界知识出版社2005年版。
3. 常晨光、喻常森主编：《中澳关系大趋势：利益共同体的构建与展望——纪念中澳建交40周年》，中山大学出版社2012年版。
4. 喻常森主编：《中澳关系的历史经验与发展现状》，中山大学出版社2013年版。
5. 陈东晓主编：《大格局：2020年的亚洲》，华东师范大学出版社2010年版。
6. 陈乔之等：《冷战后东盟国家对华政策研究》，中国社会科学出版社2001年版。
7. 程早霞：《雪域谍云：美国的西藏政策及其秘密行动》，哈尔滨工程大学出版社2016年版。
8. [澳]大卫·布鲁斯特：《印度之洋：印度谋求地区领导权的真相》，杜幼康、毛悦译，社会科学文献出版社2016年版。
9. [美]德怀特·D.艾森豪威尔：《白宫岁月：受命变革》（二），复旦大学资本主义国家经济研究所译，三联书店1978年版。
10. 邓加荣、韩小蕙：《南汉宸传》，中国金融出版社1993年版。
11. 《邓小平文选》（第三卷），人民出版社1993年版。
12. 《钓鱼台档案：中国与亚洲其他国家之间的重大国事实录》（下册），红旗出版社1998年版。
13. 丁学良：《中国的软实力和周边国家》，东方出版社2014年版。
14. [美]哈里·杜鲁门：《杜鲁门回忆录》（下），李石译，东方出版社2007年版。
15. 杜农一、周辉、杨凯：《新中国军事外交与国际维和研究》，国防大学出版社2015年版。

16. 方连庆、刘金质、王炳元主编:《战后国际关系史》(上),北京大学出版社1999年版。
17. 冯梁等:《中国的和平发展与海上安全环境》,世界知识出版社2010年版。
18. 逄先知、金冲及主编:《毛泽东传(1949—1976)》(上),中央文献出版社2003年版。
19. 宫力主编:《邓小平的外交思想与实践》,黑龙江教育出版社1996年版。
20. 郭观桥:《一个大国崛起的困扰》,时事出版社1999年版。
21. 郭书兰编:《中印关系大事记》,中国社会科学院亚洲太平洋研究所内部资料,1987年版。
22. 国务院新闻办公室编:《解读中国外交新理念》,五洲传播出版社2014年版。
23. [美]哈里·哈丁:《美中关系的现状与前景》,柯雄等译,新华出版社1993年版。
24. 郝雨凡:《白宫决策:从杜鲁门到克林顿的对华政策内幕》,东方出版社2002年版。
25. 侯敏跃:《中澳关系史》,外语教学与研究出版社1999年版。
26. 洪军主编:《中国与周边国家的人文交流与互鉴》,世界知识出版社2018年版。
27. 《胡锦涛文选》(第二卷),人民出版社2016年版。
28. 《胡锦涛文选》(第三卷),人民出版社2016年版。
29. 黄华:《亲历与见闻:黄华回忆录》,世界知识出版社2007年版。
30. [印]贾瓦哈拉尔·尼赫鲁:《印度的发现》,向哲濬、朱彬元、杨寿林译,上海人民出版社2016年版。
31. 江勤政编著:《中国和斯里兰卡的故事》,五洲传播出版社2017年版。
32. 金灿荣等:《中国智慧:十八大以来中国外交》,中国人民大学出版社2017年版。
33. [印]拉贾·莫汉:《莫迪的世界:扩大印度的势力范围》,朱翠萍、杨怡爽译,社会科学文献出版社2016年版。
34. 李宝俊:《当代中国外交概论》,中国人民大学出版社2001年版。
35. [美]理查德·尼克松:《尼克松回忆录》(上册),郑文华等译,商务印书馆,1978。
36. 李必雨:《亡命异邦:缅共游击队十年亲历记》,北京十月文艺出版社2001年版。
37. 李富强主编:《中国与东盟交流合作史研究(政治卷)》,民族出版社2007

年版。

38. 李鹏:《和平、发展、合作——李鹏外事日记》,新华出版社2007年版。
39. 李红杰:《国家利益与中国的中东政策》,中央编译出版社2009年版。
40. 李甦平、洪军主编:《中国与周边各国的人文交流与互鉴》,世界知识出版社2018年版。
41. 李涛等:《中国—东盟能源资源合作研究》,社会科学文献出版社2016年版。
42. 李向阳主编:《亚太地区发展报告（2010）》,社会科学文献出版社2010年版。
43. 李向阳主编:《亚太地区发展报告（2011）》,社会科学文献出版社2011年版。
44. 李向阳主编:《亚太地区发展报告（2012）》,社会科学文献出版社2012年版。
45. 李向阳主编:《亚太地区发展报告（2013）》,社会科学文献出版社2013年版。
46. 李向阳主编:《亚太地区发展报告（2014）》,社会科学文献出版社2014年版。
47. 李向阳主编:《亚太地区发展报告（2015）》,社会科学文献出版社2015年版。
48. 李向阳主编:《亚太地区发展报告（2016）》,社会科学文献出版社2016年版。
49. 李向阳主编:《亚太地区发展报告（2017）》,社会科学文献出版社2017年版。
50. 李向阳主编:《亚太地区发展报告（2018）》,社会科学文献出版社2018年版。
51. 刘恩恕、刘惠恕:《中国近现代疆域问题研究》,世界知识出版社2009年版。
52. 刘清才主编:《21世纪初东北亚地缘政治——区域政治与国家关系》,吉林大学出版社2004年版。
53. 刘稚等:《孟中印缅经济走廊建设的理论与实践》,社会科学文献出版社2017年版。
54. 林良光、叶正佳、韩华:《当代中国与南亚国家关系》,社会科学文献出版社2001年版。
55. 林民旺:《"一带一路"与南亚地缘政治》,世界知识出版社2018年版。
56. 卢光盛、段涛、金珍:《澜湄合作的方向、路径与云南的参与》,社会科学文献出版社2018年版。
57. 卢光盛:《缅甸政治经济转型对中国在缅投资的影响与对策研究》,社会科学文献出版社2016年版。
58. 《马克思恩格斯选集》(第四卷),中共中央马克思恩格斯列宁斯大林著作编译局编译,人民出版社1972年版。
59. 《建国以来毛泽东文稿》(第十三册),中央文献出版社1996年版。
60. 中华人民共和国外交部、中共中央文献研究室编:《毛泽东外交文选》,中央文献出版社、世界知识出版社1994年版。
61. 中共中央文献研究室编:《毛泽东文集》(第八卷),人民出版社1999年版。

62. 《毛泽东选集》(合订本),人民出版社1964年版。
63. 张树军主编:《中南海三代集体领导与共和国外交实录》(上卷),中国经济出版社1999年版。
64. 《毛泽东选集》(第四卷),人民出版社1991年版。
65. 牛大勇、沈志华主编:《冷战与中国的周边关系》,世界知识出版社2004年版。
66. 潘亚玲:《安全化与冷战后美国对华战略演变》,复旦大学出版社2016年版。
67. 潘亚玲:《美国政治文化转型与外交战略调整》,复旦大学出版社2018年版。
68. 潘亚玲:《亚裔美国人游说与中美关系》,辽宁人民出版社2014年版。
69. 潘志高:《〈纽约时报〉上的中国形象:政治、历史及文化成因》,河南大学出版社2004年版。
70. 祁怀高:《构筑东亚未来:中美制度均势与东亚体系转型》,中国社会科学出版社2011年版。
71. 祁怀高等:《中国崛起背景下的周边安全与周边外交》,中华书局2014年版。
72. 齐鹏飞、李葆珍:《新中国外交简史》,人民出版社2014年版。
73. 钱洪良主编:《中国和平崛起与周边国家的认知和反应》,军事谊文出版社2010年版。
74. 钱其琛:《外交十记》,世界知识出版社2003年版。
75. 钱其琛主编:《世界外交大辞典》(下),世界知识出版社2005年版。
76. 仇华飞:《国际秩序演变中的中国周边外交与中美关系》,人民出版社2015年版。
77. 秦亚青主编:《大国关系与中国外交》,世界知识出版社2011年版。
78. 日本纪念周恩来出版发行委员会编:《日本人心目中的周恩来》,中共中央党校出版社1991年版。
79. 上海国际问题研究所编:《国际形势年鉴(2000)》,上海教育出版社2000年版。
80. 商务印书馆:《国际条约集(1960—1962)》,商务印书馆1975年版。
81. 沈志华主编:《中苏关系史纲:1917—1991年中苏关系若干问题再探讨》,社会科学文献出版社2015年版。
82. 世界知识出版社:《中国代表团出席联合国有关会议文件集(1978.7—12)》,世界知识出版社1979年版。
83. 石磊:《守望金三角》,天马出版有限公司2012年版。
84. 石源华等:《近代中国周边外交史论》,上海辞书出版社2006年版。

85. 石源华、方秀玉主编:《缓和与合作:东北亚国际关系30年》,韩国大旺社2003年版。
86. 石源华主编:《冷战以来的朝鲜半岛问题》,韩国高句丽出版社2001年版。
87. 石源华:《中共十八大以来中国周边外交研究报告》,社会科学文献出版社2016年版。
88. 石源华:《中国周边外交十四讲》,社会科学文献出版社2016年版。
89. 石源华等:《近代中国周边外交史论》,上海辞书出版社2006年版。
90. 石源华主编:《中国周边外交研究报告(2017—2018)》,世界知识出版社2018年版。
91. 石源华主编:《中国周边学研究文集》,世界知识出版社2019年版。
92. 苏浩:《从哑铃到橄榄:亚太合作安全研究》,世界知识出版社2003年版。
93. 隋广军主编:《中国周边外交发展报告(2015)》,社会科学文献出版社2015年版。
94. 孙士海、江亦丽主编:《二战后南亚国家对外关系研究》,方志出版社2007年版。
95. 孙学峰等:《东亚安全秩序与中国周边政策转型》,社会科学文献出版社2017年版。
96. 陶文钊主编:《美国对华政策文件集(1949—1972)》第三卷(下),世界知识出版社2005年版。
97. 唐世平、张洁、曹筱阳主编:《冷战后近邻国家对华政策研究》,世界知识出版社2005年版。
98. 唐希中、刘少华、陈本红:《中国与周边国家关系(1949—2002)》,中国社会科学出版社2003年版。
99. 田桓主编:《战后中日关系文献集(1945—1970)》,中国社会科学出版社1996年版。
100. 田桓主编:《战后中日关系文献集(1971—1995)》,中国社会科学出版社1997年版。
101. 王光厚:《冷战后中国东盟战略关系研究》,吉林大学出版社2008年版。
102. 王宏纬:《当代中印关系述评》,中国藏学出版社2009年版。
103. 王明星:《韩国近代外交与中国(1861—1910)》,中国社会科学出版社1998年版。
104. 王绳祖主编:《国际关系史》第九卷(1959—1969),世界知识出版社1995年版。

105. 汪诗明：《20世纪澳大利亚外交史》，北京大学出版社2003年版。
106. 王泰平主编：《新中国外交50年》（下册），北京出版社2000年版。
107. 吴寄南：《冷战后的日台关系》，上海人民出版社2009年版。
108. 吴寄南：《中日关系"瓶颈"论》，时事出版社2003年版。
109. 吴琳：《冷战后中国周边地区政策的动力机制研究》，中华书局2016年版。
110. 吴心伯等：《亚太大棋局：急剧变化的亚太与我国的亚太方略》，复旦大学出版社2018年版。
111. 吴心伯等：《转型中的亚太地区秩序》，时事出版社2013年版。
112. 吴永年：《变化中的印度：21世纪印度国家新论》，人民出版社2010年版。
113. 《习近平谈治国理政》，外文出版社2014年版。
114. 胡伟主编：《"一带一路"：打造中国与世界命运共同体》，人民出版社2016年版。
115. 《习近平谈治国理政》（第二卷），外文出版社2018年版。
116. 萧冬连：《五十年国事纪要·外交卷》，湖南人民出版社1999年版。
117. 谢启美、王杏芳：《中国与联合国——联合国成立五十周年》，世界知识出版社1995年版。
118. 谢益显主编：《中国当代外交史（1949—2009）》，中国青年出版社2009年版。
119. 许嘉主编：《冷战后中国周边安全态势》，军事科学出版社2003年版。
120. 许利平等：《中国与周边命运共同体：构建与路径》，社会科学文献出版社2016年版。
121. 徐秀军：《地区主义与地区秩序——以南太平洋为例》，社会科学文献出版社2013年版。
122. 杨成绪主编：《中国周边安全环境透视》，中国青年出版社2003年版。
123. 杨公素：《中国反对外国侵略干涉西藏地方斗争史》，中国藏学出版社1992年版。
124. 中共中央文献研究室编：《邓小平年谱（1975—1997）》（上册），中央文献出版社2004年版。
125. 中共中央文献研究室编：《邓小平年谱（1975—1997）》（下册），中央文献出版社2004年版。
126. 京湘、姚尧编著：《第三代领导外交实录》，中国言实出版社1997年版。
127. [美]伊恩·莫里斯：《文明的度量：社会发展如何决定国家命运》，李阳译，中信出版社2014年版。
128. [美]约瑟夫·奈：《权力大未来》，王吉美译，中信出版社2012年版。

129. 翟崑、周强、胡然主编:《"一带一路"案例实践与风险防范:政治安全篇》,海洋出版社2017年版。
130. 张春:《地方参与中非合作研究》,上海人民出版社2015年版。
131. 张骥、邢丽菊主编:《人文化成:中国与周边国家人文交流》,世界知识出版社2018年版。
132. 张洁、杨丹志主编:《中国周边安全形势评估(2011)》,香港社会科学出版社2011年版。
133. 张洁、钟飞腾主编:《中国周边安全形势评估(2012)》,社会科学文献出版社2012年版。
134. 张洁主编:《中国周边安全形势评估(2013)》,社会科学文献出版社2013年版。
135. 张洁主编:《中国周边安全形势评估(2014)》,社会科学文献出版社2014年版。
136. 张洁主编:《中国周边安全形势评估:"一带一路"与周边战略(2015)》,社会科学文献出版社2015年版。
137. 张洁主编:《中国周边安全形势评估:"一带一路":战略对接与安全风险(2016)》,社会科学文献出版社2016年版。
138. 张洁主编:《中国周边安全形势评估:大国关系与地区秩序(2017)》,社会科学文献出版社2017年版。
139. 张洁主编:《中国周边安全形势评估:秩序、热点与中国方案(2018)》,世界知识出版社2018年版。
140. 张洁主编:《中国周边安全形势评估:中美博弈与地区应对(2019)》,世界知识出版社2019年版。
141. 张洁主编:《中国周边安全研究》(第一卷),社会科学文献出版社2015年版。
142. 张良福:《让历史告诉未来:中国管辖南海诸岛百年纪实》,中国海洋出版社2011年版。
143. 张宁:《哈萨克斯坦独立后的政治经济发展(1991—2011)》,上海大学出版社2012年版。
144. 张宁:《中亚能源与大国博弈》,长春出版社2009年版。
145. 张勤:《中缅勘界纪实》,解放军文艺出版社2015年版。
146. 张小安主编:《中国周边频频起火了吗》,世界知识出版社2016年版。
147. 张小明:《中国周边安全环境分析》,中国国际广播出版社2003年版。
148. 张兴堂:《跨界民族与我国周边外交》,中央民族大学出版社2009年版。

149. 张云:《国际政治中"弱者"的逻辑——东盟与亚太地区大国关系》,社会科学文献出版社2010年版。

150. 张蕴岭、任晶晶:《创造性维稳,开拓性求进——中国周边安全形势评估报告（2015—2016）》,中国社会科学出版社2016年版。

151. 张蕴岭、任晶晶:《周边安全:磨合与塑造——中国周边安全形势评估报告》,中国社会科学出版社2015年版。

152. 张蕴岭主编:《亚太地区发展报告（2000）》,社会科学文献出版社2001年版。
153. 张蕴岭主编:《亚太地区发展报告（2001）》,社会科学文献出版社2002年版。
154. 张蕴岭主编:《亚太地区发展报告（2002）》,社会科学文献出版社2003年版。
155. 张蕴岭主编:《亚太地区发展报告（2003）》,社会科学文献出版社2004年版。
156. 张蕴岭主编:《亚太地区发展报告（2004）》,社会科学文献出版社2005年版。
157. 张蕴岭主编:《亚太地区发展报告（2005）》,社会科学文献出版社2006年版。
158. 张蕴岭主编:《亚太地区发展报告（2006）》,社会科学文献出版社2007年版。
159. 张蕴岭主编:《亚太地区发展报告（2008）》,社会科学文献出版社2008年版。
160. 张宇燕主编:《亚太地区发展报告（2009）》,社会科学文献出版社2009年版。

161. 赵干城:《中印关系:现状·趋势·应对》,时事出版社2013年版。

162. 赵华胜:《中国的中亚外交》,时事出版社2008年版。

163. 赵磊:《建构和平:中国对联合国外交行为的演进》,九州出版社2007年版。

164. 赵卫华:《权力扩散视角下的中越南海争端研究》,世界知识出版社2018年版。

165. 赵蔚文:《印中关系风云录（1949—1999）》,时事出版社2000年版。

166. 郑启荣、朱仲君主编:《中国多边外交》,世界知识出版社2012年版。

167. 郑泽民:《南海问题中的大国因素:美日印俄与南海问题》,世界知识出版社2010年版。

168. 《周恩来选集》(下卷),人民出版社1984年版。

169. 周方银主编:《中国的亚太战略》,社会科学文献出版社2013年版。

170. 周方银编:《中国周边外交发展报告（2016）》,社会科学文献出版社2016年版。

171. 周宁:《龙的幻象——中国形象:西方的学说与传说》,学苑出版社2004年版。

172. 周尚文、叶书宗、王斯德:《苏联兴亡史》,上海人民出版社1996年版。

173. 中华人民共和国外交部:《中国外交概览（1987）》,世界知识出版社1987年版。

174. 中华人民共和国外交部档案馆编:《中华人民共和国外交档案选编（第一集）:

1954年日内瓦会议》，世界知识出版社2006年版。
175. 中华人民共和国外交部档案馆编:《中华人民共和国外交档案选编（第二集）：中国代表团出席1955年亚非会议》，世界知识出版社2007年版。
176. 中华人民共和国外交部政策研究室:《中国外交2001》，世界知识出版社2001年版。
177. 中华人民共和国外交部、中共中央文献研究室编:《周恩来外交文选》，中央文献出版社1990年版。
178. 中华人民共和国外交部政策研究室:《中国外交1996》，世界知识出版社1996年版。
179. 中共中央文献研究室编:《邓小平思想年谱（1975—1997）》，中央文献出版社1998年版。
180. 中共中央文献研究室编:《周恩来年谱1949—1976》（中），中央文献出版社1997年版。
181. 中国社会科学院西亚非洲研究所:《中国的中东非洲研究（1949—2010）》，社会科学文献出版社2011年版。
182. 中国现代国际关系研究院编:《东北亚地区安全政策及安全合作构想》，时事出版社2006年版。
183. 朱听昌主编:《中国周边安全环境与安全战略》，时事出版社2002年版。
184. 朱昭华:《中缅边界问题研究》，黑龙江教育出版社2013年版。
185. 资中筠:《战后美国外交史——从杜鲁门到里根》，世界知识出版社1994年版。
186. 邹春萌等:《"N—X"合作机制与早期收获项目:以孟中印缅经济走廊建设为例》，社会科学文献出版社2016年版。
187. 刘华清:《刘华清回忆录》，解放军出版社2007年版。

二、外文著作

1. Alvin Cheng-Hin Lim, Frank Cibulka eds., *China and Southeast Asia in the Xi Jinping Era*, Mass.: Lexington Books, 2019.
2. B. R. Deepak, ed., *China's Global Rebalancing and the New Silk Road*, Singapore: Springer, 2018.
3. Bruce Elleman et al., eds., *Beijing's Power and China's Borders: Twenty Neighbors*

in Asia, London: ME Sharpe, 2013.
4. Capt. R. K. Sirohi, *China's Relook at the Neighbourhood Diplomacy DRI*, Delhi: Prashant Publishing House, 2018.
5. Chien-peng Chung, C*hina's Multilateral Co-operation in Asia and the Pacific: Institutionalizing Beijing's 'Good Neighbour Policy'*, London: Routledge, 2010.
6. F. M. Andrews, *Australia and China: The Ambiguous relationship*, Calton: Melbourne University Press, 1985.
7. Frederic Grare, *India Turns East: International Engagement and US-China Rivalry*, London: Hurst & Company, 2017.
8. Geeta Kochhar, ed., *China's Foreign Relations and Security Dimensions*, London: Taylor & Francis, 2018.
9. G. John Ikenberry and Michael Mastanduno, "International Relations Theory and the Search for Regional Stability," in G. John Ikenberry and Michael Mastanduno, eds., *International Relations Theory and the Asia-Pacific,* New York: Columbia University Press, 2003.
10. Gungwu Wang and Yongnian Zheng, eds., *China: Development and Governance*, World Scientific, 2013.
11. Jonathan Holslag, *China's Coming War with Asia,* London: Polity Press, 2015.
12. L.h.M.Ling, Adriana Erthal Abdenur, etc., *India China: Rethinking Borders and Security*, Michigan: University of Michigan Press, 2016.
13. Ludwig Delio, *The Precarious Balance: Four Centuries of the European Power Struggle*, New York: Alfred A Knopf, 1962.
14. Harry Harding, *A Fragile Relationship: The United States and China Since 1972*, Washington D. C.: The Brooking Institute, 1992.
15. Jaganath P. Panda, Tittli Basu, *China-India-Japan in the Indo-Pacific: Ideas, Interests and Infrastructure*, New Delhi:Pentagon Press, 2018.
16. Jagannath P. Panda, *India-China Relations: Politics of Resources, Identity and Authority in a Multipolar World Order*, London:Routledge, 2017.
17. Lora Saalman, ed., *China-Russia Relations and Regional Dynamics: From Pivots to Peripheral Diplomacy*, Stockholm: Stockholm International Peace Research Institute, 2017.
18. Marc Lanteigne and Miwa Hirono, eds., *China's Evolving Approach to Peacekeeping*, London: Routledge, 2012.

19. Mohan Malik, *China and India: Great Power Rivals*, Boulder: First Forum Press, 2011.
20. Nancy Jetly, *India China Relations, 1947-1977: A Study of Parliament's Role in the Making of Foreign Policy*, New Delhi: Radiant Publishers, 1979.
21. Paul D'Arcy, "Oceania and Australasia", in Jerry H. Bentley, ed., T*he Oxford Handbook of World History*, New York: Oxford University Press, 2011.
22. Rodolfo C Severino, "*The Philippines and the South China Sea*", in Pavin Chachavalpongpun, *Entering Uncharted Waters? Asean and the South China Sea*, Singapore: ISEAS, 2014.
23. Samuel S. Kim, *China, The United Nations and World Order*, Princeton: Princeton University Press, 1979.
24. William Langewiesche, *The Atomic Bazaar: The Rise of the Nuclear Poor*, New York: Farrar, Straus and Giroux, 2007.
25. [越]范玉簪：《越南政治系统革新的进程》，越南国家政治出版社2012年版。
26. [哈]努·纳扎尔巴耶夫：《独立五年》，哈萨克斯坦出版社1996年版。
27. 越南国防部军事历史研究院：《海岛与海洋主权》，越南国家政治出版社2014年版。
28. [日]俞敏浩著国：国际社会における日中関係：1978-2001年の中国外交と日本，日本现代中国区域研究丛书13，日本勁草書房2015年版。
29. 赵宏伟等著：《中国外交の世界戦略：日・米・アジアとの攻防30年》，日本明石書店2011年版。
30. 이기현: 중국의주변외교전략연구—중국의대북정책결정에대한함의, 韩国统一研究院，2014。
31. 이기현: 중국의주변외교전략과대북정책—사례와적용, 韩国统一研究院2015年版。

后　记

《新中国周边外交史研究（1949—2019）》是上海市哲学社会科学规划办公室"新中国成立70周年"研究系列重点课题的结项成果，该课题于2017年8月10日获准立项（课题编号：2017DHB002），2019年5月17日经上海市哲学社会科学规划办公室评定结项等级为"优秀"。同时，本书也是复旦大学传世之作学术精品研究项目"中国周边外交七十年史（1949—2019）"的阶段性成果。

本书既是一部框架结构完整、逻辑体系严密的学术专著，同时也是一部设计完整，兼论理论和实践两个层面的、有特色的专题研究论集。就全书而言，既体现统一的设计框架和分析思路，又反映各位专家的独特研究和精湛观点。各章内容有严格分工，但略有重叠交叉之处，观点不尽一致，敬请读者批评指正。

首先，我要感谢复旦大学文科科研处，尤其是左昌柱老师和复旦大学国际问题研究院学术交流中心主任陶韡烁老师的积极动员和组织申报，以及上海市哲学社会科学规划办公室将其列为重点项目资助。其次，感谢上海市社科办"新中国成立70周年"研究系列项目王龙主管的热情联络和支持，组织专家学者进行评审。感谢上海中共党史研究室徐建刚主任、上海国际问题研究院陈东晓院长对书稿的评点和富有建设性的修改意见。最后，感谢复旦大学国际关系与公共事务学院苏长和院长和上海市政治学高峰计划资助本书出版。感谢世界知识出版社章少红总编辑和汪琴副社长承担本书出版工作。

本书是集体研究的结晶。我衷心感谢相关方面研究专家潘亚玲、吴寄南、李勇慧、关培凤、王明星、赵卫华、张宁、林民旺、郭锐、费晟、祁怀高，他们和我共同完成了本书。尤其难能可贵的是，本书各章的完稿和定稿工作，是在2019年寒假期间进行的，大家克服了各种困难，牺牲了与家人团聚和休息的时间，高质量地按时完成了本书写作。复旦大学国际关系与公共事务学院外交学专业博士研究生陈妙玲承担了本书行政助理，做了大量编务方面的工作，博士后张励协助编制了"国内外研究成果述评"，硕士研究生董一协助编制了"主要参考文献"，在此一并致谢！

谨以本书向中华人民共和国成立70周年献礼！

石源华
2019年9月27日